SUPPLEMENT AU LIVRE DE L'ANTIQUITÉ EXPLIQUÉE ET REPRESENTÉE EN FIGURES.

TOME SECOND.

LE CULTE DES GRECS, DES ROMAINS, DES EGYPTIENS, ET DES GAULOIS.

Par Dom BERNARD DE MONTFAUCON
Religieux Bénédictin de la Congrégation de S. Maur.

A PARIS,

Chez
La Veuve DELAULNE,
La Veuve FOUCAULT,
La Veuve CLOUSIER,
JEAN-GEOFFROY NYON,
ETIENNE GANEAU,
NICOLAS GOSSELIN,
Et PIERRE-FRANÇOIS GIFFART.

M. DCC. XXIV.
AVEC PRIVILEGE DU ROY.

TABLE DES CHAPITRES
DU SECOND TOME.

Fin de la Table des Chapitres du II. Tome.

SUPPLÉMENT
AU LIVRE
DE L'ANTIQUITÉ
EXPLIQUE'E ET REPRESENTE'E
EN FIGURES.
TOME SECOND.
LE CULTE DES GRECS, DES ROMAINS,
DES EGYPTIENS, ET DES GAULOIS.

SUPPLEMENTUM
AD OPUS
DE ANTIQUITATE,
EXPLANATIONE ET SCHEMATIBUS ILLUSTRATA.
TOMUS SECUNDUS.
CULTUS GRÆCORUM, ROMANORUM, ÆGYPTIORUM,
ATQUE GALLORUM.

LIVRE PREMIER.

Les Prêtres des Grecs & des Romains.

CHAPITRE PREMIER.

I. Noms que les Grecs donnoient à leurs Prêtres. II. La sainteté qu'ils requeroient dans leurs Prêtres. III. Prêtres & Prêtresses de Diane d'Ephesé. IV. Abstinence de certaines viandes, prescrite à quelques-uns d'entr'eux. V. Prêtre & Prêtresse de Diane Hymnie. VI. Autre Prêtresse de Diane Hymnie. VII. Prêtre de Minerve Cranea.

I. LA haute idée que les Grecs avoient du Sacerdoce, étoit exprimée par les noms qu'ils donnoient aux Prêtres. Ils les appelloient ἱερεῖς. Ce mot formé d'ἱερὸν *Sacrum*, marque que c'étoient des gens consacrez aux dieux, & que leurs fonctions étoient le ministere sacré & venerable d'offrir à Dieu des vœux & des sacrifices pour le peuple. Un autre nom étoit αρητῆρες, mot formé d'αρὰ qui veut dire vœu, ou priere, ou imprécation, ce qui signifie que les Prêtres dont le devoir est de demander des graces pour ceux qui par leur

---

LIBER PRIMUS.

Sacerdotes Græcorum & Romanorum.

CAPUT PRIMUM.

I. Quæ nomina Græci darent Sacerdotibus suis. II. Quantam in Sacerdotibus sanctitatem requirerent. III. Sacerdotes & Sacerdotissæ Dianæ Ephesiæ. IV. Ciborum quorumdam abstinentia, quibusdam Sacerdotibus præscripta. V. Sacerdos & Sacerdotissa Dianæ Hymniæ. VI. Alia Sacerdos Dianæ Hymniæ. VII. Sacerdos Minervæ Craneæ.

I. QUanto in precio Græci Sacerdotium haberent, quanti facerent illam dignitatem, vel ipsa nomina Sacerdotibus indita declarabant. Vocabantur enim ἱερεῖς, quæ vox ab ἱερὸν *sacrum* efformata, significabat sacros illos esse & deorum cultui addictos, illorumque functiones ministerium esse sacrum omnibusque venerabilissimum; offerebant nempe vota & sacrificia numini pro populo. Aliud eorum nomen erat αρητῆρες ab αρὰ, qua voce exprimitur votum, aut precatio, sive imprecatio, quo significatur Sacerdotes, quorum munus est a nomine beneficia postu-

miniftere ont recours aux dieux dans la neceffité, peuvent auffi attirer leur vengeance fur ceux qui fans aucun égard pour la juftice & l'équité, s'abandonnent au crime, lorfqu'ils efperent le pouvoir faire impunément. Telle fut l'imprécation de Chryfés qu'Homere qualifie ἀρητήρ, fur le camp des Grecs, qui pour le crime d'Agamemnon, fit périr tant d'innocens : ce qui a fait dire à un poëte:

> *Quidquid delirant reges plectuntur Achivi.*

On appelloit auffi les Prêtres θύται, ce qui veut dire facrificateur. Le facrifice étoit la principale fonction du Prêtre ; c'étoit comme le prix des graces qu'on demandoit aux dieux. Ce nom θύται a été auffi donné par les Chrétiens Grecs à leurs Prêtres, parce qu'ils offrent tous les jours à Dieu ce grand facrifice, qui a abrogé tous les autres facrifices. On les appelloit auffi τελεσταί, nom qui fignifie *initiateur*. C'étoient eux qui initioient aux myfteres, ceux qui étoient deftinez ou à la Prêtrife, ou à quelque office fubalterne. Ces initiations fe faifoient dans des lieux fecrets, où l'on n'admettoit que les initiez, ou ceux qui devoient l'être : ce qui faifoit que les peuples regardoient ces lieux avec quelque efpece de fraïeur. Ἱερουργοί étoit encore un nom plus general des Prêtres ; il marquoit qu'ils exerçoient toutes les fonctions facrées de quelque genre qu'elles puiffent être, comme prier, faire des vœux, facrifier, expier les pechez, & les crimes des gens qui venoient à réfipifcence. Ce dernier miniftere étoit encore marqué par ce mot καθάρται, qui veut dire *purificateur*; ils avoient des cerémonies pour purifier les crimes, les vols, les meurtres même, faits ou de propos déliberé, ou par mégarde : car ces derniers quoiqu'ils ne meritent pas le nom de crime, s'expioient pourtant comme les autres. Herodote raconte qu'Adrafte Phrygien, fils de Midas de race roïale, aïant tué par mégarde fon propre frere, il fe refugia à la Cour de Crœfus Roi de Lydie, qui le reçut benignement, & avec tout le bon accueil poffible. Adrafte religieux à fa maniere, demanda d'abord que fon meurtre quoiqu'involontaire fût expié ; Crœfus l'expia lui-même, la maniere d'expier des Lydiens, dit Herodote, eft la même que chez les Grecs. Dans ces anciens tems les Rois exerçoient les fonctions du Sacerdoce.

I I. Les Prêtres qui font comme les médiateurs entre Dieu & l'homme,

---

lare, iis qui fuo ad hanc rem uterentur minifterio, vindictam quoque deorum in eos attrahere poffe, qui nullam habentes æquitatis juftitiæve rationem in fcelera proruunt, fi quando id impune fore fperarint. Hujufmodi fuit imprecatio Chryfæ, qui ἀρητήρ vocatur ab Homero, in Græcorum caftra, quæ imprecatio tot infontibus perniciei fuit, cum unus Agamemnon noxius effet. Cujus rei occafione poëta quidam inquit

> *Quidquid delirant reges plectuntur Achivi*
> Horat. Epift. 1. 2.

Vocabantur item Sacerdotes θύται, id eft *facrifici*. Hoc præcipuum erat Sacerdotum officium, facrificium videlicet offerre, quod erat ceu precium beneficiorum, quæ a numine petebantur. Hoc nomen θύται Græci quoque Chriftiani Sacerdotibus fuis dabant. Etenim ipfi magnum illud quotidie facrificium offerunt, quod cætera omnia facrificia abrogavit. τελεσταὶ quoque nominabantur, quæ vox fignificat *initiatores*. Illi quippe myfteriis initiabant eos qui vel Sacerdotio, vel muneri cuipiam inferiori deftinabantur. Initia autem illa in locis fecretis ac remotis fieri folebant, ubi foli initiati & initiand

admittebantur. Quapropter populus non fine quodam horrore hæc arcana loca fpectabat. Ἱερουργοί item nomen Sacerdotum erat, quo fignificabatur ipfos facras functiones omnes generatim exercere, ut erant verbi caufa precari, vovere, facra facere, peccata fceleraque expiare, cum quis refipifceret. Hoc autem poftremum minifterium hoc etiam nomine καθάρται indicabatur, quafi dicas *purgatores*, vel *purificatores*. Erant certi ritus, ftatutæque ceremoniæ ad expianda fcelera, furta videlicet & cædes, five eæ de induftria five per imprudentiam perpetratæ fuiffent. Etfi hoc poftremum non debeat crimen cenferi, expiabatur tamen ut cætera. Refert Herodotus l.1. c. 35. Adraftum Phryga ex regia ftirpe ortum, cum per imprudentiam fratrem occidiffet, ad Crœfum Lydiæ regem confugiffe, qui illum benigne & perhumaniter excepit : Adraftum, utpote patrio more religiofum rogaffe, ut cædes illa, licet non voluntaria, expiaretur. Expiavit ipfe Crœfus : expiabant autem Lydi perinde atque Græci, inquit Herodotus. Iis enim antiquis temporibus reges Sacerdotum functiones obibant

II. Sacerdotes qui inter Deum & homines quafi conciliatores quidam funt, virtutum omnium ceu

doivent être des modeles de vertu, & attirer les autres par leur bon exemple à rendre leurs devoirs à l'Etre suprême, qui est la source de tous les biens où l'homme peut aspirer. Il semble que la droite raison avoit dicté cette maxime à ces anciens Grecs, & aux Romains leurs imitateurs. Malgré cette foule de dieux que la superstition avoit introduits, malgré les vices détestables qu'ils attribuoient à plusieurs d'entr'eux, ils vouloient que leurs Prêtres fussent purs, saints, chastes : il y en avoit même qu'ils obligeoient à une virginité perpetuelle, & quelquefois forcée.

III. Le temple de Diane d'Ephese avoit des Prêtres eunuques qu'on appelloit Megalobyzes : il s'en présentoit de differens endroits pour occuper cette dignité, & on leur portoit un fort grand honneur, des filles vierges partageoient avec eux le sacerdoce. Cela ne fut pas toûjours observé, & dans la suite du tems on garda une partie de ces coûtumes, & on negligea l'autre. Il ne faut donc pas s'étonner si les Auteurs d'un âge plus bas ne s'accordent pas sur cela avec ceux qui les avoient précedez.

IV. Il y avoit des lieux où l'on obligeoit les Prêtres à s'abstenir de certaines viandes qu'on estimoit immondes. Les Prêtres de Cerés & de Proserpine, & même ceux qui étoient initiez aux mysteres de ces divinitez, ne mangeoient jamais de lamproies, parce qu'elles produisent leurs petits par la gueule; d'autres nioient cette maniere de generation, & prétendoient que quand la lamproie rend ainsi ses petits par la gueule, c'est lorsque la peur qu'on les lui enleve l'aïant obligé à les avaler, elle les rend ensuite vivans, quand la crainte est passée. Les mêmes Prêtres & les initiez aux mysteres de Cerés, aussi-bien que la Prêtresse de Junon l'Argolique, ne mangeoient jamais du poisson nommé Mulet. Et ceux de Cerés d'Eleusine avoient le Mulet en honneur.

Quoique generalement parlant, ces profanes exigeassent dans leurs Prêtres & Prêtresses une grande sainteté de vie, & des mœurs exemtes de tout reproche, ils varioient dans leurs coûtumes, & la rigueur des loix admettoit du plus & du moins en differens payis.

V. La Prêtresse & le Prêtre de Diane Hymnie, dont le temple étoit sur le haut d'une montagne, étoient obligez de garder la chasteté conjugale, de s'abstenir des bains publics, & des manieres de vivre des gens du monde, de

---

specimina sint oportet, ipsorum officium est exemplo suo aliis prælucere, ut supremoNumini bonorum omnium, quæ possunt homini concedi fonti atque cultum præstent debitum. Ipsa certe naturali rectaque ratione Græci atque Romani illorum ζωωντα hoc animo atque sententia fuerunt. Licet catervam illam ingentem deorum, quos mera superstitio induxerat, præ oculis haberent; etsi plerosque eorum flagitiis tantum ac sceleribus nobilitatos fuisse scirent : id tamen optabant, id curabant, ut Sacerdotes sui puritate, sanctimonia castitateque spectabiles essent. Nonnullos etiam eorum virginitatem continentiam que servare cogebant.

III. Templum Dianæ Ephesiæ, verba sunt Strabonis lib. xv. p. 441. Sacerdotes Eunuchos habebat, qui vocabantur Megalobyzi. Ex multis locis varii confluebant ut illam occuparent dignitatem; nam illi magno in honore habebantur. Puellæ quædam virgines in partem Sacerdotii cum illis vocabantur. Non semper ii mansere ritus, insequentibus enim temporibus hujusmodi consuetudines partim neglectæ, partim servatæ sunt. Neque mirum si inferioris ætatis scriptores cum præcedentibus circa res easdem non consentiant.

IV. Quibusdam in locis interdicebantur Sacerdotes esu ciborum quorumdam. *Mustellum piscem, inquit Ælianus var. hist. 9. 65. aiunt nunquam dearum* (Cereris & Proserpinæ) *Sacerdotes edere, non enim mundum esse cibum putant, quoniam ore parit. Quidam non ipsum ore parere dicunt : sed insidiarum timore prolem suam ut in tuto ponat devorare, deindeque posito timore, vivam evomere. Itemque ii ipsi Sacerdotes mullum nunquam attingunt, ut neque Junonis Argolicæ Sacerdos mulier.* Pro mustello in Græco legitur γαλῦ qui piscis cujus generis sit non omnino convenit inter scriptores. A mullo item abstinebat Sacerdos femina Junonis Argolicæ : & Cereris Sacerdotes mullum in honore habebant.

Etsi generatim loquendo profani illi in Sacerdotibus cujusvis sexus tantam exigerent vitæ sanctitatem, moresque nulli obnoxios vituperio, in variis tamen regionibus ea in re non pauca diversitas observabatur, legumque severitas plus minusve diversis in locis admittebat.

V. Sacerdos mas & femina Dianæ Hymniæ, cujus templum in monte situm erat, inquit Pausanias l. 8. c. 13. his subjecti erant legibus, ut castitatem conjugalem servarent, a balneis publicis abstine-

paſſer leurs jours dans les exercices d'une vie toute ſainte, & ſeparée du reſte des hommes, ſans qu'il leur fût jamais permis d'entrer dans les maiſons des particuliers ; la même choſe, dit Pauſanias, étoit obſervée à Epheſe, à l'égard des Prêtres de Diane ; mais là ces devoirs n'étoient qu'annuels

VI. Les Orchomeniens avoient une vierge pour Prêtreſſe de Diane Hymnie. Un accident les obligea de changer cette coûtume : le voici tel qu'il eſt rapporté par le même Auteur. Dans les montagnes des Orchomeniens du côté de Mantinée, eſt un temple de Diane ſurnommée *Hymnia*, celebre depuis les plus anciens tems par le concours, & la dévotion des Arcadiens. Une jeune fille vierge y étoit Prêtreſſe. Un nommé Ariſtocrate en étant devenu amoureux, la ſollicita vivement de ſatisfaire à ſa paſſion : elle lui réſiſta, & le voiant diſpoſé à lui faire violence, elle ſe retira dans le temple, & ſe refugia auprès de la ſtatue de la déeſſe ; Ariſtocrate la pourſuivit, & ſans aucun reſpect pour Diane Hymnie il la viola en ce lieu ſacré. Ce crime étant divulgué, les Arcadiens lapiderent Ariſtocrate, & changeant les loix du ſacerdoce, ils établirent pour Prêtreſſe de Diane une femme qui avoit paſſé une partie de ſa vie dans le mariage. La même choſe arriva à l'égard de la Pythienne de Delphes, comme l'on peut voir au ſecond tome de l'Antiquité p. 10. Une jeune fille vierge, expoſée par ſa qualité de Prêtreſſe à recevoir des vœux, & des offrandes de tous allans & venans, étoit un objet trop ſéduiſant, pour qu'il n'arrivât pas des accidens ſemblables. Les Auteurs nous en apprennent quelques-uns ; il en ſera apparemment arrivé bien d'autres que l'hiſtoire ne nous aura pas tranſmis.

VII. Au temple de Minerve Cranea qui étoit bâti ſur une colline eſcarpée, il y avoit des portiques où l'on voioit des cellules pour loger ceux qui étoient deſtinez au ſervice de la déeſſe, & ſur tout le Prêtre qui exerçoit les fonctions ſacrées. C'étoit un jeune garçon ſans barbe ; il ſervoit cinq ans en cette qualité. Ceux qui l'éliſoient avoient ſoin de le prendre ſi jeune, qu'au bout de cinq ans où il devoit abdiquer, il n'eût point encore de poil follet. Il étoit obligé de vivre toûjours pendant ce tems-là auprès de la déeſſe, & de ſe baigner dans des *Aſaminthes* à la maniere des plus anciens tems. Les Aſaminthes étoient des eſpeces de ſieges ou de chaiſes où l'on ſe mettoit pour ſe baigner. On prend auſſi quelquefois l'Aſaminthe pour un gobelet.

---

rent : & a vulgari vivendi modo, vitam tranſigerent ſancte, neque in privati cujuſpiam domum pedem unquam inferrent : Eadem apud Epheſios factitari ſcio, pergit Pauſanias, ab iis qui Epheſiæ Dianæ leguntur antiſtites, non quidem perpetuo, ſed annuo unicamo ſpatio.

VI. Apud Orchomenios templum erat Dianæ Hymniæ magna cultum religione : ibi Sacerdos erat puella virgo. Sed caſu accidit ut conſuetudo talis mutanda videretur. En hiſtoriam qualem refert Pauſanias lib. 8. cap. 5. *In Orchomeniorum montibus, qua parte Mantinæorum agrum reſpiciunt, templum eſt Dianæ Hymniæ cognominata, ob antiquiſſimis temporibus Arcadum concurſu atque cultu celebratum. Deæ ſacris tunc virgo præerat, Ariſtocrates quiſpiam virginis amore captus, eam ad ſtuprum pellexit, obſtitit illa petenti, cumque illam conſpiceret ad vim inferendam paratum, ad templum confugit & ad deæ ſtatuam receptum habuit. Ariſtocrates inſequutus eſt, & Dianam Hymniam nihil reveritus, ipſam in loco ſacro violavit. Scelere patefacto, Arcades Ariſtocratem lapidarunt, & a virgine Sacerdotium tranſtulerunt ad nuptam mulierem* ὀμαλίας ἀπὸ ρῶν ἀπ χρόνων ἐχουσα, id eſt,

quæ jam viri conſuetudinem aliquanto tempore habuiſſet. Idipſum accidit circa Pythiam Delphicam, ut dictum fuit in ſecundo Antiquitatis explanatæ tomo p. 10. Virgo quæ ex Sacerdotii officio adventantium omnium vota & munera excipere cogebatur, nimium erat ad cupidinem incitamentum, neque impediri omnino poterat ne hujuſmodi caſus interdum evenirent. A ſcriptoribus aliquot hujuſcemodi ſcripti fuerunt ; ſed ſimilia exempla accidiſſe multa veriſimi'e eſt quæ in nulla feruntur hiſtoria.

VII. In templo Minervæ Craneæ, inquit idem Pauſanias lib. 10. cap. 34. in prærupto vertice poſito, porticus erant, ubi viſebantur cellæ, in queis habitarunt deæ miniſtri, & Sacerdos quoque qui ſacra celebraret. Eum ex impuberum numero deligebant, adeoque juvenem & puerulum, ut poſtquam per quinquennium Sacerdotio functus erat, eo munere ſe abdicaret priuſquam pubeſcere inciperet : eo toto tempore apud Deam vivere tenebatur, atque in aſaminthis veterum more lavabat. Aſaminthi ſellæ quædam erant, ſeu cathedræ, in queis ad balneum ſedebatur. Aliquando etiam aſaminthus poculum ſignificat.

CHAPITRE II.

I. Prêtres & Prêtresses en plusieurs endroits, choisis extrémèment jeunes ; pourquoi. II. Prêtres & Prêtresses élûs fort jeunes, qui abdiquoient avant que d'avoir atteint l'âge de puberté. III. La Prêtresse de Tellus, veuve, à qui il n'étoit pas permis de se remarier. IV Les Prêtres & Prêtresses de Messene abdiquoient dès qu'un de leurs enfans mouroit.

I. DE fort jeunes gens soit mâles, soit femelles, étoient donc élûs dans plusieurs endroits de la Grece, pour exercer le sacerdoce. Il falloit même qu'on les prît dès la plus tendre enfance. Il y a apparence que des accidens semblables à celui de la Prêtresse de Diane Hymnie d'Orchomene qui fut violée près de l'autel, les porterent à les choisir si jeunes. A Orchomene on y mit en la place de la jeune vierge une femme qui avoit vieilli dans le mariage, & pour la même cause à Delphes on établit une femme qui eût passé cinquante ans. D'autres pour obvier aux mêmes inconveniens prenoient pour le sacerdoce de si petits enfans de l'un & de l'autre sexe, qu'après avoir servi quelques années, ils abdiquoient avant que d'avoir atteint l'âge de puberté. Je croi qu'on ne les prenoit si jeunes que, ou parce qu'il étoit arrivé des inconveniens, ou de peur qu'il n'en arrivât comme à Orchomene & à Delphes : on croïoit qu'il y avoit moins à craindre pour des enfans de si bas âge.

II. Chez les Ægiens il y avoit une statue de Jupiter enfant, & une autre d'Hercule sans barbe. On leur élisoit tous les ans des Prêtres qui gardoient ces statues dans leur maison. Aux plus anciens tems on choisissoit pour Prêtre de Jupiter le plus beau de tous les garçons du lieu, & on le remplaçoit quand la barbe commençoit à lui venir. C'étoient les loix des Ægiens qui furent apparemment changées, parce que cette trop grande beauté du Prêtre pouvôit avoir causé quelque accident. A Tegée la Prêtresse de Minerve surnommée Alea, étoit une petite fille qui devoit aussi abdiquer le sacerdoce avant qu'elle eût atteint l'âge de puberté. A Calaurée la Prêtresse de Neptune étoit une jeune vierge qui abdiquoit de même le sacerdoce dès qu'elle étoit nubile.

CAPUT II.

I. Sacerdotes mares seu feminæ admodum juvenes multis in locis delecti, quare. II. Sacerdotes & Sacerdotissæ juvenes delecti, qui antequam puberes essent abdicabant. III. Sacerdos Telluris, cui non licebat secundas adire nuptias. IV. Sacerdotes & Sacerdotissæ Messenii abdicabant cum aliquis ex suis liberis moriebatur.

I. JUvenes igitur admodum in multis Græciæ locis adlegebantur Sacerdotes sive mares sive feminæ, imo vix primam pueritiam prætergressi. Eadem consuetudinis hujuscemodi ratio & origo esse potuit, atque illa de qua supra diximus, cum de Diana Hymnia Orchomeniorum ageremus ; nimirum ut ibi atque etiam Delphis, cum Sacerdos ante puella esset & virgo, postquam vitium virginibus illis oblatum fuerat, deinceps pro virgine, mulierem quæ a multo jam tempore connubio juncta erat, delegerunt, ut ne casus hujusmodi deinde eveniret ; ita etiam puelli puellæque, pene adhuc infantes cooptabantur, quandoquidem aliqui; per annos quinque jam functi, adhuc tamen impuberes erant. Crediderim ego tam tenera ætate delectos, vel quia tale quidpiam evenerat, vel ne aliquando eveniret, tam immaturis enim vix casus hujusmodi timendus.

II. Apud Ægios, inquit Pausanias l. 7. 24. statua erat Jovis pueri, altera vero Herculis imberbis. Ipsis porro quotannis Sacerdotes deligebantur, qui statuas hasce domi servarent. Vetustissimis vero temporibus puerorum formosissimus cooptabatur, cui pubescenti substituebatur alius. Hæ leges erant Ægiorum quæ hac in re mutatæ fortasse fuere, quod ex illa tanta Sacerdotis forma flagitii quidpiam emersisset. Tegeæ Sacerdos Minervæ cui Alea cognomen, puellula erat, quæ Sacerdotium abdicabat antequam ad pubertatem venisset, teste Pausania l. 8. 47. similiterque Calaureæ Sacerdos Neptuni puella erat, quæ cum matura viro erat, abdicabat ;

Celle de Diane Triclaria se démettoit aussi lorsqu'elle se marioit. La même
loi s'observoit encore à l'égard de la Prêtresse de Diane, surnommée Agro-
tera. Ces jeunes vierges étoient élûës Prêtresses de Minerve & de Diane,
déesses qui passoient elles-mêmes pour vierges. On en élisoit de même pour
Neptune à Calaurée, & à Delphes pour Apollon. Cependant Neptune &
Apollon selon les Mythologues n'étoient pas des plus réservez sur l'article des
femmes. Cela fait voir qu'ils exigeoient une plus grande chasteté dans les
Prêtres, qu'ils n'en attribuoient à leurs dieux mêmes.

III. Auprès d'Ægé dans l'Achaïe, étoit un temple de la déesse Tellus, appellée en grec γῆ, *Ge*, la terre, & son temple γαῖον *Geon*, avec sa statue qui étoit
très-ancienne, & qu'on appelloit Eurysternon, à cause de sa large poitrine.
La Prêtresse qu'on élisoit pour déservir, devoit n'avoir eu qu'un mari, & garder
le célibat tout le reste de sa vie.

IV. Une loi de Messene étoit que si un fils ou une fille de quelque Prêtre
ou Prêtresse que ce fût, venoit à mourir, le pere ou la mere abdiquoient d'a-
bord le sacerdoce. Sur quoi Pausanias raconte l'histoire suivante. Au tems de
la guerre des Lacedémoniens contre les Messeniens, un nommé Lyciscus Mes-
senien, s'enfuit à Sparte avec sa fille qui y mourut. Comme il venoit fréquem-
ment au tombeau de sa fille, des cavaliers Arcadiens lui dresserent une em-
buscade, le prirent & l'amenerent à Ithome, où étant accusé comme traître à
sa patrie, il se défendoit, disant, que ce n'étoit point pour trahir sa patrie qu'il
s'étoit enfui, mais qu'un devin lui aïant dit que sa fille n'étoit pas legitime,
il avoit jugé à propos de s'absenter avec elle. On ne vouloit pas l'en croire
sur sa parole ; mais la Prêtresse de Junon le tira d'embarras. Elle vint à l'assemblée, & declara que c'étoit elle qui avoit enfanté cette fille, & qu'elle l'avoit
donnée en secret à la femme de Lyciscus, afin qu'elle la gardât comme sa
propre fille, & donnât le change à son mari. Je viens, dit-elle, declarer le fait,
& abdiquer en même tems le sacerdoce : parce que sa fille étant morte, il ne
lui étoit plus permis de le garder.

---

teste eodem scriptore 2. 33. Item Dianæ Triclariæ
Sacerdotissa puella Sacerdotio renunciabat cum a
viro conjux ducebatur, Pausan. 7. 19. Eadem consuetudo servabatur erga Sacerdotem puellam Dianæ Agroteræ, Pausan. 7. 26. Hæ Sacerdotes puellæ
plerumque instituebantur ad sacra Minervæ & Dianæ facienda, quæ & ipsæ, virgines habebantur. Verum Neptuni quoque & Apollinis Sacerdotes aliquando puellas & virgines fuisse comperimus, qui
certe dii non inter eos memorantur a Mythologis,
qui continentia & castitate insignes fuerint. Castio-
res ergo Sacerdotes esse curabant, quam deos suos
esse crederent.

III. Prope Ægen in Achaia, inquit idem scriptor 7. 25. templum erat deæ Telluris nempe Γῆς.
Templum vero vocabatur Γαῖον; cum ejus statua
quæ vocabatur εὐρύστερνον ob latitudinem pectoris : quæ femina in Sacerdotem deligebatur, vitam
cælibem postea semper ageret oportebat, & antea
unius tantum viri uxor fuisse debebat.

IV. Prisca religione apud Messenios sancitum
erat, inquit Pausanias l. 4. cap. 12. ut sive vir sive
femina, si Sacerdotium gereret, ubi quempiam li-
berorum amisisset, statim alius in ejus locum Sacerdos sufficeretur : qua de re idem scriptor hanc histo-
riam ibidem narrat. Cum esset Lacedæmonios inter
& Messenios bellum, quidam Lyciscus Messenius
Spartam cum filia perfugit, illa vero ibidem mortua est. Ad puellæ tumulum frequenter ventitan-
tem patrem, Arcadum equites ex insidiis eruptione
facta capiunt. Ithomen deductus Lyciscus in con-
cionemque pertractus, ut patriæ proditor causam
dicere cogebatur. Ille contra se non patriam pro-
didisse contendebat ; verum secedendum sibi putasse vatis dicto permotum, qui diceret puellam non
esse legitimam. Nequaquam est ei habita fides. Verum quædam mulier, quæ Junonis Sacerdotio tunc
fungebatur, in theatrum veniens, puellam se illam peperisse confessa est, & ab se datam esse uxori
Lycisci ut eam viro suo quasi filiam suam traderet.
Nunc itaque venio, inquit, rem occultam indica-
tura, ac simul Sacerdotium abdicatura, quoniam
mortua filia, non licebat retinere.

CHAPITRE

CHAPITRE III.

I. Diverfité de coûtumes pour le facerdoce. II. Prêtre d'Hercule en l'ifle de Cos, habillé en femme : pourquoi. III. Prêtre des Graces étoit à vie. IV. Sacerdoces qui paſſoient aux enfans, & aux defcendans.

I. IL y avoit chez les Grecs de grandes diverfitez, & des differences confiderables dans le facerdoce, foit pour ce qui regarde la maniere de vivre dont nous avons déja parlé; foit pour les rites, les cerémonies, les ornemens, habits & autres chofes femblables. Ces varietez fe trouvoient non feulement en differens lieux, mais très-fouvent auffi dans la même Ville. Nous donnons de toutes ces chofes quelques exemples tirez de differens endroits. Les anciens Auteurs & les monumens qui nous reftent en fourniffent quelques-uns; mais la plûpart n'ont pas été tranfmis jufqu'à nos jours. Ces facerdoces ne varioient pas feulement dans les rites & dans les habits d'hommes ou de femmes; on y remarquoit auffi beaucoup de differences quant à la durée. Il y en avoit qui n'étoient que pour un an, d'autres pour quelques années feulement. On voioit des Prêtres qui changeoient de facerdoce; ils étoient tantôt Prêtres d'un dieu, & tantôt d'un autre. Plufieurs facerdoces étoient à vie; d'autres fe tranfmettoient même aux enfans, & aux defcendans. Nous avons déja vû des exemples d'une partie de ces chofes, & nous en allons voir des autres.

II. En l'Ifle de Cos, à une fête qu'on appelloit Antimachie, le Prêtre portoit un habit de femme, & avoit la tête liée d'une mitre, ou d'une bande à la maniere des femmes. La raifon en étoit, felon Plutarque, qu'Hercule revenant après la prife de Troie, une tempête écarta fix navires qu'il avoit, un qui le portoit fit naufrage à l'Ifle de Cos, ou après avoir perdu fes gens, fes armes & fon bagage, il prit terre. Il pria un berger nommé Antagoras de lui donner un belier. Le berger qui étoit fort & robufte lui propofa de lutter contre lui, & lui promit le belier s'il demeuroit vainqueur. Hercule accepta la condition; & quand ils en furent venus aux mains, les Meropes fe mirent du côté d'An-

---

CAPUT III.

I. Rituum diverfitas maxima circa Sacerdotium. II. Sacerdos Herculis in Co Infula muliebri veftitu erat, quare. III. Gratiarum Sacerdos per vitam totam Sacerdotio fungebatur. IV. Sacerdotia ad filios & nepotes pervadentia.

I. MAgna apud Græcos erat in Sacerdotiis varietas. Sive ritum vivendi fpectes, de quo jam multa dicta funt, five ritus alios & ceremonias fpectaveris, veftes, ornatum ac cætera, quæ non modo pro diverfitate locorum variabant; fed etiam iifdem in civitatibus plerumque multis erant varietatibus obnoxia. Eorum omnium fpecimina quædam folum hinc & inde corradimus: horum quippe perquam minima pars ad nos ufque tranfmiffa eft, cæteris fcriptorum & monumentorum filentio obrutis. Ad hæc etiam Sacerdotia; five mares five feminas five utrofque admitterent, non minus inter fe variabant circa functionum tempus. Alii annuum

gerebant Sacerdotium, alii per aliquot annos tantum. Erant qui Sacerdotia mutarent, & modo hoc modo illud gererent. Alii,& quidem non pauci, Sacerdotia ad vitam retinebant. Nonnulli etiam tranfmittebant ad filios & nepotes, & quidem longa fucceffione temporis. Horum omnium exempla vel vidimus, vel fubinde videbimus.

II. In infula Co, ait Plutarchus tom. 2.p.304. in fefto cui nomen erat Antimachia, Sacerdos muliebri erat veftimento indutus, mulierumque ritu caput mitra five fafcia ligatum præ fe ferebat. Hujufce vero confuetudinis ratio hinc, fecundum Plutarchum, petebatur. Cum Hercules poft captam Troiam rediret, tempeftas ingens fex quas fecum habebat naves difperfit, & alio aliam difpulit; ea vero qua ipfe vehebatur, in infula naufragium fecit. Amiffis ergo fociis, armis & farcinis, exfcenfum fecit. Ab Antagora autem paftore arietem poftulavit. Paftor qui viribus prævalebat, hanc conditionem pofuit, ut fecum nempe luctaretur, & fi vinceret, arietem auferret. Accepit Hercules conditionem;& dum mutuo decertant,Meropes ad Anta-

tagoras , & les Grecs qui se trouverent là, du côté d'Hercule. Le combat fut
apre. Hercule accablé du grand nombre s'enfuit chez une femme Thra-
cienne, & prit l'habit de femme pour tromper les poursuivans ; ce qui lui
réüssit. Aïant depuis vaincu les Meropes , après avoir fait les expiations ordinaires , il épousa Alciope , portant au jour des nôces une robe ornée de fleurs :
c'étoit en memoire du fait que le Prêtre en habit de femme offroit un sacrifice
au lieu du combat,où les fiancez aussi en habits de femmes embrassoient leurs
fiancées.

III. Un trépied trouvé dans les Isles Cyclades, nous apprend qu'il y avoit un
Prêtre des Graces : il falloit sans doute qu'il y eût quelque temple dédié à ces
déesses,qui ne manquoient pas d'adorateurs. Minos , dit Apollodore,sacrifiant
aux Graces dans l'isle de Paros , apprit la mort de son fils, il jetta d'abord la
couronne qu'il portoit en sacrifiant, & fit cesser le joüeur de flute , ce qui
n'empêcha pas qu'il ne continuat son sacrifice. Depuis ce tems-là à Paros
on sacrifioit aux Graces sans couronne , & sans joüeur de flute.

Le Prêtre des Graces qui faisoit ses fonctions dans les Cyclades du tems de
l'Empereur Auguste, s'appelloit Lucius Popillius Apollodorus , fils d'Aulus.
L'inscription porte qu'il étoit Prêtre à vie. Cela est marqué ici , parce qu'il y
avoit des sacerdoces qui n'étoient qu'annuels,ou pour un certain nombre d'années. Nous en avons vû ci-devant de cette derniere espece;cette inscription est
gravée sur un triangle équilatere;& cela prouve que ce trépied étoit aussi triangulaire. Il avoit apparemment cette figure à trois angles , parce que les Graces qui étoient là honorées comme des déesses, étoient au nombre de trois. Ce
triangle avec l'inscription est representé ici entre le françois & le latin.

ΑΥΤΟΚΡΑΤΟΡΙ. ΚΑΙΣΑΡΙ. ΘΕΩ. CΕΒΑCΤΩΙ
ΘΕΟΥ. ΥΙΩΙ.

goræ partes & ad opem ferendam transeunt. Græci,
qui istic agebant,Herculi ferunt auxilium,committi-
tur acrior pugna. Hercules porro multitudine op-
pressus, ad Thracem mulierem confugit ; & ut inse-
quentes se falleret , muliebri induitur habitu, sicque illorum impetum effugit. Ubi vero postea Me-
ropas vicisset, postquam solitas expiationes fecerat,
Alciopem duxit uxorem , vesteque floribus ornata
nuptiali die comparuit. In cujus rei memoriam , Sacerdos muliebri veste sacra faciebat in ipso pugnæ
loco : ubi sponsi muliebri & ipsi vestitu sponsas suas
osculabantur.

III. Tripus in Cycladibus insulis repertus , docet ibi Sacerdotem Gratiarum fuisse. Eratque haud
dubie iisdem in locis templum aliquod Gratiarum,
quæ ut credere est,multos ad sui cultum alliciebant.
Minos, inquit Apollodorus lib. 3. versus finem , au-
dita filii morte , quo tempore in Paro Gratiis sacra fa-

ciebat , sublatam e capite coronam abjecit , tibicinem-
que interpellavit , & sacrificium tamen nihilo secius ab-
solvit. Hinc & in hodiernam usque tempestatem sine tibiis & coronis in Paro Gratiis immolant. Sacerdos autem Gratiarum, qui hoc officio fungebatur Augusti
Imperatoris tempore, vocabatur Lucius Popillius
Apollodorus Auli filius. Notat inscriptio illum esse
Sacerdotem per totam vitam. Id quod ideo indica-
tur hoc loco , quoniam Sacerdotia quædam vel ad
annum vel ad certum annorum numerum erant,
uti jam supra vidimus. Porro quia inscriptio circa
triangulum æquilaterum inscribitur, hinc arguas
tripodem fuisse triangularem. Hac figura tum tripus
tum inscriptio ideo fortasse erant, quoniam Gratiæ
illæ quæ dearum nomine colebantur,tres etiam numero. Triangulum porro & inscriptionem circum-
positam hic repræsentare operæ precium fuerit.

IV. Il y en avoit aussi qui non seulement étoient à vie, mais qui passoient aux enfans. Dans l'isle de Lesbos un Prêtre d'Esculape le salutaire, l'étoit διὰ γένες, c'est-à-dire, que le sacerdoce passoit successivement à ses descendans, ce qui s'observoit encore chez les Eumolpides d'Athenes. Le même Prêtre d'Esculape avoit un autre sacerdoce διὰ βίς pendant sa vie. Il y a dans cette inscription quelque difficulté, mais qui ne regarde point notre sujet. Les coûtumes varioient selon les payis, & quelquefois dans le même payis. Il y avoit donc des sacerdoces à vie; d'autres qui n'étoient que pour un tems, & d'autres enfin qui ne sortoient point de certaines familles, & qui passoient aux descendans.

IV. Erant etiam Sacerdotia non modo per totam Sacerdotis vitam, sed quæ etiam ad eorum filios & nepotes transibant. In Lesbo insula, ut apud Gruterum legimus MLXXXIX. 5. Æsculapii salutaris σωτῆρος Sacerdos erat διὰ γένες, ejus scilicet Sacerdotium ad posteros transmeabat; cujus etiam ordinis erant Eumolpidæ Athenis. Idem vero ipse Sacerdos, ut in eadem inscriptione legitur, aliud Sacerdotium obtinebat διὰ βίε ad vitam tantum. In hac autem inscriptione aliquid subest difficultatis, sed quæ non ad rem propositam pertineat. Consuetudines vero variabant secundum regiones & civitates, & aliquando in eadem civitate. Erant ergo Sacerdotia ad vitam, alia ad tempus tantum; alia demum ex quibusdam familiis non egrediebantur & ad filios nepotesque transibant.

CHAPITRE IV.

I. Souverains Prêtres Ἀρχιερεῖς qui transmettoient cette dignité à leurs descendans. II. La même succession chez les Gaulois. III. Prêtres qui possedoient plusieurs Sacerdoces à la fois, & d'autres successivement. IV. Onias souverain Prêtre & Prophete. V. Embés Prophete, & chef des Peanistes.

I. NOn seulement les Prêtres, mais aussi quelquefois ceux qui portoient le nom d'Ἀρχιερεῖς, qui étoient comme les chefs des Prêtres, occupoient cette dignité à vie, & la transmettoient à leurs descendans. Philostrate dans la vie des Sophistes, l. 2. dit du nommé Scopelien, qu'il étoit Prince des Prêtres Ἀρχιερεύς, & que tous ses ayeux avoient eu cette charge de pere en fils. Ἀρχιερεὺς μὲν ἐγένετο τῆς Ἀσίας, αὐτός τε καὶ οἱ πρόγονοι αὐτῷ, παῖς ἐκ πατρὸς πάντες.

II. La même succession se trouvoit chez les Gaulois. *Vous êtes né à Bayeux,* dit Ausone au Rheteur Attius Patera, *de la race, dit-on, des Druides. Vous tirez vôtre origine sacrée du temple, ou de ceux qui servoient en qualité de Prêtres au temple d'Apollon. C'est de-là que vous prenez vos noms. Vous vous appellez Patera;*

CAPUT IV.

I. Ἀρχιερεῖς seu summi pontifices, qui hanc dignitatem filiis & nepotibus transmittebant. II. Eadem Sacerdotum successio apud Gallos. III. Sacerdotes qui plura simul Sacerdotia possidebant, aliique qui plura successive. IV. Onias ἀρχιερεύς sive summus Sacerdos & propheta. V. Embes propheta & pater Pæanistarum.

I. NOn Sacerdotes modo quidam, sed etiam qui hoc nomine ἀρχιερεῖς insigniebantur, erantque quasi Sacerdotum principes, dignitatem illam ad vitam possidebant, ad posterosque transmittebant. Philostratus in vita Sophistarum libro 2. de Scopeliano, dicit fuisse ipsum principem Sacerdotum ἀρχιερέα, avosque ejus omnes hanc possedisse dignitatem ex generis successione. Ἀρχιερεὺς μὲν ἐγένετο τῆς Ἀσίας, αὐτός τε καὶ οἱ πρόγονοι αὐτῷ, παῖς ἐκ πατρὸς πάντες.

II. Eadem generis successio apud Gallos etiam reperiebatur, ut ait Ausonius, Attium Pateram Rhetorem alloquens, profess. Burdig. 4.

Tu Baiocassis stirpe Druidarum satus,
Si fama non fallit fidem,
Beleni sacratum ducis e templo genus
Et inde vobis nomina
Tibi Patera: sic ministras nuncupant
Apollinaris mystici

B ij

c'est ainsi que ceux qui sont initiez aux mysteres d'Apollon, appellent ses ministres. Vôtre pere & vôtre frere portent le nom de Phœbus. Ils s'appelloient l'un & l'autre Phœbitius. Ce nom se prenoit de celui du dieu dont ils étoient Prêtres ; le nom d'Apollinaire étoit pris d'Apollon, Phœbitius de Phœbus. Ils le prenoient aussi des instrumens des sacrifices, comme Patera nommé dans les vers. Ces noms n'étoient point sujets au changement, & convenoient très-bien à des gens qui gardoient toûjours pendant leur vie le même sacerdoce, & le transmettoient à leurs descendans.

III. Il y en avoit aussi qui possedoient plusieurs sacerdoces à la fois. Tel étoit Lucius Aurelius Apolaustus Memphius, dont il est parlé dans une inscription de Gruter. Celui-ci étoit Prêtre d'Apollon, & en même tems chef des Prêtres ἀρχιερεύς du Synode & des Augustes. Pour ce qui est d'être en divers tems Prêtre de dieux differens, tantôt de l'un, & tantôt de l'autre, cela arrivoit souvent à un même homme. Nous verrons plus bas Eubulus, qui fut Prêtre à Athenes, premierement d'Esculape, puis des grands dieux, & en dernier lieu de Bacchus. Il seroit aisé d'en produire d'autres exemples.

IV. On trouve encore un chef des Prêtres ἀρχιερεύς, qui est en même tems Prophete. Tel étoit Onias, nom qui semble d'abord d'hebreu, mais qui est grec ici. Dans l'urne sepulcrale qu'Onias fit pour son fils Emathion, il se qualifie ἀρχιερεύς καὶ προφήτης grand Prêtre & Prophete : c'étoit pourtant deux dignitez differentes, qui se réünissoient en une personne. Le grand Prêtre & tous les Prêtres étoient pour les sacrifices, & les prophetes pour declarer la volonté des dieux, prédire l'avenir, & découvrir les choses les plus cachées ; telles qu'ils disoient les avoir apprises en songe, ou en vision ; ce qui s'exprimoit par ces paroles. *Somno monitus, visu monitus, ex visu, viso omine.* Des particuliers qui n'étoient pas Prophetes de profession, avoient quelquefois de ces songes ou visions, comme on peut voir à la page 253. du second tome de l'Antiquité : & quelquefois aussi ces visions venoient par l'entremise des Prophetes qu'on appelloit en latin *Vates*, des devins. De ce genre étoient aussi les Augures, qui prédisoient par le vol des oiseaux, & les Haruspices qui pro-

---

Fratri patrique nomen a Phœbo datum
Natoque de Delphis tuo.
His postremis nomen erat Phœbitius. Nimirum nomina mutuabantur a deo cujus Sacerdotium obibant, ut Apollinaris ab Apolline, Phœbitius a Phœbo. Sive etiam ab instrumentis sacrificiorum ut Patera, quia hæc nomina indicabant eos, qui successione quadam generis alius post alium ministraturi, & Sacerdotio functuri erant.

III. Erant etiam qui plura simul Sacerdotia possiderent, ut apud Gruterum, Lucins Aurelius Apolaustus, qui commemoratur Sacerdos Apollinis, atque una ἀρχιερεύς Synodi & Augustorum. Habetur inscriptio Gruter. p. cccxiii. 8. quæ aliquot difficultates præfert, sed quia ad rem nostram non pertinent, hic prætereuntur. Plura autem Sacerdotia quempiam non simul, sed diversis habere temporibus, illud certe non raro accidebat ; ita ut primo alicujus numinis, deinde alterius idem ipse esset. Infra videbimus Eubulum qui Sacerdos fuit Athenis, primo Æsculapii, deinde Magnorum deorum, demum Bacchi. Alia possent exempla in medium adduci.

IV. Occurrit etiam vir unus & idem simul ἀρχιερεύς sive Sacerdotum princeps, & propheta. Talis erat Onias cujus inscriptionem hic damus ut est apud Gruterum p. cccxxvi. 1. Θεοῖς καταχθονίοις Αἰμαθίωνι υἱῷ γλυκυτάτῳ Ὠνείας ἀρχιερεὺς καὶ προφήτης. Id est, *Dis Manibus Æmathioni filio dulcissimo Onias summus Sacerdos & Propheta.* Onias autem videtur statim nomen Hebræum, sed esse puto Græcum. Erant tamen summus Sacerdos & propheta duæ dignitates in homine uno hic concurrentes. Summus Sacerdos & Sacerdotes quilibet sacrificia offerebant. Prophetæ vero deorum voluntatem enunciabant, futura prædicebant, arcana occultaque revelabant, qualia se didicisse dicebant aut in somnis, aut ex visu : Hæc porro in inscriptionibus exprimuntur sic, *somno monitus, visu monitus, ex visu, viso omine.* Alii quoque, qui prophetæ non audiebant, in hujusmodi nonnunquam somnia & visa incidebant, ut videre est tomo Antiquitatis explanatæ secundo p. 253. Aliquando etiam hæc per prophetas ediscebantur, qui Latine vates audiebant. Hujus ferme generis erant etiam Augures, qui ex volatu avium, & Haruspices, qui ex inspectione visce-

nonçoient sur l'inspection des entrailles des victimes, gens tous ou fanatiques, ou charlatans.

V. Ces Prophetes étoient aussi en grand honneur, non seulement à Delphes, mais aussi en d'autres lieux, & même à Rome. Dans une inscription de Gruter CCCXIV. 2. Embés Prophete est nommé le pere, & le chef des Peanistes du grand dieu Jupiter Serapis qui est appellé le Soleil. Ces Peanistes étoient des chantres qui chantoient des hymnes appellez *Pæana* en l'honneur des dieux & des heros, & quelquefois par flaterie en l'honneur de certains hommes du premier rang ; des Empereurs, & autres. Il paroit que ceux du grand dieu Serapis étoient particulierement destinez pour chanter ses loüanges. Ils avoient à Rome une maison pour toute la Confrérie. Ces Peanistes pour honorer Embés le Prophete, qu'ils appellent leur pere, lui firent faire un buste de marbre qu'ils mirent dans leur maison. Le soin en fut donné à Metilius Ampliatus qualifié l'ancien πρεσβύτερος. Cela se passa le huitiéme de Mai, qui étoit l'onziéme du mois Pachon selon les Alexandrins, sous le Consulat de Sextus Erucius Clarus, & de Cneius Claudius Severus qui tombe en l'année 146. de Jesus-Christ, sous l'Empereur Antonin le pieux.

---

rum post cæsas hostias vaticinabantur, quod genus omne hominum aut fanatici aut plani erant.

V. Hujusmodi Prophetæ in honore erant, non modo Delphis, sed etiam aliis in locis, Romæ quoque. Inscriptio Gruteriana p. cccxiv. 2. Emben quemdam exhibet prophetam, qui vocatur pater & princeps Pæanistarum magni dei Jovis Serapidis Solis. Pæanistæ vero hujusmodi cantores erant, qui hymnos canebant Pæana dictos, in honorem deorum & heroum, & aliquando etiam ex adulatione in honorem optimatum quorumdam, imo etiam Imperatorum. Inscriptio autem Græca sic habet : Η περὶ τάξις τῶν Παιανιστῶν τῶν ἐν Ρώμῃ Διὸς ἡλίου μεγάλου Σαραπίδος κὶ θεῶν Σεβαςῶν, ἐτίμησαν (*sic*) Ἐμβην προφήτην, πατέρα τῆς προγγεγραμμένης τάξεως προτομῇ μαρμαείνῃ, ἢ αναπιθείσῃ ἐν τῷ οἴκῳ τῶν Παιανιςῶν τῇ πρὸ ἀ Νώνων Μαίων ἥ ἐςιν κατὰ Αλεξανδρεῖς Παχὼντο, ἐπὶ κουρά τορος Μετιλίου Αμπλιάτο πρεσβυτέρου. Σεξτῳ Ἐρυκίῳ Κλάρῳ B. ΓΝΕΩ Κλαυδίῳ Σιδήρῳ K Ω Σ. Hoc est : *Sacer ordo Pæanistarum Romæ dei Solis magni Sarapidis, & deorum Augustorum honorarunt Emben prophetam, patrem supra scripti ordinis, protome marmorea, quæ posita est in domo Pæanistarum, pridie Nonas Maii, quæ est secundum Alexandrinos Pachonis undecima. Curatore Metilio Ampliato seniore. Sexto Erucio Claro & Gneo Claudio Severo cos.* Consulatus Sexti Erucii Clari & Gneii Claudii Severi, in annum Christi cadit 146. imperante Antonino Pio.

CHAPITRE V.

I. Prêtre de Bresse. II. Autre Prêtre à demi nud. III. Autre ressemblant à ce dernier. Difficulté sur ces deux statues. IV. Prêtresse de Bacchus. V. Nonia Macrina Prêtresse. VI. Autre Prêtresse.

Pl. I.
1

I. LE premier Prêtre de la planche suivante a la tête couverte d'un voile, & semble regarder le Ciel: [1] il tient d'une main des fleurs & des feüilles. Son habit à larges manches, qui est une espece de tunique, n'a point de rapport avec l'habit romain: il en a beaucoup avec la tunique des Gaulois, que l'on peut voir au troisiéme tome de l'Antiquité planches XLVII. & XLVIII. aussi Bresse étoit-elle dans la Gaule Cisalpine. Sa chaussure est aussi conforme à celles des Gaulois des mêmes planches.

2

II. On croit que la figure [2] suivante de Versailles est aussi d'un Prêtre. Il en a tout l'air. Il est couronné de laurier, ce qui pourroit marquer un sacrifice après une victoire, ou après quelque heureux succès. Il tient un bâton de commandement, & a les pieds nus, & le corps à demi nu. Ce qui n'est pas

3

sans exemple, comme on peut voir à la pl. VI. du second tome. [3] Ce n'est pas sans quelque scrupule qu'on donne la figure suivante de Versailles pour un Prêtre ou un sacrificateur: c'est le grand vase qu'il a aux pieds, qui l'a apparemment fait prendre pour tel. Il a les cheveux agencez comme une femme, mais le sein est d'un homme, il semble montrer quelque chose du doigt. Rien n'indique clairement que ce soit un Prêtre.

Pl.
après
la I.

III. Il est si ressemblant à un autre qu'on voit au Capitole de Rome, qu'il n'y a de différence qu'autant qu'il en faut pour juger que ce n'est pas le même, quoique visiblement tout convienne dans l'un & dans l'autre, les cheveux agencez comme ceux d'une femme, la tunique de même forme pour la longueur, la largeur, & relevée d'une ceinture; la chaussure est la plus simple dans les deux. Celui de Rome n'a pas ce grand vase à son côté, qu'a celui de

---

CAPUT V.

I. Sacerdos Brixianus. II. Sacerdos alius seminudus. III. Alius huic similis. In hæc duo signa difficultas. IV. Mulier Bacchi Sacerdos. Nonia Macrina Sacerdos. V. Alia Sacerdos.

I. PRimus Tabulæ sequentis Sacerdos, capite velatus est, videturque cælum respicere. [1] Altera manu flores tenet & folia. Vestis amplas habens manicas tunica videtur esse, nec Romanis similis vestibus est: sed Gallorum tunicam refert; quam inspectare potes tomo Antiquitatis explanatæ tertio Tab. XLVII. & XLVIII. Brixia porro Galliæ erat Cisalpinæ. Calcei quoque Gallicis similes sunt, ut in iisdem Tabulis observatur.

II. Schema sequens [2] Versalianum, Sacerdotem exhibere putatur: vereque Sacerdotis speciem præ se fert. Lauro coronatur, quo sacrificium post victoriam, aut faustum aliquem eventum significare posse videtur. Baculum præcipientis more tenet: nudis pedibus, seminudoque corpore est; id quod alibi in Sacerdotibus quibusdam observatur, ut videas in Tab. VI. secundi Antiquitatis explanatæ tomi. Non sine scrupulo [3] figuram sequentem Versalianam pro Sacerdote vel sacrificulo damus. Vas magnum ad ejus pedes positum id haud dubie effecit, ut pro Sacerdote haberetur. Comam habet muliebri more concinnatam, sed sinus est viri. Digito quidpiam ostendere videtur: nullum certum signum adest, quod Sacerdotem esse suadeat.

III. Usque adeo similis est alteri qui in Capitolio Romano visitur, ut id tantum discriminis deprehendatur, quod suadeat idipsum non esse. Etsi enim multa in utroque simul conveniant, capilli ad muliebris comæ formam concinnati, tunica, perinde longa lataque, similibus instructa manicis, cingulo constricta, calceorum utrobique simplicitas.

PRETRES
1
2
3
Memorie Bresciane
de Versailles
I.Pl. du Tom.II.
Tom.II. 1

Verſailles. Ce n'eſt pas la premiere fois que deux ſtatues, ou deux figures antiques repreſentent la même choſe, & ſe reſſemblent preſque entierement. Le Cavalier Maffei habile Antiquaire, dit que l'opinion commune eſt que c'eſt un Camille, & qu'on ſe fonde pour le dire tel, ſur ce que l'inſcription qui eſt ſur la baſe, le dit Camille ; mais cette inſcription eſt de main moderne. Le Cavalier ne faiſant pas grand compte de l'inſcription, hazarde quelques conjectures : ce pourroit être, dit-il, un de ces jeunes garçons qui étoient en ſervice chez les anciens Romains, qu'Horace appelle *Præcincti recte juvenes*. A quoi on répondra peut-être, quelle apparence qu'on ait ainſi érigé une ſtatuë à un jeune domeſtique. Mais les anciens faiſoient ſi facilement ces ſortes de ſtatues, bronzes, bas reliefs pour repreſenter tout ce qui leur venoit dans la penſée, tout ce qu'ils aimoient, tout ce qu'ils voioient volontiers, qu'il ne faudroit pas s'étonner ſi quelque Senateur, ou quelqu'autre perſonne puiſſante avoit fait ainſi repreſenter en ſtatue quelque jeune garçon qui étoit à ſon ſervice. Sans s'arrêter beaucoup à tout ceci, le même Cavalier dit que ſes cheveux liez, & diſpoſez comme ceux d'une femme, & la forme de ſes jambes le porteroient à dire que c'eſt veritablement une femme, s'il n'avoit peur de lutter contre le torrent qui veut à force que ce ſoit un jeune homme. On pourroit peut-être dire la même choſe de la ſtatue de Verſailles : mais le ſein tel que le repreſente l'image, paroit être d'un homme.

IV. La Prêtreſſe qui vient après a été donnée & expliquée par le même Cavalier Maffei qui la prend pour une Prêtreſſe de Bacchus, ou pour une Menade ; les Menades étoient des femmes conſacrées à Bacchus, ou des Baccantes, qui par un enthouſiaſme apparemment volontaire, devenoient furieuſes. C'eſt une vieille des plus ſurannées, coëffée negligemment, ridée juſqu'aux aiſſelles, qu'elle montre d'un côté. Elle regarde le Ciel comme extaſiée, aſſiſe ſur une belle baſe ronde, ornée de pilaſtres. Elle tient un grand vaſe couvert de pampres & de corymbes qui la font reconnoître pour Baccante. Ce vaſe jette des flammes, ce qui revient à ce que dit Apulée, lorſqu'il décrit la lampe que portoit le premier des Prêtres, qui marchoit dans

PL. II.

Romanus tamen vas illud magnum non habet, ut Verſalianus. Neque hoc tantum loco, duo ſchemata antiqua eamdem ipſam rem eodem prorſus modo repræſentant. Eques Maffeius, qui antiquariæ rei peritiſſimus erat, dicit eam vulgarem opinionem fuiſſe hunc eſſe Camillum, idque ex ſola inſcriptionis ad baſin poſitæ auctoritate, quæ tamen inſcriptio antiqua non eſt, ideoque nullius ea in re momenti. Idem vero ipſe eques inſcriptionem illam nihili faciens conjecturas aliquas profert. Eſt fortaſſe, inquit, ex numero ſervorum illorum juvenum, apud veteres Romanos miniſtrantium, quos vocat Horatius l. 2. Sat. 6.

Præcincti recte juvenes

Forte reſpondebitur, quis credat ſic ſtatuam ſervo aut vernæ poſitam ? At veteres tam facile hujuſmodi monumenta, ſtatuas, ænea ſigna, Anaglypha erigebant, ut quidquid primum in mentem venerat, quidquid amabant, quidquid libenter ob oculos ponebant, repræſentarent : ut mirandum omnino non eſſet, ſi quis Senator, ſive alius quiſpiam opibus admodum valens, ſic quempiam vel ſervum vel vernam juvenem repræſentari curaſſet. Hiſce tamen omnibus quaſi levioribus relictis, lau-

datus eques, demum ſic ſuam aperit ſententiam : coma, inquit, retro ligata, muliebrique forma diſpoſita, crurumque feminea ſpecies, eo me inducerent, ut mulierem eſſe putarem, niſi contra omnium opinionem luctari viderer, qui virum juvenem hac in ſtatua vult conſpici. Idem fortaſſe de Verſalienſi ſtatua dici poſſet. At ſinus, ut quidem hic repræſatur, non muliebris, ſed virilis eſſe videtur.

IV. Sacerdos illa mulier quæ ſequitur ab eodem equite Maffeio data explicataque fuit, qui Bacchi Sacerdotiſſam ſeu Mænadem eſſe putat. Erant porro Mænades mulieres Baccho ſacræ, quæ ἐνθουσιασμῷ ut videtur, ficto, in furorem actæ videbantur. Eſt autem annoſiſſima vetula, neglecto capitis ornatu, rugis ad uſque axillas labefactata, nam ex uno latere uſque ad axillas nuda viſitur. Cælum reſpicit, quaſi mentis exceſſu ducta. Baſi porro inſidet rotundæ, paraſtatis circum ornatæ. Vas magnum tenet Pampinis, Corymbiſque opertum, queis Bacchans mulier eſſe deprehenditur. Vas porro illud flammas emittit, id quod apprime conſonat iis quæ Apuleius Metamorphoſ. l. 11. p. 372. dicit de lucerna loquens, quam geſtabat is qui primus Sacerdos erat in pompa Iſidis. *Lucernam promican-*

la pompe d'Ifis. Le premier, dit-il, portoit une lampe qui rendoit une lu_
miere fort claire. Elle ne reffembloit pas à nos lampes dont nous nous fer_
vons dans les repas nocturnes : mais c'étoit un vafe d'or d'où la flamme fortoit
par le trou du tuïau. Ce qu'il y a ici de particulier c'eft qu'elle empoigne de
la main droite ce tuïau d'où fort la flamme. Peut-être avoit elle quelque fe_
cret pour ne fe pas brûler. Ces Baccantes, Menades, Thyades, Mimallones,
avoient des fecrets femblables qui les faifoient admirer du bas peuple:témoins
ces Baccantes de Rome, qui alloient comme des furieufes plonger leurs tor_
ches ardentes dans le Tibre, fans qu'elles s'éteigniffent ; & ces Mimallones
ou Macetes qui apprivoifoient les ferpens, en forte qu'elles les manioient &
les mettoient dans leur fein : quoique ce dernier exemple n'ait rien du pro_
dige, il ne laiffoit pas d'enlever l'admiration de ceux qui n'y regardoient
pas de fi près. Le peuple une fois frappé, ne raifonne plus guere fur la poffi_
bilité des chofes qu'il prend pour miracles.

V. La Prêtreffe donnée par le Roffi s'appelloit Nonia Macrina, comme
l'infcription marque : elle étoit au fervice du dieu Bergimus, de ce dieu qu'a_
doroient les Breffans & leurs voifins ; c'eft ce que nous apprend l'infcription.
*Noniæ Macrinæ facerdoti Bergimi benemerenti Camuni. Les Camuniens ont érigé
cette ftatue à Nonie Macrine, Prêtreffe du dieu Bergimus. Elle avoit bien merité
cet honneur.* Ces Camuniens, *Camuni*, font les peuples d'une vallée auprès de
Breffe appellée *Valcamonica*. Le Roffi dit que ces peuples adoroient Mars fous
le nom de Camulus, nom que lui donnoient les Sabins. Il y avoit bien d'au_
tres peuples qui adoroient ce Mars Camulus, comme nous avons dit au pre_
mier tome à l'article de Mars Camulus. Nonia Macrina a ici les bras étendus
d'une maniere qui femble marquer quelque acte de religion. Nonia Macrina
a été gravée avec les dieux de Breffe fur la fin du premier tome à la planche
LXXXVI.

PL. III.   VI. La Prêtreffe fuivante de Verfailles a quelque chofe d'approchant de
Nonia, une main levée vers le Ciel, & le gefte qu'elle fait de l'autre, lui
donnent tout l'air d'une femme confacrée au miniftere divin. Le vulgaire
l'appelle une Sibylle ; mais c'eft deviner que l'appeller de ce nom. Il faut

---

tem, inquit, *c'aro porrigebat lumine, non adeo no_*
ftris confimilem, quæ vefpertinas illuminant epulas :
fed aureum cymbium medio fui patore flammulam
fufcitans largiorem. Quod autem mireris, manu
dextera anus tubum illum unde emittitur flamma
complectitur, forte vero arte quadam utitur, ne
ab ardente tubulo comburatur. Illæ Bacchantes,
Mænades, Thyiades, Mimallones, fecretis hujuf_
modi artibus plebem in ftuporem agebant ; teftes
illæ Romanæ Bacchantes, quæ ceu furore actæ
currebant, ut ardentes faces in Tiberim immerge_
rent, quæ tamen non exftinguebantur, & Mimal_
lones five Macetæ, quæ ferpentes adeo tractabiles
reddebant, ut manibus complecterentur in finu_
que fuo ponerent. Etfi porro hocce poftremum
exemplum prodigii nihil præ fe ferat, profanum
tamen imperitumque vulgus id nihilominus in ad_
mirationem rapiebat. Præjudicatam circa res illas
mirabiles opinionem plebs femel imbuta, ratione
vix propulfare poteft.

V. Quæ ab Octavio Rubeo publicata fuit Sa_
cerdos, Nonia Macrina vocabatur, ut ex infcrip_

tione liquet. Bergimo autem deo miniftrabat &
facra faciebat, cui numini Brixiani eorumque vici_
ni divinum præftabant cultum. Illud porro docet
infcriptio : *Nonia Macrina Sacerdoti Bergini bene*
merenti Camuni. Camuni autem illi, populi funt
vallem incolentes prope Brixiam, quæ *Valcamo_*
nica appellatur. Hofce populos, ait Octavius Ru_
beus, Martem colere Camuli nomine : quod item
nomen Marti dabant Sabini ; imo alii quoque re_
motarum regionum & provinciarum populi, ut di_
ximus tomo hujus Supplementi primo ubi de
Marte Camulo. Nonia Macrina hic brachia eo
modo extendit, qui ad religionem pertinere vi_
deatur. Nonia vero Macrina circa finem Tomi
primi cum diis Brixienfibus Tabula LXXXVI. re_
præfentatur.

VI. Sacerdos femina fequens Verfalienfis, in
quibufdam Noniæ Macrinæ non abfimilis eft :
manum in cælum extendit, alteramque manum
eo geftu dirigit, ut prorfus videatur effe mu_
lier divino addicta cultui. Vulgus illam Sibyl_
lam vocat ; at nonnifi divinando Sibylla dici

avoüe

FIGURE INCONNUE QUI PASSE POUR UN PRÊTRE.

Tome.II.   I

Marbre Romain.

PRÊTRESSE DE BACCHUS

Marbre Romain.

avoüer qu'elle a un certain air d'enthousiasme ; mais cela ne convient-il qu'aux Sibylles dont nous n'avons qu'une image certaine, qui represente seulement la tête avec l'inscription, SIBUL ? cette tête est si petite sur la medaille consulaire qui la montre, qu'on n'en peut guere tirer d'instruction sur la forme des Sibylles. Ces airs de notre image conviendroient aussi-bien à une de ces Baccantes, dont l'enthousiasme, soit réel, soit de commande, alloit quelquefois jusqu'à la fureur. Il vaut mieux laisser la chose indécise.

possit. Vere tamen illa numine afflata videtur ; sed an illud solis competat Sibyllis, quarum una tantum imago superest ; caput nempe unicum cum inscriptione SIBUL ? Caput autem illud in nummo Consulari, ita exiguum est, ut parum inde docti abeamus circa Sibyllarum formam.

Hæc imaginis nostræ Versaliensis figura, hic modus, æque ad Bacchantem quampiam referri posset, quarum ille divinus afflatus, seu simulatus, seu ex affecta vere imaginatione exhibitus, ad furorem usque illas interdum exagitabat. Res esto penes arbitrium sagacis lectoris.

LIVRE II.

Les temples.

CHAPITRE I.

I. Temples extraordinaires des anciens Grecs. II. Temples doubles. III. Temple dans un autre temple. IV. Temple de Cyzique, une des merveilles du monde.

I. **L**Es anciens avoient des temples fort differens entr'eux, soit pour la matiere, soit pour la forme. Témoin ce temple de Minerve surnommé Chalciœcos de Lacedemone, qui étoit tout d'airain, ou de cuivre comme le nom le porte, & un autre temple dedié à Apollon, qui étoit aussi d'airain, dit Pausanias dans ses Phociques. Il y en avoit un autre fait de rameaux de laurier apportez de Tempé. Celui-ci avoit la forme d'une chaumine. Un autre temple plus extraordinaire, fait de cire & d'ailes d'abeilles, & composé par les abeilles mêmes, fut envoïé par Apollon aux Hyperboréens : ceux de Delphes l'assuroient, mais c'est une pure fable. Le même Auteur parle d'un autre temple composé d'osiers verds entrelacez : ce qui étoit fort aisé à faire.

II. Il y avoit dans la Grece plusieurs temples doubles, celui qui étoit auprès de Dirade avoit une porte vers l'Orient, & une autre vers l'Occident, par la premiere on entroit dans le temple de Venus, & par la seconde dans celui de Mars. Un temple des Eliens étoit aussi double, d'un côté étoit honorée Lucine surnommée l'Olympique, dont la Prêtresse étoit annuelle, & de l'au-

---

LIBER II.

Templa.

CAPUT PRIMUM.

I. Templa insolitæ formæ veterum Græcorum. II. Templa duplicia. III. Templum intra templum aliud. IV. Templum Cyzicenum, inter miracula orbis.

I. **T**Empla apud veteres erant multum inter se diversa, sive materia sive forma spectarentur; ut erat Lacedæmone templum illud Minervæ Chalciœcos dictum quia domus ænea tota erat, quod ipsum nomen significat, aliudque templum Apollinis quod æneum etiam erat, ut narrat in Phocicis Pausanias l. 10. c. 5. Templum item erat ex ramis lauri concinnatum, ait ibidem Pausanias, qui lauri ex Tempe advecti fuerant. Verum hoc templum tugurii speciem præ se ferebat.

Aliud quoque templum a consueta forma magis recedens, ex alis apum adornatum, ab ipsisque apibus contextum ab Apolline ad Hyperboreos missum esse ferebatur, eodem referente scriptore : illud affirmabant Delphici : sed hæ meræ fabulæ sunt. Aliud Pausanias templum ibidem commemorat ex viminibus virentibus contextum, id quod potuit facile parari.

II. Erant in Græcia multa templa duplicia. Ut Diradiense illud de quo Pausanias l. 2. c. 25. cujus porta altera versus Orientem, altera versus Occidentem sita erat ; per primam in Veneris, per secundam in Martis templum intrabatur. Aliud quoque simile Eleorum templum erat, inquit idem scriptor Lib. 6. c. 20. In una parte colebatur Lucina, cui cognomen Olympia, cujus Sacerdos femina annuum solummodo exhibebat offi-

SIBYLLE

de Versailles

tre Sofipolis, qui étoit le Genie des Eliens, dont la Prêtreſſe étoit obligée de garder la chaſteté. Un autre temple double de Mantinée étoit ſeparé en deux par un mur. Un côté étoit pour Eſculape dont la ſtatue avoit été faite par Alcamene ; l'autre étoit pour Latone & pour ſes enfans, dont les ſtatues étoient de la main de Praxitele. Il ſemble que c'étoit une coûtume établie que quand les temples de deux divinitez étoient joints enſemble par un mur mitoïen, on y entroit par differens côtez, pour mieux diſtinguer l'un de l'autre.

III. Auprès de Mantinée on voioit un temple de Neptune l'équeſtre fort ancien, & où perſonne n'entroit : l'Empereur Adrien fit bâtir tout autour un autre temple qui renfermoit le vieux, comme aujourd'hui la petite Egliſe de la Portiuncule eſt renfermée dans une plus grande. C étoit, diſoit on, Agamede & Trophone qui avoient conſtruit ce vieux temple, en joignant des poutres de bois de chêne les unes aux autres. Ils ne mirent point d'autre empêchement pour entrer dans ce temple, qu'une bande de laine, tenduë à l'entrée ; ſoit que cela parût ſuffiſant pour arrêter ceux au moins qui avoient de la religion, ſoit qu'on crût qu'il y avoit quelque vertu divine dans cette bande. On racontoit qu'Æpyte fils d'Hippothoüs, ſans paſſer ni pardeſſus ni par deſſous la bande, mais l'aïant caſſée entra hardiment dans le temple. Mais il fut à l'inſtant puni de ſa temerité & de ſon irréligion; un flot d'eau de mer qui lui tomba miraculeuſement ſur les yeux, lui fit perdre la vûë. Près de Megare on voioit le temple de Jupiter Conius qui n'avoit point de toit. Il y avoit en Grece pluſieurs de ces temples qu'on appelloit hypætres, ce qui ſignifie qu'ils étoient expoſez à l'air & aux injures des ſaiſons. Philoſtrate parle d'un temple des Nymphes auprès de Pouſſol bâti de pierres blanches, au milieu duquel il y avoit une fontaine toûjours pleine, & qui ne diminuoit jamais quelque quantité d'eau qu'on puiſât. Cela étoit fort aiſé à faire ſans merveille.

IV. Une choſe aſſez ſurprenante, eſt qu'un temple que Xiphilin dit avoir été le plus grand, & le plus beau de tous les temples, ſoit ſi peu renommé dans l'hiſtoire ; c'étoit celui de Cyzique. » On raconte, dit-il, que ſous An-

---

cium ; in altera parte Sofipolis, qui Eleorum Genius erat, divinis honoribus celebrabatur. Cujus Sacerdos item femina caſtitati ſervandæ addicta erat. Aliud quoque templum Mantineæ erat, muro in duo templa diviſum, quorum alterum Æſculapio, cujus ſtatua ab Alcamene ſculpta fuerat ; alterum Latonæ & filiis ejus deputatum erat, quorum ſtatuæ Praxitelis manu factæ, eodem auctore Pauſania lib. 8. c. 9. Videtur autem id more & conſuetudine receptum fuiſſe, ut quando duorum numinum templa per murum intermedium juncta erant, in oppoſitis lateribus portæ locarentur, ut facilius alterum diſtingueretur ab altero.

III. Prope Mantineam, inquit Pauſanias l. 8. cap. 10. templum viſebatur Neptuni equeſtris antiquiſſimum, & quo nemo ingrediebatur. Hadrianus porro Imperator circa templum illud vetuſtum aliud templum conſtruxit, in quo vetus illud contineretur ; quemadmodum hodieque parvam eccleſiam Portiunculam dictam intra ſe concludit alia major eccleſia. Narrabant autem vel Agamedem vel Trophonium vetus illud templum ſtruxiſſe, quernis inter ſe arcte compactis trabibus : Aditu autem homines prohibuiſſe, non

obice alio oppoſito, ſed laneum dumtaxat funiculum obtendiſſe ; ſive quod vigente tunc religione, ſatis id eſſe putarint ad arcendos eos qui deorum metu tenebantur, ſive quod ei funiculo occultam ineſſe vim crediturm ſit. Narrabatur porro Æpytum Hippothoi filium, cum funiculum neque ſubiiſſet, neque tranſiliiſſet, ſed conſcidiſſet, ubi primum templum intraſſet, ſacra violata religione, excæcatum fuiſſe incidente in illum aquæ marinæ fluctu ; Prope Megara templum erat Jovis Conii, in quo tectum nullum, ſed ſub dio erant qui intra illud ſtarent. Erant in Græcia multa hujuſcemodi templa, quæ ὑπαίθρα hypæthra appellabantur, qua voce ſignificatur, ea aëris temporumque injuriis expolita fuiſſe. Philoſtratus de vita Apollonii Tyanei l. 8. cap. 4. templum Nympharum commemorat proxime Puteolos, candidis ſtructum lapidibus. In cujus medio fons erat aquis ſemper plenus, qui, quantumcumque hauriretur aquæ, nunquam minuebatur. Illud vero ſine miraculo fieri poſſe nemo neſcit.

IV. Stupendum plane videtur, templum illud, quod ait Xiphilinus fuiſſe templorum omnium maximum & munificentiſſimum, in hiſtoria vix celebratum occurrere. Nempe templum illud Cy-

» tonin le pieux il y eut dans la Bithynie, & vers l'Hellespont un tremblement
» de terre si épouvantable, que plusieurs Villes en furent ou fort ébranlées,
» ou entierement ruinées; que la plus maltraitée fut Cyzique. Son temple
» tomba, le plus grand & le plus magnifique de tous les temples. Ses colonnes
» qui étoient d'une pierre, avoient d'épaisseur quatre orgyies, ou vingt-quatre
» pieds, & de hauteur cinquante coudées, qui font soixante-quinze pieds;
» tous les autres ornemens du temple étoient d'une si excellente beauté, qu'il
» étoit plus aisé de les admirer que de les décrire. On n'a jamais rien vû de
pareil à l'épaisseur & à la hauteur des colonnes: mais l'on a peine sur le recit
de Xiphilin à y trouver les proportions de l'Architecture; si par l'épaisseur il
entend le diametre, un diametre de vingt-quatre pieds sur soixante-quinze
de haut ne peut pas quadrer; la colonne seroit bien courte pour son épaisseur;
s'il entend tout le contour de la colonne, vingt-quatre pieds de contour feroient environ huit pieds de diametre: ce diametre est tel qu'il faut pour
une colonne de 75. pieds. C'est la seule maniere d'expliquer ce passage, en
sorte qu'on y trouve les justes mesures. Quant à la coudée des anciens, il faut
voir ce que nous en avons dit au tome premier, au chapitre troisiéme du premier livre, où nous avons montré sur de fortes conjectures que les anciens
Grecs qui donnoient comme nous un pied & demi à la coudée, la mesuroient
sur le pied phileterien, de beaucoup plus grand que le nôtre.

Quoiqu'il en soit, voilà les plus énormes colonnes dont on ait jamais entendu parler. Je n'ai point encore vû d'Auteur qui en fasse expressément mention que Xiphilin; je trouve pourtant dans une note tirée d'un ms. de M.
Baluze, quelque chose qui doit selon toutes les apparences avoir rapport à ce
temple. Cette note qui est dans mon Journal d'Italie p. 272. se trouve aussi dans
le troisiéme tome de l'Antiquité au chapitre des sept merveilles du monde.
Un copiste ou scholiaste, comme on voudra l'appeller, rapporte les sept merveilles du monde differemment des autres. La premiere, selon lui, est la ville de
Thebes en Egypte; la seconde, les murailles de Babylone; la troisiéme, le mau-
solée d'Artemise; la quatriéme, les pyramides d'Egypte; la cinquiéme, le colosse

---

zicenum, de quo Epitomator ille Dionis in fine vitæ Antonini Pii. *Ferunt*, inquit, *sub Antonino Pio in Bithynia atque in Hellesponto horribilem terræ motum fuisse, quo aliæ urbes concussæ dirutæque sunt, maxime autem Cyzicus ejusque templum, omnium templorum maximum & pulcherrimum, quod cum civitate corruit, cujus columnæ ex uno lapide omnes erant crassitudine quatuor orgyiarum, altitudineque cubitorum quinquaginta. Ornatus autem ejus tot tantique decoris erant, ut facilius mirareris illa, quam describeres.* Nihil uspiam densitati altitudinique columnarum par visum fuit; sed ex narratu Xiphilini Architectonices normam vix servatam reperias. Orgyiæ enim quatuor, sunt viginti quatuor pedes, quinquaginta vero cubiti, pedes septuaginta quinque. Si per columnarum densitatem diametrum intelligat, diametrum certe viginti quatuor pedum, non potest ad columnam altitudine septuaginta quinque pedum, quadrare; columna enim longe brevior esset, quam spissitudo postularet; sin ambitum columnæ totum intelligat viginti quatuor habere pedes, diametrum tunc erit octo circiter pedum, & recte ad columnam septuaginta quinque pedibus altam quadrabit. Hoc uno tantum explicandi modo suam omnia proportionem habebunt; quod spectat autem mensuram cubiti apud veteres, adeantur illa quæ diximus tomo 1. l. 1. cap. tertio, ubi conjecturis validissimis commonstravimus, Græcos illos veteres qui cubito unius atque dimidii pedis perinde atque nos utebantur, ad mensuram cubiti pede Philæterio, qui nostro pede regio longe major erat, usos fuisse. Utut res est, tantæ celsitudinis columnas in templo quopiam nusquam memoratas vidimus. Nullum hactenus vidi scriptorem, præter unum Xiphilinum, qui templum istud describat. In codice tamen manuscripto, qui v. cl. Stephani Balusii olim fuit, notam quamdam reperio, huic templo, ut puto, referendam. Nota isthæc quam in Diario meo Italico posui p. 272. quamque denuo in tertio Antiquitatis explanatæ tomo edidi capite de mundi spectaculis sive miraculis, de iisdem miraculis orbis agit. Librarius quispiam sive Scholiastes, septem orbis miracula recenset, partim diversa ab iis quæ alii vulgo commemorant. Primum, inquit, sunt Thebæ Ægyptiacæ; secundum, Babylonis mœnia; tertium, Mausoleum; quartum Pyramides: quintum Colossus Rhodius, quem quidam (sic ille) aiunt columnam, seu statuam, esse sexcentorum

de Rhodes ; la fixiéme , le Capitole de Rome ; la feptiéme le temple d'Hadrien
de Cyzique. Ce fera apparemment ce temple de Cyzique qui eft décrit ici ,
& l'on conviendra fans doute que fi ce que Xiphilin en rapporte eft vrai à la
lettre , il meritoit autant que tout autre d'être mis parmi les merveilles du
monde. Mais pourquoi cet anonyme l'appelle-t'il le temple d'Hadrien ? eft-ce
parce qu'Hadrien le fit bâtir, ou eft-ce parce que la ville de Cyzique le con-
facra en l'honneur d'Hadrien, comme les autres Villes en faifoient bâtir en
l'honneur des Empereurs ? le tems nous éclaircira peut-être là-deffus.

cubitorum ; fextum , Capitolium Romanum: fepti-
mum , Templum Hadriani Cyzicenum. Hoc , ut
verifimile eft templum Cyzicenum commemorat
ille Scholiaftes. Et nemo negaturus eft , fi vera
quidem fint ea quæ Xiphilinus de templo illo refert , hoc inter mundi mirabilia jure omnino repo-
fitum fuiffe. Sed cur Anonymus ille templum vocat Hadriani ? An quia Hadrianus conftrui erigi-
que illud curavit ? An quod Cyzicus ipfum in
Hadriani honorem confecravit , quemadmodum
aliæ quoque urbes templa in Imperatorum honorem exædificabant ? Alia fortaffe docebunt monumenta , quæ in dies eruuntur.

CHAPITRE II.

I. Temple de Jupiter fur un medaillon. II. Temple de Junon de Samos , avec
l'hiftoire d'Admete. III. Exemples de ceux qui ont lié leurs dieux dans leurs
temples , de peur qu'ils ne s'enfuiffent. IV. Temple de Vefta , avec les fix Ve-
ftales. V. Temple d'Erythre. VI. Temple de Mylaffe.

I. UN medaillon de Diocletien du cabinet du Roi, nous reprefente la PL. IV.
façade d'un temple de ¹ Jupiter, avec l'infcription à Jupiter le confer-
vateur d'Augufte. Ce temple a fix colonnes d'ordre corinthien , le champ
étant plus grand que dans les medailles ordinaires , on y diftingue aifément
les ordres. Jupiter paroit ici affis à l'entrée du temple, aïant fon habit rabattu ,
en forte qu'il eft tout nu de la ceinture en haut , & tenant la pique de la main
gauche.

II. Le medaillon qui vient après , nous montre le fameux temple de Junon
² de Samos, fi vanté dans les Auteurs. Il eft ici d'une forme extraordinaire ,
comme chacun peut remarquer ; il y a fort peu de colonnes, parce que comme
nous avons dit affez fouvent , on ne les reprefentoit pas toutes. Ce qu'il y a
de plus fingulier à obferver, c'eft l'image de Junon, dont la face & la tête
paroiffent enveloppées ; cela peut avoir quelque rapport à l'hiftoire que nous

---

CAPUT II.

I. Templum Jovis in nummo. II. Templum
Junonis Samiæ cum hiftoria Admetæ.
III. Exempla eorum qui deos fuos alli-
garunt in templis , ne aufugerent. IV.
Templum Veftæ cum fex Veftalibus. V.
Templum Erythræum. V. Templum My-
laffi.

I. NUmmus Regius Diocletiani frontifpicium
cujufdam ¹ Jovis templi offert , cum hac
infcriptione JOVI CONSERVATORI AU-
GUSTI. Templum illud fex columnas habet Corinthio ordine. Cum area major fit quam in cæteris nummis minoris formæ architectonices ordines facile dignofcuntur. Jupiter ad oftium templi
fedet , demiffa vefte , ita ut fuperiores corporis
partes ad cingulum ufque nudæ fint ; haftam vero finiftra tenet.

II. Nummus fequens celebratum illud ² Junonis Samiæ templum oculis offert. Formæ porro
fingularis eft , ut quifque videre poffit. Paucæ in
frontifpicio funt columnæ , quoniam , uti fæpe
diximus , non femper omnes in nummis repræfentantur , fummopere autem obfervanda confi-
derandaque eft Junonis ftatua , cujus facies ceu
fafciis obducta videtur. Id poteft ad hiftoriam

avons rapportée au second tome de l'Antiquité p. 70. & que cette figure nous oblige de répeter ici. Athenée l. 15. p. 672. raconte après Menodote, qu'Admete fille d'Eurysthée s'étant enfuie d'Argos, aborda à Samos, & croïant devoir l'heureux succès de sa fuite à Junon, elle voulut prendre soin de son temple. Les Argiens irritez de son évasion promirent à des Corsaires Tyrrheniens une bonne somme d'argent, s'ils pouvoient enlever la statue de Junon de son temple de Samos, esperant de faire porter à Admete la peine de ce vol, & de tirer vengeance d'elle par les mains des Samiens. Ces Corsaires volerent la statue, l'emporterent sur leur vaisseau, & leverent l'ancre pour se retirer vîte, en ramant d'une grande force : mais quelque effort qu'ils pûssent faire, ils n'avançoient point, & demeuroient toûjours en même place. Croïant que c'étoit une punition divine, ils mirent la statue à terre, & firent autour d'elle quelques ceremonies pour appaiser la déesse. Admete s'apperçût au point du jour que la statue avoit été enlevée, & en donna avis aux Samiens, qui allerent chercher de tous côtez, & la trouverent enfin au bord de la mer. Ils crurent que Junon de son propre mouvement avoit voulu s'enfuir au payis des Cariens; & de peur qu'elle ne prît une seconde fois la fuite, ils la lierent avec des branches d'arbres. Admete vint ensuite, délia la statue, expia le crime des Samiens, & remit Junon en sa place ordinaire. Depuis ce tems-là les Samiens portoient tous les ans la statue de Junon au bord de la mer, la lioient comme ci-devant, & celebroient la fête qu'ils appelloient *Tenea*, parce qu'ils avoient tendu des branches d'arbre autour de la statue de Junon. Il y avoit, dit Pausanias l. 7. c. 4. differens sentimens sur la fondation de ce temple de Junon de Samos; l'antiquité, dit-il, de la statue est une preuve que le temple étoit aussi très-ancien. Elle étoit faite de la main de Smilis Eginete fils d'Euclide, contemporain de Dedale, mais dont la réputation ne fut pas à beaucoup près si grande que celle de ce sculpteur si celebre dans la fable.

III. Les Samiens ne sont pas les seuls qui se sont avisez de lier des statues de divinitez, de peur qu'elles ne s'en allassent ailleurs; les Tyriens assiegez par Alexandre lierent de même la statue d'Apollon; un de leurs citoïens, dit Quinte-Curce l. 4. declara dans l'assemblée publique qu'il avoit vû en songe

---

quam retulimus tertio Antiquitatis explanatæ tomo p. 70. referri, quamque hic etiam repetere, operæ precium fuerit. Athenæus l. 15. p. 672. post Menodotum narrat, Admetam Eurysthei filiam, cum Argo aufugisset, Samum appulisse. Cumque Junoni bonum discessionis fugæque exitum debere se putaret : templi illius curam sumere voluit. Ejus fugam ægre ferentes Argivi, pacta pecuniæ summa Tyrrhenos piratas induxerunt, ut Junonis statuam e templo abductam alio asportarent, sperantes furti hujuscemodi pœnam luituram esse Admetam & sic se Samiorum manibus ultum iri. Piratæ statuam furto abripiunt, in navim asportant, eductaque anchora, instantibus remigibus celeriter viam carpere nitebantur : at in cassum cessit conatus ; non enim loco movebantur. Id ultionem esse numinis suspicantes statuam ad littus posuerunt, quibusdam adhibitis cærimoniis placandi causa. Primo diluculo Admeta sublatam fuisse statuam animadvertit, Samiisque rem nunciavit, qui statim perquisitum properarunt, & ad maris oram repererunt : existimantes Junonem sua sponte aufugere voluisse & in Cariam commigrare, ne ulterius abscedere posset, ramis illam arborum constrinxere ; sub hæc accessit Admeta, statuam a vinculis solvit, Samiorumque scelus expiavit, ac Junonem in loco pristino collocavit : Ex illo tempore Samii quotannis Junonis statuam ad littus deferebant, illam ut antea vinculis colligabant, festumque agebant, cui Tenea nomen, quoniam arborum ramos circa statuam tetenderant. Erat, inquit Pausanias l. 7. c. 4. sententiarum varietas circa hujus templi Junonis Samiæ fundationem. Signi, inquit, antiquitas, antiquum etiam templum esse probat. Signum fecerat Smilis Ægineta Euclidis filius Dædalo æqualis ; sed cujus fama non par erat famæ Dædali apud Mythologos celeberrimi.

III. Non uni Samii deorum statuas vinculis alligarunt, ne alio aufugerent. Tyrii obsessi ab Alexandro Macedone statuam Apollinis similiter vinculis obstrinxere. *Cumque unus ex civibus*, inquit Curtius lib. 4. c. 3. *concioni indicasset, oblatam*

Apollon fort honoré dans Tyr, s'en allant & quittant la Ville. Sur un témoignage si peu recevable, les Tyriens craignant les malheurs dont ils étoient menacez, lierent la statue d'Apollon d'une chaîne d'or, & l'attacherent à l'autel d'Hercule le patron de leur Ville, comme s'ils eussent voulu engager Hercule à empêcher Apollon de s'enfuir. Les Ephesiens lorsque leur Ville fut assiegée par Crœsus, dit Herodote l. 1. c. 26. lierent avec une corde les murs de la Ville à la statue de Diane; mais c'étoit pour consacrer leur Ville à la déesse, lui en faire un présent, & l'engager par-là à la défendre.

Dans ce temple de Junon Samienne, dit Menodote dans Athenée l. 14. p. 655. on nourrissoit des Pans qu'on regardoit comme consacrez à Junon; ceux-ci en produisoient d'autres qu'on envoioit aux payis voisins, où il paroit qu'on en faisoit cas, à cause de cette origine qu'ils regardoient comme sacrée.

I V. Le temple de [3] Vesta se voit dans le medaillon suivant d'Herennia [3] Etruscilla. Les six Vestales, nombre déterminé, & pour ainsi dire, consacré pour cette societé, sacrifient devant le temple qui est tout roñd, comme est celui qui reste encore aujourd'hui converti en Eglise, que l'on appelle saint Estienne *del Cacco*. Les plus habiles croient que ce petit temple, sur le bord du Tibre, est celui de Vesta. Ces six Vestales qui sacrifient ont toutes le voile sur la tête, ce qui est à remarquer: car les Vestales, comme nous avons dit au premier tome de l'Antiquité p. 63. étoient ordinairement sans voile, & avoient des cheveux courts. Le sacrifice se fait devant le temple ici comme en bien d'autres occasions. Peut-être que les Vestales qui portoient les cheveux courts, & alloient ordinairement sans voile, le mettoient sur la tête quand elles assistoient aux sacrifices. Les monumens nous apprennent bien des choses dont les Auteurs ne font point mention.

V. Un medaillon des Erythréens a sur un revers de Trajan la figure [4] d'un [4] temple à quatre colonnes, qui laissent au milieu un grand espace, pour y placer le dieu qui y étoit honoré. Ce dieu tient de la main droite un marteau, ce qui paroit convenir à Vulcain, & de l'autre une pique, ce qui ne se voit jamais dans les images de ce dieu boiteux. De sorte que nous n'oserions assurer que ce soit un temple de Vulcain: tous les payis & toutes les villes ne repre-

---

esse per somnum sibi speciem Apollinis, quem eximia religione colerent, urbem deserentis; molemque a Macedonibus jactam in salo in silvestrem saltum esse mutatam: quamquam auctor levis erat, tamen ad deteriora credenda proni, metu aurea catena devinxere simulacrum, aræque Herculis, cujus numini urbem dicaverant, inseruere vinculum, quasi illo deo Apollinem detenturi. Ephesii cum eorum urbs a Crœso obsideretur, inquit Herodotus lib. 1. c. 26. Urbis muros fune alligarunt ad Dianæ statuam, at longe diverso animo, urbem enim volebant Dianæ dicare & consecrare, ut hinc permota dea ejus susciperet defensionem. In templo Junonis Samiæ, inquit post Menodotum Athenæus l. 14. p. 655. alebantur Pavones, qui Junoni sacri existimabantur, qui autem ex his nascebantur in alia mittebantur loca, ubi originis illius sacræ, ut putabant causa, in precio habebantur.

IV. Templum Vestæ in nummo Regio sequenti habetur. Est vero facies postica nummi Herenniæ Etruscilæ. Sex Vestales qui numerus constitutus, imo, ut ita dicam, sacratus erat pro hujus-

modi sodalitio, sacrificant ante templum rotundum; ut est hodieque templum illud ad ripam Tiberis in Ecclesiam versum quod vocant S. Stephani del Cacco. Rei antiquariæ peritiores parvum istud templum quod juxta Tiberim visitur, Vestæ fuisse putant. Sex illæ Vestales sacrificantes velatæ sunt: id quod observandum est, Vestales enim, ut diximus primo Antiquitatis explanatæ tomo p. 63, sine velo, ut plurimum, erant, & decurtatam comam gestabant: sacrificium ante templum offertur hic ut in aliis multis locis. Fortasse Vestales, quæ decurtatam ut plurimum comam gestabant, velum capiti imponebant cum sacrificiis intererant. A monumentis plurima docemur, de quibus scriptores ne verbum quidem dixerunt.

V. Nummus Erythræorum Trajani in postica facie templum habet [4] quatuor columnarum, quæ in medio spatium magnum relinquunt, ut deo, qui ibidem colitur, locus supersit. Hic deus dextera malleum tenet, quod Vulcano convenit, sinistra vero hastam, quæ nunquam visitur in imaginibus Dei hujusce. Itaque templum esse Vulcani

fentoient pas leurs dieux & leurs déeſſes de la même maniere. On pourroit
auſſi dire que c'eſt quelque dieu particulier à la ville d'Erythres, comme on
en voit d'autres ailleurs.

VI. Tel eſt auſſi le temple de Mylaſſe, donné à la pl. LXXV. du premier
tome de ce Supplément, où le dieu qui eſt à l'entrée du temple eſt barbu, il
porte le boiſſeau ſur la tête comme Serapis, tient un marteau de la main
droite comme Vulcain, une pique de la gauche comme Jupiter, & pluſieurs
autres divinitez ; il eſt enveloppé juſqu'aux pieds, & a deux broches pour ſe
ſoûtenir, comme Diane d'Epheſe. Ce pourroit être une de ces figures Panthées, ou Polythées, qui portent les ſymboles de pluſieurs divinitez, & qui
étoient honorées en certaines Villes.

---

affirmare non auſim. Dii vero deæque non eodem
modo in omnibus locis depingebantur. Hic autem fortaſſis deus quidam eſt proprius Erythræis,
aliis vero non cultus, ut & alii multi topici dii.

VI. Talis quoque eſt Mylaſſi deus in tomo primo hujus Supplementi datus Tabula LXXV. ubi in
templi ingreſſu poſitus barbatus, ille calathum capite geſtat ut Serapis, malleum dextera tenet ut
Vulcanus, haſtam ſiniſtra, ut Jupiter & multi a-
lii dii deæque ; faſciis ligatus & involutus eſt
aduſque pedes & duo verua habet, queis ſe ſu-
ſtentet, ut Diana Epheſia. Ex numero fortaſſis eſt
figurarum illarum Pantheatum ſive Polythearum,
quæ multorum variorumque numinum ſymbola
geſtant, quæque in quibuſdam civitatibus colebantur.

CHAPITRE III.

I. Temple de Mars sur un medaillon. II. Temple de Diane d'Ephese sur un medaillon.
III. Asyle extraordinaire de ce temple. IV. Autre image
du même temple.

I. **M**Ars [5] est fort reconnoissable dans le Temple suivant. Il porte un [5]
habit militaire complet, un casque, une cuirasse, une chlamyde.
Il tient de la main droite une pique, & de la gauche un bouclier ovale, appuïé contre terre. Un autre temple rond, [6] où Mars est à l'entrée est bien plus [6]
singulier : mais comme on y offre un sacrifice des plus solemnels, nous réser-
vons à en parler plus bas dans les sacrifices. Le plus magnifique de tous les
temples de Mars que les medaillons du Roi nous representent, est celui des
Apolloniates. Il a sur le frontispice huit colonnes corinthiennes, le fronton
est embelli de plusieurs ornemens non ordinaires. Mars en habit militaire
marche, & semble aller d'un grand pas, en sorte qu'il n'y a pas lieu de douter
que ce ne soit *Mars gradivus.*

II. Voici le fameux temple de Diane [7] d'Ephese, l'une des merveilles du [7]
monde, nous l'avons déja vû sur des medailles, mais bien plus imparfaitement que dans ce medaillon. La façade a huit colonnes d'ordre dorique : ces
colonnes, selon Pline, avoient soixante pieds de haut. Le bas des colonnes
sur la base a des ornemens peu ordinaires. Spon qui a vû quelques colonnes
dans les masures de ce temple, dit aussi qu'elles sont d'ordre dorique. Sur l'entablement dans le fronton il y a des ornemens qui ressemblent à des arcs.
La figure de Diane d'Ephese qui occupe l'entrée a une espece de tour sur la
tête, la déesse s'appuie sur deux broches. Elle a à ses pieds deux cerfs qui
tournent le dos l'un à l'autre : aux deux côtez de la tour sont representez d'un
côté le Soleil par une étoile, & de l'autre la Lune par un croissant. Nous avons
déja vû dans le premier tome, planche XCVI. une Diane d'Ephese qui a le
Soleil d'un côté & la Lune de l'autre. Les symboles de Diane d'Ephese se trou-

---

I. Templum Martis in nummo. II. Tem-
plum Dianæ Ephesiæ item in nummo majo-
ris formæ. III. Asylum quantum hujus-
ce templi. IV. Alia ejusdem templi imago.

I. **M**Ars facile [5] dignoscitur in templo sequenti. Militarem omnimodam armaturam ge-
stat, cassidem, loricam, paludamentum. Manu
dextera hastam tenet, sinistra clypeum ovatæ formæ terræ innixum. Aliud templum [6] rotundum ubi
Mars in ingressu locatur, longe singularius est :
Sed quia sacrificium ibi offertur, & quidem solenne, illud explicandum & repræsentandum mit-
timus infra ubi de sacrificiis. Magnificentissimum
omnium Martis templorum quæ in nummis majoris molis Regiis exhibentur, Apolloniatarum est.
In frontispicio octo columnas ordinis Corinthii
habet. Pars frontispicii superior multis ornamentis decoratur non vulgaribus. Mars militari habitu graditur, & quidem ut videtur, festinanter ;

ita ut vix dubitare possimus, quin Mars sit gradivus.

II. En insigne [7] templum Dianæ Ephesiæ inter
miracula orbis olim recensitum. Jam ipsum in
nummis vidimus, sed longe minori schemate quam
in hoc quod jam proferimus. In frontispicio sunt
octo columnæ ordine Dorico : quæ columnæ auctore Plinio sexaginta pedes altitudinis habebant.
In imis columnis supra basim sunt quædam ornamenta, quæ alibi non observantur. Sponius
qui aliquot columnas vidit in ruderibus hujusce
templi, quæ supersunt, ait ordine esse Dorico
concinnatas. In coronide quædam sunt ornamenta arcus formam præ se ferentia. Diana Ephesia
quæ aditum templi occupat, ceu quamdam turrim capite gestat. Dea verubus pro more nititur :
ad pedes duo cervi sunt aversi invicem ; ad latera
turris, hinc Sol, inde crescens Luna exhibetur. Jam
vidimus primo Antiquitatis explanatæ tomo Tab.
XCVI. Dianam Ephesiam, quæ ab una parte solem,
ab altera lunam habet. Hujus Dianæ Ephesiæ symbola explicavimus tomo Antiquitatis explanatæ

vent expliquez au premier tome, & au second tome nous avons dit de son
temple ce que l'Antiquité nous en a transmis de plus sûr.

III. Ce temple avoit un droit d'Asyle le plus grand & le plus étendu dont
on ait jamais entendu parler. Alexandre le grand, dit Strabon, l. 14. p. 441.
l'étendit jusqu'à un stade tout autour, ce qui fait cent vingt-cinq pas. Mithri-
date le détermina à la portée d'une fleche, tirée de l'angle du toit de ce temple ; ce qui comprenoit un peu plus d'un stade. Marc-Antoine l'augmenta
de beaucoup, & comprit dans l'Asyle une partie de la Ville. On vit bien-tôt
les pernicieux effets d'une telle immunité ; c'étoit mettre la Ville en la puissance des filoux, des scelerats & des malfaicteurs. Auguste abrogea ce qu'Antoine avoit établi, & Tibere enfin voïant l'abus manifeste de ces Asyles, les
ôta tous sans exception. Diane d'Ephese étoit adorée en la même forme qu'à
Ephese en plusieurs autres Villes, où l'on voioit des temples de Diane d'E-
phese : elle étoit fort honorée à Marseille. Il y avoit, dit Strabon, l. 4. dans
la forteresse de cette Ville un temple de Diane d'Ephese, & les Marseillois
établissoient son culte de même dans leurs colonies. Un grand nombre de
Villes honoroient aussi Diane d'Ephese en la même forme qu'on la representoit à Ephese même. Nous en verrons quelques-unes dans les medaillons du
Roi.

IV. Un autre medaillon nous represente aussi le temple de Diane d'E-
phese, mais bien plus petit, parce que la figure du Prêtre qui sacrifie retreslit
l'espace : par la même raison il n'y a que quatre colonnes au frontispice. Le
nombre des colonnes est souvent diminué, quand l'espace est trop petit pour
les mettre toutes ; en sorte qu'on ne peut pas toûjours compter le veritable
nombre sur celui que les medailles montrent. Il est dit dans l'inscription que
les seuls Ephesiens ont été quatre fois Neocores. La qualité de Neocore se
trouve souvent dans les medailles des villes grecques, sur tout dans celles
de l'Asie Mineure ; & c'est ce qui nous oblige à en parler ici plus au long.

---

primo & secundo tomo de templo ejus ea omnia
protulimus, quæ veterum monumenta docent.

III. Huic templo asylum erat amplissimum
omnium, quæ concessa unquam fuisse scriptores
commemorant. Alexander magnus, inquit Strabo lib. 14. p. 441. asylum circumquaque extendit
usque ad stadium unum ; stadium autem est centum viginti quinque passuum Geometricorum.
Mithridates asylum determinavit ad illud tantum spatii, quantum sagitta ex angulo tecti emissa transilire posset. Marcus autem Antonius longius asylum dedit, ita ut etiam partem civitatis
complecteretur. Quam perniciosa esset hæc tanta
immunitas brevi deprehensum est : quid enim a-
liud illud erat quam civitatem in sceleratorum,
latronum, aliorumque id genus hominum manus
tradere ? Quæ M. Antonius hac in re statuerat,
Augustus abrogavit. Tiberius vero tandem, cum
videret quam ingentia mala & damna ex hujuscemodi asylis orirentur, omnia nullo excepto sus-
tulit. Diana Ephesia multis aliis in civitatibus eadem qua Ephesi forma colebatur : ubi etiam tem-

pla erant Dianæ Ephesiæ sacra. Massiliæ utique divinis illa honoribus afficiebatur. In arce istius urbis, inquit Strabo l. 4. templum Dianæ Ephesiæ
erat, Massiliensesque ejus cultum in coloniis suis
constituebant. Civitatum item aliarum magnus
numerus Dianam Ephesiam Ephesiæ nomine &
forma colebant ; quasdam hujusmodi in nummis
regiis infra videbimus.

IV. Alius item nummus Dianæ Ephesiæ templum exhibet, sed longe minori forma, quia Sacerdos ibi sacrificans repræsentatus areæ partem
non minimam occupat. Ideoque quatuor tantum
columnæ in frontispicio repræsentantur. Columnarum numerus sæpe minuitur, quando spatium
brevius est, quam ut omnes possit capere. Itaque
non possumus semper verum columnarum numerum ex nummis assequi. In inscriptione dicitur so-
los Ephesios quater fuisse Neocoros. Neocori munus sæpe in nummis Græcarum civitatum occurrit,
maximeque earum quæ Asiæ Minoris erant. Quapropter de Neocoris jam nobis agendum incum-
bit.

TEMPLES

Medaillons du Roi

CHAPITRE IV.

I. Signification du nom de Neocore. II. Le Neocorat devint un sacerdoce conside-
rable. III. Colleges de Neocores. IV. Les fonctions des Neocores.

I. ON a fort disputé sur la signification de Neocore. Les premiers Antiquaires ont donné des explications qui ne convenoient nullement.
Quoique la difficulté ne soit pas encore bien éclaircie, du moins en toutes ses
parties, on demeure pourtant d'accord qu'Antoine Augustin, Goltzius &
quelques autres n'ont pas approché du vrai sens de ce mot. Le Neocore étoit
celui qui avoit soin de balaïer le temple, dit Hesychius, fondé sur ce que
κορεῖν signifie balaïer, Mais Suidas dit que le Neocore est celui qui orne, & non
pas celui qui balaie le temple, ὁ τὸν νεὼν κοσμῶν κὶ ἐυτρεπίζων, ἀλλ᾽ οὐχ ὁ σαρῶν; il semble qu'il veüille refuter Hesychius, qui parle simplement du Neocore, comme
d'un balieur. Il voioit que l'on avoit de son tems une autre idée du Neocore
qu'Hesychius ne l'avoit donnée, & cela l'a porté à le reprendre, quoiqu'il ne
le nomme pas. Il se peut faire que dans l'origine les Neocores faisoient l'un
& l'autre : mais dans la suite cet emploi sacré devint très-considerable. On
prétend que Neocore est la même chose que *Ædituus* en latin; cela peut avoir
été vrai, mais seulement jusqu'au tems où le Neocorat fut donné à ceux qui
occupoient les premieres Charges des Villes & des Provinces, & où les Villes
mêmes les plus celebres prirent le nom de Neocores.

II. C'étoit dans certains siecles de la gentilité un sacerdoce si considerable,
qu'on trouve des Neocores, qui étoient en même tems ἀρχιερεῖς ou souverains
Prêtres, agonothetes ou distributeurs des prix pour les jeux, charge fort im-
portante; & *Prytanes eponymes*, ou premiers Magistrats des Villes. Tel étoit
Aulus Clodius Herennianus dans Spon misc. p. 348. qui avoit eu dans Pergame les principales Charges comme chef de la Milice de Prytane & autres.

CAPUT IV.

I. Quid significet nomen Νεώκορος. II. Neocori progressu temporis Sacerdotes primarii fue-
runt. III. Neocororum collegia. IV. Neocororum functiones.

I. DE significatione hujusce nominis νεώκορος disputatum est : qui priores antiquariæ rei operam dederunt, illud explicantes longe a vero aberrarunt. Etsi vero difficultas non penitus adhuc sublata sit secundum quaslibet rationes, hac in re saltem omnes consentiunt, Antonium videlicet Augustinum, Goltzium & quosdam alios, ne ad verum quidem nominis sensum accessisse. Neocorus is erat, inquit Hesychius, cui incumbebat templum verrere, inde ducta significatione, quod κορεῖν significet verrere. At Suidas dicit Neocorum esse, eum qui ornat, non eum qui verrit templum, ὁ τὸν νεὼν κοσμῶν κὶ ἐυτρεπίζων, ἀλλ᾽ οὐχ ὁ σαρῶν; ubi videtur Hesychium confutare voluisse, qui Neocorum nobis tamquam eum, cujus officium sit verrere templum, exhibuit. Cum videret ergo Suidas, longe aliam per urbes & regiones haberi Neocororum rationem, definitionem Hesychii refellendam esse censuit. In origine tamen forte Neocori & verrendi & ornandi templa curam & sollicitudinem habuere, verum insequentibus temporibus sacrum hoc munus primariam obtinuit dignitatem. Putatur vulgo Νεώκορον Græce ipsum esse ædituum latine : quod quidem verum esse potuit ad usque tempus, quo Neocoratus dari cœpit iis qui in civitatibus atque provinciis præcipua officia occupabant, & quo urbes etiam celeberrimæ Neocoratum ambierunt.

II. Erat Neocoratus, in quibusdam profanæ religionis sæculis, Sacerdotium ita eximium, ut Neocori reperiantur in monumentis, qui simul ἀρχιερεῖς sive summi Sacerdotes erant, agonothetæ, sive ii qui in ludis publicis præmia distribuerent, quod erat certe munus præstantissimum ; Prytanes eponymi, sive primi urbium magistratus. Hujusmodi erat Aulus Clodius Herennianus, in Miscellaneis Sponii p. 348. qui Pergami primariis ornatus est muneribus, fuerat enim Dux militiæ, Prytanis, & alia officia similia obtinuerat. In marmoribus

Dans les marbres d'Oxford part. 1. p. 148. nous trouvons un Paternianus qui avoit un commandement dans les Troupes. Il étoit Neocore des grandes déeffes Nemefes, chef de la Cavalerie, premier Prytane, & avoit encore beaucoup d'autres Charges confiderables. On voit auffi dans Weler un Antonius Alphenus, qui du tems de Caracalla poffedoit les premieres Charges dans les Troupes, étoit homme Confulaire, pourvû des emplois les plus importans, Prêtre du dieu Tyrimnus, divinité particuliere de Cyzique, & Neocore de l'Empereur, car depuis que la flaterie eut fait mettre les Empereurs au rang des divinitez, ils avoient auffi leurs Prêtres & leurs Neocores : les Villes leur faifoient à l'envi bâtir des temples : & comme l'on changeoit fouvent d'Empereur, c'étoit toûjours à recommencer.

III. Il y avoit auffi des Colleges de Neocores, comme nous l'apprend une infcription de Gruter p. 314. 1. ou Marc-Aurele Afclepiade Hermodore, eft appellé ὁ πρεσβύτατος τῶν νεωκόρων τῆς μεγάλης Σαράπιδος le plus ancien des Neocores du grand Serapis : cela femble marquer une efpece de communauté, où le rang de réception étoit obfervé comme dans les Chapitres.

IV. Les fonctions de ces Neocores étoient de veiller à l'ornement des temples, de garder leurs uftanciles, & les offrandes qu'on leur faifoit ; d'expliquer à ceux qui venoient pour s'inftruire ce qui regardoit le culte du dieu auquel étoit confacré le temple ; enfin d'avoir foin des chofes facrées, & de la célébration des fêtes. Outre ces fonctions, M. de Valois en obferve deux autres tirées de Theodoret l. 3. c. 16. la premiere étoit de jetter de l'eau luftrale fur ceux qui entroient dans le temple. Un jour, dit cet hiftorien, Julien l'*Apoftat* allant entrer dans le temple du Genie public de la Ville d'Antioche, les Neocores qui fe tenoient des deux côtez de la porte du temple, jettoient de l'eau luftrale fur ceux qui entroient, prétendant par-là les purifier. Mais Valentinien qui étoit Chrétien, & qui en qualité de Capitaine des Gardes de Julien, marchoit immédiatement devant lui, s'étant apperçû qu'une goutte de cette eau étoit tombée fur fon habit, donna un coup de poing à un de ces Neocores, fe plaignant qu'il l'avoit fouillé, au lieu de le purifier. L'idolâtre Julien indigné d'un mépris fi marqué de fa religion, re-

---

Oxon. part. 1. p. 148. Paternianum quemdam reperimus, qui in exercitu, inter præcipuos multis muneribus fungebatur, Neocorus erat magnarum dearum Nemefium, Hippopolemarchus, Prytanis primus, & multis aliis officiis iifque præcipuis honorabatur. Apud Welerum Antonius quidam Alphenus occurrit qui Caracallæ tempore prima in exercitu munia exercebat, vir confularis erat, præcipua alia obtinebat officia ; Sacerdos item dei Tyrimni, qui deus Cyzici colebatur, Neocorufque Imperatoris erat. A quo enim tempore ex adulatione Imperatores in deorum numerum adfcripti funt, illis etiam attributi erant Sacerdotes, & Neocori : civitates ipfis templa quafi certatim erigebant ; & quia novi fæpius accedebant Imperatores, erigendarum novarum ædium nullus erat finis.

III. Erant quoque Neocororum collegia, ut ex Gruteri infcriptione quadam difcimus p. cccxiv. 1. ubi Marcus Aurelius Afclepiades Hermodorus, vocatur antiquiffimus Neocororum magni Sarapidis, ὁ πρεσβύτατος τῶν νεωκόρων τῆς μεγάλης Σαράπιδος. His indicari videtur fodalitium quoddam, ubi aliquis ordo fervabatur, fecundum tempus quo quis in talem focietatem fuerat admiffus, ut hodie in capitulis obfervatur.

IV. Neocororum officia erant, ornatui templorum advigilare, eorum vafa fervare, necnon munera donaque a variis oblata ; iis qui accederent exquifituri, quo pacto deum cui facrum templum erat, coli oporteret, omnia explicare ; demum res facras feftorumque celebrationem curare. Præter hafce functiones duas obfervat D. Valefius Hadriani Valefii filius, ex Theodoreto excerptas l. 3. cap. 16. prima erat luftrali aqua afpergere eos qui in templum ingrederentur. Quadam die, inquit ille, cum Julianus Apoftata ingreffurus effet templum Genii publici urbis Antiochiæ, Neocori qui ex utraque parte ftabant ad templi portam, aqua luftrali afpergebant eos qui ingrederentur, ut fic eos purgarent. At Valentinianus qui Chriftianus erat, & quia, utpote apud Julianum corporis cuftodum dux, ante illum incedebat, cum vidiffet ftillam aquæ iftius in veftem fuam incidiffe, pugno Neocorum percuffit, queftus fe ab eo contaminatum non purgatum fuiffe. Julianus vero, quod ita re-

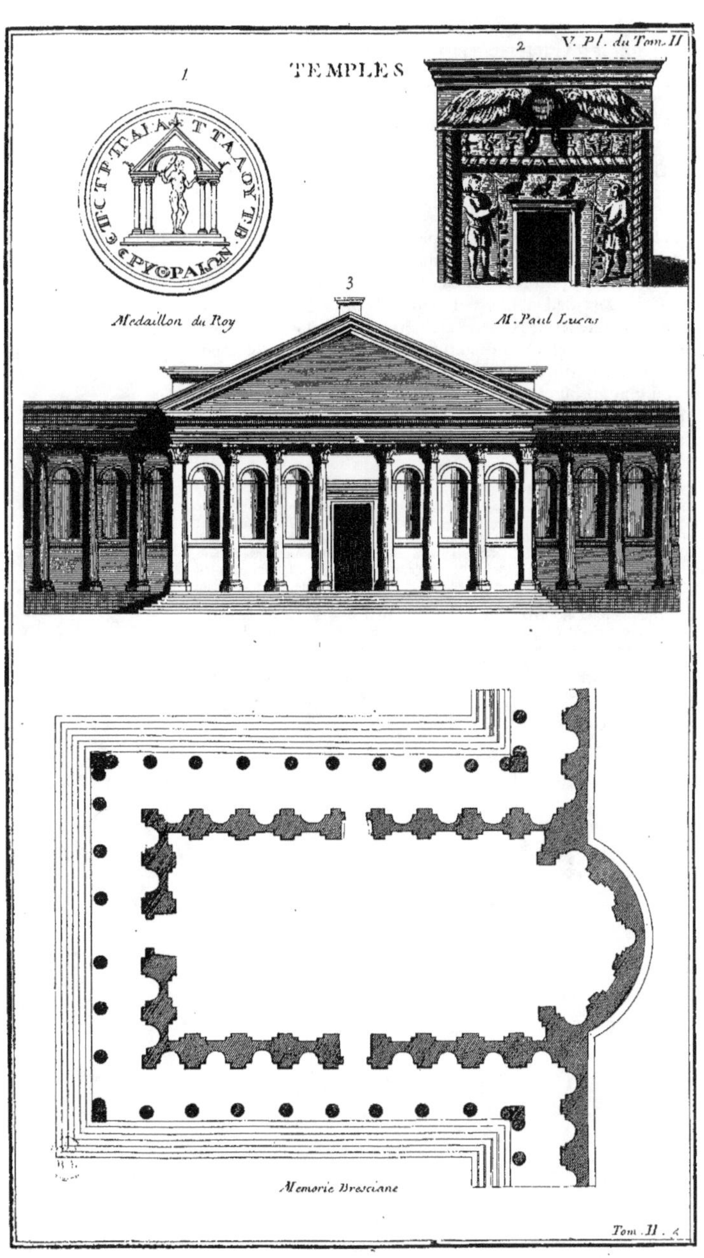
TEMPLES
1
2
V. Pl. du Tom. II
3
ΕΠΙ CTPΓ AIΛ ATTAΛOY ΕΒ
ΕΡVΘΡΑΙΩΝ
Medaillon du Roy
M. Paul Lucas
Memorie Bresciane
Tom. II.

legua dans un château Valentinien, qui un an & quelques mois après fut declaré Empereur.

La seconde fonction, tirée du même historien l. 3. c. 14. étoit de jetter de l'eau lustrale sur les viandes qu'on servoit au Prince. Un jeune Neocore converti à la religion Chrétienne par une Diaconisse, lui promit de venir s'instruire chez elle. Peu de jours après cette promesse, Julien l'*Apostat* alla à Daphné où il devoit donner un festin public. Le pere du jeune homme qui étoit Prêtre, & qui suivoit ordinairement l'Empereur, fut du voïage, & emmena avec lui ce fils & un de ses freres, parce qu'ils étoient tous deux Neocores, & qu'en cette qualité ils jettoient de l'eau lustrale sur les viandes qu'on servoit au Prince. Cette fête de Daphné fauxbourg d'Antioche duroit sept jours, & dès le premier jour le jeune Neocore debout auprès du siege de l'Empereur, aïant selon la coûtume jetté de l'eau lustrale sur les viandes, se retira secretement, & retourna à Antioche chez le Diaconisse. Il pourroit bien se faire que cette coûtume auroit été introduite par Julien l'*Apostat* lui-même, Prince plus adonné aux superstitions profanes, que tous les Empereurs païens ses predecesseurs.

---

ligionem suam despiceret Valentinianus, ipsum relegavit in castellum quoddam. Verum elapso anno & aliquot mensibus Valentinianus in Imperatorem adlectus est.

Secunda Neocororum functio ex eodem Theodoreto desumta. lib. 3. c. 14. erat aqua lustrali aspergendi cibos & fercula quæ Imperatori offerebantur. Juvenis quispiam Neocorus, ad religionem Christianam a Diaconissa conversus, pollicitus ipsi est, se conventurum eam esse, ut religionis Christianæ doctrinam ab ipsa exciperet. Sub hæc Julianus Apostata Daphnen concessit, ubi convivium publicum celebraturus erat. Pater juvenis illius cum Sacerdos esset & Imperatorem ut plurimum sequeretur, eo etiam concessit, secumque duxit hunc filium alterumque fratrem ejus, qui Neocori ambo erant; & eorum erat aqua lustrali cibos & fercula, quæ Imperatori offerrentur, aspergere. Festum istud in Daphne Antiochiæ suburbio per septem celebrabatur dies. Prima vero die, cum juvenis ille Neocorus stans prope Imperatorem accumbentem, pro more aqua lustrali cibos ejus aspersisset, clam discessit, & Antiochiam reversus Diaconissam adiit. Hic vero mos forte a Juliano ipso Apostata invectus fuerat, ejusmodi superstitionibus supra modum dedito, qui hac in parte Imperatores omnes decessores suos superabat.

CHAPITRE V.

I. Les Villes prirent le nom de Neocores ; pourquoi. II. Dispute sur le Neocorat des Villes. III. La grande question sur le Neocorat des Villes. IV. Sentiment de M. Vandale, avec les preuves. V. Sentiment de M. Vaillant, & les preuves. VI. La question est mal-aisée à décider. VII. Trois Villes qui se disputoient la primauté.

I. **L**Es peuples des Villes, chargez de tous les frais, & des grandes dé-penses où les engageoient ces grandes fêtes, & la celebration des jeux qui s'y faisoient, crurent se faire un honneur en prenant eux-mêmes le nom de Neocores. Dans les actes des Apôtres, il est dit que la Ville d'Ephese est Neocore, Νεώκορον οὖσαν de la grande déesse Diane. Ephese avoit cette prérogative sur les autres Villes, qui ne laissoient pas pourtant de lui disputer la primauté, comme nous verrons plus bas.

II. Jusqu'ici il n'y a point de dispute. Vandale & M. Vaillant les derniers qui ont parlé plus à fond sur les Neocores, conviennent assez sur la plûpart des points précedens : la grande difficulté est sur le Neocorat des Villes ; mais principalement comment il faut entendre les legendes des medailles, & les inscriptions qui marquent qu'une Ville a été deux fois, trois fois, quatre fois Neocore.

La premiere Ville, dit M. Vandale qui prend sur les medailles le nom de Neocore, est Ilion. Elle est frappée pour Jules Cesar ; l'inscription de l'un des côtez est Ιλιέων δὶς νεωκόρων : ce qui veut dire que les Iliens sont deux fois Neocores. La figure du revers est Enée qui porte Anchise sur les épaules ; & Anchise tient le Palladion, comme on l'a vû dans le premier tome de ce Supplément pl. LXIX. Albert Rubens a crû que les Iliens étoient appellez là deux fois Neocores, parce qu'ils étoient Neocores d'Hector & de Cesar ; mais Vandale dit avec beaucoup plus d'apparence que ce double Neocorat regarde Enée & Jules Cesar qui se disoit descendu de lui. Les flateurs saisissoient

---

CAPUT V.

I. Civitates Neocori nomen & functiones sumsere, quare. II. Disceptatio circa Neocoratum civitatum. III. Quæ major quæstio sit circa Neocoratum urbium. IV. Dalenii sententia ejusque argumenta. V. Valentii sententia & ejus argumenta. VI. Quæstio vix solvi potest. VII. Tres urbes quæ primatum inter se disputabant.

I. **C**Ivitates, sive civitatum ordines omnes, qui simul sumtus ingentes suppeditabant, pecuniasque impendebant ad festa & ludos celebrandos, sibi honori esse duxerunt, si Neocori nomen ipsi civitati inderent. In Actibus Apostolorum dicitur Ephesus civitas esse Neocorus Νεώκορον οὖσαν magnæ deæ Dianæ. Hæc præ aliis civitatibus Ephelo dignitas tribuebatur, quarum tamen aliquæ de primatu cum illa disputabant, ut infra videbimus.

II. Hactenus nulla controversia est. Dalenius &

Valentius qui postremi rem accuratius tractarunt, circa ea quæ jam dicta sunt inter se fere consentiunt. Magna porro difficultas circa Neocoratum civitatum versatur ; at præcipue quo pacto intelligendæ explicandæque sint nummorum inscriptiones, quando notant civitatem quamdam fuisse bis, ter, quaterve Neocoram.

Prima civitas, inquit Dalenius in dissertatione de Neocoris, quæ in nummis Neocoræ nomen habet, est Ilium ; percussa vero fuit Julio Cæsari. Ab una facie inscriptio est Ιλιέων δὶς Νεωκόρων, quo significatur Ilienses esse bis Neocoros. In postica facie Æneas Anchisem humeris gestat. Anchises vero Palladium tenet : ut in primo hujus Supplementi tomo Tab. LXIX. visus fuit. Putavit Albertus Rubenius Ilienses bis Neocoros appellari, quia Neocori erant Hectoris & Cæsaris. At Dalenius longe vero similius dicit, duplicem illum Neocoratum Æneam & Julium Cæsarem respicere, qui se ab Ænea progenitum dicebat. Hanc genealogiam adulatores jactabant, quam ipse libentissimo admittebat, ideoque civitates id illi honoris ad-

cette genealogie pour lui faire plaifir, & les Villes lui en faifoient honneur.
Enée & Anchife reprefentez fur la medaille confirment ce fentiment. M.
Vaillant tranche tout d'un coup, en affurant que cette medaille, qu'il n'a
pourtant jamais vûë, eft fauffe, & qu'il y en a beaucoup de ce genre dans Golzius, d'où elle a été originairement prife. C'eft l'opinion commune que
Golzius a mis plufieurs medailles fauffes : mais je fai auffi qu'il s'en eft trouvé
de certainement antiques, qu'on avoit pris pour fauffes parce qu'elles n'a-
voient encore été vûës que dans Golzius. Comme l'origine du Neocorat des
Villes n'eft pas entierement éclaircie, je crois qu'il vaut mieux refter dans le
doute fur la verité de cette medaille, que de la condamner fans autre examen.

III. La grande queftion roule donc fur les Villes dont les medailles portent
l'infcription, δὶς, τρὶς, τετραχὶς νεώκοροι, deux, trois, quatre fois Neocores, ou qui
ont eu deux, trois, ou quatre Neocorats, foit écrits au long, foit par des lettres numerales B. Γ. Δ, qui marquent de même qu'elles ont été ou font actuellement deux, trois, quatre fois Neocores. Les uns croient qu'elles ont eu
cette gradation de Neocorats fous differens Empereurs ; que par exemple
Ephefe aïant été faite Neocore fous Neron, aura porté le nom de Neocore
fous cet Empereur, que l'aïant été faite la feconde fois fous Hadrien, elle
aura alors pris la qualité de deux fois Neocore, & qu'aïant reçû pour la troifiéme fois le même honneur fous Caracalla, elle fe fera dite trois fois Neocore : c'eft le fentiment de M. Vaillant, & de plufieurs habiles gens. Les
autres croient avec M. Cuper, Vandale & le P. Hardoüin, que fous le même
Empereur les Villes ont été une, deux, trois, & quatre fois Neocores, plus ou
moins de fois, felon qu'il eft porté fur les medailles. Par exemple fous Septime
Severe, une Ville qui aura été Neocore de l'Empereur même, de Julia Domna
fa femme, & de Caracalla, & de Geta Cefar leurs deux fils, fera appellée quatre
fois Neocore ; fi elle l'a été de trois, de l'Empereur, de fa femme, & d'un
fils, elle fera appellée trois fois Neocore ; fi elle l'a été de l'Empereur & de
fa femme, ou de l'Empereur & d'un fils, elle fera deux fois Neocore ; fi de
l'Empereur feulement, fimplement Neocore. Ainfi fous le même Empereur,
lorfque les Villes étoient faites Neocores de l'Empereur lui-même, elles s'ap-

---

fcribebant. Æneas & Anchifes in eodem nummo
expreffi hanc opinionem confirmant. Valentius
vero noftras rem uno verbo dirimit, dum affirmat hunc nummum, quem tamen ipfe nunquam
vidit, falfum nec antiquum effe ; afferitque multos hujufmodi apud Goltzium effe nummos, hunc
autem ex Golzio defumtum fuiffe. Hæc quidem
opinio fat vulgaris eft, Goltzium nummos plurimos falfos edidiffe. At fcio perfpectumque mihi
eft, non paucos poftea antiquos deprehenfos fuiffe,
qui ea folum de caufa pro fufpectis vel falfis habebantur, quod apud unum Goltzium publicati
fuiffent. Cum porro Neocoratus urbium origo nondum fatis certo nota fit, puto confultius effe de
hujus nummi veritate falfitateve judicium fufpen-
dere, donec his de rebus aliquid certius emergat.

III. Maxima ergo quæftio verfatur circa civitates, quarum nummi hæc in infcriptione ferunt δὶς, τρὶς, τετραχὶς νεώκοροι bis, ter quaterve
Neocoræ, five ita fcriptum fit, five per literas numerales B. Γ. Δ. queis indicetur effe bis, ter quaterve

Neocoras. Alii putant horumce Neocoratuum ac-
ceffionem a primo ad fecundum, a fecundo ad
tertium, a tertio ad quartum fub diverfis Imperatoribus factam fuiffe. Exempli caufa Ephefus Neocora facta fub Nerone, Neocoræ nomine fimpliciter fub hoc Imperatore vocata fuerit : hinc vero
fecundo Neocora facta fub Hadriano, tunc bis
Neocoram fefe nuncupaverit, tertioque Neoco-
ratu accepto fub Caracalla, fefe ter Neocoram no-
minaverit. Hæc eft opinio Valentii, aliorumque
eruditorum. Alii putant cum Cupero, Dalenio &
Harduino, fub uno eodemque Imperatore civitates fuiffe femel, bis, ter, quater Neocoras, plus
vel minus, prout in nummis legitur. Verbi gratia
fub Septimio Severo, civitas quæ fuerit Neocora
Imperatoris, Juliæ Domnæ uxoris, Caracallæ &
Getæ Cæfarum filiorum utriufque, quater Neocora vocabitur ; fi trium tantum Neocora fuerit,
nempe Imperatoris, uxoris & unius ex filiis, ter
Neocora vocabitur ; fi Imperatoris & uxoris, aut
Imperatoris & filii unius, bis Neocora erit ; fi
Imperatoris tantum, Neocora tantum & fimplici-

pelloient simplement Neocores; quand elles l'étoient aussi de l'Imperatrice, elles se nommoient deux fois Neocores, & ainsi consécutivement à l'égard des enfans. Cette gradation au reste n'étoit pas necessaire, car elles pouvoient en même tems être faites Neocores de deux, de trois, & de quatre. Ces Neocorats ne passoient pas aux Empereurs suivans.

IV. La preuve de cela, c'est qu'après que des Villes ont été trois fois, & quatre fois Neocores sous des Empereurs, elles se trouvent dans des medailles des Empereurs suivans, ou simplement Neocores, ou deux fois Neocores. Par exemple une medaille de Caracalla marque ceux de Sardes trois fois Neocores, & une de Geta quatre fois. Et la même Ville se trouve depuis sous Maximin, simplement Neocore, de même que dans une medaille de Sabinie Tranquilline, femme de Gordien Romain, & dans une medaille de Gordien Romain deux fois Neocore : marque certaine que ces nombres de Neocorats ne passoient pas aux Empereurs suivans, & que c'étoit toûjours à recommencer sous de noüveaux Empereurs.

Ces Villes Neocores se trouvent souvent appellées dans les medailles, Neocores des Augustes. Dans celles d'Ephese les Ephesiens sont appellez Neocores des Augustes & de Diane, & ceux de Smyrne Neocores des Augustes & de Rome. Quand ces Villes étoient faites Neocores des Augustes, elles bâtissoient des temples en leur honneur, & ces temples se voient souvent sur les medailles ; on y remarque un, ou deux, ou trois, & jusqu'à quatre temples, quelquefois selon le nombre de Neocorats marquez sur la medaille ; mais non pas toûjours.

V. M. Vaillant, M. de Valois, & d'autres habiles gens refutent ce sentiment, & prétendent que les Villes ont été faites une, deux, trois, & jusqu'à quatre fois Neocores successivement, & sous divers Empereurs, qu'une Ville qui avoit été simplement Neocore sous un Empereur, devenoit deux fois Neocore sous un autre & ainsi trois ou quatre fois Neocore sous leurs successeurs ; qu'elle étoit faite Neocore quand elle recevoit un decret du Senat, pour joüir de cet honneur : ce qui se prouve par ce passage du Sophiste Pole-

---

ter dicetur. Sic sub eodem Imperatore cum civitates ipsius Imperatoris Neocoræ efficiebantur, Neocoras sine addito sese dicebant ; quando postea Imperatricis Neocoratum accipiebant, tum bis Neocoræ nominabantur, & sic etiam cum filiorum Neocoræ erant. Necesse autem non erat ut sic gradatim a primo ad secundum, a secundo ad tertium, & a tertio ad quartum Neocoratum ascenderent. Poterant quippe eodem ipso tempore, duorum vel trium, vel quatuor simul principum Neocoræ fieri. Neocoratus autem illi ad sequentes Imperatores non transibant.

IV. Hanc porro sententiam suam sic probant ; cum civitates ter & quater Neocoræ factæ sunt sub Imperatore quopiam, in nummis sequentium Imperatorum reperiuntur vel Neocoræ simpliciter, vel bis Neocoræ ; exempli causa, nummus Caracallæ Sardianos vocat ter Neocoros, & alius Septimii Getæ quater Neocoros. Eadem vero civitas deinde sub Maximino occurrit in nummis Maximini atque in nummo Sabiniæ Tranquillinæ simpliciter Neocora, & in nummo Gordiani Pii Romani bis Neocora : unde certissime liquet Neocoratuum numeros non transivisse ad Imperatores sequentes, succedentibusque aliis Imperatoribus,

numerum semper ab initio resumtum fuisse.

Istæ Neocoræ urbes in nummis sæpe appellatæ occurrunt, Neocoræ Augustorum. In nummis autem Ephesi, nominantur Ephesii, Neocori Augustorum & Dianæ. Smyrnæi vero, Neocori Augustorum & Romæ. Cum illæ civitates Neocoræ Augustorum constituebantur, templa in ipsorum honorem construebant ; quæ templa sæpe in earum nummis visuntur, unum, duove, aut tria, aut quatuor templa, secundum numerum Neocoratuum qui notantur per inscriptionem ; at non semper idem numerus templorum figura repræsentatur, qui in inscriptione legitur Neocoratuum numerus.

V. Valentius, Valesius aliique rei nummariæ péritissimi, eorum opinionem confutant, probareque nituntur, civitates, semel, bis, ter quaterve Neocoras fuisse factas sub diversis imperatoribus & successione quadam. Civitatem nempe, quæ simpliciter Neocora fuerat sub aliquo Imperatore, bis Neocoram sub alio sequenti, sub alioque ter quaterve Neocoram fuisse. Neocoram scilicet factam esse, quando senatusconsultum accipiebat, quo hujusmodi sibi honor deferebatur : id quod probatur hoc Polemonis Sophistæ loco ex marmoribus

mon,

mon tiré des marbres d'Arondel, *δεύτερον δόγμα συγκλήτυ καθ' ὁ νεώκοροι γεγόναμϐυ,
un second decret du Senat par lequel nous avons été faits Neocores*, difent
ceux de Smyrne. Selden croit que cela veut dire qu'ils ont été faits deux fois
Neocores : il y a beaucoup d'apparence que ce fecond decret donnoit un fe‑
cond Neocorat, quoique *δὶς* deux fois, ne foit pas exprimé dans le marbre, &
qu'un troifiéme decret donnoit un troifiéme Neocorat, & un quatriéme de‑
cret un quatriéme Neocorat de même. Mais cela ne fait rien à la difficulté.
Le Senat pouvoit donner deux, trois, quatre decrets fous le même Empereur,
comme il pouvoit les donner fucceffivement fous plufieurs.

Ce qui a porté M. Vandale à croire que le Neocorat fe donnoit trois ou
quatre fois fous un même Empereur, dit M. Vaillant, c'eft qu'il a crû que le
nombre de temples qu'on voit fur le revers des medailles répondoient à au‑
tant de Neocorats, & que ces temples avoient été bâtis pour l'Empereur
regnant, pour fa femme & pour fes enfans. Mais fi ces Neocorats finiffoient
avec les Empereurs regnans, & que du tems de l'Empereur fuivant il ait fallu
bâtir de nouveaux temples pour lui, & pour fa famille, il fe feroit enfin trouvé
autant de temples que de maifons. Un autre raifon que M. Vaillant apporte
eft qu'on ne bâtiffoit aucun temple à un Empereur, fans faire des fêtes & des
jeux en fon honneur : or ces fêtes & ces jeux, à caufe de la trop grande dépenfe,
ne fe celebroient que tous les trois, ou quatre, ou cinq ans : & cela pofé, il
n'y pouvoit pas avoir fous les mêmes Empereurs trois ou quatre Neoco‑
rats dans une même Ville ; la plûpart n'ont pas affez regné, pour voir tant de
fois ces jeux, comme Caracalle, Elagabale, Maximin, Gordien.

Pour ce qui eft des exemples de Villes, qui après avoir été trois ou quatre
fois Neocores fous des Empereurs précedens, fe trouvent ou fimplement
Neocores, ou deux fois Neocores dans les medailles des Empereurs fuivans,
il répond que quand il n'y a que le mot de Neocore, c'eft qu'on s'eft difpenfé
de mettre le nombre des Neocorats, de même que les Monetaires fe difpen‑
fent quelquefois de mettre le nombre des tribunats, quoiqu'il y ait déja plu‑
fieurs années de Tribunat. Il apporte pour exemple une medaille de Vefpafien,

---

Arundellianis defumto, *Δεύτερον δόγμα συγκλήτυ
καθ' ὁ νεώκοροι γεγόναμϐυ*, *fecundum Senatus conful‑
tum, quo Neocori facti fuimus*, inquiunt Smyrnæi.
Putat Seldenus his fignificari eos bis Neocoros
factos. Verifimile certe eft hoc fecundum decre‑
tum, fecundum offerre Neocoratum, etfi illa vox
δὶς bis, in marmore non exprimatur. Tertium item
decretum tertium afferre potuit Neocoratum, &
quartum fimiliter decretum, quartum Neocoratum.
Verum illud difficultatem nullo modo tollere vi‑
detur. Potuit enim Senatus fub uno eodemque Im‑
peratore duo, tria, quatuorque decreta dare, ut
potuit dare fub pluribus.

Id quod Dalenium eo deduxit, inquit Valentius,
ut crederet Neocoratum bis terve fub eodem Im‑
peratore datum fuiffe, numerus templorum fuit.
Putavit nempe numerum templorum quæ in num‑
morum poftica facie vifuntur, totidem indicare
Neocoratus ; hujufmodique templa exædificata
fuiffe Imperatori tunc regnanti, ejus uxori & filiis.
Verum fi Neocoratus illi finem accipiebant cum Im‑
peratore tunc regnante, & fi novo fuccedente Im‑
peratore nova templa conftruere neceffe fuerit ;
ipfi nempe, uxori, & liberis ; tot demum templa,

quot ædes civium fuiffent. Aliud adverfus argu‑
mentum affert Valentius : nunquam Templum Im‑
peratori cuipiam conftruebatur fine feftorum
dierum & ludorum celebratione. Atqui fefta &
ludi hujufmodi, eo quod fumtibus nimiis celebra‑
rentur, *Ternis folum, quaternis vel quinis annis
fieri folebant* : qua re pofita non poterant fub eo‑
dem Imperatore tres quatuorve Neocoratus in ea‑
dem haberi urbe ; cum maxime Auguftorum mag‑
na pars non fat diuturnum imperium tenuerint, ut
Caracalla, Elagabalus, Maximinus, Gordianus.

Quod autem fpectat ad exempla illa urbium,
quæ poftquam ter quaterve Neocoræ fuerint fub
Imperatoribus præcedentibus, vel fimpliciter &
femel Neocoræ, vel bis Neocoræ dicuntur in num‑
mis Imperatorum fequentium, refpondet Valen‑
tius, quando *νεωκόρον* nomen folum nullo addito
numero occurrit, id ex confuetudine quadam fie‑
ri, nam numeri illi quandoque negliguntur ; ut
exempli caufa Monetarii nonnunquam numerum
tribunatuum annotare negligunt, etfi jam multi
tribunatus anni effluxerint. Exemplum autem af‑
fert ex Vefpafiani nummo, ubi in poftica facie
legitur P. M. TR. P. COS. VI. Nemo dixerit

compofée de plufieurs Villes jointes enfemble ; de fon temple d'Efculape, fi fameux dans toute l'Afie. Ephefe fe glorifioit de fon grand port, & du magnifique temple de Diane, l'une des fept merveilles du monde. Cela joint à d'autres prérogatives que ces trois Villes s'attribuoient, faifoit quec hacune vouloit l'emporter fur fes rivales.

---

bus conftitui, de Æfculapii templo per totam Afiam celebrato. Ephefus de ampliffimo pottu altos fumebat fpiritus, deque admodum magnifico Dianæ Ephefiæ templo, quod inter feptem or-bis miracula computabatur. Alias quoque prærogativas fibi adfcribebant hæ civitates, queis nixæ alias fe fuperare putabant.

CHAPITRE VI.

I. Trois temples fur un medaillon. II. Temple de Diane Pergée. III. Temple d'Hercule fur un medaillon. IV. Temple d'Hercule à Breffe en Italie. V. Pavé d'un temple trouvé en Angleterre. VI. Autre pavé trouvé à Viterbe. VII. Temple de la Fortune.

8 I.   LE medaillon fuivant montre [8] trois temples, celui du milieu eft de Diane d'Ephefe. Les deux autres ont des divinitez à l'entrée, que leur petiteffe empêche de bien diftinguer : ce font deux autres temples de la Ville. Les Ephefiens font appellez, πρῶτοι Ασίας, les premiers de l'Afie. Nous venons de parler de ces temples fur les Neocores. M. Vandale a crû que ces trois temples marquoient autant de Neocorats : mais cela n'eft pas certain ; & ce point demande des éclairciffemens, que les medailles trouvées jufqu'à prefent n'ont pas encore fournis.

9   II. Le temple de Diane [9] Pergée eft tout extraordinaire dans fes ornemens ; il n'y a au frontifpice que deux colonnes ; mais l'ouvrier n'en a pas mis davantage, apparemment pour laiffer tout l'efpace libre, & faire place à plufieurs chofes qu'il vouloit y mettre. On y voit comme dans un éloignement la tête de Diane fur une efpece de coupe. Au bas on voit à chaque côté un autel, fur lequel eft une fphinx ailée. Les Egyptiens mettoient des fphinx aux entrées

---

CAPUT VI.

I. Tria Templa in nummo uno. II. Templum Dianæ Pergeæ. III. Templum Herculis in nummo. IV. Templum Herculis Brixiæ in Italia. V. Pavimentum Templi in Anglia repertum. VI. Aliud pavimentum templi Viterbii repertum. VII. Templum Fortunæ.

I.   NUmmus fequens tria [8] exhibet templa, id quod medium occupat Dianæ eft Ephefiæ ; duo alia vero templa numen quodpiam in oftio offerunt, fed tam exiguum, ut internofci nequeat ; funt autem duo alia, ejufdem urbis templa. Ephe-fii hic vocantur πρῶτοι Ασίας Afiæ primi. De hifce templis fupra, cum de Neocoris civitatibus ageretur, loquuti fumus. Dalenius putat his tribus templis tres Neocoratus notari : at illud non certum eft. Hæc res nova quærit monumenta, novas notitias, quas nummi hactenus reperti nondum obtulerunt.

II. Templum Dianæ [9] Pergææ infolitis fplendet ornamentis. In frontifpicio duæ tantum funt columnæ ; fed non plures fculptor dedit, ut fpatium inter ambas liberum relinqueret, in quo multa collocaret. Quafi in fat remoto intra templum fpatio vifitur caput Dianæ, cuidam ceu crateri impofitum. In ima parte confpicitur ad utrumque latus ara, cui utrique infidet Sphinx alata. Ægyptii in Templorum ingreffu Sphinges loca-

des temples, pour marquer que les mysteres qu'on y celebroit étoient obscurs & énigmatiques. C'est peut-être de là que les Grecs avoient puisé cette coûtume, comme ils avoient aussi pris des Egyptiens bien d'autres choses. Ce temple & quelques autres ont déja été donnez dans le second tome de l'Antiquité, tirez des medailles. Mais comme les medaillons du Roi les representent plus grands, & montrent des choses remarquables qui ne paroissent pas dans les autres à cause de leur petitesse, on a cru les devoir mettre ici.

PL. V.
1

III. Hercule tient la massuë levée, placé à l'entrée de son temple [1] de la ville d'Erythre : il semble qu'il va frapper quelqu'un. Ce temple n'a que quatre colonnes, mais l'ouvrier peut en avoir passé quelques-unes pour y pouvoir mettre la figure d'Hercule. L'inscription greque dit que cette medaille des Erythréens a été frappée, lorsque Publius Ælius Attalus étoit Préteur pour la seconde fois.

2

Le petit [2] temple des Egyptiens qu'on voit après, si toutefois c'est un temple, est entré, je ne sai comment, dans cette planche. Il est ici hors de sa place : les temples & les sacrifices Egyptiens se trouvent vers la fin de ce tome. On y voit d'abord au haut du frontispice un globe où sont attachées deux ailes, une de chaque côté ; & par dessous le globe s'élevent deux têtes d'oiseau, qui montent de chaque côté jusqu'à la hauteur du sommet du globe. Au dessous de cette premiere bande se voit une rangée de figures si petites, qu'on ne peut guere bien les distinguer. D'un côté il y en a trois assises, dont celle du milieu est peut-être la divinité qu'on honoroit dans le temple. Ces figures sont sur une espece de colonne couchée, qui a la forme d'un faisceau rond & long, lié d'un bout à l'autre, en sorte que le lien va tout autour en ligne spirale. Les deux colonnes qu'on voit aux deux extrémitez de la façade à droite & à gauche, sont faites de la même maniere. La porte quarrée du temple a sur son entablement trois oiseaux qui paroissent de même espece. Je ne sai si ce ne sont pas trois épreviers, oiseaux qui étoient en grande veneration dans l'Egypte, parce qu'ils representoient le grand dieu Osiris. A chacun des côtez de la porte il y a un homme qui semble faire la fonction de Suisse : chacun des deux porte un long bâton, dont le haut se termine en bequille.

---

bant, ut significarent, ea quæ ibi celebrabantur mysteria obscura & ænigmatica esse, inquit Plutarchus in libro de Iside & Osiride. Hinc forte Græci eam consuetudinem mutuati erant, ut & alia multa ab Ægyptiis hauserant. Hoc templum ut & alia nonnulla in secundo Antiquitatis explanatæ tomo jam publicata sunt ex nummis minimæ molis educta. Verum quia illi Regii nummi majoris formæ majora templa exhibent, & multa etiam notatu digna repræsentant, quæ in aliis minoris moduli nummis non comparebant ob brevitatem spatii, hic denuo ponenda duximus.

III. Hercules,[1] in templi sui ostio locatus, clavam tenet erectam Erythræa in urbe, quasi clavæ ictu quempiam prosternere cupiat. Templum est quatuor tantum columnarum ; sed sculptor aliquot pro more omiserit, ut erigendæ Herculis imagini locus superesset. Inscriptio Græca sic legenda est Ἐρυθραίων ἐπὶ στρατηγῦ Π. Αἰλίυ Ἀτ]άλυ τὸ ϐ. id est, Erythræorum, Publio Ælio Attalo iterum Prætore.

Parvum illud Ægyptiorum templum, quod hic conspicitur [2], si tamen templum revera est, nescio quo casu in hac Tabula insculptum, & extra proprium sibi locum positum est. Nam templa sacrificiaque Ægyptiorum circa finem hujusce tomi habentur. Statim in suprema frontispicii parte globus visitur, cui annexæ sunt alæ, altera hinc altera inde ; ex imo globo hinc & inde exeunt duo avium capita, quæ utrinque ad usque altitudinem summi globi exsurgunt. Subtus istæc, hominum figuræ habentur adeo exiguæ, vix ut internosci ac distingui possint. In altero latere tres homines in sellis sedentes conspiciuntur : qui mediam occupat sedem fortasse deus ille est qui in hoc templo colebatur. Hæ porro figuræ supra columnam extensam sunt rotundam & longam admodum, fasciis colligatam, ita ut ligamen spiram referat. Ejusdem quoque formæ sunt duæ columnæ in extremis frontispicii lateribus hinc & inde positæ. Porta quadrata templi supra tabulatum superne tres aves exhibet ejusdem, ut videtur, generis. Forte tres sunt accipitres, qui per Ægyptum magno in honore habebantur, quod magnum deum Osiridem repræsentare putarentur. Ad utrumque portæ latus vir quidam stat custodiæ causa : uterque vero oblongum baculum tenet transverso ligno superne terminatum,

E iij

3   IV. Ottavio Rossi ¹ qui nous a conservé la façade avec le plan que nous
donnons ici, dit que c'est le temple d'Hercule, ce qui a été reconnu par une
inscription trouvée dans une architrave, HERCULI PATRIO. Nous
avons vû dans le premier tome la figure d'Hercule de Bresse, revêtu de la peau
du lion, tenant un fan par les pattes. La façade de son temple qui est belle,
a huit colonnes d'ordre Corinthien : entre les colonnes sont six niches pour
autant de statues. Pour ce qui regarde l'interieur du temple, la grande partie
qui est celle du milieu, étoit renfermée dans des galleries interieures, ou des
corridors, bordez de colonnes du côté du grand mur, & de pilastres de l'autre
côté. Ce qui est à remarquer, c'est que de ces corridors on ne pouvoit entrer
dans le *Naos*, ou dans la partie du milieu, que du côté de la grande porte, &
par deux autres portes ménagées de chaque côté au milieu des corridors.
Le Naos étoit orné de pilastres appliquez aux pilliers. Ce temple qui se
termine en rond par le haut a une espece de croisée qui avance hors d'œuvre,
large comme les corridors des côtez, & ornée en dedans de même. Le dehors
qui étoit sur le même aspect que le frontispice, avoit tous les mêmes ornemens, des colonnes d'ordre Corinthien, & des niches pour des statues. Une
chose remarquable est que de ces deux corridors qui faisoient une croisée, on
ne pouvoit pas entrer tout droit dans le temple, il falloit necessairement aller
chercher les portes des côtez. Le temple étoit orné par dedans de pilastres
qui regnoient tout autour. Il paroit que dans la partie ronde qui termine le
temple au haut, qui est ce qu'on appelle en quelques Eglises *le chevet*, il y
avoit trois niches pour mettre autant de statues. Au reste le plan donné par
le Rossi ne s'accorde point du tout avec le profil qu'il met au même endroit.
On diroit que ce sont deux temples differens. Le plan nous montre un pseudodiptere, qui a tout autour un large portique couvert, soûtenu par des colonnes où l'on pouvoit se promener. On l'appelloit Pseudodiptere, ou faux
diptere, parce qu'anciennement le diptere avoit un portique à deux rangs
de colonnes, où l'on montoit de tous les côtez par les degrez qui regnoient
tout autour. Mais Hermogene voïant qu'en ôtant le rang de colonnes qui
étoit en dedans, on élargissoit l'allée sans ôter la grace & l'ornement que don-

---

IV. Octavius Rubeus ¹ qui frontispicium & ichnographiam sequentis templi servavit in memoriis Brixianis pag. 20. & 21. dicit esse templum
Herculis, id quod ex his verbis in Zophoro quodam repertis liquidum est, HERCULI PA-
TRIO. In primo hujus Supplementi tomo vidimus schema Herculis Brixiani leonis spoliis præcincti, & hinnuli pedes manu tenentis. Frontispicium templi elegantia sua conspicuum, octo columnis Corinthii ordinis exornatur. Inter columnas sex sunt loculamenta totidem locandis statuis. Quod ad interiora templi pertinet, major
eaque media pars inter porticus, seu alas, ut vocant, inclusa erat, quæ alæ columnis ex parte
majoris muri, parastatis ex altera ornatæ erant.
Quodque observandum est, ex his porticibus non
poterat in medium templum intrari, nisi per eum
aditum qui portam majorem respicit, & per duas
januas, quæ in mediis porticibus patebant. Medium templum ornatum parastatis erat, quæ parastatæ pilis majoribus hærebant. Pars superior
templi in rotundam formam definit, & quamdam ceu crucem exhibet, quæ extra templi limites hinc & inde extenditur, eadem qua porticus
latitudine, iisdemque ornamentis interioribus.
Crucis hujus facies exterior, iisdem, quibus ipsum
frontispicium, gaudebat ornamentis, columnis
nempe ordinis Corinthii, statuarumque loculamentis. Quodque etiam mireris, ex illis duabus
porticibus, quæ crucem constituebant, non poterat in medium templum recta intrari, sed ad-
eundæ erant illæ in lateribus adornatæ januæ.
Templum parastatis a lateribus erat ornatum. Ap-
sis vero qua templum terminatur, tres habebat
apsidulas ad totidem locandas statuas. Cæterum
ichnographia, quam dedit Rubeus, cum ejus or-
thographia nullo modo consonat. Duo diversa
esse templa diceres. Ichnographia pseudodipteron
ostendit, sive latam porticum opertam, columnis
fultam, ambulacrum præbentem. Pseudodipteron
autem vocabatur sive falsum dipteron, quia olim
dipteron porticum habebat opertam, duobus columnarum ordinibus undique fultam. Verum Her-
mogenes cum perspiceret, sublato interiore columnarum ordine latius fore ambulacrum, nihilque hinc ornamenti detractum iri, istius formæ

noient aux temples ces rangs de colonnes qui regnoient tout autour, fit des temples en cette forme qu'on appelle Pſeudodipteres. Selon le profil il n'y avoit ni pſeudodiptere, ni portique, quoique les degrez ſe voient tout autour. Voilà une difference très-grande, & ce n'eſt pas la ſeule : les deux ailes qui font une eſpece de croiſée, ſont bien plus longues dans le profil que dans le plan. On ne peut voir que ſur les lieux où eſt le défaut, ſuppoſé même que le temple ſoit encore aujourd'hui ſur pied.

V. Le pavé que nous repreſentons ici a été trouvé en Angleterre l'an 1712. **Pl. VI.** à un lieu appellé Stunfield, non loin de Woodſtock. Un laboureur qui pouſſa ſa charruë dans des pierres, donna lieu de découvrir cette moſaïque, qui étoit à trois pieds en terre : on ôta la terre, & l'on découvrit tout le pavé qui a trente-ſix pieds de long ſur quinze de large. Ce ſont les meſures qu'on a données dans le Pitiſcus, qui ne s'accordent pas tout-à-fait avec l'eſtampe qu'il en a fait faire, où la largeur a plus de la moitié de la longueur. Les petites pierres qui compoſent ce pavé ont un quart de pouce en carré ; mais celles des bords ſont une fois plus grandes. Ces pierres ſont de differentes couleurs, rouges, noires, blanches & cendrées. C'eſt apparemment le pavé de quelque temple de Bac-chus. Au milieu de l'un des ronds on voit ce dieu aſſis ſur un tigre qui marche ; il tient d'une main une branche de vigne, & de l'autre un pot renverſé : il eſt couronné de pampres. Les ornemens de la moſaïque ſe remarqueront à l'œil. Les quatre oiſeaux qu'on voit aux quatre angles du plus grand carré ne ſe peuvent guere bien reconnoître ; ils tiennent chacun un rameau de l'un de leurs pieds.

VI. L'autre pavé qui n'eſt pas moins ſingulier que le précedent, fut trouvé **Pl. VII.** l'an 1720. à Viterbe dans la vigne de Mſſ. les Comtes Buſſi. Il a environ ſoi-xante palmes Romains de long ſur vingt de large. Le palme Romain a huit pouces & demi des nôtres ; ainſi la longueur ſera de quarante trois de nos pieds, & la largeur de quatorze ou environ. Les pierres de ce pavé ſont preſque toutes ou d'un brun cendré, ou blanches : il y a pourtant quelque peu de rouge & de bleu dans la tête de Meduſe, dans les deux ſphinx, dans le pan, & dans quelques autres figures. On ne ſait ſi c'eſt le pavé d'un temple en ;ce cas-

---

<table>
<tr><td>

templa ſtruxit, quæ pſeudodiptera vocata ſunt. Si orthographiæ fidem habeas, nec pſeudodipte-ron, nec porticus erat, etſi gradus undique conſpi-ciantur. Certe magnum eſt hoc inter ambo diſ-crimen, aliaque ſunt diſcrimina : nam alæ illæ quæ quaſi crucis formam efficiunt, in orthogra-phia multo longiores ſunt, quam in ichnographia. Neque ſcire potes in utro vitium ſit, niſi Brixiam adeas ; ſi tamen templum hodieque ſuperſit.

V. Pavimentum illud, quod hic exhibemus, in Anglia anno 1712. detectum fuit, in loco cui nomen Stunfield, haud procul a Woodſtochio. Arator qui in lapides aratrum immiſit, huic Mu-ſivo operi detegendo occaſionem præbuit. Sub ſo-lo autem latebat tribus profundo pedibus. Amota terra fuit, atque ſic pavimentum totum triginta pe-dibus longum, & quindecim latum detectum eſt. Has menſuras in fronte Lexici a Pitiſco editi dede-runt, quæ tamen cum ſchemate non omnino con-ſentiunt : latitudo enim plus quam dimidium lon-gitudinis occupat. Lapilli, quibus coagmentatum eſt pavimentum, quadrati ſunt & quartam polli-cis partem latitudine habent. Sed ii lapilli qui ex-

</td><td>

trema ſtrati hujuſcemodi occupant duplo majores ſunt : & varii coloris omnes, rubri, nigri, albi, cinerei. Eſt, ut quidem videtur, pavimentum ali-cujus Bacchici templi. In medio cujuſdam circuli Bacchus inſidet tigri gradienti : manu ramum te-net pampineum, altera vero ſcyphum inverſum. Pampinis autem coronatus eſt. Cætera muſivi o-peris ornamenta uno aſpectu facile percipientur. Quatuor aves quæ in quatuor angulis conſpiciun-tur, vix dignoſci poſſunt. Singulæ ramum altero pede tenent.

VI. Aliud pavimentum non minus ſpectabile quam præcedens anno 1720. Viterbii repertum fuit in vinea DD. Comitum Buſſiorum. Eſt porro longitudine ſexaginta palmorum Romanorum, latitudine viginti. Palmus vero Romanus eſt octo pollicum & dimidii noſtrorum, ita ut longitudo tota ſit quadraginta trium pedum noſtrorum, lati-tudoque quatuordecim pedum vel circiter. Lapilli queis adornatum opus muſivum fuit, ſunt omnes vel cinerei nigricantes vel albi. Attamen in capite Meduſæ, in pavonibus, in aliiſque pauculis figuris rubri & cærulei quidpiam deprehenditur. An pa-

</td></tr>
</table>

là, ce seroit d'un temple de Minerve. On y voit plusieurs symboles de cette déesse, la tête de Meduse qui est la plus grande image, un bouclier rond comme un demi globe avec une choüete pardessus, & un dard, plusieurs casques, un grand nombre de peltes, ou de petits boucliers. Il est vrai qu'on y remarque aussi un pan symbole de Junon ; mais les symboles de Minerve y dominent, & la tête de Meduse est ce qui frappe le plus. La mosaïque est composée de très petites pierres : les compartimens sont d'un goût fort different de ceux de la mosaïque précedente, comme il arrive toûjours en ces choses qui dépendent du pur caprice.

P L.
V I I I.

VII. Le temple de la Fortune est fort reconnoissable par l'image même de la Fortune qui est à l'entrée. Elle tient de la main droite le timon, & sur le bras gauche la corne d'abondance : elle a le pôle sur la tête comme dans plusieurs autres images. Ce temple est representé à quatre colonnes ; l'arc ménagé dans le fronton se trouve ici comme dans plusieurs autres images. L'inscription dit que la medaille a été frappée sous Flavius Phisicus grand Prêtre des Eumeniens Acheiens, c'étoient des peuples de Phrygie.

---

vimentum cujusdam Templi sit ignoratur, si templi cujusdam, Minervæ ut videtur esset. Multa quippe ibi ejus deæ symbola observantur ; caput Medusæ quæ maxima omnium imago est, clipeus rotundus quasi media pars globi cum noctua superposita, jaculum, multæ cassides, peltæ pletæque. Attamen pavonem etiam hic conspicimus, quod est symbolum Junonis : sed symbola Minervæ hic frequentius occurrunt, & magno numero sunt. Musivum opus ex lapillis perquam minimis structum est : cerostrota autem longe diversa ratione sunt concinnata, ab illis quæ in præcedenti pavimento observantur, ut fere fit in rebus ex mero arbitrio & imaginatione dependentibus.

VII. Templum Fortunæ facile dignoscitur ex imagine ipsius Fortunæ, quæ in ejus ingressu repræsentatur. Ut mulier depingitur dextera manu temonem, læva cornu copiæ tenens. Polum capite gestat, ut in plerisque aliis imaginibus. Templum quatuor columnarum repræsentatur ; arcus vero in fastigio erectus eodem prorsus modo conspicitur in nummis bene multis, frontispicia templorum exhibentibus. Inscriptio sic legenda, ἐπὶ φλαβίε φισικε (sic) ἐςχέίρως Εὐμένίων Αχαίον. Hoc est, sub Flavio Phisico summo Sacerdote Eumeneorum Achivorum, qui erant Phrygiæ populi.

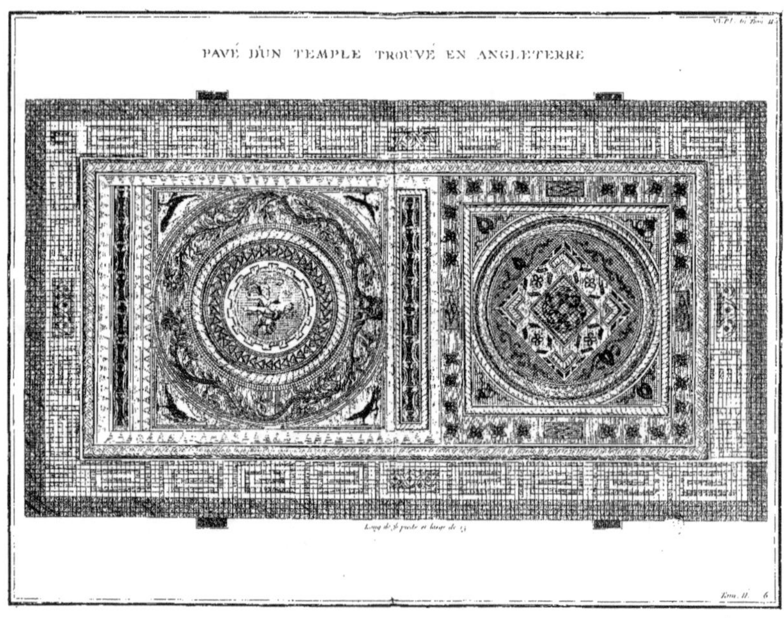

PAVÉ D'UN TEMPLE TROUVÉ EN ANGLETERRE
Long de 36 pieds et large de 15

PAVÉ D'UN TEMPLE TROUVÉ A VITERBE

PAVÉ D'UN TEMPLE TROUVÉ A VITERBE

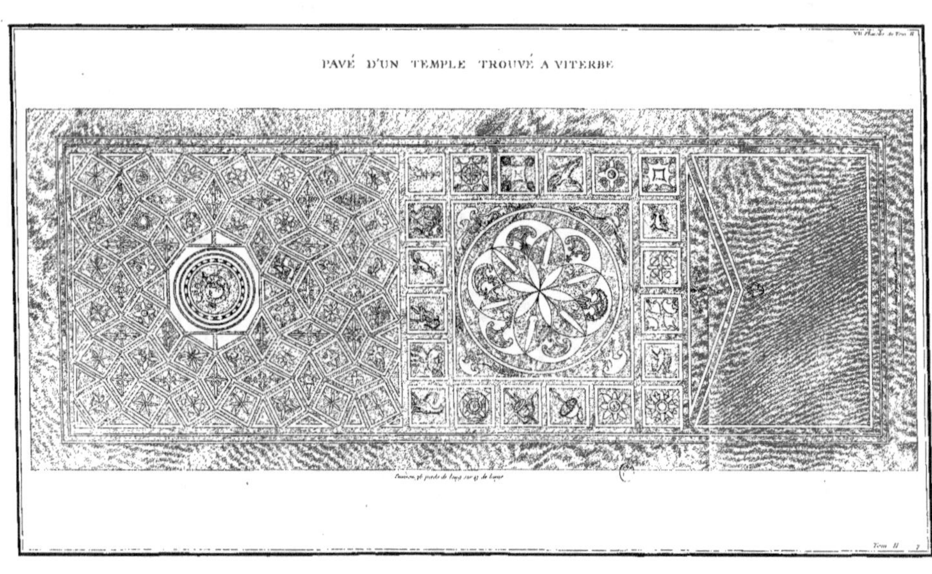

Environ 36 pieds de long sur 17 de large.

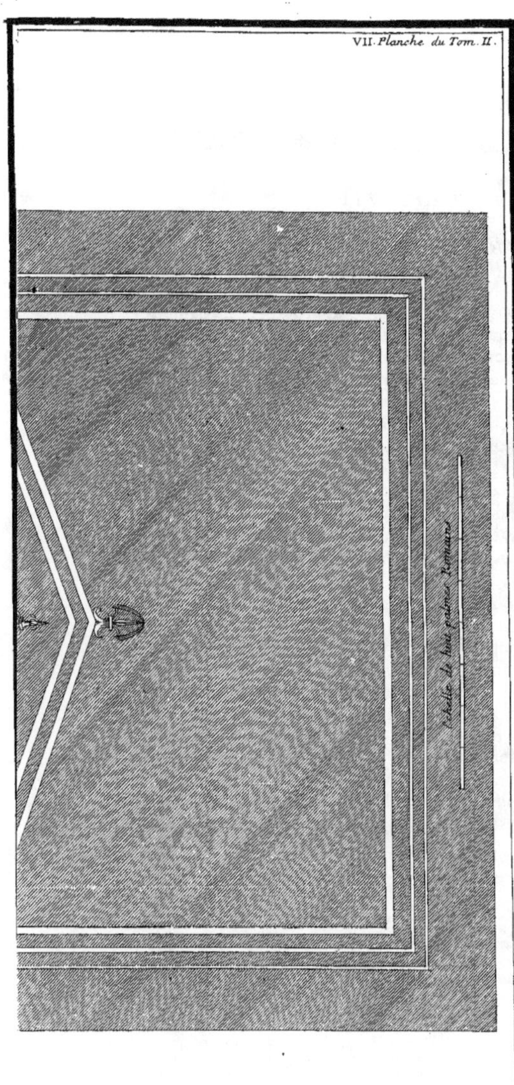
Echelle de huit palmes Romains

CHAPITRE VII.

I. Medaillon d'Apamée, où est representée une espece d'Arche. II. Que quelques-uns ont prise pour l'Arche de Noé. III. D'autres, pour l'Arche de Deucalion.

I. NOus mettons ici, ne trouvant pas de place plus propre, ce medaillon de Severe, au revers duquel est representée [a] une espece de bâtiment carré long : dans ce bâtiment sont un homme & une femme qu'on croit être Deucalion & Pyrrha. Le medaillon est frappé à Apamée ville de Syrie, appellée anciennement Pella : on croit que ce bâtiment est une Arche comme celle de Noé : il paroit en effet que ce ne peut être autre chose. L'homme & la femme qu'on voit dans ce bâtiment carré, se voient encore hors du bâtiment, où ils se tiennent debout, & levent une main ; ils ressemblent tellement à ceux de dedans répetez dans le même revers, qu'on juge que ce sont les mêmes. L'inscription autour de la medaille est telle, ἐπὶ ἀγωνοθέτȣ Ἀρτέμα γ. Cela veut dire, *Artemas étant pour la troisiéme fois Agonothete.* Dans l'exergue on lit Ἀπαμέων, & sur un côté du bâtiment carré que plusieurs prennent pour l'Arche de Deucalion, on lit ΝΕΩΚ, ce qui veut dire Νεωκόρων. Il ne faut pas omettre que sur le bord de cette Arche on voit un oiseau, & encore un autre oiseau qui vole vers l'Arche.

II. C'est le revers d'un medaillon de Severe que nous représentons ici : ce même revers se trouve encore dans les medailles de Philippe le Pere. Ottavio Falconieri qui a fait une Dissertation sur cette curieuse medaille, dit qu'il a vû en differens cabinets trois medailles de Philippe qui ont ce même revers ; mais avec quelques differences remarquables que je vais rapporter ici. Ce bâtiment carré que nous appellons une Arche, flotte dans les eaux dans ces medailles de Philippe, ce qu'on ne remarque pas sur le medaillon du Roi, où l'Arche paroit être sur terre. L'oiseau qui vole dans les medailles de Philippe, tient un rameau dans ses griffes : ce qui ne se voit pas dans le medaillon de

---

CAPUT VII.

I. Nummus Apameæ, in quo arca veluti quædam exhibetur. II. Hanc pro arca Noæ quidam habuerunt. III. Alii vero pro arca Deucalionis.

I. NOn alium opportuniorem locum novimus huic Regio explicando numismati, in quo Severus Imperator repræsentatur, & ab altera parte, ædificium [a] quodpiam quadratum, in quo vir & mulier quos putant esse Deucalionem & Pyrrham. Nummus percussus est Apameæ Syriæ, quam olim Pellam vocabant. Ædificium illud pro arca lignea habitum fuit & omnino habendum videtur. Vir autem & mulier qui intra ædificium illud quadratum conspiciuntur, extra illud etiam stantes visuntur, manûm erigentes. Inclusis certe illis ita similes sunt, ut jure putetur eosdem esse, qui in eadem postica nummi facie repetuntur, dénuoque repræsentantur. Inscriptio circum talis est, Ἐπὶ ἀγωνοθέτȣ Ἀρτέμα γ. Id est, *sub Agonotheta, Artema, cum jam tertium hoc muneris* exerceret : In exergo legitur Ἀπαμέων, inque latere uno ædificii sive arcæ Deucalionis, ut vulgo putatur, scribitur Νεωκ id est, Νεωκόρων Neque omittendum est in arcæ ora conspici avem ; aliamque item avem quæ versus arcam volat.

II. Hic damus posticam faciem nummi Septimii Severi Imperatoris. Hæc porro postica facies occurrit etiam in nummis Philippi Patris. Octavius Falconerius qui in hunc nummum dissertationem edidit, ait se in variis Museis tres nummos vidisse cum hoc in postica facie typo ; sed discrimina quædam non levia præferenti, quæ hic nobis expromenda sunt. Isthæc quadrata fabrica, quam arcam vocamus, in undis fertur, in nummis Philippi, id quod in nummo Regio non perspicitur, ubi arca solo nixa videtur esse. Avis quæ in nummis Philippi volat, ramum tenet unguibus, id quod

Severe, où l'oifeau qui vole n'a rien aux pieds : il y a encore quelque difference dans la forme de l'Arche ; mais qui n'eft pas bien confiderable : cela peut venir ou du deffinateur, ou du graveur, ou de celui qui l'a faite deffiner ou graver felon fon idée. Il arrive très-fouvent qu'un Antiquaire fait deffiner une medaille, ou un monument felon fon opinion, qui ne fe trouve pas toûjours conforme à la verité. Mais ce qu'il y a de plus fingulier, c'eft qu'au lieu du NEΩK qu'on lit fur l'Arche au medaillon du Roi, & qui fe doit lire NEΩKO-PΩN, fur les medailles de Philippe on lit NΩE bien formé. Ottavio Falconieri habile Antiquaire a lû ainfi, ce qui fait juger que s'il y a erreur, elle eft du côté du monetaire, n'étant pas vrai-femblable qu'il s'y foit trompé, lui qui étoit fi verfé dans ces fortes de monumens. D'ailleurs l'Abbé Seguin Doïen de faint Germain de l'Auxerrois, & plufieurs autres Antiquaires affuroient qu'il y avoit NΩE, & que les caracteres étoient très-bien marquez. Au refte des trois medaillons qu'Ottavio Falconnieri avoit vûs, il n'y en avoit qu'un où les lettres étoient bien confervées, dans les autres elles étoient fi effacées qu'on n'y pouvoit rien lire fûrement.

Noé vient fi bien à la figure, que plufieurs crurent qu'effectivement le monetaire avoit voulu mettre ainfi, & repréfenter dans l'Arche Noé & fa femme. Apamée étoit fi voifine de la Judée que l'hiftoire de Noé ne pouvoit pas y être inconnuë, & cette hiftoire eft fi marquée fur la medaille, que le nom de Noé ajoûté femble d'abord favorifer ce fentiment. D'autres crurent que NΩE n'eft là autre chofe que les trois dernieres lettres du mot AΠAMEΩN mifes à rebours : peut-être diroit-on mieux que c'eft une erreur du monetaire, qui au lieu de NEΩK qu'on voit au même endroit dans le medaillon du Roi, aura mis NΩE, en tranfpofant deux lettres.

III. Quoiqu'il en puiffe être, l'opinion commune & la plus vrai-femblable eft, que c'eft le déluge de Deucalion & de Pyrrha, qu'on a voulu mettre ici ; & que Deucalion & Pyrrha qu'on voit d'abord dans l'Arche, font après cela repréfentez hors de l'Arche, debout & fur terre ; pour marquer que c'eft par le moïen de cette Arche qu'ils furent fauvez, & qu'ils prirent enfin terre, pour réparer le genre humain. C'eft l'opinion commune tant des anciens que

---

in hoc Severi nummo non confpicitur, nihil enim geftat avis. In arcæ quoque forma nonnihil difcriminis intereft, fed parvi momenti ; id vero proficifci potuit aut ex eo qui delineavit, aut ex conflatore, aut demum ex eo qui in tabula fculpi juffit, qui id arbitrio fuo aut ex præjudicata opinione fic repræfentari voluit. Sæpiffime namque viri antiquitatum ftudiofi, nummum aut aliud monumentum delineari curant fecundum opinionem fuam, quæ non femper ad rei veritatem quadrat. At quod omnium fingulariffimum eft : illius loco NEΩK quod arcæ infcriptum legitur, quodque legimus Νεωκόρων, in nummis Philippi, optime formatis literis legitur NΩE. Octavius Falconerius vir rei Antiquariæ peritiffimus fic legit : unde inferas, fi error eft, illum ad Monetarium pertinere ; cum nullo modo fit verifimile, Falconerium in lectione aberraviffe, qui erat ea in re verfatiffimus. Alioquin vero Seguinus fancti Germani Antiffiodorenfis Decanus, aliique plurimi monetarii affirmabant NΩE legi, effeque charactéres optime efformatos. Ex tribus porro nummis quos viderat Falconerius, unus tantum erat in quo literæ bene formatæ effent : in aliis quippe ita deletæ erant, ut nihil ibi tuto legi poffet.

Noe cum propofita figura ita confentit, ut plurimi crediderint Monetarium ita ponere voluiffe, ac fi putaret duos illos in arca inclufos, patriarcham illum effe cum uxore fua. Apamea ita Judææ vicina erat, ut Noæ hiftoria ignota ipfi effe non poffet : hæc autem hiftoria ita in nummo expreffa confpicitur, ut addițum nomen *NOE* huic ftatim opinioni favere videatur. Putarunt alii hoc ipfum NΩE nihil aliud effe, quam tres poftremas literas vocis AΠAMEΩN inverfo ordine pofitas. Fortaffe vero melius dicatur errorem alium effe Monetarii, qui loco τῦ NEΩK in nummo Regio pofiti, NΩE duabus inverfis litteris pofuerit.

III. Ut ut res eft, vulgarior & verifimilior eft opinio, diluvium Deucalionis & Pyrrhæ hic exprimi, Deucalionem vero & Pyrrham qui in arca confpiciuntur, extra arcam poftea ftantes exhiberi ; ut fignificetur ipfos per arcam fervatos fuiffe, denique vero excenfum in terram feciffe, ut genus

des modernes, que les Gentils ont tiré leur fable de Deucalion de l'histoire
veritable de Noé, & ce qui ne laisse aucun lieu d'en douter, c'est que Plutarque dans son Livre de *Solertia animalium*, dit que selon les Mythologues,
Deucalion lâcha la colombe, que ce fut une marque que le déluge duroit
encore, quand elle revint dans l'Arche : & qu'il étoit fini, lorsqu'elle s'envola
tout à fait.

---

humanum restaurarent. Ea vero communis est veterum & recentiorum opinio profanos illos Deucalionis fabulam ex vera Noæ historia mutua-
tos esse : & quod ea in re nihil dubii relinquit,
Plutarchus in libro *de Solertia animalium*, ait Deucalionem secundum Mythologos columbam emi-
sisse, signumque fuisse adhuc perseverare diluvium
quando illa ad arcam rediit, desiisse vero, quando
penitus avolavit, neque rediit.

CHAPITRE VIII.

*I. Temple des Bithyniens. II. Temple de Phaneas sur une montagne. III. Temple
de la communauté des villes d'Asie. IV. Medaillon des jeux Actiaques, &c.
V. Deux temples de Sardes. VI. Medaillons qui représentent chacun trois
temples. VII. Autres temples. VIII. Le mont Argée. IX. Forme extraordinaire
d'un Temple.*

I. **L**E beau temple des Bithyniens [3] est tiré d'un medaillon d'Hadrien, le [3]
frontispice est à huit colonnes d'ordre Corinthien. Sur l'entablement
& dans le fronton est représenté un homme armé qui sacrifie : c'est apparemment l'Empereur Hadrien pour lequel le medaillon a été frappé ; l'inscription porte qu'il a été frappé par le commun des Bithyniens, κοινὸν Βειθυνίας.

II. Le temple de Phaneas [4] ville de Syrie, situé sur une haute montagne [4]
escarpée se voit dans un autre medaillon. On y montoit par un grand escalier,
auprès duquel étoient plusieurs petites maisonnettes ; vis-à-vis du temple sur
une pointe plus élevée se voit une maison qui est apparemment un Oratoire.
Devant le plus grand temple est la figure d'un homme, peut-être d'une divinité qu'il n'est pas aisé de reconnoître. Ce qui est à remarquer, est qu'au bas
de la montagne il y a une barriere avec deux grandes portes aux deux bouts,
par où on passoit pour gagner, ou l'escalier qui conduisoit au temple, ou le
chemin tracé qui menoit au petit Oratoire ; en sorte que ces avenuës n'étoient

---

CAPUT VIII.

*I. Templum Bithynorum. II. Templum
Phaneadis in monte situm. III. Templum
societatis urbium Asiæ. IV. Nummus
Actiacorum ludorum &c. V. Duo templa
Sardianorum. VI. Nummi qui tria templa singuli repræsentant. VII. Alia templa. VIII. Mons Argæus. IX. Cujusdam templi insolita forma.*

I. **T**Emplum elegans [1] Bithynorum ex nummo
Hadriani eductum est ; frontispicium est
octo columnarum ordinis Corinthii. Supra tabulatum in fastigio repræsentatur vir armatus sacrificans. Estque, ut creditur, Hadrianus Imperator,
in cujus honorem nummus percussus est.

II. Phaneadis · urbis Syriæ templum, in vertice
montis excelsi & prærupti positum in alio Regio
nummo visitur. Eo ascendebatur per scalam magnam propter quam ædiculæ multæ erant. E regione templi in alio vertice excelsiore ædicula visitur
forsasse oratorium. Ante majus illud templum vir
visitur, seu forte numen aliquod, non cognitu facile. Quod autem summopere observandum, ad
pedem montis cancelli sunt dispositi cum duabus
utrinque portis : per unam aditus erat ad scalam,
qua in templum ascendebatur ; per alteram iter
erat ad ædiculam. Ita ut hæ portæ, ut credere est,

pas apparemment ouvertes à tout le monde. L'inscription porte que c'est
Phaneas ville de la Syrie Palestine, qui a frappé cette medaille.

5   III. Le temple qui suit [5] est de la communauté des villes d'Asie, au nombre
de treize, desquelles nous avons parlé assez amplement au troisiéme tome
p. 193. M. Vaillant croit que la déesse qui est à l'entrée, & qui a une tour sur
la tête est Junon des nôces, *Juno pronuba.* Cela peut être : mais nous ne
voions guere Junon avec cette haute tour sur la tête ; le frontispice est à six
colonnes d'ordre Dorique, avec d'autres ornemens que chacun peut remarquer : le medaillon a été frappé sous Fronton Asiarque & grand Prêtre.

6   IV. L'image des jeux [6] Actiaques, & des Pythiens Philadelphiens est un
revers de Septime Severe, fait en l'honneur de ces jeux. Les Actiaques, jeux
anciens qui se celebroient de trois en trois ans, furent renouvellez du tems
d'Auguste en memoire de la victoire d'Actium ; il fut alors ordonné qu'ils se
celebreroient de cinq en cinq ans. Les jeux Pythiens étoient établis en l'honneur d'Apollon, qui tüa le serpent Python : là les Poëtes, les Musiciens & les
joüeurs d'instrumens se disputoient à l'envi les couronnes de laurier : on y
joignit depuis les jeux Equestres. Ces jeux furent appellez du tems de Septime
Severe Philadelphiens en l'honneur de la prétenduë concorde, & amitié qui
étoit entre Caracalla & Geta freres, fils de Septime Severe. Le medaillon est
frappé à Perinthe, M. Vaillant croit que les deux temples qui paroissent sur
ce revers furent bâtis, l'un en l'honneur de Severe, & l'autre en l'honneur
de ses deux enfans : cela se peut ; mais je voudrois d'autres garans pour dire
cela si précisément, ne peut-il pas se faire qu'ils étoient bâtis pour les deux
freres. Au dessus des deux temples sont deux vases, dans chacun desquels est
une palme pour ceux qui auroient remporté la victoire dans les jeux celebrez en l'honneur de ces deux freres Caracalla & Geta, qui s'entr'aimoient
tant, que l'aîné n'eut point de repos qu'il n'eût tué son frere puîné.

7   V. Le medaillon suivant [7] frappé à Sardes qui est qualifiée ici deux fois de
Neocore, présente deux temples, & en montre le frontispice qui a quatre
colonnes, & le côté qui en a huit en y comprenant celles des angles qui sont

---

non paterent cuilibet accedenti. Inscriptio sic habet κοινὸν ιγ. πόλεων Παλαιϛινης *urbis Syriæ Palæ-
stinæ.*

    III. Templum sequens est societatis urbium
Asiæ, quæ numero tredecim communi fœdere
jungebantur. De illis satis eginus tomo Antiquitatis explanatæ tertio p. 193. Putat Valentius deam in
templi ingressu positam & turritam, esse Junonem pronubam ; nescio an recte conjecerit ; nam
Junonem sic turritam perraro vidimus. Frontispicium est sex columnarum ordine Dorico, cum cæteris ornamentis, quæ licet cuivis dispicere. Inscriptio sic legitur, κοινὸν ιγ. πόλεων, Περδίκκα Καὶ
Αἰλίε Φρόντωνος Ασιαρχε ἢ ἀρχιερέως ιγ. πόλεων. *Commune tredecim urbium, Curatore Caio Ælio Frontone
Asiarcha & summo Sacerdote tredecim urbium :* Paulo secus legit Valentius.

    IV. Actiacorum [a] ludorum & Pythiorum Phila-
delphiorum nummus, posticam exhibet faciem
nummi Septimii Severi, in honorem hujusmodi ludorum percussi. Actiaci ludi veteres qui ternis quibusque annis celebrabantur, Augusti tempore re-
novati sunt in memoriam Actiacæ victoriæ. Illo
autem tempore statutum fuit, ut quinis quibusque

annis celebrarentur. Pythii ludi in Apollinis honorem constituti fuerant, qui Pythonem serpentem
occiderat. In iis porro ludis, Poëtæ, Musici, Ci-
tharœdi, quique cætera musica organa tractarent,
æmulatione mutua de coronis laureis concerta-
bant. His adjuncti deinceps fuere ludi equestres.
Hi ludi tempore Septimii Severi, Philadelphii, in
honorem videlicet amoris mutui, ut dicebant, inter Caracallam & Getam fratres, filios Septimii Severi. Nummus percussus est Perinthi. Opinatur
Valentius duo templa in hoc nummo exhibita,
constructa fuisse, alterum in patris, alterum in
filiorum honorem, quod quidem fieri potuit ; verum
an non etiam potuerunt in honorem duorum fratrum duo templa construi? sed vellem aliquo saltem
probari posse modo. Supra templa illa duo vasa
sunt in quibus palmæ iis deputatæ qui victoriam
retulissent in ludis illis in honorem fratrum Caracallæ & Getæ qui tam mutuo amore flagrabant, ut
major non quieverit ante, quam minori necem
intulisset.

    V. Nummus sequens [7] Sardibus percussum, quæ
civitas hic bis Neocora dicitur, duo monstrat templa, quorum frontispicia quatuor columnarum

ainſi comptées deux fois, ſur les deux temples on voit deux couronnes de feüilles. Monſieur Vaillant dit p. 220. que Sardes obtint le premier *Neocorat*, ſous Hadrien, le ſecond ſous Caracalla, & le troiſiéme ſous Valerien ; il ne ſe ſouvient pas qu'il a rapporté lui-même, & dans ce même ouvrage des medailles grecques, deux medailles de Severe frappées à Sardes, où les Sardiens ſont appellez deux fois Neocores, & qui plus eſt dans Commode même il en donne une où cette même inſcription δὶς νεωκόρων ſe trouve. Ce n'eſt donc pas ſous Caracalla que Sardes a commencé d'être deux fois Neocore. Il faut rappeller ici ce que nous avons dit ci-devant, touchant ces deuxiémes. troiſiémes, & quatriémes Neocorats. M. Vaillant qui prétend que cette gradation ſe faiſoit ſous differens Empereurs, auroit pû trouver dans ſon Livre même de fortes raiſons contre ſon ſyſtême ; mais ces exemples qu'il apporte lui-même, ne paroiſſent pas l'avoir fort ébranlé, peut-être faute d'attention, La choſe n'eſt pas encore entierement décidée ; il faut eſperer que le grand nombre de medailles & de medaillons qu'on déterre tous les jours, nous apportera de nouveaux éclairciſſemens.

VI. Le medaillon précedent avoit deux temples, & [8] celui-ci en a trois. Il [8] eſt frappé à Smyrne, chaque temple a une couronne ſur la pointe du fronton, peut-être pour marquer les victoires remportées dans les jeux. Nous les voions aſſez ſouvent celebrez dans ces medaillons : quoiqu'il y ait trois temples, Smyrne n'eſt pourtant marquée que deux fois Neocore : ce qui prouve que le nombre des temples ne ſe rapporte pas toûjours au nombre des Neocorats.

On voit [9] de même trois temples dans le medaillon qui ſuit : dans le temple [9] du milieu eſt la figure de Jupiter aſſis à l'entrée : ce medaillon de l'Empereur Caracalla eſt frappé à Pergame. Celui [10] qui vient après frappé à Perinthe, [10] montre deux temples, & pardeſſus deux vaſes, avec deux palmes pour les jeux Actiaques & Pythiens dont nous avons parlé ci-devant. Les Perinthiens ſont ici dits ſimplement Neocores, & non pas deux fois Neocores : quoiqu'il y ait deux temples Autre preuve que le nombre des temples n'eſt pas toû-

---

ſunt ; in latere autem octo columnæ numerantur, bis numeratis illis columnis quæ angulos occupant. Supra templa duæ coronæ viſuntur ex foliis concinnatæ. Dicit Valentius p. 220. Sardianorum civitatem primum Neocoratum obtinuiſſe ſub Hadriano, ſecundum ſub Caracalla, tertium ſub Valeriano. Non recordatur videlicet ſe eodem in opere de nummis Græcis, duos Severi nummos Sardidibus percuſſos, ubi Sardiani bis Neocori vocantur, & in Commodi etiam nummis unum ibidem reperiri cum eadem inſcriptione δὶς νεωκόρων. Non igitur ſub Caracalla cœpit Sardianorum civitas bis Neocora eſſe. Hic jam in mentem revocanda ſunt ea quæ ſupra diximus, circa illas inſcriptiones, bis, ter, quater Neocoras civitates perhibentes. Valentius qui vult illos Neocoratus ſub diverſis Imperatoribus numero auctos fuiſſe, in libro etiam ſuo exempla & quidem conſpicua reperire poterat opinioni ſuæ adverſa. At illa quæ ipſe affert exempla, non videntur illum a propoſito vel tantiſper dimoviſſe : forte non advertit animum ad illa. Res nondum penitus explorata eſt. Sperandum autem ex magno illo nummorum numero, qui quotidie ex tenebris & pulvere eruuntur, aliquid tandem lucis acceſſurum eſſe.

VI. Nummus præcedens duo templa, hic [8] tria exhibet ; Smyrnæ autem percuſſus eſt. Singula vero templa in faſtigii angulo coronam habent hærentem, ad ſignificandas, ut puto, victorias in ludis iſtis reportatas. Sic victorias in nummis maximæ molis, frequenter celebratas cernimus. Etſi porro tria templa ſint, Smyrna tamen bis tantum Neocora hic dicitur. Unde probatur id quod ſupra dicebamus, templorum numerum non ſemper ad Neocoratuum numerum quadrare, quod tamen exiſtimavit Dalenius, nec ſine aliqua, ob exemplorum frequentiam, probabilitate.

Tria [9] quoque templa obſervantur in nummo ſequenti. In eo autem, quod medium tenet, Jupiter in templi ingreſſu ſedens conſpicitur. Hic Caracallæ nummus Pergami percuſſus eſt. Sequens [10] Perinthi percuſſus duo templa exhibet, & in ſuprema nummi parte duo vaſa cum palmis pro ludis Actiacis & Pythiis, de quibus ſupra diximus. Perinthici hic Neocori tantum, nulloque addito Neocoratuum numero dicuntur, etſi, cum duo ſint templa, bis Neocori ſecundum quorumdam opinionem dicendi ſunt. Hinc iterum probatur numerum

11 jours le même que celui des Neocorats. Un autre de Smyrne [11] a trois temples comme ci-devant. Le troisiéme Neocorat est ici marqué : cela arrive assez souvent, mais non pas toûjours.

12   VII. Un autre [12] medaillon de Caracalla nous montre au revers deux temples, dans l'un desquels est à l'entrée l'Empereur Caracalla, qui tient une pique & en habit de guerre, & dans l'autre une femme assise, qu'on croit être Julia Domna sa mere, qui tient sur la main droite une victoire, & de la gauche une pique. Ces temples étoient consacrez à l'Empereur & à sa mere, & c'est pour cela que l'inscription du medaillon appelle les Tralliens, qui l'ont frappé, Neocores des Augustes.

13   Dans un medaillon des [13] Perinthiens, la ville même de Perinthe représentée en femme, qui a une tour & des creneaux sur la tête, tient sur chaque main un temple, & a un autel flamboïant à ses pieds.

14   VIII. Le mont [14] Argée, une des plus hautes & des plus escarpées montagnes, étoit auprès de Cesarée de Cappadoce ; nous le voions ici au revers d'un medaillon de Macrin frappé à Cesarée. On trouve assez souvent cette montagne sur les medailles, mais la petitesse de l'espace ne permettoit pas de le représenter si distinctement qu'il l'est ici, où l'espace est plus grand. Ceux de Cesarée honoroient ce Mont comme une divinité. On voit tout au bas un temple à quatre colonnes, à chaque côté du temple est une urne avec une palme, telle que nous en avons vû plusieurs ci-devant. Sur le plus haut sommet de la montagne est representé l'Empereur Macrin, tenant une pique, & à droite & à gauche, le Soleil & la Lune. Dans l'exergue entre les lettres qui forment l'inscription, on voit une urne de la forme des précedentes avec une palme ; l'inscription porte que la medaille est frappée dans Cesarée Metropole l'an second : on doit entendre l'an second de l'Empereur Macrin, qui n'acheva pas cette seconde année.

IX. Il n'est guere de forme de temple plus singuliere que celle qu'on voit dans Tristan 2. p. 517 sur une medaille de Gordien Romain ; tout y est extraordinaire : ce temple a quatre colonnes, deux de chaque côté, qui laissent un plus grand vuide entr'elles que nul autre ; les termes d'Architecture manquent pour exprimer le reste. Peut être que les ornemens qu'on voit au

---

templorum non eundem semper esse qui Neocoratuum. Alius Smyrnæ [11] nummus templa habet tria ut supra, tertiusque hic Neocoratus notatur, ut sæpe alibi accidit ; sed non semper.

VII. Alius Caracallæ [12] nummus duo templa in postica facie exhibet, in quorum altero Caracalla ipse in ingressu exhibetur stans, dextera hastam tenens, veste indutus militari. In alio templo mulier sedens conspicitur, quam esse putant ejus matrem Juliam Domnam, dextera victoriam tenentem, sinistra hastam. Hæc templa Imperatori & matri ejus sacra erant, ideoque inscriptio nummi Trallianos, qui percusserunt eum, Neocoros Augustorum exhibet.

In nummo [13] Perinthiorum, urbs ipsa Perinthus muliebri habitu & turrita in utraque manu templum tenet, & ad pedes aram habet flammas emittentem.

VIII. Mons [14] Argæus, inter altissimos asperrimosque numerandus, prope Cæsaream Cappadociæ erat ; hic ille est quem hic videmus in postica facie nummi Macrini Cæsareæ percussi. Hic porro mons sæpe occurrit in nummis, sed in minoris molis nummis, ubi tam exigua est area vix ut possis omnia distinguere, ut in hoc nummo longe majus spatium exhibente. Cæsarienses porro montem Argæum ut deum colebant. Ad montis radices templum est quatuor in frontispicio columnas habens. Ad utraque templi latera urna cum palma visitur, quales plurimas supra conspeximus. In summo vertice montis stat Imperator Macrinus hastam tenens, ad cujus dexteram sunt sol & luna. In exergo inter litteras inscriptionis urna visitur præcedentibus similis. Inscriptio autem est : μητροπόλεως Καισαρίας νεωκόρυ ἔτυς β. *Metropoleos Cæsareæ Neocore anno secundo*, scilicet Macrini, qui secundum annum non complevit.

IX. Singularius nusquam templum occurrit eo quod edidit Tristanus tomo. 2. p. 417. in nummo videlicet Gordiani Romani. Ejus frontispicium quatuor habet columnas, majus in medio spatium relinquentes quam in aliis conspiciatur. Architectonicæ verba non suppetunt ad cætera exprimenda. Ornamenta illa quæ supra columnas conspi-

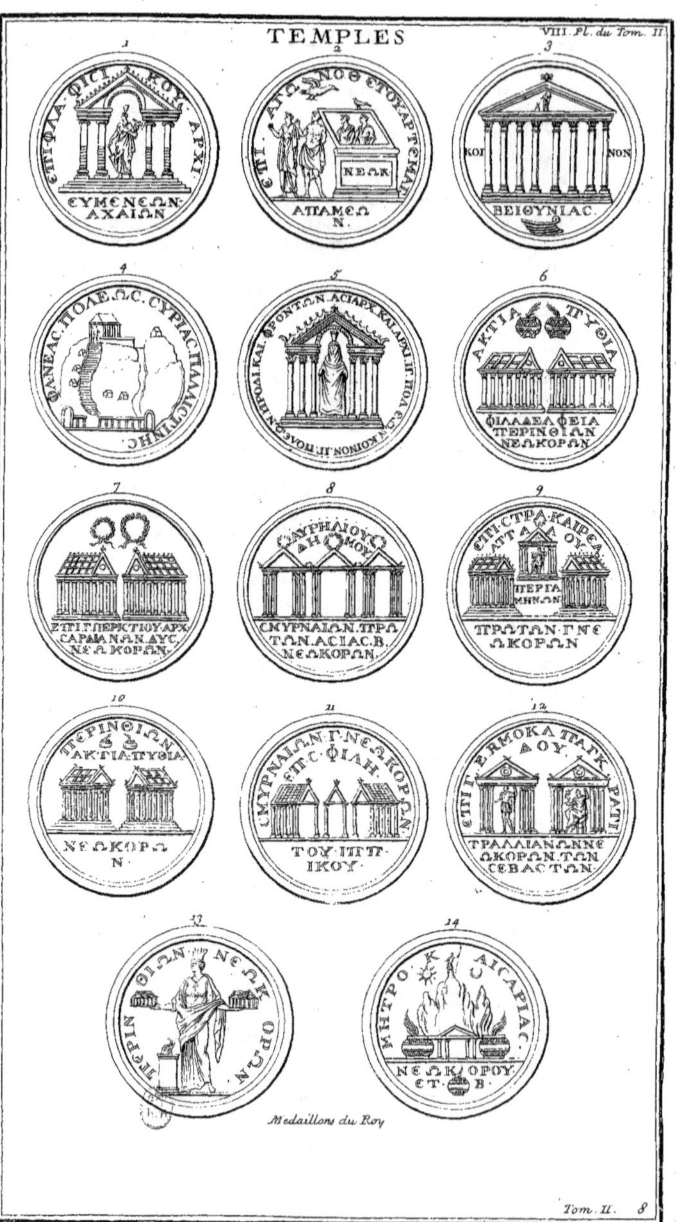

Medaillons du Roy

deſſus des colonnes étoient paſſagers : ce qui pourroit le faire croire , ce ſont
ces feüillages qu'on voït ſur le ſommet qu'ils pourroient avoir mis là pour une
grande fête. Triſtan croit que ces feüillages ſont un bocage de lauriers planté
au de-là du temple , mais cela ne paroit nullement ſur l'image. Ces feüillages
ſemblent ſortir du grand feſton de lauriers entrelacez , qui fait un arc par-
deſſus le temple. L'Empereur Gordien & l'Imperatrice ſont devant le temple,
& portent la main ſur un grand vaſe plein de palmes ; au côté des deux ſont
deux grandes palmes fichées en terre ; il ſemble qu'ils vont tirer les palmes
du vaſe pour les donner aux victorieux.

---

ciuntur, ad tempus tantum fortaſſis erant : id quod
ſuadere videntur ea quæ ſupra columnas repræſentantur, ſunt enim rami foliaque , ad diem feſ-
tum , ut videtur , appoſita. Putat Triſtanus hæc folia, hos ramos laurorum eſſe nemus eo loci planta-
tum. Sed in ſchemate non ita res apprehenditur ,
videntur enim illi laurei rami ex ſerto laureo emitti , quod in arcus formam ſupra templum erigitur. Imperator Gordianus & Imperatrix ante templum ſunt, manumque extendunt ad vas magnum
palmis plenum ; e latere cujuſque vaſis duæ palmæ in terram defixæ eriguntur. Videntur Imperator & Imperatrix palmas ex vaſis educere velle ,
ut tradant victoribus.

LIVRE III.

Les Autels & les instrumens sacrez.

CHAPITRE I.

I. Autels singuliers chez les Grecs. II. Autel qui porte sa victime. III. Autel fort
extraordinaire auprès de Bresse en Italie.

I. **O**Utre les Autels qu'on a pû voir en grand nombre au second tome de
l'Antiquité , on en faisoit souvent d'autres qui n'étoient pas de
forme ordinaire. Tel étoit , selon Pausanias , celui que les Beociens
fabriquoient au sommet du mont Cithæron ; ils se servoient pour le construire
de pieces de bois carrées ; en sorte qu'il paroissoit être de pierre de taille. Ils
mettoient sur cet autel grande quantité de fagots, les riches sacrifioient des
vaches à Junon , & des taureaux à Jupiter, accompagnez de vin, d'aromates ,
& d'autres choses qu'on emploïoit aux sacrifices ; les moins aisez y amenoient
des moutons , ou des agneaux : on y mettoit le feu , & l'autel brûloit avec les
victimes , la flamme étoit si grande qu'on la voioit de fort loin. Nous avons
vû au premier tome de l'Antiquité à quelle occasion se faisoit cet autel de
bois.

Dans l'Elide vers l'extrémité du stade où se faisoient les courses publiques ,
on montroit le sépulcre d'Endymion, & au lieu où les Hellanodices ,c'étoient
les Préfets des jeux,se tenoient assis,on voioit une espece de remise où l'on en-
fermoit les chevaux qui devoient courir ; c'est ce qu'on appelloit *Carceres* , ou
les prisons, qui avoient la forme d'une prouë de navire, dont l'éperon étoit

---

LIBER III.

Aræ & instrumenta sacra.

CAPUT PRIMUM.

I. Aræ singulares apud Græcos. II. Ara
cui imposita victima. III. Ara insolitæ
formæ prope Brixiam in Italia.

I. **P**Ræter aras , quarum magnum vidimus numerum in secundo Antiquitatis explanatæ
tomo , aliæ sæpe insolitæ formæ erigebantur. Talis erat secundum Pausaniam lib. 9. cap. 3, ea quam
Bœotii struebant in cacumine montis Cithæronis.
Ad structuram autem utebantur quadratis lignis,
ita ut statim ex quadratis facta lapidibus videretur. Aræ porro imponebant magnam fascium con-
geriem : qui amplioribus erant instructi facultati-
bus ,vaccas Junoni sacrificabant & tauros , cum
vino , aromatibus cæterisque ad sacrificia usurpari
solitis. Qui tenuiore fortuna erant , oves & agnos
adducebant. Totum succendebatur , & cum victimis comburebatur ara. Primo tomo vidimus cujus
rei occasione hujusmodi struebatur ara.

In Elide ad extremam stadii partem ubi cursus
publici emittebantur, Endymionis sepulcrum mon-
strabant. Eoque in loco ubi Hellanodici seu ludorum præfecti considebant , carceres erant ex quibus
emittebantur equi ; hi carceres proræ navis formam

tourné

tourné du côté où se faisoit la course ; en droite ligne au dessus de l'éperon étoit un dauphin de bronze, le côté plus large de cette prouë étoit tourné vers le portique. A chaque Olympiade on faisoit sur le milieu de cette prouë un autel de briques, sur l'autel on mettoit une aigle qui étendoit bien avant ses ailes : il y avoit dans l'autel une machine par le moïen de laquelle celui qui étoit préposé pour cela, faisoit élever en l'air cette aigle comme si elle eût voulu prendre le vol, & alors le dauphin tomboit à terre : voilà des autels singuliers.

II. Hors l'autel de Narbonne donné à la planche LXXIX. du second tome PL. IX. de l'Antiquité, sur lequel est un cochon vivant qui va être immolé, on n'en a point encore vû, si je ne me trompe, qui porte la victime ; en voici pourtant un [1] sur lequel est un belier immolé. L'autel est carré, outre le grand bord [1] d'enhaut qui est aussi carré ; il y en a pardessus un autre rond, dans lequel est un creux où repose le ventre de la victime : il paroit que les boïaux en sortent, & cela fait croire que la victime est dans la disposition où on la mettoit pour que les Haruspices & les Prêtres pussent observer les entrailles, & en tirer des présages.

III. Ottavio Rossi dans ses Memorie Bresciane, nous a donné la forme d'un autel [2] sous un couvert, soûtenu de quatre colonnes. Sur le couvert est [2] représenté un belier de pierre noire : ce monument fut détruit, dit-il, par saint Charles Borromée, qui pour ôter la memoire de l'idolâtrie fit tout mettre à bas. Le Rossi croit que ce belier étoit l'idole sous la figure de laquelle on adoroit Jupiter ; mais ne seroit-il pas là représenté comme la victime qu'on immoloit ordinairement sur l'autel qui est dessous, les quatre colonnes qui soûtenoient ce couvert étoient, selon le même Auteur, de Serpentin bâtard ; l'autel est carré & orné de festons, comme on peut voir sur l'image : ce carré couvert pourroit bien avoir eu le nom de temple, quoiqu'il fût ouvert de tous les côtez : on en faisoit anciennement de fort petits, & parmi ceux-là on en voioit qui n'avoient point de murs, mais seulement des colonnes pour soûtenir le toit. Tel étoit celui de Vienne en Dauphiné que nous avons donné à la planche XXIX. du second tome de l'Antiquité.

---

habebant, cujus rostrum versus curriculum vertebatur. Supra rostrum autem delphinus erat æneus. Prora vero illa qua parte latior erat porticum respiciebat. In qualibet Olympiade in medio proræ istius ara lateritia sternebatur. Cui aræ aquila imponebatur, alas supra modum extendens. In ara ipsa machina erat, cujus ope quispiam ad rem illam deputatus, aquilam ita erigi & sustolli curabat ac si avolare tentavisset : tunc porro delphinus in solum cadebat. En aras admodum singulares.

II. Præter aram Narbonensem datam Tab. LXXIX. secundi de Antiquitate tomi, in qua stat sus immolandus, [1] non aliam vidi aram quæ victimam suam gestaret. En tamen Romanam aram cui impositus est mactatus aries. Ara quadrara est. Supra supernam oram quæ quadrata etiam est, alia visitur ora rotunda, cujus medium concavum, in quo reponitur victimæ venter, hinc intestina videntur egredi, unde conjiciatur victimam eo in statu esse, quo Haruspices & Sacerdo-

tes intestina explorare possent, ut inde futura vel arcana divinarent.

III. Octavius Rubeus in memoriis Brixianis aræ formam protulit, sub tecto [2] quatuor columnis fulro positæ. Supra tectum repræsentatur aries ex nigro lapide. Hoc monumentum, inquit ille, dirutum fuit a S. Carolo Borromeo, qui ut idololatriæ memoriam obliteraret, solo omnia æquari jussit. Putat Octavius Rubeus arietis specie & forma cultum fuisse Jovem. At nonne potius aries hic ut victima repræsentatur, quæ in supposita ara immolari solebat ? Quatuor columnæ queis tectum sustentabatur erant, teste Rubeo, ex serpentino notho. Ara quadrata est sertisque ornata ut in schemate observes. Hæc quadrata structura potuit pro templo haberi & templum vocari, etsi undique esset apertum. Olim templa admodum exigua parabantur ; interque templa muris destituta quædam observabantur, quale erat illud Viennæ in Galliis, cujus formam depingi curavimus tomo Antiquitatis explanatæ secundo Tab. XXIX.

CHAPITRE II.

I. Autel d'Hercule appellé Saxanus, *nouvellement déterré. II. Autre* Hercules
Saxanus *de Tivoli.*

Pl. X. I. VOici une découverte toute récente, & des plus curieufes. On déterra
l'an 1721. à Norri, Village à une lieuë de Pont-à-Moufſon, tirant vers
Metz, un autel dont on donne ici le deſſein tel que l'a envoïé Madame la
Ducheſſe de Lorraine à feuë Madame ſa mere qui eut la bonté de me le communiquer : cet autel étoit dans des carrieres, ſur la face de devant eſt l'inſcription qui nous apprend par qui, & en l'honneur de quelle divinité il avoit
été fait; ſur une autre face étoit la maſſuë d'Hercule, telle qu'on la voit ici;
l'inſcription ſe doit lire ainſi, *Jovi optimo, maximo & Herculi Saxano ſacrum,*
Publius Talpidius Clemens Legionis octavæ Auguſtæ cum militibus Legionis ejus
votum ſolverunt lubentes merito; le ſe..s eſt, *conſacré à Jupiter très-bon & très-*
grand, & à Hercule Saxanus, c'eſt-à-dire de la roche. Publius Talpidius Cle-
mens de la Legion huitiéme Auguſte, & les ſoldats de la même Legion ont accompli
volontiers leur væu, comme le devoir le demandoit.

Ce commencement de l'inſcription, *Jovi optimo maximo, & Herculi,* pourroit
peut-être marquer le tems de Diocletien & de Maximien, dont le premier ſe
faiſoit appeller Jovius, & le ſecond Herculius, ſous cet empire on faiſoit aller
volontiers ces deux dieux enſemble, un grand nombre de medailles de l'un &
de l'autre, ont l'inſcription *Jovi & Herculi,* à Jupiter, & à Hercule.

II. *Herculi Saxano,* à l'Hercule de la roche, ou des roches : ce ſurnom étoit
donné à Hercule par rapport aux carrieres où l'autel étoit conſtruit, & les
ſoldats de la Legion huitiéme l'appellerent apparemment ainſi, à l'imitation
de l'Hercule de Tibur ou Tivoli, qui s'appelloit auſſi *Saxanus,* nom pris des
rochers qu'on voit en grand nombre autour de Tivoli; l'inſcription qui l'apprend a été tirée d'une table de marbre incorporée dans le mur d'une Hôtel-
lerie de cette petite Ville; la voici comme elle eſt dans Gruter, x l i x. 3.

CAPUT II.

I. Ara Herculis Saxani nuperrimo eruta.
II. Alter Hercules Saxanus Tibure.

I. EN monumentum recens effoſſum & ſingulariſſimum. Anno 1721. in vico cui nomen
Norri Muſſiponto diſtans una, ut aiunt, leuca, qua
iter eſt ad Metenſem civitatem, Ara cujus hic ſchema proferimus, detecta fuit. Sereniſſima Princeps
Lotharingiæ duciſſa aram miſit ſereniſſimæ Duciſſæ
Aurelianenſi matri ſuæ, cujus exequias hauĐ ita
pridem dolentes celebravimus. Hæc porro ſere-
niſſima Princeps ſchema mihi delineatum dono dedit, ut in publicum emitterem. Ara iſtæc in
Latomiis erat. In anteriore facie inſcriptio habetur, qua docemur, quis aram poſuerit, in cujus
item numinis honorem; in altera vero facie clava
erat Herculis, qualem hic damus. Inſcriptio autem
ſic legenda eſt : *Jovi optimo, maximo, & Herculi Sa-*
xano ſacrum. Publius Talpidius Clemens Legionis

Octavæ Auguſtæ cum militibus legionis ejus votum
ſolverunt lubentes merito.

Hoc autem inſcriptionis initio *Jovi optimo maxi-*
mo, & Herculi, tempus fortaſſe indicaverint Diocletiani & Maximiani, quorum primus Jovius, alter Herculius appellabatur. His Imperatoribus hæc
duo numina ſimul ponebantur. Multa horum Au-
guſtorum numiſmata hanc inſcriptionem habent
Jovi & Herculi. Hoc vero conjecturæ tantum loco
dictum ſit.

II. *Herculi Saxano.* Id eſt Herculi in Saxo ſeu
in rupe poſito. Hoc vero cognomen Herculi haud
dubie datur, quia in ipſis latomiis erat ara. Legionis porro octavæ milites hoc ipſi cognomen in-
diderunt, exemplo ducti Herculis illius Tiburtini,
qui etiam Saxanus vocabatur, ex ſaxis & rupibus
quæ circum Tiburem undique viſuntur. Inſcriptio
qua Herculem illum Saxanum Tiburtinum novimus, ex marmore educta eſt, ad muri ſtructuram
adhibito in Pandocheo quodam Tiburtino. En illam ut apud Gruterum habetur p. x l i x. 3. *Her-*

AUTELS 1
IX.Pl. du Tom. II
Marbre Romain
2
Memorie Bresciane
Tom. II. 9

Herculi Saxano sacrum Servius Sulpicius Trophimus ædem, Zothecam, culinam pecunia sua a solo restituit idemque dedicavit Kalendis, Decembris Lucio Turpilio Dextro Marco Mæcio Rufo Cos.... tachicus Servius peragendum curavit; c'est-à-dire, *ce lieu est consacré à Hercule Saxanus, ou des roches. Servius Sulpicius Trophimus a rebâti depuis les fondemens à ses propres frais, la maison, le couvert de la basse-cour, & la cuisine ; & il en a fait la dédicace aux Kalendes de Decembre, sous le Consulat de Lucius Turpilius Dexter, & de Marcus Mæcius Rufus.... Servius a eu soin de conduire l'ouvrage à sa perfection ;* il y a sur la fin un mot imparfait, & peut-être corrompu; le Consulat est de l'an 225. de JESUS-CHRIST.

C'est apparemment à l'imitation de cet Hercule Saxanus que les soldats de la Legion huitiéme, firent cet autel, & donnerent à Hercule le même surnom : ces Legions Romaines portoient ainsi le culte de Rome, & des environs dans des payis lointains, ce qui se peut prouver par d'autres exemples. Cet Hercule étoit donc appellé *Saxanus* parce qu'il étoit dans les roches ; il y avoit à Rome un petit temple de la bonne déesse, appellée *Subsaxana*, parce qu'il étoit bâti au bas d'une roche, le Nardini croit qu'il étoit sous la roche du mont Aventin.

La massue d'Hercule est faite d'une maniere assez particuliere ; elle a une poignée assez propre, avec des bandes en relief, de peur qu'elle ne glissât dans la main : c'étoit une sorte d'arme dont usoient les Germains de ce temslà, même ceux qui servoient dans l'Armée Romaine, comme nous avons fait voir tom. 4. de l'Antiquité pl. xv. Le dessus de l'autel est remarquable, ce qui le borde de deux côtez n'a point de nom, & se remarque aisément à l'œil ; le milieu est creux comme une coupe ou une patere : c'est apparemment pour recevoir les libations, ou le sang des victimes.

<hr>

culi Saxano sacrum Servius Sulpicius Trophimus ædem, Zothecam, culinam pecunia sua a solo restituit, idemque dedicavit kalendis Decembris. Lucio Turpilio Dextro, Marco Mæcio Rufo consulibus . . . . . tachicus Servius peragendum curavit. Zotheca hic cortem significant, in qua animalia quædam degebant, ut nomen ipsum sonat. Consulatus autem est anni Domini 225. In fine nomen quodpiam vitiatum esse videtur, nec restitui potest.

Ad hunc, ut puto, Herculem Saxanum respicientes legionis octavæ milites, hanc erexerunt aram, & idipsum nomen Herculi dederunt. Hæ Romanæ legiones Romanum cultum ad remotissimas usque nationes propagabant, id quod etiam aliis probari posset exemplis. Hic itaque Hercules Saxanus appellabatur, quia in saxis & rupibus erat. Erat item Romæ ædicula Bonæ deæ Subsaxanæ, quia sub rupe quadam structa ædicula erat. Existimat Nardinus Deam Subsaxanam fuisse sub rupe Aventini montis.

Clava Herculis hic non solito more concinnata est, Capulum habet non inelegantis formæ cum funiculis prominentibus, ne ex manu facilius elaberetur. Hoc genere armorum utebantur tunc Germani; etiam ii qui in exercitu Romanorum pugnabant, ut in quarto Antiquitatis explanatæ tomo ostendimus Tabula xv.

Suprema aræ superficies spectabilis est, talique modo ab extremis partibus ornatur ut verba non suppetant, oculusque statim percipiat. Superne concava in medio est ara, quasi crater aut patera, ad libationes excipiendas, seu etiam ad victimarum sanguinem continendum.

CHAPITRE III.

I. Autel d'Isis, trouvé à Rome l'an 1719. II. Pris pour un autel par quelques-uns ; quoiqu'il n'en ait guere la forme. III. Isis représentée par un vase. IV. Serapis représenté par un serpent qui fait plusieurs contours de son corps. V. Anubis, les instrumens des sacrifices & Harpocrate.

Pl. IX.

I. LE marbre suivant fut déterré à Rome l'an 1719. les Dominiquains de la Minerve faisant démolir quelques édifices pour agrandir leur Bibliotheque, le déterrerent en l'état qu'on le voit représenté dans la planche suivante ; les Antiquaires furent partagez. Il y en a qui dans ces occasions saisissent la premiere idée qui se présente, se hâtent de la produire, & se mettent dans une espece d'engagement de la soûtenir.

II. Quelques-uns prétendoient que c'étoit un autel, d'autres vouloient que ce fût la base de quelque statue, mais M. l'Abbé Oliva qui fit sur ce monument peu de jours après qu'il eût été trouvé une savante Dissertation, fit voir qu'il n'y avoit pas grande apparence que ce fût ni l'un ni l'autre. Le dessus du marbre monte quasi en pyramide, il n'a donc pû servir ni à y placer une statue, ni à faire des sacrifices : c'est selon toutes les apparences quelque vœu qu'on aura fait à Isis exprimé sur ce marbre, avec une partie des divinitez Égyptiennes. Il faut pourtant avoüer que ceux qui le prenoient pour un autel, pouvoient alléguer une raison assez plausible. Les instrumens des sacrifices qu'on voit sur une des faces, semblent marquer que c'est veritablement un autel, & le nom d'*Ara*, qui avoit plus d'étenduë en latin, qu'autel n'en a en françois, pouvoit peut-être lui convenir en quelque sens ; mais il n'y a nulle apparence que ç'ait jamais été un autel pour y sacrifier.

Les quatre faces sont chargées de figures, la premiere est celle qui porte une inscription qu'on peut lire sûrement, quoique les premieres lettres soient sautées, avec une partie du marbre ; il y avoit *Isidi sacrum*, consacré à Isis. La figure qui occupe cette premiere face est un grand vaisseau, & à mon

---

CAPUT III.

I. Ara sive Cippus Isidis Romæ reperta anno 1719. II. Aram existimarunt esse nonnulli, sed aræ formam vix dicatur habere. III. Isis ceu vas repræsentata. IV. Serapis per Serpentem in gyros multos convolutum adumbratur. V. Anubis, instrumenta sacrificiorum & Harpocrates.

I. MArmor sequens Romæ effossum fuit anno 1719. cum R. P. Dominicani *in Minerva* aliquot ædificia dirui curarent ut bibliothecam suam adaugerent, erutum hoc marmor fuit ea forma eoque in statu quo hic repræsentatur. Rei antiquariæ periti statim in varias abiere sententias : Non desunt enim in ejusmodi occasionibus qui id quod statim succurrit in mentem adoptant, subitoque aliis proferunt, & sic quasi obstricti manent ut quod primum perceperunt, mordicus tueantur.

II. Alii volebant aram esse, alii statuæ cujuspiam basim. Sed D. Abbas Oliva qui non diu postquam hoc monumentum detectum fuit, eruditissimam in illud dissertationem emisit, recte probavit nec aram nec basim esse posse videri. Cette cum a suprema parte fere in pyramidem erigatur, nec sistendæ statuæ, nec sacris faciendis destinatum unquam fuit. Putaverim potius esse votum cujuspiam Isidi factum atque in hoc marmore expressum, cum quibusdam Ægyptiis deis. Ii tamen qui aram esse existimabant non spernendam conjecturæ suæ rationem afferre poterant. Instrumenta quippe sacrificiorum, quæ in una marmoris facie comparent, videntur ad aram pertinere ; & nomen ara quod latine latius patet quam altare stylo, ut vocamus, Ecclesiastico, poterat fortasse aliqua ratione ipsi competere. Sed non videtur omnino hæc unquam ara fuisse ad sacrificia offerenda.

Quatuor marmoris facies figuris sunt plenæ. Prima facies inscriptionem præ se fert. Licet porro priores litteræ exciderint cum marmoris frusto, potest tamen sine periculo legi, *Isidi sacrum*. Schema totam hanc pene faciem obtinens est vas mag-

AUTEL INSIGNE D'HERCULE APPELLE SAXANUS

I. O. M. ET HER
CVLI SAXA
SACRVM
H. TALPIDIVS
CLEMENS
LEG. VIII AVG
CVM MIL. LEG. EIVS
V. S. L. L. M.

Dessiné prise de fond en Allemagne

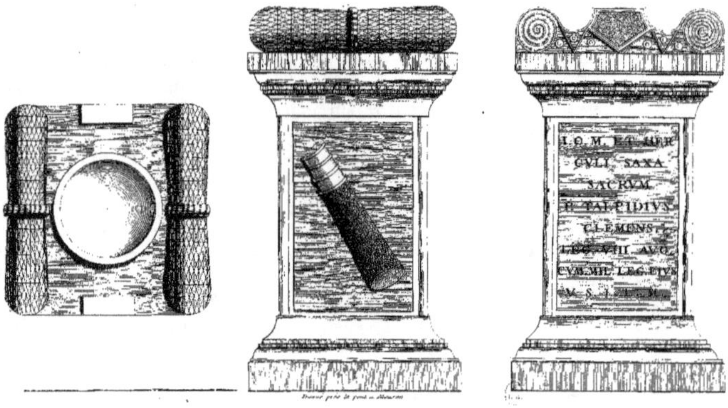

avis un boisseau, ou un muid qui par le haut se termine en cone. Cette partie d'en haut qui va en diminuant, & qui selon M. l'Abbé Oliva est le couvercle du vaisseau, est entortillée d'un serpent qui hausse la tête : ce serpent fait trois tours sur la partie conique, en laissant des espaces entre les tours ; au dessous du serpent on voit sur le muid un croissant de Lune, dans lequel paroissent quelques épis.

III. Ce qui pourra surprendre, c'est que dans ce marbre consacré à Isis, comme l'inscription porte, on ne trouve pas l'image d'Isis, quoiqu'on y trouve celles d'Anubis & d'Harpocrate, sur quoi j'adopte le sentiment de M. l'Abbé Oliva qui croit que ce muid ou cette urne, car ce mot *urna* se prend pour toute sorte de vase creux, que cette urne, dis je, avec ses symboles est là mise pour Isis. Un passage d'Apulée autorise cette explication, le voici. » Un autre por-toit en son sein la venerable image de la suprême divinité : ce n'étoit ni un » mouton, ni un oiseau, ni une bête fauve, ni même un homme ; mais c'étoit» quelque chose de fort respectable par la subtilité de l'invention, & par sa» nouveauté : c'étoit la marque, quoi qu'imparfaite, d'une religion sublime, » qu'on doit honorer d'un profond silence. Cette image étoit une petite urne » d'or fort brillante, & artistement travaillée, dont le fonds étoit rond, ornée » en dehors de figures Egyptiennes. La bouche du vase s'élevoit par un long » tuïau ; de l'autre côté le vase avoit un anse large entortillée d'un serpent. » C'étoit selon Apulée la représentation d'Isis, qui ressemble en bien des choses à celle que nous voions ici sur la premiere face du marbre, comme a fort bien remarqué M. l'Abbé Oliva.

IV. Je vais proposer à présent ma conjecture sur des symboles si myste-rieux : je crois que le serpent qui fait plusieurs tours de son corps sur le haut du muid, représente Serapis, & le croissant de la Lune, Isis ; & qu'ainsi cette image symbolique est là mise en la place de ces deux divinitez. En effet Se-rapis devoit, ce semble, necessairement paroître aussi-bien qu'Isis sur un mar-bre Romain qui représente les divinitez d'Egypte : il est à remarquer que les monumens Romains des divinitez d'Egypte nous montrent Isis & Serapis, qui donnoient leur nom à une des régions de la Ville ; les inscriptions latines

---

num, seu modius, qui a suprema parte in conum definit. Hæc vero superna pars quæ dum exsurgit sensim minuitur, & quæ, ut arbitratur D. Abbas Oliva, est vasis operculum, serpente caput eri-gente circumplicatur : serpens porro tribus sinuo-sis flexibus partem illam conicam stringit, inter giros spatia relinquens. Sub serpente in modio re-præsentatur luna crescens, in qua aliquot sunt spicæ.

III. Mirabitur sane quispiam, cur in marmore Isidi sacro, ut inscriptione docemur, imago Isidis non adsit, etsi hic conspiciantur Anubis & Harpocra-tes. Hic vero Abbatis Olivæ amplector opinionem qui putat hunc modium sive hanc urnam, nam urna pro quovis vase concavo accipitur ; hanc urnam, inquam, esse hic pro Iside positam. Quam expli-cationem asserere videtur Apuleii locus lib. xi. Me-tamorph. *Gerebat alius felici suo gremio summi Nu-minis venerandam effigiem, non pecoris, non avis, non feræ, ac ne hominis quidem ipsius confimilem, sed solerti repertu, etiam ipsa novitate reverendam, al-tioris utcunque & magno silentio tegendæ religionis argumentum ineffabile, sed & ad istum plane mo-*dum fulgente auro figurata. U R N U L A *faberrime cavata fundo quam rotundo miris extrinfecus simula-cris Ægyptiorum effigiata. Ejus orificium non al-tiusculæ levatum, in canalem porrectum longo rivulo prominebat. Ex alia vero parte multum recedens spa-tiosa dilatione adhærebat ansa, quam contorto no-dulo superfedebat aspis, squameæ cervicis stricto tu-more sublimis.* Hæc erat, secundum Apuleium, Isidis adumbrata effigies, in multis similis ei, quam in hac imagine nostra cernimus, in prima nempe fa-cie marmoris, ut optime observavit D. Abbas Oliva.

IV. Jam vero conjecturam meam in tam arcana symbola proponam. Puto serpentem, qui multis gyris modii culmen circumplicat, Serapidem re-præsentare, crescentem vero lunam Isidem, atque hanc symbolicam imaginem hic poni loco duo-rum illorum numinum. Vereque Serapis quemad-modum & Isis in marmore Romano numina Ægyp-tiaca repræsentante comparere debebat. Obser-vandum porro est monumenta Romana numinum Ægyptiorum, sæpe monstrare Isidem & Serapidem, qui nomen dabant alicui ex urbis regionibus. Iu-

font souvent mention de Serapis & d'Ifis, & très-rarement d'Ofiris. Ce ferpent donc à plufieurs contours marque Serapis, ou le Soleil : car felon l'opinion des anciens, Serapis étoit le même que Soleil : on voit au fecond tome de l'Antiquité plufieurs images de Serapis, qui a la tête raïonnante comme étant pris pour le Soleil : mais fur tout dans la figure de Serapis que nous donnerons plus bas, pl. XLII. la plus finguliere de toutes les figures de ce dieu ; fa tête couverte d'un boiffeau à l'ordinaire, jette des raïons de tous côtez, & fon corps eft entortillé d'un ferpent à plufieurs contours, qui laiffent entr'eux des efpaces où font marquez les douze fignes du Zodiaque. Ces contours fignifient évidemment les circuits que fait le Soleil autour des douzes fignes ; je crois donc que ceux que fait le ferpent fur ce muid, & qui laiffent entr'eux des efpaces, marquent la même chofe, & fignifient le dieu Serapis qui ne pouvoit manquer de paroître en quelque maniere fur un marbre où font repréfentez les dieux Egyptiens. Le Croiffant fera pour marquer Ifis : cela eft ordinaire, & ne peut faire aucune difficulté.

J'ajoûterai ici une penfée qui me vient, & qui a toute l'apparence poffible. Au deffus de l'angle de la corniche, on voit une tête de face ; l'autre angle qui eft caffé en avoit infailliblement une autre pour faire la fymmétrie. Je dis donc que la tête qui refte, & qu'on voit de face repréfente Ifis ou la Lune : il falloit felon toutes les apparences, que celle de l'autre côté qui a fauté montrât le Soleil, ou Serapis à face raïonnante : cela pourra peut-être fe verifier fi l'on a ramaffé les morceaux du marbre qui a été caffé. Je ne dirai rien des deux oifeaux qu'on voit au deffus de la corniche vers le milieu ; ils ont à mon avis été mis là pour l'ornement.

V. L'autre face du marbre repréfente un Anubis avec fa tête de chien ; il tient d'une main une palme & un vafe ; l'autre main de laquelle il tenoit peut-être quelque chofe eft caffée : il porte aux pieds des ailerons comme Mercure. Voir Anubis avec des fymboles de Mercure, c'eft chofe ordinaire. Apulée dit qu'il portoit un caducée & une palme : nous l'avons vû portant l'un & l'autre dans la planche CXXVIII. du fecond tome de l'Antiquité ; peut-

---

AUTEL D'ISIS

Trouvé à Rome.

être que le caducée dans cette figure d'Anubis est tombé avec une partie de
la main ; le sceau qu'il porte à la main gauche se voit fort ordinairement dans
les mains des dieux Egyptiens, pour marquer ou les eaux du Nil qui donnoient la vie à l'Egypte, ou peut-être plus generalement, que c'est l'eau qui
fait subsister toutes choses, comme dit Vitruve.

Le disque ou le grand bassin, & le grand couteau pour découper la chair
des victimes, avec le vase sont des instrumens de sacrifices qui ornent une
des faces du marbre, pour signifier peut-être qu'à la dédicace de ce monument, on sacrifia aux dieux representez ici, en l'honneur desquels le marbre
fut érigé.

Je n'ai rien de nouveau à dire sur l'Harpocrate, qui occupe la quatriéme
face : j'en ai donné un si grand nombre dans le second tome de l'Antiquité,
qu'on n'en peut guere trouver qui ne convienne à quelqu'un de ceux-là ; en
effet on y en remarquera plusieurs qui ressembleront à celui-ci, à cela près
qu'ils sont plus chargez de symboles.

---

tera manu gestabat, qui cum manus parte exciderit. Vas seu situla, quam læva manu tenet, sæpe
conspicitur in signis numinum Ægyptiacorum,
hocque symbolo denotabantur aquæ Nili, quæ vitam Ægypto subministrabant. Aut fortasse, ut generatim loquamur, aquam rebus omnibus vitam
præbere, & *ex potestate aqua omnia constare*, ut
ait Vitruvius lib. 8. cap. 1.

Discus, culter ille magnus ad decidendas victimarum carnes, vasque illud aliud, instrumenta
sunt sacrificiorum, quæ aliam marmoris faciem
exornant. Ut forte significetur, quando dicatum
hoc marmor fuit, sacra facta esse diis qui in hoc
marmore exhibentur, quibusque tale monumentum erectum fuit.

De Harpocrate qui quartam faciem occupat,
nihil novi dicendum suppetit. Tot enim Harpocratis schemata in secundo Antiquitatis explanatæ
tomo data sunt, ut vix aliquis alius Harpocrates
occurrat, illis omnibus singulisque dissimilis. Certe
plurimi ibidem conspici possunt, qui ab hoc non
alia in re differunt, quam quod pluribus symbolis sint onusti.

CHAPITRE IV.

I. Trépied singulier, dessiné par M. le Brun. II. Tables pour les jeux publics, sur des medaillons. III. Table singuliere. IV. Préfericules trouvez à Rome. V. Préfericule de Bacchus.

1 I. LE trépied ¹ qui commence la planche suivante, a été tiré d'une medaille d'argent de Lepidus. M. le Brun en aïant trouvé une dont la
conservation étoit parfaite, dessina en grand cette image, qui paroît singuliere : c'est d'après lui que nous donnons ce trépied, remarquable par bien des
endroits. C'est un grand vase rond, porté sur trois pieds, & c'est de-là qu'il
prend le nom de trépied ; ces trois pieds qui finissent en bas par le pied d'un
animal se terminent en haut par une tête de bouc, dont les cornes crampon-
nent & arrêtent le vase. Un serpent d'une prodigieuse longueur s'éleve pardessus le vase où il fait de son corps plusieurs tours & contours, & même des
nœuds. Sa queuë est encore assez longue pour descendre sur les pieds du trépied, les embrasser tous trois, & y faire un grand nœud qui n'est pas serré,
& dont la forme se remarque fort aisément. La tête du serpent jette des raïons :
ce qui fait juger que cette partie de la Theologie des Egyptiens avoit passé
chez les Romains, & qu'ils peignoient comme eux le Soleil sous la figure d'un
serpent. Les Egyptiens représentoient Serapis leur grand dieu, qu'ils regardoient comme le Soleil, avec tout le corps du serpent, & la tête seule d'homme :
& cette tête jettoit des raïons de tous côtez. Je suis même persuadé qu'ils peignoient souvent leur Serapis sous la figure entiere du serpent, comme je ferai
voir plus bas. Mais pourquoi ce serpent symbolique s'éleve t'il, & se con-
tourne-t'il ainsi sur le trépied ? Pourquoi baisse-t'il la tête, & tire-t'il la langue vers le vase du trépied, qu'il entoure de sa queuë ? C'est un mystere où je
ne saurois pénétrer : entre les jambes du trépied sont deux gros poulets, si ce

---

CAPUT IV.

I. Tripus singularis a v. cl. Brunio delineatus. II. Mensæ pro ludis publicis in nummis majoris moduli. III. Singularis mensa. IV. Præfericula Romæ eruta. V. Præfericulum Bacchicum.

I. TRipus ille qui in Tabula proxima agmen ducit, ex nummo argenteo Lepidi eductus est. V. cl. Brunius cum in nummum hujusmodi incidisset, nullo tritum usu, sed omnia accuratissime repræsentantem, ejus imaginem longe majori forma delineavit : ad ejus exemplaris fidem, Lepidi Tripodem hic exhibemus, multis nominibus spectabilissimum. Vas est magnum, profundum, rotundum, tribus nixum pedibus, hincque tripodis nomen mutuatur. Tres illi queis nititur pedes inferne in animalis cujuspiam pedem desinunt, superne in caput arietis singuli terminantur, cujus arietis cornua vas transmeant & firmant. Serpens enormis stupendæque longitudinis, vasi imminet miris circumplicatus modis, ita ut non gy-

ros modo, sed etiam nodos exhibeat. Neque tamen illi tot & tanti gyri totum serpentis corpus occupant : cauda quippe, parsque illa corporis, quæ caudæ hæret, pedes etiam tripodis complectitur & circumdat ; imo in nodum magnum reflectitur, cujus nodi, quia non stringitur, formam observare quisque potest. Caput serpentis radios emittit : unde inferas illam Theologiæ Ægyptiacæ partem ad Romanos transiisse, ipsosque perinde atque Ægyptios, solem serpentis forma depinxisse. Ægyptii deum illum magnum suum Serapidem, quem esse Solem putabant, serpentino toto corpore, humanoque tantum capite depingebant, quod caput radios undique emittebat. Imo certum exploratumque habeo ipsos Serapidem Solem cum tota serpentina forma repræsentavisse, id quod infra pluribus commonstrabitur. Verum cur serpens ille symbolicus se tot gyris supra Tripodem circumplicat ? Cur linguam vibrat versus vas illud Tripodis, quem etiam Tripodem cauda circumdat ? Arcanum certe illud est, in quod me intromittere non possim. Inter illas Tripodis tibias, duo pulli sunt ; quos fortasse gallos dixeris,

ne

ne font pas deux coqs, qui mangent du grain avec une extrême avidité: c'étoit le meilleur préfage. Nous avons vû aux planches LXIII. & LXIV. du fecond tome de l'Antiquité, ces poulets renfermez dans une cage : ici ils font fous le trépied ; & cela nous fait voir qu'on tiroit aufli quelquefois cette efpece d'augure ailleurs que dans des cages, & fous des trépieds où ils étoient libres. La medaille de Lepidus de la famille Æmilia, qui a au revers ce trépied & tout ce qui l'accompagne, a encore un *lituus*, bâton augural, d'un côté; & de l'autre un *Simpulus*, efpece de cueiller pour les libations : ces inftrumens facrez vont fouvent enfemble.

II. Le revers [2] fuivant eft d'un medaillon du Roi, qui a d'un côté la tête de [2] l'Empereur Commode, & de l'autre une table fur laquelle font deux urnes ; de chacune des urnes fort une palme. Entre les deux urnes eft un bufte du même Empereur Commode : les deux urnes contiennent des palmes, pour ceux qui auront vaincu dans les jeux. Rien de plus commun dans les medailles greques que ces fortes d'urnes. Ce medaillon a été frappé par ceux de Nicée, comme porte l'infcription. Celui-ci & les quatre autres qui fuivent, auroient peut-être été mieux dans le troifiéme tome de ce Supplément, puifqu'ils regardent des jeux publics ; mais comme chez ces profanes la religion entroit par tout, & que d'ailleurs on voit très-fouvent ces urnes avec des palmes, ou fur des temples, ou à l'entrée des temples, comme on aura pû remarquer cidevant, on a cru les devoir mettre ici.

La table fuivante [3] eft dans un revers d'un medaillon d'Antonin Caracalla, [3] frappé à Byfance, comme porte l'infcription. L'urne eft entre deux vafes fur la table ; elle a deux palmes, marque qu'on y celebroit deux fortes de jeux ; & l'infcription par la lettre B. qui veut dire deux fois, marque qu'ils y étoient celebrez pour la feconde fois fous le même Empereur. Sous la table il y a encore un vafe qui a une anfe.

Le medaillon [4] fuivant fut frappé fous le même Empereur par ceux de [4] Tralles, qui font appellez ici deux fois Neocores. Il y a fur la table trois urnes avec des palmes, ce qui marque qu'on y celebra trois fortes de jeux vers le même tems.

---

ita nempe grandes vifuntur : ii aviditate fumma grana jacentia devorant ; id quod inter auguria optimum habebatur. In tabulis LXIII. & LXIV. fecundi Antiquitatis explanatæ tomi pullos hujufmodi in cavea inclufos vidimus. Hic autem fub tripode funt : unde inferas non femper in caveis actum fuiffe, fed aliquando alibi, & fub tripode, ubi liberi nec inclufi pulli erant. Nummus Lepidi ex Æmilia gente, in cujus poftica parte hic tripus cum adjunctis aliis confpicitur, lituum etiam five auguralem virgam in uno latere habet, & fimpulum vas facrum ad libandum, in altero. Hæc porro inftrumenta fæpe fimul confpiciuntur, utpote quæ in facris adhiberentur.

II. Poftica [2] facies alia eft nummi Regii fequentis, qui nummus in antica facie caput Commodi Augufti habet : in poftica vero duæ urnæ funt fupra menfam quamdam pofitæ. Ex fingulis urnis fingulæ palmæ prodeunt. Inter ambas autem vifitur protome Commodi Imperatoris. Urnæ vero illæ palmas continent, illis deftinatas, qui in ludis publicis viciffent. Nihil in nummis Græcis frequentius urnis hujufcemodi. Nummus autem hic maximi moduli a Nicænis, five Nicææ percufus fuit, ut infcriptio habet. Hic porro nummus cum quatuor aliis fequentibus, fortaffis in quarto hujus Supplementi tomo commodius locatus fuiffet, quandoquidem ad ludos publicos fpectant. Verum quoniam apud profanos illos religio omnibus pene rebus admixta deprehenditur, & quia etiam urnæ illæ cum palmis immiffis, fæpe aut templis fuperpofitæ, aut in templorum ingreffu vifuntur, ut fæpe antehac animadvertere licuit, hoc opportune loco poffe illas conftitui vifum eft.

Menfa fequens [3] in poftica facie nummi Antonini Caracallæ comparet : nummus vero Byfantii cufus eft, ut fert infcriptio. Urna inter duo alia vafa fupra menfam pofita eft. In illa duæ vifuntur palmæ, quod fignum eft duo tum ludorum genera celebrata fuiffe. Infcriptio eft ΑΝΤΩΝΕΙΝΙΑ ΒΙΖΑΝΤΙΩΝ ϹΕΒΑϹΤΑ ; id eft Antoninia Augufta Byzantiorum. Litera B. quæ ad menfæ latus legitur, fignificat hos ludos, qui Antoninii vocabantur, fecunda vice celebratos fuiffe.

Qui fequitur [4] nummus eodem imperante Caracalla cufus eft a Trallenfibus, feu Trallianis, qui bis Neocori hic appellantur. In menfa funt tres urnæ cum totidem palmis : quo fignificatur tria ludorum genera illo tempore celebrata fuiffe.

5   Le medaillon [5] qui vient après est des Pergameniens, qui se disent trois fois
Neocores : il y a sur la table deux urnes , & entr'elles une couronne de laurier,
dans laquelle est écrit ce mot ΟΛΥΜΠΙΑ;ce qui marque que c'étoient les jeux
Olympiques qu'on celebroit alors à Pergame, & qu'on donnoit au vainqueur
une palme & une couronne de laurier. Les Pergameniens se disent ici les premiers trois fois Neocores ; ils se disent tels par rapport à Smyrne & à Ephese,
qui leur disputoient la primauté : l'inscription tout autour est ΕΠΙ. C. ΑΥΡ.
ΔΑΜΑ. que M. Vaillant tourne ainsi ; *sub Prætore Aurelio Damasia*, sous le
Préteur Aurele Damasia. Il y a de plus,au dessus de la couronne,la lettre A,qui
signifie *Actia*, les jeux Actiaques ; de sorte qu'on celebroit au même tems les
jeux Actiaques, & les jeux Olympiques. Mais la couronne étoit pour les
Olympiques : le medaillon fut frappé sous l'Empereur Valerien.

6   III. Le plus singulier [6] & le plus difficile à expliquer de tous les medaillons
est le suivant de l'Empereur M. Aurele, frappé à Seleucie, comme l'inscription porte ; le revers montre une table sur laquelle s'élevent deux quarrez ,
dans chacun des quarrez est une urne. Au-dessus de chacun des quarrez s'é-
leve une perche qui a de petites branches crochuës : au sommet de chaque
perche est un oiseau peu reconnoissable : il est toûjours certain que ce ne peut
être une aigle : aux deux coins de la table on voit ici la foudre, là un cyprés.
Sous la table sont deux monticules, sur lesquels sont deux beliers qui se tournent le dos : il y a apparence qu'ils sont là pour le sacrifice. C'est tout ce qu'on
en peut dire : car pour le reste, je crois qu'il n'y a point d'Oedipe qui s'en
puisse tirer.

Pl.
XIII.   IV. Le premier prefericule de la planche suivante fut gravé à Rome l'an
1   1543. d'après un antique ; [1] il est de la forme de ces prefericules que nous
voions souvent sur les medailles & sur les anciens monumens. Ces vases servoient à porter aux autels le vin, & les autres liqueurs qu'on versoit ensuite
dans les pateres. Les figures des Neréides & de quelques divinitez marines,
qu'on voit sur le milieu, font juger qu'il étoit destiné pour les sacrifices à

Post illum alius nummus [5] Pergamenorum est,
qui se ter Neocoros dicunt. In mensa sunt duæ urnæ
cum totidem palmis. Inter urnas vero laurea corona,in cujus medio scriptum est ΟΛΥΜΠΙΑ,quo significatur tunc Pergami celebratos fuisse Olympicos
ludos , victoribusque oblatam cum laurea corona
palmam. Pergameni hic sese primorum ter Neocororum titulo gloriantur : idque referatur oportet
ad eorum cum Smyrnensibus & Ephesiis concerta-
tionem:nam inter tres illas civitates de primatu con-
tentio erat. Inscriptio circum posita sic habet,ΕΠΙ
C.ΑΥΡ. ΔΑΜΑ ΠΕΡΓΑΜΗΝΩΝ, quam sic legit Valentius, *ἐπὶ στρατηγῷ Αυρηλίῳ ΔΑΜΑΣΙΑ ΠΕΡΓΑΜΗΝΩΝ*
Sub prætore Aurelio Damasia Pergamenorum. Præter
hæc , supra coronam habetur A , quæ litera significat ΑΚΤΙΑ , ludos nempe Actiacos ; ita ut simul
celebrarentur ludi Olympici & Actiaci. Verum
corona pro Olympicis erat. Nummus imperante
Valeriano cusus est.

III. Nummus omnium singularissimus & explicatu difficillimus est is [6] qui sequitur, Marco Aurelio imperante cusus ipsumque repræsentans : est
autem Seleucianorum , ut fert inscriptio. Postica
facies mensam exhibet , supra quam eriguntur
quadrata duo ; intra quadratum quodlibet vascu-

lum exhibetur. Supra quadrata vero eriguntur
hinc & inde duo quasi scipiones, obtortos ramu-
los emittentes. Supremo scipioni insidet utrinque
avis , cujus genus vix internoscere possis. Certum
tamen est non posse Aquilam esse. In extremis
mensæ lateribus hinc visitur fulmen ; inde vero
cupressus. Sub mensa duo ceu monticuli sunt , in
quorum cacumine arietes duo aversis capitibus
stant. Verisimile est eos ad sacrificia destinatos esse.
Hoc unum de tam arcana imagine dici potest ;
cætera enim ne Oedipus explicare tentaverit.

IV. De præfericulo sacrorum instrumento , sive
scypho ex quo in pateras vinum seu alius liquor
effundebatur , pluribus egimus in secundo Antiquitatis explanatæ tomo p. 140.ubi de forma ejus
disputatum est. Primum [1] autem præfericulum tabulæ sequentis Romæ in ære incisum fuit anno
1543. ex veteri hujusmodi scypho expressum. Eadem autem forma est qua præfericula, quæ sæpe
in nummis inque aliis monumentis conspicimus.
Hæc vasa , ut jam dicebam, vinum cæterosque
liquores ad libandum deputatos continebant & ad
aras deferebantur , ut libamen inde in pateras ef-
funderetur. Nereidum quorumdamque marino-
rum deûm schemata , quæ medio in vase visun-

TREPIED ET AVTELS

Medaillons du Rey

Neptune. Parmi ces figures on remarque quelques centaures qui ne se trouvent guere avec des dieux marins ; l'anse du vase sont deux serpens dont la
gueule ouverte est sur l'entrée du goulot.

L'autre [2] prefericule gravé à Rome presque dans le même tems, est aussi
chargé d'ornemens que chacun peut voir. Les têtes cornues de deux Satyres,
& les feüilles de vigne qui les accompagnent, font juger qu'il étoit destiné
aux sacrifices de Bacchus : je ne mets [3] point au rang des prefericules un autre
vase qui a un couvercle, & qui est plus chargé d'ornemens que les précedens.

V. Le [4] prefericule suivant avoit été mis je ne sai comment parmi les vases
domestiques, & les pots qui servoient pour les vins & les liqueurs, tom. 3.
de l'Antiquité planche LXX. mais il a tout l'air d'un prefericule ; il a la forme
d'un animal & d'une bête feroce : la bouche du vase fait la machoire de dessous, & le couvercle qui manque faisoit le haut de la tête. Cette machoire
de dessous paroît au haut du vase avec les dents, à l'endroit par où sortoit la
liqueur. Au bas du cou est une espece de collier, composé de pampres, de
grappes de raisin, & de feüilles de vigne : ce qui marque que c'étoit un vase
ou un prefericule pour les sacrifices de Bacchus ; & c'est ce que prouve encore
la tête de Silene qui est attachée au collier sur le devant. La bête representée
sera une panthere, animal favori de Bacchus ; s'il y a eu un couvercle comme
il y a apparence, quand on ouvroit le vase pour verser, il sembloit que la panthere ouvrit sa gueule pour répandre du vin : il paroît que les anciens aimoient
ces sortes de jeux.

---

tur, ad Neptuni sacra dicatum præfericulum in-
digitant. Inter hasce figuras Centauri quidam observantur, qui tamen cum marinis numinibus raro
prodeunt. Vasis ansam constituunt serpentes duo,
quorum os apertum ad os scyphi respicit.

Aliud præfericulum [2] eodem ferme tempore
Romæ in ære incisum, ornamentis iis quæ quisque dispicere possit decoratum est. Capita cor-
nuta Satyrorum duorum & adjacentia vitis folia
vas Bacchicis sacris deputatum commonstrant. Non
inter præfericula locandum [3] censeo vas illud aliud
operculo instructum, & ornamentis plus quam
alia distinctum.

V. Præfericulum [4] sequens extra sedem propriam
locatum fuerat, nimirum inter vasa & pocula do-
mesticis usibus deputata, in queis vinum & liquores
servabantur ; in Tabula nempe LXX. tertii Antiquitatis explanatæ tomi. At præfericulum omnino
videtur esse. Animalis cujuspiam sive feræ formam
habet. Os vasis inferiorem maxillam exhibet, &
operculum, quod jam desideratur nec comparet,
maxillam superiorem totumque caput referebat.
Maxilla inferior in summo vase conspicitur cum
dentibus, qua parte liquor effundebatur. In imo
collo est ceu corona ex pampinis & uvis concinnata. Unde arguitur vas seu præfericulum fuisse
ad Bacchica sacra deputatum, quod item confirmatur ex Sileni capite, quod e collari corona dependet. Fera quæ hic repræsentatur, Panthera, ut
videtur, erat Baccho cara & familiaris. Si operculum unquam adfuerit, ut verisimile est, cum vas
ad effusionem operiretur, videbatur Panthera
gulam diducere ad vinum fundendum. Hisce lu-
dicris, ut videre est, veteres delectabantur.

CHAPITRE V.

Inſtrumens des ſacrifices trouvez enſemble auprès de Langres.

LEs inſtrumens des ſacrifices contenus dans les trois planches ſuivantes, ont été trouvez enſemble à deux lieuës de Langres, & ſe voient aujourd'hui de la même grandeur qu'on les met ici, au cabinet de M. Mahudel qui m'a fait la grace de me les communiquer : c'étoient apparemment les vaſes de quelque temple particulier qu'on aura cachez enſemble. J'ai crû qu'il ne falloit pas les ſéparer pour les ranger dans leurs claſſes : on eſt ſouvent en peine quand on trouve quelque vaſe, ou quelque inſtrument, de ſavoir s'il a ſervi aux ſacrifices & aux myſteres des Gentils, ou s'il étoit à l'uſage ordinaire des maiſons & des particuliers : ici tout eſt ſacré ſelon toutes les apparences ; le trépied, les petites cueillers, les préfericules, & la *ſéceſpita* font foi que tous les autres trouvez enſemble ſervoient comme ceux-ci aux ſacrifices, & aux autres miniſteres ſacrez.

PL. XIV.

1   Le trépied, qu'on voit ici de la même grandeur que l'original, [1] ne paroît pas être pour les grands ſacrifices, mais pour les petits ; & peut-être à des uſages que nous ne connoiſſons pas aſſez.

2   Les trois [2] cueillers qui ſuivent paroiſſent avoir ſervi à tirer l'encens de l'acerra, ou du vaſe deſtiné pour le contenir ; elles ſont d'argent, & toutes trois aſſez differentes entr'elles pour la forme.

3   L'Acerra eſt ici une boëte ronde [3] differente de toutes les autres que nous avons vûës dans les ſacrifices, qui ſont quarrées. Il n'y a pas d'apparence que la figure quarrée fût conſacrée.

4   L'inſtrument [4] qui eſt au deſſous du trépied & des cueillers, eſt une *ſeceſpita*, coûteau qui ſervoit à égorger les victimes.

5   Le vaiſſeau à anſe [5] qui termine la planche, eſt un préfericule. Nous en

---

CAPUT V.

Inſtrumenta ſacrificiorum, quæ ſimul prope Lingonas haud ita pridem reperta ſunt.

SAcrificiorum inſtrumenta illa, quæ in tribus ſequentibus tabulis exhibentur, eodem in loco prope Lingonas ſexto circiter ab urbe milliati reperta ſunt, hodieque eadem ipſa qua hic repræſentantur magnitudine, in Muſeo cl. v. D. Mahudelli viſuntur ; is vero mihi pechumaniter illorum delineandorum copiam fecit, erantque, vt videtur, cujuſdam templi vaſa, quæ ſimul, ingruente metu quopiam, occultata fuerint. Illa vero non ſeparanda putavi, nec in claſſes aliorum diſtribuenda. Sæpe cum vas aut inſtrumentum quodpiam occurrit, an ſacrificiis & myſteriis Gentiliis, an vero vulgaris uſus eſſent in ædibus privatis, ambigimus. Hæc autem vaſa omnino veriſimile eſt fuiſſe ſacra omnia, rebuſque ſacris deputata. Tripus, cochlearia, præfericulum, ſeceſpita,

quæ ſuis agnoſcuntur notis, argumento ſunt etiam cætera omnia fuiſſe ad ſacrificia, miniſteriaque ſacra adhibita.

Tripus ejuſdem, [1] qua hic repræſentatur, molis, non videtur ad ſacrificia illa majora uſurpatus fuiſſe ; ſed ad minora, & fortaſſis iis fuit uſibus deputatus, qui nobis cogniti non ſunt.

Tria illa [2] quæ ſequuntur cochlearia, inſerviiſſe videntur ad thus ex acerra educendum. Sunt autem argentea, interque ſe mutuo forma differunt.

Acerra [3] hîc rotunda pixis eſt, a cæteris omnibus, quas hactenus vidimus in ſacrificiis, quod ad figuram ſpectat, diverſa : nam illæ quadratæ ſunt : neque tamen veriſimile eſt figuram illam quadratam in acerris conſecratam fuiſſe.

Inſtrumentum [4] illud quod ſub tripode & cochlearibus conſpicitur, ſeceſpita eſt ꝗuod cultri genus ad victimas jugulandas uſurpa. tur.

Vas illud [5] anſatum, in hac Tabula poſtremum, præfericulum eſt. Alia ejuſdem formæ vidimus,

PREFERICULES, VASES POUR LES SACRIFICES

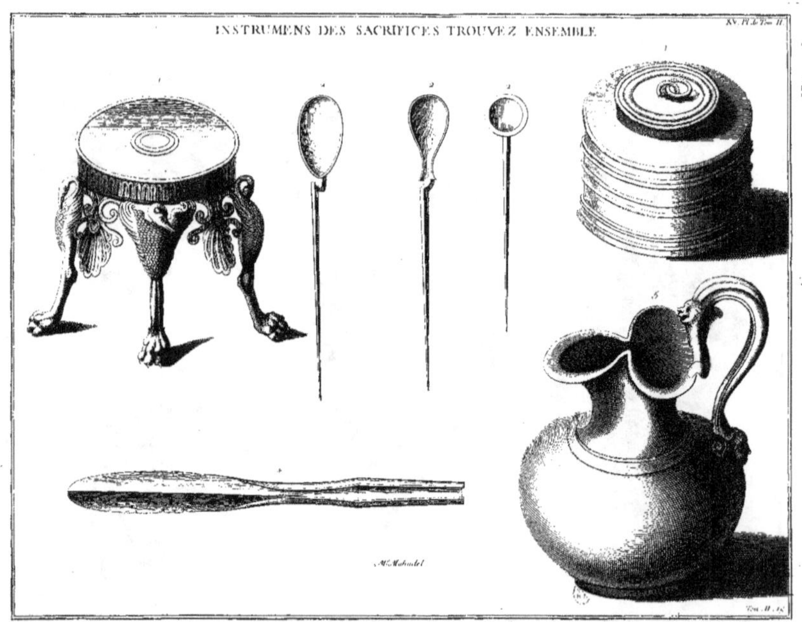

INSTRUMENS DES SACRIFICES TROUVEZ ENSEMBLE

avons vû d'autres de la même forme, & nous avons difputé fur la figure de
ce vafe à la page 140. du fecond tome de l'Antiquité.

L'autre préfericule¹ de la planche fuivante, eft un peu different du précedent pour la forme.

Le chaudron² qui fuit fervoit apparemment pour tenir l'eau luftrale, qui
étoit une efpece d'eau-benite dont on fe fervoit pour afperger : ces fortes de
vafes s'appelloient *Aquiminarium* , ou *Amula*.

La patere de la planche fuivante qu'on montre des deux faces, eft d'une
forme qu'on trouve affez ordinairement dans les monumens. Il y avoit des
pateres à queuë comme celle-ci, & d'autre fans queuë: il y en avoit encore une
parmi ces inftrumens trouvez enfemble auprès de Langres, qui n'avoit point
de queuë.

Les deux autres inftrumens de la même planche, ont une longue queuë,
& un tranchant arrondi : ils font faits comme un tranchet, & fervoient felon
toutes les apparences à découper la chair des victimes. Nous n'en avons pourtant jamais vû de cette forme fur les medailles & fur les autres monumens.

& de figura vafis hujufce difputavimus in fecundo Antiquitatis explanatæ tomo.

Aliud præfericulum ¹ tabulæ fequentis a priore
aliquantum quod ad figuram differt.

Qui fequitur lebes, ² ad aquam luftralem videtur inferviiffe , quæ aqua luftralis, inftar aquæ , ut
vocamus , benedictæ apud profanos illos erat. Illa
autem ad afperfionem utebantur. Hoc porro vafis
genus aquiminarium five amula appellabatur.

Patera Tabulæ fequentis , cujus anteriorem
pofterioremque faciem repræfentamus , folitæ eft ,

& in monumentis fæpe obfervatæ formæ. Ex pateris aliæ capulum habebant, ut ifthæc; aliæ nullo
erant capulo inftructæ. Erat etiam inter inftrumenta illa fimul pofita prope Lingonas reperta, patera alia fine capulo.

Duo alia inftrumenta ejufdem Tabulæ , longum
habent capulum, aciemque rotundam : fcalpri autem inftar concinnata funt. Omnino autem verifimile eft ea , ad diffecandas victimarum carnes adhibita fuiffe. Neque tamen adhuc his fimilia vidimus , aut in nummis, aut in cæteris monumentis.

CHAPITRE VII.

*I. Patere Bacchique. II. Inſtrumens Hetruſques qui ont paſſé pour Pateres.
III. Caſtor & Pollux ſur un de ces inſtrumens. IV. Medée ſur un autre.
V. Minerve ſur un autre. VI. Lituus, ou bâton augural.*

Pl.
XVII. I. L A premiere patere de la planche ſuivante m'a été envoïée deſſinée
en deux ſens par le ſavant Dom Emanuel Marti, Doïen d'Alicant.
1 ¹ Les figures repréſentées ſur le bord marquent indubitablement qu'elle a
ſervi aux ſacrifices de Bacchus; les quatre têtes qui partagent le cercle en
quatre parties égales ſont de Baccantes, & de Satyres : celle d'en haut a devant ſon nez une phiole, auprès de la phiole eſt un piedeſtail, ou un autel ſur
lequel eſt un grand vaſe chargé de fruits & de fleurs : derriere ce piedeſtail
s'éleve à certaine hauteur un thyrſe, terminé à l'ordinaire par une pomme
de pin, contre laquelle un lion ſemble vouloir s'élancer. Après vient une tête
de Satyreſſe, derriere laquelle s'éleve à même hauteur que le thyrſe ci-devant un bâton recourbé par le haut comme un bâton augural. Les Satyres &
les Faunes portent ſouvent des bâtons ſemblables. De ce bâton courbé pend
une flute de Pan à cinq tuïaux : ce qui vient après eſt un arbre, les feüilles
paroiſſent de vigne, mais le tronc eſt trop gros pour être un cep de vigne.
La bête qu'on voit enſuite eſt un tigre ou une panthere; l'un & l'autre vont
dans la troupe Bacchique : cet animal tient ſes pieds de devant ſur le thyrſe
qui paroît attaché à un autel ſurhauſſé d'un grand vaſe comme ci-devant.
Ce vaſe paroît chargé de fleurs & de fruits : il eſt derriere la tête de la Fauneſſe qu'on reconnoît telle à ſes oreilles de chevre; devant cette tête eſt un
autel flamboïant : après vient une chevre qui ſemble s'élancer vers un autel
ſemblable. A l'autre côté de cet autel eſt un autre bâton paſtoral courbé, auquel eſt attaché comme ci-devant une flute de Pan : enſuite viennent la tête
d'une Fauneſſe, un thyrſe, un grand vaſe, une chevre, un arbre, & un lapin,
qui termine la bande : voilà les marques d'une patere pour ſacrifier à Bac-

---

CAPUT VII.

*I. Patera Bacchica. II. Inſtrumenta He-
truſca pro pateris habita. III. Caſtor &
Pollux in hujuſmodi inſtrumento. IV. Medea in altero. V. Minerva in alio. VI.
Lituus ſive Auguralis virga.*

I. P Rima ¹ patera ſequentis Tabulæ miſſa mihi
fuit a viro doctiſſimo D. Emanuele Martino
Decano Alonenſi, ſecundum duos conſpectus delineata. Schemata ad oram pateræ exhibita Bacchicis ſacrificiis uſurpatam pateram fuiſſe procul dubio ſignificant. Quatuor capita quæ circulum in
quatuor æquales partes dividunt, Bacchantium
ſunt & Satyrorum. Quod in ora ſuprema conſpicitur, coram, ſeu ante vultum phialam habet; &
proxime phialam baſis quædam eſt, ſeu ara, cui
magnum vas impoſitum fructibus floribuſque
onuſtum. Pone hujuſmodi baſim thyrſus tantillum
erigitur, ſtrobilo pro more terminatus : in ſtro-

bilum porro illum leo irrumpere velle videtur. Secundum hæc, caput Satyræ; pone caput illud pedum recurvum in litui formam tantillum erectum, ut thyrſus de quo jamjam dicebamus. Pedo
hujuſcemodi Satyri & Fauni plerumque inſtructi
ſunt. Ex pedo illo recurvo pendet Syrinx ſeu tibia
Panos quinque fiſtularum. Arbor ſequitur cujus
folia vitis eſſe videntur : ſed truncus denſiſſimus
vitis vix eſſe credatur. Quæ ſequitur fera, tigris
eſt vel panthera, utrumque animal cœtui Bacchico
familiare eſt : hoc autem de quo agitur, anterio-
ribus pedibus thyrſum tangit, thyrſuſque aræ
ligatur, cui aræ vas magnum impoſitum eſt, ut antehac : vas porro floribus fructibuſque plenum
videtur. Ara illa pone caput eſt Faunæ, quam ca-
prinæ auriculæ Faunam probant. Ante Faunæ caput eſt ara flammigera. Poſt hæc capra quæ videtur
in aram aliam inſilire. Ad oppoſitum aræ latus,
lituus ſeu pedum eſt, cui alligatur ut ante tibia Panos. Poſt hæc ſequuntur caput Faunæ, thyrſus,
vas magnum, capra, arbor & cuniculus, qui agmen

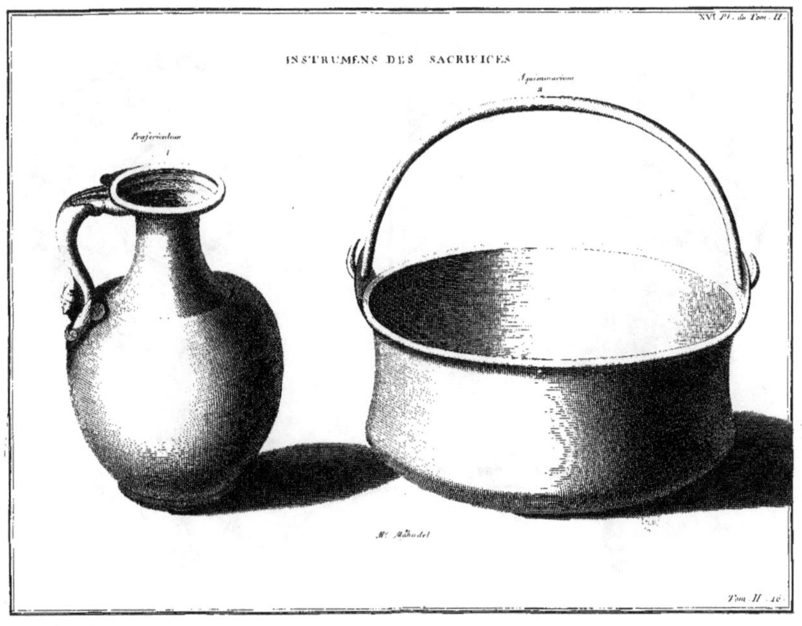

XVI Pl. du Tom. II.
INSTRUMENS DES SACRIFICES
Aquiminarium
2
Præfericulum
1
Mr. Bathodel
Tom. II. 16.

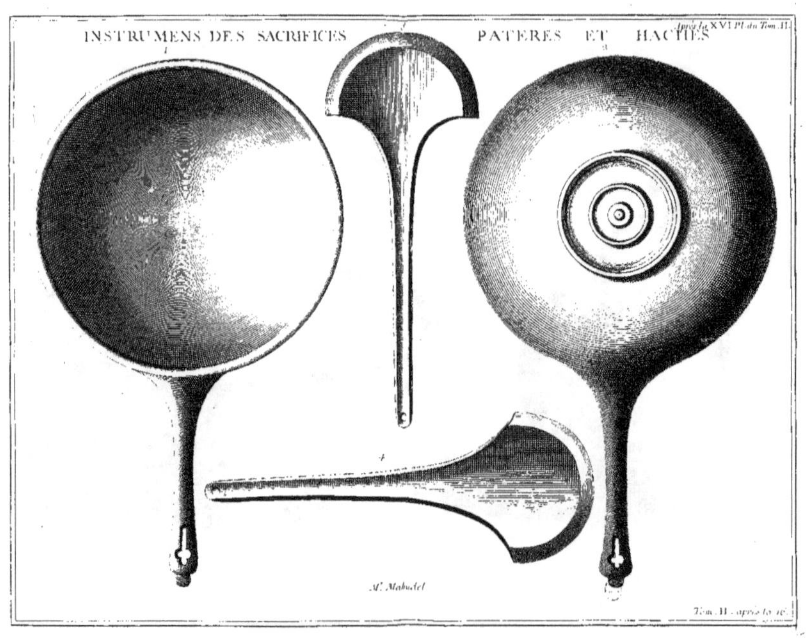

INSTRUMENS DES SACRIFICES
PATERES ET HACHES
Après la XVI Pl. du Tom. II.
M. Mahudel
Tom. II. après la p. 16.

chus; elle a la forme que Macrobe donne aux pateres *sat. 5. 21. Patera ut & ipsum nomen indicio est, poculum planum ac patens est.* La patere comme le nom le porte est une coupe plate & ouverte : ce qui ne veut pas dire qu'elle n'a point de creux : car peut-on dire d'une tasse ou d'un gobelet qu'il n'a aucune concavité, & le peut-on dire du *poculum*, qui est certainement un vaisseau à boire ? cependant plusieurs nous ont donné pour pateres des instrumens tous plats, comme nous allons voir ; & il y a encore bien des Antiquaires, surtout en Italie, qui sont de cette opinion.

II. Les instrumens Hetrusques qu'on appelle ordinairement pateres, quoiqu'ils soient tous plats & sans creux, ont souvent des inscriptions qu'on ne lit point, ou qu'on ne lit qu'à demi. Les figures ont tout-à-fait l'air Hetrusque, tel qu'il se voit dans une infinité de petites statues hetrusques qu'on déterre tous les jours dans l'Italie, & tel qu'on le remarque aussi dans un grand nombre de vases Hetrusques que nous donnerons au tome troisiéme : ces figures sont ordinairement d'un goût grossier ; il s'en trouve pourtant quelquefois d'assez bien dessinées. Ces instrumens plats représentent presque toûjours des parties de la fable, ou des combatans, ou des joüeurs: c'est là le vrai goût Hetrusque.

III. La premiere [1] patere, si l'on peut l'appeller ainsi, a quatre figures [2] d'hommes, l'un est assis au milieu, & appuie sa tête sur la main, revêtu d'une tunique ; il a sur le côté une épée semblable à celle qu'on appelloit l'épée espagnolle, que les Romains adopterent. Il porte sur la tête la tiare phrygienne, bordée sur le front comme d'une rangée de perles : cela ne se distingue pas bien clairement, il pourroit bien se faire que ce sont des boucles de cheveux, dont l'extrémité paroit. Son nom écrit en lettres Hetrusques qui approchent beaucoup des latines, semble devoir se lire MEVAKDE, nom fort défiguré, comme le sont tous les autres noms hetrusques, lors même qu'ils expriment des gens connus, comme nous verrons plus bas. Derriere celui-ci est un autre jeune homme nud qui tient de la main gauche une pique, & sur la droite un grand bouclier rond. Son nom qui paroît se devoir lire MENVE, est aussi inconnu que le précedent. A la droite de l'homme assis, on voit un autre homme revêtu d'une tunique courte, & d'une chlamyde attachée à l'épaule

---

claudit. En vero signa pateræ ad sacra Bacchica deputatæ. Illam obtinet formam quam Macrobius Saturn. 5. 21. pateris tribuit : *Patera*, inquit, *ut & ipsum nomen indicio est, poculum planum ac patens est*, quo non significatur in ea concavum nihil haberi ; quomodo enim patera poculum erit si nullo modo concava ? Attamen multi instrumenta, omnino plana nihilque concava, quasi pateras nobis obtulerunt, ut modo videbimus. Exstantque etiam hodie non pauci viri in re antiquaria periti, in Italia maxime, qui hanc tuentur opinionem.

II. Instrumenta illa Hetrusca, quæ pateræ vulgo appellantur, etiamsi omnino plana sint, nihilque concavum appareat, sæpe inscriptiones habent, quæ vel non leguntur, vel imperfecte leguntur. Figuræ autem Hetruscum omnino morem exhibent : qualem animadvertimus in signis Hetruscis innumeris, quæ quotidie ex terra eruuntur in Italia ; qualem etiam perspicimus in multis Hetruscis vasis, quæ tertio tomo dabuntur. Sunt autem ut plurimum schemata ista rudi opere concinnata: nonnunquam tamen quædam occurrunt non imperita manu delineata. Hæc porro plana instrumenta fere sem-

per exhibent aut quasdam mythologiæ partes, aut pugnas, aut ludos. Hic Hetruscus est & modus & ritus.

III. Prima patera, [1] si ita tamen sit vocanda, quatuor exhibet viros. Unus in medio sedens manu caput sustentat, opertus tunica. Ad latus gladium habet, iis similem quos Hispanienses gladios appellabant, quosque adoptarunt Romani. Tiaram Phrygiam capite gestat gemmis in fronte ornatam, quæ gemmæ margaritas referre videntur : verum hæc non ita facile est internoscere : possent enim esse capillitii extrema in globulos concinnata. Nomen ejus Hetruscis scriptum literis, quarum forma ad latinas accedit, legi posse videtur MEVAKDE, quod nomen admodum deformatum esse videtur, ut sunt pene alia omnia Hetruscea nomina, quando etiam notos quosdam seu viros seu mulieres indicant, quod infra videbitur. Pone hunc alius juvenis nudus sinistra manu hastam, dextera clypeum magnum rotundum tenet. Nomen ejus legendum esse videtur MENVE perinde ignotum, atque illud quod præcessit. Ad dexteram viri sedentis, alter visitur tunica brevi indutus & chlamyde ad humerum sinistrum annexa.

gauche ; il tient de la main droite une pique , & porte la gauche sur l'épaule
de l'homme assis. Son bonnet ou casque est pointu, & se termine en cone ; il
est bordé sur le devant comme d'une rangée de perles , ou de l'extrémité des
cheveux comme ci-devant. Le nom est KASTUR ; c'est apparemment Castor.
Il est revêtu d'une tunique ceinte au milieu du corps, qui lui descend jusqu'au
genou, & pardessus d'une chlamyde, ou d'un manteau attaché sur le devant
avec une espece de bouton : celui qui est au côté opposé est tout nud, il tient
de la main droite une pique, & parle à l'homme assis. Le nom ne se lit pas
aisément ; il pourroit bien y avoir PVLAVKE ; ce seroit Pollux, & les deux
freres se trouveroient dans l'image : mais je n'oserois l'assurer, quoique cela
ait beaucoup d'apparence. Tout ceci se passe à l'entrée d'un temple, dont la
voute paroît travaillée en côtes de melon.

PL.
XVIII.

1

Une autre a trois personnages. Mercure s'y fait connoître par son petase &
ses ailerons : le petase a ici presque la forme d'un chapeau. ' Mercure porte sa
main droite sur l'homme nu qui est devant lui, & tient de l'autre main un long
bâton ; il a un manteau qui ne couvre point sa nudité. Son nom est écrit devant son visage, comme le sont les autres de cette image : en lisant de la droite
à la gauche, comme lisent les Hebreux, on y trouve encore *Urius*. Il y a quelque trait devant qui marque que le mot n'est pas entier. Il se peut faire qu'on
avoit mis le commencement du mot de l'autre côté, & qu'il y avoit *Mercurius*.
Tout cela est incertain, ces noms hetrusques dans les endroits où l'on peut
les lire ne sont pas écrits uniformément. Nous avons vû MIRPIRIOS pour
Mercurius à la LXII. planche du second tome de l'Antiquité : ces noms se
trouvent écrits indifféremment de la droite à la gauche, comme écrivent les
Hebreux, ou de la gauche à la droite comme nous écrivons. Nous en verrons
plus bas des exemples. Mercure a ici une espece de chaussure assez remarquable : on n'en voit que ce qui est sur les jambes, les pieds sont sautez avec
une partie de l'image. L'homme nu qui occupe le milieu de l'image est cou-
rónné de feüilles de vigne : ce qui pourroit faire croire que c'est ou Bacchus,
ou un Baccant : il porte un collier d'où pendent quelques petits ornemens ; il
tient d'une main un long bâton qui se termine en haut en une boule ronde ;
c'est apparemment le thyrse ; & de l'autre un espece de dard de figure extra-

---

Manu dextera hastam tenet, sinistram vero admovet humero viri sedentis ; ejus sive tiara sive cassis
in conum definit, ejusque ora in fronte ceu marga-
ritis ornatur : id quod non ita facile distingui potest ; sunt enim fortassis extrema capillorum in cin-
cinnos disposita. Nomen ejus est KASTVR, scilicet Castor, ut verisimile est. Qui in latere opposito
est, nudus conspicitur, dextera hastam tenet, virumque sedentem alloquitur. Nomen non ita facile potest legi, videtur tamen PVLAVKE legendum. Esset ergo Pollux, duosque fratres hic con-
spiceremus. Res omnino verisimilis est : quamquam id affirmare non ausim. Hæc porro in templi
cujusdam ingressu peraguntur, cujus fornix in co-
chleæ morem concinnatus superne conspicitur.

Alia patera tres exhibet personas. ' Mercurius
ex petaso & alis dignoscitur. Petasus vero formam
fere habet petasi nostri hodierni. Mercurius manum dexteram imponit humero viri nudi ante se
stantis, alteraque manu virgam oblongam tenet.
Pallium gestat quo nuda non obteguntur. Nomen
ejus ferme ob oculos & ante vultum ejus scriptum

est, quemadmodum & alia personarum hujusce imaginis nomina. Si a dextera ad sinistram legatur, ut
Hebræi legunt, *Urius* legi posse videtur. Fortasse
vero nominis initium ab altero capitis latere ; ita ut
Mercurius legeretur. Hæc porro incerta sunt. Isthæc autem Hetrusca nomina, etiam iis in locis ubi
possunt legi , non semper uno eodemque modo
scripta sunt. MIRPIROS vidimus pro MERCU-
RIUS in tabula LXII. secundi Antiquitatis explanatæ tomi. Cæterum hæc Hetrusca nomina modo a
dextera ad sinistram Hebræorum more , modo ad
sinistra ad dexteram, ut nos scribimus, exarata sunt ;
uti paulo post exemplis comprobabitur. Mercurius hic caligas gestabat, quarum pars in tibia superest. Pedes enim cum ima instrumenti hujusce rotundi parte pessum ierunt. Vir ille nudus qui medium
imaginis occupat, vitis foliis coronatus est, unde forte credas esse aut Bacchum aut Bacchantem quempiam. Is torquem gestat , unde aliquot ornamenta
dependent, manu oblongum tenet bacculum, qui superne in globum terminatur. Estque ut videtur
thyrsus , alteraque manu jaculum formæ non vul-

ordi-

PATERES

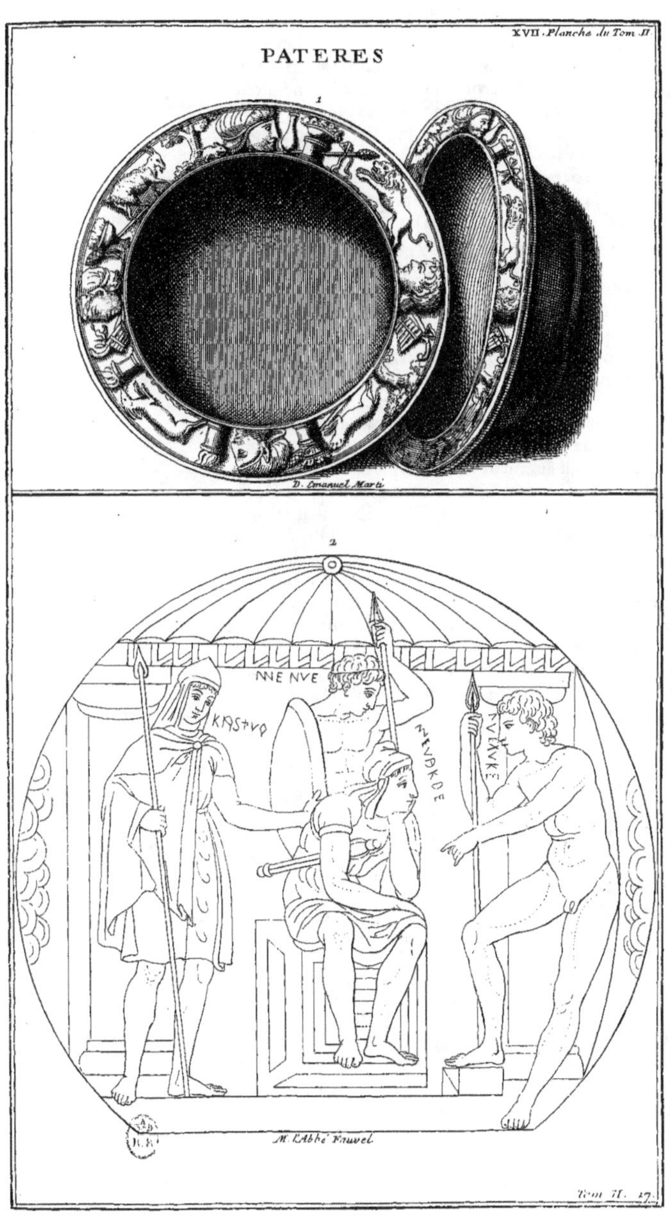

D. Emanuel Marti

M. l'Abbé Fauvel

ordinaire ; il a une pointe à chaque bout, & d'un côté deux branches poin-
tuës comme une hallebarde. Un autre homme assis porte un manteau qui ne
le couvre point. Couronné de laurier il est orné d'un collier d'où pendent des
feüilles de vigne. C'est peut-être Bacchus, ou un Baccant : ce pourroit encore
être quelque joüeur qui a remporté le prix dans quelque fête de Baccants, &
que Mercure & Bacchus viennent feliciter sur sa victoire. Le nom de chacun
de ces personnages est écrit en lettres Hetrusques qu'on ne sauroit lire : on les
lit quelquefois ; mais ici on ne peut rien remarquer qui approche du nom de
Bacchus. C'est apparemment quelque ceremonie où un homme paroissoit en
Mercure ; d'autres en Bacchus, & en Baccants, selon la coûtume de ces profanes qui réalisoient quelquefois ce que la fable leur apprenoit de leurs divinitez, comme nous avons dit ailleurs.

IV. Un autre [1] dont le dessein m'a été donné par M. l'Abbé Fauvel, est
semblable à celui de la LXII. planche du second tome de l'Antiquité ; mais
avec des diversitez qui marquent qu'ils sont copiez d'après differens originaux. M. Fabretti qui l'a donné dans ses inscriptions p. 542. croit que c'est
Medée, & Medus son fils qu'elle eut d'Egée Roi d'Athenes. Il se fonde sur
l'inscription MENEDEA, qui est derriere la femme, & sur le nom MEDME ;
Ces differences dans les noms ne doivent point surprendre dans ces monumens Hetrusques, où ils sont ordinairement fort estropiez. Menedea se lit
assez bien dans ce monument que nous donnons : pour ce qui est du MEDME,
on a peine à l'y trouver, même dans l'image de M. Fabretti, où le mot commence par un O. coupé au milieu par une ligne, & tout à fait different
de l'M. suivant. Dans l'image que nous donnons ici, la lettre du milieu n'est
pas un D. mais un S. renversé. Cependant comme la femme paroît certainement Medée, je crois que le jeune homme est son fils Medus. Son bonnet
est assez different de celui de l'autre image. Il tient d'une main une faucille, &
de l'autre un seau : tout cela pour servir à sa mere dans les enchantemens &
les maléfices qu'elle fait actuellement sur deux têtes de mort : il n'y en a qu'une
dans l'autre image. Medée porte un casque orné d'une grande aigrette : son

---

garis : ex utraque parte ferrum habet exacutum, ex
alteroque latere duo ceu brachia ad modum hasta-
rum, quas hodie *Hallebardas* vocant. Alius vir sedens pallium gestat a quo vix tegitur. Lauro coronatus torquem habet ex quo pampinea folia dependent. Est forte Bacchus aut Bacchans aliquis.
Quid si dicamus esse quempiam ex iis pugilibus
apud Hetruscos frequentibus, qui in Bacchantium
ludo & festo palmam retulerit, cui Mercurius &
Bacchus victoriam gratulantur ? Cuiusque horum
nomen litteris Hetruscis scriptum est, neque legi
potest. Hæc aliquando leguntur ; sed hic nihil ex-
pisceris quod ad Bacchi nomen vel tantillum accedat. Est fortassis celebritas quædam, ubi aliquis
Mercurium agebat ; alii Bacchum & Bacchantes
repræsentabant : idque pro more veterum illorum,
qui eadem illa quæ Mythologi de diis fabulabantur,
re ipsa adhibitisque personis, secundum dei cujusque
personam instructis & ornatis, repræsentabant.

IV. Aliud instrumentum, cujus mihi delineatam imaginem dedit D. Abbas Fauvel, simile est
ei quod publicavimus in Tabula LXII. secundi Antiquitatis explanatæ tomi ; sed cum iis varietatibus
quæ manifeste arguant ea ex diversis archetypis expressa esse. Raphaël Fabrettus qui priorem dedit
imaginem inscriptionum libro p. 542. putat esse
Medeam & Medum ejus filium, quem illa susce-
perat ex Ægeo Athenarum rege. Ex scriptis porro
nominibus id arguit : MENEDEA legitur pone
mulierem, & MEDME, ut putat ille, pone virum.
Illæ porro nominum formæ tam variæ non debent
in stuporem conjicere, in Hetruscis videlicet monumentis ubi tantum a solita forma deflectitur. ME-
NEDEA certe legitur etiam in nostro, quod pu-
blicamus schemate. Quod ad MEDME autem pertinet, ea certe vox vix reperiatur in imagine etiam
Fabretti, ubi per hanc litteram incipit hujusmodi
☉, O scilicet per lineam ad perpendiculum diviso.
In imagine vero quam hic damus, littera in medio
posita non D, sed S inversum est. Attamen cum
mulier Medea esse certo videatur, juvenem illum
esse Medum opinor. Ejus vero pileus ei quem in
altera gestat imagine non parum dissimilis est. Altera manu falculam tenet, altera situlam : hæc ambo usui esse debebant matri, quæ jam tota est in
maleficiis & incantationibus operandis. Agit porro
in duas calvarias, sive duo mortuorum capita : in
altera vero imagine, unum tantum mortui caput

habit depuis le cou jufqu'à la ceinture eft marqueté comme une fourrure d'hermine. Elle tient une pique de laquelle elle femble frapper une des têtes de mort : elle fe tient courbée comme attentive à fes enchantemens. Apollodore à la fin de fon premier livre parle de Medée, & de fon fils Medus, qui felon lui fe forma un grand empire chez les Barbares, donna fon nom à la Medie, & mourut enfin en faifant la guerre aux Indiens. Ici le nom MENEDEA, eft écrit de la gauche à la droite, au lieu que dans la patere de M. Fabretti, il eft écrit de la droite à la gauche, à la maniere des Hebreux.

Pl.
XIX.
1

V. En voici un [1] qui a une longue queuë, & qui contient quatre figures avec leurs noms écrits fur les bords. Ces figures font nuës, hors Minerve qui fe reconnoît à fon cafque. Son nom écrit en haut eft un peu défiguré, & fe lit au rebours. Les lettres Hetrufques fe rendent ainfi par des latines MENPFA; l'F eft le digamma Eolique, qui répond ici à l'V confonne : le P eft un R qui a la forme du *Rho* des Grecs. L'autre femme qui eft avec Minerve a auffi fon nom écrit qu'on ne fauroit lire, non plus que ceux des deux hommes affis. Il eft difficile de deviner quelle hiftoire on a voulu repréfenter ici. S'il eft permis de conjecturer, je crois que l'autre femme pourroit être une Venus, & que les deux hommes nus affis font deux lutteurs qui doivent combattre, dont l'un a imploré le fecours de Minerve, & l'autre celui de Venus. On voit en effet que chacune de ces déeffes eft tournée vers fon homme. Cela n'eft dit qu'en doutant.

Nous avons déja vû dans le fecond tome de l'Antiquité fur ces fortes d'inftrumens d'autres noms propres écrits en langue Hetrufque affez differens des noms latins : MIRPIRIOS pour *Mercurius*, ALIXENTROM pour *Alexander* : d'autres écrits au rebours comme AƎ◖ƎИƎM pour *Medea*, ƎM◖ƎM pour *Medus*. Si l'on en trouvoit beaucoup de femblables, cela pourroit peut-être aider à lire l'ancien Tofcan.

Les Antiquaires, comme nous avons dit, prennent ordinairement ces inftrumens pour des pateres. Beger fe récrie avec raifon contre ce fentiment. Les pateres, felon tous les anciens, étoient creufes : quant à ces inftrumens plats,

---

comparet. Medea caffide armatur jubam magnam habente. Veftis ejus a collo ad zonam vermiculata eft quafi pellis muftelæ albæ. Haftam tenet, qua caput mortui alterum percutere videtur. Inclinato corpore & capite eft, ut quæ attente obfervet & exploret incantationes fuas. Apollodorus in libri primi fine de Medea agit, deque ejus filio Medo, qui magnum fibi apud Barbaros imperium paravit, Mediæ nomen fuum indidit, demumque periit, dum contra Indos bellum gereret. Hic porro MENEDEA a finiftra ad dexteram more noftro fcriptum : contra autem in imagine Fabretti a dextera ad finiftram Hebræorum more.

V. En aliud inftrumentum [1] fimile, cujus cauda longior. Quatuor porro viros mulierefve complectitur, cum eorum nominibus ad oram fcriptis. Ii autem omnes nudi funt, una excepta Minerva, quæ ex caffide dignofcitur. Nomen ejus in fuprema ora fcriptum nonnihil deformatum eft, inverfoque ordine legitur. Hetrufcæ litteræ fic per latinas redduntur, MENPFA; littera F hic digamma eft Æolicum, quod litteræ V refpondet confonanti. P ut R legi debet quafi P Græcum. Altera mulier, quam cum Minerva confpicimus, fuum & ipfa nomen adfcriptum habet, quod vix legatur, ut &

nomen duûm virorum adftantium. Admodum difficile eft quænam hic feu hiftoria feu fabula repræfentetur divinare. Si quis hic fit conjecturæ locus, crederem alteram mulierem effe fortaffe Venerem, duofque viros nudos fedentes duos effe pugiles, qui mutuo certaturi funt, quorum alter Minervam, alter Venerem ad opem ferendam adhibent : & vere hic quæque femina ad virum alterum verfa cernitur. Sed hæc dubitando dicta fint.

Quod fpectat autem ad nomina illa Hetrufcis fcripta litteris, jam alia vidimus in fecundo Antiquitatis explanatæ tomo, cum de hujufmodi inftrumentis ageremus, Hetrufcis defcripta litteris, quæ non parum a latinis nominibus differrent. MIRPIRIOS ibi* pro Mercurio fcribitur; ALIXENTROM pro Alexandro; alia funt inverfo ordine fcripta, AƎ◖ƎИƎM pro Medea ƎM◖ƎM pro Medus. Si multa hujufmodi occurrerent, inde fortaffe eo deduceremur, ut veterem poffemus fcripturam Hetrufcam legere.

Qui Antiquitatis monumentis indagandis dant operam, hæc monimenta, ut diximus, vulgo pro pateris habent. Begerus in Thefauro Brandeburgico Tomo 4. p. 424. hanc omnino opinionem refpuit, & quidem jure merito. Pateræ namque

XVIII. Planche du Tom. II.

M. Fr. Picoroni.

M. l'Abbé Fauvel.

ce font, dit Beger, les Apophereta d'Ifidore, où l'on mettoit des fruits ou d'autres viandes. C'étoient donc felon lui des efpeces d'afliettes : mais ces inftrumens plats ont des figures en relief ; ils font prefque tous de cuivre, & plufieurs fi petits qu'ils ne paroiffent pas avoir jamais pû fervir d'afliettes. Je croirois plus volontiers qu'on les mettoit pour ornemens fur des armoires, ou en d'autres endroits. On n'a point encore vû de ces fortes d'inftrumens, ni dans les facrifices, ni fur les tables où les anciens prenoient leur repas. Varron *de lingua lat. l. 4. c. 26.* dit que la patere étoit une efpece de coupe à boire, & qu'encore de fon tems dans les feftins publics on portoit à boire dans des pateres, & qu'on s'en fervoit auffi dans les facrifices pour répandre du vin & du fang en l'honneur de Dieu.

Je croirois volontiers que ces inftrumens Hetrufques, plats, ronds, ornez de bas reliefs, étoient portez dans des fêtes, & dans des jeux ; & qu'on y repréfentoit ces fêtes & ces jeux, qui fe celebroient en certains jours, en la même maniere qu'on les y celebroit. Dans les vafes Hetrufques que nous donnons en affez grand nombre au troifiéme tome de ce Supplément, on voit fouvent des gens qui tiennent des inftrumens femblables à ceux-ci, ronds, plats & à longue queuë. La feule difference qu'on y remarque, c'eft que dans le contour il y a de petits globules qui débordent au de-là de la circonference ; ce qu'on ne voit pas dans ceux-ci.

VI. Le bâton augural ou le *Lituus* [2] qui vient enfuite eft de M. Recanati z Gentilhomme Venitien, qui a fi bien merité de la République des Lettres, & qui fe fignale tous les jours par les découvertes de monumens de tous âges. Ce bâton augural a environ quatre pieds de haut ; il eft de bronze avec la forme que chacun peut voir fur fon image. Il fe termine en haut en tête d'oifeau, ornement qui convient fort bien aux Augures, qui tenoient ce bâton lorfqu'ils obfervoient le vol des oifeaux, pour en tirer leurs prédictions. Il faut avoüer que cet inftrument paroît affez different d'un bâton augural ordinaire, & plufieurs douteront fi c'en eft un ; s'il l'eft effectivement, c'eft le plus grand qu'on ait encore vû, foit réellement, foit en peinture.

---

ex confenfu veterum omnium concavæ erant. Hæc funt, inquit Begerus, Ifidori Apophereta, ubi fructus aliique cibi apponebantur. Erant ergo fecundum Begeri fententiam, quafi orbiculares quædam tabellæ quas *affictes* vocamus. Sed inftrumenta illa funt anaglyphis plena, æneaque pene omnia : adhæc vero complura ita exigua funt, ut nunquam videantur potuiffe ad hujufmodi ufum deftinari. Libentius crederem ea ceu ornamenta quædam impofita fuiffe vel armariis, vel aliis locis. Nufquam adhuc talia inftrumenta vifa fuere vel in facrificiis vel in menfis. Ut ut res eft, pateræ certe effe nequeunt. Varro de lingua lat. lib. 4. cap. 26. ait : *'Præterea in poculis erant pateræ, eo quod pateant latine ita dictæ. Heifce etiam nunc in publico convivio, antiquitatis retinendæ caufa, cum magiftri fiunt, potio circumfertur : & in facrificio Deis, hoc poculo magiftratus dat Deo vinum*

Libenter crederem hæc inftrumenta Hetrufca plana rotundaque, anaglyphis ornata, in celebritatibus & ludis geftata, illaque in anaglyphis repræfentata fuiffe, eodem quo celebrabantur modo. In vafis illis Hetrufcis, quæ non parvo numero in tertio hujus Supplementi tomo infra dabuntur, fæpe vifuntur viri mulierefve hujufmodi inftrumenta tenentes rotunda, plana, longoque capulo inftructa ; hoc uno tamen difcrimine, quod difci illi, ceu quofdam globulos ex circulo erumpentes habeant, id quod in hifce de quibus agimus, non obfervatur.

VI. Virga [2] auguralis five lituus qui in eadem Tabula confpicitur, eftque ex Mufeo v. clariffimi Recanati nobilis Veneti, infignibus in rempublicam litterariam meritis clari, qui eam in dies illuftrare nititur. Lituus hic æneus eft altitudine quatuor circiter pedum, ea forma, quam quivis afpiciat fi libet. In caput avis fuperne terminatur, quod ornamentum auguribus optime competat, qui hanc virgam tenebant cum auguria captarent ut futura aut arcana prædicerent. Hoc tamen inftrumentum fateor a vulgatis lituis non parum differre, nec decrunt qui dubitaturi fint an vere lituus fit. Si lituus, eft fane maximus omnium quos vel Mufea vel monumenta quælibet exhibuerint.

LIVRE IV.

Sacrifices.

CHAPITRE I.

I. Sacrifice de Marc-Aurele après sa victoire. II. Il sacrifie devant le temple de Jupiter. III. Pieté de Marc-Aurele envers les dieux. IV. Prêtre Salien au côté de l'Empereur. V. Marc-Aurele étoit de l'ordre des Saliens. VI. Les Camilles avoient de longs cheveux. Autres ministres du sacrifice. VII. Chaussure particuliere de ceux qui assistent au sacrifice. VIII. Combat singulier contre des bêtes.

P L.
XX.

I. CE sacrifice de M. Aurele ne devoit pas être oublié : c'est un des plus celebres que l'Antiquité nous ait transmis, & un bas relief qui se voit encore aujourd'hui à Rome dans le Capitole. Il paroît que Marc-Aurele sacrifie ici pour quelque victoire. Ceux qui ont donné ce marbre croient que c'est un sacrifice qu'il fit après avoir triomphé des Marcomans, des Sarmates & des Vandales, lorsqu'il donna en une seule fois cent lions pour combattre dans le spectacle public. En effet nous voions ici au dessus d'un grand morceau d'architecture orné de pilastres, trois hommes qui combattent, deux contre deux lions, & un contre un taureau. Ce qui semble encore prouver que c'étoit après son triomphe, c'est que sur la pointe du fronton du temple devant lequel il sacrifie, on voit une quadrige de chevaux; & l'on triomphoit ordinairement sur un char à quatre chevaux, quoiqu'on en attelât quelquefois six, ou sept, ou huit; & même jusqu'à dix. Outre les quatre de la pointe d'en haut, il y en a autant sur les angles des côtez, deux à

LIBER IV.

Sacrificia.

CAPUT PRIMUM.

I. Sacrificium Marci Aurelii post victoriam suam. II. Ante Jovis templum sacrificat. III. Marci Aurelii pietas erga deos. IV. Sacerdos Salius a latere Imperatoris. V. Marcus Aurelius ex collegio Saliorum erat. VI. Camilli comam longam alebant : alii ministri in sacrificio. VII. Non solitæ formæ calceos habent quotquot huic sacrificio intersunt. VIII. Pugna contra feras singularis.

I. HOc Marci Aurelii sacrificium prætermitti non decuit : inter celeberrima enim computandum est eorum quæ nobis antiquitas transmisit. Hoc anaglyphum hodieque Romæ visitur in Capitolio. Marcus autem Aurelius hic pro aliqua victoria sacrificare videtur. Qui marmor istud ante nos ediderunt, putabant esse sacrificium ab eo factum postquam de Marcomannis victoriam retulerat, nec non de Sarmatis & Vandalis, quando centum leones una simul missione dedit, ut ait Capitolinus c. 17. Et sane hic conspicimus supra ædificium nobile parastatis ornatum, tres viros, quorum duo contra totidem leones, tertius contra taurum concertat. Inde quoque probatur hæc post ejus triumphum peracta esse, quod in supremo templi hic appositi fastigit quadrigæ sint triumphales. Triumphus vero in quadrigis ut plurimum fieri solebat, etsi aliquando sex, septem vel octo, imo aliquando decem equi currui jungeren-

PATERE , LITUUS.

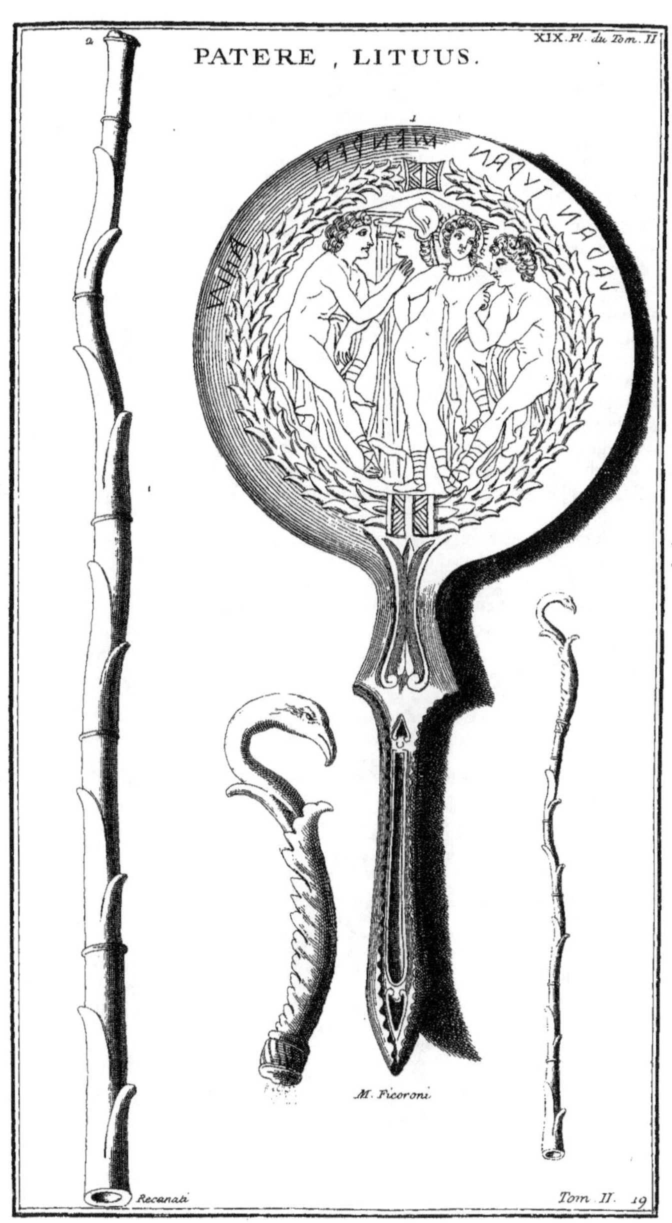

M. Ficoroni.

chaque angle : cela pourroit peut-être marquer que son char de triomphe
étoit attelé à huit chevaux. Cependant dans un autre triomphe de Marc-Aurele que nous avons donné à la planche CIII. du tome 4. de l'Antiquité, le char
de triomphe n'est attelé qu'à quatre chevaux qui vont de front à l'ordinaire.
Il y a grande apparence que ces ornemens de triomphe que nous voions sur la
pointe, & dans le fronton du temple, ne sont que passagers, & qu'ils s'ôtoient
après que la fête étoit finie. C'étoit l'unique moïen d'en avoir toûjours de convenables au sujet pour lequel on venoit sacrifier. Il pouvoit se faire aussi que
ces ornemens ne se mettoient que dans les bas reliefs qu'on faisoit pour représenter un sacrifice dont on vouloit éterniser la memoire.

II. C'est un temple de Jupiter, comme le signifie indubitablement la figure
de Jupiter monté sur un aigle, qu'on observe dans le fronton du temple.
Autour de Jupiter sont des hommes étendus, ou assis, ou dans une posture
humiliée. Ce sont peut-être des captifs qu'on a mis là pour marquer les peuples subjuguez, ou réduits à l'obéïssance par l'Empereur. Mais quel temple de
Jupiter peut ce être? est-ce celui de Jupiter Capitolin? mais celui-là avoit douze
colonnes au frontispice, & celui-ci n'en a que quatre qui sont d'ordre Corinthien. Nous avons souvent dit que dans ces images des temples qu'on voit sur
les marbres & sur les medailles, on ne met pas toûjours le nombre de colonnes qui y étoit effectivement ; mais quelquefois beaucoup moindre : c'est
ce qu'on remarque non seulement sur les medailles, mais aussi dans les bas
reliefs, quoique l'espace y soit plus grand. Nous en verrons au quatriéme tome
de ce Supplément sur l'image d'un bas relief un qui n'a que deux colonnes, &
qui porte l'inscription *Jovis Capitolini*, ce qui leve toute la difficulté. Il est
d'ailleurs certain que les triomphateurs venoient après leur victoire au temple de Jupiter Capitolin, comme nous avons dit sur les triomphes. Ici on
offre un taureau pour le sacrifice.

III. Marc-Aurele, qui à la religion près, est un vrai modele pour tous les
Souverains, offroit plus de sacrifices que pas un de ses prédecesseurs. Religieux à sa maniere, il regardoit tous les bons succès comme des présens des
dieux : il sacrifioit pour se les rendre propices ; après l'heureux évenement il

---

tur. Præter quatuor illos equos in summo fastigio
junctos, bini etiam visuntur in quovis angulo :
unde forte inferas ejus currum octo equis fuisse
junctum. Attamen in triumpho quodam M. Aurelii, quem expressimus in Tabula CIII. quarti Antiquitatis explanatæ tomi, quadrigæ equorum conspiciuntur. Verisimile autem est hæc ornamenta
ad tempus tantum posita fuisse ; hæc, inquam,
quæ in angulo inque fastigio templi splendere conspicimus ; eaque forte post ferias illas solemnes
auferebantur. Hoc autem modo ornamenta semper
exhiberi poterant, eventui prospero qui celebrabatur consentanea. Alioquin hæc ipsa ornamenta
in solis anaglyphis ad perennem rei memoriam
apparatis, repræsentari potuerunt.

II. Templum est Jovis, ut ipsa Jovis aquilæ in-
sidentis statua probat in fastigio ipso posita : prope
Jovem hinc & inde sunt viri sive prostrati sive sedentes, dolentium more demissi. Suntque fortasse
captivi eo loci positi, ut subactos aut ad paren-
dum redactos ab Imperatore populos significarent.
At quod Jovis templum esse potest ? An templum
Jovis Capitolini ? At illud duodecim columnas in
frontispicio habebat, in hoc autem quatuor tantum
ordine Corinthio observantur. Verum, ut sæpe diximus, in hisce templorum schematibus vel in nummis vel in marmore expressis non semper numerus
columnarum is apponitur qui reapse observabatur
in templis ; sed minorem, imo longe minorem ap-
ponebant : id vero in nummis maxime deprehendere licet, neque in nummis tantum, sed etiam in
anaglyphis, ubi longe major area est, ut videas infra tomo quarto in anaglypho, ubi duæ tantum sunt
columnæ : & inscriptio ibi posita JOVIS CAPITO-
LINI, omnem ea de re levat difficultatem. Alioquin
autem illo triumphatores veniebant post partam
victoriam, ut vidimus ubi de triumphis Romanorum. Hic vero taurus offertur in sacrificium.

III. Imperator autem iste, qui demtis religionibus, æquitatis, clementiæ, justitiæque principibus
omnibus exemplar esse potest, plura offerebat sacrificia, plures mactabat victimas, quam decesso-
rum ullus. Religiosus quantum esse poterat talibus
imbutus disciplinis, prospera omnia, ceu deorum
munera respiciebat ; ut propitios sibi faceret sacra
faciebat, postque felicem eventum sacrificia pro

redoubloit fes facrifices , pour leur témoigner fa reconnoiffance : cela demandoit un fi grand nombre de victimes , qu'avant fa guerre contre les Marcomans , lorfque ces peuples feroces eurent pris les armes , un plaifant le fit
apoftropher au nom des taureaux en ces termes , qui font un vers :

Si vous êtes vainqueur , nous fommes tous perdus.

I V. L'Empereur eft voilé de fa toge , qu'il a fait monter pardeffus fa tête.
C'eft ici qu'on voit manifeftement ce qu'on a déja tant de fois obfervé, que la
toge étoit un habit tout ouvert comme un manteau , & non pas fermé comme
un cotillon , comme croioient ci-devant prefque tous les Antiquaires Ita-
liens fur l'autorité du Ferrari. On voit ici manifeftement les deux angles de
devant du bas de la toge , & l'un des angles de la toge du Senateur voifin.
Il facrifie en verfant fa patere fur un trépied qui jette des flammes. Les facrifices fur des trépieds fe voient affez ordinairement dans les monumens antiques , & Marc-Aurele eft auffi repréfenté facrifiant fur un trépied dans la
colonne Antonine. A côté de l'Empereur eft un Salien , Prêtre de Mars , qu'on
reconnoît à fon bonnet appelé *Apex*, nom pris de la longue pointe qui s'éleve
pardeffus. Ce bonnet eft arrêté par une attache qui lui paffe pardeffous le
menton : ils le lioient ainfi fortement , parce que s'il étoit venu à tomber , il
n'y alloit pas de moins que de la perte du facerdoce.

V. Ce Salien eft là pour faire honneur à fon confrere l'Empereur, qui étoit
auffi de l'ordre des Saliens. Il étoit entré dans leur College dès l'âge de huit
ans , dit Capitolin c. 4. ce fut l'Empereur Hadrien qui fit cet honneur au
jeune Aurele. Dans ce College il eut un préfage qu'il feroit un jour Empereur.
Le voici tel qu'il eft rapporté par le même Auteur. Comme tous les Saliens
jettoient des couronnes fur le pulvinar , celles que les autres jettoient tomberent d'un côté & d'autre où le hazard les portoit ; & celle que Marc-Aurele
jetta , tomba fur la tête de Mars , où elle fe plaça comme fi on l'avoit agencée
avec la main. Dans ce facerdoce Marc Aurele brilla pardeffus les autres , & il
paffa par toutes les fuperioritez. Il ne faut donc pas s'étonner fi étant devenu
Empereur , il conferva toûjours de l'attachement pour ce College , & fi dans
un facrifice fi celebre il fit tenir un Salien auprès de lui.

Quelqu'un croira peut-être que ce Salien Prêtre de Mars , eft une preuve que

---

reddendis gratiis adaugebat : id quod tam ingentem
victimarum numerum poftulabat , ut antequam
bellum fufciperet Marcomannicum , poftquam illa
ferox natio arma moverat , feftivus quidam poeta
taurorum nomine hunc verfum ediderit :

Ἂν σὺ νικήσῃς , ἡμεῖς ἀπολώμεθα.

Si victor fueris , omnes periimus.

IV. Toga ipfa velatur Imperator , quam ita ex-
tulit ut fupra caput fuum confcenderet. Hic autem
manifefte videmus , quod jam toties obfervatum
eft , nempe togam veftem effe apertam ut pallium ,
non autem claufam ut tunicellam , id quod antehac putabant omnes pene Italici antiquarii, Octavii
Ferrarii auctoritate ducti. Duo quippe anguli togæ
anteriores hic confpiciuntur ; & alter quoque an-
gulus cernitur in toga Senatoris vicini. Sacrificat
autem pateram effundens in tripodem flammas
emitrentem. Ad tripodem facrificia fieri non raro
vidimus , & Marcum ipfum Aurelium in tripode
facrificantem in columna Antonina confpicimus ;
A latere Imperatoris Salius eft facerdos Martis , ab
apice quem capite geftat, cognitu facilis ; apex autem fic dicitur a longa virgulaquæ in vertice promi-
net. Fafcia ligetur & retinetur apex , quæ ab altera
ad alteram genam fub mento deducta , afcendens
apicem annectit & firmat. Sic autem fortiter liga-
bant , quoniam fi cafu lapfus effet , facerdotium
haud dubie amififfent.

V. Hic Salius fodali fuo Marco Aurelio Augufto
honoris caufa adeft. Octennis enim Marcus Aurelius in Saliorum collegium admiffus fuerat , inquit
Capitolinus c. 4. Imperatore Hadriano Aurelio ju-
veni hunc honorem deferente. *In Saliatu* , pergit
idem*, *omen accepit imperii. Coronas omnibus in*
pulvinar ex more jacientibus , aliæ aliis locis hæferunt ;
hujus , velut manu , capiti Martis aptata eft. Fuit in
eo Sacerdotio & præful & vates & magifter, & multos
inauguravit atque exauguravit , nemine præeunte ,
quod ipfe carmina cuncta didiciffet. Nihil mirum ergo fi ad imperium evectus, femper idem ipfum collegium affectu profequutus eft, & fi in tam celebri
facrificio Salium , qui adftaret , fibi accerfiverit.

Exiftimabit forte quifpiam hunc Salium Martis
Sacerdotem, facra Marti fieri indictio effe. Sed tem-

le sacrifice se fait à Mars : mais le temple de Jupiter devant lequel l'Empereur l'offre , me persuade que le sacrifice se fait à Jupiter. On sacrifioit ordinairement devant les temples , & au bas de l'escalier, ou du perron par lequel on montoit au temple : & sacrifier à Mars devant le temple de Jupiter, c'est une chose dont je n'ai point encore vû d'exemples. D'ailleurs le Salien présent au sacrifice n'est pas celui qui sacrifie ; c'est l'Empereur lui-même qui n'a point l'ornement d'un Prêtre Salien. Après tout il pourroit bien se faire qu'il sacrifie en même tems à Jupiter & à Mars.

VI. Devant le trépied on voit le Camille, jeune garçon qui tient l'acerra, ou la boëte à l'encens : il est revêtu d'une tunique fort courte. Ces Camilles devoient être *patrimi* & *matrimi* ; c'est-à-dire , avoir leur pere & leur mere vivans, faute dequoi ils ne pouvoient pas exercer ce ministere. Ce qui est à remarquer dans ce Camille, & dans celui de la planche suivante, c'est qu'ils ont une longue chevelure, contre l'ordinaire des Romains, qui portoient les cheveux fort courts. Il y a grande apparence que cela étoit en usage pour les Camilles seulement , & ce qui me confirme dans cette opinion, c'est que dans presque tous les grands sacrifices Romains, que j'ai vûs jusqu'à présent, tous les Camilles ont de longs cheveux. Le joüeur de flute qui joüe pendant le sacrifice , n'a qu'une flute contre l'ordinaire. Ils en ont ordinairement deux, les exemples contraires sont fort rares. Ce joüeur de flute est couronné de laurier, il est fort jeune, & n'a pas la taille d'un homme fait:ce qu'on remarque non seulement ici , mais dans le sacrifice suivant, & dans plusieurs autres. Ce sont des particularitez que les auteurs n'apprennent point , & que les amateurs de l'antiquité saisissent quand ils en trouvent plusieurs exemples répetez dans les monumens. Le victimaire couronné de laurier est nu jusqu'à la ceinture , & n'a pour se couvrir jusqu'au dessous du genou qu'une piece d'étoffe frangée par le bas. Il tient le taureau de la main droite , & de la gauche une hache, qui a d'un côté le trenchant, & de l'autre un espece de maillet pour assommer la victime. Les victimaires se servoient ou de ces sortes de haches, ou de maillets qu'on voit sur les anciens monumens. Celui qui est derriere le victimaire porte un seau d'eau pour l'aspersion, ou pour l'ablution du Prêtre. Derriere l'Empereur on voit un Senateur qui paroît être du premier

---

plum Jovis,ante cujus ostium sacrificatur,significat haud dubie sacrificium Jovi offerri.Ante templa mos erat sacrificia offerri, & ante gradus queis ad ostia templi ascendebatur, victimæ mactabantur. Sacrificium autem offerri Marti ante Jovis templum non puto , hujus certe rei nullum hactenus vidi exemplum. Ad hæc vero Salius ille qui sacrificio adest non ipse sacrificat : hoc munus Imperator ipse exercet, qui notas Salii Martis non præ se fert. At fortasse simul & Jovi & Marti sacra facit , id vero nec statuere nec prorsus negare ausim.

VI. Ante tripodem visitur Camillus , puer acerram gestans, sive arculam thure plenam , brevissima autem induitur tunica. Camilli patrimi & matrimi ex recepto more erant ; videlicet parente utroque vivente officium exercebant, alterutro autem defuncto abdicare cogebantur. Quod autem observandum in hoc Camillo est , necnon in alio Tabulæ sequentis , comam uterque prælongam gestat, præter Romanorum morem , qui decurtatum omnino capillitium gestabant. Videtur autem comam illam prælongam Camillis tantum in usu fuisse , id quod ita esse comprobatur ex omnibus ferme Romanis

sacrificiis solennibus, quæ hactenus videre licuit ; in iis enim Camilli longam habent comam. Tibicen in hoc sacrificio una tantum tibia ludit, cum ex ritu frequentiore tibicines tibia duplici ludere soleant , raroque admodum una tantum tibia ludant. Tibicen porro hic lauro coronatur: juvenis admodum est , necdum ad viri staturam pervenit : id quod non hic tantum , sed etiam in sequenti sacrificio in aliisque plurimis observatur. Hos peculiares ritus apud scriptores veteres frustra quæras : antiquitatis porro studiosi quilibet, hæc in monumentis observant, & exemplis frequentibus asserere nituntur:quod ipsum dicatur de coma Camillorum. Victimarius lauro coronatus ad zonam usque nudus est , pannoque tantum fimbriato a lumbis inferne ad genua usque operitur. Manu vero dextera taurum tenet, sinistra securim , altera parte acuminatam , altera in mallei modum concinnatam. Victimarii porro vel malleis vel securibus utebantur, ut in veterum monimentis observatur. Is qui pone victimarium est situlam aqua plenam ad aspersionem aut ad sacerdotis ablutionem gestat. Pone Imperatorem Senator conspicitur, qui ex primariis

ordre:il tient dans la main un rouleau,& porte la toge,efpece de furtout de grandeur démefurée & fans doute ouvert par le devant,comme nous avons déja dit:
cela fe remarque tant fur la toge de ce Senateur, que fur celle de l'Empereur.

VII. Il eft à remarquer que tous ceux qui affiftent à la cerémonie portent
le *Calceus*, ou le *Mulleus*, deux fortes de chauffures aujourd'hui très-difficiles à diftinguer l'une de l'autre. Elles couvroient toutes deux les pieds, &
differoient en cela de la calige, du campagus, de la folea, & des autres chauffures, qui laiffoient voir la chair par intervalles. Cette uniformité de chauffure
dans tous ceux qui affiftent à ce facrifice, fait juger que c'eft une cerémonie
de religion, & qu'on alloit ainfi chauffé en certaines folemnitéz. Je remarque
que cela eft affez ordinaire dans les grands facrifices, du moins pour le Prêtre
& ceux qui font autour de lui.

VIII. Un fpectacle tout nouveau, & dont on n'a je crois point d'exemple
dans les monumens antiques, c'eft ce morceau d'architecture orné de pi-
laftres, fur l'entablement duquel nous voions trois hommes qui combattent,
deux contre deux lions, & le troifiéme contre un taureau. On demandera fi
ces fortes de combats fe font jamais donnez dans un fi petit efpace, & où les
combattans étoient toûjours en danger de fe précipiter du haut en bas. L'attention de porter des coups mortels à la bête, & de fe garentir des attaques
& des morfures des lions, des cornes & de l'impétuofité des taureaux, obligeoit les gladiateurs à des mouvemens fubits & imprévûs: il falloit en même
tems redoubler l'attention fur fes pieds; le moindre faux pas ne pouvoit fe
faire impunément. Les bêtes qu'on lâchoit pour ces fpectacles devoient auffi
être bien exercées à combattre dans un fi petit lieu, bordé de précipices des
deux côtez, fans tomber dans la chaleur du combat. Cependant c'eft ce que
ce monument nous repréfente: il femble qu'on ne l'a mis dans ce bas relief
qui montre une fête, & un facrifice des plus celebres, que parce que cela s'eft
fait ainfi, & que le cas eft fi fingulier qu'on en a voulu conferver la memoire
à la pofterité. Il fe trouvera peut-être des gens qui auront bien de la peine à
fe perfuader qu'on ait jamais combattu de cette maniere, & qui aimeront
mieux croire que c'eft par un pur caprice qu'on a repréfenté ce combat fur
un édifice fi élevé & fi étroit.

---

elfe videtur. Volumen manu tenet, togaque induitur, amictu videlicet ingentis amplitudinis, &
ab anteriore parte operto, ut & in hoc Senatore,
& in Augufto videre eft.

VII. Obfervandum porro eft, quotquot facris
interfunt vel calceum vel mulleum pedes tegentem
habere. Utrum vero fit calceamenti genus non ita
facile eft diftinguere,nec quid inter mulleum & calceum interfit difcriminis dicere. Calceus autem &
mulleus totum fuperne pedem operiebant, atque
ea in re differebant a caliga, campago, folea aliif-
que calceamentorum generibus, quæ pedis cutem
fupernam per intervalla monftrabant. Hæc una
calceorum forma in omnibus qui huic facrificio ad-
funt, religiofam quamdam cerimoniam indicat,
& aliquem, ut putatur, ritum repræfentat. Hoc in
majoribus facrificiis vulgo obfervatur, ubi calceos
hujufmodi geftant, faltem Sacerdos & quidam
circumftantes.

VIII. En fpectaculum novum & cui fimile nunquam vifum eft in monumentis veterum: ædificium nempe paraftatis ornatum, in cujus tabulato
tres viros cernimus pugnantes, duos nempe contra
leones duos, tertium contra taurum. Forfan quæ-
ratur an hujufmodi agones in tam modico unquam
fpatio exhibiti fuerint, ubi qui decertabant, in periculo femper verfabantur ne præcipites hinc vel inde ruerent. Intenti gladiatores, hinc quo pacto fe-
ram confoderent; inde qua arte leonum morfus
irruptionefque vitarent, aut tauri cornua impe-
tumque reprimerent, celeriter atque improvifo
nunc in unam nunc in aliam fe convertere partem
cogebantur: accedebat fumma cautio ne pedes vel
tantillum extra fpatium tam modicum excurrerent,
id quod non impune fieri poterat. Feræ quoque ad
hujufmodi fpectacula emiffæ,nonnifi repetitis exer-
citiis affuetæ, in tam exiguo loco pugnare diu poterant, inftante periculo femper ne præcipites ruerent. Illud tamen hoc in monumento repræfentatur. Videturque illud exhiberi in anaglypho,
ubi celebritas facrificiumque magnum agitur,
quia res fic vere gefta fit, & ob facti fingularitatem,
ad pofterorum notitiam, fic per anaglyphum tranfmiffa fuerit. Non deerunt tamen qui ita pugnatum
unquam fuiffe negabunt, potiufque credent, hæc
ita in monumento expreffa fuiffe, ad fculptoris, feu
ejus qui tale monumentum erigi curavit, arbitrium,
fed non fecundum rei veritatem.

CHAPITRE

SACRIFICE

Marbre Romain

CHAPITRE II.

*I. Suovetaurilia de Trajan. II. Il sacrifie sans voile, & la tête nuë. III. L'aigle
Romaine, aïant la foudre entre ses serres, & un anneau au bec.*

I. **L**E sacrifice suivant est ce qu'on appelloit *Suovetaurilia*, cela veut dire
qu'il avoit pour victimes le cochon, le belier & le taureau, qui mar-
choient dans le même ordre que le nom porte. Le verrat va le premier, le
belier suit, & le taureau termine la bande : ces sacrifices se faisoient à Mars,
pour la lustration où l'expiation des Champs, des Villes, & des Armées. De
ces victimes le cochon qui va devant est bandé par le milieu du corps d'une
branche de laurier ; il est conduit par un jeune garçon couronné de laurier.
Celui qui conduit le belier est couronné de même ; c'est encore un jeune
garçon qui paroît plus petit que le précedent. Celui qui mene le taureau est
plus grand & couronné de la même maniere.

PL.
XXI.

II. Trajan sacrifie ici avec la toge, mais la tête nuë; ce qui prouve que la regle
pour les sacrifices, établie par M. Fabretti, n'est pas certaine, & a bien des
exceptions. Les Prêtres, dit-il, qui sacrifioient aux grands dieux, qu'on appelle *majorum gentium*, étoient toûjours voilez, & ceux qui offroient des sacrifices aux dieux qu'on appelloit *minorum gentium*, ne l'étoient jamais. Ce sacrifice est pourtant fait à Mars, un des grands dieux ; & cependant Trajan
qui sacrifie n'est pas voilé. Cela fait voir combien il faut être réservé à avancer
ces propositions generales. Trajan qui se trouve ici sans voile est pourtant
voilé dans les deux Suovetaurilia des planches LXXX. & LXXXI. du second
tome de l'Antiquité, & le Prêtre qui fait le même sacrifice à la planche LXXXII.
du même tome, l'est aussi. L'Empereur verse sa patere sur un trépied qui jette
des flammes, au lieu que dans ces trois sacrifices c'est un autel. Le Camille
couronné de laurier a une grande & longue chevelure, qui lui flotte des deux
côtez sur les épaules. Le joüeur de deux flutes est aussi couronné de laurier :

CAPUT II.

*I. Suovetaurilia Trajani. II. Sine velo
& nudo capite Trajanus sacrificat. III.
Aquila Romana fulmen unguibus tenens,
& annulum rostro gestans.*

I. **S**Acrificium sequens illud est, quod Suovetaurilia vocabant, cujus scilicet victimæ erant
sus, ovis & taurus ; quæ animalia eodem incede-
bant ordine, quo in ipso nomine exprimuntur. Ver-
res prior incedit, ovis seu aries sequitur, hinc taurus agmen claudit. Hæc porro sacrificia Marti offerebantur ad lustrandos, sive expiandos agros,
urbes, exercitus. Ex his igitur victimis, qui prior
graditur sus, medio corpore lauri ramis ligatur ;
à puellulo autem ducitur, qui etiam lauro coronatus est. Eamdem quoque lauri coronam gestat is
qui arietem ducit ; estque item puellulus præce-
cedenti minor : major autem is est qui Taurum
adducit, ac perinde atque alii lauro coronatur.

II. Trajanus togatus hic sacrificat, non elata

toga ut caput velet Sacerdotis, sed humero pro
more gestata. Unde probatur ritum quem Raphaël
Fabrettus assertum putabat pro sacrificiis, ut videlicet cum diis majorum gentium sacrificaretur, Sacerdotes caput velarent ; cum autem diis minorum
gentium, secus ; hunc scilicet ritum non semper
observatum fuisse. Nam hoc sacrificium Marti offertur qui certe majorum gentium deus erat, &
tamen Trajanus non velatus sacrificat. Inde vero
observes velim quam pedetentim in illis generatim
proferendis rituum regulis sit procedendum. Trajanus qui hic non velatus comparet, velatus tamen est in duobus aliis Suovetauriliis, quæ in
secundo Antiquitatis explanatæ tomo proferuntur
Tab. LXXX. & LXXXI. Velatusque etiam est Sacerdos, qui eodem in Suovetauriliis officio fungitur Tab. LXXXII. Imperator pateram effundit in
tripodem flammigerum, cum tamen in tribus illis aliis Suovetauriliis in ara sacrificetur. Camillus
lauro coronatus longo ornatur capillitio, cincinnis ad humeros usque defluentibus. Tibicen qui
duplici ludit tibia, etiam ipse lauro coronatur :

c'eſt un jeune garçon comme ci-devant. Les deux joüeurs de trompette ſont deux ſoldats:on voit à découvert l'épée de l'un,dont la lame meſurée ſur la taille du ſoldat,peut avoir un pied & demi de long.Les quatre autres qui ont des ai-grettes à leur caſque , ſont ou porte-étendars, ou Officiers. Ces étendars ſont des bandes d'étoffe carrées. Le porte-enſeigne qui eſt derriere Trajan a la peau de lion ſur la tête,comme la portoient en ce tems-là ceux qu'on appelloit *Primipili* & les porte-enſeignes. Cette enſeigne eſt ſurhauſſée d'une aigle ; au deſſous de l'aigle ſont quatre medailles miſes perpendiculairement, qui re-préſentent autant de buſtes d'hommes ou de divinitez, qu'on ne peut recon-noître ſur de ſi petites images.

I I I. L'aigle qui vient après eſt plus ſinguliere : elle tient une foudre entre ſes ſerres : ce n'eſt point le *fulmen triſulcum,* ou la foudre qui a trois pointes de chaque côté,dont deux ſont comme des fleches.Cette foudre n'a qu'une pointe de chaque côté. Il y a trois ſortes de foudre , dit Servius , ſur le ſecond Livre de l'Eneide, celui qui ſouffle ou qui amene un grand vent, celui qui brûle, & celui qui fend. Les foudres ſe voient ailleurs entre les ſerres de l'aigle ro-maine, mais ce qu'il y a de ſingulier ici , c'eſt que cette aigle tient de ſon bec un anneau : que peut ſignifier cet anneau ? il y en a qui croient qu'il peut avoir été mis là pour y pendre quelque ſignal , quelque piece d'étoffe de couleur, quelque ruban , ou enfin quelqu'autre marque pour diſtinguer une legion d'une autre. Si cela n'eſt pas certain , il faut avoüer au moins qu'il y a quelque vrai-ſemblance. Après cette aigle, un autre ſigne militaire ſe comprendra mieux d'un coup d œil que par une deſcription : à l'extrémité de l'image on voit un de ces ſerfs barbares, qu'on reconnoît à des bas larges qui deſcendent ſur la cheville.

---

puellus autem eſt, ut in præcedenti ſacrificio. Tubicines duo ſunt milites : unius vero militis gladius aſpectui patet, cujus gladii lamina men-ſura ex ſtatura militis ducta, ſeſquipedem regium longitudinis videtur habere. Cæteri quatuor, quo-rum galeæ criſtatæ ſunt, aut vexilliferi aut aliquo in militari officio conſtituti videntur. Vexilla au-tem ex panno quopiam quadrata ſunt. Vexillifer ille qui pone Trajanum eſt leonis pellem capite geſtat , id quod erat illo ævo primipilorum & ſigniferorum forteque aliorum inſigne. Vexillo imminet Aquila & ſecundum Aquilam rotundæ inſtar numiſmatum tabellæ ad perpendiculum po-ſitæ viſuntur : in ſingulis autem protomæ ſunt aut inſignium virorum aut numinum , quæ vix inter-noſci poſſunt in tam exiguis imaginibus.

I I I. Quæ ſequitur Aquila longe ſingularior eſt. Ea fulmen unguibus tenet : non fulmen illud tri-ſulcum tribus utrinque cuſpidibus formidandum , quarum cuſpidum ferrum inſtar ſagittæ perhibetur. At hoc fulmen unam utrinque cuſpidem habet. Tria fulminum genera dicit eſſe Servius in II. Æneidos : *eſt quod afflat , quod incendit , quod fin-dit.* Alibi quoque fulmina in Aquilæ unguibus cer-nuntur. Quod vero ſingularius hic eſt, Aquila roſtro annulum tenet. Quid hoc annulo ſignifica-tur ? Sunt qui putent annulum hic Aquilæ roſtro teneri, ut ab eo ſuſpenderetur vel pannus coloris cujuſpiam, vel faſcia, vel aliud quidvis quo Legio alia ab alia diſtingueretur. Quod ſi certum omni-no non ſit, eſt tamen meo judicio admodum ve-riſimile. Prope Aquilam illam ſignum militare aliud uno aſpectu melius, quam deſcriptione per-cipiatur. In extrema imaginis parte cernitur bar-barus quidam ſervus , qui a latis tibialibus ad mal-leolos uſque pertingentibus dignoſcitur.

SUOVETAURILIA
XXI Planche du Tom. II.
Marbre Romain
Tom. II. 21.

CHAPITRE III.

I. Sacrifice rustique fort curieux. II. Trépied singulier sur lequel on offre le sacrifice. III. A quel dieu se fait ce sacrifice. IV. Ce monument ressemble fort à un autre donné par Antoine Salamanca. V. On marque les différences entre les deux.

I. LE sacrifice suivant est tiré d'un beau bas relief de M. le Maréchal d'Etrées, trouvé à Lion, à la montagne de Fourvieres. Ce bas relief de marbre blanc a un pied neuf pouces de long, & seize pouces de haut : deux arbres qui terminent l'image de chaque côté, marquent que c'est un sacrifice fait dans les champs, ou un sacrifice rustique. Ces bornes d'arbres se trouvent souvent dans les bas reliefs antiques ; ils montrent des actions faites à la campagne. On en voit dans les Orgies Bacchiques, & dans les combats aux colonnes Trajane & Antonine. Le Prêtre est voilé : il semble que le voile qui lui couvre la tête tient au manteau ou à la toge : car ce pourroit bien être une toge ; au dessous de ce manteau est une tunique un peu relevée au dessus de la ceinture De la main droite il tient une patere qu'il va verser sur la flamme de l'autel, il met sa main gauche sur le préfericule. Derriere lui est le Camille ; c'est un jeune garçon, qui à l'ordinaire des Camilles a une longue chevelure : revêtu d'une tunique avec une chlamyde pardessus, il tient l'*acerra*, petit coffret où l'on mettoit l'encens, & de l'autre main une espece de rouleau.

I I. L'autel est fait en forme de trépied dont le haut a un creux fort profond, & qui ressemble à une marmite. Il falloit qu'au dessus de ce vase creux & profond, il y eut quelque grille pour soûtenir le feu. Ce trépied est orné de pilastres, & au dedans de cette premiere enceinte de pilastres, on voit un contour de petites colonnes qui soûtiennent une architrave sur laquelle s'é-

P L. XXII.

CAPUT III.

I. Sacrificium rusticum admodum spectabile. II. Tripus insolitæ formæ in quo sacrificium offertur. III. Cuinam Deo hic sacrificium offeratur. IV. Hoc monumentum simile est ei quod Antonius Salamanca publicavit. V. In quo alterum ab altero differant.

I. QUod in tabula sequenti profertur sacrificium ex elegantissimo anaglypho D. Maresc. d'Etrées prodit, haud a multis annis Lugduni repertum in monte *Fourvieres* dicto. Hoc anaglyphum ex candido marmore est longitudine pedis unius novemque pollicum, altitudine vero sexdecim pollicum. Arbores duæ quæ utrinque imaginem terminant, sacrificium in agro factum seu sacrificium rusticum significant. Hujusmodi limites sæpe occurrunt in anaglyphis veterum, & res in agro gestas significant. Hoc ritu arbores terminantes vi-

deas in Orgiis Bacchicis tomo Antiquitatis explanatæ 2. necnon in columnarum Trajanæ & Antoninæ iconibus tomo 4. Sacerdos velatus est, videturque pallium seu toga, nam toga fortasse est, cum velo esse annexum ; sub pallio tunicam habet zona præcinctam, & supra, zonam tantillum reductam ne nimis effluat. Pateram Sacerdos tenet, qua mox libamen in flammam aræ emissurus est. Manum sinistram præfericulo imponit. Pone Sacerdotem est Camillus, puer qui pro more Camillorum comam habet prælongam : tunica vestitus, & superindutus chlamyde acerram tenet, seu arculam in qua thus reponebatur ; altera vero manu tenet volumen.

II. Ara, Tripodis fere ritu concinnata est, cujus suprema pars concava & tam profunda cavitate, ut ollam pene referat. Supra vas illud sic concavum crates haud dubie erat, quæ ignem sustineret. Tripus, (si ita fas sit appellare, parastatis exornatur, atque intra primum illud septum parastatis ornatum, aliud septum conspicimus ex columnis structum cum epistylio ; supra epistylium

leve une pierre qui semble soûtenir le grand vase dont nous parlions. Pour monter au trépied, il y a tout autour quatre marches disposées en quarré ; le trépied avec les marches doit avoir environ quatre pieds & demi de haut, en le mesuranr sur la taille du Prêtre. De l'autre côté de l'autel est un victimaire qui mene un bouc pour le sacrifice : c'est un jeune garçon nu qui doit égorger la victime.

III. Ce pourroit être un sacrifice à Pan ou à Faune, dieux des campagnes & des bois, marquez par les deux arbres. Il y auroit contre ce sentiment une difficulté ; c'est que selon M. Fabretti, les sacrifices faits par un Prêtre voilé, n'étoient que pour les grands dieux appellez *dii majorum gentium* ; au lieu que ceux qui sacrifioient aux dieux subalternes appellez *dii minorum gentium*, n'avoient point de voile sur la tête ; mais cette regle n'est pas sûre. Nous venons de voir Trajan sacrifiant à Mars sans voile sur la tête ; & nous voyons aussi sur les medailles de Postume, cet Empereur sacrifiant avec le voile sur la tête à Hercule, qui est un des dieux qu'on appelloit *minorum gentium*. Il faut être extrémement réservé à donner pour loi generale ce qu'on a observé quelquefois, de peur que quelque nouvel exemple contraire n'oblige dans la suite à corriger ces premieres idées.

IV. Je dois avertir que parmi les estampes d'Antoine Salamanca, que les curieux recherchent, il y en a une qui ressemble parfaitement à celle-ci, sans presque aucune difference ; elle est sans doute faite d'après quelque bas relief semblable. Elle ne peut pas certainement avoir été tirée d'après ce bas relief qui fut déterré il y a peu d'années à Fourvieres, dans l'enceinte de la ville de Lion. Les anciens faisoient quelquefois des monumens si semblables à d'autres plus anciens, qu'à peine y remarque-t'on quelque diversité. D. Emanuel Marti très-habile Antiquaire, m'a envoïé d'Espagne le dessein d'un bas relief où étoient représentées des Orgies, ou des fêtes Bacchiques, si ressemblantes à celles de la planche LXXXIX. du second tome de l'Antiquité, que n'y aïant presque aucune difference, je me suis dispensé de le donner avec l'autre.

V. Je vais marquer successivement les petites differences qui se trou-

---

vero lapis erigitur, qui vas illud concavum magnum, de quo dicebamus, sustentare videtur. Ut ad tripodem conscendatur, quatuor circum gradus sunt in quadrum positi. Tripus cum gradibus, quatuor circiter pedes cum dimidio habet, si ad staturam Sacerdotis mensuram duxeris. Ad aliud aræ latus est victimarius, qui hircum ad sacrificium adducit. Puer scilicet nudus est qui victimam est mactaturus.

III. Est fortasse sacrificium Pani vel Fauno, vel Silvano diis agrorum vel silvarum, id quod arboribus hinc & inde duabus subindicari videtur. At contra hanc opinionem quædam difficultas exsurgit. Nam, ut ait Fabrettus, sacrificia a Sacerdote velato facta deos respiciebant, quos majorum gentium appellabant ; contra vero qui diis minorum gentium immolabant, sine velo hoc munere fungebantur. Verum hujusmodi ritus non ita assertus est, ut contraria exempla nulla suppetant : modo vidimus Trajanum non velatum Marti sacrificantem ; itemque conspicimus in nummis Postumi eumdem Imperatorem velatum Herculi sacra facientem, & tamen Hercules ex diis erat minorum gentium. Cavendum semper ne regulas hujusmodi generales facilius quam par fuerit constabiliamus, ne contrariis exemplis ab asserta, ut putabamus, sententia discedere cogamur.

IV. Lectorem monitum velim inter delineatas tabulas Antonii Salamancæ, quæ elegantiæ causa a peritis in rebus hujusmodi summa diligentia perquiruntur, unam haberi quæ huic similis prorsus sit, sine ullo pene discrimine. Illa quoque ex anaglypho quodam expressa haud dubie fuerit. Non potuit autem ex hoc anaglypho desumi, quod a paucis annis Lugduni in memorato supra loco detectum fuit. Veteres enim nonnunquam monumenta aliis prius concinnatis adeo similia edebant, ut vix tantillam inter illa discriminis observetur. D: Emanuel Martinus Decanus Alonensis, circa veterum monumenta eruditissimus, ex Hispania mihi delineatam imaginem misit ex anaglypho expressam ; ubi Orgia Bacchi adeo similia sunt iis quæ in Tabula LXXXIX. secundi Antiquitatis explanatæ tomi posuimus, ut cum parum omnino discriminis inter ambas imagines esset, hanc cum alia edendam esse non putarim.

V. Quæ porro inter has, de quibus agimus, imagines discrimina intersint hic recensendum vi-

SACRIFICE FAIT A LA CAMPAGNE

Bas relief de M. le Mareschal d'Estrée

vent entre l'estampe de Salamanca & nôtre bas relief. Ici le Camille se voit presque de face, au lieu que dans le Salamanca il ne montre son visage que de profil, & il est tout-à-fait tourné vers le Prêtre. Le nôtre tient de la main droite un rouleau, & celui-là tient un Livre fort long, ou quelque chose qui en a la forme : celui du Salamanca a une chaussure qui laisse voir distinctement tous les orteils, le nôtre l'a toute unie, & aucune trace d'orteil n'y paroît. Dans nôtre estampe le Prêtre tient de la main droite une patere qu'il va verser sur la flamme de l'autel, ou du trépied ; dans celle de Salamanca il n'a rien à la main droite ; mais il montre du doigt cette flamme. Le prefericule du Salamanca est plus orné que le nôtre, & assez different pour la forme. Il y a dans nôtre estampe quatre marches pour monter à l'autel, sans compter celle qui lui sert de base : il n'y en a que trois dans celle du Salamanca, où les pilastres du dehors sont d'ordre Corinthien, & ceux du dedans d'ordre Dorique, au lieu que les nôtres sont tout simples ; le haut du trépied ou de l'autel est aussi plus orné dans le Salamanca, que dans nôtre estampe. La frise qui est au dessus des pilastres interieurs du Salamanca représente des Dauphins bien formez ; la nôtre montre des festons. Nôtre victimaire nu s'appuie contre l'arbre, celui du Salamanca en est à quelque distance : voilà les principales differences qui s'observent entre les deux images : cela prouve qu'elles sont tirées d'après differens originaux, quand même nous n'aurions pas d'autre preuve pour démontrer cette difference.

---

detur. Hic Camillus de facie pene conspicitur, in Salamancæ autem imagine Camillus oblique tantum conspicitur, & Sacerdotem respicit. Camillus noster dextera volumen tenet, at alius librum oblongum tenet, vel aliud quidpiam libro simile. Salamancæ Camillus calceos habet, ubi omnes articuli pedum sigillatim numerari possunt, noster calceos rotundos habet, ubi nullum articulorum vestigium. In imagine nostra Sacerdos dextera pateram tenet, quam effusurus est super flammam aræ seu tripodis ; in Salamancæ imagine, nihil manu dextera tenet ; sed flammam illam digito monstrat. Præfericulum Salamancæ ornatius est quam nostrum, & forma ab eo non parum differt. In imagine nostra quatuor gradibus ad aram ascenditur, non numerata illa quæ basis esse censetur ; tres vero tantum gradus sunt in imagine Salamancæ, ubi parastatæ exteriores ordinis Corinthii sunt, & interiores ordinis Dorici ; nostri vero prorsus simplices. Summa item pars tripodis sive aræ in imagine Salamancæ ornatior est, quam nostra : Zophorus supra parastatas interiores in Salamancæ icone delphinos præfert, nostra vero imago serta exhibet. Victimarius noster nudus arbore nititur. Salamancæ ab arbore tantisper discessit. Hæc præcipua inter ambas imagines discrimina observantur, unde probatur ex diversis archetypis expressa fuisse, etsi non aliud istius diversitatis argumentum suppeteret.

CHAPITRE IV.

*I. Mosaïque trouvée depuis peu auprès de Frescati, qui représente un sacrifice.
II. Autel revêtu d'étoffe jaune. Autres particularitez. III. Sur la pourpre
violette, & la pourpre rouge. IV. La couleur des habits des assistans.*

Pl. XXIII.

I. CE monument des plus singuliers qu'on voie a été depuis peu découvert auprès de Rome du côté de Frescati, dans une vigne du Signor Cavalieri : c'est un pavé de quelque bâtiment vouté ; ce pavé de Mosaïque composé de petites pierres de differentes couleurs fait une peinture, mais gâtée en divers endroits où la mosaïque est enlevée. Il paroît que c'est un sacrifice, & un sacrifice solennel où l'on voit un Prêtre, une Prêtresse, l'un & l'autre voilez, un jeune homme fort près de l'autel, des assistans d'un côté, dont deux portent de longs bâtons, de l'autre côté quelques-uns sont couronnez de laurier ; des victimaires, de l'un desquels on ne voit plus qu'une jambe, la mosaïque étant sautée de ce côté. L'autre victimaire ne paroît qu'à demi ; mais la tête est conservée toute entiere : il est couronné de feüilles de laurier, & paroît avoir une jambe entortillée d'un serpent. Au dessus des victimaires on voit deux hommes qui paroissent être des joüeurs d'instrument, de trompettes ou de hautbois, tels que nous en avons vûs plusieurs fois : l'un des deux joüeurs porte un casque.

II. L'Autel cassé par le haut est rond, posé sur une base quarrée ; ce qu'il y a de très-remarquable, & que je n'ai point eucore observé ailleurs, c'est qu'il est entourré d'une étoffe tirant sur le jaune : le Prêtre est voilé ; sa figure est fort gâtée dans la mosaïque, la poitrine & les épaules ne paroissent plus : il tient un *extispicium*, ou un de ces instrumens destinez à foüiller dans les entrailles des animaux, pour en tirer des préfages, dont nous avons parlé à la page 163. du second tome de l'Antiquité ; celui-ci est de forme particuliere,

---

CAPUT IV.

I. Musivum opus non ita pridem prope Tusculum repertum, ubi sacrificium repræsentatur. II. Ara panno flavo involuta. Alia quædam observatu digna. III. De purpura violacea, deque purpura rubra. IV. De colore vestium eorum qui sacrificio intersunt.

I. HOc monumentum, inter singularia computandum, haud ita pridem fuit detectum in vinea quadam prope Tusculum D. Cavalerii. Est autem pavimentum ædificii alicujus testudinati : ex lapillis autem variis compactum & diversorum colorum, picturam quamdam efficit, sed diversis in locis labefactatam, ubi & lapilli & musivum opus evulsa sunt. Est porro sacrificium, imo sacrificium solenne, ubi Sacerdos vir & Sacerdos femina, ambo velati, visuntur ; juvenis item quispiam proxime aram; ex iis autem qui sacrificio intersunt, duo oblongos baculos seu hastas puras gestant. In altero latere plurimi lauro coronati sunt. Victimarii item comparent, quorum unius tibia una tantum superest, quia musivum opus hoc loco admodum labefactatum est. Alius victimarius item partim excidit, sed caput integrum totum servatum est. Hic item lauro coronatur, videturque tibiam habere serpente circumdatam. Supra victimarios duo visuntur viri qui putantur musici, tibicines nempe atque tubicines, queis similes complures vidimus : horum unus casside munitus est.

II. Ara superne rupta rotunda est, quadratæ basi insistens. Quod autem summopere observandum, quodque nusquam alias videram, ara subflavo panno circumdata est. Sacerdos cujus pectus & humeri pari casu exciderunt, quia musivum opus hic evulsum fuit ; Sacerdos, inquam, velatus est, extispicium tenet, sive instrumentum quo scrutabantur haruspices victimarum viscera, ut inde præsagia ducerent. De hujusmodi instrumento diximus p. 163. secundi Antiquitatis explanatæ tomi. Hoc porro exstispicium formæ singularis est, ramus ex-

une des branches se termine en haut en une palette ronde. La victime étoit apparemment derriere les victimaires dans cette grande partie de la mosaïque qui a été enlevée; reste à savoir à quel dieu se fait ce sacrifice. La jambe de l'un des victimaires entortillée d'un serpent, semble marquer que le sacrifice se fait à Esculape & à Hygiea sa fille, auquel cas le Prêtre seroit pour Esculape, & la Prêtresse pour Hygiea; le plus sur est de laisser la chose indécise.

III. Les couleurs des habits ne sont pas à negliger, & c'est dommage qu'on n'ait pas conservé les couleurs de tant d'autres monumens de cette espece, & des peintures à fresque qu'on a trouvées, sur tout celles du tombeau des Nasons. L'habit & le voile du Prêtre & de la Prêtresse sont violets, mais d'un violet assez different: celui du Prêtre est plus clair & approche assez du bleu; celui de la Prêtresse est plus foncé, & tire sur le rouge; c'est une espece de pourpre : car le violet se prenoit aussi pour la pourpre. Dans ma jeunesse, dit Cornelius Nepos, qui mourut sous Auguste » (Plin. 9. 39.) la pourpre violette »étoit à la mode, on la vendoit cent deniers la livre (ce seroit aujourd'hui plus de 120 francs,) « quelque tems après la pourpre rouge Tarentine fut en »vogue; à celle-ci succeda la pourpre rouge Tyrienne deux fois teinte, qu'on »ne pouvoit pas avoir à mille deniers, » qui font plus de douze cens francs. Voilà donc la pourpre violette & la pourpre rouge alternativement en usage; l'une & l'autre étoit plus ou moins à la mode, selon que le caprice le vouloit. Il se trouve pourtant des passages d'Auteurs qui semblent marquer que la pourpre étoit rouge, du moins celle dont on faisoit des toges & des prétextes; habits qu'on voit souvent emploïez aux sacrifices : Macrobe le marque clairement lorsque parlant de ceux qui prenoient la toge prétexte, il fait assez voir que la toge prétexte étoit rouge, afin, dit il, que la rougeur de la pourpre leur apprît à se tenir dans la pudeur si séante aux gens de qualité. Virgile dit n. 3. que le sacrificateur devoit se voiler la tête de pourpre,

Purpureo velare comas adopertus amictu

Sans marquer si c'étoit de la rouge ou de la violette; mais ces usages varioient comme les autres, où nous remarquons dans les monumens des changemens fort fréquens. Le Prêtre & la Prêtresse portent donc ici des robes de pourpre violette : il y a apparence que dans ces actes de religion on se servoit aussi de

---

stispicii alter in laminam rotundam superne terminatur. Victima haud dubie pone victimarios erat in illa magna musivi parte quæ evulsa penitus & erasa fuit. Restat explorandum cui numini sacrificium hoc offeratur. Victimarius ille cujus tibia serpente circumdatur, Æsculapio & Hygieæ oblatum sacrificium indicare videtur; sicque sacerdos vir pro Æsculapio, Sacerdos mulier pro Hygiea esset; sed hac in re nihil decernendum existimo.

III. Vestium colores negligendi non sunt : & sane dolendum, eos qui in monumenta hujusmodi & picturas inciderunt de coloribus explorandis non curavisse; de iis maxime quæ in sepulcro Nasonum repertæ sunt : vestes & vela Sacerdotis & Sacerdotissæ violacea sunt. Sacerdotis porro vestis clarior est & cæruleo colori vicinior; Sacerdotissæ obscurior & ad rubrum accedens colorem. Color autem ille violaceus ad rubrum accedens pro purpura fuit habitus. *Nepos Cornelius,* inquit Plinius

9. 39. *qui divi Augusti principatu obiit, me, inquit, juvene violacea purpura vigebat, cujus libra denariis centum venibat : nec multo post rubra Tarentina. Huic successit dibapha Tyria, qua in libras denariis mille emi non poterat.* Sunt tamen auctorum loca queis probari videtur purpuram rubram fuisse, saltem eam qua togæ & prætextæ fiebant, quæ vestes sæpe in sacrificantibus observantur. Macrobius id clare significat, cum de iis loquens qui prætextam accipiebant, ait, *ut ex purpura rubore ingenuitatis pudore regerentur.* Virgilius quoque ait sacrificantem velandum esse colore purpureo.

Purpureo velare comas adopertus amictu.

Sed neque rubram; neque violaceam purpuram hic exprimit. Hæc admodum variabant, varietatumque notas in monumentis frequenter deprehendimus. Sacerdos itaque & Sacerdotissa vestes purpureas violaceas gestant. Verisimile autem omnino est rubram quoque purpuram in sacris usur-

la rouge ; mais nous ne sommes pas assez instruits des coûtumes de ces tems-là, pour dire quand, ni comment, ni en quelles occasions. La différence de couleur entre la pourpre du Prêtre, & celle de la Prêtresse, avoit aussi sans doute rapport à quelque usage que nous ne connoissons pas assez.

Un vieillard dont la figure est gâtée en plusieurs endroits, semble demander quelque chose au Prêtre dans le tems qu'il va sacrifier. Peut-être lui recommande-t'il ce jeune homme qui est entre le Prêtre & l'autel. On le prendroit pour un Camille ou un ministre, s'il portoit l'*acerra*, ou la boëtte à l'encens ; mais il n'a rien de tout cela, & ses cheveux sont courts à la Romaine, contre l'ordinaire des Camilles, qui les ont longs dans les monumens Romains.

IV. La tunique du jeune homme est rouge, & relevée par une ceinture ; sa chlamyde est verte. Quoique la mosaïque soit gâtée, il semble que le vieillard qui est à l'extrémité du tableau du côté de l'autel, recommande au Prêtre ce jeune homme, peut être son fils, attaqué apparemment de quelque maladie, pour laquelle on sacrifie à Esculape. Entre le Prêtre & la Prêtresse se voit une femme vêtuë de rouge, qui semble être là pour assister la Prêtresse : il est tout nouveau de voir dans les monumens un Prêtre & une Prêtresse sacrifier ensemble. Quelqu'un aimera mieux croire que cette femme voilée est la mere du jeune garçon recommandé à Esculape : & cela pourroit bien être ; on ne peut parler sur tout ceci que par conjecture. Le sacrifice se fait devant la porte d'un temple, comme on les faisoit fort ordinairement en ces tems-là. Des deux hommes couronnez de laurier, l'un a une tunique rouge, & une toge verte ; l'autre a la toge rouge ; un autre revêtu de jaune fait signe du doigt du côté des victimaires, & de la victime : car il y a apparence qu'il y en avoit quelqu'une dans cette grande partie de la mosaïque qui a sauté. Des deux joüeurs d'instrument, l'un est habillé en soldat, & porte un casque bleu, ou de couleur de fer, un thorax verd, & ce qui pend du thorax rouge : l'autre a une chlamyde rouge. Sous le bras du soldat on voit comme un quarré de toile blanche, je ne sai à quel usage : il a l'air de ces quarrez d'étoffe qu'on mettoit pour les *vexilla* ; cela pourroit peut-être faire croire que ce que nous avons pris pour instrumens, trompettes, ou hautbois, sont de ces hampes ou longs

---

patam fuisse. Sed ritus illos veteres non satis callemus, ut dicere valeamus, quando, quomodo, quibusve occasionibus. Coloris discrimen inter vestes Sacerdotis & Sacerdotissæ, ad peculiarem quemdam, ut credere est, usum referebatur.

Senex ille cujus imago quibusdam in locis evulsa & labefactata est, aliquid postulare videtur a Sacerdote mox sacrificaturo. Fortasse juvenem illum commendat inter Sacerdotem & aram positum : quem juvenem Camillum esse crederes, si acerram vel pyxidem teneret, thure plenam pro more. At nihil hujusmodi gestat, & Romanorum more detonso capillitio est, contra quam solebant Camilli, qui uni in Romanis monumentis longa cæsarie gaudebant.

IV. Camilli tunica rubra est, zonaque stringitur, chlamys est viridis. Etsi musivum opus labefactatum sit, videtur senex ille qui extremam tabulam occupat & prope aram versatur, juvenem illum, filium fortasse suum, aliquo, ut credere est, morbo detentum Sacerdoti, qui mox Æsculapio sacra facturus est, commendare. Inter Sacerdotem porro & Sacerdotissam, mulier est rubra veste,

quæ forte Sacerdotissæ administrat. Res plane nova, & nusquam, ut puto, in monumentis observata, Sacerdotes simul marem & feminam sacra facere. Non deerunt qui malint credere matronam illam velatam, matrem esse pueri istius, qui Æsculapio commendatur : id quod certe a vero simili non abhorret. De iis porro, nonnisi conjecturas efferre possumus. Sacrificium ante fores & frontispicium templi cujuspiam peragitur, ut sæpe sæpius illis temporibus offerebantur. Alter ex viris qui lauro coronatur, tunica rubra, toga viridi induitur, alter rubra toga. Alius flavo amictus colore, digito monstrare videtur victimarios, & fortasse victimam. Verisimile quippe est, aliquam victimam fuisse in illa musivi operis parte, quæ excidit. Ex duobus tibicinibus alter militis more vestitur, & cassidem gestat ferrei coloris, thoracemque viridem. Alter chlamyde rubra amicitur. Sub militis brachio videtur quasi tela alba quadrata ; cui usui nescio ; sat similis est pannis illis quadratis, queis pro vexillis utebantur ; indeque forte suspicio oriatur, illa quæ instrumenta esse musica putavimus, hastas esse puras, in quarum extremo ponebantur signa milita-

bâtons,

SACRIFICES À ESCULAPE ET À HYGIÉA.

Trouvé auprès de Pozzuoli.

bâtons, au bout defquels on mettoit les fignes militaires; mais ceux-ci font
plus petits par le bas, & vont toûjours en groffiffant; ce qui convient mieux
à des trompettes. On s'en rapporte au jugement des lecteurs: les autres fpec-
tateurs du facrifice font vêtus de differentes couleurs, jaune, rouge, verte. La
forme des habits de ceux qui font du côté de l'autel n'eft pas ordinaire, ce
font quatre jeunes hommes qui ont les cheveux courts à la Romaine, vêtus
partie de rouge, partie de verd. Deux d'entr'eux portent chacun un long
bâton qui paroît être ce qu'on appelloit *hafta pura*, une hafte, ou une pique
fans fer.

<hr>

ria. Verum hæ quas haftas fufpicamur effe, inferne
tenuiores funt fenfimque denfiores evadunt, id
quod tubis longe melius competit. Judicium penes lectorem efto. Alii facrificii fpectatores, diverfis induti coloribus funt, flavo, rubro, viridi,
eorum veftes qui ftant verfus aram, non ordinariæ

funt formæ. Quatuor funt adolefcentes detonfis
Romanorum more capillis, quorum veftes partim rubræ, partim virides funt. Ex illis autem duo
oblongos geftant fcipiones, idipfum videlicet,
quod vocabant haftam puram, nullo ferro acuminatam.

<hr>

CHAPITRE V.

I. Victimaire extraordinaire. II. Doute fur fon antiquité. III. Sacrifices à Diane.
IV. Sacrifice à Pan. V. Efpece d'Autel non ordinaire.

I. CE victimaire qui tient un maillet eft tiré du cabinet de M. Petau, il
porte une efpece de jufte-au-corps fendu par le devant, & lié d'une
corde, ce qui pourroit faire douter fi la figure eft antique, & faite dans le
tems de la gentilité, où ces habits à manches ainfi fendus ne paroiffent pas
avoir été en ufage. Une autre raifon qui fera peut-être douter s'il eft antique,
c'eft que ce jufte au corps qui defcend jufqu'au deffus du genou, eft marqué
de petites croix fort bien faites, ce qui paroît ne pas convenir au tems du pa-
ganifme; mais cela ne m'arrêteroit pas. La croix eft la marque qui vient le
plus à la main: c'eft une ligne qui croife une autre ligne, c'eft ce qui s'offre
le plus promptement à l'imagination. Nous voions d'ailleurs affez fouvent
des croix bien formées dans des monumens Egyptiens, inconteftablement
antiques. Nous remarquons auffi dans plufieurs monumens de la ville de
Breffe en Italie, des habits marquez de petites figures, dont quelques-unes
approchent affez de la forme d'une croix. Nous en allons voir fur l'habit
d'une femme à la pl. xxvi. prefqu'auffi bien formées que celles-ci.

PL.
xxiv.
1

<hr>

CAPUT V.
I. Victimarius non folitæ formæ. II. De ejus
Antiquitate dubitatur. III. Sacrificia
Dianæ. IV. Cervi & cervæ Dianæ mac-
tati.

I. Victimarius [1] ille malleum, tenens ex mufeo
D. Petavii eductus eft. Hodiernæ fimilem
exteriorem veftem geftat, anterius ab imo ad fum-
mum apertam, funeque præcingitur. Quæ vefti-
menti forma, dubii quidpiam injicere poffit an
veftis antiqua fit, & profanæ illius numinum côm-
plurium religionis ævo facta, quo tempore fimilia vix ulla veftimenta comparent in monumentis.

Aliud novam forte pariat difficultatem, novamque
fufpicionem ingerat. Nimirum veftis ifthæc quæ
ufque ad genua defluit, crucibus diftincta parvis eft,
quæ cruces apte figurantur, id quod ad gentilita-
tem pertinere minime videtur. At ratio iftæc me
non moraretur. Crux enim nota & fignum eft,
quod facillime ad manum veniat; linea eft lineam
decuffatim fecans, nulla facilius in mentem fuc-
currit nota. Alioquin autem fæpe cruces optime
delineatas videmus in monumentis Ægyptiacis antiquiffimis. In monumentis quoque Brixianis, veftes hujufcemodi fignis notatas confpicimus, quorum quædam ad crucis figuram accedunt. Infra
vero in tabula num. xxvi. in vefte mulieris

II. C'est la forme du juste au-corps qui nous embarrasse ici, & qui nous feroit peut-être rejetter la figure comme moderne; si nous ne découvrions tous les jours des usages de l'ancien tems, que les monumens nouvellement déterrez nous apprennent, & dont nous n'avions ci-devant aucune connoissance, parmi lesquels usages il s'en trouve qui ont du rapport à ceux d'aujourd'hui. Il faut toûjours donner ces monumens douteux; mais en marquant le doute. Peut-être que le tems nous en fournira d'autres qui prouveront l'antiquité de celui-ci. Ce victimaire tient le maillet levé de la main gauche, peut-être est-ce la faute du premier graveur qui l'a gravé comme il étoit, ne prenant pas garde que la droite deviendroit la gauche dans l'estampe, ce qui est arrivé souvent; mais ne sachant si la petite statuë a été bien gravée ou non, nous n'avons osé rien changer: de l'autre main qui est cassée & separée, cet homme tient une petite coupe, apparemment pour le sacrifice.

III. Les deux pierres suivantes montrent un sacrifice qu'on va faire à Diane, la premiere [2] represente une jeune fille, apparemment Prêtresse de Diane, qui tient d'une main une branche de laurier, & tend l'autre main du côté du cerf qui doit être immolé: entre la Prêtresse & le cerf est un autel rond qui jette des flammes; le cerf étoit proprement la victime de Diane, parce qu'elle se plaisoit à la chasse, & surtout à celle du cerf, comme nous voions dans tant de monumens: elle atteloit aussi des cerfs à son char. Dans [3] la figure suivante la Prêtresse de Diane tient le cerf par une branche de son bois, pour le mener sans doute au sacrifice. Le sacrifice de la biche fait à Diane avant le siege de Troïe, prouve combien la coûtume de sacrifier des cerfs à Diane étoit ancienne. Ce fut Diane elle-même qui substitua une biche pour remplacer Iphigenie qui alloit être immolée pour les Grecs. Depuis ces tems-là on sacrifia des biches à Diane; & l'on continuoit encore d'en immoler du tems d'Ovide à la même déesse. On sacrifia, dit-il, autrefois une biche à Diane, pour sauver une vierge, & l'on continue encore aujourd'hui ce même sacrifice; mais ce n'est plus pour des vierges qu'on lui immole cette victime. Les vers d'Ovide sont rapportez fort differemment dans les éditions de ce Poëte;

---

cujusdam depictas cruces videbimus, his non multum dissimiles.

II. Ipsa autem vestis forma majus facessit negotium, & fortassis hac de causa figuram quasi posteriori factam ævo repudiassemus, nisi quotidie novæ circa veterum usus, modos, vestes, accederent notitiæ, de quibus rebus ne cogitaveramus quidem, quasque monumenta recens eruta docent aperiuntque. Interque usus hujusmodi quidam persæpe sunt, qui ad hodiernum morem accedunt. Hæc sane dubia monumenta semper in medium proferenda sunt, dummodo dubitandi causa simul afferatur, fortassis insequenti tempore alia monumenta prodibunt, quæ hujus Antiquitatem asserant & confirment. Hic victimarius malleum tenet erectum, & quidem læva manu. Idque fortassis ex sculptoris errato, qui prout sese conspectui offerebat, victimarium illum in ære incidit, non advertens fore ut in charta imaginem referente, quæ dextera manus erat in archetypo, sinistra evaderet, id quod etiam sæpe accidit. At cum ignorarem recte ne an secus hoc signum incisum fuisset, nihil mutare ausus sum. Altera manu, quæ rupta separataque est, tenet victimarius pateram parvam, haud dubie in sacrificio ad libationem adhibendam.

III. Duæ gemmæ sequentes sacrificium Dianæ offerendum monstrant. In prima [2] visitur puella, Dianæ, ut credere est, Sacerdos, quæ manu altera lauri tenet ramum, alteram vero manum extendit ad cervum mox immolandum. Inter Sacerdotissam & cervum erigitur ara rotunda flammas emittens. Cervus proprie Dianæ victima erat, quoniam illa venatui delectabatur, cervosque maxime venando insequi solebat, ut in veterum monumentis sæpe conspicimus. Cervos etiam currui suo non raro jungebat. In sequenti schemate [3] Dianæ Sacerdotissa cervum cornibus tenet, ut ad sacrificium haud dubie ducat. Sacrificium cervæ ante Trojæ obsidionem oblatum, probat quam antiquus sit ille ritus mactandi cervos Dianæ. Hæc ipsa dea Iphigeniæ mox ad Græcorum salutem mactandæ cervam substituit. Ab hinc vero, cervæ Dianæ mactabantur. Ovidiique tempore is ipse ritus servabatur, ut ait ille Fast. 1.

Quod semel est triplici pro virgine casa Diana,
  Nunc quoque pro nulla virgine cerva datur.
Sed hoc distichon quod ita refert Vossius in Theol.

SACRIFICES, VICTIMAIRE

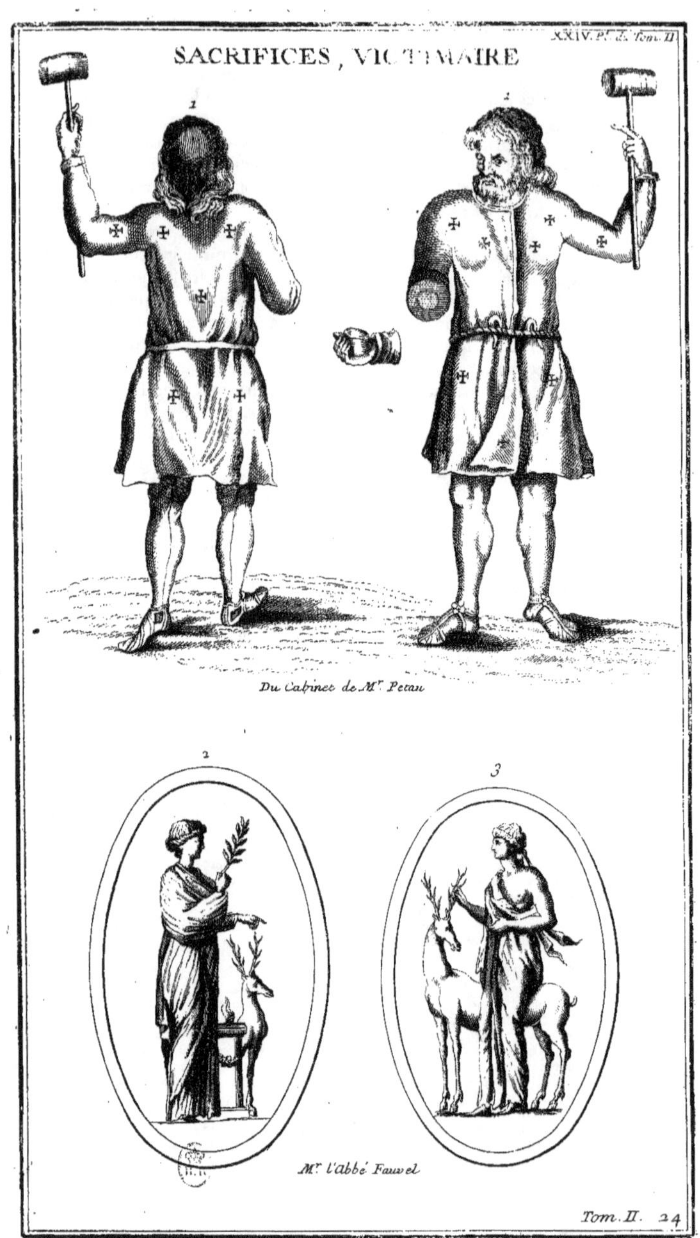

Du Cabinet de Mr Petau

M.^r l'Abbé Fauvel

mais ils reviennent toûjours à ce sens. Quoi qu'il ne soit parlé là que des biches, on lui immoloit aussi des cerfs, comme on sacrifioit des victimes mâles à presque toutes les déesses.

Gentil. 9. 25. diverse legitur in editis. Edit. Amstelædam. anni 1649. sic habet.

Qua semel est triplici pro virgine cæsa Diana ,
Nunc quoque , pro nulla virgine , cerva cadit.

Lilius vero Gyraldus ita legit lib. de sacrificiis Lugd. Batav. anni 1696.

Qua semel est triplici pro virgine cæsa Diana ,
Nunc quoque pro nulla virginitate cadit.

Sed quovis modo legas , sensus fere idem erit. Diana vero triplex dicitur , quoniam Diana Hecate tria capita , tresque vultus habet : hinc illud Virg. Æneid. 4.

Tergeminamque Hecaten , tria virginis ora Diana.

Etsi porro hic cervæ tantum commemorentur ; nihil dubium est quin ipsi cervi etiam mactarentur ; nam omnibus fere deabus mares victimæ sæpe immolabantur.

CHAPITRE VI.

I. Sacrifice à Pan. II. Temple tout ouvert de trois côtez. III. Autel singulier.
IV. Les entrailles de la victime observées.

I. LE sacrifice suivant au dieu Pan, paroît celebre & solennel. On le fait devant l'entrée d'un temple, comme on en faisoit beaucoup en ces tems-là. Les temples étoient ordinairement fort petits ; si on les avoit faits dans l'enceinte de lieux si étroits, & où il n'y avoit presque jamais de fenêtres, la fumée du bois, des victimes, des fruits, des liqueurs qu'on jettoit dans les flammes, auroit presque étouffé, ou du moins beaucoup incommodé les assistans. **P L. X X V.**

II. Le temple paroît fort petit, & ouvert de trois côtez, un mur au fond, & deux colonnes d'ordre Dorique qui font tout le frontispice, soûtiennent une voute legere de pierres plattes, sur le devant de la voute il n'y a que trois globes qui font tout l'ornement ; les païens avoient des temples ouverts ainsi de tous les côtez. Tel étoit celui de Venus Cnidienne, dont nous avons fait la description après Pline : sans entrer dans le temple on voïoit la déesse de tous les côtez, tel étoit aussi celui de Vienne en Dauphiné, qui subsiste encore aujourd'hui : il étoit soûtenu sur des colonnes, dont un espace vuide faisoit l'entrecolonne. Le temple a été converti en Eglise ; & pour la fermer entierement on a fait de tous les côtez un mur entre les colonnes : on s'apperçoit d'a-

---

CAPUT VI.

I. Sacrificium Pani. II. Templum à tribus lateribus pervium. III. Ara singularis.
IV. Exta victimæ.

I. SAcrificium sequens Pani deo oblatum , solemne videtur. Ante ostium porro templi peragitur ; plurima autem illis temporibus ante templa ædesque sacras fieri solebant. Cum enim templa admodum angusta essent , si intra ædes ipsas sacras perquam minimum spatii occupantes , ubi nullæ ut plurimum fenestræ erant , facta fuissent , nidor , fumusque ligni , victimarum , fructuum , liquorum quæ in ignem & flammas conjiciebantur, eos qui sacrificiis aderant aut suffocasset , aut vehementer læsisset.

II. Templum admodum exiguum videtur , ex tribusque lateribus apertum est : adversum frontispicio latus murus est : frontispicium vero totum efficiunt columnæ duæ ordinis Dorici , columnæ autem & murus testudinem fulciunt ex latis tenuibusque lapidibus structam , frontispicium ornant tres tantum globi lapidei. Hujusmodi templa undique aperta excitabant veteres : sic erat templum quoque Veneris Cnidiæ , cujus descriptionem a Plinio mutuati sumus , suoque loco edidimus. Extra templum positis dea undique conspicienda patebat : hujusmodi quoque erat templum Viennæ in Galliis , quod hodieque visitur. Erat columnis fultum , intercolumnia vero spatia erant vacua. Templum istud in Ecclesiam versum est : utque Ecclesia undique clausa esset , undique muri inter columnas structi fuere : qui muri statim & primo

bord que le mur a été fait dans les bas tems. Ce qu'il y a ici de particulier est que la tête du dieu Pan est représentée à côté, & tout à fait hors du temple, & que ni dans l'enceinte, ni à l'entrée du temple, on ne voit aucune statuë, ni buste de Pan, ni d'aucune autre divinité. L'autel est rond, & couronné de festons: le victimaire porte sur ses épaules le belier qui va être immolé, il est revêtu d'une tunique, & tient d'une main un vase plein, apparemment de quelque liqueur, ou de fruits pour le sacrifice. Le dessus de l'autel ne présente qu'une table rase, où il n'y a ni bois ni feu : il semble pourtant que le victimaire va jetter dessus l'autel ce belier pour y être immolé. Nous avons vû ci-devant un belier tiré d'un marbre Romain, qui a été immolé & mis sur un autel où il ne paroît ni bois ni flamme : ce n'étoit pas pourtant l'usage ordinaire d'immoler sur l'autel même, il faut que ce soit ici quelque coûtume particuliere : mais donner raison de tout dans ces ceremonies dont il nous reste si peu de monumens, c'est ce qu'on ne peut sans hazarder.

III. A l'autre côté de l'image est comme un grand pieu fiché, qui s'élargit en haut de telle maniere que sa surface égale presque celle d'un autel ordinaire : on ne sait s'il est de fer, ou de cuivre, ou de pierre. Autre singularité que nous n'avons point encore vûë ailleurs ; c'est sur cette surface qu'on voit le feu & la flamme telle qu'on la remarque sur les autels ordinaires, & c'est apparemment sur cette espece de second autel qu'on doit brûler les entrailles de la bête, les fruits & les liqueurs. Le sacrifice se fait au dieu Pan : ce que marque sans doute la tête de ce dieu posée sur une colonne à côté du temple ; cette tête a quelque chose d'affreux, des cornes naissantes, des oreilles de chevre, un air feroce, des moustaches qui débordent bien au de-là de toute la largeur du visage, une longue barbe. Un grand arbre auprès de la colonne & de la tête de Pan, nous désigne le dieu des Forêts & des Campagnes.

IV. Outre le victimaire qui porte le belier sur les épaules, il y a cinq personnes qui assistent au sacrifice, quatre hommes & une femme ; des quatre hommes trois sont couronnez de feüilles d'arbre : on ne sauroit distinguer de quelle espece : il y a apparence que celui qui va faire la fonction de Prêtre, est un jeune homme qui se tient auprès de l'autel, il tient à la main un instrument qu'il considere attentivement ; c'est une espece de palette ronde, atta-

---

confspectu infimis saeculis facti deprehenduntur. Quodque hic singulare occurrit, caput Panos ad latus templi, & extra limites ejus positum fuit. Neque in templi ingressu vel intra templum aliqua videtur statua vel protome Panos vel alterius numinis. Ara rotunda est fertisque coronata, Victimarius arietem mox mactandum humeris gestat. Tunica autem indutus altera manu vas quodpiam tenet, plenum, ut videtur, vel liquore quopiam, vel fructibus ad sacrificium adhibendis. Ara superne vacua omnino est, non lignum ibi, non flamma conspicitur : videtur tamen victimarius in aram illam arietem conjicere velle, ut ibi mactetur. Supra vidimus mactatum arietem arae impositum, in qua ara nec ligna, nec flamma comparebant. Non erat tamen hic consuetus usus, ut victimae supra aram ipsam mactarentur : erit haec fortasse consuetudo quaedam specialis. Verum in hisce ritibus quorum non tam multa suppetunt monumenta, omnium causam & rationem afferre sine errandi periculo non possumus.

III. In altera imaginis parte est quidam seu paxillus in terram defixus, qui sensim crescendo superne sic latus evadit, ut ejus superficies, arae superficiem pene exaequet, sit ne porro ferreus, an aeneus, an lapideus, illud certe ignoramus. Res sane singularis est, quam alibi nuspiam observavimus. In hac porro superficie ignis & flamma conspicitur, qualis in aliis aris observatur ; & in hac secunda ara, si tamen sic appellare fas sit, comburenda sunt victimae viscera, comburendi fructus & liquores. Sacrificium deo Pani offertur : id quod haud dubie indicat Panos caput columnae a latere templi impositum, quod Panos caput aliquid tetrum & efferatum prae se fert : ex summa fronte cornua erumpunt, aures caprinae sunt, labrorum pili extra vultus latitudinem extenduntur, barba admodum densa longaque est. Arbor magna prope columnam, deum silvarum & agrorum haud dubie designat.

IV. Praeter victimarium illum, qui arietem humeris gestat, quatuor viri mulierque una sacrificio intersunt ; ex viris porro tres coronam ex ramis concinnatam gestant, cujus autem arboris sint rami vix internosci possit. Qui sacrificuli officio functurus est, uti quidem videtur, juvenis speciem prae se fert, stat propter aram : manuque tenet instrumentum, quod intentis oculis dispicit : est pala parva

SACRIFICE AV DIEV PAN

du Cabinet de M.rs Masson

chée à un long manche crochu par l'autre bout. Je croirois volontiers que c'est un de ces instrumens dont on se servoit pour foüiller dans les entrailles des victimes, & pronostiquer sur le mouvement des intestins de la bête qui venoit d'expirer. Cette superstition étoit venüe des Hetrusques, comme beaucoup d'autres que les Romains avoient adoptées. Le scholiaste de Martien Capella dit qu'il y avoit sept choses que les Haruspices observoient, la langue, le cœur, le foïe, la rate, le poumon, & les deux reins. Quand ces parties étoient saines, vermeilles, & en bon point, c'étoit une bonne marque, quand au contraire elles étoient pâles & livides, on n'en pronostiquoit rien de bon. La plus mauvaise de toutes les marques étoit quand quelqu'une de ces parties, le foïe, le cœur, le poumon, ou les reins manquoient, & ne se trouvoit point dans les entrailles : alors c'étoit à recommencer, le sacrifice n'étoit point parfait, il falloit tuer une autre bête : cela se faisoit par la friponnerie des victimaires, qui arrachoient habillement quelqu'une de ces parties des intestins, & la cachoient : on amenoit une nouvelle victime, & la bête morte tournoit à leur profit, la bête qui étoit tuée la premiere s'appelloit *præcidanea hostia*, & celle qu'on amenoit pour la remplacer *succidanea*.

---

rotunda cum capulo oblongo, cujus extremum pene aduncum est. Libenter credam esse exstispicium quo utebantur ad intestina exploranda : ex motu namque intestinorum victimæ, quæ paulo ante exspiraverat, si quid boni vel mali eventurum esset prænoscebant. Hæc superstitio ex Hetruscis ad Romanos manaverat, quemadmodum & aliæ multæ, quas perinde Romani adoptaverant. Martiani Capellæ Scholiastes ait Haruspices hæc septem observare solitos esse, linguam, cor, hepar, splenem, pulmonem & renes duos ; cum partes istæ sanæ, vividæ, vegetæque erant, bonum hoc indicium habebatur : cum contra pallidæ lividæque erant, malum erat omen ; tetrum vero cum aliquod eorum prorsus aberat ; quando videlicet vel hepar, vel cor, aut splen, aut pulmo, sive renes desiderabantur. Tunc sacrificium iterandum, nova hostia mactanda erat. Hæc porro fraude victimariorum accidebant, qui aliquam ex hisce partibus avellebant & occultabant. Tunc denuo incipiendum erat, quia nondum erat litatum, & quæ cæsa erat hostia, victimario cedebat : quæ prima fuerat mactata *præcidanea hostia* appellabatur, quæ vero in ejus locum substituebatur, *succidanea.*

CHAPITRE VII.

*I. Sacrifice tiré d'un monument de Bresse. II. Autre fait peut-être à Mars.
III. Autre sacrifice singulier.*

Pl.
xxvi.

I. ON voit sur un marbre de Bresse en Italie un autre sacrifice d'un belier. [1] La flamme est sur l'autel, le Prêtre verse sa patere sur le feu, la libation se faisoit donc avant qu'on immolât la victime, je ne voudrois pourtant pas établir cela pour regle sûre. Deux victimaires derriere le Prêtre, conduisent le belier : ils tiennent chacun une branche de laurier, & sont couronnez de la même plante. Ce qu'il y a de fort particulier est que sur leur tunique ils portent une espece de manteau, ou une chlamyde, au lieu que dans presque tous les sacrifices que nous avons donnez, les victimaires sont ou nuds de la ceinture en haut, ou portent seulement une tunique. Le Prêtre au contraire n'a que sa tunique, relevée par une ceinture, ses cheveux sont liez d'une espece de bandelette en forme de diadême : devant l'autel de l'autre côté est un jeune homme couronné de laurier, revêtu de sa tunique & d'une chlamyde qui la couvre. Il tient de la main droite un instrument fort particulier, qui fait un triangle équilatere, dans la base duquel sont passez plusieurs anneaux : voilà bien des singularitez dans un seul sacrifice ; mais combien y doit-il avoir eu dans ce vaste payis de la gentilité de pratiques particulieres, dont les Auteurs n'ont jamais fait mention, & dont il est impossible de rendre raison. Cet instrument triangulaire marque peut-être quelque mêtier, & ce sacrifice se sera fait pour tout le corps du mêtier. Rien de plus fréquent dans les monumens antiques, que les sacrifices & les vœux faits par des corps de mêtier. Le corps des Boulangers *Corpus Pistorum* de Rome fit eriger une statuë à Vesta, dont nous avons donné l'image à la pl. xxvii. du premier tome de l'Antiquité.

II. Le sacrifice [2] qui vient ensuite a été aussi donné dans les *Memorie Bresciane*, tiré d'un bronze antique ; l'autel rond est entouré de festons à l'ordi-

---

CAPUT VII.

I. Sacrificium in monumento Brixiano. II. Aliud Marti forte oblatum. III. Aliud sacrificium singulare.

I. IN marmore [1] Brixiano anaglyphum habetur sacrificium repræsentans, cujus victima iterum est aries. Ara flammas emittit, Sacerdos pateram in ignem effundit. Libatio igitur victimæ mactationem præcedebat, id quod tamen nollem tanquam ritum certum invariabilemque habere. Pone Sacerdotem victimarii duo arietem ducunt : ambo autem lauri ramum tenent, lauroque coronantur : quodque singularius est, tunica, & supra tunicam chlamyde induuntur, cum tamen in sacrificiis pene omnibus quæ hactenus protulimus, victimarii aut a zona superne nudi sint, aut tunicam tantum gestent. Sacerdos contra, solam habet tunicam præcinctam : ejus coma fascia quadam circumligatur in modum diadematis. Ante aram ex altero latere juvenis est lauro coronatus, tunica amictus & chlamyde. Manu dextera tenet instrumentum singulare, in formam trianguli æquis lateribus, in cujus basi inserti sunt aliquot annuli. En multa usus insoliti in uno sacrificio. Sed in illis adeo vastis gentilitatis regionibus, quot fuerunt ritus, usus consuetudinesque a scriptoribus nusquam memoratæ, & quorum causam originemque deprehendere nunquam valeas. Instrumentum porro illud in trianguli formam concinnatum, mechanicam aliquam forte artem significat. Sacrificiumque illud pro artificum ejusdem generis corpore oblatum fuerit. Nihil frequentius in monumentis & inscriptionibus quam sacrificia & vota ab artificum corpore emissa. Sic *corpus pistorum* statuam Vestæ ex voto posuit, ut vidimus in Tab. xxvii. primi Antiquitatis explanatæ tomi.

II. Quod deinde conspiciendum [2] offertur sacrificium, inter monumenta item Brixiana comparet ex anaglypho æneo expressum. Ara rotunda sertis pro more coronatur, supra aram focus est flammas

naire : il y a au deſſus un braſier qui jette feu & flamme. Le Prêtre a ſur la
tête un bonnet de ſacrificateur qu'on appelloit *Apex*, il reſſemble à une ca-
lotte, & a au ſommet une pointe qui lui a fait donner le nom d'*Apex* ; quelques-uns prétendent que les bonnets de cette forme, ſont ce qu'on appelloit
Albogalerus. Nous en avons déja parlé au ſecond tome de l'Antiquité ; c'eſt
apparemment un bonnet des Saliens, tels qu'on le voit à la pl. v. du ſecond
tome de l'Antiquité. Les Saliens étoient des Prêtres de Mars ; & cela fait croire
que ce ſacrifice eſt fait à ce dieu, ce bonnet a une anſe du côté de l'oreille : il
y en avoit apparemment autant de l'autre côté, pour le mieux aſſurer. C'étoit
un mauvais préſage de laiſſer tomber ce bonnet, quand il étoit une fois ſur
la tête : après un pareil accident on obligeoit les Prêtres d'abdiquer le ſacerdoce. Ce Prêtre porte une tunique relevée d'une ceinture, & par deſſus un
manteau. Il tient de la main droite une branche de laurier, & appuïe ſa gauche ſur un grand vaſe à deux anſes, qui contenoit apparemment des liqueurs
pour le ſacrifice. On appelloit ces vaſes à deux anſes diotes, & l'on s'en ſervoit
pour y tenir du vin : diota ſignifie qui a deux oreilles ou deux anſes. Derriere
le Prêtre eſt un victimaire couronné de laurier qui mene la victime : c'eſt un
taureau couronné auſſi de laurier, de ſes cornes pendent des grains ronds
paſſez ſans doute à un fil ou à un ruban, ce qui a toute la forme de nos Chapelets. Je crois que c'eſt par accident qu'après cinq ou ſix grains il s'y trouve
des eſpeces de croix comme à nos Chapelets, il n'y a nulle apparence qu'on
y ait voulu faire des croix. Le taureau porte outre cela ſur le milieu du corps
un grand feſton de fleurs & de feüilles qui lui pend des deux côtez. On immoloit à Mars le taureau : cela pourroit encore faire conjecturer que ce ſacrifice eſt fait à Mars ; mais cette conjecture eſt foible, parce que le taureau
étoit la victime de la plûpart des dieux : il vaut mieux s'en tenir à la premiere
priſe de l'Apex, ou du bonnet ſacerdotal du Salien.

III. Un autre ſacrifice de Breſſe a pluſieurs ſingularitez. Une Prêtreſſe
revêtuë d'une tunique qui deſcend juſqu'à terre, enſuite d'une autre qui vient
au deſſous du genou, & pardeſſus tout cela d'un grand voile qui lui couvre la

---

emittens. Sacerdos apicem geſtat pileo ſimilem, a
ſummo vertice virgulam emittentem, ex qua api-
cis nomen conſequutus eſt. Non deſunt qui putent pileos hujuſcemodi albogaleros vocari : qua
de re jam actum eſt in ſecundo Antiquitatis explanatæ tomo Tab. v. Eſtque, ut videtur, apex ille
Saliorum, qui in eadem Tabula ſpectandus offertur. Salii Martis Sacerdotes erant ; unde conjici-
mus hoc ſacrificium offerri Marti. Apex autem
anſam ex parte auriculæ habet, & ex oppoſito anſa
haud dubie ſimilis habebatur, quam hic non conſpicimus ; ut ſic tutius capiti apex hæreret. Nefas
ducebatur ſi apex ille, ſemel capiti impoſitus,
caſu quopiam dilaberetur. Id ſi fortaſſe accideret,
Sacerdotium Salius abdicare cogebatur. Sacerdos
hic tunicam geſtat cingulo ſtrictam & reductam
ſuperne, & ſupra tunicam pallio amicitur. Manu
dextera lauri ramum tenet, ſiniſtramque imponit
peramplo vaſi utrinque anſato, in quo haud dubie liquores continentur in ſacrificio effundendi :
hæc porro vaſa utrinque anſata diotæ appellabantur, & vino ſervando uſu veniebant. Diota enim
vas duabus auriculis, ſive duabus anſis inſtructum
ſignificat : pone Sacerdotem victimarius eſt lauro

coronatus, qui victimam ducit, nempe taurum
lauro itidem coronatum ; ex cujus cornibus dependent globuli rotundi, inſerto vel filo vel faſcia
detenti, qui roſaria noſtra hodierna referunt. Caſu
accidiſſe puto ut poſt quinque ſexve grana, quædam ceu cruces occurrant, perinde atque in roſa-
riis noſtris, neque exiſtimo, eos qui hujuſmodi victimarum ornamenta excogitarunt, cruces in mente
habuiſſe. In medio quoque corpore geſtat taurus
magnum ſertum ex floribus foliiſque concinnatum,
ex utraque parte dependens. Marti taurus macta-
batur : unde fortaſſis alia conjectura duci poſſet,
qua Marti ſacrificium adſcriberetur. Verum hæc
conjectura admodum levis eſſet : quia taurus victima erat omnium ferme deorum. Priori potius
conjecturæ hærendum eſt, deſumtæ ex apice,
qui Sacerdoti Martis Salio proprium erat.

III. Brixianum aliud ſacrificium plurima offert non ſolita vixque alibi obſervata. Sacerdotiſſa quæpiam talari induta tunica, inſuperque alia
tunica, infra genua defluente, demum ampliſſimo
velo, quod caput, humeros & brachia ad cubi-
tum uſque operit ; hæc Sacerdotiſſa inquam libat
& ſacrificat, pateram effundens in flammam aræ

tête, les épaules & les bras jusqu'au coude ; cette Prêtresse, dis-je, sacrifie en versant une liqueur sur la flamme d'un autel rond, elle a les pieds nuds aussi bien qu'une autre femme qui est auprès d'elle ; celle-ci est couronnée de feüilles, je ne sai de quel arbre : elle regarde le Ciel, & a un air fort dévot ; elle étend une main, & tient l'autre sur la poitrine, au dessus de sa tunique elle a une espece de mante. La tunique est marquetée de certaines figures qui ressemblent à des croix de saint André. Nous avons déja vû sur les figures de Bresse des ornemens à peu près semblables ; à côté de cette femme est un chien couché, qui pourroit peut-être marquer que le sacrifice se fait à Diane : mais cela n'est rien moins que sur.

---

rotundæ. Nudis est pedibus ut & alia mulier prope illam stans : hæc porro coronatur foliis, nescio cujus arboris, vel plantæ : hæc postrema cælum respicit, religiosissimum præ se ferens animum : manum alteram extendit, alteram pectori admovet : supra tunicam vero pallam habet se tegentem. Tunica frequentibus notis signisque respersa est, quæ crucem quam S. Andreæ vocamus, satis referunt. In monumentis porro Brixianis alia his similia ornamenta conspeximus. Ad latus hujusce mulieris canis est decumbens, unde forte conjicias hoc sacrificium Dianæ offerri. At hoc incertum omnino est.

XXVI Pl. de Tom II
SACRIFICES
1
2
3
Tom II

CHAPITRE VIII.

*I. Sacrifices sur des medaillons. II. Sacrifices à Hygiea. III. Autres sacrifices
sur des medaillons.*

I. UN medaillon du Roi montre un sacrifice fait devant ' un temple, dont P L.
la façade est à quatre colonnes d'ordre Corinthien. L'aigle qu'on XXVII.
voit dans le fronton prouve que c'est un temple de Jupiter : cependant il 1
semble que le sacrifice se fait à Hercule, que nous voïons à l'autre côté de
l'autel avec sa massuë, & la dépoüille du lion. Il n'est pas extraordinaire que
les dieux à qui l'on sacrifie soient représentez comme présens aux sacrifices.
Dans les medailles de Postume, nous voïons cet Empereur sacrifiant à Hercule, qui se tient debout comme ici à l'autre côté de l'autel. Nous avons aussi
vû Minerve en la même situation à un sacrifice qu'on lui faisoit ; mais la premiere difficulté revient toûjours, si c'est un sacrifice à Hercule, d'où vient qu'on
le fait devant un temple de Jupiter ? ou si c'est un sacrifice à Jupiter, pourquoi
Hercule avec sa massuë & la dépoüille du lion, est-il présent au sacrifice ? peut-
être que le sacrifice regarde l'un & l'autre dieu. On pourroit aussi dire que le
sacrifice se fait à Hercule, parce qu'il y avoit dans ce temple de Jupiter quelque Chapelle d'Hercule, ou quelque statuë du même dieu : ce qui se trouvoit
souvent dans les temples des Gentils. Hercule tient une patere comme pour
la verser sur la flamme : on voit souvent les dieux tenans ainsi des pateres
qu'ils versent sur des autels flamboïans. Je remarque ici un victimaire, &
deux autres hommes : il est difficile de savoir lequel doit faire la fonction de
Prêtre, à moins que ce ne soit Hercule lui-même qui sacrifie à Jupiter : il pourroit aussi se faire qu'on a mis quelqu'un en cet équipage d'Hercule, pour
exercer ce ministere. Ces profanes avoient une infinité de pratiques que
nous ignorons, & que nous ne pouvons expliquer que par des exemples répetez sur des monumens. Ce sacrifice se trouve dans un revers de l'Empereur
Antonin le pieux.

Voici un autre sacrifice ² sur le revers d'un medaillon de Marc-Aurele. La 2

C A P U T   V I I I.

*I. Sacrificia in nummis. II. Sacrificia Hy-
gieæ. III. Alia in nummis sacrificia.*

I. NUmmus Regius maximæ molis sacrificium
exhibet, ' quod ante templum peragitur,
cujus templi frontispicium quatuor columnas habet Corinthio ordine. Aquila in fastigio posita probat Jovis esse templum. Attamen videtur Herculi
sacrificium offerri, quem ad aliud aræ latus conspicimus cum clava & leonis spoliis. Deos sacrificiis quæ sibi offeruntur adstare, nec nova nec
insolita res est. In nummis Postumi, hunc Imperatorem videmus Herculi sacrificantem præsenti,
& ut in hoc nummo ad alterum aræ latus adstanti.
Minervam quoque vidimus in secundo Antiquitatis explanatæ tomo Tabul. x c i. sibi sacrificanti
cætui præsentem ; sed prior difficultas redit : si
sacrificium est Herculi cur ante Jovis templum

offertur ; si Jovi, cur Hercules cum clava & leonis pelle sacrificio adest ? Fortasse vero sacrificium
utrique deo offertur. Dici forte posset etiam sacrificium Herculi offerri : quia in illo templo aliquod Herculis sacellum, vel aliqua ejusdem dei
statua : erat quod sæpe in templis Ethnicorum occurrebat. Hercules pateram tenet, ut liquorem
quempiam in flammam effundat. Sæpe dii visuntur pateras tenentes, quas in aram effundunt flam-
migeram. Hic victimarium cernimus duosque
alios viros. Quis vero ex ambobus sit Sacerdotio
functurus, non ita facile est divinare, nisi fortasse Hercules ipse Jovi sacra faciat. Forte etiam
Herculis cultus ad hoc ministerium exercendum
cuipiam datus fuerit. Profani illi innumeros servabant ritus quos ignoramus, nec nisi repetitis
monumentorum exemplis deprehendere possumus.
Hoc sacrificium in nummi Antonini Pii postica
parte repræsentatur.

Aliud sacrificium ² proferimus ex postica parte

Victoire d'un côté tient un baffin plein de fruits qu'elle va facrifier pour la
fanté de l'Empereur, ce qu'on reconnoît par le ferpent pofé fur un autel. Ce
ferpent hauffe la tête, & fait plufieurs contours de fon corps : la ville de Rome
de l'autre côté étend fa main comme pour ordonner le facrifice ; ce font des
faits particuliers dont on ne penetre pas affez la caufe & l'économie. Le me_
daillon fut frappé après le troifiéme Confulat de Marc-Aurele à fon vingtiéme
tribunat, lorfqu'il prenoit pour la troifiéme fois le titre d'*Imperator*, ces notes
coucourent avec l'an 919. de la fondation de Rome, & l'an 166. de Jesus-
Christ : c'étoit en cette année que Lucius Verus Collegue de Marc-Au_
rele, faifoit la guerre en Orient. Il y a quelque difficulté fur la derniere note
qui le fait trois fois *Imperator*, dans les autres medailles il eft dit *Imperator*
pour la quatriéme fois, & *Imperator* III. ne concourt jamais avec trois fois
Conful, & Tribun pour la vingtiéme fois, felon Mezzabarba. On laiffe cette
difficulté à démêler aux Chronologiftes. Peut-être a t'on mal lû dans le me_
daillon du Roi, au refte ce grand arbre qui couvre Rome & l'autel, femble
marquer que le facrifice s'eft fait à la campagne.

3 II. Le fuivant ³ eft fort extraordinaire, on y voit d'abord un homme affis
fur un autel couronné de feftons. Il fe foûtient de fa main fur l'autel, & paroît
être incommodé, de l'autre bras il embraffe une lyre, derriere la lyre font
deux hommes qui paroiffent fort attentifs à ce qui fe paffe, l'un eft couronné
de laurier ; celle qui femble faire la fonction de Prêtreffe prend la tête d'un
ferpent qui entortille une colonne, au deffus de laquelle eft un vafe. J'avois
d'abord conjecturé fur la fituation de l'homme affis que c'étoit le malade pour
lequel on alloit offrir le facrifice : mais il y a plus d'apparence que c'eft un
joüeur d'inftrument. Le travail de cette pierre eft exquis, toutes les figures
y font de la derniere perfection. Quelqu'un a cru que l'homme affis qui
embraffe une lyre, eft un Apollon ; fondé fur ce qu'il eft affis fur un autel
couronné, ce qui convient mieux à Apollon qu'à un homme mortel, fur ce
qu'il tient une lyre, l'inftrument ordinaire d'Apollon, & fur ce que le facrifice fe fait pour la fanté : or Apollon étoit un des dieux invoquez pour la fanté.
Les Veftales l'appelloient *Apollon Medecin*, en ce cas là le facrifice fe feroit

---

nummi Marci Aurelii eductum. Victoria ab uno
latere difcum tenet fructibus plenum, in facrificium
adhibendis pro falute Imperatoris, id quod ex
ferpente cognofcitur in ara pofito. Serpens ille
caput erigit, & corpus circumplicat ; in altero
latere urbs Roma manum extendit, quafi imperans ut facrificium offeratur. Hujus autem & fi-
milium rerum caufam & œconomiam non accurate novimus. Percuffus nummus fuit M. Aurelio
Cof. III. Tribunitia poteftate xx. cum Imperator
III. effet, quæ notæ conveniunt in annum ab urbe
condita 919. ab ortu Chrifti 166. quo anno Lucius
Verus M. Aurelii Collega bellum in Oriente gerebat. Aliquid occurrit difficultatis in poftrema
nota, qua tertium Imperator dicitur. In cæteris
quippe nummis Imperator quartum notatur. Imperator vero tertium cum Cof. III. & TR. POT.
xx. nunquam confentiunt ut apud Mezzabarbam
videre eft. Quæ difficultas chronologis mittitur :
fortaffis autem nummi Regii lectio non accurate
expreffa fuit. Cæterum arbor illa quæ Romam
& aram operit, indicare videtur facrificium offerri
in agro.

II. Sacrificium fequens ³ non ita folito ritu procedit : ftatim vifitur vir fedens in ara fertis ornata. Manu autem aræ impofita fefe fuftenta-
re videtur ; fpeciem enim habet viri infirmitate
laborantis, altero autem brachio lyram complectitur. Pone lyram duo viri funt, rei quæ agitur
admodum intenti, horum alter lauro coronatus
eft. Illa vero feu mulier feu virgo quæ Sacerdotio
fungi videtur, caput apprehendit ferpentis qui
columnam circumplicat : fupra columnam vas
quodpiam cernitur. Statim conjectaveram virum
fedentem ægrum effe ac pro ejus falute facrificium
offerri : at verifimilius eft effe citharœdum : gemmæ fculptura florentiffimam artis redolet ætatem,
figuræ omnes accuratiffime exprimuntur. Opina-
tus eft quifpiam, virum fedentem, qui lyram
amplectitur, effe Apollinem, eo quod nempe
aræ coronatæ infideat ; id quod magis Apollini
quam mortali viro confentaneum eft ; eo quod
etiam lyram complectatur, inftrumentum nempe
Apollini familiare & quod facrificium pro falute
offeratur : erat enim Apollo inter ea numina,
quæ ad fanitatem incolumitatemque corporis adhibebantur. Virgines quippe Veftales illum Apollinem Medicum nuncupabant. Si vere fit Apollo,

Medaillon du Roi

Medaillon du Roi

M.rs Masson

M. l'Abbé Fauvel.

M. l'Abbé Fauvel.

à Apollon lui-même : il n'eſt pas nouveau de voir les dieux préſens aux ſacrifices qu'on leur offre : on s'en rapporte au jugement des habiles. On voit
* dans la pierre ſuivante preſque toutes les mêmes choſes que dans celle-ci. 4
Il n'y a entre les deux de difference qu'autant qu'il en faut pour juger que ce
n'eſt pas le même deſſein, quoique ce ſoit le même ſacrifice, il ne reſte qu'à
marquer en quoi celle-ci differe de la premiere. Les figures ſont déja tournées
d'un autre côté, en ſorte que la gauche de celle-là devient la droite dans celle-
ci. La colonne qui eſt ronde dans la premiere eſt quarrée ici, dans l'autre
la femme tient la tête du ſerpent qui entortille la colonne ; au lieu qu'ici cette
tête du ſerpent ne paroît pas. La Prêtreſſe eſt coëffée fort différemment dans
les deux ; dans la premiere, l'un des deux hommes qui aſſiſtent à la cerémoni e
eſt barbu, & couronné de laurier, au lieu qu'ici tous deux ſont ſans barbe,
& ſans couronne ; le vaſe qui eſt ſur la colonne de cette derniere image, jette
des flammes : il eſt d'une forme très-differente de l'autre. Le ſacrifice ſe fait
dans la premiere image auprès d'un mur, ſur un pavé de pierres quarrées ; &
l'on ne voit rien de tout cela dans l'autre. On y remarque encore quelques
autres diverſitez moins conſiderables.

La femme ⁵ qui tient un ſerpent dans l'image ſuivante eſt ou Hygiéa déeſſe 5
de la ſanté, ou une Prêtreſſe. La femme aſſiſe ſur un tabouret racommode ſa
lyre pour joüer pendant le ſacrifice : elle paroît être dans une violente ſitua-
tion ; mais le défaut eſt dans la pierre même. Les deux dards & le bouclier
orné d'une tête de Meduſe, pourroient marquer que c'eſt pour un guerrier
malade que le ſacrifice ſe va faire, ou peut-être que le ſacrifice ſe fait à
Minerve : tout cela ſe dit preſque en devinant. Il y en aura même qui douteront ſi c'eſt un ſacrifice, ni aïant ni autel, ni victime ; je n'oſerois rien
déterminer là-deſſus.

III. C'eſt l'Empereur Commode lui-même qui ſacrific dans le medaillon
ſuivant. ¹ Il eſt voilé & verſe ſa patere ſur la flamme qui s'éleve ſur un trépied.
Nous avons vû ſouvent des ſacrifices faits de même ſur des trépieds. La grande
femme qui porte la corne d'abondance, & qui paroît couronnée d'épis de ¹
bled, pourroit marquer l'Abondance que ces profanes regardoient comme
une déeſſe. Elle tient de la main droite une pique terminée en haut preſque

P L.
XXVIII.

ſacrificium ipſi haud dubie offeretur. Nec novum
eſt deos videre ſacrificiis ſibi oblatis præſentes. Res
tota eruditorum judicio permittitur. In gemma ⁴
ſequenti ferme omnia quæ in hac priore conſpiciuntur. Neque aliud inter ambas diſcrimen deprehendi poſſe videtur, quam id quod ſuadere
poſſit eamdem non eſſe imaginem, licet idipſum
ſit ſacrificium exhibitum : unum reſtat, ut videlicet
dicamus in quibus hæc rebus a priore differat. Figuræ inverſæ ſunt, ita ut quod latus dextrum eſt
in illa, in hac ſit ſiniſtrum. Columna quæ rotunda ibi eſt, hic eſt quadrata. In alia, mulier
ſerpentis columnam circumplicantis caput tenet,
in hac vero ſerpentis caput nuſquam comparet.
Ornatus capitis Sacerdotiſſæ in ambabus longe
differt. In priore ex duobus viris ſtantibus cære-
moniamque inſpectantibus, unus barbatus eſt &
lauro coronatus, in altera autem uterque imberbis & ſine corona eſt. Vas columnæ hujus poſtre-
mæ imaginis impoſitum, flammas emittit ; for-
maque ab alterius columnæ vaſi longe differt. In
priore imagine ſacrificium offertur prope murum,
ſupra pavimentum ex quadratis lapidibus ſtructum.

Horum porro nihil in altera imagine comparet.
Aliquæ adhuc, ſed minoris momenti, differentiæ
poſſent annotari.

Quæ ſerpentem tenet ⁵ mulier in ſchemate ſequenti eſt forte Hygiéa ſalutis dea, ſive ipſa ſa-
lus, vel eſt Sacerdotiſſa quædam. Mulier altera
in ſellula ſedens lyram ſuam concinnat ut in
ſacrificio ludat. Videtur ſane violentiam inferre
corpori, ita nempe ſeſe contorquet, ſed illud ex
una Sculptoris imperitia profectum puto : ſagittæ
duæ & clypeus Meduſæ capite ornatus, pro
bellatore ægroto ſacrificium iſtud offerri forte ſignificare poſſint. Verum hæc quaſi divinando dicuntur : nec deerunt forte qui dubitent an ſacri-
cium ſit, cum hic neque ara neque victima quæpiam compareat. De his porro nihil auſim affirmare.

III. Imperator ipſe Commodus ¹ ſacrificat in
nummo ſequenti, velatus pateram effundit in
flammam ex tripode erumpentem. Multa ſacrificia jam vidimus in tripode peracta. Mulier illa
grandi ſtatura quæ cornucopiæ geſtat, & quæ ſpi-
cis coronata eſſe videtur, poſſet eſſe Abundantia,
quam ut deam colebant profani illi veteres. Haſ-

comme un caducée ; un victimaire mene un taureau pour le sacrifice.

2 Le sacrifice [2] suivant se fait à Ephese sur le perron du fameux temple de Diane d'Ephese, qui est representée avec ses broches à l'entrée du temple. Un trépied sert ici d'autel comme dans le sacrifice précedent ; les Ephesiens qui ont frappé ce medaillon disent qu'eux seuls entre toutes les Communautez des Villes ont été quatre fois Neocores. Nous avons dit ci devant ce que c'étoit qu'une ville Neocore, & marqué la dispute sur la primauté qui étoit entre Ephese, Smyrne & Pergame villes d'Asie.

3 Les deux sacrifices [3] suivans se font à Pergame, dans le premier on voit un temple dont le toit est tout herissé de pointes, à l'entrée du temple on voit un dieu assis qui tient une pique. On l'a fait si petit qu'il n'est pas possible de distinguer quel dieu ce peut être. Il y avoit plusieurs dieux dont on ne sait aujourd'hui ni le nom, ni la figure. Devant ce temple on offre à ce dieu un sacrifice, le Prêtre tient une patere qu'il va répandre, le victimaire éleve son maillet pour assommer le taureau : on ne voit pourtant point ici d'autel, non plus que dans le sacrifice suivant qu'on offre aussi devant un temple, &

4 où le Prêtre [4] tient la patere de même, & le victimaire un maillet pour assommer la victime.

5 Le sacrifice à la déesse [5] Salus ou la Santé, representé dans le medaillon suivant se fait pour Alexandre Severe. La déesse assise présente sa patere à un serpent qui y vient boire ; aux pieds d'Hygiea est un autel, & au delà de l'autel, l'Empereur la tête nuë implore l'assistance de la déesse. Un soldat armé de casque, de cuirasse & de pique, se tient derriere le Prince.

---

tam illa tenet dextra manu, quæ hasta superne caduceo terminatur. Victimarius taurum mactandum ducit.

Sacrificium [2] sequens Ephesi in porticu templi illius celeberrimi Dianæ Ephesiæ offertur : dea autem ipsa cum verubus ad ingressum templi repræsentatur. Tripus aræ vicem præstat ut in præcedenti sacrificio : Ephesii, qui hunc percussere nummum, inscriptione nummi indicant, hoc sibi solis competere, quod inter Asiæ urbes quater Neocori facti fuerint : jam supra explicatum est quid esset urbs ΝΕΩΚΟΡΟΣ, ubi de tribus æmulis urbibus Epheso, Smyrna & Pergamo, quæ de primatu inter se contendebant, satis diximus.

Duo sacrificia [3] sequentia Pergami peraguntur. In priore templum visitur cujus tectum prominentibus pinnis refertum & quasi hirsutum est.

Ad ostium templi sedet quidam deus hastam tenens : nec potest quis sit in tam exigua imagine discerni : multa certe erant numina quæ ne nomine quidem nota nobis sunt. Ante templum huic numini sacrificium offertur ; Sacerdos pateram tenet mox effundendam : victimarius malleum erigit, quo taurum mactet. Nulla tamen hic ara visitur, id quod etiam in nummo sequenti observatur, ubi similiter ante templum offertur [4] sacrificium, Sacerdos pateram effundit, victimarius taurum mactat.

Sacrificium [5] saluti sive Hygiéæ offertur pro Alexandro Severo. Dea sedens pateram serpenti offert qui biburus accedit. Ante Hygiéam ara est, & in opposita aræ parte Imperator stans nudo capite deæ auxilium implorat. Miles casside, thorace & hasta armatus pone Imperatorem stat.

SACRIFICES

Medaillons du Roy

Medaillons du Roy

M. le Marquis de Chambonas

Licetus

CHAPITRE IX.

*I. Sacrifice rustique par trois Nymphes. II. Sacrifice à Bacchus. III. Sacrifice
extraordinaire à Diane. IV. Autre à Mars. V. Autre à Jupiter conservateur
VI. Sacrifice de Valerien & de Gallien. VII. Luperce ou Athlete. VIII. le
Pulvinar.*

I. L'Image [6] suivante montre un sacrifice rustique, ou fait à la campagne, [6]
comme le marque la branche d'arbre qui s'éleve entre ces filles, ou ces
Nymphes qui sacrifient: celle qui fait la fonction de Prêtresse, jette dans la
flamme d'un autel rond quelque chose qu'on ne peut distinguer : celle qui
vient après éleve une couronne de laurier, comme voulant couronner la
Prêtresse. La derniere est attentive au sacrifice ; dans l'Exergue on voit deux
branches de laurier qui se croisent, ce qui pourroit signifier que le sacrifice
se fait en action de graces de quelqu'insigne bienfait.

II. Le sacrifice [7] qui vient ensuite se fait à Bacchus, ou à quelque dieu de [7]
sa bande. Le premier de l'image porte quelques fruits dans un plat, un autre
tient d'une main un bassin plein de fruits, & de l'autre un coûteau pour
égorger un cochon destiné au sacrifice : ce cochon étoit apparemment bandé
par le milieu du corps, comme l'étoient ceux qu'on menoit pour être immolez ; mais le victimaire cache plus de la moitié de l'animal ; & l'on ne
voit point cette bande. Le dernier personnage a tout l'air de quelque Silene,
& une queuë comme les Satyres: il joüe des instrumens, & ce qu'il y a de
singulier est que l'un est une flute droite, & l'autre un cor tout tortu : cependant il soufle en même tems l'un & l'autre ; c'est une chose fort ordinaire
de voir joüer de deux flutes à la fois, sur tout dans les sacrifices ; mais joüer
en même tems d'une flute, & d'un autre instrument tortu, cela est tout
nouveau pour moi, je ne l'avois vû qu'ici.

III. Tout est extraordinaire dans le sacrifice suivant ; Diane nuë, ce qu'on

P L. XXIX.

CAPUT IX.

*I. Sacrificium rusticum trium nympharum.
II. Sacrificium Baccho. III. Insolitæ
formæ sacrificium Dianæ. IV. Aliud sacrificium Marti. V. Aliud Jovi conservatori. VI. Sacrificium Valeriani &
Gallieni. VII. Lupercus, vel athleta.*

I. Schema sequens [6] sacrificium monstrat rusticum, ut ex arboris ramo inter tres illas seu
nymphas seu virgines surgente indicari videtur,
quæ nymphæ hic sacra faciunt. Illa quæ Sacerdotis vice fungitur in flammam aræ rotundæ aliquid conjicit : quod quidnam sit vix internosci
potest, quæ postea sequitur lauream coronam erigit, ac si Sacerdotissam ea coronare velit. Quæ
sequitur, rem quæ agitur, intento, ut videtur,
animo respicit. In exergo duo rami laurei sunt
sese mutuo decussantes, qua re forte significatur
sacrificium in gratiam collati cujuspiam beneficii
offerri.

II. Sacrificium [7] illud aliud quod sequitur aut
Baccho, aut alicui ex Bacchica caterva deo offertur. Qui prior in schemate est fructus aliquot in
disco gestat : alius altera manu pelvim fructibus
plenam, altera cultrum jugulando sui tenet : nam
hic sus mactandus offertur. Eratque, ut credere
est, sus medio corpore fascia ligatus, ut vulgo
erant sues quos diis mactandos adducebant : sed
cum victimarius plus quam dimidium suem ob-
tegat, non potest hæc fascia cerni. Postremus esse
Silenus quispiam videtur, caudamque habet
perinde atque Satyri : instrumentis quibusdam
ludit ; quodque observes velim, simul flat in tibiam rectam, & in aliud instrumentum contor-
tum, cornu referens. Res admodum trita est tibicines videre duabus simul tibiis ludentes, id
quod in sacrificiis passim conspicitur ; at simul
tibia, & contorto illo instrumento ludere, id
certe novum insolensque est, & nusquam alias me
videre memini.

III. Nihil non singulare in sacrificio sequenti
observatur. Diana nuda quod [1] sane perquam raro

M iij

1 ne voit guere, est sur un autel rond, a sur [1] la tête un croissant, & tient un chien par les pattes : elle fait signe de la main à la victoire qui sacrifie devant l'autel. Cette victoire est nuë, ailée, armée d'un casque qui a une longue aigrette ; elle sacrifie un taureau qu'elle vient d'atterrer, pour lui plonger plus aisément le coûteau dans la gorge, elle le tient par le muffle, & lui fait lever la tête. Quelque vainqueur, après le combat où il croïoit avoir été secouru par Diane, aura peut-être imaginé cet acte de reconnoissance ; si ce n'est pas cela, c'est quelque chose qu'il est mal-aisé de deviner. Après les images de Mithras, nous en avons vû d'autres fort semblables à celle-ci, au premier tome de l'Antiquité planche ccxix. & une autre sur une lampe au cinquiéme tome, planche cxc. Mais nous n'avons point encore trouvé de monument qui aide à expliquer ceux de cette espece. Nous trouvons si souvent Mithras sur le taureau presqu'en la même posture, qu'on a mis quelquefois ces sortes d'images avec les Mithriaques.

2   IV. Le sacrifice suivant [2] est des plus solemnels : c'est pour la victoire de Gordien Romain, comme le marque l'inscription *Victoria Augusti :* c'est la victoire qu'il remporta contre les Perses l'an de la fondation de Rome 996. de Jesus-Christ 243. où il reprit Antioche, & se saisit de Carres & de Nisibe, villes de l'Empire des Perses. Ce sacrifice se fait devant le temple de Mars, temple rond fort élevé, & qui a une espece de coupole : dans le fronton & sous l'entablement, on voit cette inscription grecque ΘΕΟΣ ΟΠΛΟ_ΦΟΡΟΣ, qui signifie *deus armis munitus* le dieu armé ; en effet Mars paroît armé sur la porte du temple, le dernier mot ὁπλόφορος est clairement exprimé sur l'image, le premier n'est pas si lisible ; mais comme M. Vaillant dans son Traité des Medaillons a lû ainsi, & qu'il en avoit peut-être vû plusieurs dont les uns aidoient à lire les autres, nous avons crû devoir lire comme lui : il y a sur le milieu du temple trois grandes portes en arcades, dans celle du milieu qui est la plus large, se voit Mars en habit militaire, armé d'une pique. Le sacrifice se fait en cette maniere ; l'autel est un trépied, l'Empereur avec la toge est couronné de laurier, jette quelque chose dans le feu, deux hommes qui le suivent sont aussi revêtus de la toge ; de l'autre côté l'on voit deux

---

cernimus, stat super ara rotunda, [1] crescentem pro more lunam capite gestans, canem aliudve animal pedibus tenens. Extensa manu aliquid imperare videtur victoriæ nudæ, alatæ, cristata casside munitæ, quæ ante aram sacrificat, taurumque mactat, quem antea prostravit, ut facilius gladium in jugulum immittat, taurum naribus apprehendit, ut caput erigat. Victor quispiam post victoriam Dianæ ope, ut ipse putabat, partam, hoc forsitan grati animi signum excogitavit. Aut hoc est, aut aliud quidpiam longo & forsan inutili conatu explorandum. Post Mithræ schemata figuras pene similes vidimus tomo primo Antiquitatis explanatæ Tab. ccxix. Aliam quoque dedimus in Lucernis tomo v. Tab. cxc. Sed nondum schema quodpiam hujusmodi prodiit, quod ad alia explananda juvet. Adeo frequentes exstant Mithræ tauro eodem modo insistentis imagines, ut hæ, quibusde agimus, icones cum Mithriacis nonnunquam positæ sint.

IV. Sacrificium [2] sequens inter solenniora computandum. Pro victoria enim Gordiani Romani oblatum fuit, ut inscriptione fertur. VICTORIA AUGUSTI. Illa nempe victoria est, quam de Persis reportavit anno urbis Romæ conditæ 996. Christi 243. qua Antiochiam recuperavit, & Carras Nisibinque sub imperio Persarum urbes cepit. Offertur porro sacrificium ante templum Martis ; templum rotundum sublime, in quo videtur tholus esse. Sub fastigio & tabulato legitur hæc inscriptio Græca. ΘΕΟC ΟΠΛΟΦΟΡΟC, *Deus armis munitus.* Et vere Mars hic armatus visitur in ostio templi. Postrema vox ὁπλόφορος clare legitur in nummo, prima non ita facile legitur : quia vero Valentius in libro de nummis maximæ molis ita legit, quia fortasse plurimos viderat nummos quorum alii aliis legendis opem attulere, ita legendum esse censuimus. In medio templo tria magna ostia in arcus formam concinnata visuntur, in media autem porta, quæ latior est cæteris, Mars comparet cum veste militari hastam tenens ; sacrificium hoc modo peragitur. Aræ loco tripus erigitur. Imperator togatus & lauro coronatus, in ignem quidpiam conjicit. Duo viri Imperatorem sequentes toga & ipsi sunt induti. Ad aliud latus duo victimarii sunt, quorum al-

victimaires dont l'un éleve sa hache pour frapper la victime qui est un taureau. Dans un autre medaille frappée pour le même sujet, l'Empereur est
couronné par la victoire. *Voyez Mezzabarba*, *p.* 340.

V. L'Empereur Alexandre ³ Severe, sacrifie à Jupiter conservateur, qui ³
se voit au-de là de l'autel tenant un sceptre, & qui par dessus la flamme de
l'autel donne la main à l'Empereur qui est en habit militaire, couronné de
laurier, & tient une pique : du côté de Jupiter paroît le plus grand signe
militaire, deux porte-enseignes qui suivent l'Empereur en tiennent de plus
petits : ce qui est à remarquer ici, c'est que Jupiter conservateur est revêtu
de la peau du lion comme Hercule; on voit sur sa tête le muffle, les yeux &
les oreilles du lion. Ce manteau qu'il porte paroît n'être que la peau du lion;
& l'on voit effectivement la peau de la jambe avec le pied du lion, sur le
derriere entre les jambes de Jupiter. Pourquoi Jupiter porte-t'il ici la dépoüille du lion, qui est la marque particuliere d'Hercule ? la raison en est ici
évidente; c'est qu'on lui a remis le principal signe de l'Armée Romaine, il
est devenu le *signifer*, ou le porte-enseigne des troupes : or les porte-enseignes alloient ainsi revêtus de la peau du lion, comme on peut voir dans un
grand nombre de planches du tome quatriéme de l'Antiquité, qui représentent l'Armée Romaine : les porte-enseignes y ont toûjours la dépoüille
du lion sur la tête. Il y a grande apparence qu'Alexandre Severe allant faire
la guerre en Orient, fit frapper cette medaille; & que Jupiter conservateur
y est représenté en porte-enseigne, dont l'office est de guider les troupes,
parce qu'il esperoit que Jupiter, propice à ses vœux & à ses sacrifices, le gui-
deroit dans cette entreprise,& le rameneroit victorieux. Dans cette confiance
il a fait mettre sur le medaillon Jupiter qui lui donne la main, comme en-
gageant sa foi, qu'il le conservera, & le protegera dans cette expedition
militaire. Jupiter étend ici son manteau qui est la peau du lion, comme pour
couvrir & conserver ceux qu'il veut mettre sous sa protection : ce qui se voit
assez souvent dans les medailles, & dans d'autres monumens.

VI. Un beau medaillon de Valerien ⁴ & de Gallien, nous présente d'un ⁴
côté les têtes de ces deux Princes. Valerien porte une couronne radiale,

---

ter securim erigit, ut taurum victimam percutiat.
In alio nummo eadem de causa percusso Imperator a victoria coronatur. Vide Mezzabarbam p.
340.

V. Alexander Severus ³ Imperator Jovi conservatori sacrificat, qui deus ad aliud aræ latus est
sceptrum tenens, & supra aræ flammam manum
porrigit Imperatori militarem vestem gestanti;
laureâ coronâ decorato & hastam tenenti. Juxta
brachium Jovis signum militare erigitur, duo signiferi Imperatorem sequentes minora gestant
militaria signa. Quod hic notandum, Jupiter
conservator leonina pelle, ut Hercules, obtectus
est : capiti Jovis cùm pelle impositæ cernuntur
nares, item oculi & aures leonis. Pallium quo
operitur, nihil aliud esse videtur, quam leonina
pellis. Et vere tibiæ pellis cum pede leonis a
tergo visitur inter crura Jovis. Quare Jupiter
pellem leonis hic gestat; quæ propria est Herculis
nota ? Quia nempe ipsi militare signum exercitus Romani præcipuum datum est, & quasi signifer exercitus hic repræsentatur. Nam signiferi sic

leonina induti pelle erant; ut videre est in multis
Antiquitatis explanatæ tomo quarto Tabulis, exer-
citum Romanum vel partem ejus repræsentantibus,
ubi signiferi semper leonis pelle sunt obtecti. Verisimile autem est Alexandrum Severum bellum
orientale suscepturum, hunc cudi nummum curavisse, Jovemque conservatorem hic signiferum
agere, cujus signiferi officium est legiones & ma-
nipulos ducere, quia nempe sperabat Jovem votis & sacrificiis suis propitium, in hoc gerendo
bello sibi ducem & antesignanum fore, seque victorem deducturum esse. Hac fiducia fretus Jovem
hic exprimi jussit, manum secum jungentem, fi-
demque dantem, se auxilio Imperatori futurum,
dum hanc militarem expeditionem perageret. Jupiter hic pallium sive leonis pellem extendit hinc
inde, quasi ut operiat obtegatque eos, quibus
patrocinari peroptat; id quod non raro in nummis in cæterisque monumentis observatur.

VI. Nummus elegans ⁴ Valeriani & Gallieni,
ab altera facie capita amborum Imperatorum
monstrat; Valerianus radiatam gestat coronam

Gallien est couronné de laurier. Au revers les deux Empereurs sacrifient sur un autel flamboïant, tous deux couronnez comme ci-devant, en habit militaire, tenant la pique à la main gauche. Ce qui est à remarquer est que Gallien étant de bien moindre taille que son pere, pour suppléer à cela, il tient les deux pieds sur deux monceaux de terre. Une victoire qui étend ses ailes & ses bras, tient à chaque main une couronne de laurier, comme pour la mettre sur les têtes des Empereurs. Cependant Gallien est sur cette medaille déja couronné de laurier, comme nous avons dit; & Valerien son pere porte une couronne radiale : de sorte que la victoire va mettre couronnes sur couronnes.

5   VII. Le Luperce ⁵ qui vient ensuite est tiré d'une pierre gravée. Nous ne l'appellons Luperce que par conjecture; il y a d'assez fortes raisons pour le prendre pour un athlete, comme nous dirons plus bas. Les Luperces étoient des jeunes garçons qui faisoient des societez de religion, tant à Rome que dans d'autres Villes, comme Preneste & Nîmes. Ils celebroient la fête de Luperce, ou de Pan Lycée, fête qu'Evander apporta d'Arcadie. Nous en avons parlé à la page 232. du second tome de l'Antiquité. A cette fête les Luperces couroient nus par la Ville, c'étoit au mois de Février : ils portoient des foüets, dont ils frappoient tous ceux qu'ils trouvoient sur leur chemin. Les femmes loin d'éviter leur rencontre, leur alloient au devant pour attraper quelques coups de foüet, persuadées que cela leur serviroit à devenir fécondes, ou si elles étoient enceintes, que cela leur aideroit à accoucher heureusement. Voici apparemment un de ces Luperces, qui fatigué d'un exercice si violent se repose en s'appuïant sur une colonne. Il est tout nu, il porte seulement une bande d'étoffe : aussi les Luperces en portoient ils faites de peaux de bêtes qu'ils avoient immolées. La petitesse de l'image dans son original empêche de distinguer de quoi est composée cette bande d'étoffe. Ce luperce tout fatigué qu'il est, & appuïé sur sa colonne, tient son foüet levé, comme pour frapper les femmes qui se présenteront, & qui viendront à la portée de ses coups favorables. Je remarque ici que ce foüet a l'air d'une branche de palmier.

La pierre est fort petite, comme on voit par le diametre de l'ovale, pris

---

Gallienus autem lauro coronatur. In postica facie duo Imperatores sacrificant, ambo coronati ut ante, militari induti veste, hastam sinistra tenentes, quodque observandum cum Gallienus minoris sit staturæ, quam pater, ut adæquet patrem glebas duas sub pedibus habet. Victoria alas extendens coronas laureas singulas singulis manibus tenet, quasi impositura capitibus Imperatorum. Et tamen Gallienus jam lauro coronatus est, ut diximus. Valerianusque ejus pater coronam gestat radiatam, itaque victoria coronas coronis impositura est,

VII. Lupercus ille ⁵ qui sequitur ex gemma expressus est. Lupercum porro ex conjectura tantum dicimus : neque enim improbabile est Athletam esse posse ut modo dicemus. Luperci juvenes erant quidam, qui sodalitia habebant Romæ, Preneste & Nemausi. Festum diem celebrabant Luperci seu Panos Lycei : quem festum diem Evander ex Arcadia attulerat. Qua de re jam egimus in secundo Antiquitatis explanatæ tomo p.

232. Hoc die festo Luperci nudi per urbem currebant, id quod mense Februario contingebat; flagella gestabant, queis eos percutiebant quos haberent obvios. Mulieres porro sponte illis occurrebant, nedum ab eis declinarent, ut ab eis flagello cæderentur, existimantes id sibi fecunditatem conciliare, vel felicem partum si prægnantes essent. En Lupercum hujusmodi, ut probabile omnino est, qui post tam violentum exercitium sessus, animos resumit columnæ nixus. Nudus est, pannum tantummodo oblongum gestans, hujusmodi autem fascias & pannos gestabant Luperci, sed ex pellibus animalium quæ immolassent. Verum tam exigua est archetypi imago, ut nullo modo possit distingui an pannus ille sit ex pellibus animalium confectus. Hic Lupercus etsi defatigatus & columna nixus, flagellum tamen erigit, quasi mulieres quæ sibi pro fecunditate aut felici partu occurere velint percussurus. Ejus porro flagellum palmi ramus videtur esse.

Lapis admodum exiguus est, ut ex ejus longiore

dans

Mr. le Mar. d'Estrées

Medaillon du Roi

Medaillon du Roi

Medaillon du Roi

M. de Serte

dans fa longueur, & mis à côté de l'image, & l'on ne peut diftinguer clairement fi c'eft une palme, ou un foüet. Si c'eft veritablement une palme; j'aimerois mieux croire que ce jeune homme eft un de ces athletes qui combattoient à l'un des cinq exercices gymniques, qu'on appelloit en grec πέν-ταθλος, & en latin *quinquertium*. Ces jeux gymniques étoient, le combat à coup de poing, la lutte, le difque ou le palet, la courfe, & la danfe. C'étoit peut-être à quelqu'un de ces jeux que ce jeune homme étoit demeuré vainqueur, & avoit remporté la palme. Fatigué après ce long exercice, il s'appuïe à une colonne, & tient la palme élevée pour faire montre de fa victoire.

---

diametro ad latus imaginis pofito percipies : neque facile internofcere poffis palma, ne fit illud quod hic juvenis tenet, an flagellum. Si vere palma fit credere malim, juvenem ex numero athletarum effe, qui decertabant in aliquo exercitiorum gymnicorum quinque, qui Græce πένταθλος latine quin-quertium vocabantur. Hi porro Gymnici ludi erant, pugilatus, lucta, difcus, curfus, faltatio. Poft aliquam fortaffe hujufmodi exercitationem hic juvenis cum victor evafiffet palmamque retuliffet, longo feffus exercitio in columna nititur, & palmam erigit reportatæ victoriæ fignum.

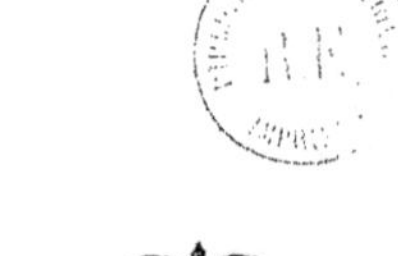

LIVRE V.

Fêtes, Vœux.

CHAPITRE I.

Ce qu'on appelloit pulvinar.

Pl.
aprésla
XXIX.

I. **V**Oici, si je ne me trompe, le *pulvinar* dont il est souvent parlé dans les Auteurs, & dont on n'a pas encore bien découvert l'usage. Les *pulvinaria*, selon Servius Georgic. 3. 533. étoient des lits qu'on étendoit dans les temples où ils étoient exposez à la vûë du peuple & de la foule, *lectuli qui sterni in templis supervenientibus plerisque consuerunt.* En certaines fêtes on mettoit des statues des dieux sur ces *pulvinaria.* Des savans ont crû qu'on les couchoit comme dans des lits, & que les *pulvinaria* leur relevoient la tête comme des oreillers ; mais cette opinion a été solidement refutée. Acron sur Horace Od. 1. 37. 3. dit que c'étoit une machine de bois, sur laquelle les dieux étoient mis debout, pour qu'ils parussent plus grands, *tabulatum in quo stabant numina ; ut eminentiora viderentur.* Un fait rapporté par Capitolin dans la vie de Marc-Aurele chap. 4. prouve que les dieux se tenoient sur le *pulvinar* debout, & non pas couchez. Tous les Saliens jettoient des couronnes sur le *pulvinar* où étoit le dieu Mars leur patron. Le jeune Marc-Aurele qui étoit de l'ordre des Saliens, jetta aussi la sienne ; celles que jetterent ses confreres Saliens tomberent de côté & d'autre, où le hazard les porta, & celle de Marc-Aurele tomba sur la tête de Mars, où elle se plaça comme si on l'avoit agencée avec la main. Ce qui n'auroit jamais pû se faire si la statue avoit été couchée, cela fut regardé comme un présage qu'il seroit un jour Empereur.

Il ne faut point douter que cette machine ne fût garnie pardessus d'une

---

LIBER V.

Festa & Vota.

CAPUT PRIMUM.

I. Pulvinar quid esset.

I. **E**N, ni fallor, pulvinar, cujus sæpe mentio apud Scriptores, cujusque usus nondum satis cognitus fuit. Pulvinaria, ut ait Servius in 3. Georgicon Virgilii v. 533. erant *lectuli, qui sterni in templis supervenientibus plerisque consuerunt.* Quibusdam occurrentibus solennitatibus deorum statuæ pulvinaribus imponebantur. Nec defuere inter doctos qui putaverint statuas illas quasi in lectis decubuisse, & pulvinaribus pro more caput fuisse suffultum : verum isthæc opinio rejecta depulsaque fuit. Acron in Horatii Od. 1. 37. 3. ait fuisse *tabulatum, in quo stabant numina, ut eminentiora* viderentur. Ex loco Capitolini in vita M. Aurelii cap. 4. probatur deos in pulvinaribus stetisse, non decubuisse. *In Saliatu,* inquit, *omen accepit imperii. Coronas omnibus in pulvinar ex more jacientibus, aliæ aliis locis haserunt; hujus, velut manu, capiti Martis aptata est.* Et illud ominis loco fuit, fore ipsum aliquando Imperatorem.

Neque dubitandum est machinam hujusmodi,

eſpece de couſſin. Le mot *pulvinar* l'indique. La premiere machine que nous donnons ici a tout l'air d'avoir ſervi pour cela. Il y a ſur le devant un bas relief, qui repréſente quatre figures, dont deux ſont ailées ; l'une de celles-ci joüe du tympanon, l'autre ſoûtient un homme nu qui ſemble ſe laiſſer tomber : il y a encore une autre figure qu'on ne diſtingue pas bien.

L'autre *pulvinar* differe beaucoup de celui-ci, par l'ornement. Au deſſus du couſſin il y a un grand tapis étendu, & frangé par les bords ; & ſous le couſſin un grand vaſe plein de fleurs qui paroît comme dans une concavité.

Tite-Live Decade 3. l. 2. c. 10. dit que dans la ſeconde guerre Punique, on mit pluſieurs *pulvinars* pour les dieux, un pour Jupiter & Junon ; le ſecond pour Neptune & Minerve ; le troiſiéme pour Mars & Venus ; le quatriéme pour Apollon & Diane ; le cinquiéme pour Vulcain & Veſta ; le ſixiéme pour Mercure & Cerés.

---

pulvino quopiam fuiſſe munitam. Prior quam proferimus ad hoc omnino inſerviviſſe videtur. In anteriore facie eſt anaglyphum, quatuor exhibens figuras, quarum duæ alatæ ſunt. Ex hiſce altera tympano ludit ; altera virum nudum fulcit, qui ſponte ſua cadere videtur. Alia quoque ibidem viſitur figura, quam internoſcere non ita facile eſt.

Alterum pulvinar quod ad ornatum, ab hoc longe differt. Supra pulvillum pannus grandis extenſuſque eſt & ab oris fimbriatus, & ſub pulvillo vas grande floribus plenum, quod quaſi in loco abdito conſpicitur. Secundo bello Punico, ut ait Livius Decad. 3. l. 2. c. 10. *pulvinaria in conſpectu fuere Jovi & Junoni unum ; alterum Neptuno & Minervæ ; tertium Marti & Veneri ; quartum Apollini ac Dianæ ; quintum Vulcano & Veſtæ ; ſextum Mercurio & Cereri.*

CHAPITRE II.

*I. Inscription mal lûë par Spon. II. Les Dionysies d'Athenes, avec le nom de
l'Arconte & des autres premiers Magistrats. III. Les mysteres de Bacchus alloient avec ceux de Cerés. IV. L'Arconte éponyme. V. Qui étoit le Roi.
VI. Le Polemarque. VII. Les six Thesmothetes. VIII. Les autres plus bas
Officiers.*

P L.
XXX.

I. UN beau marbre d'Athenes transporté de-là à Constantinople, & depuis de Constantinople à Paris, où il se trouve à la Bibliotheque de
M. le Comte de Seignelai; ce beau marbre, dis-je, est trop curieux & trop
utile pour le passer ici. Il contient les Magistrats d'Athenes dans leur ordre ;
les grands avec les petits ; & cela par rapport à la grande fête des Dionysiaques. Quoique j'aïe déja donné cette table dans la Paleographie grecque :
elle entre si naturellement dans ce Supplément , que j'ai crû la devoir
encore mettre ici en la même forme que je l'ai représentée dans cet autre
ouvrage. Je ne parlerai point en l'expliquant de la figure de certains caracteres grecs, & de quelques particularitez qui regardent la langue greque :
cela est déja fait en son lieu. Spon avoit déja copié cette inscription à Constantinople , & l'a fait imprimer dans son voïage, tom. 3. p. 106. mais il l'a
tellement défigurée, que sa copie n'est bonne qu'à induire à erreur ceux qui
voudront s'en servir. L'inscription n'est pourtant pas difficile à lire, mais il
faut que la conjoncture du tems ne lui ait pas permis d'y apporter toute l'attention requise. Il a souvent changé le cas des noms, & par une suite necef-
saire fait un sens tout different : il a mis le singulier pour le plurier, sauté des
mots necessaires, joint des mots à d'autres qu'à ceux qu'il falloit ; en un mot
il a fait une inscription nouvelle , dans laquelle on a peine à trouver quelque
sens : voici ce qu'on en peut tirer.

CAPUT II.

*I. Inscriptio ab Sponio perperam lecta. II. Dio-
nysia Athenarum festa cum nomine Archontis cæterorumque magistratuum præcipuorum. III. Mysteria Bacchi cum
Mysteriis Cereris. IV. Archon eponymus
quis. V. Quis rex sacrorum erat. VI.
Polemarchus. VII. Sex Thesmothetæ.
VIII. Inferiores alii ministri.*

I. MArmor elegans Atheniense, Athenis Con-
stantinopolim, deindeque Constantinopoli
Lutetiam translatum, jam exstat in Bibliotheca
Illustrissimi Marchionis de Seignelai. Marmor,
inquam, illud ita spectabile, ita ad multarum rerum notitiam utile est, ut non liceat illud præ-
termittere. Magistratus Athenarum complectitur
sive majores sive minores suo ordine ; referturque
illud ad magnum Dionysiorum festum. Etsi hoc

monumentum jam in Palæographia mea dederim;
ita tamen præsenti, de qua agitur , rei competit , ut putarim hic etiam ipsi locum esse dandum,
eadem qua ibi repræsentatur forma. Non loquar
hic de figura quorumdam characterum Græcorum,
deque aliis ad Græcam linguam pertinentibus ;
illud enim in memorata Palæographia jam actum
est. Jacobus Sponius hanc eamdem inscriptionem
Constantinopoli jam exscripserat ; & in itinere
suo , Gallico idiomate descripto , publicavit tomo
3. p. 106. Verum illam tam crassis erroribus de-
formavit , ut ejus exemplar in errorem necessario
inducat eos , qui illa uti voluerint. Inscriptio tamen
lectu difficilis non est. Verum fortasse non licuit
ipsi per tempus majorem adhibere diligentiam.
Sæpe nominum casus mutavit: sicque necessario sensum alio transtulit : singularem pro plurali numero
adhibuit ; seriei necessaria verba prætermisit ; alias
voces cum aliis male conjunxit : ut uno verbo
dicam, novam inscriptionem fecit , cujus mentem vix eruas. En illam ut Sponius edidit,

PULVINARS

Drusus Consul étant Arconte & Prêtre

Xenon fils de Menneus Phlyen

Heraclite fils d'Aristocle Sphettien Polemarque

....ete fils d'Alcete Thesmothete Perithoïde

Lucius Sphettius Cephisien

Philotas fils de Theodore de Myrinunte

Demetrius fils de Cineas Cydathenien

Sextius fils de Lucius Diradiote

Athenodore fils d'Eugiton Phrearrien

Alexandre fils d'Alexandre Thriasien

Le Heraut du Senat de l'Areopage

Leonidés fils de Leonidés, heraut de l'Arconte

Diodore Hermius joüeur de flute

Isiphile fils d'Asclepiade Athmonien

Hestiée fils de Denys Milesien

C'est ainsi qu'il a donné cette inscription d'Athenes, la plus claire dans l'original qu'on puisse voir ; & une des plus instructives qui aïent encore paru. Le précis qu'en donne Spon au même endroit, fait voir qu'il n'a pû lui même rien entendre dans sa copie.

C'étoit un marbre, dit-il, mis apparemment en memoire de quelque édifice, auquel plusieurs personnes avoient contribué, lorsque Drusus fils de Tibere fut Arconte à Athenes, qui est une particularité que l'histoire ne nous apprend pas. Le Polemarque dont il est aussi fait mention, étoit celui à qui les Atheniens donnoient l'Armée à commander ; & le Thesmothete celui qui présidoit aux jeux

Αρχοντος

Και Ιερεως Δρυσυ υπατυ

Ζενων Μεννευ Φλυευς

Ηρακλιτος Αεισυκλευς Σφητλιος πολεμαρχος,

..... ετησα Αλκετου Πειειθυιδης Θεσμοτητυ

Λευκιος Σεππιος Κηφισιευς

Φιλοτας Θεοδωρυ εν Μυεινουντι   (sic)

Δημητειος Κινευ Κυδαθηναευς

Σεξσιος Λευκιυ Διραδιωτης

Αθηνοδωρες Ευγιτονος Φρεαρριος

Αλεξανδρος Αλεξανδρυ Θειασιος

Κηρυξ της εξ Αρειοπαγυ βυλης

Λεωνιδης Λεωνιδυ Μελιτευς πυρυξ αρχοντι

Διοδωρος Ερμειος αυλητης

Ισιφιλος Ασκληπιαδιου Αθμονευς

Εστιαιος Διονυσιυ Μιλησιος.

Hoc est,   Archonte

Et Sacerdote Druso Consule

Xenon Mennei Phlyeus

Heraclitus Aristoclis Sphettius Polemarchus,

.... etas Alceta Thesmotheta filius Perithoïdes

Lucius Seppius Cephisieus

Philotas Theodori ex Myrinunte

Demetrius Cineæ Cydathenæus

Sextius Lucii Diradiotes

Athenodorus Eugitouis Phrearrius

Alexander Alexandri Thriasius

Præco Senatus Areopagi

Leonides Leonidæ filius præco Archonti

Diodorus Hermius tibicen

Isiphilus Asclepiadis Athmoneus

Hestiæus Dionysii Milesius.

Sic ille nobilem Atheniensem inscriptionem edidit, quæ in archetypo omnium clarissima est, nullique obnoxia difficultati, quæ plurima præclaraque docet ad historiam pertinentia. Inscriptionis synopsin & argumentum eodem loco dedit Sponius, qua synopsi se nihil sani in exemplari suo percepisse commonstrat : *Marmor*, inquit, *ut videtur positum in memoriam cujusdam ædificii, plurimorum sumtibus constructi, quo tempore Drusus Tiberii filius Archon Athenis fuit, id quod in historia prætermissum est. Polemarchus hic memoratus, is erat cui exercitus ductum tradebant Athenienses : Thesmotheta vero, is qui ludis publicis præerat ; qui*

publics. Voilà un Commentaire pire encore que le texte, & capable d'égarer ceux qui voudront s'en fervir : il n'eft parlé là d'aucun édifice ; il n'eft point dit dans le vrai texte que Drufus fût Arconte : il y a fix Thefmothetes, & non pas un feul Thefmothete, comme dit Spon, & tout le refte eft fi alteré, qu'on ne peut s'en fervir fans rifquer. En effet M. Vandale un des plus habiles hommes du fiecle, n'a fait Drufus Archonte d'Athenes, qui certainement ne l'a jamais été, que parce que Spon l'avoit mis ainfi dans fa miferable copie, & dans fa glofe. Voici le fens de cette infcription tirée exactement de l'original.

Sous le Confulat de Drufus, l'Archonte & le Prêtre étoit Xenon fils de Menneus Phlyen.

Le Roi, Heraclite fils d'Ariftocle Sphettien.

Le Polemarque Alcete fils d'Alcete Perithoïde.

Les Thefmothetes : Lucius Seppius Cephifien ; Philotas fils de Theodore de Myrinuffe ; Demetrius fils de Cineas Cydathenien ; Sextus fils de Lucius Diradiote ; Athenodore fils d'Eugiton Phrearrien ; Alexandre fils d'Alexandre Thriafien.

Le Heraut du Senat de l'Areopage : Leonidés fils de Leonidés Melitien.

Le Heraut de l'Archonte, Diodore fils d'Hermias

Le joüeur de flute, Ifiphile fils d'Afclepiade Athmonien

Le Liturgue, Heftiée fils de Denys Milefien.

Les noms des Tribus font écrits fur chacun des Magiftrats & des Officiers : il n'y en a qu'un où il n'eft pas. Trois noms de Tribus ont fauté quand on tranfportoit ce marbre de Conftantinople à Paris, nous les avons pris de Spon qui avoit vû le marbre avant qu'il fût ainfi caffé. Ce même Auteur a fait un Recüeil des 174. Tribus de l'Attique, tirées de plufieurs infcriptions avec plus de foin qu'il n'en a apporté dans les autres parties de fon voïage : je crois qu'on ne rifque point en le fuivant, d'autant plus qu'il a copié exactement fur la fin les autres noms, qui fe lifent encore aujourd'hui fur le marbre. Les

commentarius certe longe deterior eft ipfa infcriptione prout ab Sponio lecta fuit. De nullo quippe hic agitur ædificio, neque in infcriptione dicitur Drufum Archontem fuiffe, fi quidem ipfa in archetypo legatur. Sex funt Thefmothetæ, non unus, ut Sponius dicit ; cæteraque omnia ita ἀσύςατα funt, ut non poffint fine periculo adhiberi. Certe Dalenius inter eruditiffimos fæculi noftri computandus, ideo Drufum Athenarum Archontem fuiffe dixit, qui certe nunquam Archon fuit, quia fic perperam exfcripferat Sponius, & in nota commentus fuerat. En infcriptionem illam ut in marmore legitur.

Αρχων
κỳ Ιερεὺς Δρύσου ὑπάτυ
Ξένων Μυρρίυ Φλυεὺς
Βασιλεὺς
Ηράκλιτος Αειςοκλέυς Σφήτλιος
Πολέμαρχος
Αλκέτης Αλκέτυ Πιεαθοίδης
Θεσμοθέται,
Λιύκιος Σέππιος Κηφισεὺς,
Φιλώτας Θεοδώρυ ἐγ Μυεινύθης
Δημήτειος Κινέυ Κυδαθηναιὺς,

Σέξτος Λευκίυ Διεαδιώτης.
Αθηνοδωρος, Ευγίτονος [Φρεάρριος,]
Αλέξανδρος Αλεξάνδρυ [Θειάσιος,]
Κήρυξ τῆς ἐξ Αρεοπάγυ βυλῆς
Λεωνίδης Λεωνίδυ Μελιτεὺς,
Κήρυξ ἄρχοντι.
Διόδωρος Ερμείυ,
Αὐλητὴς
Ισίφιλος Ασκληπιάδυ Αθμονεὺς
Λιτουργὸς
Εʽςιαῖος Διονυσίυ Μιλήσιος.

Hic ut vides nomina tribuum ad fingulos magiftratus atque miniftros, uno excepto, adfcribuntur : tria vero tribuum nomina, quæ in marmore erant, quæque dum Conftantinopoli Lutetiam veheretur, excuffis aliquot fruftulis, exciderant, ex Sponio fupplevimus. Sponius autem nomina tribuum Athenienfium numero 174. accuratius quam foleret alias, ex diverfis marmoribus collegit, & defcripfit ut habentur in tertio tomo ejus itinerum. Cum porro nomina tribuum iftæc defcripfit, marmor adhuc integrum erat ; quapropter puto ejus exfcripto hac in parte fidem effe habendam : nam quæ circa finem funt accuratius

noms de deux Tribus sont tombez ; nous avons enfermé ceux-là entre deux crochets, comme tirez de Spon, les dernieres lettres du troisiéme avoient sauté. Voilà tous les Magistrats d'Athenes avec des Officiers subalternes assemblez pour des cerémonies de religion.

II. La grappe qui est figurée au bas de l'inscription, marque la grande fête de Bacchus, appellée les Dionysies ; on l'a mise entre des épis, symbole de Cerés : car comme nous avons dit en plusieurs endroits, les orgies & les cerémonies de Bacchus & de Cerés, se réünissoient souvent. La fable dit que Cerés & Bacchus vinrent dans l'Attique, lorsque Pandion regnoit à Athenes. Ce fut Orphée qui institua les mysteres de Bacchus. Les fêtes & les orgies de Bacchus & de Cerés se celebroient donc du moins quelquefois ensemble, comme le prouve encore ce beau marbre d'Athenes que nous avons donné à la planche XLV. du premier tome de l'Antiquité, où Cerés & Bacchus chacun avec sa compagnie sont représentez celebrant leurs orgies nocturnes. Le marbre que nous donnons ici le confirme, on y voit la grappe au milieu qui marque Bacchus & ses orgies, & deux épis de chaque côté, qui sont des symboles de Cerés & de ses mysteres. Ces deux divinitez dont l'une fournit le pain & l'autre le vin, alloient naturellement ensemble. La corbeille mystique qui se voïoit dans leurs mysteres étoit commune à l'un & à l'autre, comme nous avons fait voir au tome précedent p. 161. c'étoit la corbeille de Bacchus que l'on voit si souvent dans les bas reliefs qui représentent là troupe Bacchique : elle appartenoit aussi à Cerés, comme le prouvent la même deux épis qui s'élevent à droite & à gauche de la corbeille.

III. Tous les neuf premiers ici nommez l'Arconte, le Roi, le Polemarque,

---

exscripsit Sponius, & nomina ut in marmore leguntur. Duo tribuum nomina penitus exciderunt, quæ ideo uncinis inclusimus, tertii nominis postremæ solum literæ diruptæ sunt. Inscriptionis interpretationem latinam hic damus.

Archon

Et Sacerdos Druso Consule
Xenon Mennei Phlyeus,
Rex
Heraclitus Aristoclis Sphettius,
Polemarchus
Alcetes Alcetæ Perithoïdes
Thesmothetæ
Lucius Seppius Cephisieus,
Philotas Theodori ex Myrinussa,
Demetrius Cineæ Cydatheæus,
Sextus Lucii Diradiotes,
Athenodorus Eugitonis Phrearrius,
Alexander Alexandri Thriasius,
Præco Senatus Areopagi
Leonides Leonidæ Meliteus,
Præco Archonti,
Diodorus Hermiæ
Tibicen
Isiphilus Asclepiadis Athmoneus
Minister
Hestiæus Dionysii Milesius.

En omnes Athenarum magistratus, cum aliquot ministris inferioris ordinis, qui omnes ad festum diem, sive ad Dionysia celebranda coacti sunt.

II. Uva illa quæ in ima Tabula post inscriptionem posita est, magnam Bacchi solennitatem, quam Dionysia vocabant significat. Uva autem inter spicas ponitur, quæ sunt symbola Cereris. Nam ut multis in locis diximus, Orgiæ & Cærimoniæ Bacchi & Cereris ut plurimum simul celebrabantur. Ceres & Bacchus, inquiunt Mythologi ex Apollodoro lib. 3. in Atticam venerunt cùm Athenis regnaret Pandion. Orpheus vero Bacchica mysteria instituit. Quod autem Orgia & festa Bacchi & Cereris simul aliquando saltem celebrarentur, tum ex hoc marmore, tum ex alio Atheniensi probatur, quod protulimus Tabula XLV. primi Antiquitatis explanatæ tomi, ubi Ceres & Bacchus, cum suo uterque cœtu Orgia simul sua nocturna celebrantes exhibentur ; id quod hoc ex marmore confirmatur, in quo uva in medio, Bacchum ejusque Orgia denotat, ac duæ hinc & inde spicæ, Cererem ejusque mysteria subindicant. Hæc duo numina, quorum aliud panem, aliud vinum subministrat, jure simul procedere videbantur. Ideoque corbis mystica in eorum arcanis celebritatibus adhibita utrique numini communis erat, ut in primo hujus Supplementi tomo commonstravimus. Hæc erat corbis Bacchi, quæ sæpissime in anaglyphis catervam Bacchicam exprimentibus observatur. Quæque etiam ad Cererem pertinet, ut ibidem in pag. 161. perspicitur, ubi spicæ duæ Cereris a lateribus corbis erumpunt.

III. Novem primi qui nominantur in Tabula,

& les six Thesmothetes faisoient le nombre des neuf Arcontes que les Atheniens élisoient tous les ans. Le premier Arconte qui étoit cette année Xenon fils de Menneus, étoit nommé par excellence ἄρχων ἐπώνυμος. L'Arconte éponyme ; c'est-à-dire, celui à qui ce nom d'Arconte convenoit plus proprement. Originairement c'étoit celui qui gouvernoit la République. Lorsque la succession des Rois finit à Athenes, les Atheniens élurent un Magistrat perpetuel qu'ils appellerent ἄρχων Arconte. Ces Magistrats perpetuels faits par élection gouvernerent la République 316. ans. Après quoi les Atheniens pour diminuer l'autorité de ce Magistrat souverain, élurent des Arcontes de dix en dix ans : il n'y en eut que sept de suite qui gouvernerent l'espace de soixante-dix ans. Ces peuples amoureux de leur liberté, qui subissoient impatiemment le joug de la domination, jugerent cet espace trop long, & crurent trouver mieux leur compte à changer plus souvent, ils élurent donc des Magistrats annuels, & firent des Arcontes, dont la magistrature ne duroit qu'une année. Ils marquoient leurs années par les Arcontes comme les Romains les marquoient par leurs Consuls. Ces Arcontes gouvernoient la République, tant en paix qu'en guerre : ils avoient aussi la principale administration des choses sacrées, & étoient souverains Prêtres ; ainsi voïons nous que Xenon est appellé sur ce marbre ἄρχων κὶ ἱερεύς, Arconte & Prêtre. Cette inscription nous apprend donc que Xenon étoit premier Archonte, & Prêtre, & qu'en cette qualité il présida sous le Consulat de Drusus, aux Dionysiaques, qui étoient les grandes fêtes de Bacchus, le Consulat de Drusus avec Tibere tombe en l'an 23. de JESUS-CHRIST.

IV. Après Xenon, Arconte éponyme, vient le Roi qui s'appelloit cette année Heraclite. Lorsque les Rois furent abolis à Athenes, le peuple ne voulant pas éteindre absolument le titre de Roi, quoiqu'il voulut en ôter la puissance & la domination, élut, dit Demosthene dans son Oraison contre Neæra, un Roi d'entre les plus respectables de ses citoïens : ce Roi devoit avoir épousé une Athenienne, qui n'eut jamais eu d'autre mari. L'un & l'autre présidoient aux choses sacrées & aux mysteres ; le mari sous le titre de Roi, & la femme sous celui de Reine : ce Roi étoit pourtant soumis à l'Arconte,

---

Archon, Rex, Polemarchus, sexque Thesmothetæ, novem erant Archontes. Primus Archon, qui hoc anno erat Xenon filius Mennei, per Antonomasiam vocabatur ἄρχων ἐπώνυμος, *Archon eponymus* ; quasi dicas, is cui proprie Archontis nomen competebat. Ab origine autem ille ipse erat qui rempublicam administrabat. Quando regum successio Athenis desiit, magistratum perpetuum Athenienses delegerunt, quem Archontem vocarunt. Magistratus porro illi perpetui electione constituti per trecentos sedecim annos rempublicam administrarunt. Exinde vero ut magistratus hujusmodi supremi auctoritatem minuerent Athenienses, Archontes ipsis decennales tantum substituerunt : hi decennales Archontes septem tantum fuere, qui septuaginta expleverunt annos. Tum libertatis amans populus ille qui servitutem ægre ferebat, magistratus deligere cœpit annuos. Archontes igitur constituit, quorum dominatus anno uno absolvebatur. Annosque postea per Archontas numerabant, signabantque, quemadmodum Romani per Consules. Hi Archontes & belli & pacis tempore regebant omnia ; illis quoque concedebatur præcipua rerum sacrarum administratio : erant enim summi Sacerdotes ; sic conspicitur hoc in marmore Xenon ἄρχων ὶ ἱερεύς, Archon & Sacerdos dictus. Hac igitur inscriptione discimus Xenonem hoc anno primum Archontem & Sacerdotem fuisse, eoque nomine Druso Consule Dionysiis, seu magnis Bacchi festivitatibus præfuisse. Drusus porro cum Tiberio Consul fuit anno ab incarnatione Christi vigesimo tertio.

IV. Post Xenonem Archontem eponymum, sequitur rex, qui hoc anno Heraclitus vocabatur. Quando reges Athenis abrogati sunt, Atheniensis populus cum regis nomen prorsus exstinguere nollet, sed potestatem tantum & dominatum ejus abrogare cuperet, inquit Demosthenes oratione contra Neæram, regem inter honestiores venerabilioresque cives delegit, qui rex Atheniensem sponsam, quæ alteri viro non nupsisset, ducere debebat. Uterque autem vir nempe & uxor rebus sacris atque mysteriis præsidebat, vir regis, uxor reginæ nomine. Rex tamen Archonti eponymio subditus erat : regis nomen amabant

surnommé

surnommé éponyme : les Atheniens aimoient ce nom , quoiqu'ils abhor-
rassent la puissance qui y étoit jadis attachée. C'est de-là que les Romains
avoient pris leur *Rex sacrificulus* , & leur *Regina sacrorum* , qu'ils eurent soin
de mettre en un grade inferieur & subalterne , à l'imitation des Atheniens , &
par les mêmes interêts qu'eux. Chez les Atheniens comme chez les Romains ,
ces Rois ne se mêloient que des choses sacrées , & n'entroient point du tout
dans le gouvernement de la République. En un mot ils y mirent si bon ordre
les uns & les autres , que je ne sai s'il a jamais été dit dans l'histoire , qu'aucun
de ces Rois sacrificateurs ait remué à Athenes ou à Rome : tant ils avoient
eu soin de tenir sur le bas pied ces Rois , dont le seul nom auroit pû faire
craindre sans ces précautions.

V. Le Polemarque étoit le troisiéme des Arcontes. Celui qui en exerçoit la
fonction cette année s'appelloit Alcetés fils d'Alcetés. Ce Polemarque com-
mandoit anciennement les troupes , comme le nom le porte. Mais depuis
que les Atheniens furent soûmis aux Romains , le Polemarque ne se mêla plus
que des affaires civiles , & des choses sacrées. Le Polemarque , dit Pollux ,
sacrifioit à Diane Agrotere , & à Enyalius ; c'est-à-dire à Mars. C'étoit lui
qui disposoit les combats faits pour les funerailles de ceux qui étoient morts
à la guerre ; & qui jugeoit les affaires des étrangers établis dans Athenes. Il
étoit à l'égard de ces étrangers , ce que l'Arconte étoit à l'égard des citoïens.
Il faut entendre Harpocration sur les devoirs du Polemarque. » Isée Rheteur
dans son Apologie sur l'affranchissement contre Apollodore , dit que le »
Polemarque est un Magistrat chez les Atheniens , & qu'il est un des neuf »
Arcontes. Aristote dans sa République des Atheniens , parle ainsi des de- »
voirs & des fonctions du Polemarque ; c'est lui qui assigne les Juges pour »
les causes des affranchis , & des heritages qui regardent les étrangers. Car »
ce que l'Arconte fait à l'égard des citoïens , le Polemarque le fait à l'égard »
des étrangers. C'est donc avec raison que le Rheteur dit dans l'oraison que »
nous venons de citer , qu'Apollodore s'étoit obligé de comparoître devant »

Athenienses , etsi potestatem horrerent regiam.
Hinc etiam Romani *regem* suum *sacrificulum* ac-
ceperant , nec non *reginam sacrorum* , quos & ipsi
inferiore gradu constituerunt. Athenienses imitati ,
iisdemque permoti rationibus : Athenienses hos-
que imitati Romani , reges hujusmodi rebus sacris tantum addictos , a reipublicæ administratione
prorsus arcebant. Ut uno verbo dicam , reges
illos eum in ordinem redegerunt , ut nesciam
utrum in historia uspiam memoretur , reges istos
sacrificulos aliquid turbarum movisse vel Athenis
vel Romæ ; usque adeo illos dejecerant & in
gradum infimum egerant. Certe nisi cautiones
hujusmodi præcessissent , vel ipsum regis nomen
formidandum erat.

V. Polemarchus Archontum tertius erat. Qui
functionem hujuscemodi hoc anno exercebat , Alcetes erat Alcetæ filius. Polemarchus olim , quod
ipsum nomen præ se fert , rei bellicæ præerat.
At posteaquam Athenienses Romanis subditi fuerunt , Polemarchus rebus solum civilibus tractan-
dis incubuit , necnon etiam rebus sacris. Polemarchus , inquit Julius Pollux , Dianæ agroteræ , &
Enyalio sacrificabat ; Enyalius Mars erat. Ille
certamina funeribus eorum qui in bello ceci-
dissent adhibita , disponebat. Judicabat item de
rebus extraneorum , qui Athenis habitarent. Ex-
traneisque erat id quod Archon eponymus civibus. Audiendus autem est Harpocration , Πολέ-
μαρχον. Ἰσαῖος ἐν ἀπολογίᾳ ἀποστασίε πρὸς Ἀπολλόδωρον. ἀρχή τις ἦν παρ᾽ Ἀθηναίοις οὕτω καλουμένη. ἔςι δὲ εἷς
τῶν ἐννέα ἀρχόντων. Ἀριστοτέλης δ᾽ ἐν τῇ Ἀθηναίων πολιτείᾳ ,
διεξελθὼν ὅσα διοικεῖ ὁ πλέμαρχος πρὸς ταῦτά φησιν. οὗ-
τος τε εἰσάγει δίκας᾽ τε τῶ ἀπιςασίε , καὶ ἀποςασίε ἡ κλή-
ρων ἡ ἐπικλήρων , τοῖς μετοίκοις , καὶ τἄλλα ὅσα τοῖς πολί-
ταις ὁ ἄρχων , ταῦτα τοῖς μετοίκοις ὁ πολέμαρχος. εἰκότως
οὖν ὁ ῥήτωρ ἐν τῷ προειρημένῳ λόγῳ ἐγγυῆσαί φησι πρὸς τῷ
πολεμάρχῳ Ἀπολλόδωρον , ὁ γὰρ Σάμιος τὸ γένος μέτοικος ἦν.
*Polemarchus. Isaus hac voce utitur in Apologia de
Liberto adversus Apollodorum. Magistratus apud
Athenienses erat. Est vero Polemarchus unus ex
novem Archontibus. Aristoteles autem de republica
Atheniensium , de Polemarchi officiis edisserens hac
habet : hic inducit judices circa actiones de libertis
& manumissis , de sortibus , actiones , inquam , quæ
ad peregrinos spectant : quod erga cives agit Archon ,
id erga peregrinos Polemarchus. Jure igitur Rhetor in
memorata oratione dicit , Apollodorum vadimonium
præstitisse Polemarcho , nam is Samius cum esset , genere peregrinus erat. Hæc porro quæ Atheniensis
fori formulas spectant explicatu difficillima sunt ,
nec nisi divinando intelliguntur.*

» le Polemarque, car étant Samien de naiſſance, il étoit compté parmi les » étrangers.

VI. Les ſix Theſmothetes dont les noms ſe trouvent dans l'inſcription précedente, faiſoient avec les trois précedens le nombre de neuf Arcontes. Leur fonction étoit de corriger les loix, de voir s'il n'y en avoit pas qui fuſſent contraires à d'autres, s'il y en avoit pluſieurs ſur le même ſujet. Quand ils remarquoient quelque choſe de ſemblable; ils le rapportoient aux aſſemblées publiques, & l'on corrigeoit ce qui étoit à corriger, ſi on le jugeoit à propos. Ces devoirs des Theſmothetes ſe trouvent dans l'oraiſon d'Eſchine contre Cteſiphon. Cette coûtume de corriger les loix étoit établie en d'autres lieux. Dans la grande inſcription de Corfou que nous avons imprimée dans notre Journal d'Italie p. 420. il eſt dit : *S'il y a quelque correction à faire dans les loix, que les correcteurs,* διορθωτῆρες, *établiſſent de quelle maniere il faut diſtribuer cet argent.* Les Theſmothetes, dit Julius Pollux, doivent annoncer les jours où les Tribunaux doivent être ouverts, & où l'on doit rapporter les cauſes devant le peuple, faire les élections, traiter des affaires criminelles, rechercher ſi l'on a établi quelque loi qui ne convienne pas, établir des peines contre ceux qui commandent les troupes, s'ils tombent en faute. Devant eux ſe portoient les cauſes de ceux qui ſe diſoient citoïens, & qu'on prétendoit étrangers, de ceux qui étant déferez comme étrangers, avoient corrompu les Juges pour être declarez citoïens; & un grand nombre d'autres affaires qu'il ſeroit trop long de rapporter.

VII. Après ces neuf Arcontes, vient le heraut du Senat de l'Areopage, qui étoit cette année Leonide fils de Leonide. C'étoit une eſpece d'Officiers dont nous avons parlé ſuffiſamment dans le ſecond tome de l'Antiquité p. 9.

Outre le heraut de l'Areopage, nous voions encore ici celui de l'Arconte, qui s'appelloit Diodore fils d'Hermias. Enſuite vient le joüeur de flute qui étoit cette année Iſiphile fils d'Aſclepiade. Quelque bas que paroiſſe ce miniſtere, le joüeur de flute étoit élu par ſort : c'étoit l'Arconte qui tiroit au ſort qui feroit cette fonction. Dans les inſcriptions d'Athenes que Spon a rapportées à la fin de ſon troiſiéme tome, il eſt toûjours dit qui a joüé de la flute dans l'année marquée.

Hinc inferas illa Polemarchi munia circa exteros, qui Athenis ſedes fixerant, etiam antequam Romani Athenas ſubigerent, viguiſſe.

VI. Sex Theſmothetæ quorum nomina in inſcriptione ſunt, cum tribus præcedentibus, novem Archontum numerum complebant. Eorum hæc erant munia, leges corrigere, perſpicereque an aliæ aliis contrariæ eſſent, ſi plures eadem de re eſſent. Si quid hujuſcemodi in legibus deprehenderent, id conventibus publicis referebant, & quod emendatione opus habebat emendabatur, ſi quidem ſic placitum eſſet. Hæc eorum officia exſtant in Oratione Æſchinis contra Cteſiphontem. Hæc leges corrigendi conſuetudo aliis etiam in locis vigebat. In magna illa inſcriptione Corcyrea, quam edidi in Diar. Italico p. 420. hæc legimus: εἰ δὲ καὶ διόρθωσις τῶν νομων γίνηται, ταξάντων οἱ διορθωτῆρες εἰς τὰς νόμας, καθὼς καὶ ſἡ τό ἀργύειον χειρίζεσθαι. *Quod ſi legum correctio & emendatio acceſſerit, ſtatuant legum correctores circa ipſas leges, quo pacto eadem ipſa pecunia adminiſtranda ſit. Theſmotheta,* inquit Julius Pollux, *præſcribunt quando tribunalia aperiantur, & quando actiones deferri debeant ad populum, ſicut & electiones, & actiones in facinoroſos : tum ſi quis legem reipublicæ non conducentem ſcripſerit : quin & militiæ præfectis pœnas ſtatuunt.* Coram ipſis etiam actiones afferebantur, *an quis civis, an contra peregrinus ſit, an quis peregrinitatis accuſatus, judices corruperit,* aliaque multa negotia, quæ recenſere longum eſſet.

VII. Poſt novem illos Archontas, præco Senatus Areopagi nominatur, qui hoc anno erat Leonides Leonidæ filius. Erat hoc miniſtrorum genus, de quibus jam diximus in ſecundo Antiquitatis explanatæ tomo p. 9.

Præter Areopagi præconem, hic etiam cernimus Archontis præconem, qui appellabatur Diodorus Hermiæ filius. Deinde ſequitur tibicen qui hoc anno erat Iſiphilus Aſclepiadis filius. Etſi inferioris gradus hic miniſter videatur eſſe, tibicen tamen ſorte deligebatur : ſortes jaciebat Archon ipſe ut tibicinem deligeret. Inſcriptiones a Sponio in fine tertii ſui tomi allatæ, ſemper notant eum qui in anno ibidem memorato tibicinis munere functus eſt.

GRANDE FESTE DE BACCHUS

ΑΡΧΩΝ

ΚΑΙΙΕΡΕΥΣΔΡΟΥΣΟΥΥΠΑΤΟΥ

ΞΕΝΩΝΜΕΝΝΕΟΥΦΛΥΕΥΣ

ΒΑΣΙΛΕΥΣ

ΗΡΑΚΛΙΤΟΣΑΡΙΣΤΟΚΛΕΟΥΣΣΦΙ·ΙΤΤΙΟΣ

ΠΟΛΕΜΑΡΧΟΣ

ΑΛΚΕΤΗΣΑΛΚΕΤΟΥΠΕΡΙΘΟΙΔΗΣ

ΘΕΣΜΟΘΕΤΑΙ

ΛΕΥΚΙΟΣΣΕΠΠΙΟΣΚΗΦΕΙΣΙΕΥΣ

ΦΙΛΩΤΑΣΘΕΟΔΩΡΟΥΕΚΜΥΡΙΝΟΥΤΤΗΣ

ΔΗΜΗΤΡΙΟΣΚΙΝΕΟΥΚΥΔΑΘΗΝΑΙΕΥΣ

ΣΕΞΤΟΣΛΕΥΚΙΟΥΔΙΡΑΔΙΩΤΗΣ

ΑΘΗΝΟΔΩΡΟΣΕΥΓΙΤΟΝΟΣ

ΑΛΕΞΑΝΔΡΟΣΑΛΕΞΑΝΔΡΟΥ

ΚΗΡΥΞΤΗΣΕΞΑΡΕΙΟΠΑΓΟΥΒΟΥΛΗΣ

ΛΕΩΝΙΔΗΣΛΕΩΝΙΔΟΥΜΕΛΙΤΕΥΣ

ΚΗΡΥΞΑΡΧΟΝΤΙ

ΔΙΟΔΩΡΟΣJΕΡΜΕΙΟΥ

ΑΥΛΗΤΗΣ

ΙΣΙΦΙΛΟΣΑΣΚΛΗΠΙΑΔΟΥΑΘΜΟΝΕΥΣ

ΛΙΤΟΥΡΓΟΣ

ΕΣΤΙΑΙΟΣΔΙΟΝΥΣΙΟΥΜΙΛΗΣΙΟΣ

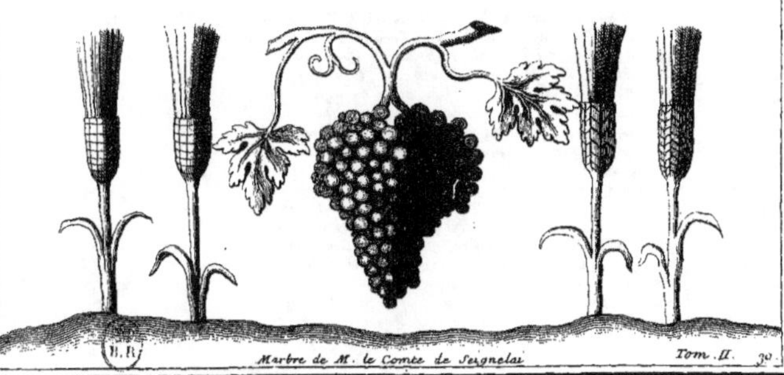

Le Liturgue qui va le dernier, & qui s'appelloit Hestiée fils de Denys, étoit,
ce semble, le directeur des cerémonies, quoiqu'on n'ose l'assurer. On ne
trouve cet Officier nulle part dans les autres inscriptions.

Liturgus in marmore postremus, Hestiæus Dionysii filius, erat, ut quidem videtur, cæremoniarum
rector, etsi id affirmare non ausim. Nusquam autem alibi in inscriptionibus Liturgum reperimus.

CHAPITRE III.

I. Honneur fait à Athenes à Eubule qui avoit eu successivement trois sacerdoces.
II. Signatures singulieres d'un decret. III. Remarques sur ce decret.

I. **I**L y a dans la Bibliotheque de saint Marc de Venise, un marbre[1] qui y **PL.**
a été transporté d'Athenes. Ce marbre contient un decret du Senat des **XXXI.**
Atheniens en faveur d'un certain Eubule fils de Dèmetrius Marathonien, **1**
qui s'étant dignement acquitté de plusieurs emplois que la République lui
avoit confiez, & des sacerdoces, premierement des grands dieux, puis d'Esculape, & ensuite de Bacchus, qu'il avoit exercez, est honoré d'une couronne. Voici la forme du decret. » Aristechme étant Arconte le dixiéme
jour du mois de Gamelion, & l'assemblée s'étant tenuë au lieu destiné pour »
cela, Menandre fils de Menandre Melitien a dit : Eubule fils de Demetrius »
s'est toûjours acquitté avec honneur, & d'une maniere irréprochable des »
emplois d'Arconte qu'on lui a confiez : élu pour inspecteur des jeux & com- »
bats gymniques avec son fils & d'autres collegues, il a montré beaucoup »
d'équité dans la distribution des prix. C'est lui qui a le premier obtenu dans »
les Panathenécs, que le peuple Athenien qui habite en l'isle de Delos, seroit »
honoré d'une couronne d'or, & que cela seroit proclamé dans le theatre »
de la Ville. Emploïé souvent dans des légations & dans des affaires, il a »
procuré avec beaucoup de soin & de fatigues des avantages considerables »
au peuple Athenien, qui habite à Delos. Établi Prêtre des grands dieux, en- «
suite d'Esculape, & depuis encore élu au sort par le peuple Prêtre de Bacchus, »
il a fait tous les frais des pompes ou processions, & des sacrifices offerts pour »
les Atheniens, & pour les Romains ; & cela avec toute la magnificence »

CAPUT III.

I. Qui honores Athenis conferebantur Eu-
bulo, qui tria diversis temporibus Sacer-
dotia gesserat. II. Decreti sive Senatus-
Consulti subscriptiones singulares. III.
Observationes in hujusmodi decretum.

I. **I**N Bibliotheca S. Marci Venetiis[1] marmor
exstat Athenis eo translatum, ubi decretum
seu Senatusconsultum Atheniense est in gratiam
cujuspiam Eubuli Demetrii filii Marathonii, qui
muneribus plurimis a republica sibi commissis
egregie perfunctus, postquam Sacerdotia cum laude
gesserat primo magnorum deorum, hinc Æsculapii,
postremo Bacchi, corona honoratur. En decreti
formam & verba.

Sub Aristachmo Archonte Gamelionis X. conven-
tus legitima auctoritatis in loco Comitiorum, Menan-
der Menandri filius Melitensis dixit : Quandoquidem
Eubulus Demetrii filius Marathonius, & in magistra-
tibus ad quos electus est probe atque honorifice se ge-
rens inculpatum se præstitit, & postquam spectaculo-
rum quoque præfectus electus est, cum filio cæterisque
collegis probe & pro merito præmia distribuit. Ac
primum in Panathenais id effecit, ut populus Athe-
niensium qui in Delo sunt, honoraretur aurea corona,
proclamata in theatro, quod in urbe situm est : lega-
tionibus item sæpe functus, strenueque rem agens,
multa utilia Atheniensibus qui in Delo sunt procura-
vit. Sacerdos insuper magnorum deorum factus, ac
deinde Æsculapii : rursusque cooptatus a populo &
nactus Bacchi Sacerdotium, proprio sumtu pompas &
sacrificia pro Atheniensibus & Romanis pulcre, at-
que ut Sacerdotem decebat, peregit. Ut igitur populus

» requife. Afin donc que le peuple lui témoigne fa reconnoiffance , & lui
» rende les graces que fes bonnes actions meritent , le Senat a ordonné (ce
» que la fortune veüille favorifer) que ceux qui feront élus par fort pour pré-
» fider à l'affemblée prochaine, prononcent fentence fur ces chofes, & qu'ils
» referent au peuple ce que le Senat a établi, & lui fignifient que le Senat
» a ordonné qu'Eubulus fils de Demetrius Marathonien fera couronné de la
» facrée couronne de Dieu, en récompenfe de fa vertu, & de la bienveillance
» qu'il a témoignée au peuple ; & qu'on élira dès à préfent trois Legats qui
» iront à Athenes pour fe préfenter au Senat, & à l'Affemblée , & prieront
» le peuple de confentir à ce qui a été ordonné en faveur d'Eubulus ; & de
» faire graver ce decret fur une table de marbre , & l'ériger dans l'Heracléon.
» Selon ce decret les Legats fuivans furent élûs, Anthefterius de Myrrhinufe,
» Xenophile Oenéen , Demetrius Marathonien. Ce decret fut auffi con-
» firmé à Athenes.

II.

LE SENAT ET LE PEUPLE.	LE SENAT ET LE PEUPLE.	LE SENAT ET LE PEUPLE.
PRESTRE DES GRANDS DIEUX.	PRESTRE DE BACCHUS.	PRESTRE DES GRANDS DIEUX.
LE SENAT ET LE PEUPLE.	PRESTRE D'ESCULAPE.	LE SENAT ET LE PEUPLE.

Ces neuf fignatures, comme on peut voir fur la planche font ainfi difpo-
fées fur le marbre , & toutes dans des couronnes. Les trois premieres qui
font le premier rang ont ces mots trois fois répetez, *le Senat & le peuple* , &
font dans trois couronnes de laurier. Des trois du fecond rang la premiere
& la derniere qui contiennent ces mots *Prêtre des grands dieux* , font des
couronnes fimples, qui n'ont point de feüilles, mais feulement neuf fort
petesit branches fur le haut , qui fortent du cercle. Celle du milieu eft une
couronne de pampres , & de feüilles de vigne , & contient l'infcription, *Prêtre*

---

*videatur iis qui fibi bona & utilia conferunt dignas
rependiffe gratias ; quod bene vertat , decretum eft
in Senatu , ut qui electi prafides erunt in proximo con-
cilio his de rebus loquantur , utque fententia Senatus
ad plebem referatur , quod fcilicet placeat Senatui ,
ut coronetur Eubulus Demetrii filius Marathonius facra Dei corona , virtutis caufa , necnon benevolentia
erga populum ; utque jam tres legati eligantur , qui*

*adeuntes Athenarum Senatum & Concilium , rogent
ut annuant decretis in gratiam Eubuli latis ; utque
hoc decretum fcribatur in cippo lapideo , & erigatur
in Heracleo. Legati Athenas fecundum prafens decretum electi funt ifti , Anthefterius ex Myrrhinufa ,
Xenophilus Oeneus , Demetrius Marathonius. Decretum Athenis quoque confirmatum eft.*

II.

Senatus Populufque.	Senatus Populufque.	Senatus Populufque.
Sacerdos magnorum deorum.	Sacerdos Bacchi.	Sacerdos magnorum deorum.
Senatus Populufque.	Sacerdos Æfculapii.	Senatus Populufque.

Hæ novem fubfcriptiones, ut in Tabula videre
licet, fic in marmore concinnatæ funt, omnefque
in coronis. Tres primæ eadem linea, hæc verba
ter repetita habent, *Senatus populufque*, & in totidem coronis laureis defcripta. Ex tribus illis quæ
in fecundo ordine funt, prima & poftrema, quæ
his verbis conftant *Sacerdos magnorum deorum*, in
coronis funt nullo foliorum ornatu decoratis, fed
ex fuprema tantum parte aliquot ceu virgulæ
érumpunt. In medio eft corona pampinea vitis
foliis ornata, & hæc continet, *Sacerdos Bacchi.*

de Bacchus. La premiere & la derniere couronne du troifiéme rang qui font
de laurier, contiennent ces mots, *le Senat & le peuple* : celle du milieu a ces
mots, *Prêtre d'Efculape.*

Il eft à remarquer que ces fignatures, *Prêtre d'Efculape* & *Prêtre de Bacchus,*
ne s'y trouvent qu'une fois, & que celle de *Prêtre des grands dieux* s'y trouve
deux fois, peut-être parce que ceux qui portoient ce nom-là étoient au
deux, comme nous avons vû au premier tome de cè Supplément au chapitre
Diofcures.

III. Nous apprenons ici bien des chofes : que les Atheniens de l'ifle de
Delos avoient un Senat, qui rendoit des decrets & des fentences ; mais que
ces decrets étoient renvoïez au Senat d'Athenes pour y être confirmez &
executez. L'Heracléon dont il eft parlé ici étoit un temple d'Hercule, ou un
gymnafe. Les gymnafes étoient ordinairement dédiez à Hercule : on y
mettoit fa ftatue.

Les grands dieux étoient les Diofcures Cabires qu'on appelloit à Athenes
par antonomafe les grands dieux, comme nous l'apprend un autre marbre
érigé par Gaius fils de Gaius Prêtre des grands dieux Diofcures Cabires. Nous
avons expliqué au long ce marbre qui a été tranfporté d'Athenes à Venife,
& qui fe voit au Palais Grimani.

Tertii ordinis coronæ omnes laureæ funt ; prima
& ultima habent, *Senatus populufque,* quæ medium
tenet, *Sacerdos Æfculapii.*

III. Hic multa nec levis momenti difcimus ;
nempe Athenienfes qui Delum infulam incolebant
Senatum habuiffe, qui decreta proferret; fed decreta
illa Athenas miffa fuiffe ut ab Athenienfium Senatu
confirmarentur & fancirentur. Heracleon cujus
hic mentio habetur, vel templum erat Herculis,
vel gymnafium. Gymnafia enim ut plurimum
Herculi dicata erant, ejus ibi ftatua erigebatur.

Magni dii erant Athenis Diofcuri Cabiri, qui
per antonomafiam magni dii illic appellabantur,
ut ab alio difcimus Athenienfi marmore, quod
erexit Gaius Gaii filius Sacerdos magnorum deûm
Diofcurorum Cabirorum : cujufque infcriptionem
fufe explicavimus tomo primo hujus Supplementi,
capite de Diofcuris.

CHAPITRE IV.

I. Les vœux des Romains. Differentes manieres dont ils les faisoient. II. Vœux en très-grand nombre. III. Marbres Romains qui représentent des vœux de differente espece.

I. UN grand nombre de statues, de bas reliefs, & d'autres monumens, sont ou des vœux, ou des accomplissemens de vœux. On en trouve plusieurs de ce genre dans les differentes parties de l'Antiquité expliquée. Ces vœux se faisoient pour la santé des Empereurs, des Préfets du Prétoire, des Consuls, Proconsuls, Préteurs, & pour les principaux Officiers de l'Empire; pour les Provinces, pour les Villes. On en faisoit pour les expeditions militaires, pour le bon succès de quelque affaire, & on les accomplissoit quand la chose avoit tourné comme on désiroit. Les particuliers en faisoient aussi pour la santé, pour l'heureux succès d'un voïage, d'une négociation, &c. Leur imagination vivement occupée de ce qu'ils souhaitoient obtenir, jointe à la prévention où ils étoient, que des dieux leur commandoient souvent en songe de faire tel & tel vœu, de se servir de tel & de tel moïen : tout cela, dis-je, faisoit qu'ils croioient avoir souvent des apparitions des dieux, & des commandemens de faire telle ou telle chose. De-là vient que dans un grand nombre d'inscriptions on trouve ces visions exprimées en ces termes, *ex imperio*, ou *ex præcepto deorum, par le commandement des dieux*, & quelquefois d'un dieu particulier, comme *imperio domini Silvani* par le commandement du Seigneur Silvain, *ex præcepto Jovis* par le commandement de Jupiter, *ex monitu Isidis* averti par Isis, *ex oraculo, ex vaticinatione, ex religione, somnio monitus; jussu numinis, par l'oracle, par le commandement de dieu, averti en songe.* Tous ces termes, & d'autres semblables sont fort en usage dans les inscriptions. Quoiqu'il arrivât souvent que ces visions & ces songes n'étoient qu'une pure invention des Prêtres, des devins, & des fanatiques : il est pourtant certain que plusieurs croioient avoir vû ou entendu ce qu'ils gravoient sur les marbres ; tant ils étoient frappez de la réalité de ces visions.

CAPUT IV.

I. Vota Romanorum : votorum suscipiendorum varii modi. II. Vota ingenti numero. III. Marmora Romana quæ diversi generis vota repræsentant.

I. NUmerus ingens statuarum, anaglyphorum monumentorumque aliorum, aut vota suscepta sunt, aut vota soluta. Multa hujusce generis occurrunt variis in partibus Antiquitatis explanatæ. Hæc porro vota suscipiebantur aut pro salute & incolumitate Imperatorum, vel Præfectorum Prætorio, Consulum, Proconsulum, Prætorum, vel aliorum imperii Optimatum item provinciarum aut civitatum causa. Similiter suscipiebantur, pro expeditionibus militaribus, pro felici exitu cujusvis negotii. Solvebantur autem quando res pro voto cesserat. Privati vero homines & ipsi vota suscipiebant pro salute sua, pro felici exitu itineris, expeditionis, aut negotii cujusvis. Imaginatio ipsorum vehementer perculsa, circa rem quam impetrare cupiebant agitata erat, iis adjuncta hæc opinio erat, deos nempe in somnio sæpe præcipere, ut illi talia taliaque vota susciperent, taliaque agerent : hinc multa se visu percepisse, somnia vidisse, monita audivisse pictabant. Hinc evenit ut sæpe in monumentis inscriptum videamus, *ex imperio, ex præcepto deorum* : aliquando autem dei cujuspiam, ut *imperio domini Silvani, ex præcepto Jovis, ex monitu Isidis, ex oraculo, ex vaticinatione, ex religione, jussu numinis, somnio monitus.* Hæ formulæ in monumentis passim occurrunt. Etsi vero nonnunquam hæc ex simulatione quadam, & lucri gratia a sacerdotibus, vatibus, fanaticisque proficiscerentur; certum tamen esse videtur putasse multos, se id quod in marmore sculpebatur, aut vidisse aut audivisse : tantum præjudicata opinio valebat.

II. Chacun faiſoit des vœux ſelon ſa dévotion, à tel ou à tel dieu, ou déeſſe, très ſouvent à pluſieurs dieux, & quelquefois à tous les dieux enſemble. Ce qui eſt certain, c'eſt qu'après les tombeaux, les épitaphes, les urnes, & les inſcriptions ſepulcrales, dont le nombre paſſe tout, les vœux ſont la plus conſiderable partie des monumens de l'Antiquité. C'eſt-là où nous voïons tout ce que la dévotion, ou plûtôt la ſuperſtition inſpiroit à ces gens plongez dans les folles erreurs du paganiſme; & ce qu'ils faiſoient pour ſe rendre les dieux propices, ſoit quelques-uns en particulier, ſoit pluſieurs, ſoit tous enſemble.

III. Il s'en trouvoit qui pour réünir toutes les diviñitez ſous un ſeul nom, faiſoient leurs vœux au dieu Pantheus. Ce Pantheus étoit peint en dieu, qui portoit les ſymboles de pluſieurs divinitez. Une inſcription porte que C. Hoſidius Marcianus & les ſiens, ont dédié à Pantheus un autel. Dans une autre qui étoit dans un temple il eſt dit, que c'eſt pour accomplir un vœu qu'on a dedié ce temple à Hercule, à Mercure, à Silvain, & au dieu Pantheus. Quelquefois ceux qui faiſoient ces vœux, les laiſſoient par teſtament à accomplir à leurs heritiers : par exemple Publius Numerius Martialis Sevir (c'étoit une eſpece de ſacerdoce) ordonna par ſon teſtament qu'on feroit une ſtatue d'argent de Pantheus, du poids de cent livres, ſans aucune diminution, *ſine ulla deduCtione*, pour la placer ſans doute en un lieu convenable.

Un vœu plus extraordinaire, & auſſi plus rare eſt celui que Caius Terentius Dexter fait à un dieu, ou à une déeſſe quel qu'il puiſſe être, & ſans déterminer auquel. Ce vœu fut accompli à Rome, où fut trouvée l'inſcription.

Il s'en trouve un grand nombre faits à tous les dieux, & à toutes les déeſſes enſemble. Tel eſt un vœu accompli dans la Carinthie. C'eſt un autel érigé à tous les dieux par Marcus Ulpius Servatus,& par Peccia Primitiva,qui accomplirent leur vœu fait pour eux & pour leur famille,en conſequence d'une viſion *ex viſu*, ou peut-être de quelque ſonge. C'étoient de grands préparatifs pour en avoir qu'une imagination échauffée par les rapports de ceux qui diſoient en avoir eu de ſemblables, & par le grand déſir d'en être favoriſé.

II. Secundum varias religiones diverſoſque animi affeĉtus vota emittebantur, tali vel tali numini, ſæpe multis diis, haud raro omnibus. Illud porro exploratum certumque eſt, exceptis Sarcophagis, Epitaphiis, urnis inſcriptionibuſque ſepulcralibus, quæ cætera omnia monumenta numero ſuperant, vota nobiliorem majoremque partem reliquorum monumentorum complere. In his conſpicimus quid pietas, ſive potius ſuperſtitio, ſtultis addiĉtos religionibus mortales ſuſcipere & aggredi compellebat, quid placandis adhiberent numinibus, modo ſingulis, interdum multis, nonnunquam univerſis.

III. Nec deerant qui ut omnia ſimul numina copularent unoque nomine compleĉterentur, Pantheo numini vota emittebant. Pantheus, ut nomen ipſum ſonat, omnis deus eſſe fingitur, & figura expreſſus plurimorum numinum ſymbola geſtat. In ara quadam Gruter. p. 1. legitur C. HOSIDIVS MARCIANVS CVM SVIS, & infra in corona, PANTHEO SACRVM, quo ſignificatur C. Hoſidium Marcianum cum ſuis hanc aram Pantheo dedicaviſſe. Altera inſcriptio ibidem, ex templo quopiam veteri expreſſa, ſic habebat :

HERCVLI, MERCVRIO, ET SILVANO SACRVM ET DIVO PANTHEO EX VOTO. Qui hæc ſuſcipiebant vota, nonnunquam ipſa heredibus teſtamento relinquebant; ſic (*ibid.*) P. NVMERIVS MARTIALIS ASTIGITANVS SEVIRALIS SIGNVM PANTHEI TESTAMENTO FIERI PONIQVE EX ARGENTI LIBRIS CENTVM SINE VLLA DEDVCTIONE JVSSIT. Quod ſignum in aſſignato ac decenti haud dubie loco poni curavit.

Votum ſane ſingulariſſimum eſt, quod cuivis deo deæve emittitur, nullo nominatim expreſſo, quale eſt iſtud : SIVE DEO SIVE DEAE C. TERENTIVS DEXTER EX VOTO POSVIT, Romæ videlicet, ubi repertum marmor fuit.

Bene multa occurrunt vota diis deabuſque omnibus emiſſa : hujuſmodi eſt votum illud Gruter. II. in Carinthia erutum, quod *diis omnibus ſacrum Marcus Ulpius Servatus & Peccia Primitiva ex viſu pro ſe & ſuis omnibus poſuerunt*. Viſus ille ſomnium aliquod fuiſſe videtur. Qui viſus & ſomnia facile tunc contingere poterant, quando & multotum talia narrantium teſtimonio, & ſimilia habendi deſiderio, imaginatio excitabatur.

Celui-ci eſt plus curieux : Aurelius Fauſtus protecteur fait bâtir un petit temple à l'aſſemblée de tous les dieux & déeſſes, leur recommandant de procurer un heureux voïage, & un heureux retour à l'Empereur Tibere. Fauſtus fut porté à faire cette bonne œuvre par une viſion qu'il eut de la déeſſe Valentia, dont il n'eſt fait mention que je ſache que dans cette inſcription, qui fut trouvée à Otricoli.

Un vœu à Jupiter & à l'aſſemblée de tous les dieux & déeſſes, fut accompli pour le ſalut de l'Empire Romain, & de la Legion treiziéme, appellée Gemina, & en action de graces de ce qu'étant en peine de trouver de l'eau, les dieux leur montrerent où ils en trouveroient : en reconnoiſſance de cela, on érigea une ſtatue & un autel à Jupiter.

On faiſoit auſſi quelquefois ces vœux à quelques dieux ſeulement. Il s'en trouve un à Rome fait à Jupiter très-bon & très grand, à la déeſſe Syrienne, & au Genie de Venalicius : c'eſt Caius Granius Hilarus & Liſſia Sabina, qui font ce vœu. Un autre à Jupiter très-bon & très-grand, au Soleil divin, & au Genie de Venalicius ; accompli par Quintus Junius Maximus, & par Julia Romana fille de Quintus ſa femme.

Antonia Aphrodiſia, affranchie de Marc, offre à Jupiter, à Junon & à Minerve, des vaſes & un miroir venerien, *venereum ſpeculum*. C'étoit quelque eſpece de miroir dont nous n'avons pas connoiſſance : ce miroir venerien a rapport à ſon nom *Aphrodiſia*, qui veut dire *Veneria*. Tout étoit bon à offrir aux dieux, on ſe les rendoit propices par des préſens de toute eſpece.

Un vœu curieux & aſſez ſingulier, fut fait & accompli par Memmius Oneſimianus à Jupiter & aux dieux Manes, pour la ſanté de Memmia Priſca, fille de Caius, & pour les fruits de la terre. Un vœu aux dieux Manes pour la ſanté de quelqu'un ne m'étoit pas encore tombé ſous la main.

Par le commandement de Jupiter très-bon & très-grand, Lucius Tettius Hermes, ſa femme, ſes enfans, & tous les ſiens érigerent ſur une baſe un vaiſſeau appellé *Cantharus*. Hermes ne dit pas par quelle voïe ce commandement de Jupiter lui étoit venu ; s'il lui avoit apparu en ſonge, ou en viſion, ou s'il lui avoit fait porter l'ordre par quelque prêtre, prophete, ou fanatique.

On trouve quelquefois des vœux accomplis par des gens auſquels Dieu

---

Hoc ſane ſingularitate conſpicuum votum fuit, cum Aurelius Fauſtus protector, pro ſalute *itus ac reditus Domini Sanctiſſimi Tiberii Auguſti adiculam concilii deorum dearumque ex viſu deæ Valentiæ ſua pecunia fieri curavit.* Quæ dea Valentia neſcio an alibi uſpiam memorata occurrat. Inſcriptio autem Ocriculi reperta eſt.

Votum aliud Jovi optimo maximo & conſeſſui deorum ſolutum eſt, quod legioni XIII. Geminæ aquam quærenti demonſtraviſſent, ſic enim legendam opinor inſcriptionem Grut. II. *Jovi optimo maximo & conſeſſui deorum dearumque pro ſalute imperii Romani, & virtute legionis XIII. Geminæ ſub Marco Statio Priſco Conſule deſignato, demonſtrantibus ipſis aquas aperiendas per Lucium Aurelium Trophimum, ponenti ſignum Jovis & aram ſua pecunia fecit.*

Sæpe etiam vota emittebantur diis aliquot ut Grut. V. *Jovi optimo maximo & deæ Suriæ & Genio Venalici Caius Granius Hilarus cum Liſſia Sabina voverunt.* Aliud autem. *Jovi optimo maximo & ſoli divino & Genio Venalici Quintus Junius Maximi Libertus Felix, cum Julia Quinti filia Romana conjuge libenti animo votum ſolvit.*

Jovi, Junoni, Minervæ Antonia Marci liberta Aphrodiſia, Scyphos, & Venereum Speculum donum dedit. Quid ſit Venereum Speculum non ſat novimus ; at Venereum Speculum aliquid affinitatis habet cum offerentis nomine : Aphrodiſia enim idipſum eſt quod Veneria. Numina quippe illa cujuſvis generis muneribus placabantur.

Nec vulgare nec ſolitum eſt id quod apud Gruterum p. x. fertur : *Jovi optimo maximo dis Manibus pro ſalute Memmia Priſca Caii filiæ Memmius Oneſimianus pro fructibus votum ſolvit lubens merito.* Nondum occurrerat mihi votum dis Manibus emiſſum ad reſtaurandam cujuſpiam valetudinem.

Ex juſſu Jovis optimi maximi Lucius Tettius Hermes cum conjuge ſua & filiis & omnibus ſuis Cantharum cum vaſe, (l. baſe) *ſua poſuerunt.* Non declarat Hermes qua via quove nuncio juſſus ille Jovis ad ſe pervenerit : utrum nempe per viſum aut per ſomnium ; an vero aliquem Sacerdotem, aut Prophetam vel Fanaticum ad ſe miſerit.

Nonnunquam vota ſolvuntur ab iis qui ſe deo-

avoit

avoit accordé leur demande. C'eſt ainſi que Lucius Statius Diodorus accomplit volontiers le vœu qu'il avoit fait au dieu grand & éternel , parce qu'il avoit exaucé ſa priere.

Un autel trouvé à Rome fut dedié au dieu foudroïant par Quintus Publius Fronto , ſelon l'ordre qu'il avoit reçû des Haruſpices. Ces Haruſpices étoient ceux qui devinoient ſur le mouvement des membres , & des entrailles des bêtes qui venoient d'être immolées. Cette eſpece de ſacerdoce étoit venu de l'Hetrurie ; ce qu'ils diſoient après l'inſpection de cette victime paſſoit pour un Oracle. Le terme d'Oracle ne ſe trouve pas ici , & n'a peut-être pas été emploïé pour cette maniere de prédire , de deviner , & de connoître la volonté des dieux. Une inſcription moitié greque & moitié latine , dit que le vœu a été fait au Jupiter de la patrie , en ſuivant l'Oracle , *ex Oraculo* , on ne peut ſavoir comment l'Oracle avoit été rendu.

Ce fut après une viſion *ex viſu* que Caius Ducenius Phœbus , affranchi de Caius , & fils de Zenon , né en Syrie à Niſibe , ainſi porte l'inſcription , fit ériger un autel pour accomplir ſon vœu comme le devoir le demandoit. Ce vœu étoit fait au Soleil. C'étoit la divinité le plus en vogue du côté de Niſibe , & dans ces régions Orientales. Ducenius Phœbus né dans ce payis-là , avoit fait un vœu au Soleil pour le recouvrement de ſa liberté , une viſion ou un ſonge lui fit eſperer qu'il ſeroit affranchi , cela arriva ſelon la viſion , & il accomplit volontiers ſon vœu.

Tibere Claude Thermodore , fils de Tibere aïant fait un vœu au dieu Soleil , à l'invincible Mithras , & aïant obtenu la grace qu'il demandoit , accomplit ce vœu en faiſant au dieu Mithras un antre , accompagné des ornemens convenables. On mettoit le dieu Mithras dans des antres , comme nous avons vû ſur Mithras à la fin du premier tome de l'Antiquité.

Ce fut par l'ordre de Diane que Junianius Amabilis , Sevir Auguſtale fit ériger un autel à la même déeſſe ; c'eſt lui-même qui nous l'apprend , ſans nous dire comment cet ordre lui avoit été ſignifié.

On ne finiroit point ſi on vouloit mettre toutes les eſpeces de vœux qu'on remarque ſur les marbres. La matiere eſt des plus vaſtes : ce que je viens d'en dire en donne une idée ſuffiſante. J'en ajoûterai ſeulement un qui frappe par ſa

---

rum beneficia expertos arbitrantur , *ſic deo magno æterno Lucius Statius Diodorus quod ſe precibus compotem feciſſet (ſic) votum ſolvit Lubens merito.* Gruter XVII.

Deo Fulgeratori aram & locum religioſum ex Haruſpicum ſententia Quintus Publicius Fronto poſuit & dedicavit. Erant Haruſpices Sacerdotum genus , qui victimas cæſas ſtatim explorantes ex motu inteſtinorum & membrorum hariolabantur. Hoc genus Vatum & Sacerdotum ex Hetruria venerant. Quod poſt victimæ inſpectionem proferebant , oraculi loco habebatur. Oraculi tamen vox hic non occurrit , neque fortaſſe unquam pro hujus generis vaticinatione adhibita fuit. Inſcriptio autem alia partim græca , partim latina , indicat votum emiſſum Jovi patrio ex oraculo. Sic autem habet Gruter XXI. ΔΙΙ ΠΑΤΡΙΩΙ ex oraculo.

Ex viſu ſolutum fuit votum ſequens , quod in marmore quodam Romano exprimitur hoc pacto Gruter XXXII. *Soli Sacrum Caius Ducenius Caii Libertus Phœbus filius Zenonis natus in Syria Niſibyn liber factus Romæ ex viſu votum ſolvit lubens*

merito. Sol circa Niſibyn & orientales illas regiones numen præcipuum habebatur. Ducenius vero Phœbus ex Syria oriundus votum Soli ſolvendum ſuſceperat ſi libertatem recuperaret , ex viſu autem de illa obtinenda certior factus , deindeque conſequutus illam , votum ſolvit.

Soli invicto Mithræ Tiberius Claudius Tiberii filius Thermodorus Speleum cum ſignis et . . . . . cæteriſque , voti compos dedit. Mithras in antris & ſpelæis locabatur , ut vidimus cum de Mithra pluribus ageretur in fine primi Antiquitatis explanaræ tomi. Gruter P. XXXIV.

Diana Junianius Amabilis Sevir Auguſtalis C.V.T. ex juſſu ipſius lubens merito. Gruter XL. Non indicat ſcilicet Junianius Amabilis quo pacto Diana juſſum ſibi ſignificaverit. Tres porro literas C V T. interpretatus eſt Jos. Scaliger *curavit uſus titulo ,* quam lectionem vix probare poſſim , ſed aliam huic ſubſtituendam non ad manum habeo.

Nullus eſſet finis , ſi omnia votorum genera quæ in marmoribus & in monumentis occurrunt recenſere vellemus : argumentum enim vaſtiſſimum ampliſſimumque eſt. Quæ præmiſimus ad noti-

singularité, & qui m'eft venu trop tard pour le mettre dans une des planches
qui regardent les vœux. C'eft M. Fritfch qui m'en a communiqué l'eftampe
dont je vais faire la defcription : c'eft un navire repréfenté dans un bas relief.
Il a vers la pouppe un gouvernail, & des trous fur les flancs pour les rames
qui ne s'y voient point. A la pouppe on voit une loge telle qu'on la voit dans
les triremes de la colonne Trajane. Le vaiffeau a un pont, fur le milieu
duquel eft affife fur une chaife une femme que l'infcription nous apprend être
la mere des dieux. Elle n'a pas ici des tours fur la tête, qu'on voit ordinairement dans fes autres images. Hors du navire, & fur une bafe quarrée eft une
femme voilée, qui femble tirer à elle ce vaiffeau par un lien attaché au haut
de la prouë. L'infcription qui eft au deffous du navire eft curieufe, & fe doit
lire ainfi *Matri Deum & navi Salviæ Salviæ voto fufcepto Claudia Syntyche
dedicavit*. Le fens eft que Claudia Syntyché aïant fait un vœu, a dedié ce
monument à la mere des dieux, & au navire de Salvia Salvia. De forte que
le monument qui repréfente la mere des dieux fur le navire eft dedié, & à
la mere des dieux & au navire enfemble, ce qui eft affez extraordinarie ;
c'eft comme fi l'on dédioit quelque monument à Jupiter & à fon temple. Il y a
apparence que Claudia Syntyché eft la Prêtreffe de la mere des dieux, & que
c'eft elle qui tient le navire attaché à un lien, & qui femble le tirer vers elle.

Voilà bien des vœux faits en confequence de quelque vifion, ou fonge, ou
commandement des dieux. Selon l'opinion commune de prefque tous les
Païens, les dieux fe manifeftoient aux hommes, ou par le fonge que les Grecs
appelloient *Onar*, ou par quelque réalité, foit en fe montrant eux-mêmes, ou
en donnant des marques fenfibles de leur préfence par quelque merveille,
comme quand Æmilia Veftale accufée d'avoir par fa faute laiffé éteindre le
feu perpetuel, invoqua Vefta, & jetta fa robe de lin fur un autel où il n'y
avoit que de la cendre froide, priant la déeffe que s'il n'y avoit point de fa
faute, elle fît en forte que fa robe s'enflammât dans le moment, ce qui arriva felon fa priere. Les Grecs exprimoient ces deux marques fenfibles de la
préfence des dieux par ce mot *Hypar*. Ils étoient fi perfuadez que les dieux
fe montroient en ces deux manieres, que Denys d'Halicarnaffe traite d'Athées
les Philofophes qui le nioient ; fi pourtant, ajoûte-t'il, on peut donnerle

---

titiam cæterorum affequendam funt fatis. Unum
tantummodo adjiciam fingularitate fua fpectabi-
liffimum, mihique tardius oblatum, quam ut potuerim ipfum in aliqua tabularum vota fpectantium
locare. Incifam porro ejus imaginem mecum communicavit vir clariffimus D. Fritfch, cujus hic
defcriptionem aggredior. Navis eft in anaglypho
exhibita ; juxta puppim ejus gubernaculum vifitur ; in lateribus autem foramina remis inferen-
dis. In puppi cafula quædam confpicitur quales
in triremibus columnæ Trajanæ obfervantur. Supra tabulatum interiora navis operiens, fedet in
fella mulier, quam docet infcriptio matrem deûm
effe : quæ turritam coronam minime geftat, qualem
in aliis iconibus. Extra navim quadratæ bafi infiftit mulier velata, quæ navim vinculo a prora
alligatam ad fe pertrahere videtur. Infcriptio fub
navi pofita fpectabilis fane eft ficque legitur. *Matri deûm & navi Salviæ Salviæ voto fufcepto Claudia
Syntyche dedicavit.* Id quod certe infolens prorfus eft, cum nempe dicitur monumentum ex voto
dedicatum effe Matri deûm & navi ; perinde autem eft ac fi diceretur monumentum aliquod dicatum effe Jovi ejufque templo. Videtur porro

Claudia Syntyche Sacerdos effe Matris deûm, &
ipfa effe Syntyche quæ navim vinculo alligatam
ad fe pertrahit.

En vota quam plurima poft vifum, aut fomnium aut juffum deorum. Erat hæc fere communis omnium profanorum veterum opinio : deos
fefe hominibus confpiciendos præbere, aut per
fomnium, ὄναϱ Græci vocabant ; aut reipfa ; nempe vel fefe confpiciendos exhibentes ; vel præfentiæ fuæ quædam figna dantes per aliquod patra-
tum miraculum, ut cum Æmilia virgo Veftalis,
delata quod ex culpa fua facer ignis ille perpetuus exftinctus effet, narrante Dionyfio Halicar-
naffeo p. 128. Veftam invocavit, & lineam fuam
veftem in aram projecit, qua in ara frigidus tantum cinis aderat, deam precata, ut fi nulla fua
culpa illud accidiffet, veftis ftatim inflammaretur,
id quod etiam accidit : hafce fub fenfum caden-
tes præfentiæ deorum notas, Græci per ὕπαϱ exprimebant. Ufque adeo autem perfuafum habebant, deos fefe hifce modis exhibere, ut Diony-
fius Halicarnafeus p. 128. Philofophos hoc ipfum
negantes ἀθέϊς appellet, fi tamen, pergit ille, ii
Philofophi vocandi funt, qui deos unquam, vel

nom de Philofophes à ceux qui fe mocquent de ces apparitions des dieux arrivées ou chez les Grecs, ou chez les Barbares, & qui tournent en ridicules toutes les hiftoires de cette nature, prétendant que ce ne font que de vaines fictions, & qu'aucun des dieux ne fe mêle de ce qui fe paffe parmi les hommes.

On étoit fi prévenu de ces apparitions, ou en fonge, ou en vifion; que chaque payis, & chaque Ville avoit des hiftoires de cette forte; & il n'étoit pas fûr de les nier, ou de témoigner qu'on ni ajoûtoit pas trop de foi. Ciceron qui dans le fonds n'étoit pas des plus crédules, après avoir rapporté plufieurs exemples des dieux qui s'étoient montrez en l'une ou en l'autre maniere, dit vers la fin du fecond Livre de la nature des dieux : » Les apparitions fréquentes des dieux, que j'ai rapportées ci-devant, prouvent qu'ils veillent » & fur les Villes, & fur chaque particulier. Cela fe prouve auffi par la con- » noiffance des chofes futures que plufieurs reçoivent, foit en fonge, foit en » veillant. Le préjugé étoit fi grand fur cet article que plufieurs croioient que le monde étoit plein de ces divinitez. De là vient que Quartilia difoit : Nôtre payis eft fi plein de divinitez, qui l'honorent de leur préfence, que » vous y trouverez plus facilement un dieu qu'un homme. »

Les anciens Auteurs font pleins de ces fortes d'apparitions; Paufanias donnant raifon pourquoi ceux de Smyrne avoient donné des ailes à Nemefis; c'eft, dit-il, qu'elle apparoît fouvent aux amans, voilà pourquoi on lui a donné des ailes comme à Cupidon Le préjugé alloit fi loin, que plufieurs croioient que les dieux venoient quelquefois dans les Villes dont ils paffoient pour les fondateurs; qu'ils converfoient avec les citoïens, qu'ils étoient préfens aux facrifices, & aux grandes fêtes, vûs de tous ceux de la Ville, mais invifibles aux étrangers; c'eft ce que rapporte Dion Chryfoftome en la 33. Oraifon p. 408.

---

apud Græcos vel apud Barbaros fic apparuiffe cum ludibrio negant, atque hujufmodi hiftorias ut ridiculas habent, a vanis hominibus confictas. Negant enim quempiam deorum ea, quæ apud homines geruntur, curare.

De vifis & fomniis hujufmodi tanta infidebat in hominum animis opinio, ut quæque urbs, regio quæque hiftorias ejus generis haberet, quas fine periculo vel negare, vel in dubium vocare nemo aufus effet. Cicero, quem nemo adeo credulum fuiffe dixerit, poftquam multa attulerat exempla deorum, qui fe alterutro modo exhibuiffent, in fine fecundi de natura deorum libri ait : *præterea ipforum deorum fæpe præfentia, quales fupra commemoravi, declarant ab his & civitatibus & fingulis hominibus confuli : quod quidem intelligitur etiam fignificationibus rerum futurarum, quæ tum dormientibus, tum vigilantibus portenduntur.* Tantum præ-

judicata opinio valebat, ut multi crederent orbem numinibus effe plenum. Hinc Quartilia dicebat : *noftra regio tam præfentibus plena eft numinibus, ut facilius poffis deum quam hominem invenire.*

Prifci fcriptores hæc vifa paffim commemorant : Paufanias, quærens cur Smyrnæi alas Nemefi dederint, hæc habet : ἐπιταίνεσθαι γὰρ τὴν θεὸν μάλιστα ἐπὶ τοῖς ἐρῶσι ἐθέλουσιν, ἐπὶ τούτων Νεμέσει πτερὰ ὥσπερ ἔρωτι ποιοῦσι, *apparere enim deam aiunt iis maxime, qui amori fe dediderunt; ideoque illi, ut & Cupidini, alas addunt.* Eo ufque autem id opinionis invaluerat, ut crederent plurimi deos aliquando in eas urbes adventare quarum fundatores habebantur, cum civibus verfari, facrificia & dies feftos præfentia fua honorare, civium tantum, non externorum oculis patentes, referente Dione Chryfoftomo Oratione 33. p. 408.

CHAPITRE V.

*I. Vœu pour cinq, pour dix, & pour vingt ans, & au.de là. II. Villes d'Afie
Greques, avec des murs fur la tête.*

I. IL fe trouve auffi des vœux faits, exprimez dans les infcriptions avant
qu'on eût obtenu la chofe demandée. Tels étoient ceux qu'on faifoit
pour la longue vie des Empereurs, & d'autres femblables qu'on trouve fur
les monumens. Le marbre Romain [a] dont nous voïons ici l'image, nous
repréfente des vœux faits pour la fanté & la profperité des Empereurs, tels
les voïons-nous fouvent fur les medailles de Conftantin *le Grand*, & autres.
Ce font des vœux pour dix ans, & pour vingt ans.

II. Originairement ces vœux étoient pour la République Romaine, on
faifoit des vœux pour elle, pour fa confervation, pour fa délivrance quand
elle fe trouvoit dans un état perilleux, après quelque bataille perduë, dans
des tems fâcheux & difficiles, quand les ennemis fe trouvoient en armes dans
les payis foûmis à la République, & que l'on craignoit les fuites de la guerre.
Ces vœux fe faifoient pour cinq ans, pour dix, pour quinze, pour vingt, felon
les occurrences, & par rapport à la neceffité préfente. On fit des vœux après
la bataille du Thrafiméne, pour que la République fe trouvât à la fin de la
guerre au même état qu'elle étoit au commencement. La coûtume étoit,
dit Suetone, de faire des vœux pour un luftre, ou pour l'efpace de cinq années. On en faifoit auffi pour dix ans. Caius Attilius Seranus Préteur, dit
Tite-Live Decad 3. l. 1. reçût ordre de faire des vœux, qui fe devoient accomplir fi la République reftoit dix ans dans le même état : ce qui marquoit
la grandeur du péril où elle étoit. Si la République fe trouvant dans le même
état au bout de dix ans, étoit engagée à acquitter fon vœu, elle l'étoit bien
davantage, fi elle fe trouvoit dans une beaucoup meilleure fituation, comme
effectivement elle s'y trouva. Du tems des Empereurs on faifoit des vœux
pour la confervation de celui qui regnoit actuellement. Ces vœux étoient
pour cinq ans, ou pour dix, ou pour vingt, quelquefois pour trente, &

CAPUT V.

*I. Vota pro decem, pro viginti & pluribus
annis. II. Urbes Afiæ Græcæ muris & tur-
ribus coronatæ.*

I. VOta etiam aliquando occurrunt fufcepta
tantum & nondum foluta, ut erant illa
quæ fufcipiebantur pro diuturna Imperatorum vita,
& alia hujufmodi, quæ recenfere non ita difficile
effet. Marmor Romanum [a] cujus hic expreffum
fchema videmus, vota fufcepta pro falute Imperatorum tunc rem moderantium, effert, ut quidem arbitror, qualia fæpe videmus in nummis
Conftantini aliorumque. Hæc vota decennalia vi-
cennaliaque funt.

II. Ab initio hæc vota fiebant pro republica
Romana: pro confervatione videlicet illius, pro
liberatione, cum in periculis verfabatur, poft cladem acceptam, afflictis labantibufque rebus, five
cum hoftium exercitus imperii fines invaferat, &

de belli exitu follicita refpublica erat. Hæc vota
pro quinque annis fufcipiebantur, pro decem,
quindecim, viginti, ut rerum conditio fuadebat.
Hujufmodi fufcepta funt vota poft cladem ad
Thrafymenum acceptam tefte Livio Decad. 3. l. 1.
ut refpublica eodem ftatu in fine belli effet, quo
initio belli fuerat. In more erat, inquit Suetonius
in Augufto, vota fufcipere ad luftrum five quinque annorum fpatium. Aliquando etiam decennalia vota erant. Caius Attilius Seranus Prætor,
inquit Livius Decad. 3. l. 1. juffus eft vota emit-
tere, quæ folvenda erant fi refpublica eodem
ftatu per decem annos perfeveraffet : hincque periculum ingens fignificabatur. Si porro refpublica
eodem in ftatu permanens vota folvere tenebatur,
longe magis id obfequii præftare debebat, fi me-
liori in ftatu foret, ut tunc accidit. Imperatorum
tempore vota fufcipiebantur pro Imperatore tum
regnante; quæ vota quinquennalia erant decen-
naliave, aut vicennalia, imo & tricennalia, atque
etiam ad annos ufque quadraginta, ut fæpe in

jusqu'à quarante , comme on le voit affez fouvent exprimé dans les medailles du bas empire, où les vœux font quelquefois pour dix , & pour vingt ans , comme on les voit fur ce marbre , *votis decem & viginti.*

III. Ce bas relief paroît d'un trop bon goût pour avoir été fait du tems de la République , où les bons maîtres fculpteurs n'étoient pas encore venus. à Rome; il a été mis apparemment du tems des Empereurs. On voit fur un piedef-tail une medaille fur laquelle une femme écrit VOTIS X. & XX. ce font des vœux pour dix & pour vingt ans; une autre femme qui a des tours fur la tête comme Cybele , fléchit le genou devant la femme qui écrit , lui tend les mains , & lui préfente un rouleau; c'eft peut-être un placet. De l'autre côté du marbre eft un jeune homme armé d'une demi pique, dont le fer eft cloüé au bois avec trois clous : dans un plus grand éloignement eft la ville de Rome qui tient un figne militaire, au bout duquel eft l'aigle qui a la foudre entre les ferres. Elle porte une efpece de bottes ou d'*Ocrea* qui ne montent qu'au gras de la jambe. Elles couvrent tout , & ne laiffent pas voir la chäir par in-tervales , comme on remarque en plufieurs autres chauffures militaires. Il y a grande apparence que la femme qui a les tours fur fa tête eft quelque Ville d'Afie qui vient faire des vœux à Rome , pour là confervation de l'Em-pereur. C'eft tout ce qu'on peut dire de plus vrai-femblable fur un monu-ment où rien ne guide pour favoir précifément le deffein de celui qui l'a pofé. Nous voïons dans les monumens Romains d'autres femmes , avec des tours fur la tête qui marquent des Villes. On en voit trois de même à la pre-miere planche du premier tome de ce Supplément. On en trouve auffi à la planche CXVIII. du troifiéme tome de l'Antiquité. Tous ces monumens font faits à Rome , ou dans l'Italie, où l'ufage de repréfenter les Villes avec ces tours n'étoit pas bien établi : mais quand il s'agiffoit des Villes de l'Orient, ils les exprimoient comme dans le payis même. Rien de plus commun dans les medailles grecques, que des Villes repréfentées par des femmes couronnées de tours & de murs.

---

nummis Imperatorum inferioris ævi reperimus , ubi vota funt pro decem, aut pro viginti quando-que annis, ut in hoc marmore.

Hoc anaglyphum florentis ætatis artem redolet, quapropter non reipublicæ Romanæ tempore fac-tum arbitror ; quo præclari illi Græci artifices nondum Romam venerant ; fed fub Imperatoribus. Stylobate nixus circulus in numifmatis formam concinnatus eft : in nummi area fcribit mulier VOTIS X. ET XX. Vota funt pro decem & pro viginti annis. Ante mulierem fcribentem mulier altera genu flectit, manufque tendit, & volumen ipfi offert ; fortaffifque libellus fupplex eft. In alio marmoris latere eft juvenis hafta armatus, cujus ferrum tribus clavis haftæ ligno affixum eft ; & ad cujus latus, Roma quæ fignum militare tenet, cujus culmen eft , aquila fulmen tenens unguibus. Ocreas illa geftat ab imo ad mediam ufque tibiam pertingentes. Ocreæ autem totam cutem operiunt, neque per intervalla monftrant, ut in cæteris mi-litaribus calceamentis paffim obfervatur. Verifi-mile certe eft mulierem illam turritam, effe ali-quam Afiæ urbem , quæ Romam per Legatos ve-nit , ut vota pro Imperatore fufciperet. Hæc pro-babiliter dici poffe videntur de monumento , nihil præ fe ferente , quod aliam circa auctorem ejufque confilium parere noticiam poffit. In monumentis Romanis , mulieres etiam alias nonnunquam confpicimus turritas, & muralem coronam capite geftantes, queis fignificantur urbes. Tres hujuf-cemodi cernuntur in prima tabula primi Antiqui-tatis explanatæ tomi. Alias videre eft in Tabula CXVIII. tertii ejufdem tomi. Hæc porro monu-menta Romæ & in Italia facta funt, ubi tamen ufus turritarum mulierum pro urbibus fignifican-dis non fuiffe videtur. Verum Orientales illi ur-bes , fecundum ritum Orientalem repræfentabant. Nihil in nummis Græcis frequentius illis mulieri-bus turritis muralefque coronas geftantibus, ur-befque fignificantibus.

CHAPITRE VI.

I. Vœu singulier pour Apolaustus.

Pl.
xxxii.

I. LE monument suivant est remarquable : c'est dommage que l'inscription ne soit pas entiere. Je crois pourtant qu'on la peut lire ainsi, & suppléer à coup sûr quelques lettres qui ont sauté ; mais quelques autres avec moins de certitude. Je lis donc, *Pro incolumitate & salute Titi Cicionii . . . . . Apolausti & Caii Fortunati Manubini Collegium Augurum, quod securitati æternæ esse voluerunt.* Après Titi Cicionii, la piece de marbre qui a sauté avoit sans doute quelques lettres, comme T. F. ou P. F. *Titi* ou *Publii filii*, ou peut-être le nom de la tribu exprimée par les lettres du commencement, comme *Pal.* pour *Palatina*, *Vol.* pour *Voltinia*, ou quelqu'autre. Le sens de l'inscription est, que le College des Augures a fait ce vœu, & ce monument pour la santé de Titus Cicionius Apolaustus, & de Caius Fortunatus Manubinus ; & que le même College souhaite que son vœu leur donne une sûreté éternelle. Il est fort difficile de connoître quel rapport peut avoir l'inscription avec l'image. Nous y voïons un homme nu, qui paroit malade, & derriere lui un autre homme nu plus jeune, qui le soûtient de ses deux mains enveloppées d'un grand drap. L'homme qui est soûtenu par l'autre, & qui paroît malade, est selon toutes les apparences Titus Cicionius Apolaustus, & peut-être que celui qui le soûtient est Caius Fortunatus Manubinus. Il ne paroît point de doute sur le premier, & ce qui fait beaucoup pour le second, c'est qu'étant dans l'inscription comme un de ceux pour qui le vœu a été fait : il semble qu'il doit avoir été mis dans l'image comme l'autre. A l'autre côté du tableau sont deux femmes, dont l'une à genoux semble mêler dans un grand vaisseau des herbes, ou des drogues pour préparer un remede. Elle se tourne vers Apolaustus, lui tendoit une main qui est cassée, tenant toûjours l'autre main dans ce grand vaisseau qui pourroit être un pannier. Derriere cette femme, une autre qui est debout semble être attentive â ce qui se passe. Ce

---

CAPUT VI.

Votum singulare pro Apolausto.

MOnumentum sequens admodum spectabile est ; at damno nostro accidit, ut inscriptio detruncata ad nos perveniret. Puto tamen illam sic legi posse & quasdam literas tuto suppleri, cæteras autem non sine periculo : *Pro incolumitate & salute Titi Cicionii . . . Apolausti & Caii Fortunati Manubini collegium Augurum, quod securitati æternæ esse voluerunt.* Post hæc verba, *Titi Cicionii* frustum illud marmoris quod excidit aliquot haud dubie literas continebat ; puta T. F. aut P. F. *Titi Filii*, sive *Publii Filii* ; aut fortasse tribus nomen primis expressum literis, verbi gratia, *Pal* id est Palatina ; *Vol.* sive Voltinia, vel alia quæpiam. Id autem sibi vult, ni fallor, inscriptio : collegium Augurum hoc votum hocque monumentum erexisse pro incolumitate & salute Titi Cicionii Apolausti & Caii Fortunati Manubini, idemque ipsum collegium summopere desiderare, ut votum suum securitatem ipsis perpetuam præstet. Difficile sane est assequi, quid sit affinitatis inscriptionem inter & imaginem. Comparet ibi vir nudus, qui morbo laborare videtur, & pone illum juvenis alius item nudus qui manibus grandi panno obductis priorem sustentat. Vir ille qui ab alio sustentatur, omnino videtur esse ille Titus Cicionius Apolaustus, quem inscriptio memorat, ac fortasse ille alius, qui ipsum sustentat est Caius Fortunatus Manubinus. De primo nihil videtur dubii subesse ; quod autem conjecturæ circa secundum propositæ multum favere putatur, id sane est, quod cum in inscriptione memoretur cum Apolausto, ac si votum pro utroque emissum sit, in imagine perinde atque in inscriptione locum meruisse videtur. Ad aliud depictæ imaginis latus duæ mulieres visuntur, quarum altera genibus flexis herbas, sive pharmaca miscere videtur, ut medicinam quampiam paret. Ad Apolaustum versa alteram ipsi manum porrigebat, quæ injuria temporum collapsa est, alteram vero semper manum in vase, vel fortassis in corbe tenet. Pone mulierem illam altera

HONNEUR RENDU À UN PRÊTRE

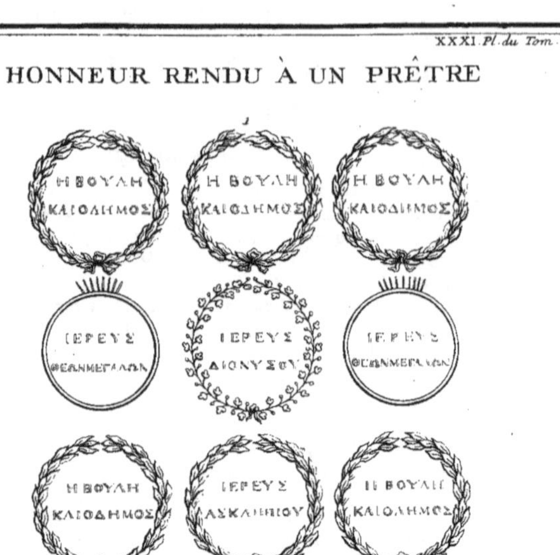

Marbre de Venise

VOEUX

Marbre Romain

VOEUX

Boissard

qu'on peut dire , ce femble , de plus raifonnable fur cette image , eft qu'Apolauftus malade eft aux remedes ; & que le College des Augures a fait un vœu
pour le rétabliffement de fa fanté , & de celle de Fortunat qui paroît moins
malade que l'autre , puifqu'il le foûtient. Il y a apparence que tous les deux
étoient du College des Augures , puifqu'ils prennent tant d'interêt à leur
fanté.

mulier ftat , & iis quæ geruntur attendere videtur. Id quod autem magis confentaneum ad imaginis explicationem proferri poffe videtur, hoc eft, Apolauftus ægrotans pharmacis remediifque curatur: Collegium porro Augurum votum fufcepit pro ejus falute & incolumitate , atque medicamentorum felici exitu, nec non pro Fortunati incolumitate, qui minus ægrotare videtur quam Apolauftus, quandoquidem ipfum fuftentat. Verifimileque eft ambos ex Collegio Augurum fuiffe, qui ufque adeo eorum incolumitati advigilant.

CHAPITRE VII.

I. Oreilles votives. II. Vœux de l'ancienne ville de Metz : Combien cette Ville
étoit confiderable. III. Vœu d'un quartier de Metz, appellé la ruè de l'Honneur.
IV. Vœu de Cornelius Secundus. V. Vœu de Maximien Hercule Empereur.
VI. Vœu à Mercure le Negociateur.

I. **L**A coûtume d'offrir à Dieu la figure des membres malades , foit   P L.
pour être delivré du mal , foit en action de graces de la guérifon ob- aprèsla
tenuë ; cette coûtume, dis-je , eft des plus anciens tems. Nous en avons un XXXII.
exemple dans le premier livre des Rois , où nous voïons les Philiftins frappez
de Dieu , pour avoir ofé toucher & regarder l'Arche , faire pour obtenir la
guerifon , des préfens à Dieu de l'image de la partie malade , repréfentée en or ;
cet ufage eft pieux & légitime lorfqu'on fait ces offrandes au vrai Dieu & à fes
Saints : mais fuperftitieux & damnable , quand on a recours ou aux idoles , ou
à des forciers , & à des gens qui fe fervent de preftiges pour la guerifon des
maladies. Voici deux [1] oreilles votives ou voüées par des gens qui par le fecours [1]
des Dieux , croïoient avoir été gueris du mal d'oreille , ou de la furdité. Il fe
peut faire auffi que c'eft un vœu fait pour la guerifon , & non en action de graces. Ces deux oreilles étoient dorées ; il paroît encore des traces de la dorure ,
que l'injure du tems a gâtée.

CAPUT VII.

I. Auriculæ votivæ. II. Vota veteris urbis
Metenfis : Quanta hæc urbs olim effet.
III. Votum cujufdam urbis Metenfis re-
gionis , quæ vicus Honoris vocabatur.
IV. Votum Cornelii Secundi. V. Votum
Mercurio Negotiatori.

I. **M**Os offerendi Deo figuram ægrotantium membrorum , aut aliqua tabe laborantium, tum ut fanarentur , tum in gratiarum actionem pro impetrata valetudine ; hic mos , inquam , ad vetuftiffima pertinet tempora. Exemplum talis confuetudinis in primo Regum libro exftat , ubi Philiftæos videmus a Deo caftigatos & percuffos , quod arcam Domini afpicere tangereque aufi effent , Deo offerentes imaginem læfi membri in auro expreffam , ut fanitatem impetrarent. Ufus certe pius eft, quando Deus ipfe verus talibus placandus muneribus aditur ; fed damnandus & impius , quando aut idola , aut fortilegi , aut præftigiatores ad bonam impetrandam valetudinem accerfuntur. En duas [1] auriculas votivas , quas fcilicet voverant ii , qui fe putabant deorum ope , aut male affectas aures curaviffe , aut furditatem depuliffe. Fortaffis votum eft pro impetranda aurium valetudine , non in gratiarum actionem , oblatum. In fecundo Antiquitatis explanatæ tomo vidimus oculos , brachia , crura , pedes eadem de caufa oblatos. Hæ duæ auriculæ inauratæ erant , adhuc veftigia quædam auri cernuntur , cujus maxima pars injuria temporum excidit.

Les pieds étoient sous la tutele de Mercure, comme nous avons dit au se-cond Tome de l'Antiquité, p. 248. les langues étoient encore consacrées à Mercure. Selon ce passage d'Athenée p. 16. Anciennement on faisoit après „ le souper des libations à Mercure, & non pas, comme on a fait depuis, à Jupi-„ ter parvenuà l'âge viril, ils prétendoient que Mercure présidoit au sommeil: „ on lui fait aussi des libations, lorsqu'on se retire après le souper, comme à ce-„ lui qui préside sur les langues. Car les langues luy sont consacrées, parce qu'il fait l'office d'interprête. προσνέμονται δ'αὐτῷ αἱ γλῶσαι διὰ τὴν ἑρμηνείαν ; les doigts étoient sous la tutele de Minerve; l'œil, selon l'opinion des Egyptiens, étoit consacré à Apollon, ou plûtôt au Soleil, selon Plutarque. A quel Dieu étoient donc consacrées les oreilles; quelle est la divinité qui les avoit prises sous sa tutele? Je ne me souviens pas d'avoir encore rien sçu qui puisse nous instruire sur cela.

II. Le vœu suivant a été [1] tiré de Mets, grande & puissante Ville sous les Em-pereurs Romains, comme il est aisé de juger par les inscriptions qui s'y voïent encore aujourd'hui, par les restes des monumens antiques, & sur tout par cet Aqueduc que nous avons donné entier au quatriéme Tome de l'Antiquité, & dont nous donnerons encore au quatriéme Tome, quelques Arches en grand & exactement dessinées. Cette Ville avoit plusieurs grandes ruës. Ses monu-mens nous ont conservé le nom de trois. L'une étoit le *Vicus Sandaliaris*, la ruë des Cordonniers. Il y en avoit une de même nom à Rome, appellée le *Vicus Sandaliarius*, qui étoit à la region 4. de la Ville. L'autre étoit la ruë de la Paix, dont il est fait mention à la planche LXXXV du premier Tome de ce Supplé-ment dans l Inscription des déesses Maires. Une autre ruë enfin étoit celle de l'Honneur, dont il est parlé dans cette Inscription.

III. C'est un vœu des Habitans de la ruë de l'Honneur, comme il est dit là-même. Cette inscription se lit un peu differemment dans Gruter & dans Meu-risse, qui a fait l'Histoire de Mets. La voici à la maniere & dans l'ordre qu'elle doit être lûë. Le graveur a transposé les deux faces, je remets le tout ainsi. *Jovi optimo maximo in honorem domus divinæ vicus Honoris. Publice posuerunt hi qui infra scripti sunt cura eorum Titus Julius Martialis, Publius Donna. Quintus Gia-mius Delius & Communis Giamii filius Elvorix Varicilli, Emelus Cintus. M. Ma-cirius Atrectus maniprecium donavi. Terentinus & Peregrinus Illanvisæ filii Gaius Germinius Corobus ; Sextus Elvius Clemens. Publius Attius Anticus. Lucius Vet-*

Pedes sub Mercurii tutela erant, ut diximus in secundo Antiquitatis explanatæ tomo p. 248. linguæ etiam Mercurio sacræ erant, ut inquit Athenæus p. 16. *Olim post cœnam Mercurio libabant, non autem Jovi adulto, id quod postea usu venit, quoniam opinan-tur Mercurium p ræsse somno. Libant etiam ei cum post cœnam se recipiunt, ut ei qui linguis præst : lingua namque ipsi ut interpreti sacræ sunt.*

II. Votum sequens in urbe Metensi repertum fuit. Hæc vero urbs sub Imperatoribus Romanis perampla potensque erat ; ut ex inscriptionibus quæ frequentissime ibidem occurrunt æstimare licet ; necnon ex veteribus magnificisque monu-mentis ; maximeque ex aquæ ductu illo, quem inte-grum dedimus tomo Antiquitatis explanatæ quarto, cujusque adhuc aliquot arcus majoris for-mæ in specimina dabimus in hoc Supplemento. Urbs ergo isthæc vicos habebat multos, trium au-tem hujusmodi vicorum nomina in monumentis servata sunt. Unus erat *vicus Sandaliaris*, cujus nominis etiam Romæ vicus erat Sandaliarius appel-latus in quarta urbis regione. Alter erat vicus pacis cujus mentio habetur in Tabula LXXXV. primi tomi hujus Supplementi, inscriptione de deabus Mairabus, tertius demum vicus Honoris erat, de quo agitur in hac inscriptione.

III. Votum est Metensium civium eorum qui vicum Honoris incolebant, ut ibidem dicitur. In-scriptio autem diverse legitur apud Gruterum, & apud Meurissum qui Metensis urbis scripsit histo-riam. En illam quo ordine modoque legi debet. Sculptor duo inscriptionis latera transposuit, hic autem verus ordo, verus legendi modus est. *Jovi optimo maximo in honorem domus divinæ vicus Ho-noris publice posuerunt hi qui infra scripti sunt cura eorum, Titus Julius Martialis, Publius Donna, Quintus Giamius Delius & Communis Giamii filius, Elvorix Varicilli, Emelus Cintus, Marcus Maci-rius Atrectus Maniprecium donavi, Terentinus & Peregrinus Illanvisæ filii, Gaius Germinius Corobus, Sextus Elvius Clemens, Publius Attius Anticus, Lucius Vettius Dercoledus, Marcus Vettius Mercator.*

tius

tius Dercoledus Marcius Vettius Mercator. Il paroît qu'il y a bien des fautes dans cette inscription. Gruter a lû differemment en quelques endroits. Après P. DONNA, il ajoûte XI. Au lieu de Delius, il lit BELLUS. Il finit la seconde face ainsi, F. MELUS CINTUS M. I. F. *Maniprecium donavi* : se trouve de même dans les deux ; on ne scait ce que c'est que *Maniprecium.* On voit bien que cela signifie en general quelque present. Le sens de l'inscription est. *A Jupiter très-bon & très-grand : en l'honneur de la maison divine, ceux de la rüe de l'Honneur ont dedié ce monument qui a été posé par les soins de ceux dont le nom est écrit ci-dessous, Titus Julius Martialis, Publius Donna, Quintus Giamius Delius et Communis, fils de Giamius, Elvorix, fils de Varicillus, Emelus, Cintus, Marcus Macirius Atrectus, qui a fait un present. Terentinus Corobus et Peregrinus, fils d'Illanvisa, Gaius Germinius Corobus, Sextus Elvius Clemens. Publius Attius Anticus, Lucius Vettius Dercoledus. Marcus Vettius mercator,* ou Marchand ; si *mercator* est le nom de sa profession. La maison divine dont il est parlé ici, est apparemment quelque temple fameux en ces tems là. Cette expression, *in honorem domus divinæ*, en l'honneur de la maison divine, se trouve dans d'autres inscriptions. On la voit dans une de Gruter, qui regarde les déesses Maires, données à la fin du premier tome de ce Supplément, on la trouve communément dans les inscriptions déterrées aux environs du Rhin.

IV. L'autre pierre ³ qui suit, est aussi un vœu. Le haut est taillé comme une espece de fronton d'un temple, où l'on a mis la foudre de Jupiter, l'inscription a ce sens. *A Jupiter très-bon & trés grand, à la grande Junon, à Hercule & au Genie du lieu. C'est un vœu que Cornelius Secundus a fait pour sa santé & pour celle de toute sa famille. Gentis suæ* se pourroit aussi entendre de toute la nation ; mais l'autre sens me paroît plus naturel ; *Gens* se prend souvent chez les anciens Latins pour toute la famille, comme *gens Fabia*, signifie tous ceux qui portoient le nom *Fabius*, la tige & les branches, & de même *Gens Cornelia, Gens Furia.*

V. Le vœu suivant ⁴ est fait par Maximien Hercule, collegue de Diocletien, qui l'avoit associé à l'Empire. Il le fit apparemment lorsqu'il faisoit la guerre dans les Gaules, pour l'heureux succès de ses expeditions qui lui réüssirent à souhait. Il fut victorieux, & les vaincus subirent le joug qu'il leur imposa. Ce vœu est au dieu Mercure, qu'il appelle *numen sanctissimum*, une très-sainte divinité. Maximien est ici appellé simplement *Herculius* ; il est pourtant hors de doute que c'est Maximien Hercule. Le mot *Junior*, ne veut pas dire

---

In hac inscriptione errata quædam esse videntur, Gruterus alio modo quibusdam in locis legit. Post P. DONNA addit XI. pro DELIVS legit BELLVS. Secundam vero marmoris faciem ita terminat. F. MELVS. CINTVS. M. I. F. *Maniprecium donavi* in utroque similiter occurrit, quid vero sit Maniprecium non sat perspicio : videtur certe aliquod qualecumque munus & donum esse. Postrema vox Mercator an artis nomen est, an nomen proprium ? Domus divina de qua hic sermo, erat, ut credere est, templum illa ætate celebre. Hæc loquendi ratio, *in honorem domus divinæ*, in aliis inscriptionibus occurrit. In illa etiam Gruteri legitur, ubi de deabus Mairabus mentio habetur, quam circa finem primi hujus Supplementi tomi dedimus. Hæc inscriptio, *in honorem domus divinæ*, in illis maxime regionibus occurrit, quæ Rheno vel vicinæ vel conterminæ sunt.

IV. Monumentum item sequens ³ votum est. Lapis superne desinit quasi in frontispicii cujusdam fastigium, ubi sculptum fuit Jovis fulmen. Inscriptio sic legitur . *Jovi optimo maximo, Junoni magnæ, Herculi, & genio loci, pro salute sua & gentis suæ. Cornelius Secundus ex voto.* Gentis suæ intelligi forte posset de tota gente & natione ; verum hic de familia videtur sua loqui, Gens enim apud Romanos pro familia accipiebatur : verbi gratia, gens Fabia illos omnes significat, quibus nomen Fabius erat, sive radicem sive ramos spectares, sicque *Gens Cornelia, Gens Furia.*

V. Votum sequens a Maximiano ⁴ Herculio factum est, Collega Diocletiani, qui ipsum ad imperium quasi socium evexerat. Monumentum porro hoc erexisse videtur quando in Galliis bellum gerebat, idque ad felicem expeditionum suarum exitum ; & certe pro voto suo res cecidere. Victor namque fuit, & qui devicti fuere, impositum subiere jugum. Votum Deo Mercurio dirigitur. Qui hic vocatur *numen sanctissimum.* Maximianus autem hic, tacito priore nomine Herculius vocatur. Nihil tamen dubium est, de Maximiano Herculio hic agi. Vox autem illa *Junior* non significat alium

qu'il y eût un autre Maximien Hercule plus âgé que lui ; mais il est mis ici par rapport à Dioclétien qui étoit & le plus âgé & le premier des Empereurs.

VI. Le vœu suivant est à Mercure ⁵ le Negociateur, fait par *Numisius Albinus*, qui étoit apparemment négociant lui-même. Mercure étoit le patron des Négocians. C'est en cette qualité qu'il porte souvent la bourse, c'est un de ses symboles les plus ordinaires, symbole, dis-je, propre à luy attirer bien des devots. Les négocians, les maltotiers, les filoux de ce tems-là, tout couroit après le dieu qui portoit la bourse.

Tous les Marchands vous offrent de l'encens.

Ils attendent de vous tout le gain du négoce, dit Ovide. Oppien appelle Mercure le plus grand des fils de Jupiter, & le plus admirable genie pour ce qui regarde l'interêt du gain.

---

fuisse Maximianum Herculium ipso seniorem ; sed hæc vox *junior* Diocletianum respicit, qui & senior & primus Imperator erat.

V I. Votum sequens ⁵ Mercurio Negotiatori factum est a Numisio Albino qui fortassis & ipse negotiator erat. Mercurius enim Negotiatorum deus erat. Qua de causa crumenam sæpe gestat. Est vero crumena symbolum ejus frequentissimum. Quod sane symbolum multos illi clientes cultoresque allicere potuit. Negotiatores, publicani, fures & prædones ævi illius, omnes, inquam, post deum crumenam gestantem currebant. Ovidius in Fastis lib. 5.

> *Te quicumque suas profitentur vendere merces,*
> *Thure dato, tribnas ut sibi lucra rogant.*

Oppianus vero ἁλιευτ 3. 9.

> Ἑρμεία σὺ δέ μοι πατρώιε φέρτατε παίδων
> Αἰγιόχου κέρδιστον ἐν ἀνθρώποισι νόημα.

Hoc est

> *Mercuri, tu vero mihi, patrite, præstantissime filiorum,*
> *Ægiochi Jovis, lucrosissimum inter homines ingenium.*

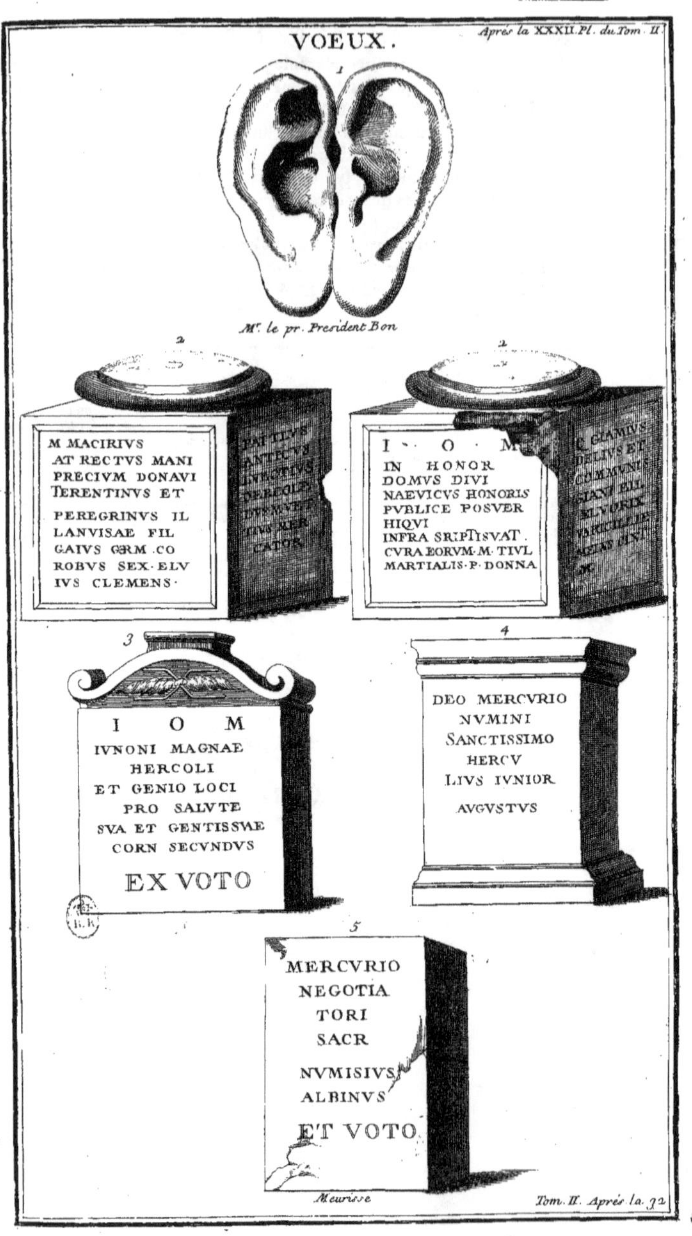
Aprés la XXXII. Pl. du Tom. II
1
M. le pr. President Bon
2
M MACIRIVS
AT RECTVS MANI
PRECIVM DONAVI
TERENTINVS ET
PEREGRINVS IL
LANVISAE FIL
GAIVS GERM .CO
ROBVS SEX·ELV
IVS CLEMENS·
2
I · O · M
IN HONOR
DOMVS DIVI
NAEVICVS HONORIS
PVBLICE POSVER
HIQVI
INFRA SRIPTISVAT·
CVRA EORVM·M·TIVL
MARTIALIS·P·DONNA
3
I O M
IVNONI MAGNAE
HERCOLI
ET GENIO LOCI
PRO SALVTE
SVA ET GENTISSVE
CORN SECVNDVS
EX VOTO
4
DEO MERCVRIO
NVMINI
SANCTISSIMO
HERCV
LIVS IVNIOR
AVGVSTVS
5
MERCVRIO
NEGOTIA
TORI
SACR
NVMISIVS
ALBINVS
ET VOTO
Meurisse
Tom. II. Aprés la. 72

CHAPITRE VIII.

I. Vœu de Fortunatus. II. Autel dedié à Jupiter. III. Vœu d'Ulpius Martinus.
IV. Vœu qui paroît un Enigme.

I. LA figure & l'infcription qui fuit, eft tirée du manufcrit de Boiffard , PL.
qui l'a copiée à Pettaw dans la Stirie. C'eft un vœu d'un nommé For- XXXIII
tunatus , pour la fanté de Fortunius fon fils ,encore enfant,que nous voïons ici
fur le giron de fa mere , affife fur une grande chaife de forme affez extraordinaire. Elle eft devant un autel. De l'autre côté de l'autel on voit une femme qui
a tout l'air d'une Prêtreffe. D'une main elle tient une pomme, ou quelqu'autre
fruit pour le facrifice. De l'autre elle verfe un préfericule fur l'autel pour la
libation. Les coëffures de ces deux femmes, font affez extraordinaires, & apparemment en ufage dans ce païs. Il faut neceffairement que l'autel fur lequel
la femme verfe de l'eau ou quelqu'autre liqueur, foit creux pour la recevoir.
Il ne paroît fur cet autel ni feu ni flamme.

II. Le vœu qui vient après, eft un autel dedié à Jupiter très bon & très grand Premiere
par Marc-Aurele Cecinna , Claude Plautien & C. Vettius Celer , comme por- PL. aprés
te l'infcription renfermée dans une couronne de chêne ; les figures qu'on voit la XXXIII.
à droite & à gauche, femblent fignifier que l'autel a été mis & dedié en action
de graces de quelque victoire infigne. La victoire à l'un des côtez écrit fur un
bouclier, & tient le pied fur un globe, & de l'autre côté un efclave tient un
gouvernail. Je ne fai fi cela marque une victoire gagnée fur mer. Il eft difficile de dire à quelle hiftoire ce monument peut avoir rapport ; rien ne guide
pour découvrir quelque chofe fur un fait dont l'infcription ne dit pas un mot.

III. Boiffard dans fon manufcrit p. 499. a donné un autre curieux monument qu'il a trouvé , dit-il, *in Feyftris non longe a Græcio & Cilia ;* ce font deux
Villes de la Stirie. C'eft un vœu à Jupiter,à Mars & à tous les autres dieux, fait
par Ulpius Martinus, pour lui & pour fes enfans. L'infcription fe doit lire ainfi. *Jovi optimo maximo & Marti Augufto & cæteris diis omnibus Ulpius Marti-*

CAPUT VIII.

I. Votum Fortunati. II. Ara Jovi dicata.
III. Votum Ulpii Martini. IV. Votum
quod ænigma effe videtur.

I. FIgura infcriptioque fequens ex Boiffardi
Manufcripto educta eft qui ipfam Petavii
in Stiria ex archetypo expreffit. Votum eft cujufpiam nomine Fortunati pro falute Fortunii filii
fui infantis , qui hic fuper genua matris vifitur,
fedentis in fella magna infolitæ formæ. Mater eft
ante aram. Ad alterum aræ latus , confpicitur
femina quæ facerdos effe videtur, & manu vel
malum , vel fructum alium quempiam ad facrificium tenet ; altera vero manu præfericulum effundit in aram ad libationem. Muliebria capitis ornamenta in utraque non ordinaria funt , & ad gentis
iftius confuetudinem aptata. Ara illa fupra quam
mulier aquam effundit , vel liquorem alium , concava fit oportet ut recipiat. Nec ignis nec flamma
in hac ara comparet.

II. Votum fequens ara eft Jovi optimo maximo
dicata a Marco Aurelio Cecinna , Claudio Plau-
tiano , & Caio Vettio Celere , ut habet infcriptio
intra coronam quernam inclufa. Quæ hinc & inde
repræfentantur figuræ fignificare videntur Aram
erectam dicatamque fuiffe in gratiarum actionem
infignis cujufpiam victoriæ. Ad alterum quippe
latus victoria in clypeo fcribit , ac pede globum
terit ; ad alterum latus , fervus quifpiam gubernaculum tenet : Nefcio utrum hifce navalis victoria
fignificetur. Difficile prorfus eft deprehendere de
qua hiftoriæ parte hic agatur. Nulla ducimur nota
ad rem aperiendam , quandoquidem infcriptio no
verbum quidem de victoria habet.

III. Boiffardus in manufcripto fuo p. 499. fequens fingulare monumentum dedit , ab fe repertum ait *in Feyftris non longe a Græcio & Cilia ,* quæ
funt duæ Stiriæ urbes. Votum eft Jovi , Marti cæte-
rifque omnibus diis , quod fufcepit Ulpius Martinus fibi & liberis fuis : Infcriptio autem fic legenda. *Jovi optimo maximo & Marti Augufto & cæ-*
teris diis omnibus. Ulpius Martinus pro fe fuifque

nus pro ſe ſuiſque liberis ex voto poſuit.Votum ſolvit lubens merito. Ces dernieres paroles marquent qu'il a volontiers accompli ſon vœu , comme le devoir le demandoit. Ce qu'il y a de remarquable ici , ce ſont les figures repreſentées de gens qui joüent & ſe divertiſſent. Au bas de l'inſcription & ſur un côté, on voit un jeune garçon nu, qui joüe de deux flutes à la fois , & une femme qui tournant le dos ſemble danſer , & tient d'une main une Cymbale, & de l'autre elle ſemble raſſurer ſon bonnet, qui eſt d'une forme aſſés ſinguliere. Il reſſemble à une taſſe renverſée qui a un aſſez long pied. C'eſt à ce bonnet qu'on la reconnoît pour une femme : nous en voyons un autre de même, à côté de ſon mari, à la x. planche du quatriéme tome de l'Antiquité. Sur le côté une autre femme qui porte un bonnet de même forme, tient une eſpece de ſac ouvert : on ne ſait pourquoi ; & plus haut une autre femme avec un bonnet ſemblable boit dans une taſſe : on ne peut entrer dans la penſée de celui qui a donné une telle image. Ce qu'on en peut dire de plus vrai-ſemblable eſt , que la famille d'Ulpius Martinus eſt en réjoüiſſance de ce que ſes vœux & ſes ſouhaits ſont accomplis.

IV. C'eſt une énigme perpetuelle que la planche ſuivante : on ne ſait ni qui ſont les perſonnages, ni quel rapport ils peuvent avoir les uns avec les autres. A peine peut-on tirer le moindre éclairciſſement de l'inſcription qui eſt au bas : L'homme nu qui ſemble vouloir ſe couvrir la tête d'un manteau qu'il tient ſur le bras, a la tête liée d'un diadême. Il a aſſez l'air & la taille d'un Hercule; quoiqu'il n'en ait pas les ſymboles : il y a plus d'apparence que c'eſt Hemathion, dont il eſt parlé dans l'inſcription. Un Satyre aſſis auprès de lui tient d'une main une grande corne d'abondance, remplie de grenades , de pommes , avec d'autres fruits,& des feüilles. De l'autre côté on voit une femme dont la coëffure eſt aſſez ſinguliere. Elle a à ſon côté un petit garçon nu, qui paroît être ſon fils. Entre cette femme & l'homme dont nous venons de parler, on voit une lyre, un grand vaſe avec ſon couvercle, deux eſpeces de leviers, dont l'un a aſſez la forme d'une maſſuë, & l'autre eſt recourbé par le haut comme un bâton augural. L'inſcription au bas de l'image eſt telle : *Securitati Hemathion & Carpo.* Ce qui à la lettre voudroit dire, qu'Hemathion a fait ce vœu à la Sûreté & à Carpus. Je n'oſerois rien hazarder ſur cela.

Deuxié-
me Pl. a-
près la
XXXIII.

---

l'beris ex voto poſuit , votum ſolvit lubens merito. Quæ poſtrema verba uſus ſunt frequentis in marmoribus. Obſervatu digna ſunt hic ſchemata ludentium. Sub inſcriptione ad alterum latus juvenis eſt nudus qui duplici ludit tibia: Mulierque averſa quæ tripudiare videtur, & altera manu cymbalum tenet, altera vero biretum ſeu ornamentum capitis aſſerere & firmare videtur , ne cadat. Biretum autem ſpectabili eſt forma, inverſum eſſe craterem diceres. Ex hoc capitis ornamento mulier eſſe dignoſcitur , quia illo alibi mulieres ſolæ utuntur , ut videas in Tabula x. quarti Antiquitatis explanatæ tomi. E latere altera mulier eodem ornata bireto . quemdam quaſi ſaccum apertum tenet , quid porro agat ignoratur : & ſuperiore in loco mulier ſimili inſtructa bireto in cratere bibit. Qua vero mente hæc omnia repræſententur vix dici queat. Id quod probabilius de tali imagine proferri poteſt, hoc ni fallor eſt, nempe Ulpii Martini familiam gaudere lætitiæque ſigna dare , quod is voti compos ſit.

IV. Tabula ſequens ænigma perpetuum eſt : nec quæ ſint perſonæ in tabula repræſentatæ deprehendi poteſt , nec quid altera cum altera rei habeat dignoſci. Inſcriptio autem in ima tabula ſculpta vix quidpiam notitiæ conferre poteſt. Vir ille nudus , qui pallium brachio geſtat , illoque caput ſuum operire ſatagit, caput diademate redimitum habet. Si ſtaturam , humeros , barbam comamque ſpectes,Herculem pene refert ; ſed nullum ejus ſymbolum adeſt. Malo credere Hemathionem eſſe, quem inſcriptio commemorat. Satyrus juxta illum ſedens , altera manu cornucopiæ tenet refertum malogranatis , aliis pomis , & foliis. In altera Tabulæ parte mulier viſitur , ornatu capitis ſpectabilis : Stat a latere ejus puer tenellus nudus , fortaſſis ejus filius. Inter mulierem & virum de quo ante ſermo erat hæc poſita ſunt, lyra, vas magnum cum operculo , duo ceu vectes , quorum alter ad clavæ formam accedit , alter ſuperne retortus eſt ſicut lituus. Inſcriptio in ima parte marmoris talis eſt : *Securitati Hemathion & Carpo* , id quod ad literam ſignificare videtur Hemathionem hoc votum emiſiſſe Securitati & Carpo. Rei tam obvolutæ explicationem tentare non auſim.

VOEU

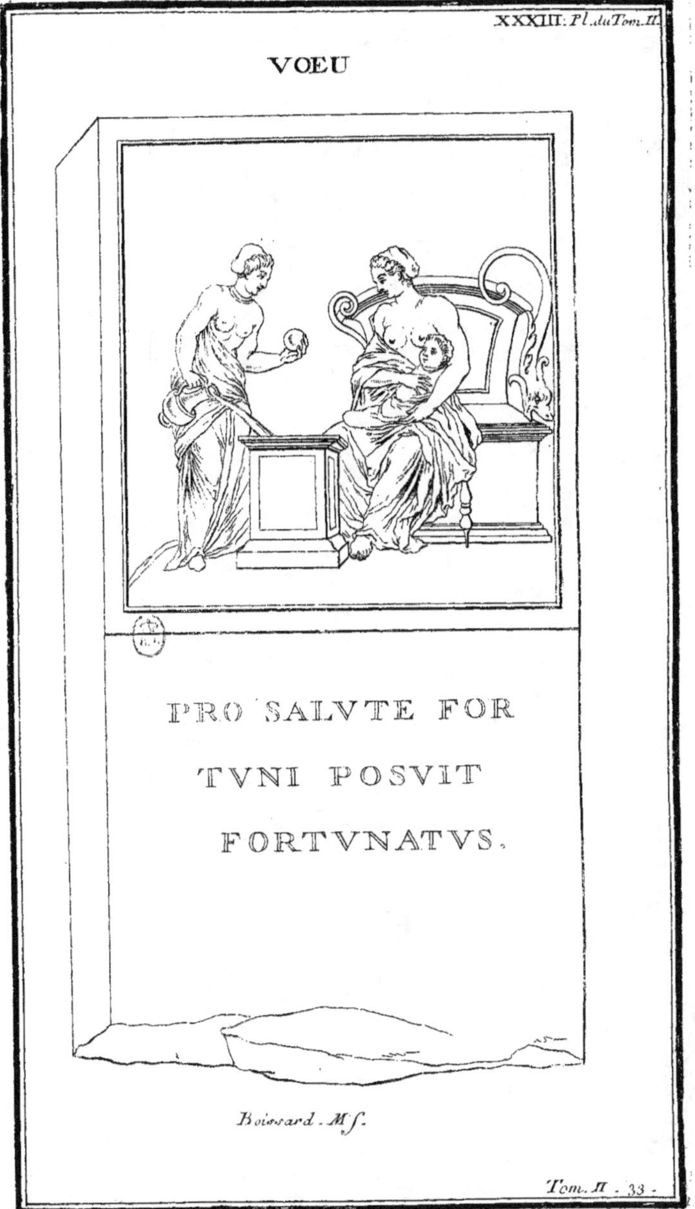

Boissard. M.S.

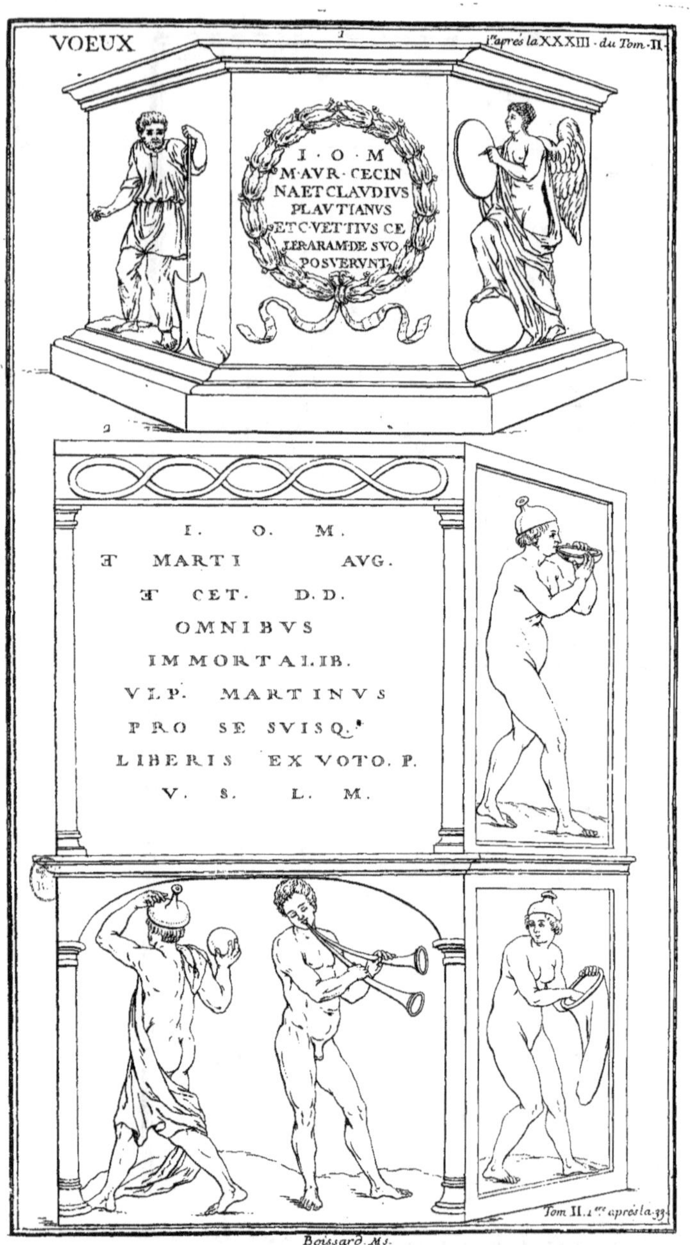

VOEUX
d'après la XXXIII. du Tom. II
I . O . M
M·AVR·CECIN
NAET CLAVDIVS
PLAVTIANVS
ETC·VETTIVS CE
LERARAM·DE SVO
POSVERVNT
I . O . M .
MARTI AVG.
CET. D.D.
OMNIBVS
IMMORTALIB.
VLP. MARTINVS
PRO SE SVISQ.
LIBERIS EX VOTO. P.
V . S . L . M .
Tom II. 1ere après la.33
Boissard. Ms.

VOEUX

LIVRE VI.
Les dieux Egyptiens.

CHAPITRE I.

I. Découverte de quatre Statuës Coloſſales , qu'on croit être trois d'Iſis (†) une d'Oſiris. II. Le goût de ſculpture Egyptien a quelque choſe de grand. III. Deſcription de ces Statuës par Monſeigneur Bianchini. IV. Tronçons d'une cinquiéme Statuë de taille ordinaire. V. Ces Statuës furent trouvées dans les Jardins de Salluſte l'hiſtorien , qui pilla la Numidie. VI. Iſis ſinguliere de Baſalte. Ce que c'étoit que le Baſalte. VII. Trois Croix ſur trois baſes, ou ſur trois monticules.

I. ON a donné au ſecond Tome de l'Antiquité, trois des Statuës Coloſſales d'Iſis, déterrées à Rome l'an 1710. Mais les deſſeins faits à la hâte, en étoient fort défectueux, & l'on nous en a envoïé d'excellens des quatre déterrées au même tems & au même lieu, avec un memoire exact de Monſeigneur Bianchini, Prelat de la Cour de Rome, très-ſavant homme, habile Antiquaire, & connu pour tel dans toute l'Europe. J'ai donc crû faire plaiſir au public, ſi je redonnois ici avec toute l'exactitude & la perfection poſſible, ce que je n'avois donné qu'imparfaitement ci-devant. On déterra cinq ſtatuës, mais la cinquiéme étoit trop mutilée & defigurée, pour qu'on la puiſſe peindre ici. C'eſt pour cela que le R. P. Conrade nôtre Procureur General en Cour de Rome, aux attentions duquel nous devons un grand nombre de pieces des plus conſiderables de ce Supplément, ne jugea pas à propos de me le faire deſſiner.

LIBER VI.

Dii Egyptii.

CAPUT PRIMUM.

I. De quatuor ſtatuis coloſſeis nuper effoſſis , ex quarum numero tres Iſides. Una Oſiris eſſe videtur. II. Sculpturæ apud Ægyptios ratio , neſcio quid magni habet. I I I. Harumce ſtatuarum deſcriptio per D. Blanchinium. IV. Quintæ ſtatuæ vulgaris magnitudinis truncus. V. Hæ ſtatuæ repertæ ſunt in hortis Salluſtii hiſtorici ; qui Numidiam expilavit. VI. Iſis ſingularis ex baſalte , quid eſſet baſaltes. VII. Tres cruces tribus baſibus ſive tribus monticulis impoſitæ.

I. TRes jam Iſidis Coloſſeas ſtatuas dedimus in ſecundo Antiquitatis explanatæ tomo quæ ſtatuæ anno 1710. Romæ ex terra ſunt eductæ. Sed admodum imperfecta nobis delineata exempla miſſa ſunt : deindeque vero accuratiſſime depictas quatuor illas effoſſas ſtatuas nacti ſumus, quæ eodem tempore eodemque loco repertæ ſunt ; una cum deſcriptione a viro clariſſimo D. Blanchinio concinnata Curiæ Romanæ *prælato*, ut vocant, viro doctiſſimo & in re Antiquaria peritiſſimo, ut norunt omnes per Europam literati. Lectori me pergratam rem facturum putavi, ſi id quod minus accurate delineatum dederam, hic diligentiſſime quantum licuit iterum proferrem. Quinque porro ſtatuæ detectæ ſunt ; ſed quinta adeo mutila & truncata erat, ut R. P. D. Carolus Conrade, cujus operæ ſtudioque multa debemus, quæ inter præcipua hujus Supplementi monumenta cenſeri debent , eam non delineandam , ſed prætermittendam eſſe omnino judicaverit.

Q iij

II. L'Egypte qui nous fournit tant de monumens, n'en a jamais donnez qui faſſent mieux connoitre le goût de cette nation ſi celebre ; goût qui cede de beaucoup à celui des anciens Grecs, ſi on regarde la correction du deſſein, & une certaine élegance du travail, mais qui au jugement de pluſieurs habiles gens, l'emporte au-deſſus d'eux, quant à la grandeur de l'expreſſion, & une certaine force de deſſein qu'on ne remarque point dans les anciens Sculpteurs Grecs. Je ne parle ici que des pieces qui ſe diſtinguent du commun; car tout le monde ſait qu'il y a un grand nombre de magots Egyptiens de figure bizarre; de même qu'il ſe trouve des ouvrages d'anciens Sculpteurs Grecs & Romains, que les plus médiocres ſculpteurs de ce tems ne voudroient pas avoüer. Mais ce n'eſt pas ſur ces mauvaiſes pieces qu'on juge de l'habileté des ſculpteurs de quelque nation; c'eſt ſur de certains grands ouvrages qui ſe diſtinguent par deſſus les autres : & il y en a d'Egyptiens qui pour la majeſté & la force du deſſein, ſemblent ſurpaſſer les autres. Leur goût eſt fort different de celui des bons maîtres grecs. Il eſt ſi marqué, que pour peu qu'on ait d'expérience & d'uſage, on diſtingue d'abord les ouvrages Egyptiens de tous les autres. On croit qu'ils ont été les maîtres des Grecs dans la Sculpture, comme en bien d'autres choſes. L'eſtime que les Romains faiſoient de ces ſortes d'ouvrages Egyptiens, ſe declare par la grande quantité de ſtatuës & d'autres pieces de cette nation, qu'on voit & qu'on déterre tous les jours à Rome. Voici comment s'explique ce digne Prélat, au ſujet de ces ſtatuës nouvellement découvertes.

» III. Ces ſtatuës furent donc déterrées l'an 1710 au nord de la vigne Veroſ-
» pi, ſituée prés du Cirque de Salluſte, vers la porte appellée Salaria. La ma-
» tiere, la grandeur, l'art & le travail, les nouvelles connoiſſances qu'elles
» nous donnent ; tout conſpire à les rendre celebres, comme on jugera par
» la deſcription que nous en allons faire.

» Les trois premieres ſont de Granite Oriental, ou de pierre Syenitique, ſem-
» blable à celle des Obeliſques, tant par la couleur que par la dureté. La troiſiéme
» a pourtant des taches plus grandes & plus longues que les deux autres; de ſor-
» te qu'entre les marbres granites, elle eſt ce qu'eſt le marbre Africain entre les
» marbres mêlés. Chacune en y comprenant la baſe, à douze palmes Romains

---

II. Ægyptus quæ tot nobis monumenta ſuppeditat, nuſquam alia nobis dedit queis ſculpturæ rationem penes hanc celeberrimam nationem adhibitam melius dignoſcamus. Quæ ſculpturæ ratio ſi cum veteri illa Græca comparetur longe retro relinquitur, ſi ſpectes accuratam delineandi peritiam, laboriſque elegantiam ; ſed peritorum quorumdam judicio Græcam ſuperat quantum ad expreſſionis majeſtatem & ἐνέργειαν. Hic autem agitur tantum de quibuſdam majoris precii ſtatuis & ſchematibus ; ignorat quippe nemo, multa eſſe Ægyptia ſigna minoris molis, rudi admodum more elaborata, ut etiam apud Græcos & Romanos multa habentur, quæ imperitiſſimam manum oleant, quæque ne mediocres quidem hujus ævi ſculptores adſcribi ſibi optarent. Verum non ex hujuſmodi ſtatuis ac monumentis rudi manu ſculptis de nationis cujuſpiam peritia judicatur, ſed ex aliis peritæ manus operibus, quæ aliis antecellere deprehenduntur. Ægyptia porro quædam ſunt, quæ dignitate & ἐνεργείᾳ cætera ſuperare videntur. Ægyptiorum ſculpendi ratio, a Græcorum ſculptorum, etiam peritiorum modo longe differt, adeoque certis notis atque indiciis ſeſe prodit, ut ſi vel paululum uſus & experientiæ adſit, Ægyptia opera a cæteris facile diſtinguantur. Putantur Ægyptii Græcorum fuiſſe in ſculptura doctores, quemadmodum etiam in rebus aliis bene multis eorum magiſtri fuerunt. Quanta in exiſtimatione apud Romanos eſſent Ægyptia hujuſcemodi opera, vel ex ingenti numero ſignorum monumentorumque Ægyptiorum, quæ quotidie Romæ eruuntur, arguitur & declaratur : En narrationem laudati viri circa ſtatuas illas & modum quo ex terra ſunt erutæ.

III. Hæ ſtatuæ ex terra eductæ ſunt anno 1710. ad Septentrionale latus vineæ Veroſpiorum ſitæ prope circum Salluſtii verſus portam Salariam. Materia ipſa, moles, ars operiſque ratio, nova quæ ex illis accedunt notitiæ, omnia, inquam, celebritatem ipſis parant ; ut ex deſcriptione illarum hic facienda judicabitur.

Tres priores ex marmore granito Orientali ſunt, lapideque Syenitico, obeliſcorum marmori ſimili, ſive colorem, ſive duritiem ſpectes. Tertia tamen maculas præ ſe fert majores longioreſque, quam duæ cæteræ, ita ut inter granita marmora idipſum ſit hujus ſtatuæ marmor, quod marmor Africanum inter marmora maculis permixta. Singula ſtatua cum baſi ſua ſunt duodecim Romanorum palmorum. Palmus vero Ro-

de hauteur. (Le palme Romain a environ huit pouces & demi des nôtres; c'est-
à-dire, que ces statuës ont un peu moins de neuf pieds de Roi de hauteur.)

La premiere qui est entiere est d'un homme. La seconde & la troisiéme «
sont de femmes. Elles seroient de grandeur égale à la premiere, si elles étoient «
entieres. Mais la seconde est rompuë à la ceinture en deux pieces, & mu- «
tilée du bras droit, & la troisiéme a perdu la jambe gauche & un peu de la «
cuisse au-dessus du genou, & n'a plus que la jambe droite. «

Le dessinateur les a representées toutes entieres, en suppléant ce qui manque sur la forme de ce qui reste. En bien d'occasions un habile dessinateur
peut suppléer à coup sûr, à ce qui manque à une statuë; quoique non pas toûjours. Ce que dit le Prélat, que la premiere statuë est d'un homme, ne s'accorde pas tout-à-fait avec les desseins de Carlo Lera, dessinateur Romain, qui
semble lui donner un sein de femme, quoiqu'il ne soit pas si marqué que dans
les autres.

La quatriéme & la cinquiéme statuë sont de marbre Egyptien, plus noir «
que nos cailloux, & moins noir que la pierre de touche. La plus grande est «
d'une femme, dont la tête est extraordinairement ornée. Elle soutient un «
espece de cylindre, couvert d'hieroglyphes. De ce cylindre pendent des «
feüilles de palmes, tressées avec les cheveux d'une maniere assés bizarre. «
Cela fait comme une grande perruque, qui se termine en bas en des bou- «
cles distinctes de la chevelure de dessus. Cette perruque couvre les épaules, «
& vient bien avant sur la poitrine. Si cette statuë étoit entiere elle seroit «
plus haute que les précedentes, & auroit treize ou quatorze palmes; (c'est-à- «
dire, environ dix pieds de Roi) de hauteur; mais elle est cassée depuis le «
milieu des jambes, & le tronçon ne s'est pas trouvé. Le dessinateur l'a pour- «
tant dessinée entiere, en suppléant ce qui y manquoit. «

IV. La cinquiéme statuë étoit aussi de marbre noir, plus petite, mais d'u- «
ne plus habile main que les autres. Je ne sai si l'on a jamais vû une statuë «
Egyptienne d'un travail plus exquis. Elle representoit un homme de taille «
ordinaire de sept à huit palmes de haut : mais par malheur la tête & les pieds «
y manquent.   «

Ces statuës sont comme addossées à une espece de colonne esquarrie de »

---

manus est octo circiter pollicum & dimidii nostrorum, ita ut statuæ illæ plus minus novem pedes
Regios altitudinis habeant.

Prima, quæ integra est, & nulla parte mutila, viri
est, secunda & tertia mulierum. Essent porro primæ
magnitudine æquales, si integræ essent. Verum se-
cunda circa zonam duas in partes rupta est, & toto
brachio dextro mutila: tertia vero crus sinistrum amisit
& genu simul, & solum habet tibiam dextram.

Is vero qui delineavit, integras illas omnes statuas exhibuit, ex iis quæ supersunt, quid amissæ
illæ partes repræsentarent conjiciens. Sæpe contingit peritum delineatorem posse, id quod deficit
nullo periculo supplere; sed non semper id tentare
fas est. Quod ait autem D. Blanchinius primam
statuam viri esse, non quadrat omnino ad schemata
a Carolo Lera delineatore Romano facta, qui
sinum illi muliebrem indidisse videtur, etsi non
tam clare quam in aliis statuis sinus muliebris
dignoscatur.

Quarta & quinta statua ex marmore Ægyptio sunt,
quod magis ad nigrum colorem accedit, quam silices
nostri, & minus quam lapis Lydius. Quæ maxima
omnium est mulierem refert, cujus caput est ornatis-
simumc: seu cylindrum quemdam capite sustinet, hiero-
glyphis opertum. Ex hujusmodi cylindro pendent pal-
mitis folia, cum capillis insolito more decussata. Id
quod magnum quempiam capillitii apparatum efficit,
infra vero cincinni apparent, qui videntur a superno
capillitio distincti. Hic ergo tam amplus capillitii ap-
paratus humeros operit, & ad usque medium pectus
defluit. Si statua isthac integra esset, cæteras altitu-
dine superaret, ac tredecim quatuordecimve palmos al-
titudinis haberet (videlicet decem circiter pedes
Regios.) Verum a mediis tibiis fracta est, neque re-
perta illa pars est, quæ excidit. Integram tamen exhi-
buit is qui delineavit ea supplendo quæ desiderabantur.

IV. Quinta statua ex marmore & ipsa quoque nigro
erat, aliisque minor, sed peritioris artificis. Nescio an
uspiam visa sit Ægyptiaca statua, tam exquisiti la-
boris. Verum illa repræsentabat staturæ vulgaris septem
vel octo palmorum; sed & caput & pedes exciderunt.

Hæ columnæ a dorso hærere videntur parastatæ seu
quadrata columna ex eodem lapide, cujus posterior

la même piece, dont la face opposée, est pleine d'Hieroglyphes, semblables »
à ceux qu'on voit sur les obelisques. Ces caracteres Hieroglyphiques dont «
on ignore la signification, marquent toûjours qu'on a representé ici des «
personnages de conséquence. Je croirois volontiers que les deux hommes «
sont des Prêtres, & les trois femmes des Prêtresses. Au Temple de Bubaste, «
qui est la même qu'on appelle en Grec Artemis, (c'est Diane;) il y avoit un «
Vestibule plein de statuës colossales de six coudées de haut, c'est à peu près «
la taille des trois premieres statuës dont nous venons de parler J'ai une lame «
de cuivre où sont marquées par le celebre mathématicien M. Cassini, plu- «
sieurs sortes de mesures. La coudée des Hebreux s'y trouve; elle a un palme «
& dix onces. La palme se divise en douze onces, & selon cette supputation, «
six coudées feroient 132. onces, qui font onze palmes Romains : & c'est juste- «
ment la mesure de nos statuës, en ôtant la base. «

V. Ce que. Mgr. Bianchini dit touchant le lieu où l'on a trouvé ces statuës,
merite d'être rapporté ici.

J'ajoûterai ici une conjecture sur ce qui regarde le transport de ces cinq «
statuës de l'Egypte, au lieu où on les a trouvées; c'est à-dire, au Cirque de »
Salluste; c'est à côté de ce Cirque qu'on les a déterrées. Elles ont apparem- «
ment servi d'ornement ou à ce Cirque, ou aux jardins de Salluste, ou à sa «
maison de campagne, située au même endroit. C'est lui qui enrichit d'un «
grand nombre d'ornemens toute cette colline, la maison, le Cirque, les «
jardins, & le marché, qui étoit à l'autre côté du Cirque, où est aujourd'hui «
l'Eglise de Sainte Susanne; c'est de quoi conviennent tous les Antiquaires. «
Ces mêmes Antiquaires, c'est-à-dire, Fulvio Orsini, le Marlien, le Nardi- «
ni, Onufrio, & tous ceux qui ont fait la description de Rome, observent aus- «
si que Salluste Crispe, ce celebre historien de la guerre de Catilina, assisté «
de Jules César, obtint le Gouvernement de la Numidie. Il abusa du pouvoir «
que lui donnoit sa nouvelle magistrature; il pilla toute cette Province, & la «
réduisit en un tel état, que Dion n'a pû s'empêcher de faire cette vive des- «
cription de ses violences. « César, dit-il, subjugua aussi les Numides: il leur «
donna pour Gouverneur, Salluste, non pour gouverner la Province comme «
le nom de sa charge portoit; mais pour la piller. En effet, il fut accusé d'a- «
voir enlevé & extorqué de grosses sommes de la Numidie, & cela tourna à «

---

facies hieroglyphis plena est, iis similibus, quæ in obe- «
liscis visuntur. Characteres illi hieroglyphici, quorum «
significatio ignoratur, denotant tamen hic personas ex «
se spectabiles fuisse repræsentatas. Libenter crederem «
viros duos sacerdotes, tresque mulieres sacerdotissas esse. «
In templo Bubastis, inquit Herodotus l. 2. c. 37. quæ «
eadem ipsa est, quam Græci Artemidem, nos Dianam «
vocamus, vestibulum erat plenum statuis colosseis, sex «
cubitorum altitudinis. Hæc proprie statura est trium «
priorum statuarum de quibus paulo ante loquebamur. «
Penes me est lamina ænea, ubi a D. Cassino Mathe- «
matico celeberrimo multa mensurarum genera sunt «
annotata. Ibi cubitus Hebræorum comparet palmum «
decemque uncias habens. In duodecim uncias palmus «
dividitur. Secundum hanc vero computationem, sex cu- «
biti 132. uncias complerent, quæ undecim palmos Roma- «
nos efficiunt. Hæc porro mensura statuarum est, demta «
basi.

V. Hic opportune referemus ea quæ laudatus «
vir D. Bianchinius circa locum ubi repertæ statuæ «
sunt edisseruit.

•• Hic conjecturam addam circa transvectas ex Ægypto in locum, ubi repertæ sunt, statuas, in «
circum videlicet Sallustii: nam ad hujus circi latus «
effossæ illæ fuerunt atque in ornatum adhibitæ «
fuerant, ut credere est, vel circi, vel hortorum, «
vel ipsius villæ Sallustii Crispi, quæ villa juxta «
hortos sita erat. Nam is ipse Sallustius collem «
totum magnificis decoravit ornatibus; ædes «
nempe ipsas, circum, ubi est hodie ecclesia sanctæ «
Susannæ, qua de re inter Antiquarios convenit. «
Iidem porro ipsi Antiquarii, ni mirum Fulvius «
Ursinus, Marlianus, Nardinus, Onuphrius, & «
quotquot Romæ descriptionem sunt aggressi, ob- «
servant, Sallustium Crispum, Catilinarii belli «
celeberrimum scriptorem a Julio Cæsare Numi- «
diæ Præturam consequutum esse, quo munere per «
fas & nefas functus Provinciam istam expilavit, «
atque ita rapinis oppressit; ut Dio Cassius tantam «
violentiam πιθανικῶς ita descripserit. " Cæsar Nu-
midas quoque in suam potestatem & ditionem accepit,
illisque Sallustium, verbo quidem regenda; re autem
ipsa diripiendæ Provinciæ causa præfecit. Et nimvero
Sallustius & munera exegit & Provinciam compilavit:

son infamie avec d'autant plus de raison, qu'après avoir censuré si vivement «
dans ses ouvrages, ceux qui dans les Provinces s'enrichissoient aux dépens «
du peuple, il avoit fourni des armes à ceux qui voudroient le censurer à «
leur tour. Il fut pourtant absous par César, mais ses propres écrits rendront «
toûjours son crime detestable à la posterité. Du fruit de tous ces pillages faits «
dans cette partie de l'Afrique, il enrichit cette colline de Rome de toute «
sorte d'ornemens, peut-être pour diminuer par ces dépenses faites pour em- «
bellir tout ce quartier, la haine que ses pilleries lui avoient attirée. Vossius «
parle de lui en mêmes termes que les Antiquaires ci-devant nommez. Il «
fut, dit-il, si enrichi des dépoüilles des Numides, qu'il acheta sur le Mont «
Quirinal le marché qu'on appelle aujourd'hui de Salluste, où est à present »
l'Eglise de Sainte Susanne; & les jardins qu'on appelloit Sallustiens. Le Nar- »
dini observe encore que dans les Actes de Saint Cyriaque il est parlé des Ther- «
mes de Salluste. Il parle aussi des conduits souterrains des eaux&des vou- «
tes trouvées en la même vigne de M. Ferrante Verospi, où l'on a deterré «
les statuës dont nous parlons, qui avoient apparemment été placées là par «
Saluste Crispe, avec les autres dépoüilles portées de l'Afrique, & acquises «
dans les Provinces voisines de son Gouvernement dans la Libye & dans l'E- »
gypte, &c. «

Monsignor Bianchini ajoûte à tout ce qu'il a dit de ces statuës deterrées, plusieurs reflexions savantes sur le Piromis d'Herodote, sur les habits des Prêtres, & sur plusieurs autres choses qui ne sont pas de nôtre sujet. Il ne dit que
comme une simple conjecture que les cinq statuës representent des Prêtres
& des Prêtresses; ainsi il nous laisse la liberté d'adopter sur cela le sentiment
qui nous paroîtra le plus plausible. Herodote ne dit pas que les statuës de six
coudées, qu'on voïoit au vestibule du temple de Bubastis, fussent de Prêtres:
il y a plus d'apparence que c'étoient des divinitez. La conformité de la taille,
quand elle seroit la même, ce qui n'est pas sûr, ne prouve rien. Le vestibule,
dit Herodote, est de dix orgyies ou de dix toises de haut, orné de belles statuës de six coudées, qui font neuf pieds de haut, sans dire que ce sont des figures de Prêtres; je croirois plûtôt que ce sont ou de dieux, ou peut-être de
Rois. La femme à la grande perruque est si semblable à l'Isis suivante, de la

---

quapropter accusatus, infamiam summam reportavit,
quod postquam in scriptis suis, eos qui ex Provinciis
quæstum facerent, multis acerbisque verbis notasset;
scriptis contraria omnino gesta edidisset. Itaque etsi a
Cæsare absolutus fuit, tamen suis ipsius verbis proprium
crimen abunde quasi in tabula propositum divulgavit.
„ Expilata ergo hac Africæ parte, ex præda tanta
„ collem istum Romanum omni ornamentorum
„ genere decoravit, ut fortasse tantis impensis ad
„ collis hujus ornatum profusis, direptæ Provinciæ
„ odium minueret. Vossius eadem ferme ipsa, quæ
„ Romani illi Antiquarii, de Sallustio loquitur: *Ex*
hac autem præda Numidica, inquit, *ita ditatus fuit,*
ut in Quirinali monte forum emerit, quod Sallustii vo-
catur, ubi nunc ædes sanctæ Susanna: item hortos, qui
& Sallustiani nominantur. „ Observat quoque Nar-
„ dinus in Actis sancti Cyriaci Sallustianas Ther-
„ mas commemorari. Loquitur etiam Nardinus
„ de aquarum ductibus canalibusque subterraneis
„ deque fornicibus in vinea D. Ferrantii Verospi
„ detectis; ubi hæ statuæ, de quibus agimus, erutæ
„ sunt: quæ statuæ, ibi ut credere est, locatæ fue-

rant a Sallustio Crispo, cum cæteris spoliis ex "
Africa eductis & exportatis, atque acquisitis in "
Provinciis præturæ suæ vicinis, in Libya nempe „
& in Ægypto, &c. „
His multa alia adjicit vir eruditissimus in Piromin
illum Herodoti, in sacerdotum vestes, & in alia
multa, quæ ad institutum non pertinent nostrum.
Ex conjectura vero tantum dicit statuas illas quinque Sacerdotes exhibere utriusque sexus: atque
libertatem nobis haud dubie concedit, ut quam
verisimiliorem ea de re putabimus esse sententiam
adoptemus. Non dicit autem Herodotus illas sex
cubitorum statuas, quæ in vestibulo templi Bubastis visebantur, sacerdotes repræsentavisse. Vero
similius est hæc numina fuisse. Staturæ æqualitas,
etsi eadem fuisse liquidum esset, quod tamen non
certum puto, nihil probaret. Vestibulum, inquit Herodotus, est decem orgyiarum altitudine, ornatum
statuis sex cubitorum; nec dicit esse simulacra sacerdotum: crederem potius esse deorum, vel
forte regum. Illa mulier quæ tantum capillitii apparatum habet ita similis est Isidi sequentis Tabulæ

planche 38e. qu'on ne peut douter que l'une & l'autre ne soient une Isis. L'ornement de tête, & l'habit sont les mêmes : il n'y a d'autre différence, sinon que
celle-ci est debout, & l'autre assise tenant le petit Orus qu'elle allaite ; en quoi
on la reconnoît indubitablement pour Isis. Les deux autres femmes seront aussi
des Isis. On voit dans plusieurs monumens cette déesse coëffée en la même maniere qu'elle l'est dans ces deux images, & l'habit est tout semblable à celui de
l'Isis à la grande chevelure : je les prens donc pour des Isis, & le premier que
nous mettons ici pour ne le pas séparer des quatre statuës colossalles, sera un
Osiris. Ces statuës étoient ensemble ; si les trois marquent une divinité, l'autre la marquera sans doute aussi : & je l'a prens comme j'ai dit, pour Osiris,
qui va souvent avec Isis.

Pl.
XXXIV.

Les mamelles paroissent un peu grandes pour un homme ; mais elles ne
paroissent plus telles quand on les compare avec celles des trois Isis suivantes ; d'ailleurs la quarrure des épaules, le corps, les bras & les jambes sont d'un
homme. L'ornement de tête est remarquable : une fleur de lis sur le devant,
approche fort de nos fleurs de lis d'aujourd'hui : c'est par un pur accident ; car
il est certain que cela n'a jamais été fait pour fleur de lis : tout le derriere ressemble à une coquille des plus raïées. Il est difficile de distinguer qu'est-ce qu'il
tient à chaque main. La ceinture qu'il porte est toute chargée de caractcres
Hieroglyphiques : on l'a peinte à part pour les faire mieux remarquer. Ce sont
une palme, des yeux qui signifient Osiris ou le Soleil, un ovale qui renferme
quelques animaux, une Ibis, un anneau ou est attaché un T. qui fait presque
la figure d'une Croix, un serpent ; autant de mysteres inintelligibles. La pierre
où tient le dos de la statuë, en montre bien d'avantage. On y voit outre ce
que nous venons de dire, deux animaux qui se regardent, des éperviers, une
tête d'homme, & bien d'autres symboles.

Pl.
XXXV.

Nous prenons pour une Isis, la figure d'après qui n'a rien de fort particulier, sinon cette sorte d'habit depuis les pieds jusqu'à la tête, si juste au corps,
qu'il laisse voir la forme de tous les membres, la coëffure n'a rien qu'on n'ait
vû dans d'autres images. Elle tient de chaque main l'extremité de quelque
bâton, ou de quelque iustrument qui est cassé. Je prens cette figure pour une
Isis ; on la voit ailleurs coëffée de même. Ce qu'elle a, qu'on ne voit pas dans les

---

xxxviii. ut dubitare non possimus & hanc & illam
esse Isidem. Capitis ornatus vestisque eadem ipsa
sunt. Illud tantum inter ambas interest discriminis,
quod hæc stet, illa vero sedeat, puellum Orum tenens, quem lactat ; hac vero nota Isis sine controversia esse deprehenditur. Duas item alias mulieres
Isides esse vix dubitaverim. Sæpe enim Isis in variis monumentis eodem capitis ornatu comparet.
Vestis quoque similis est vesti Isidis illius prioris.
Isides igitur omnes puto esse. Primus autem quem
hic reponimus, ne ab aliis separetur colosseis statuis, erit Osiris. Hæ statuæ simul erant ; si tres illæ
deam repræsentant, haud dubie vir qui cum illis
erat, deum etiam repræsentabit. Cum Iside autem
Osiris pingi solebat. Hunc ergo Osirin esse existimo.

Mammæ ampliores sunt quam quæ viriles esse
posse videantur. Attamen non illas muliebres esse
dixeris, si conferas cum mammis trium Isidum sequentium. Deinde etiam quadrati illi humeri, corpus, brachia, crura virum certe referunt. Cultus
porro capitis observandus est. Lilii flos capiti impositus, lilii flores hodiernos nostros optime refert,
id quod casu haud dubie accidit. Certumque habeo,

sculptorem hic lilium depingere in animo non ha-
buille. Postrema vero capitis cochleam marinam
referunt, sulcis radiisque admodum distinctam.
Quænam utraque manu teneat non ita facile est
internoscere. Zona qua præcingitur hieroglyphicis
est characteribus oppleta. Illa vero seorsim depicta
fuit, ut quivis facilius characteres illos dispicere
& explorare valeat. Hi vero characteres sunt palma,
oculi qui Osirin sive solem significant ; ovata figura
aliquot animalia complectens, Ibis, annulus, cui
hæret figura T. crucem pene referens, serpens :
quæ totidem inexplicabilia arcana sunt. Quadrata
illa parastata, cui hæc statua adhæret, plures hieroglyphicos characteres habet ; præter eos quos jam
recensuimus, hic visuntur etiam accipitres, caput
hominis aliaque multa symbola.

Isidem esse putamus figuram sequentem, in qua
nihil fere novi observatur, nisi vestis illa corpori
ita adaptata, ut membra omnia a capite ad calcem
compareant : ornatus capitis idem ipse est quem
alibi sæpe observavimus. Utraque manu illa tenet
baculi aut cujuspiam instrumenti rupti frustum.
Hanc ideo ut Isidem habeo, quod alibi etiam Isides
eodem capitis ornatum habeant. In hac statua,

DIVINITÉ EGYPTIENNE, COLOSSALLE

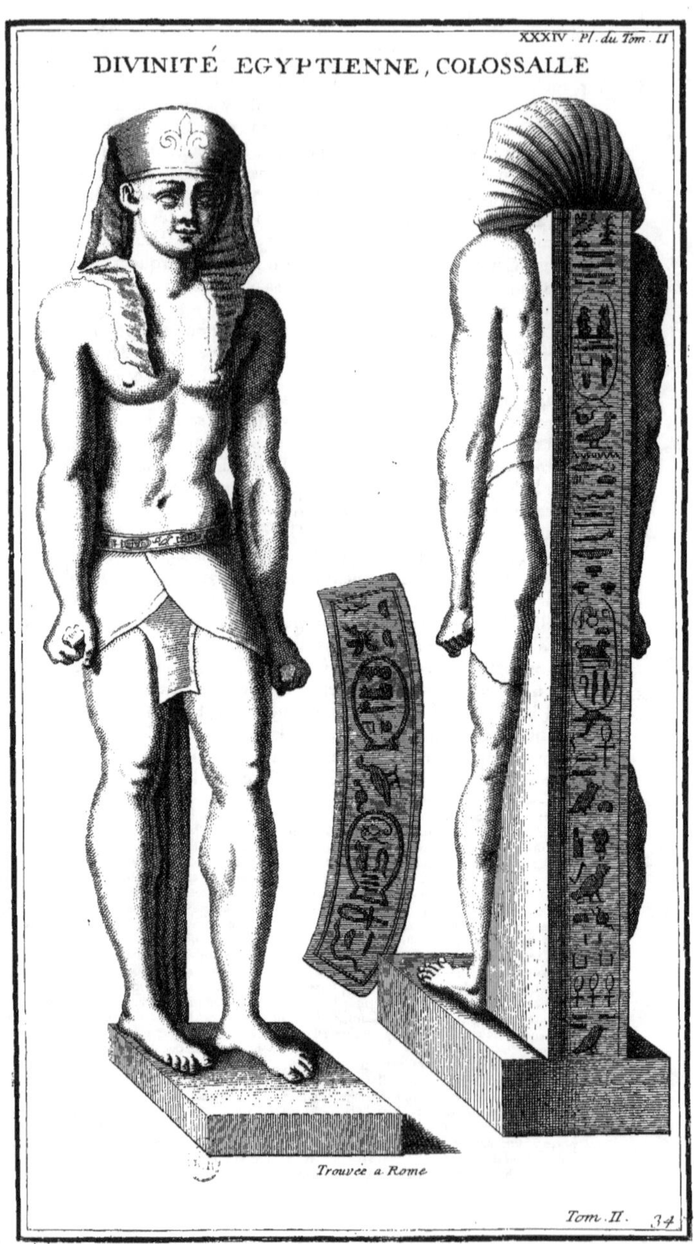

Trouvée à Rome

ISIS COLOSSALLE

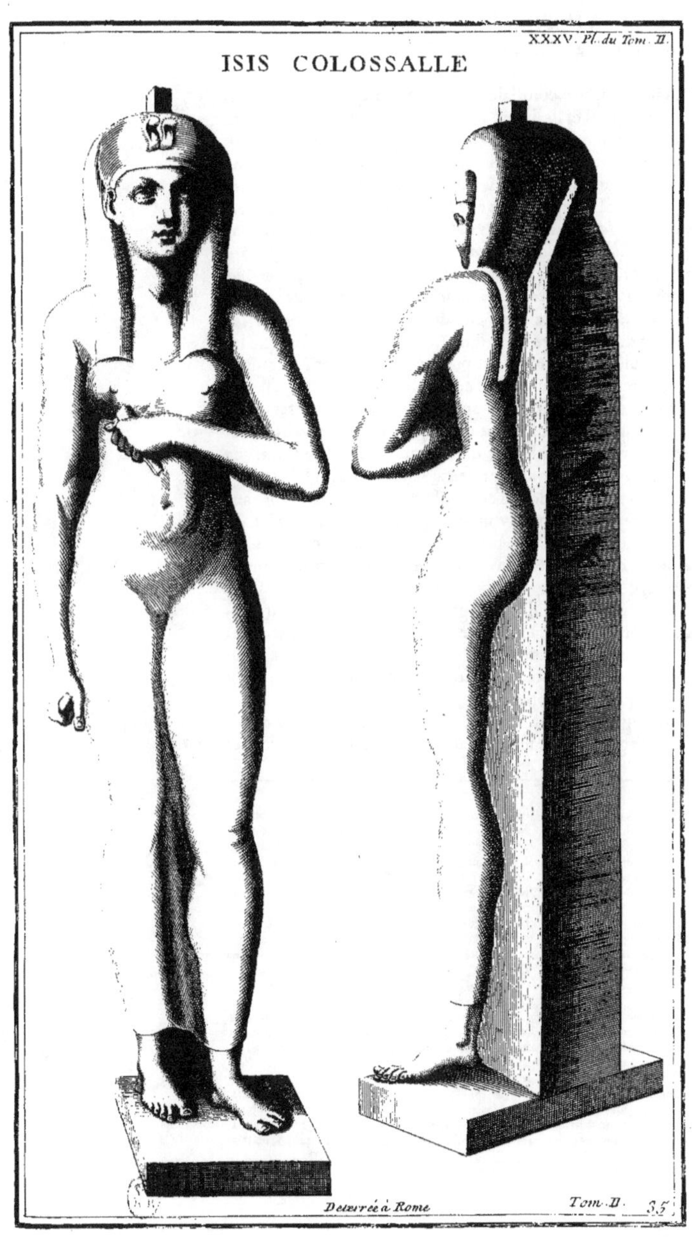

autres, c'est que cette espece de pilastre où elle est attachée, se termine en
pointe.

VI. L'Isis suivante, est une figure colossale, plus grande que les precedentes: elle a environ dix pieds de Roi de haut. Elle est, dit M. Bianchini, d'un marbre très dur, moins noir que la pierre de touche, & plus noir que nos cailloux. Le caillou de Rome dont on se sert pour paver les rües est approchant de la couleur de fer; cela veut dire que cette statuë est de Basalte; en voici les preuves: *les Egyptiens*, 36. 7. dit Pline, *ont trouvé en Ethiopie le marbre qu'ils appellent basalte, qui a la couleur & la dureté du fer, & c'est ce que ce nom exprime en leur langue. On n'en a jamais vû de plus grand bloc que celui que l'Empereur Vespasien a dedié au Temple de la Paix. C'est la figure du Nil avec seize petits garçons qui joüent au tour de lui, & qui marquent les seize coudées d'accroissement de ce fleuve dans ses plus grandes crües.* Ce basalte approche-donc de la couleur du fer, selon M. Bianchini le marbre dont est faite cette statuë, est un peu plus noir que les cailloux de Rome dont la plûpart des rües sont pavées, & qui sont de couleur de fer. Pline nous donne moïen de connoître ce basalte, en disant qu'il a la couleur & la dureté du fer; car quoiqu'il soit un peu plus noir que le fer; cela n'est pas assez considerable pour que Pline ait dû exprimer cette petite difference. Il nous donne un autre moïen plus sûr de le connoître lorsqu'il dit, que le plus grand bloc de Basalte est celui qui represente le Nil avec les seize petits garçons, qui expriment les seize coudées d'accroissement: on voit encore aujourd'hui à Rome cette figure, & nous l'avons donnée à la planche CVIII. du troisiéme tome de l'Antiquité. Il se trouve un nombre presqu'infini de ces antiques de basalte à Rome, en Italie, & dans nos cabinets. Il y en a quantité dans celui de cette Abbaye: les principales sont une femme accroupie, moins grande que nature, qui a entre ses jambes une grande inscription en caracteres hieroglyphiques: la tête manque à la figure: une belle tête grande comme nature, une autre tête un peu moins grande, & d'autres petites pieces. Tous les monumens que j'ai vûs jusqu'ici en basalte, étoient Egyptiens; Pline nous apprend que ce marbre venoit d'Ethiopie.

Cette Isis est des plus singulierement ornées. L'ornement de la tête & des épaules à quelque chose de grand & de majestueux. Au plus haut & sur la tête

---

secus quam in aliis tribus statuis observatur; parastas illa, cui Isis hæret, in acumen definit

VI. Isis sequens colossea figura est, præcedentibus grandior pedum circiter decem Regiorum. Ex marmore, inquit V. cl. Blanchinus, est durissimo, minus quam lapis Lydius, magis quam silices nostri nigro. Silices Romani, queis utuntur ad strata & pavimenta vicorum, ad ferri colorem accedunt; quo indice Basaltes esse dignoscitur: de quo hæc Plinius. 36. 7. *Invenit eadem Ægyptus in Æthiopia, quem vocant Basalten, ferrei coloris atque duritia. Unde & nomen ei dedit. Nunquam hic major repertus est, quam in templo Pacis, ab Imperatore Vespasiano Augusto dicatus augmento Nili sedecim liberis circa ludentibus, per quos totidem cubiti summi incrementi augentis se amnis.* Basaltes igitur nigrore ferrum tantillum superat. Blanchinius enim dicit, marmor, ex quo statua facta est, silices illos referre, queis omnes pene Romæ vici strati sunt; qui silices ferrei sunt coloris. Plinius qui sit Basaltes indicat cum ait, esse ferrei coloris atque duritiæ: etsi namque ferrum nigrore paulum superet; non

ita tamen, ut discrimen a Plinio exprimi debuerit. Modum autem alium cognoscendi basaltis certiorem affert cum ait, non majorem reperiri basaltem eo qui Nilum repræsentat, sexdecim pueris circa ludentibus, per quos totidem cubiti summi incrementi augentis se amnis ejus, intelliguntur. Infinita prope monumenta antiqua ex basalte Romæ reperiuntur, ac per Italiam & in Museis quoque nostris. In hujus cœnobii museo non pauca hujuscemodi exstant: hæc præcipua sunt: Mulier sedens contracta, a vulgari magnitudine haud ita multum recedens, inter crura inscriptionem habens characteribus hieroglyphicis: hujus caput excidit. Caput perpulcrum mulieris naturali capiti par magnitudine, aliud caput minus, aliaque minora signa. Quotquot hactenus monumenta vidi ex basalte, Ægyptia erant. Docet autem Plinius hoc marmor ex Æthiopia exportatum fuisse.

Hæc porro Isis singularibus prorsus & insolitis splendet ornamentis. Ornatus certe capitis, ut ut est, aliquam præ se fert majestatis speciem. Capiti imminet insidetque rotunda turris cum fenestris

eſt une tour ronde, percée de pluſieurs fenêtres, que le Prélat a pris pour des
hieroglyphes. Mais celui qui l'a deſſinée pour moi, a exprimé des fenêtres, ou
pour mieux dire des arcades au bas d'une tour baſſe & ronde. Elles y ſont ſi
bien marquées, qu'il n'y a aucun lieu d'en douter. La tour ſe voit ſouvent ſur
la tête de Cybele: elle eſt ici ſur celle d'Iſis, qui eſt priſe pour Cybele, pour
la terre, & pour toutes les déeſſes, comme nous avons fait voir au chapitre
d'Iſis, tome II. de l'Antiquité. C'eſt je crois la premiere Iſis que j'ai vûë
avec la tour ſur la tête; nous en trouverons de ſemblables plus bas. Cette grande chevelure qui couvre les épaules, eſt compoſée de palmes, ou peut-être de
plûmes à quatre rangs proprement agencez: une aſſez large bande, comme
un diadême lie la tête d'Iſis au-deſſous de la tour. Le bas de la chevelure ſe termine en une longue ſuite non interrompuë de boucles de cheveux friſez &
cannellez, qui regnent tout au tour, & ne laiſſent qu'un aſſez petit eſpace vuide ſur le devant.

C'eſt dans cet eſpace qu'on voit un collet ou un ornement à pointes, qu'on
laiſſe à conſiderer au lecteur. La déeſſe a ſur les poignets deux larges bracelets,
& tient d'une main une eſpece de faucille: c'eſt apparemment une branche de
palmier tournée comme une faucille. Dans l'autre main on voit les reſtes d'un
inſtrument caſſé qui ſortoit, & dont il ne paroît plus que le tronçon. Les hieroglyphes de la pierre addoſſée, ſont aſſez ſemblables aux précedens. On y
remarque un oiſeau que ſon cou long feroit prendre pour une Ibis, s'il avoit
les jambes plus longues, un papillon, un autre oiſeau qui pourroit être l'épervier, qui paſſoit pour le dieu Oſiris, le taureau Apis, & pluſieurs autres divinitez, une croix ſurhauſſée d'un ovale, un triangle & quelques autres figures: on en voit encore ſur le côté de la pierre, où l'on obſerve un couteau bien
formé, & au-deſſous de tout un aſſés grande image d'un homme qui pourroit
bien être un Oſiris, à moins qu'on ne voulut dire que c'eſt un Serapis marqué
par le boiſſeau qu'il a ſur la tête. On pourra peut-être me dire que Serapis &
Oſiris étoient les mêmes. Il eſt vrai que c'eſt la commune opinion; mais quoique ceux qui ont raiſonné ſur l'ancienne Théologie Egyptienne, aïent reconnu
qu'Oſiris étoit le même que Serapis, on les a toûjours diſtinguez dans la figure, dans l'habit & dans le culte, de même qu'on a diſtingué Apollon du So-

plurimis, quas putavit V. cl. Blanchinius hieroglyphicos eſſe characteres, ſed qui delineavit exemplum mihi tranſmiſſum feneſtras expreſſit, aut potius
arcus in ima turri rotunda, nec alta qui arcus ita
clare delineantur, ut nullus ſuperſit ea de re dubitandi locus. Turrim ſæpe capite geſtat Cybele. Hic
turris geſtatur ab Iſide, quæ pro Cybele, pro terra,
proque deabus omnibus habebatur, ut probavimus
Tomo Antiquitatis explanatæ ſecundo, ubi de
Iſide ac de diis Ægyptiis. Eſt illa, ut puto, prima
Iſis, quam capite turrito vidi; ſed alias infra ſimiles videbimus. Ingens illa coma quæ humeros
operit, ex palmis & ex Iſidis capillis concinnata
eſt, vel forſitan ex plumis in quatuor ordines concinne digeſtis: ſub illa turri caput Iſidis redimiculo,
ſive diademate ligatur. Infima comæ pars ex cincinnis undique longa ſerie humeros circumdantibus &
calamiſtratis apparatur, ſpatio perquam minimo ad
pectus vacuo relicto. In hoc autem ſpatio viſitur velum a collo pendens parvum acuminibus quibuſdam
undique decoratum, quod explorandum oculis lectori relinquimus. Supra pugnos dea latiores armillas
duas geſtat, & altera manu tenet falculam:

credere malim eſſe palmulam falculæ more reclina-
tam. In altera manu fracti cujuſdam inſtrumenti reliquiæ permanent, cujus ſolum modo fruſtum conſpicitur. Hieroglyphi characteres in averſo ſchemate
inciſi præcedentibus ſat ſimiles ſunt. Obſervantur
inter illos avis, quam ex colli longitudine ibidem diceremus, ſi crura perinde longa eſſent, papilio,
avis alia, quæ accipiter eſſe poſſit: accipiter vero
pro Oſiride habebatur: Taurus quoque Apis, aliaque
numina: crux cui imminet ovata figura, triangulus & quædam alia diverſi generis. Ad latus
etiam aliud lapidis alia viſuntur, ubi culter ſolita
forma comparet. Superne autem ſat magna ſeſe
exerit figura viri, forſan Oſiridis; niſi forte dicat
quiſpiam eſſe Serapidem, calathum nempe capite
geſtantem, quod eſt vulgatum ejus ſymbolum.
Dicet forte quiſpiam Serapidem & Oſiridem eumdem fuiſſe. Hæc utique communis omnium eſt
opinio. At licet illi, qui veterem Ægyptiorum
Theologiam accuratius rimati ſunt, Oſiridem eumdem quem Serapidem eſſe dixerint; tamen illi
quod ad figuram, habitumque religioniſque cultum
pertinet, diſtincti & quaſi diverſi habiti ſunt

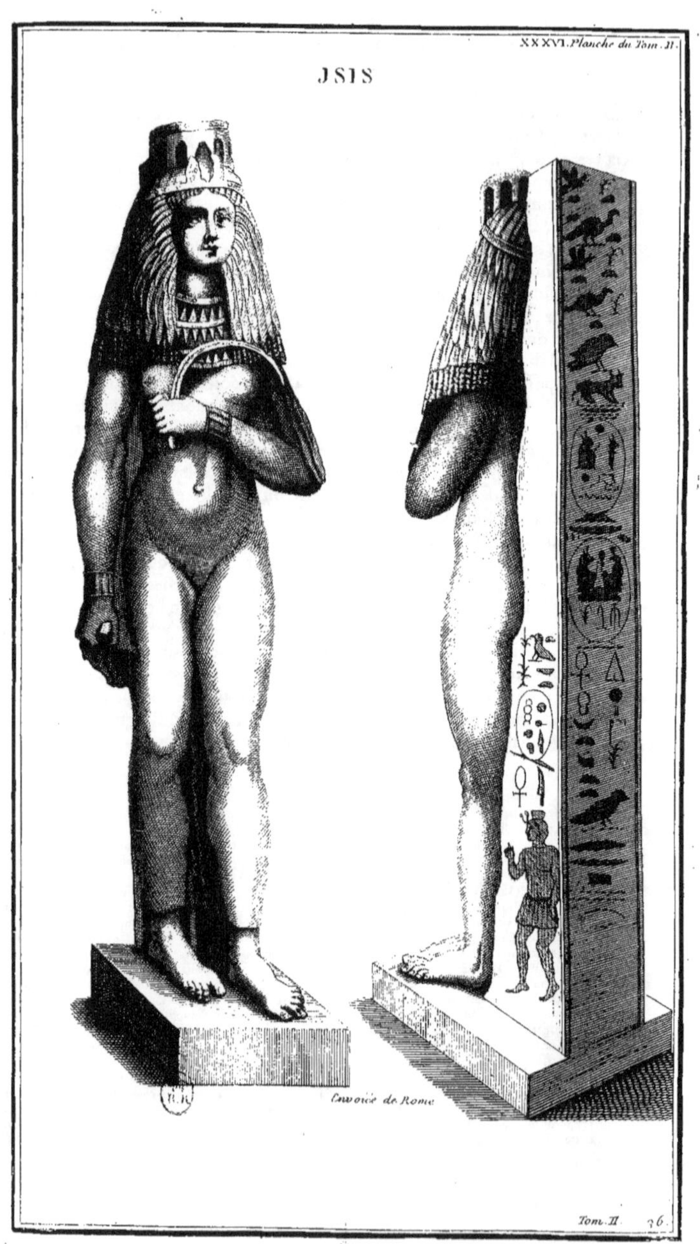
XXXVI. Planche du Tom. II.
Envoié de Rome

leil, & Diane de la Lune ; quoique dans le fond ils fuſſent les mêmes. Ce qui
m'empêcheroit de croire que ce ſoit Serapis ; c'eſt que je ne l'ai jamais vû
dans les images purement Egyptiennes comme l'eſt celle-ci : Serapis eſt ordinairement d'un goût Grec ou Romain, & je ſuis du ſentiment de ceux qui
croïent que Serapis n'étoit point connu en Egypte avant les Ptolemées, comme je l'ai prouvé au ſecond tome de l'Antiquité. Le boiſſeau qu'il a ſur
la tête ne prouve pas qu'il ſoit Serapis ; car il n'a que cela qui puiſſe ſe rapporter à lui, & c'eſt peut-être par accident que ce vaſe a la forme du boiſſeau.
C'eſt plûtôt un de ces vaſes que les plus anciens des dieux Egyptiens portent
ſi ordinairement ſur la tête. Il a comme des cornes ſur le front ; la penſée me
vient que ce pourroit bien être un Prêtre. Il eſt en effet fort ſemblable à un Prêtre que nous donnons plus bas, & qui a un haut de chauſſe preſque de même.

VII. Je prens auſſi pour une Iſis la ſtatuë ſuivante, qui ne differe pas beaucoup d'une que nous venons de voir. Elle a ſur la tête comme un petit tronçon
de colonne ronde. Les Hieroglyphes ſont ici conformes à ceux que nous avons
vûs ci-devant. Le bœuf Apis s'y trouve : ce qu'il y a de particulier ce ſont trois
croix bien formées poſées de niveau ſur trois eſpeces de piedeſtaux, ou de
monticules. Voir des croix dans des monumens Egyptiens, cela n'eſt pas rare.
Il y en a de très bien formées dans l'image d'Iſis donnée à la planche CVI. du ſe-
cod tome de l'Antiquité : l'on en voit auſſi dans la même table Iſiaque : mais
en voir trois en même ligne & ſur le même niveau poſées ſur des piedeſtaux ;
c'eſt ce que je n'avois point encore obſervé : cela eſt tout nouveau pour moi
& peut donner lieu à bien des reflexions. On ne peut pas rapporter cela à la
Croix de Jeſus-Chriſt & des deux larrons, ni dire que les Egyptiens ont imité
cela de nôtre religion. Ces figures là ſont plus anciennes que le Chriſtianiſme,
& faites même ſelon toutes les apparences, avant les Ptolemées. Les autres Hieroglyphes ſont ordinaires, & ſe trouvent repetez en beaucoup d'autres monumens.

P L.
XXXVII.

---

quemadmodum Apollo a Sole, Diana a Luna di-
ſtinĉta fuit, etſi reapſe eadem eſſent numina. Quod
autem mihi eſſe alium a Serapide ſuadet, illud eſt,
quod numquam Serapidem viderim in monumentis
pure Ægyptiacis, nihil Græci vel Romani cultus
præ ſe ferentibus, ut hoc eſt quod jam præ manibus
habemus : Serapis quippe vulgo Romani quidpiam
aut Græci præ ſe fert ſchematis. Cumque aliis
doĉtis viris exiſtimo Serapidem in Ægypto notum
non fuiſſe ante Ptolemæos, ut in ſecundo Antiquitatis explanatæ tomo probavi. Modius ſeu calathus
quem capite geſtat minime probat eſſe Serapidem,
nihil enim præterea habet ad Serapidis formam &
cultum accedens, & quod calathi formam habeat illud quod capite geſtat, caſu accidiſſe videtur :
aliunde vero trita res eſt Ægyptios deos, eoſque an-
tiquiſſimi cultus, vas aliquod capite geſtare. Ex
ejus fronte hic quædam ceu cornua erumpere videntur. In mentem ſubit eſſe forte ſacerdotem.
Et vero ſacerdotem huic vere ſimilem infra dabi-

mus, femoralibus pene iiſdem inſtruĉtum.
V I I. Iſidem etiam ſequentem figuram agnoſco,
quæ parum differt ab alia quam paulo ante vidimus.
Hieroglyphici charaĉteres conſimiles ſunt iis qui
ante conſpeĉti nobis ſunt. Hic Apis comparet.
Quod autem ſingulare eſt : Tres ordine poſitæ cruces optime efformatæ viſuntur, tribus ſtylobatis
ſeu monticulis impoſitæ. In monumentis quippe
Ægyptiis cruces videre, id vulgare ; id tritum eſt ;
Cruces enim habentur in tabula Iſidis CVI. ſecundi
Antiquitatis explanatæ tomi, cruces quoque ſunt
in menſa Iſiaca. Sed tres una cruces conſpicere &
quidem e regione & ordine poſitas ; id certe novum
atque mirandum eſt. Hæc quippe non poſſunt ad
Cruces Chriſti & latronum referri, neque hinc
omnino vel originem ſumſiſſe, vel uſurpatas ab
Ægyptiis inde fuiſſe, ut in profana ipſorum myſteria inducerentur. Imo ante Ptolemæos, faĉta
fuiſſe videntur. Alii hieroglyphici charaĉteres vul-
gati ſunt, inque diverſis obſervantur monimentis.

CHAPITRE II.

I. Nouvelle Table Isiaque tirée d'une mumie. II. Isis qui soutient sur sa tête les quatre élemens, & sur ses bras toute la religion. III. Le sein d'Isis avec une Croix de Saint André. IV. Isis assise, étend ses grandes aîles : mystere qu'on tâche de développer. V. Que signifient les deux Sphinx au bas d'Isis.

I. CE grand nombre de figures Egyptiennes mysterieuses, qu'on voit en differens cabinets, & qu'on deterre tous les jours, nous sont souvent impenetrables. Elles n'étoient guere plus intelligibles à la plûpart des Egyptiens : il n'y avoit que leurs Prêtres & peut-être ceux qui étoient initiez à leurs mysteres, qui entrassent dans les secrets de leur Théologie. Ce grand air de mystere donnoit beaucoup de dignité à des points de religion, qui auroient sans doute paru extravagans & ridicules, s'ils avoient été à la portée de tout le monde. Nous avons vû en onze tableaux, dans la table Isiaque, une representation des mysteres des Egyptiens. Il semble d'abord qu'on voit là d'un coup d'œil, tout ce que les Egyptiens ont imaginé touchant leurs divinitez, & non seulement les tableaux, mais aussi leurs bordures, & surtout celle qui regne au tour de la table, sont chargées de symboles & d'histoires muettes, de la plûpart desquelles nous ne saurions donner raison. Cette table Isiaque semble épuiser tout ce que les Egyptiens honoroient d'un culte divin : on y voit tous ceux qu'ils adoroient sous la pure forme humaine ; ceux qui avoient de l'homme & de la bête, tous les animaux dont la plûpart entroient dans leur religion ; un grand nombre de plantes, que cette nation la plus superstitieuse de toutes les nations, avoit aussi mises au nombre des divinitez. Ce prodigieux détail se voit dans la table Isiaque. Mais les Egyptiens avoient sans doute d'autres tableaux, où ils representoient leur religion plus brievement & en un autre sens.

Pl.
aprèsla
XXXVII.

Voici une autre image qui semble faire un plan general de l'ancienne reli-

---

CAPUT II.

I. Nova Tabula Isiaca ex Mumia. II. Isis capite quatuor elementa sustentat, & brachiis totam religionem. III. Sinus Isidis cum cruce S. Andreæ, ut vocant. IV. Isis sedens magnas extendit alas, quod arcanum explicare conamur. V. Quid significent duæ Sphinges sub alis Isidis inferne positæ.

I. INgens ille numerus schematum Ægyptiorum, quæ in Museis habentur, quæque in dies ex terra eruuntur, res ita arcanas persæpe complectuntur, ut vix illas adire & intelligere fas sit. Ne Ægyptiis quoque ipsis intellectu faciliores erant. Unis vero sacerdotibus, & fortasse iis etiam qui mysteriis initiati erant, datum erat ut in secretam hujusmodi theologiam penetrarent. Hæc arcanorum affectata ratio multum dignitatis conferebat hujusmodi religionibus, quæ si in vulgi notitiam venissent, & omnium oculis expositæ fuissent,

nugæ & quisquiliæ habitæ fuissent. In Mensa Isiaca, undecim tabellis depicta vidimus mysteria illa Ægyptiaca. Statim credatur illic uno conspectu videri ea omnia, quæ Ægyptii circa numina sua commenti fuerant. Non modo enim tabellæ, sed etiam oræ omnes, maxime vero illa quæ circa totam mensam extenditur, repletæ symbolis sunt mutisque historiis, de quarum plurimis, deque earum significatione ne γρυ quidem possumus proferre. Tabula illa Isiaca omnia complecti videtur ea, quæ Ægyptii divinis honoribus prosequebantur. Ibi omnes dii, qui humana sub forma ab ipsis colebantur : illi etiam, qui humanam simul formam & ferinam admixtam, habebant, nec non animalia & feræ, quas insana religio complectebatur : herbarum plantarumque numerus ingens, quas omnium superstitiosissima natio, inter deos suos locaverat. Hæc portento similis caterva in magna illa mensa Isiaca suscitur. Verum Ægyptii alias haud dubie tabellas habebant, ubi compendio & secundum aliam rationem numina sua repræsentarent.

En alteram tabulam generalem Ægyptiacæ reli-

ISIS COLOSSALLE

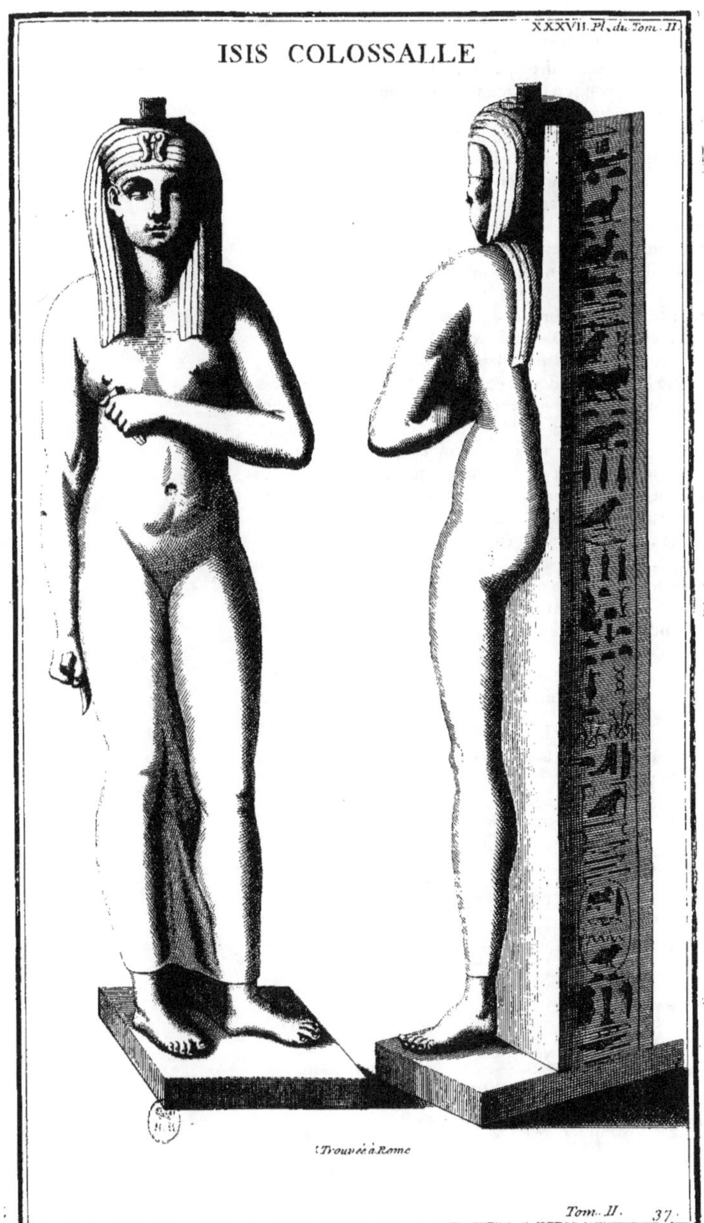

gion des Egyptiens. Le tableau eſt bien moins chargé de figures que la table Iſiaque , & ſemble pourtant comprendre quoique plus en abregé , cette Théologie Egyptienne, c'eſt le deſſus d'une mumie qu'on voit à la Bibliotheque des RR. PP. Auguſtins Déchauſſez. Elle m'a été communiquée par le P. Euſtache, qui y occupe ſi dignement la charge de Bibliothécaire. C'eſt une peinture que nous repreſentons ici preſque de la grandeur de l'original. Elle eſt ſur la toile. Après une couche de blanc, on a mis les couleurs, & le tout fait une carte aſſés forte. Malgré le grand nombre de ſiécles écoulez depuis que cette peinture eſt faite, les couleurs n'ont preſque rien perdu de leur vivacité, quoique la mumie ſoit du goût des plus anciens tems, & qu'elle ait apparemment deux ou trois mille ans. Ces mumies ſont ordinairement hiſtoriées & couvertes de toile peinte, où l'on repreſente bien des choſes qui regardent la religion des Egyptiens ; des Iſis, des Oſiris, & d'autres dieux qu'ils adoroient, des inſcriptions en caractères hieroglyphiques, & quelque fois auſſi avec le caractère ordinaire. Nous donnerons plus bas le Calendrier Egyptien, tiré du deſſus d'une mumie & diviſé en douze colonnes pour autant de mois. Tel étoit l'art de cette nation celebre, après trois ou quatre mille ans ces peintures & ces couleurs ſortent de terre auſſi vives que ſi l'on venoit de les mettre.

II. Le fond de l'image à quoi il ſemble que tout ſe doive rapporter, eſt une Iſis aſſiſe ſur ſes talons. Elle a ſur la tête un grand cercle, qui renferme d'autres petits cercles qui ſemblent marquer indubitablement les quatre élemens , comme nous dirons plus bas. Iſis étend ſes deux bras ; enſorte qu'ils occupent toute la largeur du tableau. Les bras ainſi étendus ſoutiennent deux petits tableaux de divinitez Egyptiennes : on n'en voit que quatre dans les deux, dont une ſeule a la face humaine. Au-deſſous des bras ſont deux grandes aîles àtrois grandes rangées de plumes, qui occupent auſſi toute la largueur du tableau , & ſous les ailes deux ſphinx noires, coëffées de blanc. Voilà le premier coup d'œil.

Cette Iſis aſſiſe ſoutient donc toutes choſes de la tête, des bras, & des ailes ; la terre, les élemens, & tout ce qui regarde la Religion. C'étoit là l'opinion la plus commune des Egyptiens ; qui diſoient même qu'Iſis étoit toutes cho-

---

gionis , quam totam complecti videtur. Illa autem figurarum numerum longe minorem præ ſe fert, quam menſa ipſa Iſiaca , videturque tamen , quaſi compendio illam ipſam totam religionem comprehendere. Eſt vero in operculo Mumiæ jam in Bibliotheca R R. P P. Auguſtinianorum diſcalceatorum. Illam mecum communicavit Reverendus P. Euſtachius, qui digne ibi Bibliothecarii munus obtinet. Eſt vero pictura, quam pene ſecundum archetypi magnitudinem hic repræſentamus. In tela autem depicta fuit, quæ albo primum liquore tincta , deinde colores alios excepit. Hi colores cum tela ſat firmam tabellam efficiunt. Etſi vero a multis retro ſæculis pictura facta fuerit , tamen vividos ſemper colores retinuit, quod in aliis etiam hujuſmodi mumiis obſervatur. Hæc vero Mumia ut et multæ aliæ annorum fortaſſe pluſquam bis millenorum & forte ter millenorum eſt. Hæ Mumiæ tela obductæ ſolent eſſe : tela, inquam, depicta hiſtoriiſque plena , ubi multa depinguntur ad Ægyptiorum religiones pertinentia ; Iſides , Oſirides aliaque numina ab ipſis culta , inſcriptiones characteribus hieroglyphicis , nonnunquam etiam charactere vulgari. Kalendarium Ægyptiacum infra dabimus , ex Mumia quadam eductum , & in duodecim co-

lumnas pro totidem menſibus diviſum. Ars tanta erat celeberrimæ iſtius nationis, ut poſt emenſos bis mille & ter mille annos , hæ picturæ, hi colores ex terra educti , perinde vividi ſint , ac ſi nuper appoſiti fuiſſent.

II. Imago præcipua ad quam cætera omnia referenda videntur, eſt Iſis ſedens ſupra talos. Capite vero ſuſtentat circulum magnum , alios minores circulos complectentem, qui quatuor elementa complecti & ſignificare omnino videntur, de quibus ſermo erit infra. Iſis duo brachia extendit , ita ut totam tabellæ latitudinem occupent. Duo brachia ſic extenſa, duas minores tabulas numinum Ægyptiacorum ſuſtinent : Hæc porro numina quatuor tantum comparent, quorum unum tantummodo, humana præditum eſt facie. Sub brachiis alæ duæ tribus plumarum ordinibus inſtructæ , ejuſdem cujus brachia longitudinis ſunt. Sub alis vero duæ Sphinges , nigræ , ornatu capitis albo. Hic primus eſt tabulæ conſpectus.

Hæc igitur Iſis ſedens omnia ſuſtentat, capite, brachiis , alis ſuis , orbem nempe , elementa , & quidquid ad religionem pertinet. Hæc communis erat Ægyptiorum opinio ; qui etiam dicebant Iſidem omnia eſſe. *Quod Sai eſt templum Minerva , quam*

fes. Au temple de la Minerve de Saïs, qui paſſoit pour la même qu'Iſis, on voïoit
ſur le pavé cette inſcription : *je ſuis tout ce qui a eſté, qui eſt, & qui ſera: &*
aucun des mortels n'a encore levé mon peple ou mon voile ; ce qui vouloit dire
que perſonne n'avoit encore penetré dans ſes myſteres. Iſis étoit, dit ailleurs
Plutarque, la nature feminine ou la mere nature, qui contient en elle-même
la generation de toutes choſes, ſelon Platon elle nourrit & reçoit tout. Pluſieurs l'appelloient myrionyme, parce que ſe tournant en toute ſorte de formes,
& étant ſuſceptible de toute eſpece d'idées, on l'a pouvoit appeller d'une infinité de noms. C'eſt apparemment pour cela qu'on la voit peinte en tant de manieres, & toutes differentes ſelon les differentes fonctions qu'on lui attribuoit.

Les Egyptiens rapportoient donc tout à Iſis. Elle étoit tout ſelon les uns,
elle renfermoit & nourriſſoit tout ſelon les autres. Ici elle porte ſur la tête un
grand cercle, qui en renferme d'autres; enforte qu'il s'en trouve quatre en tout.
Le premier & le plus grand cercle eſt blanc, le ſecond bleu, le troiſiéme gris
brun, le quatriéme rouge ; cela paroît marquer les quatre élemens ; le rouge
ſera le feu ; le gris brun la terre ; le bleu l'eau ; le blanc l'air. Le feu eſt au
centre, comme celui qui donne la chaleur & la vie à toutes choſes. Il n'y a
que ces quatres couleurs emploiées dans tout ce tableau : ce qui peut avoir
ſa raiſon, en ce que ce ſont les quatre élemens qui compoſent tout le monde.
Si le jaune s'y trouve quelquefois, il n'y eſt que pour quelques ornemens &
non pour repréſenter les choſes. Iſis porte une coëffe bleüe, qui lui pend ſur
la poitrine. Je ne ſai s'il y a là-deſſous quelque myſtere. Ses deux bras ſont
étendus : elle montre le dedans des mains, & replie ſes doits. Sur ſes deux bras
ſont deux tableaux dont les bords ſont bleus & jaunes, & les fonds rouges. Dans
le tableau ſoutenu ſur le bras droit, on voit d'abord d'un côté Iſis coëffée de
bleu comme la grande Iſis qui eſt au milieu : il eſt aſſez ordinaire dans les
images Egyptiennes de voir la même figure revenir deux fois ſur le même tableau. Cette Iſis a d'abord une robe blanche marquée de lignes noires ſur l'é-
paule : une autre eſpece d'habit brun étroit qu'elle porte, laiſſe voir un pan
de la robe blanche, qui paroît être de toile. Iſis tient de ſes deux mains une

---

Iſidem eſſe putant, inquit Plutarchus de Iſide & Oſiride p. 354. *hanc habebat inſcriptionem*, Ἐγώ εἰμι πᾶν τὸ
γεγονὸς ὦ ὄ., ἠ ἐσομένον, ἠ τὸν ἐμὸν πέπλον οὐδείς πω θνητὸς
ἀπεκάλυψε ; id eſt, *ego ſum omne quod fuit, eſt & erit :*
mecumque peplum nemo hactenus mortalium detexit :
quo ſignificabatur mortalium neminem adhuc
in ejus myſteria penetraviſſe. Iſis erat, inquit
eodem libro pag. 372. Plutarchus, natura
feminina, ſeu mater Natura, quæ rerum omnium generationem in ſe continet, ſecundum
Platonem, alit illa recipitque omnia. Multi illam
myrionymam appellabant, quia in omnes ſeſe
tranſmutans formas & cujuſvis generis ideas
in ſe recipiens, innumeris poterat nominibus
appellari. Ideoque, ut credere eſt, tot modis
& formis depicta occurrit, iiſque variis, ſecundum earum, quæ ipſi attribuebantur, functionum
diverſitatem.

Ægyptii ergo ad Iſidem referebant omnia. Omnia
erat ipſa ſecundum quoſdam, omnia in ſe continebat & alebat ſecundum alios. Hic vero circulum
magnum capite geſtat, qui alios continet circulos,
ita ut quatuor ſimul circuli reperiantur. primus
maximuſque circulus, albus eſt ; ſecundus cæruleus ;
tertius, cinereus obſcurus ; quartus, rubeus. Quæ
videntur omnino quatuor elcemnta indicare : rubeus circulus, ignis erit ; cinereus obſcurus, terra ;
cæruleus, aqua ; albus, aer. In centro ponitur ignis,
quaſi ſcilicet ipſe foveat omnia, caloremque atque
adeo vitam indat. Hi vero quatuor tantum colores
in hac myſtica Iſidis pictura adhibentur : id illa de
cauſa ſic concinnari potuit, quod quatuor elementa
totum orbem conſtituant. Si autem flavus color
aliquando adhibeatur, ad ornatum tantum non ad
res exprimendas admittitur. Iſis cæruleo velo tectum caput habet, quod velum ad pectus uſque deſ-
cendit : neſcio autem utrum hac in re quidpiam
arcanum lateat. Duo brachia ejus extenſa ſunt, &
volas manuum illa monſtrat, quarum plicati digiti
ſunt. Ejus brachiis hinc & inde ſuſtentantur tabulæ duæ depictæ, quarum oræ cæruleæ flavæque
ſunt, fundus autem picturæ ruber eſt. In tabula
illa quæ brachio dextro ſuſtentatur, in altero latere
ſtatim videtur Iſis, cujus caput cæruleo velo tectum
eſt ut in imagine majore : non inſolitum, eſt in
tabulis depictis Ægyptiacis eamdem ipſam per-
ſonam bis terve repræſentari. Iſis hæc veſte induitur
alba, nigris diſtincta lineis ad humeros. Veſtimento
item alio nigricante tegitur, ita ut veſtis albæ extrema pendentia cernantur : hæc porro alba veſtis
ex tela videtur eſſe confecta Iſis vero faſciam com-
plicatam manibus tenet, quæ faſcia ſuperne ceu

bande

bande pliée en deux, dont le pli fait au-deſſus des mains une eſpece d'anneau.
L'habit de l'autre figure du même tableau, & des deux du tableau oppoſé,
eſt tout-à-fait ſemblable à celui-ci, elles tiennent la bande en la même maniere; mais les têtes ſont très-differentes, & les trois repreſentent des animaux.
La figure qui occupe l'autre côté du tableau a la tête du Cynocephale, telle
que nous l'avons donnée à la planche cxxix. du ſecond tome; elle regarde
Iſis qui eſt de l'autre côté. Entre les deux eſt une eſpece de colonne qui pourroit être un autel, ſur lequel on voit comme des vaſes ronds, qu'il eſt mal-
aiſé de diſtinguer, tant cela eſt mal formé; le tableau de l'autre côté eſt ſur le
bras gauche d'Iſis. On y voit la même eſpece d'autel que ci-devant. Le Dieu
qui eſt à l'un des côtez eſt Oſiris à tête d'épervier; car on le repreſentoit ainſi,
dit Plutarque. Au côté oppoſé eſt Anubis à tête de chien.

III. Iſis porte donc ici ſur ſa tête les quatre élemens, diſpoſez en cercle ou
peut-être en globe, coupé par le milieu pour en faire voir la diſpoſition: c'eſt
à-dire, qu'elle ſoûtient toute la nature: elle porte auſſi ſur ſes bras toute la
Religion, marquée par les principaux dieux. Chacun de ces dieux avoit rapport à Iſis. Il ne faut donc pas s'étonner ſi le culte d'Iſis étoit ſi general dans
l'Egypte. Après la tête & les bras d'Iſis vient le ſein de cette déeſſe, qui paroît nu, & eſt marqué d'une croix de Saint André; on remarque de même
cette forme de croix ſur le corps d'Oſiris, dans l'autre image de cette planche. La croix ſe voit aſſez ſouvent entre les mains des dieux Egyptiens comme nous venons de voir, & comme nous avons dit au ſecond tome de l'Antiquité p. 277. & ailleurs: au-deſſous de cette croix de Saint André, le corps
d'Iſis eſt peint en petits carreaux de bleu, rouge & brun, avec quelque ſorte
de ſymmetrie: Il ſemble que ce ne ſont que des couleurs appliquées ſur la chair,
ou ſi c'eſt un habit, il eſt extrêmement juſte au corps. Ces couleurs regnent
juſqu'à la cheville du pied.

IV. Sous les bras étendus d'Iſis, ſont de grandes ailes qui vont de chaque
côté juſqu'à l'extrêmité du tableau. On y voit d'abord quatre rangées de ces
petites plumes qui ſont au plus haut des aîles comme un duvet. Les premieres ſont bleuës, les ſecondes rouges, les troiſiémes bleuës, les quatriémes
brunes. Enſuite viennent trois rangées de grandes plumes: la premiere ran-

---

annulum efficit. Altera hujus tabulæ figura, necnon duæ aliæ in oppoſita tabula eodem prorſus
cultu veſtituque indutæ ſunt, faſciamque tenent
omnes eodem prorſus ritu. Sed capita omnino differunt, tria enim animalium & capita & roſtra
habent. Alia perſona hanc priorem tabulam occupans caput habet Cynocephali, qualem dedimus
in tabula cxxix. ſecundi tomi Antiquitatis explanatæ. Cynocephalus Iſidem reſpicit in altero poſitam latere. Inter ambos ceu columna quædam
viſitur, aut fortaſſis ara, cui impoſita ſunt quædam
vaſa, quæ internoſcere admodum difficile eſt, uſque
adeo ſunt rudi penicillo delineata. In oppoſito latere tabula depicta brachio Iſidis ſiniſtro nititur.
Eadem ipſa ibidem ara viſitur quæ in præcedenti
tabula: in altero latere Oſiris ſtat cum accipitris
capite. Sic autem ille, Plutarcho de Iſid. & Os. teſte,
repræſentabatur, huic oppoſitus eſt canino capite
Anubis.

III. Iſis ergo quatuor elementa capite geſtat, in
circulum diſpoſita, imo fortaſſis in globum, qui
conſpectus cauſa ſectus ſit; quo ſignificatur ab illa
naturam totam ſuſtentari; brachiis item portat
religionem totam præcipuorum deûm figuris ſigni-

ficatam. Dii vero ſinguli ad Iſidem aliqua ratione
referebantur, quid ergo mirum ſi tantus eſſet in
Ægypto Iſidis cultus? Poſt caput & brachia Iſidis,
infra videtur pectus illius, nudum, & ſancti
Andreæ, ut vocant, cruce notatum, eadem quoque
crucis S. Andreæ forma obſervatur infra in hac
ipſa Tabula ſupra pectus Oſiridis defuncti. Crux
ſæpe in manibus Ægyptiorum deorum cernitur,
ut modo vidimus, utque diximus in ſecundo Antiquitatis explanatæ tomo p. 277. atque alibi. Sub
illa ſancti Andreæ cruce corpus Iſidis quadratis
tabellulis opertum eſt, cæruleis, rubris, nigrican-
tibus cum ſymmetria quadam concinnatis. Videntur autem hic colores in cute poſiti; aut ſi veſtis
ſit, ea admodum anguſta & arcte corpori aptata
eſt. Colores autem illi varii ad uſque malleolos
pedum pervadunt.

IV. Sub brachiis Iſidis extenſis, alæ ſunt grandes,
quæ ex utraque parte ad extremam tabulam per-
tingunt. Statim autem conſpiciuntur quatuor ordines plumarum illarum tenuium molliorumque,
quæ in extremis avium alis obſervantur: Primæ
cæruleæ ſunt, ſecundæ rubræ, tertiæ cæruleæ, quartæ
nigricantes. Deinde ſequuntur tres magni penua-

gée est de plumes brunes sur un fond jaune, la seconde, de plumes rouges sur un fond bleu, la troisiéme, de plumes bleuës sur un fond blanc. Voila bien du mystere, Isis assise sur ses talons étend ses bras; à quoi bon ces grandes ai-les étenduës: à quoi peuvent-elles servir à Isis assise? Isis étant ici prise pour la nature, il semble qu'on peut dire qu'elle est assise pour marquer la stabilité de l'univers, & qu'elle étend ses grandes ailes, pour marquer le mouvement per-petuel qui s'observe dans ses parties; mouvement qui ne trouble jamais l'or-dre, & qui sert même à le soûtenir toûjours dans le même état. C'est ce qu'il semble qu'on peut dire de plus solide. Les Prêtres & les initiez Egyptiens l'expliquoient peut-être autrement; mais s'il faut s'en tenir à ce qu'en disent plusieurs Auteurs citez dans le traité de Plutarque, sur Isis & Osiris: les Prêtres ne s'accordoient guere entr'eux dans l'explication de ces mysteres: entre les differens sens qu'ils donnoient à ces énigmes, on en remarque un physique, qui consiste à rapporter tout aux operations de la nature, qui étoit Isis; & un autre moral du moins en partie, qui regardoit les deux principes, l'un du bien & l'autre du mal; le principe du bien étoit Isis, Osiris & les autres divinitez bienfaisantes; le principe du mal étoit Typhon.

V. La grande image d'Isis que nous donnons ici, renfermoit sans doute bien des sens mysterieux: c'est apparemment pour cela qu'on a mis au bas de l'i-mage deux Sphinx qui font un regard; l'un est devant les genoux, & l'autre devant les pieds d'Isis. On mettoit, dit Plutarque p. 352. des Sphinx devant les temples, pour marquer que la théologie Egyptienne étoit énigmatique, & difficile à expliquer. Ces deux Sphinx ont le visage & le corps noir, & sont coëffées de blanc. Il pourroit encore y avoir du mystere là-dedans; mais quel Oedipe en donnera l'explication? Peut-être les a-t'on peintes noires, par-ce qu'on les faisoit ordinairement de basalte, qui est un marbre noir. Il y a dans le cabinet de cette Abbaye la tête d'une Sphinx d'un très-bon goût, qui est aussi de basalte. Il est aussi à remarquer que devant les deux Sphinx il y a deux trous faits exprès & dès le commencement, dont l'un se termine aux ge-noux d'Isis, & l'autre à ses pieds & à son dos. Ces trous faits à dessein & dès l'origine, sont exprimés par les blancs qui restent sur la planche. On voit en-

---

rum ordines, primi ordinis pennæ nigricantes sunt, in flavo fundo, secundæ rubræ in fundo cæruleo; tertiæ cæruleæ in fundo albo. Hæc porro omnia mysteria esse videntur: neque enim casu sic posita esse puto, apud Ægyptios enim in arcanis omnia erant, neque fortuito, & ut res sese ad manum dabant, sic eas concinnabant; sed omnia illi ad mysteria sua referebant. Isis sedens brachia exten-dit talis tamen suis insidens & immota manens. Cur sedentis Isidis extensæ alæ sunt? Cui vero usui extensæ alæ sunt ei quæ immota maneat? Cum Isis hic naturam significet, dici posse videtur Isidem sedere, ut significetur universi stabilitas, alasque extendere, ut indicetur motus ille perpetuus, qui in ejus partibus observatur; motus, inquam, qui ordinem nunquam perturbat, imo qui ad eum eodem in statu continendum conducit. Nihil, ut puto, ad rem licet arcanam explicandam accomo-datius afferri potest. Sacerdotes Ægyptii atque ii qui mysteriis erant initiati alio fortasse modo rem explicabant. Verum si standum plurium scriptorum dictis, qui a Plutarcho in medium afferuntur in libro de Iside & Osiride, sacerdotes ipsi in expli-candis hujusmodi arcanis inter se minime consen-tiebant. Inter varia autem sensa queis ænigmata illa solvebant: Physicum erat illud, quo omnia ad naturæ operationes referebant, quæ natura ipsa est Isis; aliud vero morale erat, quod ad duo principia spectabat, alterum boni, alterum mali; omnis boni principium erant Isis & Osiris; mali vero Typhon.

V. Magna illa Isis quam hic proferimus, ænig-mata haud dubie multa complectebatur. Ideoque sphinges duæ sub alis Isidis in ima tabula exhiben-tur: hæ duæ sphinges adversos mutuo habent vul-tus; alia ante genua, alia ante pedes Isidis est. Sphinges, inquit Plutarchus p. 352. ante templa ponebantur, ut significaretur religionem Ægyptia-cam ænigmaticam & explicatu difficilem esse. Ambæ vero sphinges & corpus, & vultum nigrum habent, ornatum vero capitis album. Et hic for-tasse arcanum quidpiam subintelligendum, sed quis Oedipus arcana hujusmodi aperuerit? Fortassis etiam nigræ depictæ fuerunt, quia ut plurimum ex basalte fieri solebant, basaltes autem marmor est nigricans. In hujus cœnobii Musëo caput sphingis est elegantissimum ex basalte factum. Notandum insuper est ante sphinges duo esse foramina ex in-dustria, & a principio facta, quorum aliud ad genua usque Isidis continuatur; aliud ad usque pedes dor-sumque illius, data opera, ut dixi, & a principio

core des trous semblables devant & derriere la tête d'Isis, & le globe qu'elle
porte. Il y a là peut-être encore quelque myftere qu'on n'oferoit tenter de développer. Je ne parle pas de certains ornemens qu'on voit autour du tableau,
& qui pourroient avoir aussi leur myftere ; car dans ces monumens Egyptiens
il faut être en garde fur tout.

---

funt facta , quodque album in tabula his in partibus relinquitur , eorum & figuram & fpatium exprimit. Similia quoque foramina confpiciuntur
ante & poft Ifidis caput globumque capiti impofitum. Et hic fortaffe aliquid arcani latet , quod
revelare quis aufit & poffit ? Non loquor de quibufdam ornamentis circum tabulam appofitis &
depictis, & quæ forte quædam complecti myfteria
poffent ; in his enim monimentis Ægyptiacis, femper cum fufpicione myfterii procedendum.

CHAPITRE III.

*I. Le corps d'Ofiris mort, étendu fur un banc qui a la forme d'un lion. II. Cette
image qui n'avoit pas été remarquée, fe trouve plufieurs fois. III. Hiftoire de
la mort d'Ofiris felon Diodore de Sicile. IV. La même hiftoire felon Plutarque.*

I. L'Autre image tirée de la même mumie, reveille aussi nos attentions ;
je ne fai si elle a jamais été obfervée ; c'eft un corps mort étendu fur
un lion, ou plûtôt fur un banc qui a la tête, la queuë, les pieds & les griffes
d'un lion. Ce corps eft vêtu à-peu-près comme les figures Egyptiennes des
deux petits tableaux appuiez fur les bras d'Ifis, que nous venons de voir. Un
efpece de capuchon bleu lui couvre la tête & les épaules, un habit brun le
couvre enfuite jufqu'aux pieds : il a fur la poitrine une croix de faint André,
pareille à celle que nous avons vûë fur la poitrine d'Ifis. Anubis avec fa tête
de chien, eft auprès de ce corps, lui met une main fur la poitrine, & leve
l'autre main vers le Ciel, comme s'il menoit un grand deüil fur ce corps mort.
A la tête & aux pieds du mort, font deux femmes qui reffemblent à deux Ifis.
Elles élevent une main vers le Ciel, & paroiffent nuës jufqu'à la ceinture, re-
vêtuës de la ceinture en bas d'une efpece de cotillon de couleur brune, & elles
portent fur la tête chacune un vaiffeau de forme particuliere. Sous le lion

---

CAPUT III.

*I. Corpus Ofiridis mortui extenfum in fcamno,
cujus forma eft leonis. II. Hæc imago nondum , ut puto , obfervata non infrequenter
occurrit. III. Hiftoria mortis Ofiridis fecundum Diodorum Siculum. IV. Eadem
hiftoria fecundum Plutarchum.*

I. Altera imago ex eadem mumia educta, ad
novam nos rerum perquifitionem excitat.
Nefcio autem utrum obfervata unquam fuerit.
Cadaver eft extenfum fupra leonem , feu potius
fupra fcamnum ad formam leonis concinnatum , ubi
caput, cauda, crura, pedes, ungulæ, demum omnia
leonina obfervantur. Corpus autem illud mortuum,
iifdem eft fere veftibus indutum , queis figuræ aliæ
Ægyptiacæ in tabulis fupra brachia Ifidis pofitis ,
quas modo videbamus. Quidam ceu cucullus cæruleus ejus caput operit & humeros. Veftimentum
inde coloris nigricantis corpus ejus ad ufque pedes
operit. Crucem S. Andreæ , ut vocant , ad pectus
habet depictam , qualem ferme vidimus in pectore
Ifidis. Anubis prope cadaver ftat , manum ipfius
pectori imponit, alteramque manum verfus cœlum
extendere videtur , ac fi luctu magno ob defuncti
vicem teneretur. Ad caput & ad pedes mortui duæ
funt mulieres, quæ duæ Ifides effe videntur : manum vero ad cœlum extendunt, nudæ ad zonam
ufque videntur effe, a zona autem inferne nigricantis coloris crocotulam habent. Sub leone qua-

font quatre Canopes, dont le premier a la tête d'homme, le fecond celle d'un animal peu reconnoiffable, le troifiéme a la tête d'un épervier, le quatriéme celle d'un autre oifeau ou de quelque animal. On ne le voit qu'à demi, parce qu'il eft un peu caché fous la cuiffe du lion.

II. Refte à expliquer cette image, que j'avouë n'avoir pas bien entendue d'a-bord. Ce n'eft qu'à force d'en trouver de femblables, que je fuis enfin parve-nu à comprendre ce que cela pouvoit être. J'en ai mis une au cinquiéme to-me de l'Antiquité, à la planche des Pyramides d'Egypte. On voit là un corps mort étendu fur un lion comme ici, ou plûtôt fur un banc qui a la tête, les pieds & la queuë du lion, Anubis embraffe ce corps mort : je n'en ai donné aucune explication, croïant qu'il valoit mieux n'en point donner du tout, que d'en hazarder quelqu'une, que des monumens nouvellement découverts obligeroient dans la fuite à rejetter. J'en remarque une autre dans la bordure du deffous de la table Ifiaque pl. cxxxviii. du fecond tome, & encore une autre plus finguliere à la planche du Calendrier Egyptien, qu'on verra plus bas. Dans celle de la table Ifiaque l'homme étendu fur le lion eft couché fur le ven-tre, & hauffe la tête comme une perfonne vivante. Au-deffous du lion font trois Canopes, le premier a la tête d'homme, le fecond a la tête d'épervier, & le troifiéme a la tête d'un animal qu'on ne peut reconnoître. Au deffus de l'hom-me couché, on voit des ailes attachées à un globe : ce qui eft ordinaire dans la table Ifiaque, & fur la tête du lion une croix bien formée. Pignorius a crû que cet homme couché étoit le petit Orus, & femble avoir pris pour une Sphinx ce lion fur lequel il eft couché ; mais les autres images fi femblables à celle-ci, ne nous permettent pas de douter que ce ne foit un mort étendu fur un lion. Si dans la table Ifiaque il a la tête levée, cela ne dit pas qu'il foit vivant, on l'a mis ainfi ou par pur caprice, ou par quelque raifon qui nous eft inconnuë. Pour le refte il eft tout enveloppé, & a les mains cachées comme un mort. Nous verrons plus bas la même image dans un Abraxas ; mais avec des particularitez remarquables, & qu'on n'obferve pas dans les autres. Voilà donc déja la quatriéme image qui reprefente la même chofe, Ofiris mort éten-du fur un lion.

---

tuor funt Canopi, quorum primus caput hominis habet, fecundus animalis caput, quod vix inter-nofci poffit, tertius caput accipitris, quartus avis aut animalis cujufpiam, hic vero poftremus, a leonis crure partim obtegitur.

II. Jam explicanda hæc imago eft, quam me fateor principio non intellexiffe, fed aliis depre-henfis huic fimilibus, demum ad rei qualemcum-que notitiam perveni. Aliam pofui fimilem in quinto Antiquitatis explanatæ tomo in Tabula Py-ramidum Ægyptiacarum; ubi cadaver fupra leonem extenfum, ut hic confpicitur, feu fupra fcamnum caput, pedes, caudam leonis habens. Anubis cor-pus illud mortuum amplectitur. Nullam autem explicationem emifi, quod putarem prudentius me fadturum fi rem ignotam filentio præterirem, quam fi de illa cum periculo errandi temere quidpiam proferrem, quod poftea novis accedentibus ejus generis monimentis repudiare cogerer. Aliam fimi-lem deprehendi in ora infima menfæ Ifiacæ, Tabula cxxxviii. fecundi Antiquitatis explanatæ tomi, & alia fpectabilior eft in tabula Calendarii Ægyptiaci, quæ infra dabitur. In illa autem quam exhibet menfa Ifiaca, vir ille fupra leonem extenfus pronus jacet & caput tamen erigit ac fi viveret. Sub leone tres funt Canopi. Primus caput hominis habet, fecun-dus accipitris, tertius cujufpiam ignoti mihi ani-malis. Supra hominem illum decumbentem alæ vifuntur globo affixæ, quod frequentiffimum eft in menfa Ifiaca. Supra caput autem leonis crux eft optime delineata. Pignorius lib. de menfa Ifiaca p. 78. putavit hominem illum decumbentem Orum effe puerum, & leonem in quo decumbit pro fphinge habuiffe videtur : Verum aliæ imagines huic adeo fimiles, nullum relinquunt dubitandi locum, quin fit cadaver mortui extenfum fupra leo-nem. Si in Tabula Ifiaca caput erigit, non inde fequitur ipfum effe viventem. Ita namque pofitus fuit, vel ex mero arbitrio, vel ob quamdam nobis ignotam caufam. De reliquo autem obvolutus totus eft, manufque obtectas habet ut mortuus. Infra porro eamdem ipfam imaginem videbimus in Abraxæo fchemate ; fed fingulari adornatam modo ab aliorum fchematum ritu divertente. En itaque jam quartam imaginem idipfum referentem, nempe Ofirin mortuum fupra leonem extenfum.

III. Ofiris, dit Diodore, regnant avec juſtice & ſelon l'équité des loix, Typhon ſon frere, homme violent & impie, le tua, diviſa ſon corps en vingt-ſix parties, qu'il diſtribua à autant de conjurez, pour les engager par-là, en les rendant également coupables, à le maintenir dans la poſſeſſion du Roïaume d'Egypte qu'il uſurpa. Mais Iſis femme & ſœur d'Oſiris, & Orus leur fils, tirerent vengeance de ce crime, & firent mourir Typhon avec ſes conjurez. Iſis ramaſſa enſuite toutes les parties du corps de ſon mari, hors celles que la pudeur cache. Elle fit faire avec de la cire & des aromates une ſtatuë de la taille d'Oſiris, l'a confia à des Prêtres, & les engagea par ſerment de ne jamais declarer à perſonne le lieu où elle avoit été dépoſée. Cela eſt rapporté bien différemment par d'autres. Selon Plutarque p. 354. quelques-uns diſoient que Typhon pourſuivant un cochon lorſque la lune étoit pleine, trouva une biere de bois où étoit le corps d'Oſiris, qu'il le mit hors de la biere & le jetta διέῤῥιψεν.

IV. D'autres prenant l'Hiſtoire dès le commencement diſoient que Typhon qui dans l'abſence d'Oſiris n'avoit oſé rien entreprendre, parce qu'Iſis regnoit avec trop de vigilance, pour qu'on pût cabaler ni rien faire contre l'Etat; recommença ſes menées après le retour d'Oſiris. Il attira à ſon parti ſoixante-dix hommes, & la reine d'Ethiopie nommée Aſo, qui vint elle-même à ſon ſecours, & étoit de la conſpiration pour ſurprendre Oſiris, & le faire périr par trahiſon; il fit faire un coffre très-magnifique meſuré ſur la taille d'Oſiris, il l'invita à un repas, & il montra ce coffre à Oſiris, & aux autres convives qui étoient de la conſpiration, & comme par divertiſſement il promit de donner cet admirable coffre à celui des aſſiſtans, à la taille duquel il conviendroit, Oſiris ſe mit dans le coffre & s'y coucha, & alors les conjurez y accoururent y mirent un couvercle, qu'ils arrêterent avec des clous & du plomb, & jetterent le coffre avec Oſiris dans le Nil, au canal & à l'embouchure de Tanis, qui fut depuis à cauſe de cela, en abomination; qu'après bien des recherches, qu'il ſeroit trop long de rapporter ici, Iſis trouva le coffre & le cacha. Mais que Typhon chaſſant la nuit à la clarté de la lune, trouva le corps d'Oſiris, le tira du coffre, le coupa en quatorze parties & les diſperſa

---

III. Oſiris, inquit Diodorus Siculus l. 1. cum ſecundum juſtitiam & legum æquitatem imperium moderaretur, a Typhone fratre ſuo, violento impioque homine, trucidatus eſt. Typhon fratris corpus viginti ſex in partes diviſit, quas totidem conjuratis diſtribuit, ut hoc pignore vinctos, & quaſi cædis conſortes ad uſurpati ab ſe regni defenſionem obſtringeret. Verum Iſis Oſiridis ſoror & conjux, & Orus utriuſque filius, hoc ſcelus ulti ſunt, & Typhonem conjuratoſque peremerunt. Iſis vero poſtea partes omnes corporis ejus collegit præter eas quæ pudor obtegere jubet. Deindeque ex cera & aromatibus ſtatuam ad Oſiridis menſuram efformari juſſit, quam ſacerdotibus commiſit ad jurandum coactis, ne cuipiam revelarent quo arca loco poſita fuiſſet. Alii autem longe diverſo modo rem narrant. Dicebant quidam teſte Plutarcho eodem libro p. 354. Typhonem cum plena luna ſuem perſequeretur, reperiſſe ligneam arcam, in qua Oſiridis corpus jacebat, idque diſjeciſſe διέῤῥιψεν.

IV. Alii rem a principio narrantes dicebant, inquit idem ſcriptor p. 357. Typhonem, qui abſente Oſiride res novas moliri non eſſet auſus, quod Iſis magno ſtudio & attentione ſibi caveret, reverſo inſidias ſtruxiſſe, adſcitis in conjurationem viris ſeptuaginta duobus, & conatum adjuvante Regina Æthiopiæ, quæ ad ipſum ſe contulerat præſenſque erat: huic autem Reginæ nomen Aſo erat. Typhonemque ſtaturæ Oſiridis menſuram nactum ad magnitudinem ejus arcam apparaſſe elegantem, egregieque ornatam, eamque in convivium intuliſſe. Quam cum convivæ cum voluptate & admiratione conſpicerent, per jocam promiſiſſe Typhonem ſe dono arcam illi daturum, qui incluſus menſuram ejus exæquaret. Cum omnes periculum feciſſent, ad neminemque quadraret, Oſirim in eam ingreſſum decubuiſſe; ibi eos qui intererant accurriſſe, & operculum arcæ injeciſſe, & cum eam clavis externe & liquido plumbo immiſſo obfirmaſſent, ad Nilum detuliſſe, ac in mare demiſiſſe per Taniticum oſtium: quod eam ob rem hodie nominatu abominabile eſt. Ne vero ſingula perſequentes longiores æquo ſimus, Iſis diu multumque perquiſitam arcam invenit, atque occultavit. Typhon autem cum noctu venaretur ad illam arcam incidit, cadaverque in quatuordecim partes diſcerpſit ac diſ-

en differens endroits. Il y avoit plufieurs fentimens touchant le corps & la
biere d'Ofiris. Plufieurs villes d'Egypte fe vantoient de l'avoir , une entre
autres s'appelloit Taphofiris ; cela veut dire le fepulcre d'Ofiris.

On racontoit mille autres chofes touchant la biere & le cadavre d'Ofiris ,
& comme la fable varie fur tout, les opinions étoient fort différentes ; ce qui
eft certain , eft que le meurtre, la biere, & les membres d'Ofiris faifoient une
bonne partie de la mythologie Egyptienne. On reprefentoit fouvent Ofiris
défunt, & les monumens nous apprennent bien des chofes que les Auteurs
ne difent point. Le corps d'Ofiris dépofé fur un banc, qui a la forme d'un
lion, Anubis qui embraffe le défunt, ou qui lui met la main fur la poitrine ,
Ifis en deüil fur la mort de fon mari ; plufieurs Canopes rangez fous le corps
d'Ofiris. Toutes ces chofes ne s'apprennent que fur les monumens : en voilà
déja quatre. Le tems nous en découvrira peut-être bien d'autres.

---

jecit. De corpore ergo deque arca Ofiridis varia
tradebantur. In Ægypto autem multæ urbes erant
quæ fe corpus habere Ofiridis jactitabant. Inter eas
Taphofiris quædam appellabatur , quod nomen fe-
pulcrum Ofiridis fignificat.

Sic millia narrabant de arca , deque cadavere
Ofiridis, utque mythologia in fexcentas abit fen-
tentias , nec conftat unquam in narrandi modo ; non
mirum fi de re eadem tam diverfa narrarentur. Illud
vero certum exploratumque eft , Ofiridis nempe
cædem , arcam , membra, Ægyptiacæ theologiæ

partem non fpernendam fuiffe. Sæpe quoque Ofiris
defunctus repræfentabatur. Monumenta certe multa
docent, quæ tacentur a Scriptoribus. Nam corpus
Ofiridis in fcamno formam leonis habente depo-
fitum , Anubis defunctum Ofiridem amplectens,
aut manum in ejus pectus immitens, Ifis de morte
conjugis luctum agens ; Canopi fub Ofiridis corpore ordine pofiti ; hæc , inquam , omnia in multis
tantummodo monumentis habentur. Jam quatuor
hujufcemodi deteximus : plura, ut credere eft, ævum
fuppeditabit.

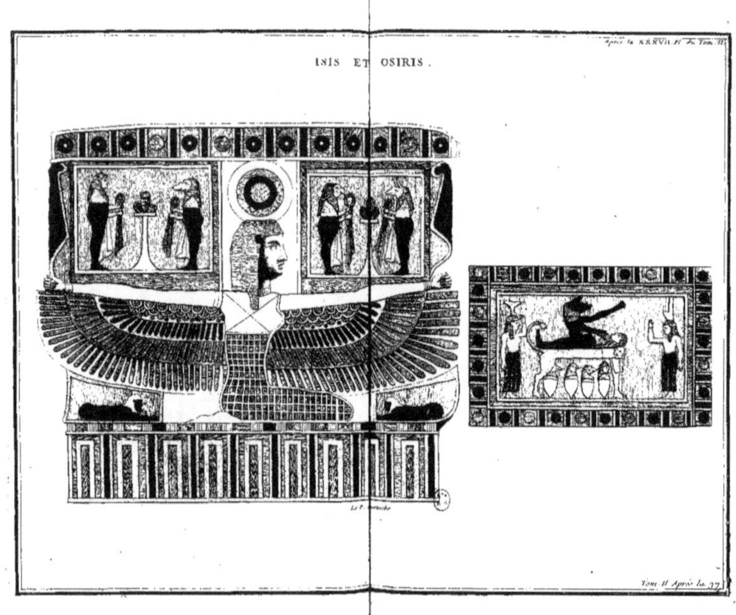

ISIS ET OSIRIS.

CHAPITRE IV.

I. Ifis extraordinaire. II. Autre Ifis à la grande chevelure. III. Ifis à la grande cruche. IV. Ifis emmaillotée. V. Figure bizarre Egyptienne.

I. L'Ifis du cabinet de M. le premier Préfident Bon, dont l'original a environ neuf pouces de haut, comprend bien des myfteres, & raffemble en une image ce qu'on voit ailleurs difperfé dans beaucoup d'autres. L'ornement de fa tête eft fait à plufieurs étages. Ces grandes cornes qui s'élevent par-deffus tout, marquent apparemment celles qu'elle avoit lorfque felon la fable elle fut métamorphofée en vache. Ici elle n'a que les cornes ; mais nous l'avons vûë à la cv. planche du fecond tome, avec toute la tête de vache fur un corps de femme. Entre ces deux grandes cornes on voit la figure d'un œuf, ce qui pourroit fe rapporter à cette ancienne opinion des Egyptiens dont parle Porphyre dans le dernier livre de la Préparation Evangelique d'Eufebe. Les anciens Egyptiens, felon lui, n'adoroient qu'un dieu qu'ils appelloient Cneph, & qu'ils exprimoient fymboliquement par un ferpent qui tenoit un œuf à la bouche, & cet œuf fignifioit le monde dont Dieu étoit le Créateur. Tout cela peut convenir à Ifis que les anciens prenoient pour la nature. Nous l'avons vûë ci-devant portant fur la tête les quatre élemens, & rien n'eft plus commun que les monumens où elle porte les fymboles de la nature & du monde. Ces grandes cornes fortent d'une efpece de couronne, qui a affés l'air du circuit des murs d'une ville qu'on a ci-devant remarquée dans la grande Ifis déterrée à Rome, & qu'on obferve de même dans la figure qui eft auprès. Je n'oferois pourtant l'affûrer. Cette coëffure fe fait remarquer par fa fingularité. Il eft beaucoup plus aifé de la comprendre fur l'image que de la décrire. Ifis tend les bras d'une maniere affectueufe, comme la mere nature, qui malgré l'inégalité des conditions donne également la vie à fes nourriffons de toute efpece. Une efpece de cotillon, ou pour mieux dire, des ailes qu'elle porte, s'élargiffent de tous côtez de la ceinture en bas. Il femble qu'elle veüille tout

P L.
xxxviii.

CAPUT IV.

I. Ifis infolitæ formæ. II. Alia Ifis ex coma fpectabilis. III. Ifis amphoram capite geftans. IV. Ifis obligata pannis. V. Ægyptiaca figura cultu enormi.

I. ISis illa ex Mufeo illuftriffimi Domini Bon. Monfpelienfis Senatus principis, in archetypo novem circiter pollices regios habet multaque arcana complectitur, atque ea fimul concludit, quæ in aliis non paucis difperfa confpicimus. Ornatus capitis varius aliufque alii fuperinjectus. Cornua illa magna, quæ in altum protenfa alia omnia fuperant, illa forte fubindicant quæ geftabat, poftquam fecundum mythologos in vaccam mutata fuit. Hic cornua tantum comparent : at vidimus eam in fecundo Antiquitatis explanatæ tomo Tab. c v. cum toto vaccæ capite muliebri corpori impofito. Inter cornua illa fublimia ovi figura cernitur : id vero poffet ad veterem illam Ægyptiorum opinionem referri, de qua Porphyrius apud Eufebium libro ultimo præp. Evang. Veteres Ægyptii, inquit ille, unum deum colebant quem Kneph appellabant, fymboliceque exprimebant ut ferpentem ovum ore ferentem. Ovum vero mundum fignificabat a Deo conditum. Hæc poffunt etiam Ifidi competere, quam antiqui naturam effe exiftimabant. Modo vidimus illam quatuor elementa capite geftantem ; nihilque frequentius monumentis illis ubi illa naturæ & mundi fymbola geftat. Cornua autem illa prægrandia ex corona quadam exeunt, quam geftat Ifis. Hæc vero corona circuitum mœnium urbis fatis refert, qui circuitus murorum in magna Ifide Romæ eruta vifus eft, atque etiam in vicina Ifide obfervatur. Illud tamen affirmare non aufim. Hic certe capitis cultus afpectu facilius, quam defcriptione, percipitur. Ifis brachia extendit, ac fi affectum magnum indicare velit, ut natura mater, quæ nulla habita conditionum ratione vitam omnibus largiter præbet. A zona porro nefcio quid tegumenti geftat ; quod undique dilatatur, quafi

couvrir comme une poule qui couvre ſes pouſſins. Dans la table Iſiaque &
ailleurs on voit Iſis qui a à la ceinture de grandes ailes qu'elle étend de tou-
res parts. Ce ſont peut-être des ailes ſemblables que l'ouvrier a voulu faire ;
cela n'eſt pas ſi clair ici que dans d'autres antiques ; mais dans le deſſein qu'on
m'a envoïé, & que le graveur n'a pas aſſés bien ſuivi, les ailes s'y reconnoiſſent
mieux.

II. L'Iſis qui vient après, dont l'original a un pied de haut, eſt remarquable par ſa grande chevelure aſſez ſemblable à celle de l'Iſis coloſſale, que nous
avons vûë ci-devant. Elle ſemble auſſi compoſée de feüilles, mais plus quarrées
par le bas que ci-devant, & a tout l'air d'une grande perruque comme l'autre
Iſis coloſſale. C'eſt cette chevelure qui nous a portez à la mettre ici, pour
prouver que la figure coloſſale dont la perruque eſt ſi ſemblable, eſt auſſi une
Iſis. Celle-ci allaite le petit Orus, figure ordinaire, & qui ſe trouve dans un
grand nombre de cabinets. Je ne ſai ſi la tête qui vient après eſt d'Iſis. Ce qui
eſt certain eſt qu'on peignoit cette déeſſe en bien des manieres. Cette tête eſt
remarquable par ſa coëffure & par cet ornement bizarre qu'elle a ſous le menton, & que l'on voit aſſez ſouvent dans les figures Egyptiennes.

PL.
XXXIX.
III. Une autre Iſis ſe diſtingue ſur ce grand théatre des dieux Egyptiens
Elle a ſur la tête une grande cruche de forme extraordinaire. Au lieu d'anſe
la cruche a de grands bras qui s'étendent à droit & à gauche. Ces cruches
auſſi-bien que les ſeaux qu'on mettoit entreles mains de preſque tous les dieux
Egyptiens, marquoient les eaux du Nil, que cette nation mettoit au rang
des divinitez. Ces eaux leur fourniſſoient avec abondance les choſes neceſ-
ſaires à la vie ; raiſon plus que ſuffiſante en Egypte pour les deifier. La cruche
ſur la tête d'Iſis ſe voit encore dans la planche c v i i. du ſecond tome de l'Antiquité ; mais fort differente de celle-ci. Le ſeau à la main s'y trouve plus ſouvent. Iſis le tient à la planche c x. & à la c x v i. Ælurus ou le Chat à la
c x x v i i. & le lion à la c x x i x. avec les Abraxas. Le lion porte le ſeau,
parce que ſelon un Auteur Grec imprimé par Eſtienne le Moyne, l'inonda-
tion & l'accroiſſement du Nil ſe fait dans le tems où le ſoleil eſt dans le ſigne

---

omnia operire vellet ut gallina pullos. In menſa
Iſiaca & alibi Iſis conſpicitur a zona magnas emittens alas, quas undique extendit. Hic etiam quoque
alas prior artifex exhibere voluerit, etſi non tam
clare hic quam in aliis monumentis alæ dignoſ-
cantur : at in delineata tabella mihi tranſmiſſa alæ
melius exhibentur, quas ſculptor accurate reddere
neglexit.

II. Iſis ſequens cujus archetypus unum altitudine
regium pedem habet, a coma ſpectabilis admodum
eſt, quæ coma ſat ſimilis eſt ei, quam in Iſide coloſ-
ſea illa ſupra vidimus, vel ex foliis palmæ, vel ex
plumis concinnatæ ; ſed hic plumæ in ima parte quadratæ ſunt. Hæc coma occaſio nobis fuit ut illam hoc
loco ſtatueremus, ut ex hac probaretur etiam illam
coloſſeam vere Iſidem eſſe, quæ eadem coma gau-
deret. Hæc porro quam deſcribimus puellum Orum
lactat. Iſis vero Orum lactans in Muſeis haud raro
reperitur. Neſcio utrum caput ſequens Ægyptium
Iſidem etiam referat : exploratum certe eſt deam
illam multis depictam modis fuiſſe. Hæc a cultu
capitis ſpectabilis eſt, & ab ornatu illo inſolito aliàs,

ſed apud Ægyptios non infrequenti, qui ſub mente
viſitur.

III. Iſis alia in theatro deorum Ægyptiorum ſingularitate ſua ad ſui ſpectaculum evocat. Amphoram illam magnam inſuetæ formæ capite geſtat. Pro
anſis magna habet brachia, quæ ad dextram ſiniſtramque protenduntur. Amphoræ ut & ſitulæ, quæ
in omnis fere Ægyptii dei manu quandoque ge-
ſtantur, aquas Nili ſignificabant, quem fluvium natio
illa ſuperſtitioſa deorum numero adſcribebat.
Aquæ, inquam, illæ ad victum neceſſaria ipſis af-
fatim ſuppeditabant, quæ pluſquam idonea ipſis
erat divinos honores adſcribendi cauſa. Amphora
capiti Iſidis impoſita, videtur etiam in ſecundo Antiquitatis explanatæ tomo, Tab. cvii. ſed amphora
illa ab hac multum formâ differt : Situla vero frequentius uſurpatur ; exempli cauſa in manu Iſidis
Tab. cx. & cxvi. Æluri ſive felis cxxvii. Leonis
cxxix. in Abraxæis figuris. Leo ſitulam geſtat,
quia ſecundum ſcriptorem quemdam Græcum a
Stephano le Moyne cuſum, inundatio & incremen-
tum Nili fiebat quo tempore Sol in ſigno leonis eſt.

du

ISIS
2 XXXVIII. Pl. du Tom. II
1
3
M. le pr. President Bon
Tom. II. 38

du lion. C'étoit alors que les Egyptiens ouvroient les canaux qui conduisoient l'eau daus les bains publics; tous les tuyaux par où l'eau couloit avoient la forme du lion.

I V. Bien des gens prennent aussi pour des Isis ces figures emmaillotées, telle est celle qui vient après que nous donnons de sa propre grandeur, remarquable en ce que ces ornemens sont tous differens des autres; hors la tête, coëffée comme la plûpart des figures semblables, avec cette pointe sous le menton que l'on observe si souvent dans ces sortes de monumens. Au lieu des Hieroglyphes & des caracteres Egyptiens qu'on voit dans les autres, ce sont ici des rangées de fleurs dans des bandes circulaires. Le bas de la figure sur le devant est remarquable. C'est un piedestail, sur lequel est une tête d'Isis posée sur de grandes ailes, pareille à une autre plus grande qu'on a vûë ci-devant. Au-dessus de cette tête est une machine ronde à plusieurs cercles. Derriere la tête est comme une balustrade à douze fenêtres, qui pouroient bien marquer les douze mois de l'année. La tête cache une partie des fenêtres; mais on voit bien en comparant ce qu'elle cache avec ce qui est découvert, qu'il doit y en avoir douze. Plus haut sont sur la même ligne sept étoiles qui marquent indubitablement les sept planetes: si l'on examinoit cette image plus à fond, peut-être trouveroit-on encore d'autres notes du tems & de les parties. Tout cela doit s'expliquer par ce que nous disions ci-devant après plusieurs anciens, qu'Isis passoit pour la nature & pour toutes choses.

Quant à ces figures emmaillotées, dont les bras & les mains ne paroissent pas; je ne sai si cela auroit raport à ces statuës des Juges qu'on voïoit à Thebes, & qu'on appelloit ἄχειρες ou sans mains, dont Plutarque fait mention dans le livre d'Isis & d'Osiris p. 355.

V. Les Egyptiens, dont l'imagination vive se declaroit par mille inventions bizarres, étoient feconds en images monstrueuses. Telle est cette petite figure cassée par le bas, qui a pour ornement un corps humain, qui semble avoir les bras liez derriere le dos. Au lieu de la tête s'éleve au milieu du tronc une longue pointe.

Tunc Ægyptii canales aquam in balnea publica ducentes aperiebant; tubi in queis manabat aqua, formam leonis habebant.

I V. Non desunt etiam qui Isides esse putent schemata illa fasciis & pannis involuta, ut illa sequens est quam ad archetypi magnitudinem exprimimus, eo spectabilis quod ornamenta ejus differant ab aliis, uno capite excepto, ubi cultus vulgaris cum mento accuminato, id quod in hujusmodi monumentis frequentissime observatur. Pro characteribus hieroglyphicis & Ægyptiis qui in aliis hujusmodi figuris cernuntur. Hic florum ordines inter circulares lineas, infima figuræ pars anterior ad sui observationem nos evocat. Quidam ceu stylobates est, cui imminet caput Isidis alis permagnis impositum & hærens, aliam jam supra conspectam referens. Supra caput illud machina est rotunda circulis multis instructa. Pone caput ceu cancelli quidam sunt, duodecim fenestras efficientes, quæ possent duodecim anni menses significare. Fenestrarum partem caput obtegit: sed id quod occul-

tatur cum iis quæ patent oculis conferendo, hunc esse numerum debere deprehenditur. Septem vero stellæ superne positæ septem planetas, vel septem hebdomadæ dies indicare prorsus videntur, & fortassis accuratius rimanti aliæ hic temporum notæ deprehendentur. Hæc porro omnia per ea quæ supra diximus explicari debent secundum veterum sententiam, qui testificantur Isidem pro natura & pro rebus omnibus habitam fuisse.

Hæ figuræ quarum brachia manusque occultantur, nescio utrum referri possint ad illas Judicum statuas, quæ Thebis visebantur, quæque ἄχειρες vel *sine manibus* appellabantur teste Plutarcho de Iside & Osiride p. 355.

V. Ægyptii quorum vivida imaginatio, monstris & portentis fecunda erat, portentosas imagines pariebant: cujusmodi est schema illud exiguum imis truncatum partibus, cujus capitis ornatus est humanum corpus, ligatis a tergo manibus; quod capitis loco, virgam oblongam habet in acumen desinentem.

CHAPITRE V.

I. Belle Ifis de goût Grec ou Romain. II. Ofiris repréfenté en épervier. III. Ofiris de figure humaine.

P L.
X L.

I. LA belle Ifis qui fuit, n'a rien du goût Egyptien. Elle eft Greque ou Romaine & de bonne main. Elle n'a point de ces habits ou coëffures bizarres, que nous voions fur les Ifis Egyptiennes. Elle eft voilée & porte fur le devant de la tête une fleur. Sa tunique lui defcend jufqu'aux pieds, & fur la tunique on voit un autre habit qui va jufqu'au bas de la jambe; & par-deſſus tout cela une efpece de mante qu'elle rejette fur le derriere. On n'a jamais vû d'Ifis mieux fourrée que celle-ci. Elle tient d'une main le fiftre, inftrument, felon Apulée, qui par le moïen de quelques petites verges qui le traverfoient rendoit un fon aigu. Elle porte de l'autre main un vafe qui reffemble à un prefericule, & qui marque les eaux du Nil. Ces eaux qui donnoient la vie à l'Egypte, entroient par la même raifon dans la religion des Egyptiens.

P L.
X L I.

II. Nous apprenons de Plutarque, la maniere dont les Egyptiens peignoient Ofiris; c'eft dans fon livre d'Ifis & d'Ofiris. Ils le peignent, dit il, fouvent fous la forme d'un épervier, qui a la vûë perçante & le vol rapide; ils le reprefentent aufli plus ordinairement avec une forme humaine. Il ajoûte qu'on couvroit fon image d'un voile couleur de flamme qui marquoit le foleil, & il dit plus bas que plufieurs prenoient Ofiris pour le foleil, & Ifis pour la lune. Les images d'Ofiris couvert d'un voile de couleur de flamme, ne font pas venuës jufqu'à nous. Nous le trouvons quelquefois avec figure d'homme, d'autres fois le corps eft d'un homme qui a la tête d'un épervier: on le voit en ces manieres aux planches C X V I I I. & C X I X. du fecond tome de l'Anti-

---

CAPUT V.

I. Ifis elegans Græcæ Romanæve manus. II. Ofiris accipiter. III. Ofiris humana forma.

I. ISis illa elegans, quæ fequitur, ab Ægyptiaca forma prorfus difcedit. Eft quippe aut Græca, aut Romana, peritiffimamque artificis manum olet. Non illis veftibus capitifque ornamentis gaudet, quæ apud politiores nationes infoliti ufus eſſe videntur, ac quæ vulgo geftant Ægyptiæ Ifides. Hæc velata eft, florem capite geftat. Tunica ejus talaris eft, fupra tunicam autem veftis alia eft quæ ad mediam ufque tunicam defluit, hifque omnibus impofita palla eft, cujus magna pars ad tergum rejicitur. Nufquam vifa Ifis fuit tot amicta veftibus. Altera manu fiftrum tenet, inftrumentum, fecundum Apuleium, quod ex tranfverfis quibufdam virgulis fonum reddebat acutum. Altera manu Ifis vas geftat præfericulo fimile, id quod ad Nili aquas refertur. Aquæ enim illæ, quæ Ægyptiis vitam præftabant, ideo in eorum religionem admittebantur.

II. Ex Plutarcho difcimus quot modis Ægyptii Ofirin depingerent. Ex imaginibus autem queis Ofirin exprimebant, aliæ fymbolicæ erant, aliæ formam exhibebant humanam. *Ofirin*, inquit ille p. 371. *Oculo & fceptro pictis exprimunt, oculo providentiam, fceptro potentiam demonftrante. Homerus etiam Jovem omnium principem atque regem appellat, ὕπατον κὶ μήςωρα κỵλῶν Principem & confultorem vocans, ὑπάτῳ five Principatu, Imperium; μήςωει Confilium five prudentiam indicans. Accipitre etiam picto Ofirin fæpe proponunt. Avis enim ea pollet acumine vifus & volatus celeritate, eaque eft natura ut celerrime alimentum digerat.* Infra vero adjicit. *Ubique porro oftenditur fimulacrum Ofiridis humana fpecie, erecto pene, ob vim gignendi & alendi. Amiculum vero flammeum, quo imagines ejus velantur, folem exprimit, quod corpus benefica præditum facultate vifu percipitur, & exemplum eft fola mente cernenda fubftantiæ.* Infra vero dicit multos Ofiridem Solem, Ifidem Lunam exiftimare. Ofiridis velo flammeo operti imagines ad nos ufque non pervenerunt. In aliquot Ofirides humana forma incidimus; alios autem vidimus humano corpore, accipitrino capite: hoc poftremo modo in Tabulis CXVIII. & CXIX.

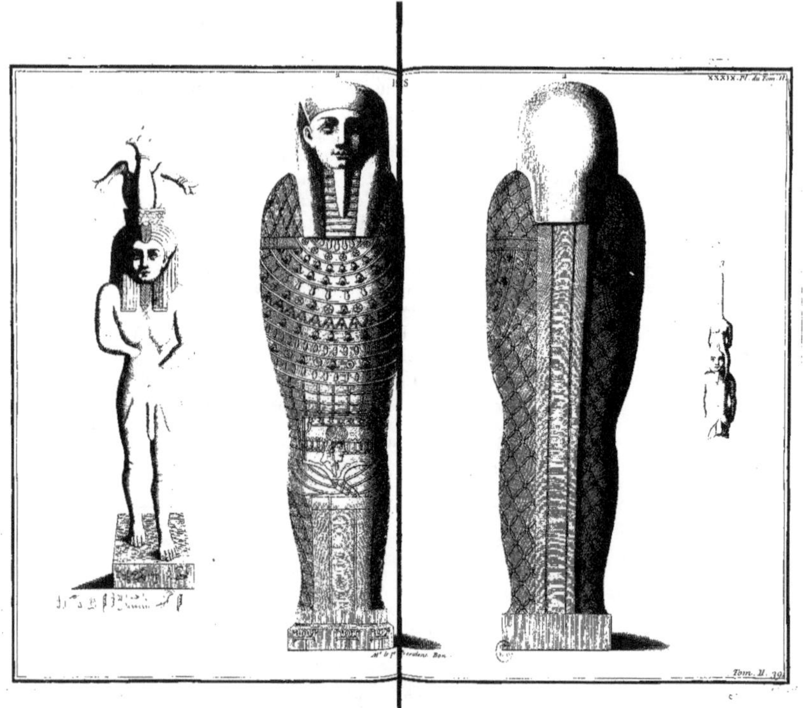

XXXIX. Pl. du Tom. II.
Tom. II. 39.

ISIS

quité. Le voici en épervier tel que me l'a envoïé M. le premier Président Bon. L'original qui est dans son cabinet, une fois plus grand qu'on ne le voit ici, est de bois peint & doré, trouvé parmi cette quantité immense de figures qu'on déterre tous les jours en Egypte, & qu'on voit répanduës au champ des Mumies. C'est le premier que j'ai vû en relief : mais on le trouve souvent figuré dans les obelisques & dans les autres monumens Egyptiens.

III. L'Osiris à figure humaine, qu'on voit là même, est fort semblable à celui que nous avons donné à la planche cxx. du même tome, hors la ma- chine qu'il porte sur la tête. Là c'est une cruche assez bien formée. Ici c'est d'abord un panier surhaussé d'une espece de cruche avec quelques orne- mens. J'ai dit là-même qu'on ne pouvoit pas bien distinguer si c'étoit Osiris ou Orus : ici les deux chiens qu'on voit aux deux côtez de la base, me déter- minent à le prendre pour Osiris. On y met apparemment ces chiens parce que selon Elien, lorsque Isis cherchoit Osiris, des chiens cherchoient avec elle, & écartoient les bêtes feroces qui se trouvoient sur leur chemin. Dio- dore qui dit à peu-près la même chose, ajoûte au même endroit l. c. p. 77. qu'Anubis, dieu à tête de chien, étoit le garde de corps d'Isis & d'Osiris. Ce qui faisoit que les chiens étoient en grand honneur dans l'Egypte. Mais, dit Plutarque dans son livre d'Isis & d'Osiris, la veneration des Egyptiens pour les chiens plus que pour tous les autres animaux, diminua beaucoup lorsque Cambyse aïant tué Apis, & l'ayant fait jetter à la voirie ; il n'y eut que le chien entre tous les animaux, qui alla se repaître de son cadavre.

Secundi Antiquitatis explanatæ tomi. En illum acci- pitrem , qualem transmisit Monspeliensis Curiæ Princeps D. Bonus Archetypum in ejus Museo duplo grandius quam hic conspicitur, picturis ornatum au- ratumque est, repertum haud dubie inter illas signo- rum , infinitas immensasque struves , quæ quotidie ex Ægypto in hasce regiones transportantur , quas in campis etiam Mumiarum stratas jacentesque in dies colligunt nostrates , atque alii Europæi illo peregri- nantes. Hunc primum Osiridem accipitrem quasi statuam vidi ; at sæpe in Obeliscis in aliisque mo- numentis Ægyptiacis depinguntur accipitres.

III. Osiris autem ille humana forma qui hic eadem in tabula adjicitur, admodum similis illi est , quem dedimus in Tabula cxx. secundi Antiqui- tatis tomi , una excepta machina illa, quam capite gestat. In illa imagine amphora est conspicua & sola ; hic vero statim canistrum seu calathus est cui imposita amphoræ quædam species. De illa imagine ibidem dixi vix internosci posse an Osiris an Orus esset ; hic vero canes duo ad basis latera positi , Osiridem omnino esse suadent. Hi canes , ut verisimile est , hic apponuntur, quoniam , ut ait Ælianus Hist. Animal. 10. 45. quando Isis Osiri- dem quærebat , canes cum illa simul investigabant , & occurrentes feras abigebant. Qui idipsum fere dicit Diodorus Siculus, hoc adjicit l. 1. p. 77. Anubin deum canino capite , Isidis & Osiridis esse corporis custodem , hincque canes per Ægyptum magno in honore haberi. Verum , inquit Plutarchus lib. de Iside & Oside , veneratio illa Ægyptiorum erga canes , plusquam erga cætera animalia, admodum diminuta est , quando Cambyse occisum ab se Apim disjici jubente , ex omnibus animalibus solus canis carnes ejus esum accurrit.

CHAPITRE VI.

I. Le grand dieu Jupiter, Soleil Serapis, repreſenté dans une image. II. En-
tortillé d'un ſerpent à pluſieurs tours, avec les douze ſignes du Zodiaque.
III. Les quatre eſpaces entre ces tours, marquent les quatres ſaiſons de l'an-
née. IV. Remarques ſur d'autres images entortillées d'un ſerpent. V. Jupiter
Soleil, Serapis pris pour Pluton. VI. Jupiter ſtigius & Jupiter inferus, eſt
Pluton. VII. Serapis pris pour Eſculape ou pour le dieu de la Medecine.

PL.
XLII.

I. **V**Oici une image des plus curieuſes, & peut-être des plus inſtructives
qui aïent encore paru dans ce grand théatre de l'Antiquité. Elle ne
ſemble pas être de goût Egyptien, quoiqu'au premier coup d'œil elle ait quelque air de la bizarrerie des figures Egyptiennes. La tête eſt ſurhauſſée d'un
boiſſeau, elle jette des raïons. La barbe & les cheveux ſont tels qu'on les voit
dans les images de Jupiter. Le corps revêtu depuis la tête juſqu'aux pieds, eſt
entortillé d'un ſerpent dont la tête eſt au deſſus des pieds de l'homme ; & le
corps du ſerpent ſerre l'homme en remontant par pluſieurs contours, qui ſe
terminent aux épaules, & l'homme tient la queuë du ſerpent de la main gauche, qui paroît être la ſeule libre. L'autre main eſt cachée ſous un des contours
du ſerpent, & ſous l'habit. Ce même bras eſt enveloppé ; mais le coude paroît
nud, ce qui n'eſt peut-être pas ſans myſtere. Ces contours du ſerpent laiſſent
quatre eſpaces vuides, dans leſquels ſont marquez les douze ſignes du Zodiaque, trois dans chaque eſpace. C'eſt inconteſtablement le grand dieu Jupiter, ſoleil Serapis ſi celebré dans les inſcriptions, tant Greques que Latines.
Une Greque dit, *au grand Jupiter, ſoleil Serapis, & aux autres dieux, ho-*
norez dans le même temple : une autre repete les quatre premiers mots de celle là ;
ces deux ſont Greques. Une autre inſcription latine dit, *A Jupiter ſoleil,*

CAPUT VI.

I. Magnus deus Jupiter, Sol Serapis, in ſigno
quodam repræſentatus. II. Serpente multis
circumplicatus gyris, duodecim Zodiaci
ſigna exhibet. III. Quatuor inter gyros
ſpatia, quatuor anni tempeſtates ſignifi-
cant. IV. Obſervationes in alias imagines
ſerpente circumplicatas. V. Jupiter Sol
Serapis pro Plutone habitus. VI. Jupiter
Stygius, & Jupiter inferus ipſe Pluto eſt.
VII. Serapis pro Æſculapio & pro Medi-
cinæ deo acceptus.

I. **E**N imaginem inter eas quæ hactenus pro-
dierunt ſingulariſſimam : nullam certe, quæ
plura doceat, in vaſtiſſimo illo monumentorum
theatro hactenus inſpeximus. Non videtur autem
ab Ægyptia manu profecta, etſi primo conſpectu
inſolitam illam & peculiarem Ægyptiis formam
præ ſe ferat. Caput radiis fulgens calathum geſtat.
Coma & barba tales ſunt, quales in Jovis ſignis
conſpicimus. Corpus a capite ad pedes amictum,
ſerpente circumplicatur, cujus caput ſupra pedes
conſpicitur ; corpus vero ſerpentis, corpus hominis
aſcendendo ſtringit, ac gyris multis circumdat,
qui ad humeros terminantur ; Serapiſque caudam
manu ſiniſtra tenet, quæ ſola manus libera videtur
eſſe. Altera vero manus ſub extremo ſerpentis gyro
& ſub veſte abſcondita videtur. Brachium iſtud
totum obtectum eſt ; at cubitus nudus videtur, id
quod non ſine arcana quadam ratione factum eſt.
Illi vero ſerpentis gyri & ſinuoſi flexus quatuor
vacua ſpatia relinquunt, in quibus exhibentur duodecim Zodiaci ſigna, tria videlicet in quolibet ſpatio. Eſt autem procul dubio magnus ille Jupiter
Sol Serapis, in Græcis atque Latinis inſcriptio-
nibus tantopere celebratus. Una quæ Græca eſt,
ſic habet Gruteri p. XXII 13.

ΔΙΙ. ΗΛΙΩ
ΜΕΓΑΛΩ
CΑΡΑΠΙΔΙ
ΚΑΙ. ΤΟΙC. CΥΝΝΑ
ΟΙC. ΘΕΟΙC.

Hoc eſt *Jovi Soli magno Sarapidi, & ejuſdem templi*
conſortibus diis. Alia ibidem inſcriptio Græca eadem
ipſa verba repetit. Latina autem alia ibidem ſic

XLI. *Planche du Tom. II.*

l'invincible Serapis. Où il faut remarquer que les monumens tant Grecs que Latins, & même les auteurs des deux langues l'appellent plus souvent Sarapis que Serapis. Il est ici appellé l'invincible Sarapis. La qualité d'invincible lui convient, comme étant le soleil; c'est par la même raison que Mithras qui étoit aussi pris pour le soleil, est honoré de cette épithete dans l'inscription qui porte.

Au dieu soleil, l'invincible Mithras.

Le soleil est appellé invincible, parce que rien ne peut arrêter sa course, & qu'il va toûjours d'un pas égal, sans que rien puisse ni empêcher ni retarder ses voïages journaliers. Une autre inscription plus remarquable, nous apprend que l'ordre sacré des Pæanistes de Rome, du grand Jupiter soleil Sarapis, a honoré le Prophete Embés, pere du même ordre des Pæanistes, d'un buste de marbre, posé dans la maison de cet ordre. Cela fut fait le onziéme jour du mois Pacon, selon les Alexandrins; c'étoit le jour avant les Nones de Mai; c'est-à-dire, le huitiéme du même mois, sous le Consulat de Sextus Erucius Clarus, & de Cneius Claudius Severus. C'étoit l'an 146. de JESUS-CHRIST. Il semble que c'étoit principalement en ce tems que fleurissoit le culte de Jupiter Soleil le grand Sarapis, sous le bon Empereur Antonin Pie, qui regnoit en la même année de Jesus-Christ 146. un ordre entier à Rome consacré au grand Jupiter soleil Sarapis, est une preuve que le culte étoit alors dans sa plus grande vogue. Et c'étoit peut-être cet ordre qui avoit inventé cette image mysterieuse. Un ordre entier consacré à Jupiter soleil Serapis, étoit apparemment occupé à inventer de nouveaux moïens de rendre son culte celebre, & comme ces images par leur singularité & par ces grands airs de mystere, reveilloient l'attention des devots; ou ces Pæanistes on d'autres gens interessez, auront imaginé cette maniere de le peindre. Toutes les marques du grand dieu Jupiter soleil Serapis, se trouvent sur cette image. La tête, les cheveux & la barbe sont de Jupiter; les raïons marquent indubitablement le soleil, & le boisseau Serapis.

II. Ce serpent qui entortille de plusieurs tours son corps, marque les circuits que fait le soleil dans sa course au tour des signes du Zodiaque. Les douze signes se voïent peints dans les quatre espaces que laissent les contours

---

incipit *Jovi soli invicto Sarapidi.* Ubi advertas velim in monumentis tam Græcis quam Latinis, necnon etiam apud scriptores frequentius dici Sarapidem, quam Serapidem. Hic appellatur invictus Sarapis; invicti nomen Soli convenit; ideoque Mithras, qui & ipse quoque Sol esse credebatur, hoc ornatur epitheto in ea quæ sic habet inscriptione.

DEO SOLI INVICTO MITHRAE

Sol invictus vocatur, quia nihil cursum ejus cohibere potest, & pari semper gressu procedit, ita ut ejus itinera diurna nihil impedire, vel tardare possit. Alia autem inscriptio longe insignior est, de qua jam actum est supra, hæc dicit; sacrum Ordinem Pæanistarum Romæ, magni Jovis Solis Sarapidis Emben prophetam ejusdem ordinis Pæanitarum patrem honoravisse protome marmorea, in domo ejusdem ordinis posita. Idque factum esse undecima die mensis Pachon apud Alexandrinos, nempe pridie Nonas Maii, quæ est octava ejusdem mensis dies Consulibus Sexto Erucio Claro, & Cneio Claudio Severo, qui consulatus incidit in annum Christi 146.

Imperante Antonino Pio. Unde videatur hoc maxime tempore viguisse cultum illum, Jovis Solis magni Sarapidis. Ordo sacer Romæ virorum, qui Jovi Soli Sarapidi addicti erant, quantus, quam frequentatus tunc ille cultus esset, significat. Et fortassis hic ipse ordo erat, qui hancce mysticam imaginem commentus est. Ordo quippe totus Jovi Soli Sarapidi sacer, ea semper nova excogitabat, ut credere est, quæ ejus possent cultum celebriorem reddere, & arcanarum imaginum inexspectata conditione, religiosorum & ad talia inhiantium animos concitare. Utique vel hi Pæanistæ, vel alii quorum, lucri causa, intererat, hanc depingendi rationem commenti sunt. Notæ omnes magni dei Jovis Solis Sarapidis in hac imagine deprehenduntur, caput, capilli, barba Jovis sunt; radii procul dubio Solem indicant, & Calathus Sarapidem.

II. Serpens ille qui multis flexibus corpus ejus circumplicat, nota evidens est circuituum Solis, quos circa Zodiaci signa currendo peragit. Duodecim porro illa signa in quatuor spatiis inter flexus

du serpent sur le corps de Serapis. Dans le premier espace qui est le plus près de la tête, sont le belier, le taureau & les jumeaux; dans le second, le cancer, le lion & la Vierge; dans le troisiéme, la balance, le seul des signes qui ne paroît pas ici, le scorpion, le sagittaire; dans le quatriéme, le capricorne, le verseau & les poissons. Je croirois volontiers que ce corps de Serapis, renfermé dans les contours du serpent & les signes du Zodiaque, signifie la terre, sur laquelle influent les raïons du soleil qui la rendent feconde, & lui fournissent la mesure du tems, de l'année & de ses parties.

III. Ces quatre classes de signes, marquent sans doute les quatre saisons de l'année: & comme ces anciens mettoient du mystere par tout, ce n'est peut-être pas sans quelque raison cachée, que le printems qui comprend le belier, le taureau & les jumeaux, est sur le ventre; l'été qui a le cancer, le lion & la Vierge, sur les cuisses; l'autonne qui est sous les signes de la balance, du scorpion & du sagittaire, est sur les genoux; & l'hyver sous le capricorne, le verseau & les poissons, est au bas des jambes. Quelque curieux s'exercera peut-être à trouver des sens mysterieux à tout cela. Mais s'il y a là du mystere, (il y en avoit presque sur tout dans ces tems-là;) il est très-difficile de le penetrer.

IV. Serapis se prend donc pour Jupiter & pour le Soleil: il se prenoit aussi pour Pluton & pour Esculape, & en tous ces sens le serpent qui l'entortilloit & qui faisoit la distinction des saisons, lui convenoit. Les figures entortillées d'un serpent, que nous trouvons dans un grand nombre de monumens, s'expliquent par cette image. Il y en a deux dans la grande image de Mithras, au premier tome de l'Antiquité pl. c c x x v. Ces deux sont de même entortillées du serpent depuis les pieds jusqu'à la tête, & ce qui est fort à remarquer; c'est que tous les tours que fait ce serpent sur leurs corps, laissent de même quatre espaces pour marquer les quatre saisons, sur lesquelles président les douze signes du Zodiaque; trois sur chacune. On voit dans la même planche une figure mutilée, qui étoit sans doute la même que celle-ci avant que l'injure des tems lui eut fait perdre la tête, les épaules, les bras & les

---

serpentis vacuis depinguntur supra Serapidis corpus. In primo spatio, quod capiti vicinius est, sunt aries, taurus & gemini; in secundo, cancer, leo & virgo; in tertio, libra quod unum signum excidit, scorpius & sagittarius; in quarto Capricornus, Aquarius & Pisces. Crederem porro corpus illud Sarapidis, qui inter circulos serpentis & signa Zodiaci concluditur & stringitur, mundum sive terram significare, in quam influunt Solis radii, quamque afficiunt & fœcundant, ipsique temporis annorumque singulorum suis notatam spatiis mensuram præbent.

III. Hæ certe quatuor signorum classes, quatuor anni tempora sive tempestates certissime denotant. Quia vero veteres illi omnibus ferme in rebus arcana quæpiam atque mysteria intelligebant; hoc ipsum fortasse non caret sua significatione, quod ver, arietem, taurum, & geminos complectens, ventri immineat; æstas vero, quæ cancrum, leonem & virginem habet, femoribus; Autumnus, signa habens libræ, scorpii & sagittarii, genibus; Hyems cujus signa sunt Capricornus, Aquarius & Pisces, imis tibiis. Hæc fortassis studiosus quispiam

diligentius perpendet, ut arcana quæque exploret & detegat, sed si mysterium hic adsit quodpiam, ita obvolutum est, ut detegere non facile fuerit.

IV. Serapis ergo, & Jupiter & Sol esse credebatur, Pluto etiam quandoque habebatur & Æsculapius; secundum illas autem rationes omnes serpens corpus circumplicans, & tempestates flexibus distinguens, ipsi competebat. Schemata illa humanorum corporum, quæ serpente circumplicantur, in multis comparent monumentis, & hac quam nunc damus imagine explicantur. Duæ sunt hujusmodi in magna Mithræ imagine primo Antiquitatis explanatæ tomo Tabula ccxxv. hæ ambæ figuræ a pedibus ad usque caput serpente circumplicatæ sunt. Quodque accurate observes flexus illi serpentis corpus circumdantis, quatuor, ut in hac imagine, spatia relinquunt vacua, queis significantur quatuor anni tempora, quibus præsunt duodecim signa Zodiaci, tria cuilibet tempestati. In eadem vero tabula, trunca videtur alia imago, quæ haud dubio huic similis omnino fuit, antequam injuria temporum capite, humeris, brachiis & cruribus

jambes : & qui en cet état n'a pas laissé de nous fournir quelques connoissances, avant que ce Jupiter soleil Serapis entortillé d'un serpent fût découvert. Quant aux deux figures du Mithras à tête de lion, gravées sur la même planche ; comme on n'a pas vû les originaux, & que nos desseins n'ont pas été faits d'après eux ; il ne faut pas s'étonner si les quatre espaces ne s'y trouvent pas : ces figures en l'état qu'elles sont, ne font point autorité pour ce nombre de contours. Il n'en est pas de même des deux autres de la table Mithriaque qui ont été dessinez d'après un bas relief. Les quatre espaces se trouvent sur chacune ; ainsi ces Mithriaques conviennent avec nôtre image de Serapis, parce que Mithras aussi-bien que Serapis, étoit pris pour le Soleil.

Cette figure entortillée du serpent, qui marquoit le soleil & ses circuits, se trouve aussi sur les tombeaux. On la voit au cinquiéme tome, à la planche x x x. à l'urne d'Egnatius Nicephorus, & à la planche l x v i i. à celle d'Herbasia Clymene, & d'une maniere fort singuliere dans l'une & dans l'autre ; un jeune homme entortillé d'un serpent, tombe la tête premiere de haut en bas, des jeunes gens qui le voïent tomber sont effraïez & semblent vouloir prendre la fuite. Cela signifie à mon avis, que le soleil marqué par ce jeune homme entortillé d'un serpent, tombe & ne luit plus pour ceux qui cessent de vivre. Les quatre espaces entre les tours que fait le serpent, ne se trouvent pas dans ces images là, & ne doivent pas s'y trouver ; ces quatre espaces marquent les quatre saisons, & il n'y a plus de distinction de saisons pour ceux qui passent au roïaume de Pluton. On remarque aussi sur tout dans la derniere image, que la chute apporte quelque désordre dans la situation du serpent, qu'il se relâche & ne serre plus le corps à son ordinaire.

V. Serapis selon un sentiment fort reçû dans l'Antiquité, étoit le même que Pluton. Aïant été apporté de Sinope à Alexandrie, dit Plutarque dans Isis & Osiris, les Egyptiens lui donnerent le nom qu'ils donnoient à Pluton, c'est-à-dire Serapis, nom qu'il n'avoit pas auparavant. Οὐ γὰρ ἐκεῖθεν οὕτως ὀνομαζόμενος ἧκεν, ἀλλ' εἰς Ἀλεξάνδρειαν τὸ παρ' Αἰγυπτίοις ὄνομα τῦ Πλούτωνος ἐκτήσατο τὸν Σάραπιν. Nous croïons dit Porphyre, dans Eusebe Pr. Ev. 4. 23. que Serapis

---

illam detruncasset : quæ qualis est non spernendas nobis notitias suppeditavit, antequam hic Jupiter Sol Serapis serpente circumdatus in medium prodiret. Quod spectat autem duo illa ibidem posita Mithræ leonino capite schemata, cum archetypa non viderimus, nec iis præsentibus imagines nostræ delineatæ fuerint. nihil mirum si illa quatuor spatia ibi non observentur. Hæ certe figuræ ut jam sunt nullam nobis quantum ad gyrorum numerum præstant autoritatem. Non idem dicendum de duabus aliis, quæ in Tabula Mithriaca observantur figuris, quia illæ ad archetypi anaglyphi fidem delineatæ sunt. Quatuor illa spatia in singulis observantur : atque ita Mithriaca illa cum nostra Serapidis imagine consentiunt, quoniam Mithras, quemadmodum & Serapis, pro Sole habebatur.

Hæc figura serpente circumplicata, quæ Solem circuitusque ejus significabat, in sepulcris etiam occurrit. Conspicitur enim quinto Antiquitatis explanatæ tomo in urna Egnatii Nicephori Tabula x x x. itemque Tabula l x v i i. in urna Herbasiæ Clymenes : in utraque certe modo singularissimo,

puer serpente circumplicatus inverso capite cadit, præsentes vero juvenes casum conspicientes perterrefacti fugam capessere videntur. Illo significatur, ut puto, Solem hoc juvene, quem serpens circumplicat, figuratum cadere ; neque ultra lucere iis qui finem vivendi faciunt. Quatuor autem illa spatia in istis imaginibus non occurrunt, neque occurrere debent, quia nulla tempestatum distinctio iis qui ad regnum Plutonis pervenerint. Illud etiam observatur, maxime vero in postrema imagine, casum scilicet & cadentis motum aliquam in situ serpentis perturbationem afferre, qui serpens relaxatur, neque ultra stringit corpus ut antea.

V. Serapis ut a veterum multis credebatur idem ipse erat qui Pluto. Sinope Alexandriam delatus, inquit Plutarchus, in libro de Iside & Osiride, ab Ægyptiis illo donatus nomine est, quem ipsi Plutoni dabant. Serapis nimirum appellatus fuit, quo antea nomine non gaudebat Οὐ γὰρ ἐκεῖθεν οὕτως ὀνομαζόμενος ἧκεν, ἀλλ' εἰς Ἀλεξάνδρειαν τὸ παρ' Αἰγυπτίοις ὄνομα τῦ Πλούτωνος ἐκτήσατο τὸν Σάραπιν. Putamus, inquit Porphyrius apud Eusebium Præp. Evang.

domine sur les mauvais demons. C'est, dit-il, le même que Pluton : il donne
des symboles pour les chasser. Il ajoûte plus bas que le symbole de ces mauvais démons est le chien à trois têtes. Cela s'accorde avec les anciens monumens qui peignent Serapis avec le chien Cerbere. On en voit trois de même
aux planches cxxi. & cxxii. du second tome de l'Antiquité. Le plus remarquable de tous, est celui où il est representé avec un boisseau sur la tête,
tenant une pique de la main droite. L'inscription est telle, εἷς Ζεὺς Σάραπις,
Il n'y a qu'un Jupiter Sarapis. Le chien cerbere à trois têtes qu'on
voit à ses pieds, fait foi que ce Jupiter Serapis est le même que Pluton. La
même inscription εἷς Ζεὺς Σάραπις. *Il n'y a qu'un Jupiter Serapis*, se trouve
parmi les Abraxas à la planche cliii. mais l'image de Serapis n'y est pas.
On y voit Isis assise sur la fleur du Lotus, tenant un foüet à la main, & devant
elle le singe ou le cercopitheque divinisé par les Egyptiens. Devant Isis est
un croissant de lune, & plus loin une grande étoile qui marque le soleil où
Jupiter Serapis, signifié par cet astre.

Jupiter Serapis étoit donc Pluton, ce qui est encore marqué par deux autres images ou Jupiter Serapis est avec le chien Cerbere, & par une quatriéme
qu'on voit aussi parmi les Abraxas pl. cliii. où Jupiter Serapis qui porte à
la main une victoire, a le chien Cerbere devant lui. On peut y en ajoûter une
cinquiéme de la planche cxxi. du second tome de l'Antiquité, où Jupiter
Serapis tient d'une main la corne d'abondance, & de l'autre main une patere, sur laquelle vole un papillon symbole de l'ame : preuve qu'il est le
maître du payis des ames, ou que c'est le même que Pluton. Voilà donc Jupiter Serapis Pluton.

VI. Jupiter Pluton étoit Jupiter *inferus*, le même qu'une inscription de
Gruter appelle Jupiter *Stygius*, le Jupiter Stigien. Pluton passoit pour le soleil d'hyver, dit Porphyre dans Eusebe, Pr. Ev. 3. 3. *Les semences*, dit-il, *jettées
sous la terre ont quelque vertu, que le soleil attire lorsqu'il court en hyver sous
l'Hemisphere. Proserpine est cette vertu des semences ; & Pluton qui est le soleil
va sous terre, & cache sa course au solstice d'hyver. C'est pour cela qu'on dit qu'il
enleve Proserpine.* Macrobe l. 1. sat. c. 19. & Phurnutus, disent à peu-près la

<hr>

lib. 4. c. 23. *Sarapidem supra malos dæmones domi-
nari* : idem, inquit ille, ipse est qui Pluto ; symbo-
laque dat ad ipsos expellendos. Adjicitque inferius, malorum dæmonum symbolum esse tricipitem
canem. Illud vero cum veterum monimentis consentit, quæ Serapidem cum Cerbero cane pingunt.
Tria hujusmodi schemata visuntur secundo Antiquitatis explanatæ tomo Tab. cxxi. & cxxii.
ubi omnium spectabilissimus is est, qui calathum
capite gestat, hastamque dextera tenet. Inscriptio
est hujusmodi, εἷς Ζεὺς Σάραπις, *unus est Jupiter
Sarapis.* Cerberus canis ad ejus pedes arguit Jovem
hunc Sarapidem esse Plutonem. Eadem inscriptio
εἷς Ζεὺς Σάραπις, *unus tantum Jupiter est Serapis* ;
inter Abraxæas etiam figuras occurrit Tabula cliii.
secundi Antiquitatis explanatæ tomi : Sed ibi Serapidis imago non comparet. Isis ibi conspicitur Loti
flori insidens, flagellum manu tenens, & coram illa
simia sive Cercopitheus inter deos ab Ægyptiis
relatus. Ante Isidem est crescens Luna, & paulo
remotior stella magna Solis aut Jovis Sarapidis
signum, qui hujusmodi astro significatur.

Jupiter ergo Sarapis Pluto erat : id quod etiam ex
duabus aliis imaginibus confirmatur ubi Cerberus
canis cum Jove Sarapide est, & ex quarta, quæ item
inter Abraxæas figuras visitur Tab. cliii. His etiam
quinta adjici potest, quæ habetur in Tab. cxxi.
ejusdem tomi ; ubi Jupiter Serapis altera manu
tenet cornu copiæ, altera pateram supra quam vo-
litat papilio symbolum animæ : unde probatur eum
in animarum patria & regione dominum esse, vel
eumdem esse atque Plutonem. En igitur Jovem
Serapidem simul Plutonem.

VI. Jupiter Pluto, Jupiter inferus erat & Stygius, ut vocatur apud Gruterum p. xxiii. Pluto pro
hyberno Sole habebatur, inquit Porphyrius apud
Eusebium Præp. Evang. l. 3. cap. 3. *Quoniam vis
est quædam projectorum humi seminum, quam Sol sub
inferius hæmispherium currens, hyberno tempore attrahit. Proserpina vis est semen continens ; Pluto autem
Sol terram subiens, atque occultum percurrens orbem
hibernumque Solstitium, dicitur Proserpinam rapere,
quam sub terra latentem Ceres desiderat.* Macrobius
l. 1. Saturnalium c. 19. & Phurnutus idipsum pene

même

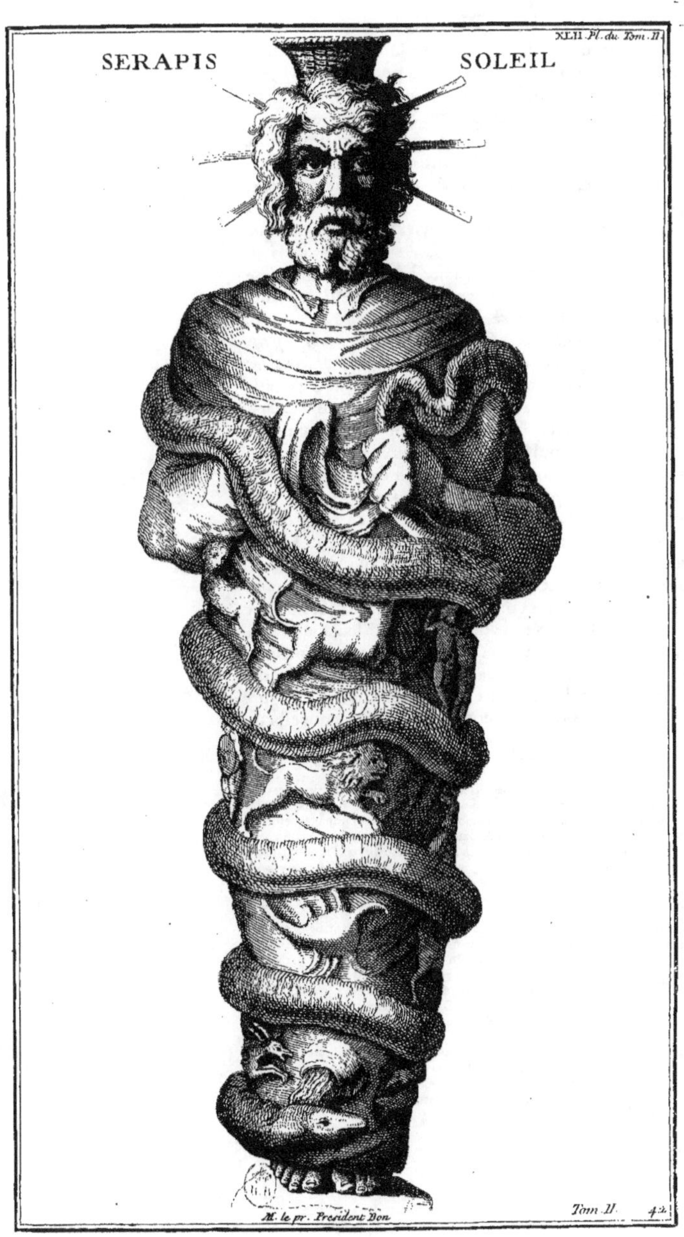

SERAPIS
SOLEIL
XLII Pl. du Tom. II
M. le pr. President Bon
Tom. II
42

même chofe. Selon cette explication, nôtre image de Jupiter foleil Serapis fera Pluton ; fur tout par rapport à la derniere faifon qui comprend les fignes du capricorne , du verfeau , & des poiffons, qui marquent l'hyver. Cette faifon eft immédiatement fur les pieds de Serapis : fur quoi il faut remarquer que dans l'image de la planche c x x i i. du fecond tome de l'Antiquité, où Serapis avec cerbere eft d'un côté, & Ifis avec fon fiftre de l'autre ; il y a un pied humain entouré d'un ferpent, qui pourroit bien avoir quelque rapport à cette faifon d'hyver, marquée fur les pieds de Serapis. Ce n'eft qu'une conjecture que je n'oferois fuivre , à moins qu'elle ne foit autorifée de quelque autre monument.

VII. On prenoit Serapis pour Efculape, dit Tacite à la fin du quatriéme livre de fon Hiftoire. *Plufieurs croïent , dit-il , que ce dieu eft Efculape, parce qu'il guerit des maladies ; quelques-uns le prennent pour Ofiris , dieu très-ancien de la nation Egyptienne ; un grand nombre le difent Jupiter, comme aïant la puif-fance fur toutes chofes, d'autres le prennent pour Pluton , fe fondant tant fur certaines marques affez claires , que fur des conjectures.* Serapis paffoit pour le dieu de la fanté , comme nous avons fait voir affés au long dans fon Chapitre, au fecond tome de l'Antiquité. De-là venoit fans doute que plufieurs le prenoient pour Efculape ; d'autres qui le prenoient pour le dieu de la fanté, le diftinguoient pourtant d'Efculape, comme Ciceron au fecond livre de la divination p. 297. *Pourquoi demander plûtôt des remedes à l'interprete des fon-ges qu'aux medecins ; Efculape ou Serapis peuvent-ils prefcrire en fonge les re-medes neceffaires pour la guerifon.* Plufieurs autres Auteurs prennent Serapis pour le dieu de la Medecine. Il paroît qu'il étoit invoqué pour les maladies. Dans les infcriptions de Gruter p. l x x x v. l'on voit des vœux à Serapis pour le recouvrement de la fanté : les marbres confirment ce que dit Tacite , que plufieurs le prenoient pour Efculape. Nous voïons en effet Efculape avec le boiffeau de Serapis fur la tête. Il y en a deux de cette efpece à la planche c l x x x v. du premier Tome de l'Antiquité ; dans l'un des deux le ferpent qui entortille à plufieurs tours le bâton, laiffe quatre efpaces comme dans la figure prefente. Seroit-ce pour marquer les quatre faifons comme ici ? ce qui eft cer-

---

dicunt. Hac admiffa fententia fignum Jovis Solis Serapidis noftrum , Pluto etiam erit ; maxime vero ratione ultimæ tempeftatis, quæ figna complectitur Capricorni , Aquarii & Pifcium , quæ hyberna funt figna. Hæc porro anni tempeftas cum fignis fuis fupra pedes Serapidis fita eft. Cujus rei occafione obfervandum eft in imagine illa fecundi Antiquitatis explanatæ tomi Tabula c x x i i. Ubi Serapis atque Cerberus in uno latere, Ifis vero cum fiftro in altero eft, pedem humanum haberi ferpente circumplicatum, quæ poffent fortaffe referri ad hibernam illam tempeftatem ad pedes Serapidis pofitam. Sed conjectura tantum eft , quam ego fequi nollem nifi aliis firmaretur exemplis.

V I I. Serapis etiam pro Æfculapio habebatur, ait Tacitus in fine quarti hiftoriæ fuæ libri. *Deum ipfum, inquit , multi Æfculapium , quod medeatur ægris corporibus ; quidam Ofirim , antiquiffimum illis gentibus numen ; plerique Jovem , ut rerum omnium potentem ; plurimi Ditem patrem , infignibus quæ in ipfo manifefta , aut per ambages conjectant.* Serapis deus valetudinis & fanitatis habebatur, ut pluribus diximus

cum de illo ageretur in fecundo Antiquitatis explanatæ tomo. Hinc haud dubie a multis Æfculapius effe putabatur ; alii vero qui ipfum valetudinis deum habebant , ab Æfculapio tamen diftinguebant , ut Cicero fecundo libro de divinatione : *Quid igitur convenit ægros a conjectore fomniorum potius , quam a medico petere medicinam ? An Æfculapius , an Serapis poteft præfcribere per fomnium curationem valetudinis ?*

Multi alii fcriptores Serapidem habent pro deo Medicinæ. In morbis enim , Serapidis opem implorabant multi. In Gruteri infcriptionibus p. lxxxv. vota occurrunt Serapi facta pro curatione valetudinis. Monimenta autem veterum confirmant ea quæ fupra dixit Tacitus, nempe multos Serapidem pro Æfculapio habuiffe. Sane videmus Æfculapium capite calathum geftantem, ut Serapin. Duos hujufcemodi protulimus in primo Antiquitatis explanatæ tomo Tabula clxxxv. In altero autem ferpens qui baculum Æfculapii multis flexibus circumplicat , quatuor fpatia vacua relinquit , qualia in præfenti fchemate : an ut quatuor anni tempora

tain eſt que les ſaiſons ont beaucoup de rapport à la ſanté ſignifiée par le ſerpent. Ce qui eſt auſſi fort à remarquer, c'eſt qu'Hygiéa fille d'Eſculape, déeſſe
de la ſanté, dont nous avons donné pluſieurs images, & qui a comme ſon
pere le ſerpent pour ſymbole, ſe trouve dans l'une de ces images pl. CLXXXIX.
du premier tome de l'Antiquité, entortillée d'un ſerpent comme l'eſt Serapis ici : avec cette difference que le ſerpent a la tête en bas, & vers les pieds
ſur Serapis, & que ſur Hygiéa le ſerpent a la queuë en bas, & aprés avoir
entortillé le corps de la déeſſe, il vient boire dans ſa taſſe à l'ordinaire.

Voilà donc Serapis qui eſt en même-tems Jupiter, le ſoleil, Pluton & Eſculape,
repreſenté ici avec les attributs de toutes ces divinitez. Tant il eſt vrai que
les monumens, qui ſont des hiſtoires muettes, nous apprennent bien des
choſes qu'on chercheroit inutilement dans les Auteurs.

PL.
XLIII.
VIII. Je ne ſai ſi c'eſt par rapport à Serapis entortillé d'un Serpent que
l'Iſis ſuivante, qui eſt une ſtatuë Romaine, eſt auſſi entortillée d'un ſerpent
comme ſon mari ; cela eſt pourtant aſſés vrai-ſemblable. Quoiqu'il en ſoit
nous avons crû ne la devoir pas ſéparer du Serapis ſoleil. Cette figure eſt
extraordinaire en tout. La coëffure, le collet, l'habit, tout eſt remarquable.
Elle a comme un collier de perles, & ſon grand collet eſt aſſés ſemblable à
celui qu'on portoit il n'y a pas long-tems. Elle eſt revêtuë d'une eſpece de
robe de chambre, dont les manches vont juſqu'au poignet; le reſte ſe remarquera mieux à l'œil que par une deſcription. Le ſerpent l'enveloppe & la
ſerre du côté des jambes, où il ne fait qu'un tour, & remonte aprés cela par
pluſieurs plis & replis juſques ſur ſa poitrine. Il ne faut pas douter qu'il n'y
ait là quelque myſtere. Cette maniere de repreſenter Iſis, n'a nullement l'air
d'un pur caprice : il faut qu'il y ait des ſens cachez ſous ces figures. Iſis eſt
la lune, Serapis eſt le ſoleil, le ſerpent eſt auſſi le ſoleil ou ſa figure, comme
nous avons ſi ſouvent dit. Ce ſerpent qui entortille Iſis, marqueroit-il que
c'eſt le ſoleil qui communique à la lune ſa lumiere & ſa clarté? Il ne l'entortille qu'à demi, ce qui pourroit bien ſignifier les accroiſſemens & décroiſ-
ſemens de la lune, par rapport au plus ou moins de clarté qu'elle paroît re-

---

ſubindicet? Utique certum eſt anni tempeſtates,
multum conferre ſanitati, quæ per ſerpentem in-
dicatur. Serpens autem perinde Serapidi convenit,
atque Æſculapio, ſi tamen Serapis alius ab Æſculapio habeatur. Notandum autem eſt, Hygieam
ipſam Æſculapii filiam ſanitatis deam cujus multas
protulimus imagines, quæque perinde atque pater
ſuus ſerpentem habet ſymbolum, in una ex imaginibus Tabula CLXXXIX. ſecundi Antiquitatis
explanatæ tomi, a ſerpente circumplicari, quemadmodum in hac imagine Serapis illo circumdatur;
hoc tamen diſcrimine, quod ſerpens in Serapidis
imagine caput ad pedes ejuſdem; in Hygieæ
autem ſchemate, ſerpens caudam inferne poſitam
habeat, & poſtquam deæ corpus circumvolvit, in
patera bibiturus pro more accedat.

Itaque Serapis ſimul Jupiter, Sol, Pluto & Æſcu-
lapius eſt, & cum ſymbolis illorum omnium repræſentatur. Uſque adeo verum eſt veterum monumenta hiſtoriam quamdam mutam eſſe, ubi multa
diſcimus, quæ apud ſcriptores fruſtra quæreremus.

VIII. Utrum Iſis illa ſequens, quæ Romæ viſitur & a ſerpente circumdatur, ad Serapidem refe-

ratur conjugem & ſerpente circumdatum : id certe
ſi non conſtat, veri tamen ſimile eſt. Ut ut res eſt,
non putavimus eam a Serapide Sole ſeparari opor-
tere. Hæc imago nihil non inſolitum habet; capitis
& colli ornatum, veſtem : hic omnia ſpectabilia
ſunt. Torquem collo geſtat, quaſi ex unionibus
concinnatum. Strophium illud magnum a collo
humeros ornans, ſimile eſt iis quæ non ita pridem
geſtabantur. Veſte quadam aperta induitur; cætera
uno conſpectu percipias. Serpens illam circumdat,
& circa tibias ſtringit, ſed uno tantum ambitu;
poſteaque multis ſeſe plicans gyris ad uſque pectus
aſcendit. Nec dubium eſt quin aliquid arcanum in
his omnibus lateat. Hic quippe modus depingendæ
Iſidos non ex ſubita artificis imaginatione prodit :
hæc potius ſingula ſecretum videntur habere ſigni-
ficatum. Iſis Luna, Sarapis Sol eſt : ſerpens item
Sol eſt, ſive ſymbolum Solis, uti ſæpe diximus. An
ſerpens ille, qui Iſidem circumdat, ſignificaverit
Solem Lunæ claritatem lucemque indere? Ipſam
vero non omnino nec totam circumdat, id quod
ad Lunam creſcentem ac decreſcentem referatur,
cum vel plus vel minus lucis a Sole, uti quidem

ISIS
XLIII. Pl. v. Tom. II
Maffei
Tom. II. 43

cevoir du soleil. Il n'eſt pas permis d'aller plus loin dans ces recherches. Ce ne ſont que des conjectures ſur leſquelles on ne peut rien fonder. Les monumens qu'on déterrera dans la ſuite, ſerviront peut-être à éclaircir ceux-ci.

nos oculis percipimus, mutuari videtur. Ne ultra procedamus hæc & hujuſcemodi conjicientes, vetat metus ne longius a vero oberremus : quæ ſub hæc in dies eruentur monumenta, ad hæc explicanda fortaſſe juvabunt.

CHAPITRE VII.

I. Serapis dans un Navire avec Iſis & la Fortune. II. Serapis Pluton avec Iſis & Minerve. III. Serapis Pluton avec Iſis & Apollon.

I. Voici encore une image toute myſterieuſe, & qu'il eſt très-difficile d'expliquer. Serapis dans un Navire dont les bords ſont chargez de rames, quoiqu'il n'y paroiſſe point de rameur. Il eſt aſſis au milieu du pont, & tient de la main gauche un ſceptre, & avance la droite vers Iſis. Il porte le boiſſeau ſur la tête; c'eſt ſon ſymbole ordinaire; c'eſt par-là que nous reconnoiſſons Serapis. A droite & à gauche du boiſſeau ſont deux grandes étoiles; autre myſtere difficile à développer. S'il n'y en avoit qu'une, comme dans une autre image de cette même planche, nous dirions qu'elle marque que Serapis eſt le ſoleil; mais les deux embarraſſent. Aux pieds de Serapis eſt le gouvernail. Iſis qui eſt à la prouë, ſe reconnoît à la fleur du Lotus, qu'elle porte ſur la tête; c'eſt ſa marque particuliere. Elle tient de la main droite un ſeau qu'on voit ſi ſouvent entre les mains des divinitez Egyptiennes, & met l'autre main ſur une machine qni s'éleve à trois branches par-deſſus la poupe, & qui tient au Vaiſſeau. Elle regarde Serapis comme pour recevoir ſes ordres, & tourner le Vaiſſeau du côté qu'il lui plaira d'ordonner. Car Serapis eſt ici ſeul aſſis en maître : Iſis & la Fortune ſont debout comme pour executer ſes ordres. La fortune eſt derriere Serapis; elle a comme Serapis le boiſſeau ſur la tête; à moins qu'on ne veüille dire que c'eſt le pole, qu'on voit ſi ſouvent ſur la tête de la Fortune; de-là vient qu'on l'appelloit Pherepole, ce qui veut dire qu'elle porte le pole, ou qu'elle gouverne le monde pris

Pl. après la XLIII.

CAPUT VII.

I. Serapis in navi cum Iſide & Fortuna. II. Serapis Pluto cum Iſide & Minerva. III. Serapis Pluto cum Iſide & Apolline.

I. En rurſum aliam arcanæ ſignificationis imaginem, & explicatu difficillimam. Sarapis in navi, cujus latera remis onuſta ſunt, nullis tamen comparentibus remigibus. In medio tabulato ſedet, & læva ſceptrum tenet, dexteramque verſus Iſidem extendit. Calathum capite geſtat, ſymbolum illius ſolitum, quo Serapidem agnoſcimus; a dextris & a ſiniſtris calathi, duæ majores ſtellæ conſpiciuntur : arcanum aliud quod vix aperias : ſi una tantum adeſſet ſtella, ut in alia hujuſce tabulæ imagine ; illa ſignificari diceremus Sarapidem eſſe Solem ; ſed hoc opus hic labor, quod duæ reperiantur. Ad Sarapidis pedes eſt gubernaculum : Iſis in puppi ſtans ex Loti flore dignoſcitur, quem capite geſtat, hæc ipſius eſt familiaris nota. Iſis dextera ſitulam tenet, quæ ſæpe præ manibus Ægyptiorum numinum obſervatur, alteramque manum machinæ cuipiam imponit : quæ tres in partes erumpens ſupra puppim erigitur, & hæret navi. Sarapin reſpicit, quaſi nutum ejus exſpectans, ut navim quo velit convertat. Nam Sarapis hic ſolus quaſi imperans ſedet. Iſis & Fortuna ſtant, quaſi imperanti obſequuturæ. Fortuna pone Sarapidem eſt, ac perinde atque Sarapis calathum capite geſtat; niſi forte dicatur eſſe polum, quem Fortunæ capiti imminere ſæpius cernimus ; qua propter φερέπολος, id eſt, polum geſtans appellabatur, ut quæ mundum regeret, ἠθικῶς pro mortalium genere ſumtum,

moralement pour les hommes qui l'habitent, dont la plûpart n'ont d'autre pole que la Fortune. Elle tient de la main gauche la corne d'abondance, & de la droite le gouvernail. Ce gouvernail de la Fortune, aussi-bien que celui de Serapis, ne servent point ici à guider le navire, ils sont tous deux sur le pont. Cette belle image renferme, selon toutes les apparences, quelque moralité. Celle qui se presente d'abord est, que la Fortune suit Serapis & Isis, que les personnes religieuses sont ordinairement favorisées des biens de la fortune. Si cela n'est pas toûjours vrai generalement parlant ; cela l'étoit apparemment par rapport à la personne qui a fait graver la pierre, qui étoit peut-être bien dans ses affaires, & qui attribuoit sa bonne fortune à sa dévotion pour Isis & Serapis ; il croïoit qu'à la faveur de ces divinitez, il voguoit heureusement dans la mer de cette vie. D'autres expliqueront peut-être autrement cette pierre : mais sans oser garantir leur explication, comme je ne voudrois pas garantir celle-ci.

II. Serapis Pluton se reconnoît aisément dans l'image suivante. Il tient le milieu entre Isis & Minerve. Il porte le boisseau sur la tête, tient son sceptre d'une main, & semble ordonner quelque chose de l'autre. A ses pieds est le chien Cerbere à trois têtes : celle de ces têtes qui paroît sur le devant est d'un lion. Isis qui est à la droite de Serapis, a sur la tête à son ordinaire la fleur du Lotus, & tient de la main droite le sistre, son instrument propre, & de la gauche un vaisseau à anse, ou un seau comme ci-devant. A l'autre côté de Serapis Pluton est Minerve avec toutes ses marques ordinaires, le casque, l'égide, la pique, le bouclier avec la tête de Meduse. Savoir ce que signifient ces trois dieux ensemble ; c'est ce qui n'est pas aisé. L'explication la plus facile seroit de dire que quelque dévot à ces trois divinitez les a voulu mettre ensemble.

III. Voici encore Serapis Pluton avec deux autres divinitez. Il est assis sur une chaise à dossier, entre Isis & Apollon : il porte le boisseau sur la tête à l'ordinaire, tient un sceptre, & a le chien Cerbere à ses pieds. On ne voit qu'une tête de ce chien ; mais les autres sont apparemment cachées derriere Se-

---

quorum plerisque Fortuna ceu polus habetur, sinistra manu cornucopiæ tenet, dextera vero gubernaculum. Hoc Fortunæ gubernaculum, perinde atque illud aliud Sarapidis, non regendæ navi deputantur : nam in tabulato sunt ambo. Hæc pulcherrima imago aliquid ad informandos mores opportunum subindicare videtur : hoc autem primum in mentem succurrit, nempe Fortunam sequi Isidem & Serapidem : quod sic intelligas ; religiosos homines, Fortunæ bonis ut plurimum instructos esse. Illud vero etsi non semper verum sit, etsi contraria exempla non raro occurrant ; forte tamen ei qui lapidem insculpi curavit, apprime competebat, utpote qui Fortunæ muneribus ditatus fuerit, & optabilem sortis suæ conditionem religioso cultui quo Isidem & Sarapidem prosequebatur attribuerit : putabat fortasse faventibus hisce numinibus in hujus vitæ mari se feliciter vela dare. Alii fortasse diversam hujus explicandæ gemmæ viam capessent ; sed rem ut dubiam, nec exploratam, si sapiant, proponent ; quemadmodum & ego hæc quæ jam dixi, non ut asserta, sed ut probabilia protuli.

II. Serapis Pluto in imagine sequenti sese statim consideranti prodit. Inter Isidem & Minervam positus calathum capite gestat, altera manu sceptrum tenet, altera imperare quidpiam videtur. Ad pedes illius visitur Cerberus canis triplici capite : caput autem unum quod sese præbendum conspicit, leonis est. Isis ad dexteram Serapidis stans, florem Loti pro more gestat, dexteraque tenet sistrum, sibi proprium instrumentum, sinistra autem vas ansatum sive situlam ut antea. Ad alterum Serapidis latus Minerva visitur, cum solitis omnibus symbolis atque notis ; cum casside nempe, ægide, hasta, clypeo capite Medusæ ornato. Quid porro significent hæc tria simul posita numina, non ita facile est divinare : id autem probabilius dicatur, nimirum quempiam religionis affectu erga tria isthæc numina permotum, illa simul in una imagine posuisse.

III. En adhuc Sarapidem Plutonem cum duobus aliis numinibus. In sella porro sedet inter Isidem & Apollinem, calathum pro more capite gestat, sceptrum tenet, canemque Cerberum a pedibus habet. Unum tantummodo caput canis hujusce perspicitur, cætera vero capita pone Sarapidem occulta esse videntur : Sarapis autem ad Apollinem

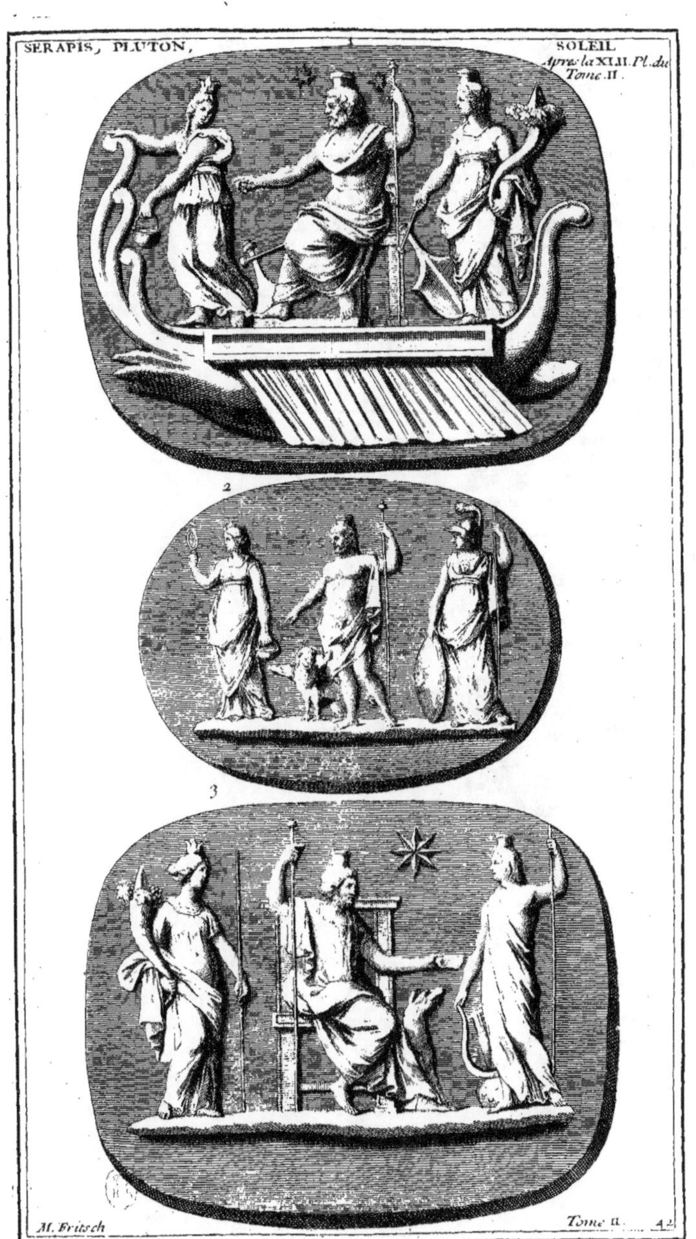
SERAPIS, PLUTON,
SOLEIL
Apres la XLII.Pl.du
Tome II.
2
3
M. Fritsch
Tome II.
42

rapis, qui eſt ici tourné vers Apollon, & lui preſente un vaiſſeau ; c'eſt apparemment une patere. Apollon eſt ici en robe longue comme dans d'autres
images, quoique rarement. Il tient de la main gauche une pique ; & de la
droite ſa lyre appuïée contre terre. Il a ſur la tête un boiſſeau comme Serapis,
peut-être à cauſe qu'il étoit pris pour le ſoleil, de même que Serapis. Ce rapport eſt encore mieux marqué dans la grande étoile, ou plûtôt dans la figure
du ſoleil qui eſt entre eux deux, preſque à égale diſtance de l'un & de l'autre. Il y a beaucoup d'apparence, que tant par le boiſſeau que chacun d'eux
porte ſur la tête, que par cette grande étoile miſe entre les deux ; on a voulu
marquer que Serapis & Apollon ſont égallement pris pour le ſoleil. Iſis qui
eſt derriere Serapis tient une pique, & de l'autre main la corne d'abondance :
elle a la fleur du Lotus ſur la tête, & eſt tournée vers Apollon & Serapis, Iſis
eſt communément priſe pour la lune : en cette qualité elle ſe tourne vers Serapis & Apollon, qui ſont tous deux pris pour le ſoleil, & qui communi-
quent leur lumiere à Iſis qui eſt la lune.

---

converſus vas ipſi porrigit, quod patera eſſe videtur. Apollo talari veſte hîc ut in aliis imaginibus
etſi raro conſpicitur. Siniſtra haſtam tenet, dextera
vero lyram in terra innixam. Capite calathum
geſtat ut Serapis, forte quia & ipſe Apollo pro
Sole habebatur, quemadmodum & Serapis : quæ
affinitas major etiam deprehenditur eſſe in ſymbolo
ſequenti, in ſtella illa magna, ſive ut melius dicam,
in Solis figura, quæ inter ambos elucet, pari ferme
inter utrumque intermedio ſpatio. Veriſimile
utique eſt cum calathum utriuſque capiti impoſitum, tum ſtellam illam magnam inter utrumque
lucentem ſignificare, Sarapidem & Apollinem pro
Sole ambos indiſcriminatim haberi. Iſis pone
Sarapidem, altera manu haſtam, altera cornucopiæ tenet : Loti florem pro more capite geſtat, &
& ad Apollinem Sarapidemque converſa eſt. Iſis
Luna eſſe vulgo dicitur : ac verſus Sarapidem Apol-
linemque reſpicit, qui ambo pro Sole habebantur,
quique lucem Iſidi ſive Lunæ conferebant.

CHAPITRE VIII.

I. Le chat ou le dieu Ælurus en grand honneur chez les Egyptiens. II. Image du chat en sa forme. III. Images à tête de chat, & le corps d'homme. IV. La déeffe chate parée extraordinairement. V. Autre image. VI. Le dieu lion, ou la déeffe lionne. VII. Le dieu loup.

Pl.
XLIV. LE chat ou le dieu Ælurus, étoit en fi grand honneur chez les Egyptiens, qu'il ne faut pas s'étonner fi cette nation nous a tranfmis tant de monumens qui le reprefentent, & fi elle l'a peint en tant de differentes formes. Le chat étoit entre toutes les bêtes à quatre pieds, celle dont les Egyptiens puniffoient plus feverement la mort ; foit par inadvertance, foit de propos déliberé, on étoit également criminel quand on tuoit un chat , & ce crime ne s'expioit que par les plus cruels fupplices.

II. On reprefentoit le dieu chat tantôt avec toute fa forme naturelle , tantôt avec la tête du chat, & le corps d'un homme. On le voit en ces deux manieres dans la planche fuivante. Le premier a toute la forme du chat , tant foit peu plus grand dans l'original que dans cette figure. Il porte un collier en la maniere que chacun peut remarquer. Ce collier a fur le devant une petite tablette chargée de caracteres Hieroglyphiques, intelligibles apparemment aux feuls Prêtres, & à ceux qui étoient initiez aux myfteres des Egyptiens.

III. Le fuivant a dans l'original environ dix pouces de haut. La figure du vifage tient du chat & de l'homme, fes oreilles font d'un chat, le corps d'un homme. La tête eft chargée d'un grand vafe fort ordinaire dans ces figures Egyptiennes, & ce vafe eft furhauffé d'un globe. Au milieu du vafe eft un autre rond qui renferme auffi apparemment quelque myftere ; la tête jette des raïons de tous côtez. Si ce ne font pas des raïons, ils en approchent affés pour la forme ; & fi ce font des raïons cela conviendroit à ce dieu, l'un

---

CAPUT VIII.

I. Felis five deus Ælurus magno in honore apud Ægyptios. II. Felis in propria fua forma imagines. III. Imagines cum Felis capite & humano corpore. IV. Dea Felis cum infolito ornatu. V. Alia imago. VI. Leo deus vel leæna dea. VII. Lupus deus.

I. FElis five deus Ælurus tanto in honore habebatur apud Ægyptios, ut mirandum non fit fi illa natio tot ad nos tranfmiferit Æluri dei monimenta , & fi illum tam variis formis depinxerit. Inter quadrupedes autem necem Felis Ægyptii omnium feveriffima ultione plectebant ; five per imprudentiam quis , five de induftria felem occidiffet , perinde reus habebatur , immaniffimoque fupplicio hoc crimen luebat.

II. Ælurus deus modo felis totus, qualis natura fua eft , modo humano corpore , felis capite depingebatur. Utroque modo in Tabula fequenti confpicitur. Primus totam felis formam habet, & ex archetypo expreffus eft tantillum majori, collare geftat qua forma quifque videre poffit , anteriori collaris parti hæret tabella caracteribus hieroglyphicis plena, qui characteres a facerdotibus tantum & ab iis , qui erant myfteriis Ægyptiorum initiati , legi & intelligi poterant.

III. Qui fequitur Ælurus in archetypo eft altitudine decem pollicum. Vultûs forma felis fimul & hominis quidpiam habet , auriculæ felis funt,corpus humanum. Caput onuftum vafe grandi , in hifce Ægyptiacis fchematibus frequenti : vafi imponitur globus. In medio vafis eft circulus , arcani quidpiam , ut credere eft, complectens. Caput radios undique emittit ; fi radii non funt , certe ad radiorum formam multum accedunt : ego vero radios effe crediderim ; fi vero radii fint , huic numini

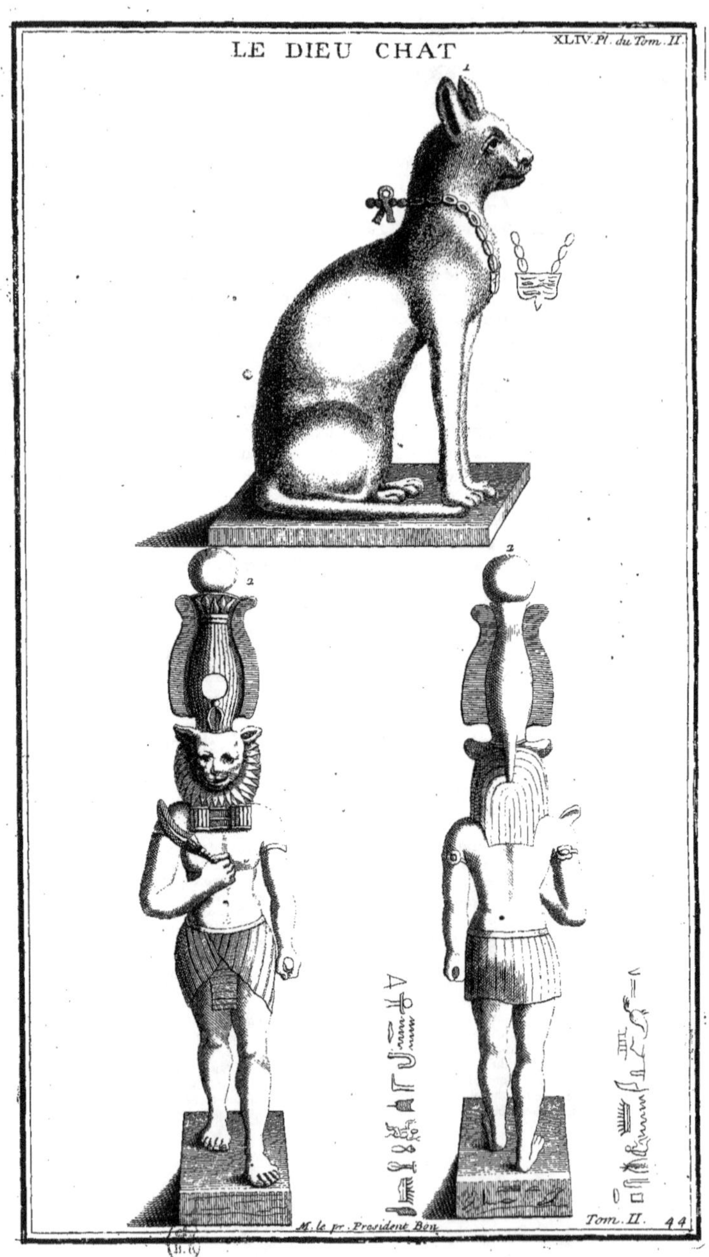

des plus honorez des Egyptiens, chez lefquels prefque toutes les divinitez
avoient quelque rapport au foleil : n'avons-nous pas vû dans la table Ifiaque
un efcarbot, avec une tête d'homme, & une tête raïonnante ? Au-deffous de
ces raïons & fur la poitrine, il y a un collet ou un inftrument de forme particuliere, qui pourroit bien avoir quelque fignification fecrete : quand on eft
fur des divinitez Egyptiennes, on a droit de foupçonner du myftere par tout.
Ælurus tient de fa main droite un inftrument qui paroît auffi fort myfterieux,
il fe termine par une plume, ou quelque chofe qui en a affez la forme.
Celui qu'il tenoit de l'autre main femble caffé. Les bracelets qu'il porte font
immédiatement au-deffous de l'épaule & à la naiffance du bras. La forme
de la culote eft affez ordinaire dans ces images des dieux Egyptiens. La bafe
de la ftatuë eft chargée de caracteres Hieroglyphiques, parmi lefquels on en
remarque quelques-uns peu ordinaires, une efpece de couronne radiale repetée deux fois, l'une eft fur ces efpeces de ziczac fi communs parmi les hieroglyphes.

Les monumens que renferme la planche fuivante, nous font venus après
coup : ce qui m'a empêché de mettre chaque figure en fa place. Par bonheur
le dérangement n'eft pas bien confiderable. La premiere figure eft une tête
d'Ifis, attachée à un efpece de demi cercle, marqué de differentes lignes
comme une figure géometrique. La tête d'Ifis eft furhauffée de deux grandes
cornes qui renferment un globe, & femblable à d'autres que nous avons
déja vûës. Ce qu'il y a ici de remarquable ; c'eft cette figure de l'œil humain
mife auprès de la tête d'Ifis. L'œil humain, dit Plutarque, dans un paffage
rapporté cy-deffus, étoit la marque d'Ofiris, τὸν γὰρ βασιλέα κ κύριον Ὄσιριν
ὀφθαλμῷ κ σκήπτρῳ γράφεσιν. *On peint le Seigneur & le Roi Ofiris, par un œil &*
un fceptre.

IV. La déeffe chate qui vient enfuite, fait un fpectacle des plus curieux.
Elle a la tête d'une chate, & le refte du corps d'une femme. Elle porte une
efpece de camail qui lui couvre les épaules & une partie des bras, & qui
laiffe voir deux groffes mamelles de femme. Elle a une tunique raïée & bigarrée, qui lui defcend jufqu'au-deffus de la cheville. Elle tient fur fa poi-

PL.
après la
XLIV.

---

certe fecundum theologiam Ægyptiorum aptati
videntur, quod numen apud ipfos inter præcipua
cenfebatur. Nam omnes fere deos fecundum aliquam rationem ad folem referebant. An non vidimus in menfa Ifiaca fcarabæum humano capite,
radios folares emittente ? Sub radiis ad pectus quædam machina eft fingularis figuræ, in qua quidpiam
arcani pro more fubindicari putatur. In hifce rebus
ad numina Ægyptiaca fpectantibus, ubique myfteria fufpicari fas eft. Ælurus manu dextera inftrumentum tenet, in quo pro more myfterii quidpiam adeft, quod inftrumentum aut penna, aut re
quapiam fimili terminatur. Quod autem inftrumentum altera manu tenebat, fractum videtur.
Armillæ brachiis infertæ, in fummo brachio, qua
humero jungitur, pofitæ funt : quod geftat autem
perizoma in hifce Ægyptiacis fignis frequens eft.
Bafis eft onufta characteribus hieroglyphicis, quos
inter quidam obfervantur in aliis Ægyptiacis monumentis non ita frequentes ; corona verbi gratia
radiata bis repetita, quarum altera imminet
machinæ illi, inter Hieroglyphica frequenti, quæ
alternis & oppofitis conftat angulis.

Quæ in tabula fequenti continentur monumenta,

tardius acceflerunt, quam ut poffemus figuras
fingulas fibi confentaneis in locis ponere : forte
tamen fortunaque accidit, ut non nimium turba-
retur ordo. Primum fchema caput eft Ifidos grandi
femicirculo hærens, qui femicirculus, multis hinc
& inde lineis diftinctus, geometricam figuram
refert. Caput Ifidis duo grandia cornua geftat,
quæ globum amplectuntur, id quod in aliis etiam
fchematibus obfervatum eft. Obfervatu porro digna
eft illa oculi humani figura, prope caput Ifidos
pofita. Humanus oculus, inquit Plutarchus in loco,
quem fupra attulimus, erat Ofiridis fymbolum.
τὸν γὰρ βασιλέα κ κύριον Ὄσιριν ὀφθαλμῷ κ σκήπτρῳ γράφεσιν,
hoc eft *Dominus & Rex Ofiris per oculum & fce-*
ptrum pingitur.

IV. Dea felis, quæ fequitur, infolens admodum
fpectaculum præbet. Caput folummodo felem refert, reliquum vero corpus mulierem exhibet.
ἐπωμίδα quampiam geftat, quæ ut nomen ipfum
fonat, humeros, imo & brachiorum partem operit.
Secundum quam amplæ duæ muliebres mammæ
vifuntur. Tunicam geftat, lineis figurifque diftin-
ctam, ad malleolos ufque defluentem. Ad pectus
caput viri tenet, fub cujus mento grandis femicir-

trine une tête d'homme, qui a sous le menton un grand demi cercle raïé, à peu-près comme l'Isis que nous venons de voir : du même bras elle soûtient par l'anse un petit seau que nous voïons si souvent entre les mains des dieux Egyptiens.

L'Harpocrate de deſſous, n'a rien que d'ordinaire, & nous ne l'aurions pas mis ici, n'étoit la grande baſe ſur laquelle il eſt aſſis. Elle reſſemble aſſez à une coupe renverſée, fort ornée de tous les côtez de figures. Tout cela n'eſt qu'un caprice, & ne merite pas qu'on en faſſe la deſcription.

V. Nous venons de voir la déeſſe chate, parée extraordinairement. La voici encore ; on la reconnoît à une de ſes mammelles : l'autre eſt cachée ſous la tête du lion qu'elle tient devant ſa poitrine : au-deſſus de la tête du chat, eſt un globe qui a ſans doute ſa ſignification myſterieuſe. Cette tête du lion ſur la poitrine, marque une eſpece de ſocieté entre la déeſſe chate & le dieu lion, dont il·ſeroit difficile de donner raiſon. C'eſt peut-être quelque ſocieé de deux villes, dont une adoroit plus particulierement la chate, & l'autre le lion, ou dans la même ville deux confreries différentes qui ſe reüniſſoient enſemble, & repréſentoient ſur la même image, leurs dieux particuliers. La déeſſe chatte porte une eſpece de cotte courte, plus large par le haut que par le bas, & bigarrée de lozanges. L'original de cette figure eſt un peu plus grand que nôtre image.

VI. Le dieu lion, ou plûtôt la déeſſe lionne ; car le ſein paroît être d'une femelle, eſt ici peinte avec le corps d'une femme, & la tête & les oreilles d'une lionne. L'ouvrier a un peu adouci les traits de la face ; enſorte qu'elle tient & de la femme & de la lionne. Elle a ſur la tête un ornement qu'on ne voit gueres ailleurs. Le lion étoit de ces animaux qui n'étoient pas univerſellement adorez dans l'Egypte ; mais ſeulement en certains cantons, & principalement en la Ville de Leontopolis, qui prenoit ſon nom du lion. Cette figure eſt repréſentée de la grandeur de l'original.

VII. Les Egyptiens ſurpaſſoient toutes les nations du monde en ſuperſtition ; mais ſuperſtition la plus bizarre. Ils faiſoient des dieux de tout. Les bêtes mêmes les plus feroces y étoient honorées d'un culte divin ; ſinon

Pl.
XLV.

---

culus eſt lineis diſtinctus, qualem modo videbamus in Iſide. Eodem brachio ſitulam parvam ſuſtentat, qualem ſæpiſſime videmus præ manibus deorum Ægyptiorum.

Harpocrates in ima tabula poſitus nihil non vulgare habet, neque hic locum habuiſſet, niſi adeſſet magna illa baſis cui inſidet Harpocrates. Baſim illam craterem eſſe inverſum diceres, undique figuris ornatum. Verum hæc ornamenta ex una, ut credere eſt, artificis imaginatione profecta, non ampliore deſcriptione digna putantur.

V. Felem deam modo vidimus cultu ſingulari & magnifico. En illam iterum, feminam quippe eſſe mamma indicat ; altera quippe mamma latet pône caput leonis, quod ante pectus geſtat : illa ipſa dea felis viſitur cum inſtrumento rotundo ſive diſco leonis capiti impoſito, qui diſcus ſæpe habetur, Iſidis, Oſiridis, Apis aliorumque Ægyptiorum numinum capite nixus. Hinc quædam arguitur ſocietas inter felem deam & leonem deum, cujus ſocietatis cauſam quis certo tradiderit ? Eſt forte ſocietas duarum urbium, quarum altera felem, altera

leonem peculiari cultu proſequebatur. Vel fortaſſis eadem in civitate ſodalitia duo, quæ ſimul jungebantur, in eodemque ſigno utriuſque numina repræſentabant. Dea felis quamdam ceu crocotam geſtat ſuperne quam inferne latiorem, lineolis ornatam in quincuncem poſitis. Hujuſce ſigni archetypum tantillum majus eſt hoc exemplo.

VI. Deus leo ſive potius dea leæna, nam muliebres eſſe mammæ videntur : hæc femineo corpore, leænæ capite pingitur. Artifex autem vultus formam ita concinnavit ut partim muliebris, partim leonina eſſe videatur. Capiti imminet ornamentum inſolitum, nec aliàs viſum. Leo ex iis animalibus erat, quæ non per totam Ægyptum colebantur, ſed in quibuſdam ſolum ejus partibus, maxime vero Leontopoli, quæ a leone nomen acceperat. Hæc porro figura ſecundum archetypi menſuram exhibetur.

VII. Ægyptii qui ſuperſtitione gentes omnes ſuperabant, quique portentoſis erant addicti religionibus, omnia in deos deaſque convertebant. Feras quoque vel efferatiores cultu divino proſe-

dans

ISIS, H. ARPOCRATE, ET LA DEESSE CHATTE

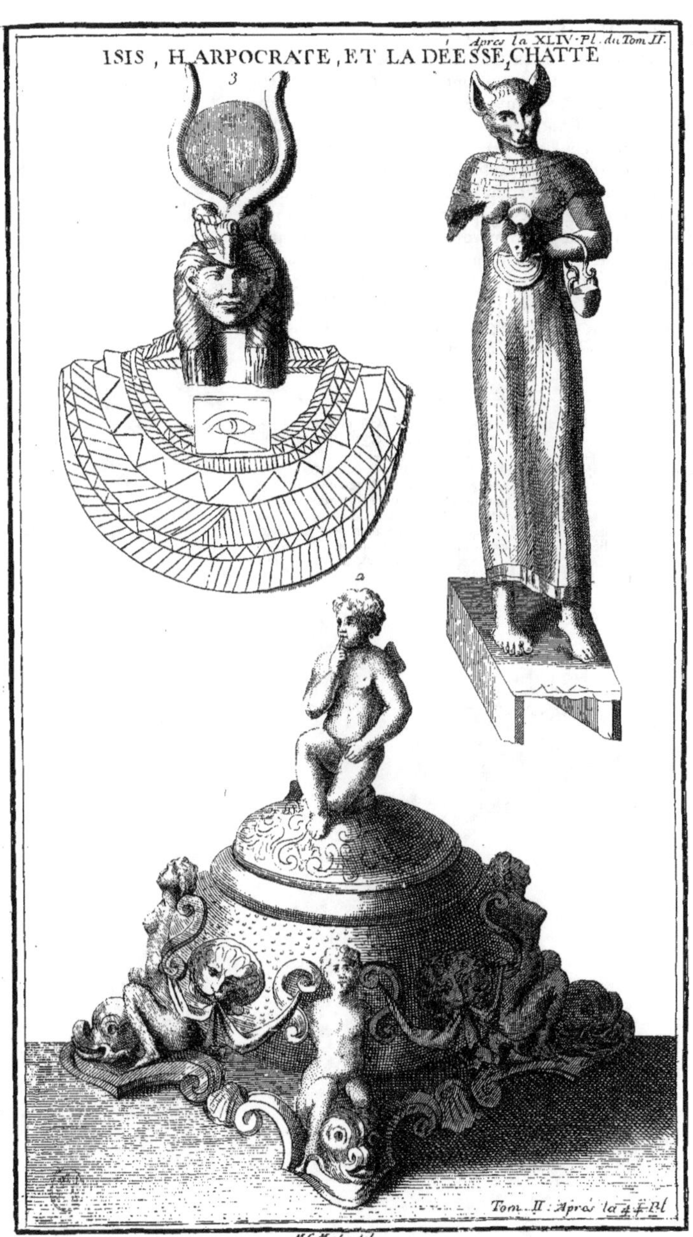

Tom. II. Apres la 44 Pl.

M. Mahudel

dans toute l'Egypte, du moins dans quelques-unes de ses parties. Ces bêtes y étoient representées tantôt dans toute leur forme, & tantôt avec la tête seulement, & le corps d'un homme. Le loup a déja été donné en cette der-niere maniere au second tome de l'Antiquité pl. CXXVII. Le voici avec sa forme ordinaire en deux images, l'une & l'autre reduites à la moitié de l'o-riginal. Le premier est couché, l'autre plus mysterieux est debout sur sa base. Il y a je ne sai quoi dans ses oreilles, beaucoup plus longues que celles d'un loup, qui fait soupçonner quelque énigme: les Egyptiens en mettoient par tout. Il porte un collier: mais ce qu'il y a de plus remarquable, c'est qu'il est entre deux serpens, qui haussent la tête vis-à-vis des pieds de devant, & ont le corps étendu à la longueur de celui du loup. L'un des serpens a un orne-ment de tête qui ressemble à une fleur. C'est peut-être la fleur du Lotus. On n'oseroit tenter de penétrer dans tous ces énigmes. Il ne faut pas oublier ici ce que dit Herodote 2. 67. que les loups de l'Egypte ne sont pas beaucoup plus gros que des renards.

quebantur, non quidem per Ægyptum totam, sed in quibusdam saltem civitatibus atque locis. Feræ autem, ut jam non raro vidimus, aliquando cum integra sua forma, sæpe etiam ferino capite humanoque corpore depingebantur. Hoc postremo ritu lupum jam protulimus tomo Antiquitatis ex-planatæ secundo Tab. CXXVII. En lupi totius ima-gines duas, quæ ambæ dimidiam archetypi magni-tudinem repræsentant. Prior recubans exhibetur, alter arcana mysteriaque præ se ferens supra basim stans conspicitur. In auribus autem hujusce lon-gioribus, quam lupi aures soleant esse, nescio quid mysterii inesse videtur: Ægyptiis quippe omnia ænigmatibus & arcanis plena. Collare gestat, ut vides. Quodque singularius est, stat inter duos ser-pentes qui caput erigunt, & longitudine sua lupi corpus æquant. Ex serpentibus alter aliquid capite gestare videtur. Hæc omnia ænigmata sunt, quæ ne Oedipus quidem aperire ausit. Neque præter-mittendum hic quod ait Herodotus in Euterpe cap. 67. lupos nempe Ægypti vulpibus non multo grandiores esse.

CHAPITRE IX.

*I. Le dieu bouc ou le dieu Mendés, étoit Pan chez les Egyptiens, selon Hero-
dote. II. Il se trouvoit dans tous les temples selon Diodore de Sicile. III.
Tête mystique du bouc. IV. Tête de l'Hippopotame avec la queüe du serpent.
V. Autres magots Egyptiens.*

I. LE bouc appellé Mendés chez les Egyptiens, étoit le même que le dieu
Pan. Il étoit fort honoré dans l'Egypte, où il passoit pour le plus ancien de tous les dieux. Il donnoit son nom à un Nome, ou à un petit Payis
du Delta, qu'on appelloit le Nome Mendesien. *Certains Egyptiens dont nous
avons parlé, dit Herodote 2. 46. ne tuent jamais ni chevre ni bouc, parce que
les Mendesiens comptent Pan entre les huit dieux. Ils croïent que ces huit dieux sont
plus anciens que les douze dieux ; leurs peintres & leurs sculpteurs representent
Pan comme les Grecs, avec la face de chevre & les jambes de bouc : ce n'est pas
qu'ils croïent qu'il ait veritablement cette forme ; car ils le croïent semblable aux
autres : mais c'est pour quelque raison, que je m'abstiens volontiers de rapporter.
Tous ceux dont je parle portent un grand honneur aux chevres & encore plus aux
boucs. Les chevriers sont en grand honneur en Egypte; sur tout un, à la mort duquel ils
font un grand deüil.*

Chez les Grecs, dit plus bas Herodote c. 145. *Ceux qui passent pour les plus
recens des dieux sont, Hercule, Bacchus, & Pan. Mais chez les Egyptiens Pan
est le plus ancien, même des huit dieux qui passent pour les premiers ; Hercule est
le premier des seconds qui sont au nombre de douze ; & Bacchus le premier de ceux
qu'on appelle les troisiémes, & qui sont nez des douze.*

Voilà, selon Herodote, l'opinion des Egyptiens sur Pan & sur Mendés ; ce
qu'il dit que les peintres & les sculpteurs Egyptiens représentoient Pan comme
les Grecs, avec la face de chevre & les jambes de bouc ; cela, dis-je, ne
s'accorde pas avec les statuës & les images de Pan, que nous voïons encore
aujourd'hui en assez grand nombre. Car les Grecs comme les Romains, s'il
en faut croire à ces monumens, peignent Pan avec la face d'homme ; & les

---

CAPUT IX.

*I. Deus hircus, sive deus Mendes, Pan erat
apud Ægyptios secundum Herodotum.
II. In omnibus aderat templis, ut ait Diodorus Siculus. III. Caput mysticum hirci.
IV. Caput Hippopotami cum cauda serpentis. V. Monstra alia Ægyptiaca.*

I. MEndes, sic apud Ægyptios dictus erat hircus,
idem erat qui Pan deus. Magno in honore
habitus, antiquissimus deorum esse putabatur.
Nomen porro suum dabat Nomo cuidam, seu
tractui in Delta sito, qui vocabatur Nomus
Mendesius. *Porro capras & hircos*, inquit Herodotus in Euterpe cap. 46. *ea de causa ii quos diximus
Ægyptiorum non mactant, quod Pana inter octo deos
Mendesii numerent, quos octo aiunt priores duodecim
diis exstitisse. Panos autem simulacrum & pictores pingunt & statuarii sculpunt, quemadmodum Græci
caprina facie hircinisque cruribus ; haudquaquam exi-*
*stimantes eum esse talem, sed similem cæteris diis.
Qua tamen cum causa talem pingant, non est mihi
dictu jucundum. Verum hi omnes cum capras, tum
vero maxime capros venerantur. Et inter Mendesios
caprarii præcipuo honore afficiuntur, & ex his unus
maxime, qui cum decessit, ingens toti Mendesio nomo
luctus proponitur.*

Sub hæc Herodotus cap. 145. hæc habet. *Apud
Græcos novissimi deorum esse censentur Hercules, Bacchus & Pan : at apud Ægyptios Pan vetustissimus est
etiam ex octo diis, qui primi dicuntur : Hercules, ex
iis qui secundi, numero duodecim ; Bacchus, ex illis
qui tertii vocantur, ab illis duodecim procreati.*

II. Hæc erat secundum Herodotum Ægyptiorum
opinio circa Pana & Mendem, quod vero ait ille,
pictores nempe & sculptores Ægyptios Pana
quemadmodum Græcos repræsentare caprina facie
hircinisque cruribus, cum signis Panos, quæ non
pauca inter veterum monumenta comparent hodie,
non omnino consentiunt. Nam Græci perinde atque
Romani, si fides illis monumentis, Pana humana

1
LE DIEU CHAT. LE DIEU
LION ET LE DIEU LOUP.
2
XLV. Planche du Tom. II.
Mgr. Bianchini
M. le pr. president Bon.
3
M. le premier president Bon.
4
M. le pr. president Bon.
Tom. II. 45

cornes , les oreilles & les pieds de chevre ou de bouc. Il femble pourtant
que αἰγοπρόσωπον d'Herodote , ne fe puiffe entendre que de la face ou du mu-
feau de chevre ou de bouc ; & c'eft de cette maniere , dit-il , que les Grecs
comme les Egyptiens, peignent Pan, αἰγοπρόσωπον ἢ τραγοσκελὲς, la face de chevre , & les jambes de bouc. Il faut fans doute fous-entendre que le corps étoit
d'homme. Peut-être même pourroit-on auffi fous-entendre qu'il avoit feulement les cornes & les oreilles de chevre ; c'eft en cette maniere que nous le
voïons aujourd'hui dans prefque tous les monumens qui nous reftent. Quoiqu'il en foit , je n'ai point encore trouvé Pan avec la face de chevre. On voit
dans la Table Ifiaque un bouc qui a quatre cornes, deux de belier & deux
de bouc. J'ai encore vû le bouc dans des monumens Egyptiens, mais avec
fes deux cornes de bouc feulement ; & fi j'ai bonne memoire , je l'ai remarqué fur deux marbres Egyptiens, qu'on voit à Rome à la fontaine de Sixte
V. On voïoit, dit Diodore de Sicile l. 1. des images de Pan dans.tous les temples d'Egypte , κατὰ πᾶν ἱερόν.

III. Voici la tête de bouc que m'a envoïée M. Bon , premier Préfident en
la Chambre des Comptes de Montpellier. Elle eft de bois peint & doré ,
tant foit peu plus grande dans l'original. La plate bande qui regne entre les
deux cornes eft apparemment là pour quelque myftere que nous ne péné-
trons pas ; au derriere de la tête eft un trou quarré & creux ; M. le premier
Préfident Bon habile dans la connoiffance de l'Antiquité, croit que c'étoit
pour y mettre quelque préfervatif, comme on en mettoit dans les bulles qu'on
pendoit au cou des enfans. Il y a toute l'apparence poffible que ce trou étoit
fait pour cela. Ces préfervatifs appellez φυλακτήρια , étoient fort en ufage
chez les Egyptiens.

IV. Quoique Herodote dife que les Egyptiens regardoient comme facrées toutes les bêtes qui naiffoient en Egypte, je n'ai encore trouvé nulle
part que le cheval fût honoré chez eux d'un culte divin. Je croirois donc volontiers que la figure fuivante qui repréfente la tête, la poitrine & la jambe
d'un cheval , dont tout le corps eft d'un ferpent ; que cette tête , dis - je , eft
d'un Hippopotame ou du cheval du fleuve ; c'eft le nom d'un animal mon-

Pʟ.
XLVI.

Pʟ.
XLVII.

---

facie , cornibus vero auribufque necnon cruribus
caprinis depingunt. Videtur tamen αἰγοπρόσωπον
Herodoti non nifi de facie & vultu capræ aut hirci
intelligi poffe, quo modo ait ille Græcos perinde
atque Ægyptios Pana depinxiffe, αἰγοπρόσωπον ᵓ τραγοσκελὲς, caprina facie, hircinis cruribus. Subintelligendum haud dubie eft corpus humanum fuiffe.
Fortaffe vero & αἰγοπρόσωπον ita intelligendum eft ,
ut cornua tantum & aures caprinas habuerit , ut
adhuc confpicimus in monumentis pene omnibus
ab antiquitate nobis tranfmiffis. Ut ut eft, nullum
adhuc vidi Pana caprina facie. Hircus vifitur in
menfa Ifiaca , quatuor inftructus cornibus, duabus
arietinis , totidem hircinis. Hircum etiam vidi in
Ægyptiacis aliis monumentis , fed binis tantum
cornibus , & , nifi memoria labor , obfervavi ipfum
in binis Ægyptiis marmoribus Romæ ad fontem
Sixti Quinti. Panos autem figna , ait Diodorus
Siculus l. 1. in omnibus Ægyptiorum templis
κατὰ πᾶν ἱερόν confpiciebantur.

III. En hirci five Panos caput tranfmiffum mihi

a D. Bono Monfpelienfis Senatus Principe. Lig-
neum porro eft auro picturifque ornatum , tantillum majus in archetypo quam in tabula noftra.
Tabella illa inter ambo cornua extenfa , aliquid
forte arcani complectitur. Pone caput , quadratum
foramen eft. Ait porro ille in antiquaria re peritiffimus D. Bonus putare fe illud foramen ad repo-
nendum quidpiam factum ad tutelam & incolu-
mitatem aptum , paratum fuiffe , quemadmodum
olim in bullis a collo puerorum fufpenfis fimilia
reponebantur. Omnino certe verifimile eft foramen
illud ad ufum hujufmodi fuiffe deputatum. Hæc
enim apud Ægyptios frequentia erant , quæ a
Græcis φυλακτήρια vocabantur.

IV. Etfi dicat Herodotus, Ægyptios animalia &
jumenta omnia quæ in Ægypto nafcerentur, facra
penes illos habita fuiffe , nufquam tamen reperi
Ægyptios equis divinum exhibuiffe cultum. Libenter itaque credam , fequens fchema, caput ,
pectus & tibiam equi referens cum ferpentino corpore , hippopotamum , five equum fluvialem re-

ſtrueux qu'on voit dans le Nil & ſur ſes bords, qui approche fort de la forme d'un cheval. La plûpart des Egyptiens abhorroient l'Hippopotame, qu'ils croïoient être Typhon le meurtrier d'Oſiris; mais ceux du Nome ou de la petite Province de Papremis, lui rendoient un culte ſacré. Je crois que c'eſt l'Hippopotame qu'on a voulu repréſenter ici, & ce qui me confirme dans cette opinion, c'eſt que ſa jambe eſt de beaucoup trop courte pour être la jambe d'un cheval: au lieu que celles de l'Hippopotame ſont fort courtes, comme on peut voir dans les médailles Greques d'Hadrien, qui le repréſen-tent. La tête ſemble ne pas convenir à celle de l'Hippopotame, qui l'a bien differente de celle du cheval: mais Coſmas l'Egyptien qui vivoit du tems de Juſtinien, & qui a donné en peinture les figures de pluſieurs bêtes, donne à l'Hippopotame une tête fort reſſemblante à celle-ci: je ne veux pas pourtant décider la-deſſus, & je laiſſe la choſe ſous le doute.

La queuë ou plûtôt le corps du ſerpent, ſe trouve ailleurs joint aux têtes d'autres divinitez. On voit à la planche cxxxvi. du ſecond tome, Serapis, Apis & le ſoleil, dont la tête tient au corps d'un ſerpent. Je croirois volon-tiers que ces figures bizarres ſervoient pour des preſtiges. Nous voïons en effet que les Valentiniens & les autres Gnoſtiques, grands preſtigiateurs, mettoient très-ſouvent le ſerpent dans leurs figures bizarres, que l'on nomme Abraxas.

V. On pourroit peut-être dire la même choſe de tous ces autres magots de la planche ſuivante, dont il ſeroit inutile de tenter une explication. Ce ſont des choſes que la ſuperſtition & la ſupercherie de quelques enchanteurs charlatans ont introduites à quelques fins, qui nous ſont inconnuës.

---

præſentare. Hippopotamus autem eſt ceu mon-ſtrum quodpiam, in Nilo ejuſque littoribus verſans, & ad equi formam accedens. Ægyptiorum maxima pars Hippopotamum horrebant, quem putarent eſſe Typhonem Oſiridis interfeċtorem. Sed qui Papremitanum nomum incolebant, Hip-popotamum cultu divino proſequebantur. Puto igitur hic Hippopotamum repræſentari, opinio-nemque meam confirmare videtur crus equi longe brevius, quam equi vulgaris crus eſſe poſſit: Hippopotami vero crura admodum brevia ſunt, ut in nummis Hadriani quibuſdam Hippopotamum repræſentantibus videre eſt. Caput tamen non vi-detur cum Hippopotami capite conſonare, nam aliqua eſt inter utrumque differentia. Verum Coſmas Ægyptius, qui tempore Juſtiniani vixit, quique animalia multa depiċta in Topographia ſua Chriſtiana poſuit, Hippopotami caput huic ſimile

depingit, Neque tamen rem ut penitus certam hic affirmo; ſed in dubio rem verſari fateor.

Cauda ſive corpus ſerpentis alibi quoque occurrit, cæterorum deorum capiti adjunċtum. In tabula cxxxvi. ſecundi Antiq. explanatæ tomi viſuntur Serapis, Apis & Sol, quorum caput ſerpentino jun-gitur corpori. Libenter credam monſtroſas haſce figuras præſtigiis olim inſerviiſſe. Certe videmus Baſilidianos & Gnoſticos præſtigiatores ex profeſſo, ſæpe ſerpente uſos eſſe in magicis illis gemmis, quas Abraxas appellamus.

V. Idem forte dici poſſet de monſtris aliis in Tabula eadem depiċtis, quorum explicationem tentare inutile foret. Hæc quippe ſuperſtitio in-vexit; ſive etiam fallacia præſtigiatorum callido-rumque hominum, quorum mens ac ſcopus non ita pervius nobis eſſe queat.

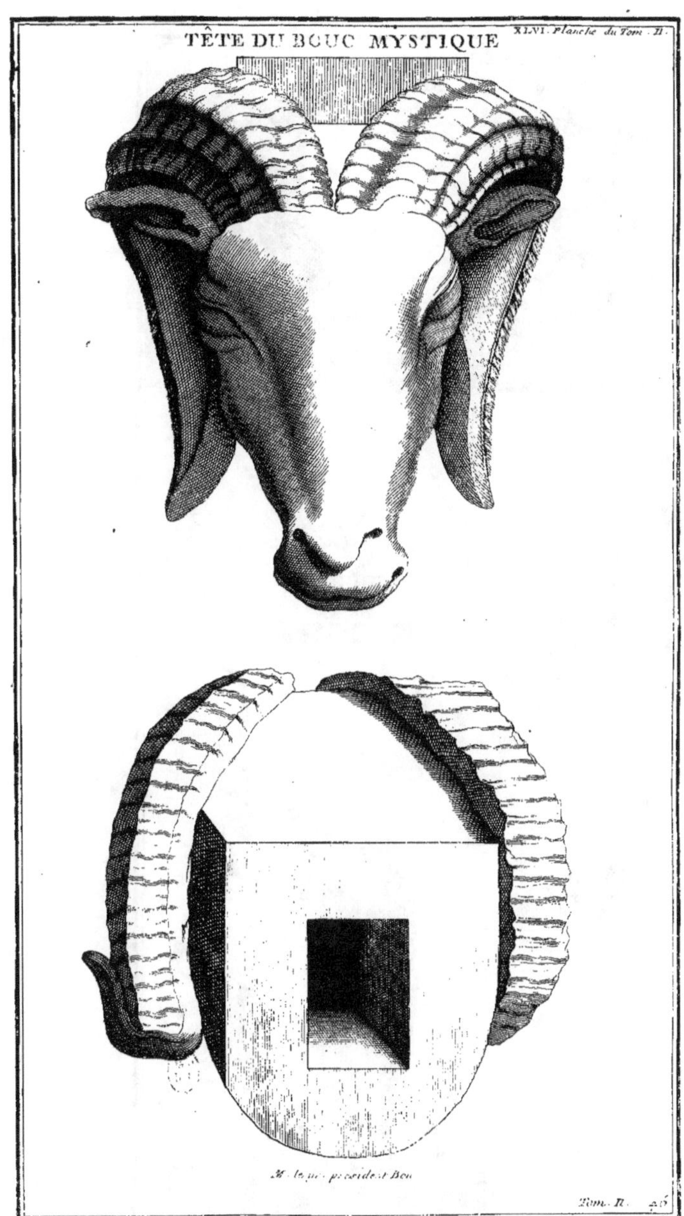

TÊTE DU BOUC MYSTIQUE
XLVI. Planche du Tom. II.
M. le p.. president Bon
Tom. II.

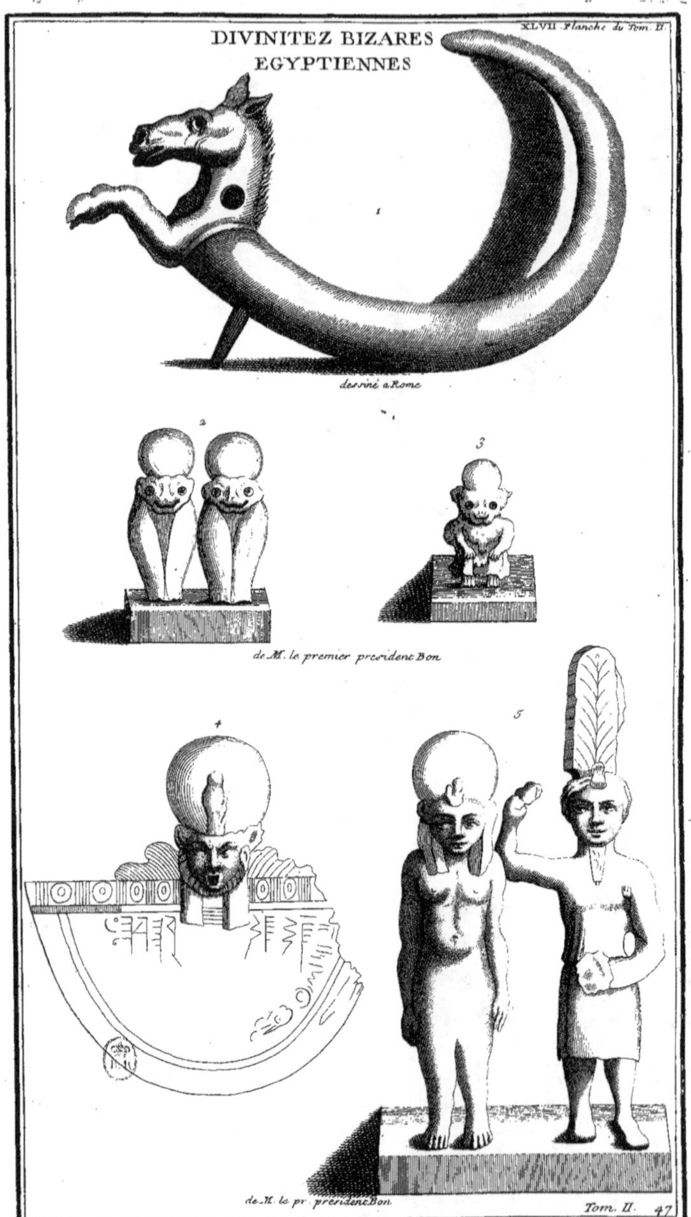
DIVINITEZ BIZARES
EGYPTIENNES
XLVII Planche du Tom. II.
1
dessiné a Rome
2
3
de M. le premier president Bon
4
5
de M. le pr. president Bon.
Tom. II.   47

CHAPITRE X.

I. Le chien Cerbere repréfenté extraordinairement, felon le goût Egyptien. II. La Sphinx qui propofa l'énigme. III. Bafe des dieux Synthrones.

I. IL n'eft pas rare de voir Serapis avec Cerbere : comme on le prenoit affez communément pour Pluton, on lui donnoit fouvent le chien infernal, qui le faifoit reconnoître pour le dieu des enfers. Voici le chien Cerbere tout feul : ce monument d'albatre eft donné ici de fa grandeur. Cerbere y eft repréfenté fur une bafe : fa figure eft des plus extraordinaires: j'ai fait voir à la page 216. du premier Tome de l'Antiquité, combien les Auteurs varient fur la forme & fur le nombre des têtes de Cerbere ; les monumens lui en donnent toûjours trois ; on en voit auffi trois ici. Mais une d'homme, une de chien, une de finge : & comme fi ce n'étoit pas affés pour rendre fa figure horrible : deux ferpens lui entortillent les têtes & le corps, & lui lient les jambes. Cette figure a été apportée de l'Egypte, il ne faut pas s'étonner fi les Egyptiens ont encheri fur les Grecs & fur les Romains, dans la peinture de ce monftre, eux dont l'imagination étoit fi feconde en monftres.

II. La Sphinx qui vient après, eft couchée fur une bafe, & propofe des énigmes à expliquer, fi inintelligibles, que tous les paffans s'exercent en vain à en trouver la fignification ; ç'auroit été un jeu, fi l'on avoit pû impunément ou ne pas interpréter, ou mal interpréter l'énigme ; mais le malheur étoit qu'il en coûtoit la vie à ceux qui n'en trouvoient pas le fens. Cela étoit refervé au feul Oedipe ; c'eft ce que marque l'infcription qui a ΜΟΝΩ ΟΙΔΙΠΟΔΙ. Il l'expliqua & fe garentit par là du fort qui avoit déja bien fait périr des gens. L'énigme n'étoit pourtant pas des plus difficiles. Il ne faut pas tant rever pour juger que l'animal qui va à quatre le matin, à deux à midi, & à trois le foir, eft l'homme qui va à quatre lorfqu'il eft enfant ; à deux,

Pl.
XLVIII.

CAPUT X.

I. Cerberus canis infolitæ formæ, fecundum Ægyptium ritum repræfentatus. II. Sphinx ænigmata proponens. III. Bafis deorum Synthronorum.

I. HAud raro Serapis cum Cerbero vifitur : quia enim Pluto effe vulgo putabatur, canis ipfi infernalis appingebatur, quo figno inferorum deus agnofci poterat. En canem Cerberum : hoc monumentum ex alabaftrite fecundum propriam menfuram hic depictum fuit ; in bafi infiftit eftque formæ infolitæ & nufquam alias vifæ : primo Antiquitatis explanatæ tomo dixi quantum mythologi varient circa formam & numerum capitum Cerberi. Tria femper ipfi capita monumenta tribuunt : hic quoque tria capita Cerberus habet, fed aliud hominis, aliud canis, aliud fimiæ : & ac fi non fatis hæc effent, ut imaginem offerrent horrendam, duo ferpentes & capita & corpus ejus circumplicant, cruraque ligant. Hoc fchema ex Ægypto allatum fuit. Quid autem mirum fi Ægyptii Græcos & Romanos in monftri hujus pictura fuperarint, quorum imaginatio procreandis monftris tam fecunda erat ?

II. Sphinx fequens bafi infidet, ænigmaque proponit explicandum ; ænigma inquam, fic occultum & explicatu difficile, ut qui iter agunt omnes, ejus fignificationem fruftra perquirant. Jocus fane erat, fi licuiffet aut non interpretari, aut perperam interpretari, atque impune præterire ; fed per fummam infelicitatem, necabantur omnes quotquot ænigmatis fenfum non reperirent. Hoc uni refervabatur Oedipodi ; id quod hac infcriptione notatur ΜΟΝΩ ΟΙΔΙΠΟΔΙ. Ænigma igitur ille folvit ficque fortem illam vitavit, quæ jam tot hominibus acciderat. Ænigma tamen non ita difficile videtur fuiffe. Neque enim tanta meditatione fpeculationeque eft opus, ut intelligatur animal illud, quod quatuor pedibus mane, duobus meridie, tribus vefpere procedit, hominem effe, qui quatuor

c'eſt-à-dire, ſur ſes deux pieds lorſqu'il eſt devenu grand, & à trois lorſque la vieilleſſe l'oblige de prendre un bâton pour s'appuïer. Ce qu'il y a à remarquer dans l'inſcription; c'eſt que l'O, qui y eſt trois fois, eſt fait comme un grand U, fermé en haut par une ligne.

III. La baſe qui ſuit eſt très-curieuſe, elle étoit apparemment chargée de ſtatuës de dieux Égyptiens, comme l'inſcription ſemble le marquer. Mais les ſtatuës ſont tombées par l'injure du tems. Cette inſcription dit, συνθρόνων τῶν ἐν Αἰγύπτῳ θεῶν, Μαρκος Οὔλπιος Απολλόνιος προφήτης. Ce qui ſignifie que c'étoient les ſtatuës des dieux Synthrones de l'Egypte & que Marcus Ulpius Apollonius Prophete des mêmes dieux, avoit fait faire, ou avoit dedié ce monument en leur honneur. Les dieux Synthrones étoient, comme le nom porte, des dieux participans du même throne, ou qui avoient leurs thrones enſemble. Nous avons expliqué ci-devant ce que c'étoit que les Prophetes. La planche CXXVIII. du ſecond tome de l'Antiquité, repréſente auſſi les dieux Synthrones. C'eſt un bas relief ſingulier, où eſt repréſenté le dieu à tête de chien Anubis, qui met un pied ſur un Crocodile. Il a à ſa droite une palme, & à ſa gauche une branche de laurier, deux marques de victoire : il tient de la main droite un globe percé diamétralement par un bâton, & de la gauche un caducée; vis-à-vis du globe eſt la tête de Jupiter Hammon ſurhauſſée du boiſſeau de Serapis, & vis-à-vis du côté gauche la tête du taureau Apis, ſurhauſſée de même d'un boiſſeau. Au deſſus de la tête de Jupiter Hammon eſt un triangle dans lequel eſt une M. bien formée, & au-deſſous une eſpece de couſſin bandé. Je n'ai rien oſé hazarder ni ſur le triangle, ni ſur la lettre, ni ſur le couſſin qui ſe trouve ſouvent dans d'autres monumens, où ſont repréſentées différentes divinitez; voudroit-il dire que ces dieux étoient du nombre de ceux qu'on mettoit ſur le *pulvinar* ? Au-deſſous du couſſin ſont un prefericule & un diſque, vaſes pour les ſacrifices. Il y a ſur la tête d'Anubis deux étoiles, & une autre étoile au deſſous de la tête d'Apis. Une inſcription au plus haut du marbre eſt telle, Θεοὶ Αδελφοὶ, les dieux freres. Une autre inſcription ſur la baſe dit, qu'Iſias Prince des Prêtres a dedié ce marbre aux dieux Syntrones de l'Egypte. J'ai jugé à propos de repeter ici ce que j'a-

---

ceu pedibus procedit cum puer eſt, duobus cum eſt vir factus, tribus cum præ ſenio baculo uti cogitur. Quod in inſcriptione obſervatu dignum eſt, litera O quæ ibi ter occurrit, formam habet literæ U ſuperne clauſæ per lineam rectam.

III. Baſis illa quæ ſequitur ſpectabilis admodum eſt. Ibi poſita erant numina Ægyptiaca, ut ex inſcriptione argui videtur. At temporum injuria ſtatuæ collapſæ ſunt. Hæc eſt autem inſcriptio συνθρόνων τῶν ἐν Αἰγύπτῳ θεῶν Μαρκος Οὔλπιος Απολλόνιος προφήτης, id eſt, *ejuſdem ſolii conſortium deûm Ægyptiorum, Marcus Ulpius Apollonius propheta*, ſupple, hoc Synthronorum deorum monumentum erexit vel dedicavit. Illi dei Synthroni, erant aut ejuſdem throni participes, vel thronos ſive ſolia ſimul poſita habebant. Quid eſſent Dei Synthroni jam explicavimus. Tabula CXXVIII. ſecundi Antiquitatis explanatæ tomi, quæ & ipſa deos Synthronos exhibet, anaglyphum eſt ſingulare, ubi repræſentatur canino capite deus Anubis pede crocodilum calcans. A dextris palmam

habet, a ſiniſtris laurum, duo Victoriæ ſymbola. Dextera globum tenet, quem ex diametro trajicit baculus, ſiniſtra vero caduceum : e regione globi caput eſt Jovis Hammonis, cui impoſitus eſt Serapidis calathus. Ad lævam autem e regione caput eſt Apidis tauri, cui ſimiliter impoſitus calathus eſt. Supra caput Jovis Hammonis eſt triangulus in quo eſt litera M diſtincte exarata, ſub hæc ceu pulvinar faſciis obſtrictum. Nihil proferre auſus ſum vel circa triangulum, vel circa literam M. vel circa pulvinar, quod in aliis quoque monimentis occurrit, monumentis, inquam, ubi alia numina exhibentur. An ſignificet deos hujuſcemodi ex eorum numero eſſe, qui in pulvinari ponebantur ? Sub pulvinari ſunt præfericulum, & diſcus, ſacrificiorum vaſa. Supra caput Anubidis duæ ſtellæ ſunt; ſub capite autem Apidis ſtella alia. Inſcriptio in ſuperna parte marmoris eſt, Θεοὶ Αδελφοὶ *dii fratres*. Altera inſcriptio ad baſim docet Iſiadem ſacerdotem hoc monumentum dicaſſe deis Ægypti Synthronis, hæc ad explicationem hujuſce, de

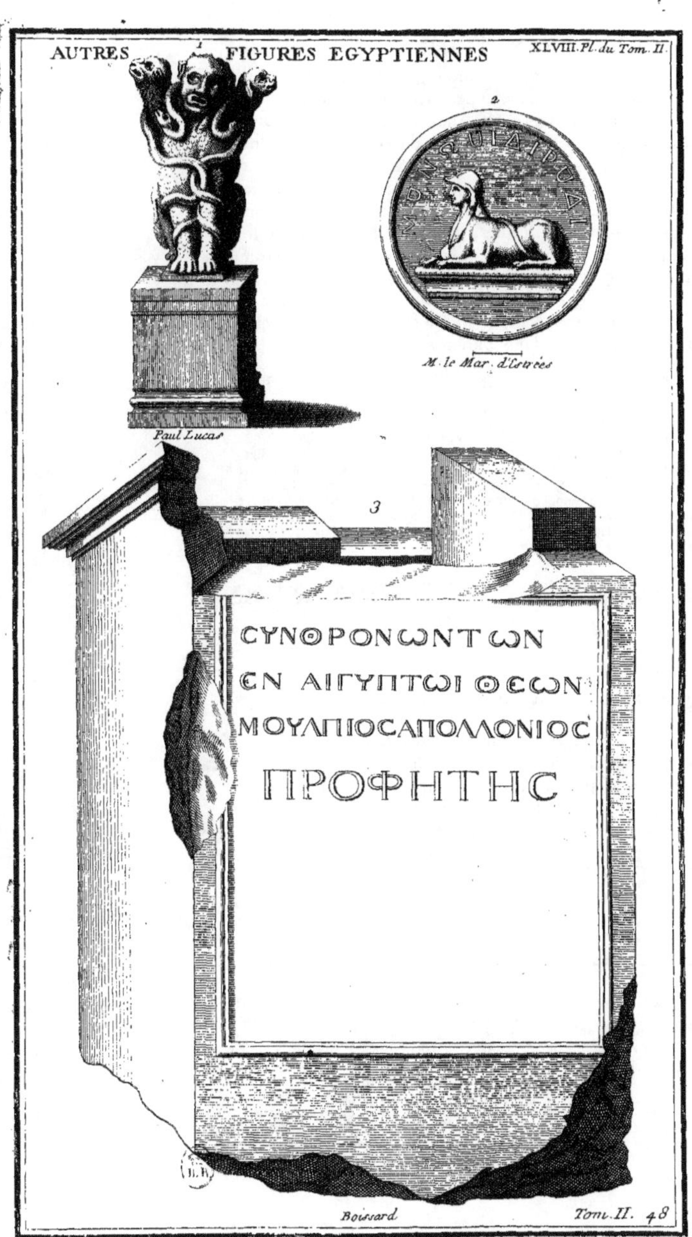
M. le Mar. d'Estrées

Paul Lucas

CYNOPONωNTωN
ENAIΓYΠTωIΘEωN
MOYΛΠIOCAΠOΛΛωNIOC
ΠPOΦHTHC

vois déja dit ailleurs, comme neceſſaire pour l'intelligence de cette baſe. Il
n'y a point à douter que les dieux Synthrones de cette baſe, ne ſoient ceux
qui ſont repréſentez dans le même bas relief, Anubis, Jupiter Hammon,
Serapis, & Apis. C'étoient apparemment les mêmes dieux Synthrones ſur
ce marbre, dont nous n'avons plus que la baſe. Mais ces dieux Synthrones
ſe trouvoient ici fort différemment. Il paroît par ce qui reſte au-deſſus de la
baſe, qu'il y avoit des thrones, ou des ſiéges où les ſtatuës de ces dieux étoient
aſſiſes, & qu'ainſi ces dieux étoient ſynthrones, parce que leurs thrones ſe
trouvoient enſemble. Au reſte le bas relief dont nous venons de parler, n'étoit
pas de goût Egyptien; il eſt manifeſte qu'il avoit été fait par quelque Grec
ou par quelqueRomain.Serapis,Iſis, Anubis, étoient fort honorez à Rome &
dans la Grece, où on les repréſentoit d'une maniere fort différente de celle
des Egyptiens, comme nous avons vû dans pluſieurs images.

---

quo nunc agimus, marmoris hic repetenda eſſe
duximus. Vix eſt quod dubitemus quin dii Synthroni in hujus baſis inſcriptione memorati iidem
ſint qui in anaglypho illo depinguntur, Anubis
nempe, Jupiter Hammon, Serapis & Apis. Iidem,
ut credere eſt, dii Synthroni in hoc marmore erant,
cujus ſola jam baſis ſupereſt. At illi dii Synthroni
hic diverſo modo repræſentabantur. Nam ex iis
quæ ſupra baſim ſuperſunt, videtur ibidem ſolia
ſive ſellas exſtitiſſe, ubi ſtatuæ deorum illorum
ſedebant, ſicque deos illos Synthronos fuiſſe, quia
eorum throni juxta poſiti ſupra eamdem baſim
erant. Reſtat ut moneamus anaglyphum de quo
hic mentio fuit, non fuiſſe ſecundum morem Ægyptiacum ſculptum, ſed fuiſſe Græci Romaníve
cujuſpiam opus. Serapis, Iſis, Anubis, Romæ admodum colebantur, atque longe diverſo ſculpturæ
picturæve genere repræſentabantur, quam ab
Ægyptiis exhiberentur, ut in ſignis bene multis
jam obſervavimus.

CHAPITRE XI.

I. Canopes. II. Doute ſur la figure ſuivante. III. Dieux de la baſſe Egypte.
IV. Autres figures. V. Autres tirées du Delta de la baſſe Egypte.

I. **L**ES Canopes ſe voïent en grand nombre dans les cabinets. C'étoit P l.
une idole fort commune des Egyptiens. Elle conſiſtoit en une tête xlix.
ſur un grand vaſe, ou une grande cruche. J'ai rapporté à la page 320. du
ſecond tome de l'Antiquité, comment il fut le vainqueur du feu dieu des
Chaldéens ſelon Rufin. De-là vint que les Egyptiens redoublerent le culte de
leur dieu victorieux. Ils le repreſentoient en differentes manieres: ils mettoient
ſur cette cruche la tête d'Iſis, d'Oſiris, d'Anubis, du chat & de l'épervier, & d'autres animaux. On le voit auſſi ſur les médailles. Le premier que nous donnons, à
un bon pied deRoi de haut, dans l'original. Il ne differe depluſieurs déja donnez

---

CAPUT XI.

I. Canopi. II. In ſchema ſequens dubium.
III. Inferioris Ægypti dii. IV. Aliæ
figuræ. V. Aliæ ex Delta in Ægypto in-
feriori eductæ.

I. **C**Anopi magno numero viſuntur in Muſeis.
Erat ſimulacrum illud apud Ægyptios fre-
quentiſſimum. Hujus forma erat vas magnum,
ſeu amphora, cui caput impoſitum. In ſecundo
Antiquitatis explanatæ tomo p. 320. poſt Rufinum
narravi, quo pacto Canopus deiChaldæorum victor
evaſerit. Hinc Ægyptii magis magiſque victorem
deum coluerunt. Variis illum modis depingebant:
Amphoræ ſcilicet imponebant capita Iſidis, Oſiridis, Anubidis, Æluri, accipitris & aliorum numinum. In nummis Canopus occurrit. Is quem primum proferimus in archetypo eſt altitudine pedis
unius regii. Ab aliis bene multis jam publicatis in

que par desHieroglyphes,dont laplûpart ne se voient pas dans les autres monumens Egyptiens. On y voit des chevreüils couchez, des croix, des étoiles bien
formées, un homme assis, & d'autres caractères entremeslez avec ceux qu'on
voit d'ordinaire dans les anciens monumens Egyptiens, ceux-ci sont l'œil
humain, les oiseaux, le ziczac; celui-ci s'y voit plusieurs fois. Il y a apparence que les Prêtres Egyptiens qui conservoient ces vieux caractères, & qui
en savoient, disoit-on, la signification, avoient la puissance d'en créer de
nouveaux. Des deux autres petits Canopes qu'on voit auprès du grand, l'un
qui a les mains libres, tient un gobelet. De l'autre côté le Canope qui a un
pied comme un verre & une base, est d'albâtre. Il est entortillé d'un serpent,
sa tête est d'Isis, avec quelque petit ornement.

Pl. l.　　Les deux Canopes suivans qui sont sur une pierre gravée de M. l'Abbé
Fauvel, font un regard; l'ornement de tête dans l'un & dans l'autre sont extraordinaires. Ces têtes sont posées sur des globes, ou sur des vases faits en
globe, & ces globes sont marquez de lignes qu'on prendroit pour des figures
mathématiques. Tout le reste se remarque à l'œil.

I I. Le Cavalier Maffei qui a donné la statuë qu'on voit représentée dans
la même planche, croit que ce pourroit bien être un Prêtre d'Isis. Sa raison
est qu'il a la tête rase, comme il l'a pû remarquer sur la statuë même : car
dans l'image les ombres que fait ce voile qu'il a sur la tête, empêchent de le
voir. Herodote 2. 45. dit que les Prêtres Egyptiens se rasoient de trois
en trois jours la tête & tout le corps, afin qu'il n'y eût jamais de trace de
vermine. Il se fonde aussi sur une image de la table Isiaque que l'on croit
être un Prêtre, qui a au tour des reins un petit habit qui lui descend jusqu'au bas de la cuisse. Le Cavalier Maffei croit que le voile qui lui couvre la
tête, & dont les bouts descendent sur la poitrine, est le voile d'Isis. Ce qui
est certain c'est que la figure est Egyptienne. Si c'est un dieu, c'est apparemment Osiris; si c'est un Prêtre il n'est pas fait comme les autres que nous
avons donnez en assez grand nombre. Je la prendrois plûtôt pour un dieu

---

nullo alio differt, quam in characterum hierogly-
phicorum forma quorum plerique in aliis Ægyptiis
monumentis non comparent. Hic capreoli viluntur
decumbentes, stellæ, homines sedentes, aliique
characteres cum illis mixti quos vetera monumenta
Ægyptiaca vulgo exhibent, nempe oculum humanum, aves, lineam per angulos oppositos circum-
ductam, hæc postrema sæpe in hoc Canopo occurrit.
Verisimile est sacerdotes Ægyptios qui hosce veteres characteres servabant, corumque, ut putabatur, significationem callebant, potestatem habuisse novos creandi. Ex duobus autem aliis Ca-
nopis exiguis qui juxta magnum Canopum hinc
& inde locantur; alter qui brachia manusque habet,
culullum manu tenet. Ex alio latere Canopus cui
pes ceu vitreo poculo aptatus fuit & basi insuper
gaudet, ex alabastrite est, atque a serpente circumplicatur ; caput ejus est Isidis pro more deæ istius
ornatum.

Duo Canopi sequentes ex gemma D. Abbatis
Fauvel educti, sese mutuo respiciunt. Capitis ornatus in utroque insoliti sunt. Capita utriusque
globis imposita sunt, seu vasis in globi formam
concinnatis. Qui globi lineis interstincti sunt, figuras Mathematicas exhibentibus. Cætera uno as-
pectu percipere licet.

I I. Eques Maffeius qui statuam eadem in Tabula
expressam publicavit, opinatur esse sacerdotem
Isidis, hoc motus argumento, quod abrasum caput
habeat, ut ille in ipsa statua advertere potuit. Nam
in hac imagine velum umbram quamdam parit,
quæ ne id exploremus officit. Herodotus in Euterpe
cap. 45. ait Ægyptios sacerdotes ternis quibusque
diebus sibi caput abrasisse, ut ne ullum unquam
pediculorum vestigium remaneret. Aliud ducit
eques argumentum ex mensa Isiaca, ubi vir quidam
qui sacerdos habetur, renes pampo ad medium usque
femur descendente præcinctos habet, ut hic quem
vides. Putat idem velum quo caput ejus tegitur,
& cujus extrema ad pectus descendunt, esse velum
Isidis. Certum utique est figuram esse Ægyptiacam.
Si deus est : Osirin esse probabile admodum est.
Si sacerdos est : alio certe ritu quam alii sacerdotes,
concinnatur, quorum schemata non pauca dedi-

expofé

CANOPES

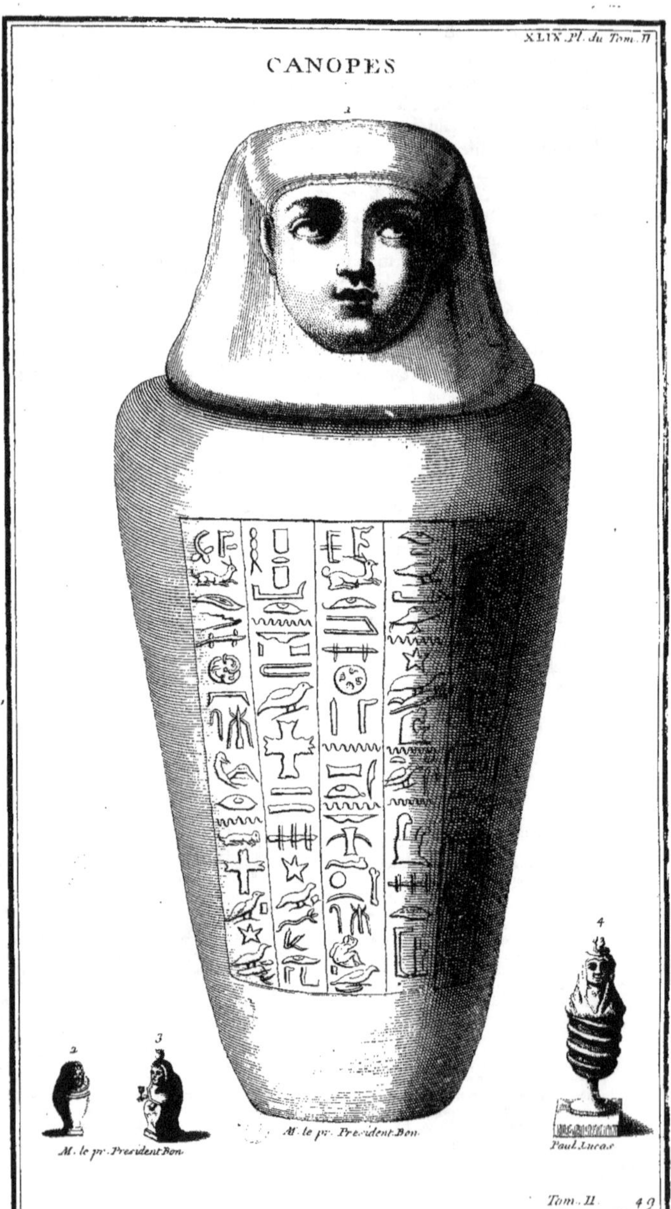

M. le pr. President Bon.

M. le pr. President Bon.

Paul Lucas.

L. Planche du Tom. II.

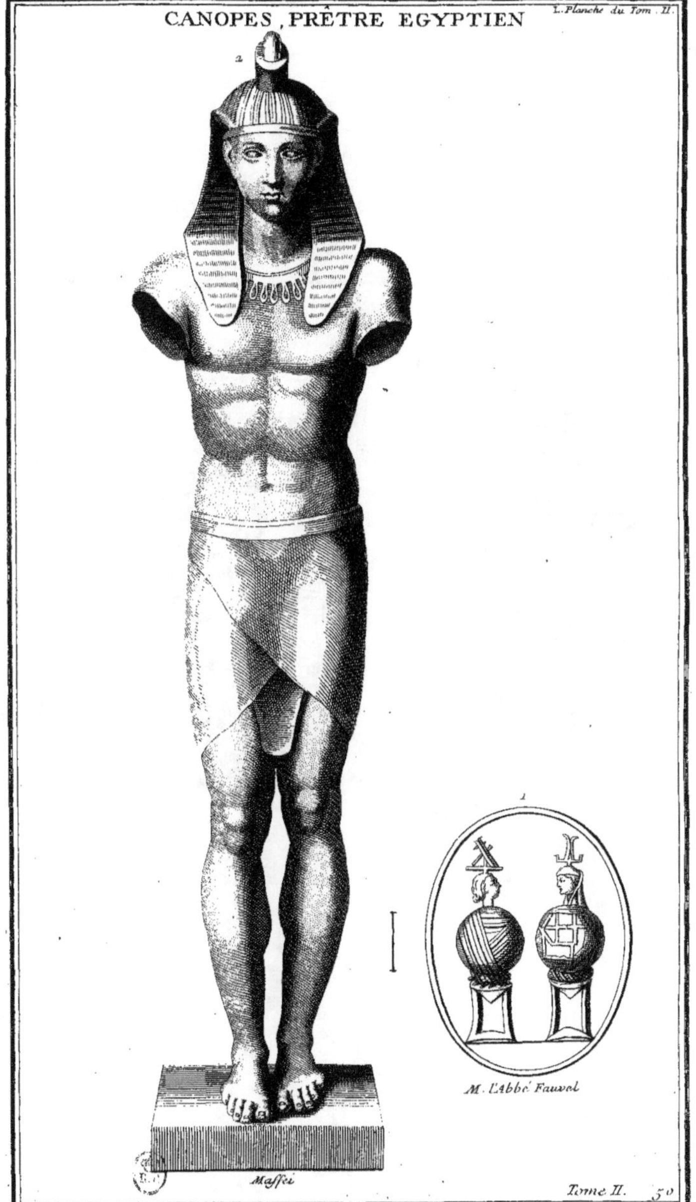

M. l'Abbé Fauvel

Maffei

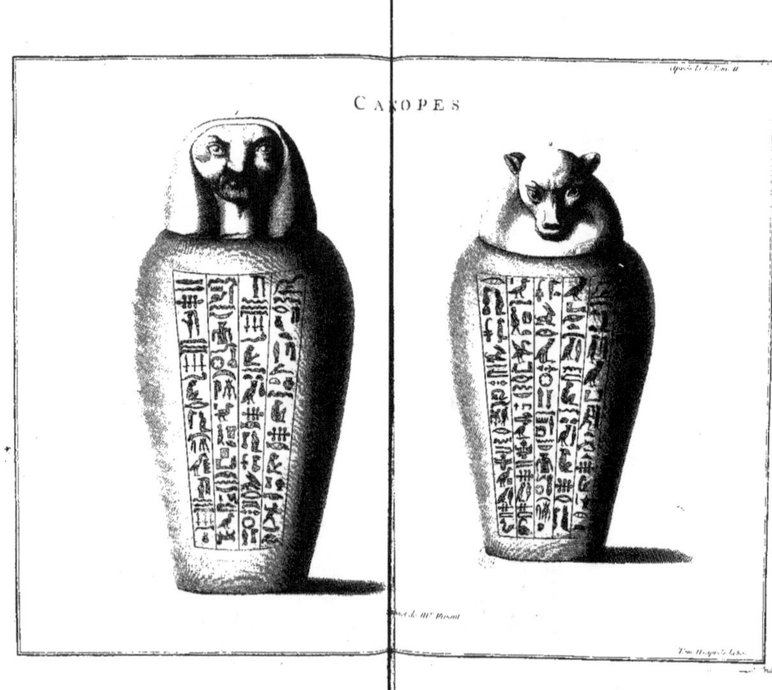

CANOPES

expofé fur une bafe à la dévotion publique. La ftatuë eft d'un bon goût, &
apparemment faite à Rome.

III. Les figures de la planche fuivante, font tirées du voïage de M. Paul
Lucas Tom. 2. p. 12. & 13. Il les a deffinées, dit-il, fur les ruines d'un temple
d'Ifis fitué au milieu du Delta. Elles repréfentent apparemment des actes de
religion : la plûpart peuvent paffer pour extraordinaires, même parmi celles
des Egyptiens, fi differens dans leur théologie des autres nations. Le premier homme qu'on voit fur les rangs, paroît être un Prêtre qui tend les mains
comme demandant quelque chofe aux dieux. Il porte un haut de chauffe ou
quelque chofe d'approchant. On ne peut pas bien diftinguer fi ce qu'il a
fur la tête font des cheveux ou un bonnet. Les Hieroglyphes d'après n'ont
rien qui n'ait été vû fouvent. L'homme qui eft devant une tête d'Ifis, porte
un ornement de tête fort extraordinaire : des cornes s'élevent au-deffus, telles
qu'on les voit fur plufieurs divinitez Egyptiennes. Ce qui avance devant le
front reffemble à la trompe d'un Elephant, qui dans les monumens Romains
& Grecs marque l'Afrique ; mais qu'on ne voit gueres chez les anciens
Egyptiens. La tête d'Ifis qui eft fur une pierre ou fur une bafe, eft coëffée
extraordinairement. De fa coëffure s'élevent deux bâtons terminez par un
croiffant, deux équierres & un autre inftrument. Tout cela fignifioit apparemment pour ceux qui étoient initiez aux myfteres.

L'homme qui tient un enfant, le préfente à l'homme affis qui fera apparemment Ofiris, & l'enfant Orus fon fils, dont la mere étoit Ifis. Le foüet
que cet homme affis tient à la main, femble prouver qu'il eft Ofiris, qu'on
voit fouvent dans cette attitude. Ofiris foleil tient un foüet pour animer les
chevaux attellez à fon char, fur lequel il fait fa courfe journaliere. Entre
l'homme qui tient l'enfant & Ofiris, il y a des Hieroglyphes dont la fignification avoit fans doute quelque rapport à la chofe repréfentée. Ce qui peut
encore perfuader que l'homme affis eft Ofiris, c'eft qu'il y a derriere lui deux
hommes debout, & comme à fa fuite, qui tiennent chacun un long bâton terminé en haut par un oifeau qui n'eft pas bien reconnoiffable, du moins fur
l'un des bâtons. Ils ont tous deux fur la tête l'ornement d'Ifis, qui eft la fleur

P L.
L I.

---

mus. Deum effe potius crederem bafi impofitum
ut publico cultu honoraretur. Statua eft periti artificis, & fortaffe Romæ facta.

III. Tabulæ fequentis figuræ ex itinere Pauli
Lucæ eductæ funt tomo 2. p. 12. & 13. Illas, ut ait,
delineavit in ruderibus templi Ifidis in medio Delta
fiti. Verifimile autem eft eas religionum quædam
facra repræfentare. Earum maxima pars infolitæ
formæ funt, etiamfi cum aliis Ægyptiacis fchematibus comparentur, quæ fchemata a cæterarum
religionum fchematibus longe differunt. Qui primus
vifitur vir ftans, facerdos effe putatur, qui manus
extendit, ac fi aliquid a diis poftulet. Braccas
geftat, five quidpiam braccis fimile. Non poteft
ita plene internofci utrum quod capite geftat pileus
fit, an capilli. Hieroglyphici characteres fequentes
nihil habent non fæpe vifum antea. Vir ille qui
ante caput Ifidis ftat, ornatum capitis habet por-
tentofum : ibi cornua eriguntur, qualia vidimus in
plurimis numinibus Ægyptiacis, quod ante frontem
prodit probofcidem Elephanti refert : quæ pro-
bofcis in monumentis Romanis atque Græcis Afri-
cam fignificat ; fed quæ rariffime obfervatur inter

fchemata Ægyptiaca. Caput Ifidis quod fupra pe-
tram vel fupra bafim locatur : ornatus capitis eft
prorfus infolitus : hinc prodeunt baculi, quorum
duo in Lunam crefcentem terminantur, alii *fqua-
dram* vel aliud inftrumentum referunt. Hæc haud
dubie fuam habebant fignificationem iis qui myfteriis Ægyptiacis erant initiati.

Vir ille qui infantem tenet, illum alteri viro
fedenti porrigit : hic, ut videtur, Ofiris erit, pueru-
lufque Orus ejus filius, cujus mater Ifis erat. Flagellum quod manu tenet vir ille fedens, argumento
eft vere effe Ofiridem, qui cum flagello fæpe vifitur,
utpote qui Sol habeatur, flagro equos currui fuo
junctos excitans, ut diurnum perficiat curfum.
Inter virum illum, qui infantem tenet, & Ofiridem,
characteres hieroglyphici funt, quorum fignificatio,
ut credere eft, rem quæ hic agitur fpectabat. Alio
etiam argumento fuadetur fedentem virum Ofiridem effe, quia nimirum pone illum duo viri funt,
quafi Ofiridi adftantes ejufque fatellites, qui viri
haftam tenent ave fuperne terminatam, etfi avis
non fic apte efformata fit, faltem in uno, ut avem
dicere fine ullo dubio poffis : hi capite geftant or-

du lotus. Celui qui tient le doigt fur la bouche, eft peut-être Harpocrate.

De l'autre côté fur la même ligne Ifis eft affife. Elle eft ornée de la fleur du Lotus, & tient de la main droite un bâton au haut duquel eft un gobelet, & de la gauche quelque chofe qu'on a peine à connoître. Un homme qui vient à elle porte fur fa tête rafe, un vaiffeau à longue queuë. Il préfente à Ifis quelque chofe qui pend de fa main. Au rang de deffous, un homme tient d'une main une tablette fur laquelle font trois gobelets, & de l'autre un bâton terminé en haut par un oifeau. Après cet homme font plufieurs hieroglyphes, au milieu defquels eft un petit homme, ou peut-être un enfant. Ces figures font trop petites; & on ne peut les mettre en grand fans rifquer, à moins qu'on n'ait le fecours du premier original qui eft en Egypte. L'homme qui vient après celui-ci, a une tête & un bec d'oifeau avec une couronne. On repréfente affés fouvent Ofiris avec une tête d'oifeau, Ofiris fe voit au haut de l'image: mais il n'eft pas rare fur les monumens Egyptiens de voir deux fois la même perfonne fur le même tableau.

IV. Au bas de la planche on voit d'autres figures tirées du même temple. Une tête d'Ifis avec des cornes & une couronne. Un homme lui préfente une tablette où il y a des chofes qu'on ne fauroit diftinguer. Cet homme porte une efpece de coqueluchon: derriere lui eft une femme qui a un coqueluchon de même, mais renverfé fur le derriere. Elle tient d'une main un bâton & de l'autre un cercle où eft attachée une croix, comme on voit à l'Ifis de la planche cvi. du fecond tome de l'Antiquité: ce qui feroit croire que c'eft cette même déeffe. Entre cette femme & un homme qui femble la regarder & lui faire figne de la main, font des hieroglyphes, parmi lefquels on remarque une figure d'homme ou de femme affife. Au rang de deffous on voit d'abord un homme à tête d'oifeau, fans doute d'un épervier, qui tient fur la tête la perfea ou la fleur du lotus; il porte à la main le cercle & la croix, comme la femme ci-deffus. L'homme à tête d'épervier dans les monumens Egyptiens, eft Ofiris. Les deux hommes qui reftent font remarquables par leur couvre-chef. L'un a un efpece de chapeau qui monte en une pointe longue, & recourbée fur le devant. L'autre comme une couronne crenellée.

<hr>

namentum Ifidis, five florem loti. Qui digitum ori admovet erit fortaffis Harpocrates.

Ad aliud latus Ifis fedet loti flore ornata, manuque dextera baculum tenet poculo fuperne terminatum, finiftra vero quidpiam, quod vix oculis percipias & agnofcas. Vir ad illam accedens abrafo capiti vas quoddam impofuit longa cauda inftructum. Ifidi vero aliquid offert, ex manu dependens. Inferiore gradu pofitus vir altera manu tabellam tenet, cui impofiti tres cululli funt; altera vero baculum ave fuperne terminatum. Pone illum multi hieroglyphici characteres funt, in quorum medio fedet vir aut fortaffe puer. Hæc fchemata fane minuta nimis funt, nec poffunt fine periculo grandiora repræfentari, nifi, præfente archetypo, qui in Ægypto exftat. Vir alius eadem ferie pofitus volucris caput & roftrum habet cum corona. Ofiris fæpe cum avis capite vifitur: jam autem Ofirin hac eadem in imagine vidimus. At in monumentis Ægyptiacis non rarum eft eamdem perfonam bis in eadem tabula depingi.

IV. In ima tabula alia fchemata confpicimus eodem ex templo educta. Caput Ifidis cum cornibus & corona. Vir quidam tabellam ipfi porrigit, iis onuftam rebus quas internofcere nunquam poffis. Vir ille cucullum geftat. Pone illum mulier cucullum habet fimilem fed a tergo pendentem. Hæc manu altera tenet baculum, altera vero circulum cui adjuncta crux eft, quod ipfum vides in Ifidis manu in Tabula cvi. fecundi Antiquitatis explanatæ tomi, unde forte inferas eamdem hic Ifidem exhiberi. Inter hanc mulierem virumque ipfam refpicientem, & quafi manu monentem, characteres funt hieroglyphici, inter quos vir, an mulier, fedens repræfentatur. Infima ferie vifitur ftatim capite roftroque volucris vir, certe accipitrem dixeris, capite autem geftat aut florem loti aut perfeam, manu autem tenet circulum atque crucem, qua forma fuperius. Vir accipitrino capite in monumentis Ægyptiacis eft Ofiris. Qui fuperfunt viri duo capitis ornatu fpectabiles funt, alius quemdam ceu petafum geftat in acumen poftea definentem, quod acumen oblongum reflectitur in anteriora; alter quafi coronam pinnis feu merulis ornatam

DIEUX EGYPTIENS ET LEUR CULTE

Paul Lucas

Celui ci tient d'une main un oifeau, peut-être un épervier, & de l'autre un gobelet.

V. Le Tableau qui fuit, copié d'après un bas relief qui eft proche les pyramides d'Egypte, montre Ofiris affis fur une chaife, avec un ornement de tête qui lui eft affés ordinaire. Il tient d'une main un foüet comme ci-devant, & de l'autre un inftrument femblable à ces maffuës tortuës que nous voïons quelquefois entre les mains des Satyres, des Faunes & des Baccants. Devant lui eft un homme qui tend les mains vers Ofiris, comme lui demandant quelque chofe. Je ne dis rien de la petite colonne fur laquelle eft une efpece de balai. Derriere Ofiris eft Ifis debout, tenant d'une main une bequille, & de l'autre un anneau avec la croix pendante, que nous voïons encore deux fois fufpenduë à un globe repréfenté au haut de l'image. Cette croix qui fe trouvoit parmi les lettres & les Hieroglyphes des Egyptiens, caufa une difpute entre les Chrétiens & les Gentils, dit Socrate, l. 9. Les Chrétiens foûtenoient que cette croix appartenoit à JESUS-CHRIST. Les Gentils prétendoient que la Croix étoit commune à JESUS-CHRIST & aux Gentils; ce qui pouvoit être vrai en un fens. La figure étoit la même : mais les Egyptiens la regardoient comme un caractere hieroglyphique & fecret, emploïé fouvent pour fignifier leurs myfteres profanes & monftrueux, & les Chrétiens l'honoroient comme l'inftrument de leur redemption.

PL.
après la
L I.

---

habet : hic vero tenet altera manu avem forte accipitrem ; altera vero culullum. Hæc omnia haud dubie mythologiam mutam referunt fabulafque monftris fimiles.

V. Tabula fequens expreffa ex anaglypho prope pyramides Ægyptiacas, Ofirin monftrat in fella fedentem, cum illo capitis ornamento, quod in ejus imaginibus haud raro vifitur. Altera manu flagellum ut ante, altera inftrumentum tenet fimile pedo, quod in manibus Satyrorum videre folemus, necnon Faunorum atque Bacchantium. Ante illum ftat vir manus verfus Ofirin expanfas tenens fupplicantis more. De columna, cui imminet fcopa, non loquor. Pone Ofirin eft Ifis ftans, baculum manu tenens, & altera manu circulum cum cruce pendente, quam bis infuper videmus in fuprema imagine ex globo pendentem. Crux illa, quæ in monumentis Ægyptiacis frequenter vifitur, difceptationis caufa fuit inter Chriftianos & Gentiles, inquit Socrates l, 9. Chriftianis crucem effe Chrifti contendentibus, Gentilibus vero, & Chrifti & fuam effe dicentibus : id quod utique verum effe poterat aliqua faltem ratione. Ægyptii illam inter characteres hieroglyphicos & arcanos fuos cenfebant, fæpe ad monftrofa illorum & profana myfteria fignificanda adhibitam ; Chriftiani vero ut redemptionis fuæ inftrumentum colebant & colunt.

LIVRE VII.

Sacrifices des Egyptiens, leurs Temples, Prêtres, Escarbots, Calendrier Egyptien, Abraxas.

CHAPITRE I.

I. Sacrifice de l'oie. II. Sacrifice mélangé du culte des Perses & de celui des Egyptiens. III. Holocauste de trois agneaux. IV. Les trois buchers & les sept vases, semblent marquer trois saisons, & les sept jours de la semaine.

I. LE sacrifice de l'oie qui suit, a été dessiné par M. Lucas dans la haute Egypte, près de l'endroit où sont les figures de la planche CLII. du second tome de l'Antiquité. L'oie déja immolé est sur un autel, qui d'une grande base s'éleve en colonne, & s'élargit par le haut. On y voit quatre hommes la tête rase, comme étoient les Prêtres Egyptiens. Le premier qui est le plus près de l'autel, tient je ne sai quel vase qu'il avance vers l'oie; les trois suivans sont dans une posture humiliée, les mains l'une sur l'autre. Tous quatre sont nus jusqu'à la ceinture, & portent des haut de chausses comme on les portoit en France il y a soixante ans. Au dessus du sacrifice on voit une porte ornée de caractéres hieroglyphiques : à droite & à gauche de la porte sont deux hommes à tête de chien, avec des ornemens à l'Egyptienne. Ils tiennent l'un une longue béquille; l'autre un grand bâton recourbé par le haut. On les prendroit volontiers pour deux Anubis à tête de chien, qui semblent faire la fonction de Suisses.

LIBER VII.

Sacrificia Ægyptiorum, Templa, Sacerdotes, Scarabæi, Kalendarium Ægyptiacum, Abraxea figura.

CAPUT PRIMUM.

I. Sacrificium anseris. II. Sacrificium mixtum cultu Persico & Ægyptiaco. III. Holocaustum trium agnorum. IV. Tres rogi & septem vasa significare videntur tres anni tempestates & septem hebdomadæ dies.

I. ANseris sacrificium sequens a D. Paulo Luca in Ægypto superiore delineatum fuit, proxime locum illum ubi sunt alia schemata in Tabula CLII. secundi Antiquitatis explanatæ tomi delineata. Anser jam mactatus aræ impositus est, ara autem rotunda ex lata basi in columnam exsurgit, & superne lata est. Hic quatuor viri stant abraso capite secundum Ægyptiorum sacerdotum ritum. Qui primus prope aram est, aliquod vas tenet manibus, & versus anserem admovet. Tres sequentes abjecti & quasi servi accedentes manum alteram alteri imponunt. Quatuor autem illi a zona superne sunt nudi, & braccas gestant, quales gestabant nostrates Galli annis ab hinc sexaginta. Supra sacrificium visitur porta hieroglyphicis characteribus ornata. Ad ostii latera hinc & inde stant duo viri canino capite, ornatu Ægyptiaco; baculum sive hastam tenet alter transverso superne ligno terminatam; alter vero more litui recurvam. Jure credantur esse duo Anubides canino capite janitorum officium exercentes; canum enim perinde atque janitorum officium est, portas custodire.

II. Le facrifice que l'on voit au-deffous, a été deffiné dans la haute Egypte par le P. du Bernat Jefuite, qui nous l'a donné avec l'explication qui fuit p. 268.

Nous repaffames le canal de Jofeph & le vieux Aqueduc. Nous allames » au bourg de Touna proche les ruines de la Ville de Babain, qui font au » midi de celles d'Aboufir. Nous traverfames ces ruines, & une longue plaine » de fable, qui nous conduifit à un monument fingulier que mon conduc- » teur voulut me faire voir, & qui mérite en effet d'être vû. »

C'eft un facrifice offert au foleil. Il eft repréfenté en demi relief fur une » grande roche, dont la folidité a bien pû défendre ce demi relief contre les » injures du tems ; mais elle n'a pû réfifter au fer, dont les Arabes fe font fervis » pour détruire ce que l'on voit tronqué dans la figure de ce facrifice. Je l'ai » deffiné tel que je l'ai vû. La roche dont j'ai parlé, fait partie d'un grand » roc, qui eft au milieu d'une montagne. Il a fallu bien du tems, & un pe- » nible travail pour venir à bout de faire dans ce roc une ouverture de cinq » ou fix pieds de profondeur, fur une cinquantaine de largeur & de hauteur. » C'eft dans cette vafte niche creufée dans le roc, que toutes les figures qui » accompagnent ce facrifice du foleil, font renfermées. »

On voit d'abord un foleil environné d'une infinité de raïons de quinze » ou vingt pieds de diamétre. Deux Prêtres de hauteur naturelle, couverts de » longs bonnets pointus, tendent les mains vers cet objet de leurs adora- » tions. L'extrémité de leurs doigts touche l'extrémité des raïons du foleil. » Deux petits garçons aïant la tête couverte comme les Prêtres, font à leur » côté, & leur préfentent chacun deux grands gobelets pleins de liqueur. Au- » deffous du foleil il y a trois agneaux égorgez, & étendus fur trois buchers » compofez chacun de dix pieces de bois. Au bas du bucher font fept cru- » ches avec des ances. De l'autre côté du Soleil oppofé au côté des deux fa- » crificateurs, il y a deux femmes & deux filles en plein relief, attachées « feulement par les pieds à la roche, & un peu par le dos. On y voit les « marques des coups de marteau qui les ont décapitées. Derriere les deux « petits garçons, il y a une efpece de quadre chargé de plufieurs traits hiero- « glyphiques. Il y en d'autres plus grands, qui font fculptez dans les autres « parties de la niche. «

II. Sacrificium in ima tabula pofitum in fupe- *quaginta, latitudine altitudinem exaquante : in hac*
riori Ægypto delineatum fuit a R. P. du Bernat e *vafta profundaque fuperficie figuræ omnes ad facri-*
Societate Jefu, qui illud in publicum emitti curavit *ficium Soli oblatum pertinentes includuntur.*
cum explanatione fequenti. *Statim vifitur Sol innumeros emittens radios, qui*
Jofephi canalem rurfum trajecimus & veterem Aqua- diametrum efficiunt quindecim aut viginti pedum. Duo
ductum. Tunam vicum petiimus prope rudera urbis facerdotes vulgaris ftaturæ, tiaras geftantes quæ in
Babain ad meridiem ruderum Abufir fita. Rudera conum definunt, manus ad Solem extendunt, quem
illa tranfmeavimus, latamque fubinde planitiem are- adorant & ut deum colunt. Duo parvuli tiaris fimi-
nofam, indeque monumentum fingulare adiimus : eo me libus operti, ad latus facerdotum funt ipfifque duos
ductor fpectaculi caufa deduxit, eftque revera dignum finguli calullos liquore plenos offerunt. Sub Sole tres
fpectaculo monimentum. funt agni mactati, tribus impofiti pyris, quæ pyræ fin-
Sacrificium eft Soli oblatum, in anaglypho exhibitum, gula decem ftipitibus conftant. Juxta pyras inferne,
figuris media fui parte prominentibus. Petræque fir- feptem diota vifuntur. In altero latere facrificulis o p-
mitas anaglyphum ab injuria temporum vindicavit ; pofito, duæ mulieres habentur totidemque puellæ : hæ
fed ferro obfiftere nequivit, quo Arabes funt ufi ad illa vero ftatuæ funt, quarum dorfa folum & pedes rupi
dirumpenda quæ jam in facrificio defiderantur. Ut vidi, hærent : adhuc veftigia ictuum comparent, queis capita
fic delineavi. In rupe magna medio in monte pofita ipfis amputata funt. Pone puerulos illos quos diximus
hoc monumentum excavatum eft. Nonnifi longo tempore quadratum quafi, fed oblongum fpatium eft, in quo
& magno labore potuit hæc rupes excavari ad profun- multi charactteres hieroglyphici. Alii vero grandiores
ditatem quinque fexve pedum, altitudine pedum quin- hinc inde in imagine pofiti funt.

Voilà un monument très-considerable : c'est dommage que la petitesse du livre n'ait pas permis au P. du Bernat de faire la planche plus grande. C'est selon toutes les apparences un sacrifice des Perses, après qu'ils se furent rendus maîtres de l'Egypte ; ou peut-être que les Egyptiens rendus tributaires des Perses, auront pris d'eux le culte du soleil ; & l'auront joint à leur religion : les caracteres hieroglyphiques marquent qu'ils avoient meslé leur culte. Le soleil est ici représenté jettant des raïons de tous côtez. Quoique les plus anciens Perses n'eussent ni statuës, ni images ; ils commencerent dans la suite d'en avoir, ce changement s'étoit déja fait du tems d'Herodote, & dans la suite du tems, ils l'adorerent sous la forme d'un jeune homme qu'ils appelloient Mithras, & aussi sous la forme d'un astre ou d'une face ronde, qui jette des raïons de tous côtez, tel que nous le voïons ici ; comme nous avons dit plus amplement en traitant de la religion des Perses vers la fin du second tome de l'Antiquité.

III. C'est au soleil en cette derniere forme, qu'on fait ici un sacrifice & un holocauste. Les victimes sont trois agneaux déja immolez, chacun sur son bucher. Ils paroissent trop cornus pour n'être qu'agneaux ; à moins que ce qu'Homere dit des agneaux de Libye, qu'ils sont cornus d'abord après leur naissance :

Od. 4.   Καὶ Λιβύην ἵνα τ'ἄρνες ἄφαρ κεραοὶ τελέθουσι. ne se doive entendre aussi de ceux de l'Egypte. Au-dessous des trois buchers, on voit sept vases rangez sur la même ligne. Ils sont d'une forme très particuliere. Et si le P. du Bernat n'avoit pas eû soin d'avertir que ce sont des vases, on auroit infailliblement crû que toute la rangée étoit une balustrade. Tant il est vrai que ces figures si petites confondent souvent les objets.

IV. Il pourroit bien se faire que les trois buchers & les sept vases, renfermeroient quelque mystere. Car ces anciens profanes, & sur tout les Egyptiens en entendoient par tout. Les trois buchers pourroient se rapporter aux trois saisons ; on n'en contoit que trois dans ces anciens tems, & les sept vases les sept planetes, ou les sept jours de la semaine. Dans la grande image de Mithras que nous avons donnée à la planche c c x v. du premier tome, sept

---

En monumentum sane spectabilissimum : infeliciter vero accidit ut propter exiguam libri formam Patri du Bernat non licuerit majorem incisam tabulam proferre. Omnino verisimile est hoc sacrificium esse Persarum, postquam Ægyptum in ditionem suam redegerant. Vel forsitan Ægyptii, jam Persarum vectigales facti, cultum Solis ab ipsis receperunt, & cæteris religionibus suis adjunxerunt. Charactetes certe illi hieroglyphici, admixtæ religioni fidem faciunt. Sol hic repræsentatur radios undique emittens. Etsi enim antiquiores illi Persæ, nullas aut statuas aut imagines haberent, illas tandem usurparunt. Jamque Herodoti tempore mos ille advectus fuerat : atque insequenti tempore Solem adorabant sub figura viri junioris quem Mithram appellabant : necnon etiam sub forma astri, vel rotundæ faciei quæ radios undique emitteret, qualem hic videmus, ut pluribus diximus cum de religione Persarum ageremus, paulo ante finem secundi Antiquitais explanatæ tomi.

III. Soli ergo sic repræsentato hic sacrificium & holocaustum offertur. Victimæ sunt tres agni jam mactati ; at nimium cornuti esse videntur quam ut agni appellari posse videantur : nisi fortasse id quod Homerus de agnis Libyæ ait, illos nempe statim atque nati sunt cornutos fieri, de Ægypto etiam intelligi debeat,

Καὶ Λιβύην, ἵνα τ' ἄρνες ἄφαρ κεραοὶ τελέθωσι.

Et Libyam ubi agni statim cornuti sunt.

Sub tribus illis pyris, septem vasa videntur, una serie posita. Sunt autem formæ singularis, & nisi R. P. du Bernat monuisset vasa esse, existimatum haud dubie fuisset totam vasorum seriem esse cancellos. Usque adeo verum est tam exigua schemata sæpe in errorem inducere posse.

IV. In mentem subit tres pyras septemque vasa aliquid mysterii complecti. Nam veteres illi profani maximeque Ægyptii arcanis admodum gaudebant. Tres pyræ possent ad tres anni tempestates referri, nam antiquis temporibus tres tantum anni tempestates numerabantur ; septem autem vasa, septem planetas, aut septem hebdomadæ dies. In majori illa Mithræ imagine, Antiquitatis explanatæ tomo primo Tabula c c x v. septem aræ

DIEUX D'EGYPTE, SACRIFICE DE L'OIE, CULTE DU SOLEIL

Paul Lucas

Paul Lucas

le P. du Bernat Jesuite

autels qui jettent des flammes, semblent marquer sans doute les sept planetes, qui conviennent à l'image de Mithras ou du soleil, ce qui sert à con-
firmer nôtre sentiment. Ce que les sept autels signifient là, les sept vases le
marquent ici; c'est comme nous venons de dire les sept planetes, ou les sept
jours de la semaine. Il faut aussi remarquer qu'au même endroit de l'image
de Mithras, il y a entre ces autels, des vases au nombre de six: il y en avoit
peut-être sept, & un aura sauté. Il y a toûjours sept autels bien marquez.
Nous avons fait voir au commencement du premier tome, combien le tems
& ses parties entroient dans la mythologie des anciens.

Les tiares des Prêtres & des deux petits ministres, approchent fort de celles
de ces Perses qui vont en procession dans les bas reliefs qu'on voit à Chel-
minar auprès de l'ancienne Persepole. J'en ai donné un à la planche CLXXXII.
du second tome de l'Antiquité. Quant aux deux femmes & aux deux petites
filles, nous n'avons rien à ajoûter à ce qu'en dit le P. du Bernat, & qui est
assûrément très-remarquable, qui est que ce sont des statuës avec tout leur
relief, & qu'elles ne tiennent à la roche que par les pieds & un peu par le
dos. Une autre chose à observer sur les caracteres hieroglyphiques qu'on voit
à chaque côté de l'image; c'est que l'épervier d'un côté & l'Ibis de l'autre,
sont au-dessus de tous ces caracteres. C'étoit les deux oiseaux que les Egyptiens avoient le plus en veneration.

---

flammigeræ videntur septem planetas sine dubio
exprimere, quæ omnino quadrant ad figuram
Mithræ Solis, id quod etiam ad firmandam nostram
hac in re sententiam admodum juvat: quod ergo
ibi septem aræ, hic vasa totidem significant, nimirum septem planetas, sive septem hebdomadæ
dies. Observes etiam velim ibidem in Mithræ scilicet imagine inter aras illas septem, vasa etiam
apponi; at vasa illa sex tantum numero sunt, forte
vero exciderit septimus. Verum aras ibi septem
consistere videmus. Initio primi Supplementi hujusce tomi ostendimus, quantam Mythologi veteres
temporis ejusque partium singularum rationem
habuerint.

Tiaræ sacerdotum puerorumque duûm ministro-
rum, sat consimiles sunt iis, quas Persæ gestant in
pompa quadam quæ hodieque visitur Chelminari,
proxime veterem illam Persepolim, talem dedi in
Tabula CLXXXII. secundi Antiquitatis explanatæ
tomi. De mulieribus duabus totidemque puellis
nihil adjicere possumus iis quæ R. P. du Bernat
retulit, quæque observatu dignissima sunt; nempe
statuas esse, quæ a dorso tantum & pedibus rupi
hærent. Aliud vero notandum est circa characteres
illos hieroglyphicos, qui in utroque anaglyphi latere conspiciuntur, nempe accipitrem hinc, ibidem
inde cæteris omnibus superiores locari. Has quippe
duas maxime omnium aves Ægypti colebant.

CHAPITRE II.

I. Temple d'Hermant. II. C'est apparemment d'Hermontis de l'ancienne Egypte.
III. A quel dieu il étoit consacré.

Nous n'avons encore donné aucun temple des Egyptiens, quoiqu'il soit certain que cette nation superstitieuse en avoit un grand nombre. Et comme ils bâtissoient plus solidement que les autres, il s'en fera sans doute conservé de grands restes. En voici deux dont M. Paul Lucas a donné les desseins dans le tome 3. de son dernier voïage. Le premier est celui d'Hermant, le second celui d'Andera. Il faut l'entendre sur tous les deux, p. 16.

Autre planche après la L I.

» En continuant nôtre route, nous arrivâmes enfin auprès du village d'Her-
» mant, & c'est là où je vis ce fameux temple de Jupiter, dont je crois qu'au-
» cun voïageur n'a donné la description. Rien au monde ne présente une si
» grande magnificence que les restes precieux de cet ancien édifice. On ne
» voit de tous côtez qu'un vaste amas de pierres & de colonnes, du plus beau
» marbre qu'on puisse voir. Les colonnes qui restent encore sur pied, & dont
» on peut voir la figure dans le dessein que j'en donne, sont d'une grosseur
» & d'une beauté que rien n'égale. Elles sont chargées de figures & d'hiero-
» glyphes, qui après un si grand nombre de siecles, font encore voir l'ha-
» bileté de l'ouvrier qui y a travaillé. Les chapiteaux qui sont ornez de feüil-
» lages, sont d'un ordre d'architecture different de tous ceux que la Grece
» & l'Italie nous ont appris; mais qui paroissent en avoir été les modéles;
» & rien n'est si curieux que de voir aujourd'hui ces belles écoles où les Grecs
» ont appris la science de l'architecture. La partie du temple où étoit le chœur,
» est encore en son entier, telle qu'on la voit dans le dessein; elle est remplie
» en dedans & en dehors de figures, où l'on reconnoît les anciennes divinitez
» d'Egypte. Au bout de ce chœur, on trouve une petite sacristie, où l'on voit
» des bas reliefs qui paroissent d'une main habile, & qui sont aussi-bien con-

---

CAPUT II.

I. Templum in loco Hermant dicto. II. Hermant, videtur esse Hermonthis illa veteris Ægypti. III. Cui numini dicatum erat hoc templum.

I. Nullum adhuc Ægyptiorum templum dedimus, tametsi certum est hanc superstitiosam nationem ingentem habuisse templorum numerum. Cum eorum structuram solidiorem esse curarent, quam cæteræ omnes gentes, ingentes haud dubie eorum reliquiæ supererunt. Duorum delineatas imagines dedit D. Paulus Lucas in tertio tomo postremi itineris sui. Primum Hermanti est; secundum Anderæ hodiernæ. Hæc de priore dicit p. 16.

Dum institutum iter persequimur, ad vicum tandem cui nomen Hermantium pervenimus. Atque istic templum illud Jovis celeberrimum, quod neminem unquam descripsisse puto ex eorum numero, qui in Ægypto sunt peregrinati. Hisce ruderibus nihil uspiam magnificentius occurrit. Undique visuntur strues magna lapidum columnarumque ex marmore omnium pulcherrimo. Columnæ quæ etiam nunc erecta supersunt, quarumque figura in specimine nostro visitur, ea sunt forma & magnitudine, quam nihil uspiam exaquet. Plena sunt autem hieroglyphicis figuris, quæ post tot sæculorum decursum artificis peritiam testificantur. Capitella quæ sunt ornata foliis ad ordinem quemdam architectonices pertinent, qui ab illis architectorum differt ordinibus, quos Græcia & Italia docuerunt, sed inde artem illam Græci sunt mutuati. Hic disciplinæ locus fuit. Spectaculo sane dignum est hoc architectonices magisterium. Quæ pars templi sacerdotibus & sacris faciendis deputata erat, integra hodieque stat, qualis conspicitur in schemate, plena intus forisque est figuris illis, in quibus Ægyptiaca numina internoscuntur. In extrema hujusce ædificii parte est quædam æditui, ut videtur, camera exigui ambitus, ubi anaglypha habentur, quæ

servez

ſervez que s'ils ne venoient que d'être faits. Cette Chappelle ou cette Sa- «
criſtie, comme on voudra la nommer, eſt couverte de cinq pierres de vingt «
pieds de long ſur cinq de large, & deux pieds huit pouces d'épaiſſeur; du «
moins ſi elles ſont toutes égales à celle que je meſurai. En montant par un «
petit eſcalier qu'on avoit pratiqué dans le mur, j'allai ſur la platte-forme, «
d'où je conſiderai à loiſir toutes les ruines de ce ſuperbe édifice, qui me «
parut avoir 250. pas de long ſur cent de large. J'ai joint à la figure de ce Tem- «
ple celle de ſon plan géometrique, afin que le lecteur n'ait rien à déſirer ſur «
un ſujet ſi curieux & ſi interreſſant. «

Les vaſtes débris & le prodigieux nombre de colonnes qui ſont répan- «
dües de tous côtez, me perſuaderent aiſément qu'il y avoit eû autrefois en «
cet endroit une ville auſſi grande qu'elle étoit magnifique, & on ne peut «
pas douter que ce fut celle d'Hermonthis, dont Strabon, Ptolemée & Ste- «
phanus nous ont laiſſé la deſcription dans leurs ouvrages. Ces auteurs la «
placent dans le Nome Hermonthite, dont elle étoit la Métropole, un peu »
au-deſſus de Thebes ſur le bord oriental du Nil, & au-deſſous de Latopolis «
& de la grande Ville d'Apollon. Stephanus nous apprend après Strabon «
que Jupiter étoit la grande divinité des Hermonthites, qui avoient auſſi «
beaucoup de veneration pour Iſis & pour Apollon : & quand nous ne trouve- «
rions pas cette particularité dans leurs écrits, nous avons encore des mé- «
dailles & d'autres monumens qui ont conſervé le nom de Jupiter Hermont; «
une entr'autres avec la tête d'Hadrien, & au revers la figure de Jupiter «
debout, tenant d'une main une aigle, & de l'autre la Haſte pure, ſymbole «
de la divinité, avec cette inſcription ΕΡΜΩΝΘ. qui eſt l'abregé d'ΕΡΜΩΝ- «
ΘΙΤΩΝ. Ainſi ce monument & la divinité à laquelle il étoit conſacré, «
ne ſont pas de ces choſes problématiques, où l'on fait ſouvent ſervir de «
preuves les conjectures les plus frivoles. «

Il y a quelque vraiſemblance dans ce que dit ici M. Lucas. Strabon dit
qu'après Thebes eſt la ville d'Hermonthis, où Apollon & Jupiter ſont honorez, & où l'on nourrit auſſi le bœuf : peut-être veut-il dire Apis. Eſtienne
de Byzance qui cite Strabon, dit, que d'Hermonthis vient le Jupiter Hermonthites, & l'Apollon, *qui portoit auſſi le même nom* ; & qu'il y a auſſi là un

---

peritam artificis manum olent, atque ita illæſa ſervata
fuere, ut recens facta dicas. Hoc ſive ſacellum, ſive
ſacerdotum receptaculum, ut volueris, quinque lapidibus tectum opertumque eſt, quorum ſingulorum men-
ſura eſt viginti pedum longitudinis, & quinque latitu-
dinis, duorum vero pedum & totidem pollicum denſitatis;
ſi tamen omnes eadem ſint menſura, unam quippe tantum ſum dimenſus. Per exiguam ſcalam in ipſo muro
adornatam ad ſupernam eamque planam concamerationem aſcendi : indeque omnia ſuperbi hujuſce adificii
rudera perſpexi ; quantum autem æſtimare licuit, erat
pedum ducentorum quinquaginta longitudine, latitu-
dineque centum. Templi conſpectui ichnographiam ad-
junxi, ut lectori tantarum rerum ſtudioſo facerem ſatis.

Ingentia illa rudera, tantuſque ille columnarum
numerus, indicio mihi fuere, iſtic olim fuiſſe urbem
magnam atque magnificentiſſimam. Neque dubitari
poteſt, quin ſit Hermonthis illa, cujus Strabo, Pto-
lemæus atque Stephanus deſcriptionem in operibus ſuis
nobis reliquerunt. Illam in Hermonthite Nomo locant
hi Scriptores, cujus olim erat Metropolis, ſita ſupra

Thebas in Ora Nili Orientali poſt Latopolin magnam-
que Apollinis urbem. Stephanus poſt Strabonem docet
Jovem magnum fuiſſe numen Hermonthitarum, qui
etiam Iſidem & Apollinem multum venerabantur.
Etiamſi vero hujuſce rei ſcriptores illi non fidem facerent, in nummis tamen in aliiſque monumentis Jovis
Hermonthitæ nomen ſervatur : in nummo videlicet
Hadriani, in cujus poſtica facie ſtat Jupiter, altera
manu Aquilam, altera haſtam puram tenens, ſymbolum divinitatis, cum inſcriptione ΕΡΜΩΝΘ lege. ΕΡ-
ΜΩΝΘΙΤΩΝ. Atque ita non ex conjectura levi, ſed ex
probatiſſimis monumentis ſtatuitur cui numini ſacrum
eſſet hoc monumentum.

Aliquid probabilitatis habent ea quæ hic proferuntur & ſtatuuntur. Ait Strabo l. 17. p. 561. poſt
Thebas Hermonthim eſſe urbem, in qua coluntur
Apollo & Jupiter, & ubi etiam bos alitur, Apim
forte ſignificans. Stephanus autem Byzantius qui
Strabonem affert auctorem, ait ex Hermonthi
factum eſſe nomen Jupiter Hermonthites, & Apollinem eodem inſigniri nomine : ibidemque tem-

temple d'Ifis. Cela fuppofé, comme il y a apparence que l'Herman d'aujour-
d'hui eft la même ville que l'Hermonthis des anciens ; il eft à croire que ce
temple étoit de l'une des trois divinitez qu'on y adoroit anciennement, de Jupiter, ou d'Apollon, ou d'Ifis. Il eft à remarquer que Strabon nomme A-
pollon le premier. Ce feroit hazarder que de dire que ce temple eft celui de
Jupiter Hermonthites, & la raifon tirée d'une médaille où fe trouve Jupiter
Hermonthites, ne fuffit pas pour rendre la chofe claire, ni même fort probable : il pourroit auffi-bien être d'Apollon ou d'Ifis. M. Vaillant qui a donné
les médailles Greques, n'a pas mis celle-ci.

---

plum Ifidis effe. His vero pofitis, cum probabile omnino fit Hermanthum hodiernum effe Hermonthim illam veterum, verifimile eft hoc templum alicui ex hifce tribus numinibus fuiffe facrum, Jovi videlicet, aut Apollini aut Ifidi. Porro obfervandum eft in Strabone Apollinem proferri primum. Non fine periculo ergo dicatur hoc templum Jovis Hermonthitæ fuiffe, neque ad rem probandum fatis eft nummi unius auctoritas, ubi Jupiter Hermonthites memoratus tantum reperiatur. Poffet enim hoc templum effe Apollinis aut Ifidis. Hunc porro nummum non novit Valentius, qui de Græcis nummis librum edidit.

CHAPITRE III.

Bâtiment merveilleux d'Andera, autrefois Tentyris. Il n'a guere l'air d'un Temple.

POur ce qui est du second temple, si toutefois ç'en est un, M. Lucas en parle en ces termes p. 37.

Après avoir marché quelque tems parmi des monceaux de pierres & de «
marbre, j'apperçus de loin un édifice d'une grandeur & d'une beauté extraor- «
dinaire, & m'en étant approché, je fus saisi d'étonnement de voir un ou- «
vrage qui pourroit avec raison passer pour une des merveilles du monde. «
J'arrivai d'abord par le côté de derriere, qui présente une grande muraille «
sans fenêtres, bâtie de grosses pierres de granite grisâtre, toute remplie de "
bas reliefs, plus grands que nature, qui representent les anciennes divini- «
tez d'Egypte, avec tous leurs attributs dans differentes attitudes. «

Deux lions de marbre blanc gros comme des chevaux, sortent de plus «
de la moitié du corps de cette muraille. Je passai de-là par un des côtez, & «
j'y marchai environ 300. pas avant que d'arriver à la grande façade du de- «
vant, & ce côté est aussi rempli de bas reliefs, avec trois lions saillans de la «
même grosseur que les autres. La grande face de ce superbe édifice offre «
d'abord un vestibule au milieu, soutenu par de grands pilastres quarrez, «
d'une grosseur prodigieuse. Un grand peristyle, soutenu par trois rangs de «
colonnes, qu'à peine huit hommes pourroient embrasser, s'étend des deux «
côtez du vestibule, & soutient une voute plate, faite de pierres de six à sept «
pieds de large & d'une longueur extraordinaire. Cette voute paroît avoir «
été peinte autrefois; & l'on y observe encore quelques couleurs que le tems «
a épargnées. Ces colonnes faites de grosses pierres de marbre granite, & «
chargées d'hiéroglyphiques en bas reliefs, ont chacune sur leur corniche «
un chapiteau fait de quatre têtes de femme avec leur coëffure, adossées les «

CAPUT III.

Ædificium mirabile Anderæ, quæ Tentyris olim appellabatur: Templum fuisse vix credatur.

DE secundo templo, si templum tamen dici debeat, hæc Lucas habet.

Aliquanto tempore inter rudera ac lapidum marmorumque congeries progressus, procul ædificium conspexi amplitudinis magnificentiæque singularis, atque ut proprius accessi, stupore perculsus sum, opus cernens, quod inter spectacula mundi conseri poterat. A posteriore vero ædificii parte adveni, ubi ingens sine ulla fenestra murus magnis ex granito marmore lapidibus structus, cinerei coloris, anaglyphis opertus, ubi figuræ naturalem magnitud'nem & staturam exsuperantes numina sunt Ægyptiaca, cum attributis suis & vario situ.

Leones duo ex albo marmore, equis crassiores ex muro illo prodeunt, & plusquam dimidium corporis efferunt. Per alterum progressus latus, & trecentos circiter passus emensus, multis eo ipso latere visis anaglyphis, tribusque leonibus ejusdem magnitudinis atque situs, ad majorem præcipuamque ædificii faciem perveni. In qua vestibulum statim visitur medium occupans fultum ingentibus pilis quadratis. Hinc peristylium magnum tribus fultum ordinibus columnarum, quarum densitas tanta, ut vix eas octo viri amplexari queant, utrumque vestibuli latus ambit, & concamerationem plana superficie sustentat, adornatam ex lapidibus latitudine sex septemve pedum, longitudine autem ingenti. Concamerata autem interior superficies depicta olim fuisse videtur, & observantur adhuc quædam colorum vestigia. Columna autem illa ex immanibus graniti marmoris lapidibus structa, hieroglyphisque onusta, quæque capitellum suum habent, quod quatuor constat mulierum comtis capitibus, ex aversa parte una conjunctis,

» unes contre les autres, & dont les quatre faces paroiſſent à peu-près comme
» on nous repreſente celle de Janus : ces têtes ſont d'une grandeur propor-
» tionnée à la groſſeur des colonnes. Il y a encore au deſſus une baſe d'une
» pierre quarrée, haute environ de ſix pieds, un peu plus longue que large,
» qui ſoûtient la voute, comme on peut le voir dans le deſſein que j'en donne.
» Une eſpece de corniche d'une conſtruction ſinguliere, regne tout le long
» de ce periſtyle, & termine ce qui reſte aujourd'hui de ce palais. Il y a au
» milieu ſur le portique deux gros ſerpens entrelaſſez, dont les têtes repoſent
» ſur deux grandes ailes étenduës des deux côtez. Quoique ces colonnes ſoient
» enſevelies dans les ruines, & qu'il n'en paroiſſe pas la moitié ; on peut ju-
» ger de leur hauteur par leur circonférence ; & ſuivant les meſures d'une
» exacte architecture, elles devoient avoir 44. ou 45. pieds de haut, & 120.
» y compris la baſe avec le chapiteau.

» De ce veſtibule on entre d'abord dans une grande ſalle quarrée, où l'on
» voit trois portes qui conduiſent à differens appartemens : j'en viſitai trois
» qui conduiſoient encore dans d'autres, qui étoient auſſi ſoutenus par plu-
» ſieurs belles colonnes ; mais l'obſcurité, les décombres, & la crainte qu'a-
» voient ceux qui m'accompagnoient, & qui n'oſoient s'expoſer dans ces vaſtes
» lieux, m'empêcherent d'aller plus avant, & de parcourir l'interieur de ce
» ſuperbe palais. Les contes qu'ils me firent des tréſors qui étoient gardez
» dans ces lieux, & de l'entrepriſe d'un Gouverneur qui avoit voulu y péné-
» trer, ſans pouvoir y réüſſir, ne m'éffraïerent point : la ſeule impoſſibilité
» de lever ſeul tous les obſtacles qui ſe préſentoient à chaque pas, me fit
» ſortir d'un lieu, où j'avois encore tant de choſes à conſiderer.

» Comme l'édifice, dont je donne ici la deſcription, eſt preſque tout enſe-
» veli d'un côté ſous les débris & les grands monceaux de pierre qui ont
» formé une eſpece de montagne ; on monte fort aiſément ſur la terraſſe ; &
» pour juger de ſa grandeur, il ſuffit de dire que les Arabes avoient bâti
» deſſus autrefois un fort grand village, dont on voit encore les mazures. Ce
» fut de là que je conſiderai les mazures de cette Ville, qui pouvoit bien
» avoir cinq ou ſix mille de tour. Il eſt ſûr qu'il doit y avoir ſous ces mon-
» ceaux de pierre un grand nombre de monumens, dont on ne peut décou-

---

qualem januam quadrifrontem conſpicimus. Quæ capita ad columnarum amplitudinem aptata ſunt. Supra capita iſtæc eſt ceu baſis quadrata, lapis nempe ſex circiter pedibus altus, latitudinem longitudine ſuperante : quæ baſis concamerationem illam ſuſtinet, ut in propoſito ſchemate videre poſſis. Coronis quædam ſingularis ſtructura hujuſce periſtylii longitudinem occupat, illaque terminatur ædificium, ut hodieque permanet. In media porticu ſunt duo circumplicati ſerpentes, quorum capita quieſcunt ir alis utrinque extenſis. Etſi porro columnæ illæ in ruderibus ſepultæ ſint, illarumque ne dimidia quidem pars conſpiciatur, ex earum ambitu poteſt de altitudine judicium ferri ; ac ſecundum accuratam architectonices menſuram, erant altitudine quadraginta quinque circiter pedum : cum baſi autem & capitello centum viginti pedum.

Ex hoc veſtibulo in magnum conclave quadratum intratur, ubi tres portæ ſunt, ad diverſa conclavia ducentes. Tria inviſi conclavia, quæ ad alia deducebant, elegantibus & ipſa columnis fulta ; verum obſcuritas luciſque defectus, ruderum congeries, formido comitantium, qui in hæc vaſta loca ſe intromittere non audebant, impedimento fuere quominus ulterius progrederer, atque ſuperbi ædificii interiora omnia explorarem. Neque tamen perterrefactus ſum fabuloſis quibuſdam quas proferebant narrationibus, de theſauris quibuſdam hoc in loco ſervatis, deque præfecto quodam, qui illo penetrare fruſtra tentaviſſet. At cum non poſſem ſolus omnes amovere obices, egreſſus ex eo loco ſum, ubi tot alia exploranda ſupererant.

Cum ædificium illud, cujus hic deſcriptionem paravi, ex altero latere ſub ruderibus, lapidumque acervis in montem pene creſcentibus fere totum ſepultum ſit, in culmen ſupernum facile conſcenditur ; utque quam vaſtum amplumque ſit ædificium judicetur, ſat erit dixiſſe, Arabas olim ibi vicum magnum conſtruxiſſe, cujus hodieque rudera ſuperſunt. Hinc porro urbis reliquias conſpexi, cujus ambitus olim eſſe potuit quinque ſexve milliariorum. Sub iſtis haud dubie lapidum acervis ingentibus monumenta multa latent, quæ nec diſpici, nec

vrir aucuns restes. J'en juge par un endroit que les Arabes ont tâché d'ou- «
vrir dans un des coins du palais dont je parle. Il y reste encore un trou qui «
a cinq ou six pieds de profondeur, dans lequel on voit plusieurs restes de «
figures & de bas reliefs. On ne sauroit même decider au juste de combien «
de corps de logis cet édifice étoit composé ; car on trouve à quelque dif- «
tance de la façade une grande arcade d'un très bel ordre d'architecture, qui «
paroît avoir été la premiere porte. Elle a plus de 40. pieds de haut. A tren- «
te pas de-là on trouve des deux côtez deux autres bâtimens, dont les portes «
sont presque comblées, & je jugeai par les logemens que j'y apperçûs, que «
c'étoient apparemment les deux corps de garde où logeoient les deux Offi- «
ciers & leurs soldats. «

Sçavoir maintenant si c'étoit un palais ou un temple, c'est ce qu'il n'est «
pas aisé de deviner ; car les bas reliefs des divinitez Egyptiennes se met- «
toient également sur les temples & sur les palais. La tradition du payis est «
que c'étoit un temple de Serapis, qui avoit autant de fenêtres qu'il y a de «
jours dans l'année, & que ces fenêtres répondant à tous les degrez de l'é- «
cliptique, le soleil venoit chaque jour saluer la divinité qui y présidoit. «
Mais outre qu'il ne paroît à présent aucune de ces fenêtres, je ne connois «
aucun ancien auteur qui ait fait cette remarque au sujet du temple d'An- «
dera. Tout ce que je puis dire ici sans rien decider, c'est que je ne crois «
pas qu'il y ait encore dans le reste du monde un monument qui offre rien «
de si prodigieux : & c'est ici qu'on peut justement appliquer ce que Pline «
dit du Labyrinte, *portentosum humani ingenii opus.* «

Ce qui est bien certain, c'est que le lieu dont je viens de parler, & «
qu'on nomme aujourd'huy Andera, ainsi que le village qui est auprès, étoit «
autrefois la Ville de Tentyris, qui étoit dans la haute Egypte sur le bord «
Occidental du Nil, à plus de cent lieuës de Memphis, dans le Nome «
Tentyrite, dont elle étoit la Métropole suivant tous les anciens. «

M. Lucas a donné une inscription Greque qui se voit dans une frise de
ce bâtiment ; mais si défigurée qu'on n'en peut rien tirer. Ce qu'il dit sur la
grosseur & la proportion des colonnes ne peut subsister. Elles sont si grosses,

---

explorari possunt. Cujus rei argumentum duco ex foramine quodam ab Arabibus facto in angulo ejusdem ædificii, quod hodieque quinque sexve pedum profunditatem habet, ubi fragmenta multa schematum & anaglyphorum cernuntur. Nec potest accurate dici quot præcipuis partibus hoc amplum ædificium constaret. Aliquantulum a præcipua ædificii facie intro profectis arcus occurrit magnus, secundum accuratiorem architectonices normam structus, qui primum ostium fuisse videtur. Est autem altitudine pedum plus quadraginta. Hinc triginta passibus progressi incidimus in duo alia ædificia quorum porta pene obruta sunt. Atque ex conclavium modo & forma existimavi stationes duas ibi fuisse militum cum manipulariis suis custodientium.

An sint autem ades Regiæ aut Prætoriæ, an Templum, non ita facile est divinare ; nam anaglypha illa deos Ægyptiacos referentia in templis pariter atque in ædibus sculpebantur. In illo tractu putatur templum esse Serapidis, ubi tot fenestræ erant quot dies anni sunt, & cum singula fenestra singulis Ecliptici gradibus re-sponderent, Solem quotidie salutatum venisse deum qui illic habitaret. At præterquam quod nulla ibi fenestra hodie conspicitur, nullum Autorem hac de templo Andera, sive Tentyreos dicere comperi. Hoc autem possum, ea re prætermissa, dicere : Non puto in toto orbe tam prodigiosum superesse opus, de quo apposite dicatur idipsum quod Plinius de Labyrintho, portentosum humani ingenii opus.

Quod vero certum indubitatumque est, locus ille de quo jam egimus, cui nomen Andera, nomen vicino quoque pago tributum, vetus est Tentyris superioris Ægypti urbs, ad oram Nili Occidentalem, plusquam trecentis a Memphi passuum milliaribus, in Nomo Tentyrite, cujus secundum omnium veterum testimonium Metropolis erat. Imo ipsi nomen suum tribuebat.

Inscriptionem Græcam dedit Paulus Lucas quæ in quodam hujus ædificii zophoro visitur ; sed adeo deformatam, ut nihil inde explicari potuerim. Quod porro ait ille de spissitudine ac proportione columnarum stare nequit. Adeo, inquit, densæ

dit-il, qu'à peine huit hommes les pourroient embraffer; c'eft à dire, que le circuit en eft de plus de 40. pieds , & le diamétre d'environ 14. Cependant felon les mefures d'une exacte architecture, dit-il plus bas, elles devoient avoir 44. ou 45. pieds de haut , & 120. y compris la bafe avec les chapiteaux. Des colonnes de 14. pieds de diamétre, qui n'ont pas plus de 44. ou 45. pieds de haut , ne font pas affûrement bien proportionnées. Il feroit encore fort monftrueux en architecture, fi fur 120. pieds de haut, les colonnes n'en avoient que 45. & la bafe & les chapiteaux 75. Il y a ici felon toutes les apparences quelque faute d'impreffion.

Ce bâtiment n'a nullement l'air d'un Temple. Il faudroit l'examiner de plus près,pour juger fi c'étoit autrefois un Palais.Ce qui paroit dans l'eftampe à l'air d'une halle, ou d'un lieu où le peuple s'affembloit. Il faifoit fi grand chaud dans une ville fi près de la Zone Torride, qu'il falloit être à couvert des raïons du foleil, pour négocier, acheter, & vendre. En ce cas là les falles & les chambres auroient fervi pour des magazins, ou pour des affemblées de Ville, ou pour rendre la juftice , ou peut-être pour toutes ces chofes enfemble. On ne parle qu'en devinant fur ces bâtimens faits dans des temps fi reculez , fur tout quand on n'a pas été fur les lieux.

---

funt , ut vix octo homines illas complecti poffint. Circuitus ergo illarum eft pedum plus quadraginta , & diametros quatuordecim circiter pedum. Attamen , fecundum accuratam architectonices normam , ait ille infra , habere oportet illas quadraginta quatuor , aut quadraginta quinque pedes longitudinis , & centum viginti pedes , fi adjungas bafim & capitella. Columnæ certe , quarum diametros eft quatuordecim pedum , quæque quadraginta quatuor , vel quadraginta quinque pedes altitudinis haberent , non effent utique fecundum accuratam proportionem. Effetque res in Architectonice portentofa, fi ex centum viginti pedibus altitudinis , columnæ quadraginta quinque folum pedes obtinerent , bafis vero & capitella feptuaginta quinque. Quamobrem hic puto typographi mendum fine dubio effe.

Hoc ædificium nihil habet quod ad templum quadrare poffit : oporteretque rem in ipfo loco explorare , ut æftimari poffet , an ædes fplendidæ olim fuerint. Quod in fchemate vifitur, primo confpectu fori cujufpiam fpeciem habet , & loci ubi cœtus populi convenire foleret. Tantus erat æftus in loco zonæ torridæ ita proximo , ut locus radiis folaribus inacceffus requireretur ad negotiandum, emendum , vendendum. Si ita res fe habuiffet ,conclavia majora minoraque apothecarum loco fuiffent , vel ad civiles conventus , vel ad forum litibus judicandis , vel ad hæc omnia fimul. Nonnifi divinando loquimur de tam vetuftis ædificiis ; quando maxime loca ipfa oculis difpicere non licuit.

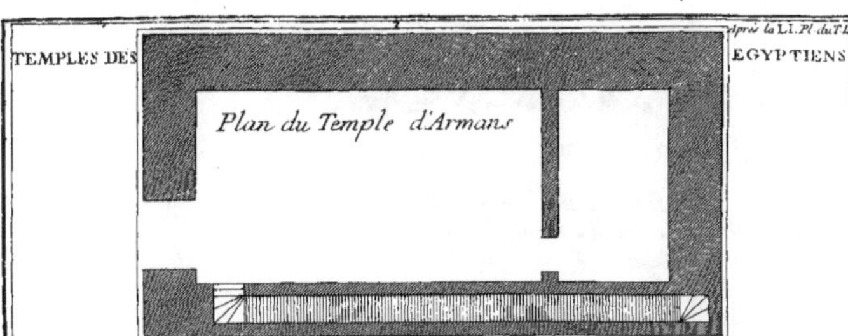

2

Plan et élevation perspective de ce qui reste du Temple d'Andera

3

Paul Lucas

CHAPITRE IV.

I. Figure Egyptienne extraordinaire. II. Deux Prêtres Egyptiens. III. Figure extraordinaire d'Osiris. IV. Osiris sur la fleur du Lotus. V. Autres figures extraordinaires.

I. LA premiere figure de la planche suivante est fort remarquable. Quoiqu'elle soit enveloppée comme les autres figures Egyptiennes, elle a des particularitez que les autres n'ont pas. Elle est coëffée moins bizarrement. Ses deux mains sont libres : elle tient sur sa poitrine deux tablettes chargées d'Hieroglyphes. La tête qui est au-dessous de ses mains, mord un instrument qu'on ne connoît pas. Il y a devant & derriere plusieurs caracteres tout differens de ces lettres hieroglyphiques qu'on voit dans les monumens Egyptiens, & semblables à ceux dont on se sert pour marquer les planetes, les jours de la semaine, & les metaux, qui selon le Philosophe Celse, avoient du rapport avec les planetes & les jours de la semaine. Ce qui pourroit faire juger que nôtre image auroit quelque rapport au soleil & au tems: ce qui se trouve aussi dans plusieurs autres images, dont la plûpart n'ont pas encore été remarquées.

II. Les deux Prêtres tiennent chacun un rouleau ouvert. Il paroît qu'ils ont tous deux la tête rase, comme l'avoient les Prêtres Egyptiens selon Herodote, & ils portent un bonnet. On les reconnoît pour Prêtres tant à la tête rase qu'au rouleau ouvert, écrit en lettres hieroglyphiques, dont les seuls Prêtres avoient la connoissance. L'autre petite figure qui est auprès n'a pas l'air d'être Egyptienne. C'est un homme qui a la tête rase, & dont la robe touche à terre. Il tient une tête d'Elephant. Il est difficile de savoir ce que cela veut dire. Mais ces sortes d'images qui paroissent inintelligibles, doivent toûjours être exposées aux yeux des gens de lettres. Ce sont comme des pierres d'attente, dont il semble d'abord qu'on ne puisse faire nul usage : mais il arrive

---

CAPUT IV.

I. Ægyptiaca figura admodum singularis. II. Sacerdotes duo Ægyptii. III. Osiridis insolita spectabilissimaque figura. IV. Osiris in Loti flore. V. Aliæ insolitæ figuræ.

I. PRimum Tabulæ sequentis schema spectabilissimum est. Etsi porro involuta figura sit ut aliæ multæ Ægyptiacæ, non pauca specialia habet in aliis nusquam visa. Cultus capitis Ægyptiam illam insolentiam non omnino refert : ambas hic homo habet liberas manus, & pectori admotas tenet tabellas duas characteribus hieroglyphicis plenas. Caput illud ferinum, quod sub ejus manibus visitur, instrumentum quodpiam mordet, non ita cognitu facile. In anteriori & posteriori schemate characteres multi cernuntur, hieroglyphicis illis monumentorum Ægyptiorum literis longe dissimiles ; sed qui ad illos characteres referri possunt, queis planetæ, dies, & metalla notabantur: metalla quippe secundum Celsum Philosophum, cum planetis & hebdomadæ diebus affinitatem quamdam habebant. Unde forte inferas hanc imaginem ad Solem & ad tempus referri; id quod etiam in multis aliis imaginibus occurrit, quarum pleræque nondum observatæ fuerunt.

II. Sacerdotes ejusdem Tabulæ duo, volumina tenent expansa ; videntur autem abrasum caput habere, id quod Ægyptiis sacerdotibus in more erat secundum Herodotum jam allatum, & pileum gestant. Sacerdotes igitur noscuntur esse tum ex abraso capite tum ex aperto volumine literis exarato hieroglyphicis, quarum notitia solis sacerdotibus reservata erat. Parvum aliud schema his proximum, nescio an Ægyptiacum dici queat. Homo est abraso capite, cujus vestis talaris est. Caput autem elephantis cum proboscide tenet. Quid autem eo significetur difficile est aperire. Verum hæ imagines, quæ statim inexplicabiles putantur esse, semper eruditorum oculis sunt exponendæ : jacent enim aliquo tempore, nec statim videtur cui possint esse usui. Sed sæpe contingit ut aliæ imagines recens erutæ iis

souvent que d'autres images ou semblables ou approchantes qu'on vient à déterrer, aident à expliquer celles-là: & ce qui paroissoit d'abord n'être d'aucune utilité, aide à découvrir des choses ignorées de ceux qui nous avoient precedez.

III. Rien de plus singulier & de plus inintelligible que l'image suivante, qui m'étant venuë après coup se trouve déplacée. Je crois que la principale image du tableau est un Osiris, qui par sa situation, par les animaux qu'il tient à ses deux mains, & par d'autres choses qui l'accompagnent, fait un spectacle fort extraordinaire. Au haut de l'image est une grande tête mal formée, qui semble tenir dans sa bouche la pointe qui sort du bonnet d'Osiris, qui est ici debout sur deux Crocodiles. Sa tête est ornée comme plusieurs autres têtes d'Osiris qu'on voit à la CXVIII. planche du second tome de l'Antiquité. Il porte un collier de perles. Mais ce qui frappe le plus dans ce tableau ce sont les animaux qu'Osiris tient ici de ses deux mains. De la droite il empoigne un serpent & la corne d'une chevre, qui se trouve ainsi suspenduë en l'air : de la gauche il tient un insecte, un serpent & un lion par la queüe. Ce sont des énigmes & des mysteres. Ce qu'il semble qu'on peut dire de plus raisonnable sur des choses si obscures, c'est qu'Osiris qui étoit le soleil, selon la Théologie Egyptienne, tient toutes choses, & particulierement tout ce qui a vie, les animaux feroces comme les lions, les animaux doux & traitables signifiez par la chévre, les reptiles marquez par les serpens, les insectes, les animaux aquatiques signifiez par les crocodiles. Mais ces deux crocodiles qui soûtiennent Osiris paroissent encore avoir d'autres significations. Le crocodile avoit, selon les anciens, beaucoup de rapport avec le soleil. Si l'on vient à compter, dit Achille Tatius, les dens du crocodile, on trouvera que le nombre égale celui des jours de l'année : c'est le soleil qui fait les jours de l'année, & qui les fait au nombre de 365. C'est à ceux qui voiagent en Egypte à examiner si les crocodiles ont effectivement ce grand nombre de dens. Selon Eusebe dans sa préparation Evangelique, les Egyptiens mirent l'image du soleil dans une barque que portoit un crocodile. Marcien Capella

Pl. aprèsla LII.

---

similes, aut quadam in re affines, his explicandis sint idoneæ; ita ut quod statim videtur, nullius esse usus, ad nova eruenda & dignoscenda conducat, quæ in nostram vel majorum nostrorum notitiam nondum venerant.

III. Singularis admodum & explicatu difficillima est sequens imago, quæ, cum tardius accesserit, non jam in proprio sibi loco ponitur. Præcipuam Tabulæ imaginem esse Osiridem existimo, qui & ex situ, & ex animalibus, quæ utraque manu complectitur, ex aliisque rebus, insolens omnino spectaculum offert. In suprema Tabula ingens caput visitur rudi opere, tetrum quidpiam præ se ferens, quod ore tenere videtur acuminatam illam virgam, quæ ex Osiridis pileo emittitur. Osiris hîc stat duobus nixus Crocodilis. Caput ejus eumdem præ se fert cultum atque ornatum, quem multa alia Osiridis capita quæ in Tabula CXVIII. secundi Antiquitatis explanatæ tomi visuntur. Torquem ex unionibus, ut videtur, concinnatum habet. Verum id quod maxime ad sui spectaculum evocat, animalia sunt quæ Osiris ambabus complectitur mani-

bus. Dextera serpentem stringit & cornu capræ, quæ capra sub manu suspensa manet; sinistra serpentem, insectum, caudamque, leonis inferne pendentis complectitur. Ænigmata & arcana sunt isthæc omnia. Id quod vero similius dici posse videtur in rebus adeo obscuris & arcanis, hoc est, Osiridem nempe, qui secundum Ægyptiacam Theologiam ipse Sol est, omnia continere & fovere, ea maxime, quæ vita fruuntur ; feras nimirum agrestes, ut leones ; cicures & tractabiles bestias, quæ per capram indicantur ; reptilia ut serpens, insecta, aquatilia, ut crocodilus. Verum hi duo crocodili qui Osiridem sustentant, alia μυστικῶς significare putantur. Crocodilus secundum veteres magnam cum Sole affinitatem habebat. *Si crocodili dentes numeres*, inquit Achilles Tatius libro quarto in fine, *ipsos dierum anni numerum æquare comperies*. Sol autem dies anni efficit, eosque numero trecenos sexagenos quinos, Ii qui in Ægypto peregrinantur, experimento probare poterunt, an revera numerum illum dentium tantum crocodili habeant. Ægyptii referente Eusebio imaginem Solis posue-

décrit

LII. *Pl. du Tom. II.*

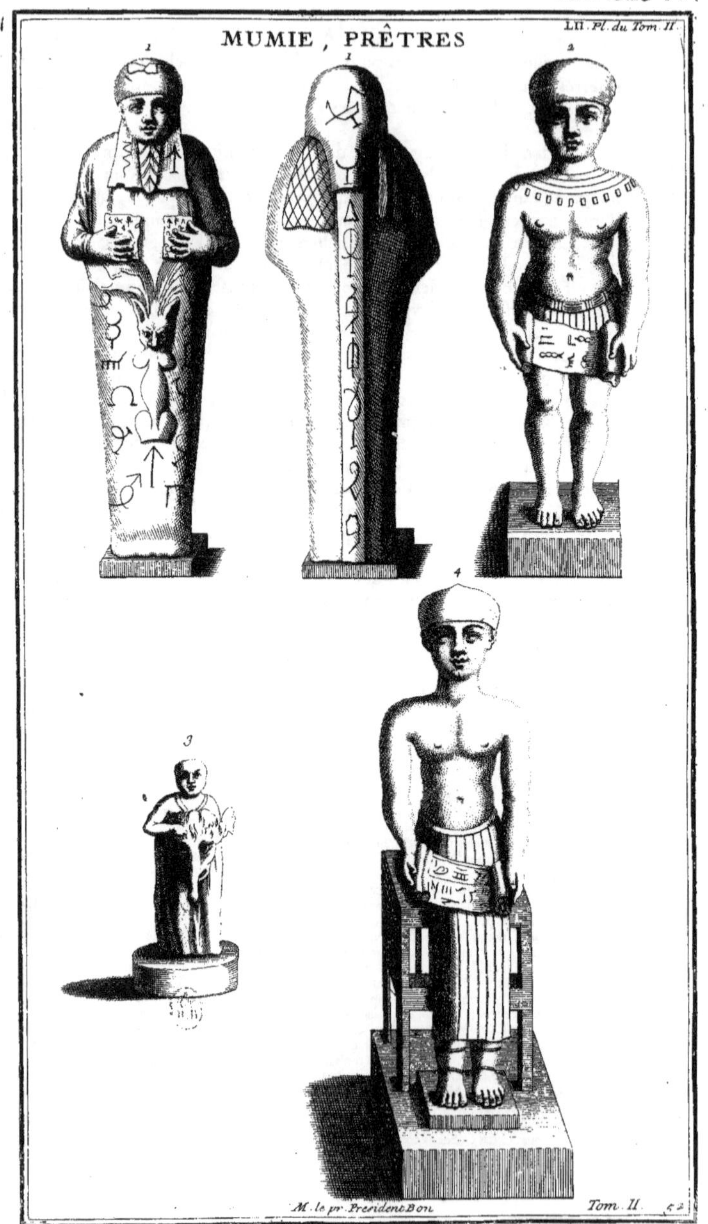

décrit la forme de cette barque. » Il y avoit, dit-il, sept Matelots : à «
fa proüe étoit la figure d'un chat : au mât celle d'un lion, & à la face «
exterieure celle d'un crocodile. Ce que dit Orapollon fait encore plus «
à nôtre sujet. Le crocodile marquoit l'orient & l'occident, qui passoient «
pour les extrémitez du cours du soleil ; nous voïons dans cette image Osi- «
ris porté sur deux crocodiles, qui ont les têtes tournées à deux côtez oppo- «
sez, & qui regardent peut-être l'orient & l'occident, ce qui reviendroit à ce
que dit Orapollon.

Ces choses si obscures & si énigmatiques se peuvent tourner en plus d'une
maniere ; on pourroit encore dire que le crocodile est ici foulé aux pieds par
Osiris. En plusieurs lieux de l'Egypte, entr'autres à Tentyre & à Antinoo-
polis on regardoit les crocodiles comme des bêtes pernicieuses, & l'on en
tuoit autant qu'on en pouvoit attraper. La Religion même leur inspiroit cette
haine ; parce qu'ils croïoient que Typhon meurtrier d'Osiris, s'étoit transformé
en Crocodile.

A la planche C L X V I I. du second Tome de l'Antiquité, il y a une image
fort semblable à celle-ci, tirée du cabinet de M. Foucault, qui est aujourd'hui
à M. deBose. C'est un marbre noir plat, qui est gravé des deux côtez, d'un
côté il n'y a que des mots & des caracteres ; on y voit entr'autres *Abrasax* &
Jao, mots qui prouvent que c'est une pierre des Basilidiens ou des Gnostiques. De l'autre côté paroît un Osiris fort semblable à celui-ci. Il a sur la tête
une autre plus grande tête, qui paroît porter un muid comme Serapis. Il empoigne de la main droite bien des choses, un animal peu reconnoissable, qu'il
tient par la queuë, deux serpens & une espece de manequin, & outre tout cela un gros bâton, qui se termine par le haut en un vase, d'où sortent plusieurs
choses difficiles à distinguer ; de l'autre main il tient à peu-près les mêmes
choses, avec cette difference que le vase qui est au haut du bâton est surhaussé d'un oiseau, qui paroît être un épervier ; mais ce qui est à remarquer est
que cet oiseau en porte un autre d'espece differente, je l'ai pris autrefois pour
une crête de l'oiseau de dessous ; mais je vois presentement que c'est un oi-

---

runt in navicula, quæ a crocodilo ferebatur. Mar-
tianus Capella naviculæ istius formam describit lib.
2. de Nupt. Philosophiæ : *Cui nautæ septem, germani
tamen suique consimiles præsidebant, in prora felis forma
depicta, leonis in arbore, Crocodili in extimo videbatur.* Orus autem Apollo, huic imagini magis
consentanea profert cum ait : *Crocodilus Orientem &
Occidentem denotabat, qua habebantur extrema cursus
Solis.* In hac imagine Osirin videmus duobus crocodilis insistentem, qui crocodili aversa capita, & oppositas duas mundi partes spectantia
habent, puta Orientem & Occidentem, id quod
apprime cum Ori Apollinis dicto consentiret.

Res adeo obscuræ & ænigmaticæ variis possunt
modis explicari ; non inepte forte dicatur Crocodilum ab Osiride pedibus calcari. In multis Ægypti
locis, verbi gratia Tentyri & Antinoopoli, Crocodili ut feræ perniciosæ habebantur, & mactabantur
si qui possent apprehendi. Id vero religio ipsa sua-
debat : putabant enim Typhonem Osiridis inter-
fectorem, in Crocodilum sese transmutavisse.

In Tabula CLXVII. secundi Antiquitatis expla-

natæ tomi imago visitur huic admodum similis ex
Museo D. Foucault ἐϰ μαϱϑείϒϭ educta, quod Museum hodie ad D. de Bose pertinet, tabella est
nigra marmorea, in utraque facie insculpta. In
altera facie characteres & literæ tantum habentur :
hæc autem ibi verba leguntur ΑΒΡΑϹΑΞ, ΙΑΩ,
queis probatur hunc lapidem esse Basilidianorum
sive Gnosticorum. In altera vero facie Osiris est,
huic omnino similis. Ejus capiti imminet caput aliud
cui impositus ceu calathus videtur, quod est Sarapidis symbolum. Manu dextera multa complectitur, nempe animal quodpiam, cujus genus vix
internoscitur, cujus caudam tenet, duos serpentes,
& quoddam quasi canistrum : præter hæc autem
densum baculum, quod superne terminatur vase
quopiam, unde plura egrediuntur cognitu non ita
facilia ; altera manu eadem fere ipsa tenet, cum
hoc tantum discrimine, quod in vase illo superne
posito, sit avis, quæ accipiter esse videtur. Quod
autem observandum, hæc avis aliam sustinet avem
quam olim pro crista quadam habui ad infernam
avem pertinente, at jam animadverto avem esse.

feau. Ofiris tient ici fes deux pieds fur les deux têtes des crocodiles, tournées de deux côtez differens, en forte que fi l'une regarde le levant, l'autre eft tournée vers le couchant; ce qui revient à ce que nous difions ci devant. Le dos de cet antique que nous donnons ici eft chargé d'Hieroglyphes très-femblables à tant d'autres que nous avons données, & que nous avons crû devoir nous difpenfer de mettre ici.

IV. On ne peut pas douter que la figure de deffous ne foit un Prêtre. Il eft à genoux comme deux autres de la planche CXL. du fecond tome de l'Antiquité. Il a les deux bras caffez, & ne differe des autres que par fon bonnet, qui eft & fort large & fort haut.

In ifta autem imagine Ofiris ambobus pedibus, ambobus Crocodilorum capitibus infiftit, quæ càpita contrarias oppofitafque mundi partes refpiciunt; ita ut fi alterum ad Orientem fpectet, alterum ad Occidentem vertatur; id quod ad ea quæ fuperius dicebamus referri poteft. Poftica facies hieroglyphis eft plena, quæ hieroglypha multis aliis, quæ jam protulimus, ita fimilia funt,ut ea hic iterum publicare noluerimus.

IV. Quod imam tabulam occupat fchema facerdotem haud dubie refert. Genuflexus ille eft ut & duo alii in Tabula CXL. fecundi Antiquitatis explanatæ tomi. Hic duo brachia amifit, atque ex fola forma tiaræ latæ admodum & excelfæ ab aliis differt.

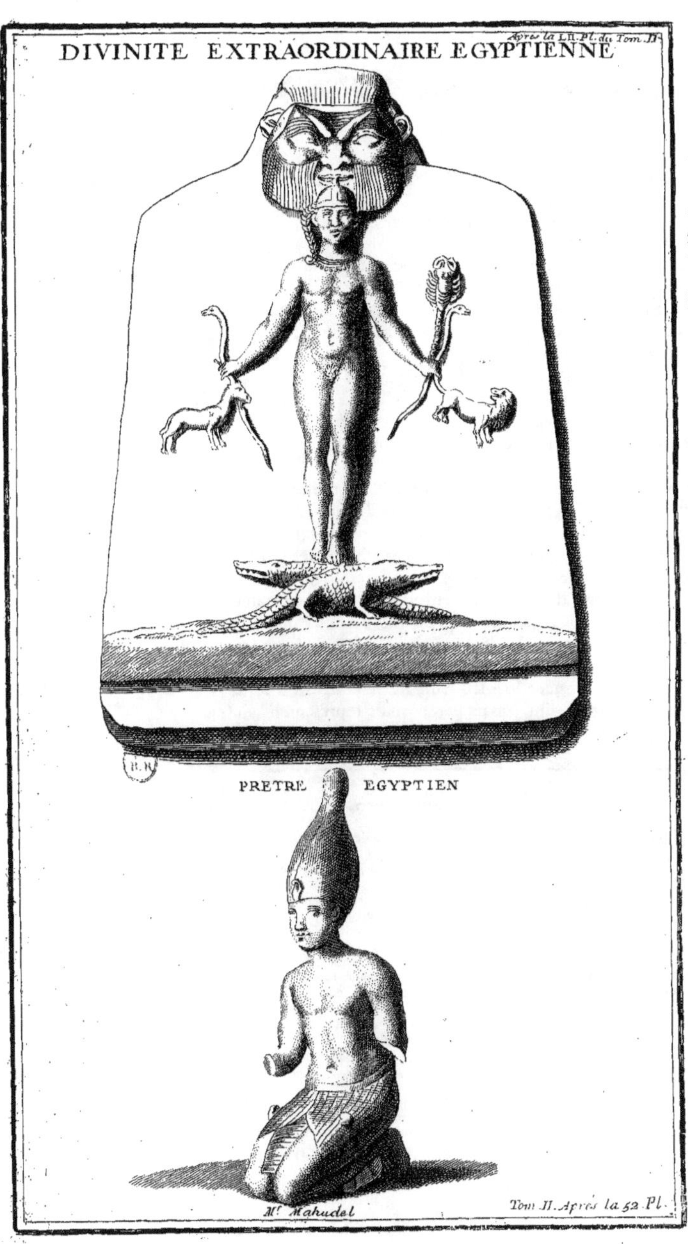
Aprés la LII.Pl.du Tom.II.
DIVINITE EXTRAORDINAIRE EGYPTIENNE
PRETRE EGYPTIEN
Mr. Mahudel
Tom.II.Aprés la 52.Pl.

CHAPITRE V.

I. Osiris sur la fleur du Lotus. II. Ce que c'étoit que le Lotus, & les autres fleurs des monumens Egyptiens selon M. Mahudel. III. Isis extra-ordinaire. IV. Autres figures.

I. ON voit souvent dans les monumens Egyptiens, Isis assise sur une fleur qu'on appelle ordinairement la fleur du lotus. Elle est ainsi représentée aux planches C X V. & C X X V. du second Tome de l'Antiquité. Mais plus souvent dans les Abraxas donnez au même Tome, planche CXLIX. CLVIII. & CLXIII. Ce qui est à remarquer est que dans la CLVIII. il y a onze figures assises ou sur des fleurs ou sur des plantes. Toutes celles de cette planche ne sont pas des Isis : on y voit le soleil sous la figure d'un homme qui a la tête raïonnante avec le foüet à la main, comme pour agiter ses chevaux : & dans une autre image un jeune homme assis aussi sur une fleur, & qui tient un foüet.

Nous n'avions pas encore vû Osiris en cette posture : les monumens ne le representoient point ainsi assis sur une fleur, je parle d'Osiris en sa figure ordinaire & peint à l'Egyptienne; car on sait bien qu'Osiris se prend pour le Soleil, aussi bien que Serapis, & que selon plusieurs Mythologues Osiris & Serapis sont les mêmes, quoique representez fort differemment dans les monumens. Osiris [1] est ici donc assis & comme enfoncé au milieu de la fleur, qui est representée avec sa tige, de la grandeur qu'on voit sur l'estampe. C'est une figure de bronze, du cabinet de M. le Maréchal d'Estrées. Je ne sai si ceci à quelque rapport à ce que dit Plutarque dans son traité d'Isis & d'Osiris p. 355. que les Egyptiens peignent le soleil naissant de la fleur du lotus, non pas qu'il croient qu'il soit né ainsi; mais parce qu'ils representent ainsi allegoriquement la plûpart des choses. A la planche CLVIII. du second Tome

---

CAPUT V.

I. Osiris flori Loti insidens. II. Quid esset flos Loti, quid alii flores in monumentis Ægyptiacis expressi, ex viri Cl. Mahudelli sententia. III. Isis insolitæ formæ. IV. Alia schemata.

I. IN monumentis Ægyptiacis sæpe occurrit Isis flori insidens, quem vulgo appellant Loti florem. Sic porro repræsentatur in Tabulis C X V. & C X X V. secundi Antiquitatis explanatæ tomi : sed sæpius in Abraxæis figuris quas dedimus eodem tomo Tab. CXLIX. CLVIII. & CLXIII. Quodque observes velim, in CLVIII. undecim hujusmodi figuræ sunt insidentes aut floribus aut plantis. Neque vero omnes eæ quæ in ista Tabula conspiciuntur Isides sunt. In una enim sol visitur viri specie, radiato capite, flagellum manu tenens, quasi ad agitandos equos currui suo junctos. In alia item gemma ibidem expressa juvenem vide-

mus nudum flori insidentem, & flagellum manu tenentem.

Osiridem nunquam eodem situ videramus, & monumenta illa quæ ad nos pervenerant, non sic eum unquam repræsentabant flori insidentem. De Osiride loquor ea depicto forma, qua solebat apud Ægyptios. Nam probe scimus Osiridem pro sole accipi; quemadmodum etiam Serapis sol esse dicitur : neque ignoramus vulgum mythologorum Osiridem & Serapidem pro eodem habere, etiamsi vario prorsus modo in monumentis exhibeantur. Osiris [1] itaque hic conspicitur sedens, & quasi depressus in floris concavo, qui cum caule sive scapo suo hic exhibetur, eadem qua in imagine depingitur magnitudine. Est enim figura ænea tota, ex Museo D. Marescalli d'Estrées. Nescio an hoc referri debeat ad illud Plutarchi in libro de Iside & Osiride p. 355. ubi ait. Ægyptios solem depingere in flore Loti nascentem : non quod putent ipsum sic esse natum ; sed quia sic allegorice maximam rerum partem exprimunt. Ad tabulam CLVIII. secundi Antiquitatis explanatæ tomi, uti

de l'Antiquité, on voit comme nous venons de dire deux fois le soleil peint en jeune homme sur la fleur du lotus : on le reconnoît dans les deux par le foüet qu'il tient à la main, & dans l'un il est marqué plus précisément par une espece de couronne radiale.

II. Cette fleur de lotus est fort semblable à celle de la planche cxv. du second Tome de l'Antiquité, & à plusieurs autres. Il y a beaucoup de varieté sur ces fleurs d'Egypte dans divers monumens, où il est aisé de prendre les unes pour les autres. Ils different beaucoup là-dessus, tant sur celles sur lesquelles on voit des divinitez assises, que sur les autres, je ne sai s'il seroit sûr de prendre toutes ces varietez pour des especes differentes.

M. Mahudel dans les memoires de l'Academie des belles Lettres T. 3. p. 181. a fait une savante dissertation sur ces fleurs Egyptiennes, où il prétend que les Antiquaires en consultant Théophraste, Dioscoride & Pline, n'ont pû juger sûrement de la forme de ces fleurs, parce qu'aucun de ces naturalistes n'avoit vû ces plantes dans leur lieu natal. C'est au sol de l'Egypte & au lit du Nil, dit-il, qu'il faut avoir recours pour en tirer les pieces de comparaison, qui ont servi de Types à ceux qui ont fait les anciens monumens Egyptiens.

C'est sur la vûe de ces plantes, ou apportées seches de ce payis-là, ou transplantées dans celui-ci, ou très-exactement representées par ceux de nos meilleurs botanistes, qui les ont dessinées d'après le naturel, que M. Mahudel a qualifié celles qui ont servi d'attributs aux dieux, & de symboles aux Rois, ou aux Villes d'Egypte, des noms qui leur conviennent suivant les genres ausquels elles ont rapport, afin de les rendre plus reconnoissables, & qu'il a communiqué les figures ausquelles il compare celles, qui dans l'explication des monumens Egyptiens, ont trompé les plus celebres Antiquaires.

Il y a cinq plantes principales, ou qu'ils ont peu connuës, ou qu'ils ont confonduës, pour s'être trop attachez à la lettre de quelques passages d'auteurs, qui n'en ont parlé eux-mêmes que sur la foi d'autrui. De ce nombre sont le *lotus*, & la *féve d'Egypte*, deux plantes, qui n'étoient considerables

---

supra diximus, bis Sol visitur juvenis forma flori Loti insidens, in duobus a flagello, quod manu tenet, dignoscitur ; in altero etiam clarius a corona radios emittente.

II. Hic flos Loti admodum similis ei est qui in Tabula cxv. secundi Antiquitatis explanatæ tomi conspicitur, plurimisque aliis hujuscemodi. In hisce autem floribus Ægyptiacis magna varietas in monumentis ejusdem regionis deprehenditur : ubi facile alium pro alio accipias : tanta nimirum differentia est, tam eorum quibus numina insident, quam aliorum. Nescio porro an tuto possit quispiam hasce ita variantes figuras pro diversis speciebus habere.

V. Cl. Mahudellus in Actis Academiæ litteratorum t. 3. p. 181. Dissertationem eruditam dedit, circa Ægyptiacos illos flores. Ubi probare conatur ille rei Antiquariæ studiosos, qui Theophrastum, Dioscoridem atque Plinium florum hujusmodi internoscendorum causa adierunt, non potuisse apud illos scriptores eorum genuinam assequi formam, quia nullus illorum φυσιολόγων hasce plantas in natali eorum terra viderat. Ad Ægyptiacum quippe solum & ad Nili alveum, inquit ille, properandum est, ut istinc eruantur flores illi, qui cum monumentorum floribus comparari possint : nam qui hæc monumenta ediderunt his, & non peregrinis, typis sunt usi.

Illis vero ipsis plantis conspectis, quæ genuinæ erant, quæque vel jam aridæ & exsiccatæ huc ex Ægypto advectæ fuerant, vel quæ in nostra regione transplantatæ, vel quæ a peritissimis herbariis nostratibus in ipsis locis accurate delineatæ fuerant, vir eruditus Mahudellus nomina cuique propria restituit illis plantis, queis deorum proprietates Ægyptii expresserant, quæque symbola regum civitatumque Ægyptiarum fuerant, illasque ad genera sua reduxit, ut illo modo facilius internosci possint. Illarum quoque formam delineatam expressit, atque contulit cum illis quæ in monumentis habentur, quæque doctissimos quosque reique antiquariæ peritissimos, dum hæc explicarent, in errorem induxerant.

Sunt vero præcipuæ quinque plantæ, vel quarum veram non assequuti sunt notitiam, vel quas alias pro aliis habuere ; quod quibusdam auctoribus eas describentibus, nimio scrupulo hærerent, qui tamen auctores ad aliorum fidem tantum loquuti fuerant. Ex illarum numero sunt Lotus, & faba Ægyptiaca, quæ ambæ plantæ ideo solum celebres ex-

que par les rapports myſterieux qu'elles avoient à la Théologie des Egyptiens: & trois autres , *le Colocaſia*, *le Perſea*, & *le Muſa*, qui outre ces rapports
avoient l'avantage de leur ſervir de nourriture.

Après cela M. Mahudel fait la deſcription du lotus , celle qui ſe trouve le
plus communément dans les monumens Egyptiens : ce qui vient , dit-il , du
rapport que ces peuples croioient qu'elle avoit avec le ſoleil , à l'apparition
duquel elle ſe montroit d'abord ſur la ſurface de l'eau , & s'y replongeoit dès
qu'il étoit couché. Phenomene d'ailleurs très commun à toutes les eſpeces de
Nymphea.

La fève Egyptienne eſt encore une de ces plantes que les Egyptiens mettoient dans leurs monumens, M. Mahudel, outre la connoiſſance qu'il en a
acquis par des relations, en a encore reçû une fort entiere de M. Sarrazin,
Medecin du Roi à Quebec. Son fruit qui a la forme d'une coupe de Ciboire,
en portoit le nom chez les Grecs, & dans les bas reliefs, ſur les médailles,
& ſur les pierres gravées, ſouvent elle ſert de ſiege à un enfant, que Plutarque dit être le Crepuſcule, par rapport à la couleur de ce beau moment du
jour avec celle de cette fleur.

Le *Colocaſia* eſt ſelon M. Mahudel une eſpece de fleur qu'on voit ſur la tête
de quelques Harpocrates, & de quelques figures Panthées, & on la reconnoît
par ſa forme d'oreille d'âne ou de cornet, dans lequel eſt placé le fruit.

La Perſea qui croît aux environs du Grand Caire, a des feüilles très ſemblables au laurier, excepté qu'elles ſont un peu plus grandes, & que ſon fruit
eſt de la figure d'une poire, qui renferme une eſpece d'amende ou noïau, qui
a le goût d'une chataigne.

La beauté de cet arbre, pourſuit M. Mahudel, qui eſt toûjours verd,
l'odeur aromatique de ſes feüilles, leur reſſemblance à une langue, & celle
de ſon noïau à un cœur, ſont la ſource des myſteres que les Egyptiens y
avoient attachez, puiſqu'ils l'avoient conſacré à Iſis, & qu'ils plaçoient ſon
fruit ſur la tête de leurs idoles, quelquefois entier, & d'autres fois ouvert, pour
faire paroître l'amende : cette figure de poire doit toûjours le faire diſcerner
du Lotus.

---

plorandæque erant , quod ad Theologiam Ægy-
ptiacam arcano quodam more adaptatæ adhibitæ-
que fuiſſent. Tres vero aliæ ſunt , Colocaſia , Perſea
& Muſa : quæ præterquam quod ad eamdem ipſam
Theologiam arcanam adhibebantur, in uſu quoque
Ægyptiis erant ad alimentum.

Poſtea autem D. Mahudellus Lotum deſcribit,
qui Lotus frequentiſſime omnium in monumentis
Ægyptiacis occurrit. Ideoque adhibebatur , inquit ,
quod multa haberet , quæ ad ſolem referrentur :
quo primum oriente ipſe ſubito in aquæ ſuper-
ficie comparebat ; cadente autem , ſtatim ad imum
deſcendebat : quod tamen φαινομενον Nymphææ
cujuſvis ſpeciei commune eſt.

Faba Ægyptiaca , inter plantas & ipſa connu-
meratur , quas Ægyptii in monumentis ſuis ponebant. Vir autem clariſſimus Mahudellus, præter ea
quæ ex multorum ſeu narratu ſeu ſcriptis accepit ,
fabam hujuſcemodi integram accepit à D. Sarrazin
medico Regio Quebeci agente. Fructus ejus qui
ciborium refert, hoc etiam nomen κιβωριον apud
Græcos habet. In anaglyphis autem , in nummis
atque in gemmis , ſellæ loco ſæpe datur puello
ſedenti , quem Plutarchus eſſe Crepuſculum ait,
quia color naſcentis necdum tamen orti ſolis,
cum hujus floris colore aliquam habet affinitatem.

Colocaſia , ſecundum D. Mahudellum , eſt flos
qui nonnunquam capiti Harpocratis impoſitus
comparet , necnon capiti figurarum quas Pantheas
appellamus. Inde autem internoſcitur , quod formam auriculæ aſini habeat , vel piperei cuculli , in
quo fructus quiſpiam inſertus conſpicitur.

Perſea planta eſt , quæ prope magnum Cairum
creſcere ſolet , foliaque habet lauri foliis ſimilia :
ſed paulo latiora , fructus ejus pyrum refert , in
quo quædam ceu amygdala eſt , quæ ad guſtum
caſtaneæ ſimilis.

Hujuſce arboris pulcritudo , pergit D. Mahudellus , qui ſemper viridis eſt , foliorum ejus odor
aromaticus , eorum cum lingua ſimilitudo, & nuclei
ejus cum corde humano ; hæc , inquam , omnia
arcanorum ſcaturigines ſunt. Hanc quippe Ægyptii
Iſidi conſecraverant , & fructum ejus capiti ido-
lorum ſuorum imponebant , aliquando integrum ,
aliquando apertum , ut amygdalam patefacerent.
Hæc cum pyro ſimilitudo id præſtat , ut facile a
loto diſtingui poſſit.

Le Mufa que les Egyptiens qualifioient arbre quoiqu'il foit fans branches, croiffoit autrefois en abondance à Pelufe, & eft aujourd'hui commun à Damiette. Sa tige eft une canne de laquelle naiffent des feüilles larges & obtufes, dont la longueur paffe quelquefois fept coudées; fes fruits qui fe mangent reffemblent à de petits concombres dorez, & ont une écorce aromatique & une chair d'un goût mieleux.

Il eft furprenant, ajoûte-t'il, que fe trouvant plufieurs figures antiques, dont les têtes font chargées de ces feüilles très-diftinctement reprefentées, les Antiquaires fe foient fi peu mis en peine d'indiquer la plante à laquelle elles appartiennent, vû que ce ne peut être que la beauté du *Mufa*, qui n'eft pas inferieure à celle du palmier, qui l'aura fait confacrer aux divinitez locales de la contrée, où il croiffoit en plus grande abondance, & où il venoit le mieux.

M. Mahudel donne enfuite la figure de toutes ces plantes, & nous en apprend la forme de peur qu'on ne s'y trompe. Ses découvertes feront fans doute utiles. Mais peut-être fe trouvera-t'il encore dans les monumens Egyptiens des fleurs & des plantes, qu'on ne pourra reduire à aucune de ces efpeces, foit par le peu d'attention de ces anciens qui ont fait ces monumens, & qui auront negligé d'exprimer exactement ces chofes, foit parce qu'on y aura voulu reprefenter d'autres plantes. Mais on ne fauroit obvier à tout, quelque diligence qu'on y apporte.

III. La figure fuivante [1] qui eft du cabinet de M. Rigord de Marfeille, exprime apparemment une déeffe Egyptienne, ou une Ifis que nous n'avions pas encore vûë avec ces fortes d'ornemens. Sa coëffure eft des plus fingulieres. De grandes & larges feüilles s'élevent fur fa tête. Au bas de la plus haute de ces feüilles & fur la tête de la déeffe, on voit des fruits qui reffemblent affez à des poires, ou peut-être à des concombres dont on ne voit que la moitié, les feüilles font longuetes, larges & obtufes, ce qui reviendroit à la Mufa de M. Mahudel. On ne fait fi ces longues treffes qui pendent à droite & à gauche font des cheveux, ou fi c'eft un ornement emprunté. Encore moins peut-on diftinguer ce qu'elle tient à la main : je n'oferois rien hazarder là-deffus, même par conjecture.

Mufam Ægyptii arborem dicebant etiamfi ramos non habeat. Ejus magna copia Pelufii pullulabat, hodieque Damietæ abundanter pullulat. Caulis ejus calamus eft ex quo nafcuntur folia lata & obtufa, quorum longitudo ultra feptem cubitos nonnunquam extenditur; ejus fructus, qui efui apti funt, auratis cucumeribus funt fimiles, corticem habent aromaticum, interiora autem faporem habent melli fimilem.

Mirum eft, profequitur ille, cum multa antiqua fint numina, quorum capita hujufcemodi foliis diftincte repræfentatis funt onufta, Antiquariæ rei addictos, ad quam plantam pertinerent explorare & indicare nihil curaviffe; quandoquidem fola Mufæ iftius pulchritudo, quæ non inferior eft palmæ, Ægyptios, ut credere eft, induxerit, ut eam numinibus, quæ in ifto tractu colebantur, confecrarent, in quo & majore copia, & melius Mufæ gignebantur.

Harum deinceps plantarum D. Mahudellus fchemata profert, earumque formam docet, ne alia planta pro alia habeatur. Qua in re ejus operam utilem futuram effe nemo ambigat. Verum fortaffe in monumentis Ægyptiacis flores & plantæ occurrent, quæ non poterunt ad aliquam memoratarum fpecierum reduci, five quia ii, qui monumenta iftiufmodi fecerunt, in iis accurate exprimendis incuriofi fuerint; five quia alias & a memoratis diverfas plantas exprefferint. Verum non omnibus occurri poteft cafibus, quantacumque diligentia adhibeatur.

III. Schema [1] fequens ex Mufeo D. Rigordi Maffilienfis, deam Ægyptiacam, ut puto, exprimit five Ifidem, quam cum hujufcemodi cultu nondum videramus. Ornatus capitis fingulariffimus eft. Longa lataque folia fupra caput eriguntur, & eminent. Quod fublimius cæteris eft folium, in imo habet fructus pyris fatfimiles, aut fortaffe cucumeribus, quorum dimidia tantum pars videri poffit. Folia longa, lata & obtufa funt, quæ omnia ad Mufam D. Mahudelli referri poffunt. Nefcitur autem utrum illi qui hinc & inde dependent cincinni, capilli fint, an aliunde advectum ornamentum. Multoque minus quid dea manu teneat internofci poteft. Ne augurando quidem de tam obfcura re loqui aufim.

FIGURES EGYPTIENNES

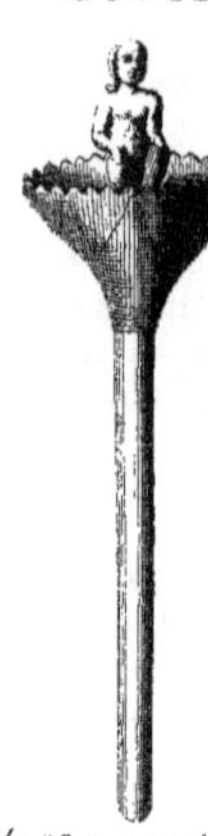

Mr. le Mar. Duc d'Estrées

Mr. le Pr. President Bon.

Mr. le Pr. President Bon

IV. La figure [3] qui vient après, est des plus monstrueuses. C'est le buste [3] d'un homme, le museau paroît d'une grenoüille, & l'on diroit sans doute que ç'en est une, si cette espece de barbe qu'on voit au-dessous du menton ne désignoit un autre animal. Je ne m'étendrai point sur la coëffure, ni sur cette espece de coussin quarré à quatre angles pointus qu'on voit sur sa poitrine. On voit dans les monumens Egyptiens tant de figures monstrueuses, que tout ce qu'on peut dire ici est que parmi celles-là on n'en a point encore vû de cette espece.

Le poisson [4] qui vient après, ne se trouve guere dans les monumens Egyp- [4] tiens. Il y a pourtant apparence qu'il est venu de l'Egypte comme les autres monumens ci-devant. Nous voïons dans les figures Egyptiennes une si grande quantité de magots, d'animaux, de monstres, qu'il faut nécessairement dire que la Théologie & la Mythologie Egyptienne, renfermoit un grand nombre de choses dont les Auteurs & les Historiens n'ont jamais parlé.

I V. Figura sequens [3] monstrosum quid præ se fert. Est protomè hominis, quæ rostrum ranæ habere videtur; ac ranam haud dubie referre diceretur, nisi barbulæ illæ sub mento dependentes aliud animal designarent. Nihil dicam de ornatu capitis, neque de pulvino illo quadrato angulis peracutis qui ante pectus extenditur. Inter Ægyptiaca schemata tot monstrosæ figuræ observantur, ut hoc unum hic dicendum videatur, inter illa nullum hactenus huic simile visum fuisse.

Qui sequitur piscis [4] inter monimenta Ægyptia vix reperitur. Ex Ægypto tamen venisse videtur, ut alia schemata in hoc memorata capite. Inter illas namque figuras Ægyptiacas, tot insolitæ formæ animalia, monstra aliaque videntur, ut necessario dicatur Theologiam Ægyptiacam multa complexam esse, quorum neque historici neque alii scriptores mentionem unquam fecerunt.

CHAPITRE VI.

I. Figure Egyptienne extraordinaire. II. Prêtres Egyptiens. III. Escarbots.
IV. Obelisque.

I. IL est difficile de juger si la figure assise qui commence la planche ¹ suivante est ou d'un dieu ou d'un Prêtre : quoiqu'il en soit elle est remarquable par bien des endroits. L'ornement de tête est des plus extraordinaires. C'est un grand gobelet large & profond : sur le devant & au bas du gobelet il y a un creux pour y inserer la tête ; ensorte que ce vaisseau sert de bonnet, & que par derriere, le gobelet a toute sa profondeur. Cela se comprendra mieux sur l'image même. Ce gobelet a comme deux fanons par derriere, tels que ceux qu'on met aux mitres des Evêques. Cette longue pointe que ce Prêtre, ou ce dieu a sous le menton est ordinaire dans les figures Egyptiennes. On la voit encore deux fois dans la même planche. Son collet à plusieurs bandelettes se termine sur le devant comme une dentelle : nous en avons vû sur Isis de fort approchans de ceux-ci, & qui finissent de même en une espece de dentelle. Son corps est lié d'une bande sur le milieu de la poitrine, & à la même hauteur ; il a deux bracelets de forme particuliere ; il a les deux bras étendus au long du corps, & tient deux bâtons qui peuvent avoir été cassez : il n'en reste guere que ce qui est dans la main. Il porte une espece de cullote que nous avons déja vûë plusieurs fois dans les figures Egyptiennes. Un siege solide sur lequel il est assis, est tout chargé d'Hieroglyphes sur lesquels nous n'avons rien à dire. Ces mysteres ont été jusqu'à present impenetrables. Ce qui est encore à remarquer, c'est qu'il a une croix assez bien formée sur chaque épaule.

II. Nous prenons ² pour deux Prêtres deux autres images de la même planche toutes deux remarquables par leur figure & leur situation. L'un des Prêtres est debout sur une base hexagone. L'ornement de tête est comme à trois étages. C'est d'abord une grande coupe, & au dessus deux colonnes jointes

---

CAPUT VI.

I. Ægyptiacum schema singulare. II. Sacerdotes Ægyptii. III. Scarabæi.
IV. Obeliscus.

I. NOn ita facile est judicare utrum figura ¹ illa sedens, quæ in tabula sequenti prima est, sacerdos sit, an deus quispiam Ægyptius ; ut ut res est, multis certe nominibus spectabilis esse deprenditur. Ornatus capitis est singularissimus. Ingens est poculum latum atque profundum, quod in anteriori facie quamdam ceu cavernam habet capiti inferendo, ut poculum tiaræ seu pilei loco sit, in posteriore vero facie poculum totam suam habet profunditatem latitudinemque : id quod in ipsa imagine statim percipietur. Poculum autem a tergo habet duas ceu tænias, quales in mitris Episcoporum observamus. Ornatus ille sub mento in acumen fere desinens, familiaris est Ægyptiis tum diis tum Sacerdotibus, bis enim adhuc in hac ipsa tabula perspicitur, quæ inferiora colli & humeros exornant, in acumina parva desinunt. Collaria similia in imaginibus Isidis vidimus, quæ perinde in denticulatum limbum desinebant. Corpus medio pectore stricte ligatur fascia, & e regione brachia similiter vinciuntur. Duo brachia propter corpus extensa sunt stipitesque manibus vir hic tenet, qui, ut videtur, magna ex parte dirupti fuerunt, ita ut id solum fere quod manu tectum erat remanserit. Panno femora renesque undique obteguntur, ut sæpe vidimus antea. Sedes illa solida in qua considet, hieroglyphicis oppleta est, de quibus, utpote arcanis neminique notis, nihil dicendum suppetit.

II Duos esse Sacerdotes ² putamus, duos illos e regione prioris positos viros, singulari forma ambos. Alius stat in basi octangula, hujus ornamentum capitis triplex exsurgit. Primo quemdam ceu craterem gestat ; hinc exsurgunt columnæ duæ,

surhaussées

furhauffées d'une autre plus petite colonne qui s'éleve fur les deux, & qui fe termine en haut en une efpece de fleur, la pointe qui eft au-deffous du menton & le collet font de même qu'à l'image precedente. Il a les deux bras étendus au long du corps, & les mains femblent fe joindre par derriere. Sa cullote pliffée eft de forme affez particuliere.

Un autre qui eft auffi apparemment un Prêtre, eft très remarquable par la machine qu'il porte fur la tête. Il a le collet & la pointe fous le menton comme les précedens. Il eft à genoux & tient à chaque main un fort petit vafe rond.

III. Après cela ³ viennent deux efcarbots affez finguliers, qui nous obli-³ gent de rappeller ce que nous avons dit Tome 2. p. 322. de l'efcarbot deifié par les Egyptiens. » Quelque ignorant dans les chofes divines, *dit Porphyre* » *dans Eufebe*, *pr. Ev. l. 3. c. 3.* aura de l'horreur pour l'efcarbot. Mais les » Egyptiens l'honorent comme une vive image du foleil; car tous ces infec- » tes font mâles, & jettent dans les marets la femence qui fert à la produc-' » tion. Cette femence eft de forme fpherique, l'efcarbot la couvre des pieds » de derriere, imitant en cela le mouvement du foleil. Je ne comprens pas ce » que veut dire ici Porphyre, ni quelle comparaifon il peut y avoir de l'ef- carbot, qui couvre fa femence des pieds de derriere, avec le mouvement du foleil. Mais quoiqu'il en foit, rien n'eft plus vrai que ce qu'il dit, que les Egyptiens lui portoient un grand honneur, & le rangeoient parmi leurs divinitez. On en trouve encore aujourd'hui une infinité dans l'Egypte, & particulierement dans le champ des Mumies, en pierre, en marbre, bafalte, bois, cornalines, jafpes, & autres. Il y en a trois ou quatre dans nôtre cabinet : & l'on en trouve auffi quantité dans tous les autres. On voit dans la table Ifiaque l'efcarbot avec la tête d'Ifis. Les Bafilidiens qui mettoient dans leurs pierres magiques, toutes les divinitez, même les plus bizarres, que les Egyptiens avoient adoptées, ne manquoient pas d'y mettre auffi l'efcarbot. On l'y trouve très fouvent, comme on peut voir aux planches CLIV. & CLV. du fecond tome de l'Antiquité. On l'y voit même une fois avec la tête du foleil raïonnant, ce qui confirme ce qu'a dit ci-deffus Porphyre. L'efcarbot fe trouve auffi quelquefois avec des perfonnes qui l'honorent d'un culte

---

ad eorum verticem exfurgit alia columella, quæ fuperne definit in florem, in mento, collo, humeris eadem funt ornamenta quæ in priori fchemate: brachia habet juxta corpus extenfa, manus vero poft tergum jungi videntur, perizoma fpectabile eft.

Alter qui & ipfe facerdos effe videtur, machinam quamdam capite geftat fingularem, ornatus menti colli & humerorum præcedentibus figuris fimilis. Genuflexus eft, & in qualibet manu tenet vafculum rotundum.

III. Sub hæc accedunt ¹ duo Scarabæi, qui illa repetere cogunt quæ diximus Tomo 2. p. 322. de Scarabæo nempe ab Ægyptiis inter deos relato. *Aliquis divinis in rebus ignarus*, inquit Porphyrius apud Eufebium Præp. Evang. l. 3. cap. 3. *Scarabæum horrebit. At Ægyptii illum ut folis vivam imaginem honorant. Omnia quippe infecta illa mafcula funt, & in paludes femen jaciunt ad procreationem neceffarium. Hoc femen fphærica forma eft, Scarabæus illud pedibus pofterioribus operit, motum Solis hac in* *re imitando.* Nefcio quid fibi velit Porphyrius, nec quæ comparatio effe poffit Scarabæum inter, qui femen fuum pofterioribus pedibus operit & folem. Sed ut ut res eft, veriffime dicit Ægyptios Scarabæum magno in honore habere, & inter deos referre. Infinita hodieque multitudo Scarabæorum, diverfæque materiæ occurrit in Ægypto, maximeque in Mumiarum campo, funtque fictiles, lapidei, marmorei, in bafalte, in corneola, in jafpide. Tres quatuorve funt in Mufeo noftro, paffimque in Gazophylaciis litterariis fimiles fervantur. In menfa Ifiaca Scarabæus cum capite Ifidis habetur. Bafilidiani vero qui in gemmis fuis numina etiam portentofiffima Ægyptiaca inferebant, Scarabæum etiam depingebant, & quidem frequenter, ut videre eft in tabulis CLIV. & CLV. fecundi tomi Antiquitatis explanatæ. Semel etiam ibi occurrit cum capite Solis radios emittente, hinc confirmatur id quod fupra dicebat Porphyrius. Aliquando item ante Scarabæum homines videas ipfum ut deum colentes. Sæpe etiam obfervavimus hæreticos illos,

divin. Nous avons aussi remarqué plusieurs fois que quoique ces heretiques missent ordinairement dans leurs pierres que nous appellons Abraxas, des divinitez Egyptiennes, même les plus bizarres; ils y mettoient aussi, quoique plus rarement, les dieux des Grecs & des Romains. Les deux que nous voïons dans cette planche sont de cette derniere espece, & quoiqu'il n'y ait dans aucune des deux ni caracteres ni inscription, je croirois volontiers que ce sont deux pierres des Basilidiens. L'une des surfaces de ces pierres est arrondie selon la figure de l'escarbot. L'autre face est plate, & c'est sur celle-ci que l'on voit dans l'une des pierres, Hercule appuïé sur sa massuë qui tient un pied sur un certain instrument que je ne connois pas, & qui étend sa main comme gesticulant & parlant à quelqu'un. Dans l'autre pierre on voit Mars tenant son arc d'une main, le casque en tête, un petit manteau sur les épaules, qui ne couvre point sa nudité.

Il y a apparence que les Basilidiens qui mettoient ordinairement sur leurs pierres ces figures horribles & monstrueuses des Egyptiens, des hommes à tête de coq & jambes de serpent, ou à tête de lion, & le corps ou d'homme ou de serpent, & tant d'autres de cette espece; monstres qui n'étoient pas au goût de tout le monde; en faisoient aussi d'autres ou étoient exprimées les divinitez des Grecs & des Romains, qui avoient toute la forme humaine & ne blessoient pas l'imagination de certaines personnes plus délicates, qui n'auroient pû soutenir l'horreur de ces monstres.

IV. Il n'y avoit rien de plus commun en Egypte que les Obelisques, On y en voïoit une quantité prodigieuse dont quelques-unes faisoient un ornement considerable, soit dans les villes, soit dans les campagnes. La plus grande de toutes se voïoit auprès de ce fameux labyrinthe d'Egypte, dont celui de Crete, selon Pline, ne faisoit que la centiéme partie.

Ces Obelisques étoient chargez de caracteres hieroglyphiques. Il s'en trouvoit peu destituez de cette sorte d'ornement. Ces hieroglyphes contenoient les plus secrets mysteres des Egyptiens. Outre ces grands Obelisques ils en faisoient aussi de fort petits, qui paroissent avoir entré dans la religion des Egyptiens. On en voit deux dans la table Isiaque entre les mains de deux

---

etsi in gemmis suis numina frequentius Ægyptiaca etiam monstrosa insculperent, a Græcis tamen & Romanis non abstinuisse. Duo lapilli in Scarabæi formam aptati, quos in hac tabula posuimus, ejus postremæ speciei sunt: etsi vero in utroque inscriptio nulla, character nullus compareat, libenter credam esse duas Basilidianorum gemmas. Altera autem lapillorum facies ad formam scarabæi nonnihil rotunda est, altera vero plana. In hac vero plana superficie in altero lapillo habetur Hercules clava nixus, qui pede premit instrumentum quodpiam mihi ignotum, manumque extendit, & gestu suo aliquem videtur compellare & alloqui. In altero lapillo Mars arcum altera manu tenet, galeatus, palliolumque humeris gestans, quo nuda minime teguntur.

Basilidiani, ut credere est, qui ut plurimum in gemmis suis Abraxæis figuras illas Ægyptiacas, portentosaque illa & horrenda schemata Ægyptiaca ponere solebant, viros capite galli, cruribus serpentinis; vel capite leonis, humano corpore sive

serpentino quandoque: & similia innumera, quæ monstra non poterant omnibus perinde placere; alia, ut verisimile est parabant, ubi expressa erant numina Græcorum & Romanorum, quæ cum formam haberent humanam, animos elegantioribus numinum iconibus assuetos, qui monstra hujusmodi non tulissent, minimè offendebant.

IV. Nihil frequentius in Ægypto occurrebat, quam Obelisci. Innumeros ibi videre erat, qui ad ornamentum ponebantur & in urbibus & in agris. Omnium maximus erat prope celebratum illum Labyrinthum Ægyptium, cujus ille alius Cretensis Labyrinthus, teste Plinio, centesimam solum partem faciebat. Obelisci autem illi pleni erant characteribus hieroglyphicis: pauci erant hoc ornamento destituti. Hi vero hieroglyphici characteres arcana mysteriorum Ægyptiacorum complectebantur. Præter hosce magnos Obeliscos, minores etiam alios adornabant, qui inter Ægyptiorum religiones admissi fuisse videntur. Duo hujuscemodi habentur in mensa Isiaca præ manibus sacerdotum

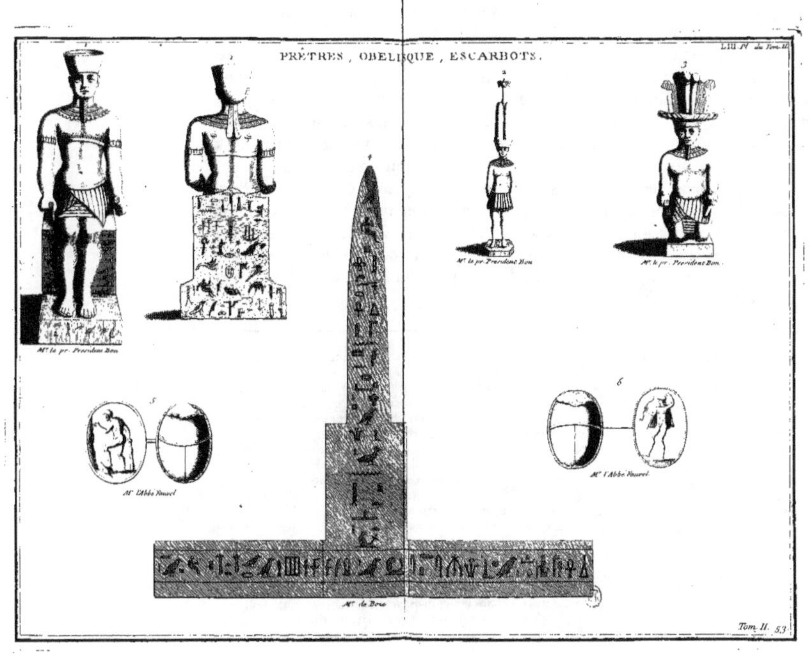

PRÊTRES, OBELISQUE, ESCARBOTS.
LIII IV du Tom. II
Mr. le pr. President Bon.
Mr. le pr. President Bon.
Mr. le pr. President Bon.
Mr. l'Abbé Pouvel
Mr. l'Abbé Pouvel
Mr. de Bose
Tom. II. 53

Prêtres. Le cabinet de [4] M. de Boze nous en fournit un, que nous donnons [4] de toute sa grandeur. Il a un peu moins de neuf pouces de haut, en y comprenant le piedestail & la base. Cette base déborde à droite & à gauche, en sorte que d'un bout à l'autre elle a aussi un peu moins de neuf pouces. Longueur pareille à la hauteur de l'obelisque en y comprenant le piedestail & la base. Elle est chargée de caracteres hieroglyphiques assés semblables à ceux qu'on voit sur les grands obelisques; ce sont des oiseaux, des zigzags, des figures géometriques, & des choses semblables. Une qui frappe plus que les autres, est un homme à tête d'oiseau, assis, des genoux duquel s'éleve une croix des mieux formées. Nous avons vû ci-devant, que les Egyptiens Gentils disputoient la croix aux Chrétiens, & prétendoient qu'ils l'avoient depuis long-tems dans leurs mysteres. Ce qui étoit vrai en prenant simplement la croix pour une ligne qui en croise une autre. Nous ne savons pas ce que signifioit chez eux cette figure. Ces profanes lui donnoient sans doute un sens tout different de celui des Chrétiens, qui regardent la croix comme l'instrument du plus grand & du plus salutaire sacrifice, qui se soit jamais fait & qui se fera jamais. Les obelisques de cette forme & de cette grandeur paroissent avoir servi dans les Temples ou dans les cabinets. Celui-ci est d'un marbre noir. Les Pyramides & les Obelisques étoient ordinairement de grands morceaux d'architecture & de sculpture; on en faisoit aussi de petites. Telles étoient les Pyramides qu'on mettoit dans les corbeilles de Bacchus & de Cerés, selon Clement Alexandrin dans son protreptique. Comme les Pyramides & les Obelisques entroient dans la religion de cette nation superstitieuse, ils en faisoient de petites & de portatives qu'on pouvoit mettre chez des particuliers, & peut-être dans des laraires, où l'on mettoit les images des dieux & des déesses.

Ægyptiorum. Museum v. clarissimi de Boze similem nobis [4] suppeditat, cujus hic schema damus archetypi formam & magnitudinem exprimens. Est novem plus minus pollicum cum stylobate & base: quæ basis hinc & inde extenditur, ita ut ab altero ad alterum terminum novem etiam circiter pollices sint, quæ item obelisci altitudo est, connumeratis ut dixi stylobate atque basi. Est autem opertus characteribus hieroglyphicis, qui sat similes illis sunt, quos in majoribus obeliscis videmus; aves nempe sunt, lineæ hinc inde productæ & reductæ angulis oppositis, figuræ quædam geometricæ & aliæ hujusmodi. Unus qui singularitate ad sui spectaculum evocat, vir est volucris capite ex cujus genibus crux exsurgit accurate delineata. Jam diximus Ægyptios illos profanos de cruce contendisse cum Christianis, dixisseque se crucem jam ab antiquis temporibus in mysteriis habuisse. Quod utique verum erat, si crux accipiatur simpliciter pro linea alteram lineam secante. Nescimus autem quidnam crux apud illos significaret. Hi certe profani alio animo & sententia crucem admittebant, quam christiani reciperent, qui crucem habent ceu instrumentum sacrificii omnium quæ unquam fuere, vel futura sunt, maximi, maximeque salutaris. Obelisci hujusce magnitudinis in templis & in Museis positi fuisse videntur. Hic quem proferimus ex marmore nigro est. Pyramides atque obelisci vulgo erant magna architectonices & sculpturæ opera, aliquando etiam exigua admodum efficiebant. Hujusmodi erant pyramides illæ quæ in canistris Bacchi & Cereris deponebantur secundum Clementem Alexandrinum in Protreptico: quando quidem pyramides quoque & obelisci ad religiones superstitiosissimæ nationis pertinebant: parvæ molis etiam concinnabantur & mobiles, quæ possent in privatorum ædibus locari, vel forte in Larariis, ubi reponebantur imagines deorum & dearum.

CHAPITRE VII.

I. Calendrier ancien Egyptien : il y avoit un caractere pur Egyptien non hierogly-
phique. II. La langue Egyptienne n'est pas absolument perduë. III. Les Egyp-
tiens changerent leurs caracteres en Grecs. IV. Le caractere ancien Egyptien
se trouve dans quelques inscriptions, en petit nombre. V. Habileté des an-
ciens Egyptiens dans les arts.

Pl.
LIV.

I. ON ne peut pas douter que la grande inscription à douze colonnes, qu'on voit dans la planche suivante, ne soit en caractere Egyptien non hieroglyphique. Car ils avoient deux sortes de caracteres, dit Herodote, 2. 36. dont l'un étoit sacré, & l'autre populaire ; le sacré est celui qu'on appelloit hieroglyphique, ce qui signifie sacré ; & le populaire celui qu'on voit dans la planche suivante. Cette inscription a été tirée du dessus d'une Mumie : & d'ailleurs les figures que l'on voit à l'un des côtez & sur le haut de chaque colonne, sont tout-à-fait du goût Egyptien, goût le plus marqué qu'aient jamais tracé ou la peinture ou la sculpture. Les douze colonnes sont donc écrites en caractere pur Egyptien, & qui n'est point mêlé d'hierogly- phes. Il en est de même de deux autres inscriptions de la même planche, écrites au bas de certaines images. Nous avons réüni le tout ensemble pour donner un plus grand échantillon de ce caractere dont l'usage est perdu dans l'Egypte, même depuis un grand nombre de siécles. Il y a encore une grande inscription du même caractére à la planche c x l. du second Tome de l'An- tiquité. Voilà donc déja bien des inscriptions Egyptiennes, qui nous instrui- roient sur beaucoup de choses, si ces caracteres se pouvoient lire.

II. La langue ancienne Egyptienne n'est pas absolument hors d'usage : on la parle encore quoique fort corrompuë en certains endroits de la haute Egy- pte. Les Livres écrits en la langue Copte, ne sont pas rares : ce Copte est l'ancien Egyptien ; mais le caractere est changé. Depuis que l'Egypte eut été

CAPUT VII.

I. Calendarium antiquum Ægyptiacum. Cha-
racter quispiam erat Ægyptiacus, non hie-
roglyphicus. II. Lingua Ægyptiaca non
omnino interiit. III. Ægyptii, characteres
suos in Græcos mutaverunt. IV. Character
vetus Ægyptiacus in paucis inscriptionibus
reperitur. V. Quam in artibus florerent ve-
teres Ægyptii.

I. ILlam duodecim columnarum inscriptionem quam in tabula sequenti conspicimus, chara- ctere Ægyptiaco descriptam esse illoque diverso ab hieroglyphico, nihil est quod dubitemus. Ægyptii enim, inquit Herodotus 2. 36. duo characterum ge- nera habebant, aliud sacrum, aliud populare. Sacrum vocabatur hieroglyphicum, quod idipsum sonat : popularis autem character ille est quem in tabula conspicimus. Ex Mumiæ cujusdam tegmine eductus fuit, & alioquin figuræ illæ, quæ in altero latere & suprema ora supra columnas singulas conspiciun[t] Ægyptiacum olent modum, qui modus inter picturæ sculpturæque opera sese suis notis indiciisque prodit. Duodecim ergo columnæ charactere puro Ægy- ptiaco descriptæ sunt, nullis hieroglyphicis signis intermixto : quod ipsum dicas de duabus aliis ejus- dem tabulæ inscriptionibus, quæ ad imam oram ima- ginum quarumdam exaratæ sunt. Illas simul inscri- ptiones posuimus ut characterum hujusmodi majus specimen ederemus, quorum characterum usus in Ægypto a multis retro sæculis obsolevit. Est & alia eodem charactere inscriptio magna in tabula c x l. secundi Antiquitatis explanatæ tomi. En igitur multas jam inscriptiones Ægyptiacas, quæ nos plu- rima docerent, si quidem legi possent.

II. Vetus lingua Ægyptia nondum penitus ob- solevit : adhuc enim ea, licet corrupta, in usu est in quibusdam superioris Ægypti tractibus. Libri lingua Coptica descripti non ita rari sunt : hæc porro lingua Coptica eadem est, quæ Ægyptiaca, sed character mutatus fuit. Ex quo enim tempore

conquife par Alexandre le Grand, la langue & les characteres Grecs y furent
apportez, & fous les Ptolemées, l'école Greque d'Alexandrie fut des plus fleu-
riffantes. On y écrivoit le Grec mieux que dans tous les autres payis de la
Grece ; cela continua de même dans le Chriftianifme ; l'Empereur Conftans
voulant avoir une Bible Greque bien écrite, chargea S. Athanafe de la faire
écrire à Alexandrie. Cela dura apparemment jufqu'à ce que l'Egypte tomba
fous la domination des Arabes, qui y introduifirent la Barbarie.

III. Les Egyptiens pendant le tems qu'ils étoient fous la domination des
Grecs, changerent leurs characteres anciens, & prirent les Grecs qu'ils accom-
moderent à leur maniere, en confervant pourtant toûjours leur ancienne
langue : il n'y a que le caractere qui eft Grec, la langue eft toûjours Egyptienne. Il y a un grand nombre de fiécles que ce changement fut fait ; mais
on ne fauroit en affigner précifement le tems. Comme les characteres Grecs
au nombre de 24. ne pouvoient pas fuffire pour exprimer tous leurs mots
Egyptiens, ils y ajoûterent huit characteres des leurs ; enforte que la langue
Copte qui eft l'ancienne Egyptienne, a dans fon alphabet 32. lettres. Comme
on peut voir dans nôtre Paleographie Greque p. 312. & plus amplement dans
la *Scala Coptica*, ou le *prodromus Copticus*, du Pere Kirker. Il ne refte plus
en langue Copte ou Egyptienne, que des livres d'Eglife. Il y en a quantité
dans la Bibliotheque du Roi, dans celles de Mgr. l'Evêque de Mets, & de M.
le Comte de Seignelai, & quelques-uns dans celle de cette Abbayie.

IV. C'eft tout ce qui nous refte de l'ancienne langue Egyptienne, qui
n'eft pas abfolument perduë, quoique nous ne l'ayions aujourd'hui qu'imparfaitement. Pour ce qui eft du caractere pur ancien Egyptien, on n'en a guere
remarqué que celui que renferment la planche fuivante, & la C X L. planche du fecond tome de l'Antiquité. J'ai vû encore à Rome entre les mains
du feu P. Bonjour Auguftin Tolofain, habile dans la langue Copte, une
infcription en lettres Egyptiennes de la premiere antiquité comme celles-
ci, fur laquelle il s'exerçoit pour tâcher d'en découvrir le fens, & trouver le

---

Ægyptus ab Alexandro Macedone capta eft, &
Græca dialectus & charafteres Græci in Ægyptum
allati funt, & fub Ptolemæis fchola Græca Alexan-
drina admodum floruit. Græce accuratius Alexandriæ fcribebatur, quam per totam Græciam ; etiamque poft Chriftianam eo allatam religionem hanc
Alexandrini laudem funt confequuti, quod libros
elegantius, quam cæteri Græci defcriberent. Imperator Conftans cum Græca biblia concinne defcripta nancifci cuperet, Athanafium illum magnum, id Alexandriæ curaret, rogavit : idque ut
credere eft, eodem in ftatu manfit, donec Ægyptus
caderet in manum Arabum, qui illo barbariam
induxerunt.

III. Ægyptii porro dum fub ditione Græcorum
effent, characteres fuos veteres commutarunt, Græ-
cofque adhibuerunt ad ufum linguamque fuam ac-
commodatos ; ita ut linguam femper veterem fer-
varent, literafque tantum immutarent. Hæc mutatio a multis retro fæculis facta eft, quo autem
id tempore acciderit dicere in promtu non eft.
Cum autem characteres Græci viginti quatuor numero non effent ad omnes Ægyptiacas exprimendas

voces fatis, octo ipfi Ægyptios characteres alpha-
beto Græco adjunxere : ita ut lingua Coptica, quæ
eft vetus Ægyptia alphabetum habeat triginta duarum literarum ; ut videre licet in Palæographia
noftra Græca p. 312. & prolixius pleniufque in Scala
Coptica, & Prodromo Coptico Athanafii Kirkeri :
libri porro Coptici qui fuperfunt omnes aut Biblici
aut Ecclefiaftici funt. Multi hujufmodi funt in
Bibliotheca Regia, in Colbertina D. Comitis de
Seignelai, in Bibliotheca item Epifcopi Metenfis,
& in hoc cœnobio aliquot.

IV. Hæc folum ex veteri illa Ægyptiaca lingua
fuperfunt, quæ lingua non omnino deperdita eft,
etfi ea imperfecte hodie habeatur. Quod vero characterem fpectat Ægyptiacum purum, in Tabula
fequenti confpicimus, nec non in Tabula C X L. fecundi Antiquitatis explanatæ tomi. Aliam Ægyptiacam antiquam & puram infcriptionem vidi in
manibus R.P. Bonjour Auguftiniani Tolofani, linguæ
Copticæ periti, qui illius infcriptionis lectionem &
fenfum fummo ftudio quærebat & explorabat,
atque Copticas literas, cum antiquiffimis illis conferebat, ut illarum ope has intelligere poffet. Ille

.rapport de ces anciennes lettres avec les Coptes. Je ne doute pas que les gens studieux de la langue Copte, dont l'un des plus habiles est aujourd'hui M. David Wilkins Chanoine de Canterburi, & Bibliothecaire de M. l'Archevêque, ne s'exercent aussi sur ces inscriptions. Un moïen d'y réüssir seroit, si l'on venoit à découvrir des inscriptions d'ancien Egyptien repetées ensuite en Grec, comme on a trouvé de nos jours une inscription Greque repetée ensuite en langue Palmyrenienne, sur laquelle inscription & sur quelques autres fort petites, d'habiles gens se sont exercez pour y déterrer la langue Palmyrenienne. S'il s'en trouvoit qui fussent écrites en Grec & en Egyptien; ceux qui se donneroient la peine de démêler ce caractere Egyptien auroient l'avantage d'y chercher une langue qui n'est pas encore morte, & dont il se trouve des livres, qu'on entend & qu'on explique sûrement; avantage, dis-je, que n'ont pas eu ceux qui se sont exercez à déchiffrer ce Palmyrenien.

V. Ce seroit un grand bien pour la republique des lettres: si l'on poüvoit lire & entendre ces anciennes inscriptionsEgyptiennes; c'est dequoi conviendront tous ceux qui sont dans ce goût de literature. Ce sont les Egyptiens qui ont appris aux autres nations, les sciences & les beaux arts. Au rapport d'Herodote, ils ont été les maîtres des Grecs, comme on convient que les Grecs l'ont été des Romains. Ils ont laissé dans toute l'Egypte un grand nombre de bâtimens superbes: de sorte qu'entre les merveilles du monde, celles d'Egypte l'emportent au jugement des anciens sur toutes les autres. Ils étoient si habiles dans les Mechaniques, que des poids immenses, qu'on n'oseroit même penser aujourd'hui à changer de place, ils les transportoient fort loin, & les élevoient sur de hautes bases. Si nous trouvions aujourd'hui des inscriptions qui fissent mention de choses semblables, quelle splendeur cela n'ajoûteroit il pas aux choses mêmes ? & combien de nouvelles connoissances n'acquererions-nous pas par ce moïen ?

Voilà pour ce qui regarde la langue Egyptienne. La forme du caractere ne convient avec aucune autre langue connuë : ce n'est que par certain ha-

---

vero jam pridem vita functus est. Neque dubito quin viri linguæCopticæ studiosi, in quorum peritissimis censetur D. David Wilkins Canterburiensis Canonicus D. Archiepiscopi Bibliothecarius, studii & operæ multum adhibeant, ut harum inscriptionum sensum attingant. Longe facilius id negotii foret, si quædam inscriptiones ejusmodi veteri Ægyptiaco charactere exaratæ, cum Græca sequenti explicatione occurrerent; ut non ita pridem reperimus inscriptionem Græcam Palmyrenico ibidem charactere & lingua repetitam, quam inscriptionem docti viri quidam accuratius examinarunt, ut linguam Palmyrenam, si fieri posset, assequerentur & intelligerent. Si porro quædam inscriptiones ex tenebris eruerentur, Græco & Ægyptiaco subinde charactere exaratæ, qui Ægyptium characterem legendum intelligendumque susciperent, eo felicius huic studio operam dare possent, quod linguam perquirerent nondum exstinctam, quæque adhuc in libris exstat, in libris, inquam, quos aliqui licet pauci legunt, & interpretantur;

qua conditione non fuerunt ii qui Palmyrenicas inscriptiones explicare tentaverunt.

V. Quantum intersit reipublicæ literariæ ut inscriptiones illæ Ægyptiacæ veteres legantur & intelligantur, nemo literatus non videt. Ægyptii quippe primi fuere qui disciplinas & artes, cæteras docuere nationes. Illi, referente Herodoto, vere fuere Græcorum magistri, ut & Græci Romanorum. Ædificia omnium splendidissima per totam Ægyptum exædificarunt; atque in mirabilibus orbis structuris, Ægyptiacæ omnibus fatentibus scriptoribus primas tenent. Mechanicam apprime tenebant, ita ut quas moles hodie ne movere quidem peritissimi auderent, illi & procul transvexerint, & erexerint. Quid splendoris istis omnibus adderetur, si inscriptiones has similesque res commemorantes, legeremus; & si inde tantarum rerum notitiam percipere liceret ?

Hæc quantum ad linguam Ægyptiacam dicta sunto. Characterum forma cum nulla alia lingua, quam quidem noverimus, consentit. Casu autem

zard qu'on y voit fouvent le 2. le 3. & le 4. de chiffre, & qu'en certains endroits, comme à la colonne fixiéme, & en comptant de la droite à la gauche, on lit fort clairement & diftinctement 443. 112. & 431. Ce même hazard
fait qu'on y rencontre auffi des lettres Greques & d'autres Latines.

---

omnino accidit ut hæ notæ, 2. 3. & 4. frequenter   112. & 431. Fortuito item accidit ut literæ Græcæ
inter characteres occurrant ; utque in fexta columna   & Latinæ alibi compareant.
a dextera ad finiftram diftincte & clare legatur 443.

CHAPITRE VIII.

I. Les douze colonnes de ce monument , font pour les douze mois. L'écriture Egyptienne eſt de la droite à la gauche comme l'Hebreu. II. Les noms des mois Egyptiens. III. Les figures à l'un des côtez du Calendrier. IV. Figures ſur les colonnes du Calendrier. V. Figures de l'autre côté du Calendrier. VI. Quel des mois Egyptiens eſt le premier dans ce Calendrier. VII. Que peuvent contenir ces colonnes du Calendrier Egyptien.

I. CES douze colonnes font , à ce qu'il me ſemble , pour les douze mois de l'année, chaque colonne pour ſon mois. Il eſt certain à n'en pas douter que cette écriture ſe liſoit comme l'Hebreu de la droite à la gauche, & d'une maniere oppoſée à celle dont nous liſons & écrivons. Une preuve certaine de cela, c'eſt que tous les premiers mots de chaque colonne font écrits ſur l'original en ce ſens en lettre rouge, & cela au commencement de la premiere ligne ; après quoi cette premiere ligne eſt continuée avec de l'encre, & toutes les autres ſont écrites de même. Ces premiers mots en lettre rouge, font ſelon toutes les apparences les noms des mois. Une autre preuve indubitable que ce Calendrier eſt écrit à la maniere des Hebreux ; c'eſt qu'une grande partie des dernieres lignes de chaque colonne n'eſt pas finie, comme il arrive ordinairement dans nos écritures, ou le texte finit avant que la derniere ligne ait attrapé la longueur des précedentes. C'eſt par là que nous voïons manifeſtement que les colonnes du Calendrier font écrites de la droite à la gauche ; de même qu'un homme qui ne connoîtroit ni nôtre langue ni nos caractères, jugeroit d'abord par cette maniere de finir la ligne, que nous écrivons de la gauche à la droite. Cela revient à ce que dit Herodote 2. 36. *Les Grecs écrivent de la gauche à la droite & les Egyptiens de la droite à la gauche. Ils diſoient auſſi qu'ils agiſſoient à droite , & les Grecs à gauche.*

CAPUT VIII.

I. Duodecim columnæ inſcriptæ , duodecim anni menſes ſpectant. Scriptura Ægyptia eſt a dextera ad ſiniſtram ut Hebraïca. II. Nomina menſium Ægyptiorum. III. Figuræ quædam ad latus alterum Calendarii. IV. Figuræ ſupra columnas Calendarii. V. Figuræ ab altero latere Calendarii. VI. Quis Ægyptius menſis primus ſit in hoc Calendario. VII. Quid in columnis deſcriptis Ægyptiaci Calendarii contineri potuit.

I. HÆ duodecim columnæ , ut mihi quidem videtur, duodecim anni menſes reſpiciunt ; ita ut quælibet columna menſem ſuum indicet. Certum autem indubitatumque eſt hanc ſcripturam Hebræorum more legendam eſſe a dextera ad ſiniſtram , contra quam nos legimus ac ſcribimus, nempe a ſiniſtra ad dexteram. Id inde clare com. monſtratur , quod prima verba omnia in primo exemplari initio cujuſque verſus , hac ratione minio deſcripta ſint , deincepſque verſus totus atramento continuetur ; cæterique verſus omnes eodem pacto deſcribantur. Hæc porro verba minio deſcripta nomina menſium omnino videntur eſſe. Alio nec minoris momenti argumento probatur Calendarium Ægyptium Hebræorum more deſcriptum eſſe ; quia nempe plerique poſtremi verſus columnarum deſinunt antequam totum lineæ ſpatium occupent ; ut perſæpe in ſcriptura quoque noſtra accidit , ut nempe tota ſeries deſinat ante , quam poſtremus verſus ad cæterorum præcedentium verſuum longitudinem attingat. Hinc vero deprehendimus Calendarii columnas a dextera ad ſiniſtram deſcriptas eſſe ; quemadmodum ſi quis nec linguam nec characteres noſtros noſſet, ex noſtro tamen verſus finiendi more , nullo negotio intelligeret nos a ſiniſtra ad dexteram ſcribendo procedere. Idipſum habet Herodotus 2. 36. *Græci a ſiniſtra ad dexteram ſcribunt ; Ægyptii vero a dextera ad ſiniſtram ; ideoque dicebant ſe a dextera , Græcos a ſiniſtra procedere.*

J'aurois

J'aurois bien voulu faire marquer en lettres rouges ces premiers mots comme ils sont dans l'original ; mais comme l'on m'a représenté que dans une si grande planche il étoit très-difficile que cela fût bien executé ; j'ai crû qu'il suffiroit de faire soûligner exactement tous ces premiers mots ; ensorte qu'on pût facilement les distinguer des autres. Ces noms Egyptiens des mois, que les anciens nous ont conservez, pourront peut-être servir à ceux qui voudront s'exercer pour trouver un alphabet ; ce qui seroit un grand acheminement pour la lecture & l'intelligence de la langue Egyptienne.

II. Les mois commençoient par Thoth, qui répond à Septembre ; c'est le commun sentiment des anciens & des Chronologistes. Cependant Cosmas, Moine Egyptien, qui vivoit du tems de l'Empereur Justinien, met deux fois & en deux endroits différens pour le premier mois, Pharmuthi qui répond à Avril, & fait commencer l'année au premier mois du printems. Voici les noms des mois comme il les donne, nous les mettons dans l'ancien ordre.

THOTH, Septembre.

PHAOPHY, Octobre, d'autres écrivent Paophi.

ATHYR, Novembre.

CHOÏAC, Decembre.

TYBI, Janvier.

MECHIR, Février.

PHAMENOTH, Mars.

PHARMUTHI, Avril.

PACHON, Mai.

PAUNI, Juin.

EPIPHI, Juillet.

MESORI, Août.

III. Ce Calendrier de douze mois, dont chacun occupe sa colonne, a sur les deux côtez des figures & de l'écriture, qui se rapportent apparem-

---

Prima porro cujusque columnæ verba rubro colore, ut in archetypo sunt, in tabula etiam nostra repræsentari percuperem ; sed quoniam, ut dicunt operæ, in tam ampla tabula vix possent hæc sola verba minio depingi ; sat esse putavi, si prioribus verbis singulis lineolam supponi curarem, quæ verbi longitudinem totam occuparet, ut facile posset a sequentibus verbis distingui. Hæc nomina mensium Ægyptiaca quæ nobis veteres transmiserunt, usui fortasse erunt iis qui voluerint alphabetum Ægyptiacum exquirere ; quo semel reperto, veteres Ægyptiacæ inscriptiones & legi & intelligi possent.

II. Initium mensium ducebatur a *Thoth*, qui mensis Septembri respondet, ut veteres omnes dicunt, & secundum illos Chronologi nostri & superioris ævi. Attamen Cosmas Monachus Ægyptius, qui Justiniani Imperatoris tempore scripsit, bis, duobus scilicet in locis, perspicue notat mensem Pharmuthi qui Aprili respondet, pro primo anni mense ; ita ut anni initium a verna tempestate ducat. En ipsa nomina mensium, ut ab eodem Cosma bis descri-

buntur, sed secundum vetustiorem ordinem.

THOTH, September.

PHAOPHY, October, alii scribunt PAOPHI.

ATHYR, November.

CHOÏAC, December.

TYBI, Januarius.

MECHIR, Februarius.

PHAMENOTH, Martius.

PHARMUTHI, Aprilis.

PACHON, Maius.

PAUNI, Junius.

EPIPHI, Julius.

MESORI, Augustus.

III. Hoc itaque est Ægyptiacum Calendarium duodecim mensium, qui singuli menses suam occupant columnam. Ad latera vero Calendarii figuræ quædam & characteres Ægyptiaci conspi-

ment à l'année & à ses parties en general , & sur chaque mois quelque figure
d'hommes, ou d'animaux, ou peut-être de divinitez Egyptiennes ausquelles
les mois pouvoient être consacrez. Sur le premier côté qui est vis-à-vis du
premier mois, on voit d'abord une petite colonne pleine d'écriture, & dans
une autre colonne plus large un homme à tête d'animal , qui pourroit bien
être un Anubis : il paroît emmailloté, comme sont ordinairement plusieurs
figures Egyptiennes. Il tient une corde par le milieu , dont les deux bouts
touchent à terre , & font un triangle. Au haut de l'image est écrit un grand
mot, qui pourroit être le nom de cette divinité. Au-dessous est une autre image semblable à la precedente, à cette difference près qu'elle a une tête d'oiseau ; cela pourroit être une Ofiris à tête d'épervier. L'écriture qui est sur sa
tête nous instruiroit apparemment si l'on pouvoit la lire.

IV. Au-dessus de la colonne de chaque mois, il y a une figure. Le premier mois n'a qu'un quarré long. Celle du second est une femme, de la
coëffure de laquelle s'élevent cinq pointes, qui font peut-être une couronne
radiale. Elle tient de ses deux mains un instrument que chacun peut consi-
derer. Au troisiéme mois on voit un petit animal monstrueux qui se tient
devant un quarré long. Au quatriéme un homme à tête de chien , ou d'autre
animal. Au cinquiéme un cochon, qui porte sur son dos un certain instrument. Au sixiéme sur un quarré long, on voit une figure qui se trouve souvent en Egypte parmi ces figures bizarres des Egyptiens, & à l'autre bout,
un bâton courbé comme ces bâtons des Satyres & des Baccants. Au septiéme
trois femmes étendent leurs bras pour soutenir certain instrument sur lequel
est un serpent, qui fait plusieurs plis & replis de son corps. Au huitiéme ,
un chien couché. Au neuviéme, une figure d'homme à tête d'animal , qui
tient une épée de chaque main. Elle paroît être sous un escalier , tout cela
signifioit pour des gens qui étoient initiez. Au dixiéme , un homme à tête
d'animal, qui tient une épée ou une pointe , & devant lui un croissant de
lune , & une lettre Egyptienne : ce qui marque apparemment quelque lu-
naison considerable de ce mois. A l'onziéme , un autre monstre avec une

---

ciuntur , quæ omnia videntur & annum & partes
ejus præcipuas generatim spectare. Supra columnas
vero singulas , singulæ figuræ sunt hominum , ani-
maliumve , fortasseque numinum , quibus singuli
menses consecrati olim fuerint. Ad primum latus
e regione primi mensis statim visitur columella
literis plena , & secundum hanc alia latior , ubi
homo conspicitur ferino capite , qui est fortassis
Anubis ; fasciis ligatus esse videtur , quemadmodum
& multæ aliæ Ægyptiacæ figuræ. Funem a medio
tenet , cujus extrema duo terram contingunt &
triangulum efficiunt. Imminent ejus capiti literæ ,
quæ fortasse dei hujusce nomen exprimant. Sub
hac imagine altera est huic similis , cum hoc tamen
discrimine, quod hæc inferior caput avis habeat:
estque forte , (nam quis id affirmare ausit) Osiris
accipitrino capite : quæ scriptura capiti ejus imminet, quis sit fortasse doceret , si legi posset.

IV. Supra cujusque mensis columnam figura
quæpiam est. Primus mensis parallelogrammum
tantum habet. Figura secundi mensis , mulier est

ex cujus capitis ornatu quinque virgulæ eriguntur ,
quæ radiatamfortasse coronam efficiunt. Ambabuste-
net manibus instrumentum, quod cuique consideran-
dum relinquitur. In tertio mense animal quodpiam
monstri simile ante parallelogrammum stat. In
quarto vir aut canis aut alterius animalis capite
adest. In quinto sus quodpiam instrumentum gestans. In sexto supra parallelogrammum figura
quæpiam visitur monstrosa, qualis sæpe inter Ægy-
ptias illas monstrosas figuras conspicitur, ad alteramque oram virga recurva instar earum quæ in
manibus Satyrorum atque Bacchantium sæpe visuntur. In septimo tres mulieres brachia extendunt
ut aliquod instrumentum sustentent , cui insidet
serpens gyris multis complicatus. In octavo canis
decumbens. In nono figura hominis ferino capite ,
utraque manu gladium gestantis : sub scala autem
quapiam esse videtur. Hæc porro omnia initiatis
nota erant. In decimo , homo ferino capite gladium sive spiculum tenet , & ante illum Luna crescens ac litera quædam Ægyptia, quo fortassis aliqua

épée ou une pointe à chaque main. Au douziéme, autre monftre qui ne tient qu'une épée.

V. Les figures qui fe voient à l'autre côté du Calendrier, femblent demander plus de reflexion que tout ce que nous venons de dire. Je vois quelque jour à les expliquer en foûmettant ma conjecture aux lecteurs habiles. Il y a quatre rangées de figures, qui ,ont chacune au-deffus leur écriture, qu'on ne peut ni entendre ni lire: à la premiere rangée en comptant de la droite à la gauche à l'ordinaire, on voit un quarré au-deffus duquel font deux ferpens l'un fur l'autre, qui font des plis & replis de leur corps ; je croirois que cette premiere figure marque l'année. Les trois autres font des figures noires circulaires, qui fe retréciffent par le bas & fe terminent en lignes droites. Je les prens pour les trois faifons de l'année. Dans les plus anciens tems on n'en comptoit que trois comme nous avons prouvé au commencement du premier Tome ; favoir, le printems, l'été & l'hiver. Les trois rangées de deffous contiennent chacune quatre quarrez longs, qui font les douze mois de l'année, divifez en trois claffes & en autant de faifons, ce qui confirme ce que je viens de dire. Il me femble que cela a beaucoup d'apparence. Cependant il n'eft pas jufte qu'un feul décide fur des chofes fi obfcures, attendons le jugement des autres.

Refte à examiner deux chofes importantes & très-difficiles à décider ; la premiere eft, lequel des mois Egyptiens eft le premier dans ce Calendrier; la feconde, que peut contenir cette écriture en neuf ou dix lignes, que nous voïons dans chaque colonne après le nom du mois.

VI. Pour ce qui regarde la premiere queftion. Il eft certain felon tous les chronologiftes, que dans les anciens tems les Egyptiens ne mettroient point de jours intercalaires, & que les mois & le commencement de l'année retrogradoient tous les quatre ans d'un jour ? de forte que le premier jour de l'année après avoir parcouru dans un long efpace d'années tous les jours, & tous les mois, & toutes les faifons, revenoit enfin à fon premier point pour recommencer à l'ordinaire en retrogradant toûjours de même, Cela dura jufqu'après la mort de Marc-Antoine & de Cleopatre, où les Egyp-

---

in hoc menfe Luna fignificatur. In undecimo aliud monftrum cum gladio five fpiculo in utraque manu. In duodecimo aliud monftrum gladium tenens.

V. Quæ ad alterum Calendarii latus obfervantur figuræ, majori utique confideratione atque attentione dignæ funt. Hic vero mihi' lucis quidpiam affulgere videtur , & quid in mentem venerit expromam : conjecturam tamen meam erudito lectori explorandam mitto. Quatuor hic figurarum ordines confpicimus , fingulis imminet infcriptio, quam nec legere nec capere vel explicare poffumus. In primo ordine , fi a dextra ad finiftram numeremus , obfervatur primo quadrata figura , cui imminent duo ferpentes , alius fuperne , alius inferne pofitus , uterque vero gyris aliquot feu flexibus plicatur. Hanc priorem figuram annum putaverim fignificare. Tres aliæ figuræ nigræ circularefque funt, inferne vero anguftiores , in lineam rectam terminantur, illas vero pro tribus anni tempeftatibus habeo. Prifcis enim temporibus tres tantum numerabantur , ut initio primi tomi probavimus ; ver nempe, æftatem & hiemem , tres ordines inferiores , quater finguli quadratam oblon-

gam figuram exhibent duodecim nempe menfes ; tres in claffes divifi fecundum tres anni tempeftates , ita ut quælibet claffis feu anni tempeftas , quatuor menfes exhibeat ; unde etiam confirmatur illud quod fuperius dixi de anno & de anni tempeftatibus. Hæc mihi quidem verifimilia videntur. Neque tamen æquum cenfeo ut ex unius judicio quid fit putandum ftabiliatur ; eaque de re eruditorum judicium exfpecto.

Reftat ut duas res exploremus , non minus curiofas, quam explicatu difficiles. Primo , quis ex Ægyptiis menfibus in hoc Calendario primum locum occupet. Secundo , quid in fingulis fingulorum menfium columnis contineri poffe videatur.

V I. Quod ad primam quæftionem attinet , certum eft fecundum omnes Chronologos , Ægyptios prifcis temporibus , non admififfe dies intercalares, unde accidebat ut quarto quoque anno vertente, caput anni retro abiret , & unum anticiparet diem , ita ut multis intercurrentibus annis , ille primus anni dies , per omnes dies & menfes & anni tempeftates vagaretur , donec priftinum repeteret locum : illudque donec fublatis M. Antonio &

tiens reglerent leur année selon l'année Julienne. « Depuis ce tems-là, dit
» le P. Petau, (Ration. Part. 2. l. 1. c. 13.) leur année cessa de courir, en
» retrogradant, & par le moïen de l'intercalation, elle commençoit tous les
».quatre ans au même point. Le commencement de cette année, où la
» Neomenie du mois Thoth, fut fixée au vingt-neuviéme jour du mois d'Août,
où l'on fait aujourd'hui la fête de la décollation de S. Jean-Baptiste. » Cela
posé, comme ce Calendrier a été indubitablement fait bien des siécles avant
Marc Antoine & Cleopatre, il doit commencer par le mois Thoth, à moins
qu'il n'y eût quelque rubrique particuliere,& que nous ne savons pas. Car comme depuis cette reformation du Calendrier on n'a pas toûjours compté uniformément les mois de l'année comme nous allons voir ; il peut se faire que dans
ce grand nombre de siécles qui ont precedé la reformation, il y a eu aussi
des variations que ni les auteurs ni les monumens ne nous ont pas apprises.

Thoth qui répond à Septembre est communément compté pour le premier mois, je ne vois pas qu'on varie là-dessus. Mais Cosmas Moine Egyptien, qui écrivoit du tems de l'Empereur Justinien, compte pour le premier
mois Pharmuthi qui répond à Avril, Thoth qui répond à Septembre est
le sixiéme mois, & cela est repeté de même dans deux tables ou deux cercles. Il semble qu'on ne puisse pas douter qu'on ne comptât ainsi de son tems
à Alexandrie. Mais c'étoit dans les plus bas tems : & j'ai peine à croire qu'on
ait gardé cet ordre dans nôtre Calendrier qui est de l'Antiquité la plus reculée : il y a plus d'apparence qu'on aura gardé l'ancien ordre qui commence par Thoth, & continuë comme nous avons mis ci-dessus.

VII. L'autre question plus difficile à résoudre est que peuvent contenir ces
colonnes qui commencent par les noms des mois, & continuent jusqu'à neuf
ou dix lignes d'écriture. S'il en falloit juger par les Calendriers Romains
que l'Antiquité nous a transmis ; ce Calendrier contiendroit sur chaque mois,
les fêtes qu'on y celebroit & dont on marquoit les jours, les jeux publics,
les jours de la mort de certains Rois, les courses des chevaux, les tems où

Cleopatra, annum suum Ægyptii ad Juliani mo-
dum redegerunt : *Ab illo tempore*, inquit Petavius
Rationarii part. 2. l. 1. cap. 13. *deinceps vagari
popularis eorum annus dêsit : sed intercalationis freno
revocatus est quarto quoque anno pristinam in sedem.
Caput hujus, sive Neomenia Thoth, hæsit in Romani
Augusti die vigesimo nono, qui Decollationi sancti
Joannis hodie dicatus est.* Qua re posita, cum hoc
Calendarium aliquot sæculis ante Marcum Antonium & Cleopatram factum fuisse videatur, a mense
Thoth initium ducat oportet ; nisi forsitan ritus aliquis peculiaris adfuerit quem nos fortasse ignoramus. Nam sicut ab illa Calendarii reformatione,
menses anni non eumdem semper in numerando
ordinem tenuerunt, ut mox videbitur ; in tanto
reformationem illam præcedentium sæculorum
numero fieri potuit, ut aliqua in ordinem mensium
mutatio induceretur, quam nec scriptores nec monumenta doceant.

Thoth qui Septembri nostro respondet, primus
vulgo mensis numeratur, nec inter priscos scriptores aliquam ea in re varietatem observo. Verum

Cosmas Monachus Ægyptius, qui Justiniani Imperatoris tempore scribebat, primum ponit mensem
Pharmuthi qui Aprilis est noster ; Thoth autem qui
Septembri respondet, sextus est mensis. Illud autem
apud Cosmam bis repetitur in duabus nempe tabulis
seu duobus circulis ; ita ut vix dubitare liceat, id
anni initium tunc Alexandriæ fuisse. At mos ille
infimis tantum sæculis invaluerat : ac vix crederem
hunc ordinem tunc servatum fuisse cum hoc Calendarium remotissimæ sane vetustatis concinnatum est. Veri sane similius est hic priscum ordinem
servari quo a mense Thoth incipiebatur, & ut
supra diximus continuabatur.

VII. Altera quæstio longe difficilior, quid in
hisce columnis contineatur, in queis primo mensis
nomen ponitur, deindeque scriptura ad novem
decemve usque versus ducitur. Si ex Calendariis
antiquis Romanis ad nostram usque ætatem trans-
missis conjecturam sumere liceret, hoc Calendarium in singulis mensibus complecteretur dies fe-
stos & ferias solennes, assignatis cujusque diebus,
ludos publicos, emortuales Regum quorumdam

l'on faifoit les travaux de la campagne, & les recoltes. Mais ce feroit deviner que de regler fans autre preuve l'ancien Calendrier Egyptien fur celui
de Rome. On parleroit avec plus de vrai-femblance fi l'on difoit, que les
Egyptiens obfervoient dans ces anciens tems du moins quelques ufages de
ceux que les Egyptiens des plus bas tems gardoient, & que dans le Calendrier qu'a fuivi Cofmas l'Egyptien, il peut y avoir quelques rites qui étoient
venus comme par fucceffion de pere en fils jufqu'aux Egyptiens de fon tems.
Le lecteur ne fera pas fâché de trouver ici ce qu'il marque fur chaque mois,
dans les deux tables circulaires qu'il a données dans fa Topographie Chrétienne p. 190. & 338. Nous mettrons ici les mois dans le même ordre qu'il les
met fur les deux Tables.

1. *Pharmuthi* eft Avril, fous le figne du belier. C'eft le premier mois du
printems, où fe fait la recolte de l'ail.

2. *Pachon* ou Mai, fous le figne du taureau; c'eft le fecond mois du printems, où l'on cueille le fruit qu'on appelle *Cinnæ* ou *Cinnaræ*, ce font les artichaux
que Cofmas a reprefentez en figure comme tous les autres fruits.

3. *Payni* ou Juin, fous le figne des jumeaux; c'eft le troifiéme mois du
printems, où fe recueillent les noix Armeniennes; c'eft une efpece de fruit qui
reffemble à des olives.

4. *Epiphi* eft Juillet, fous le figne du cancer; c'eft le premier mois de
l'été, où fe recueille le froment, & un certain fruit nommé Copymora, qui
paroît être une efpece de meures.

5. *Mefori* eft Août, fous le figne du lion; c'eft le fecond mois de l'été,
où fe recueillent les figues & les grappes de raifin.

6. *Thoth* ou Septembre, fous le figne de la vierge; c'eft le troifiéme
mois de l'été, où l'on recueille en Egypte les olives & les pefches.

7. *Phaophi* ou Octobre, fous le figne de la balance; c'eft le premier mois
de l'autonne, où l'on fait la recolte des dattes.

8. *Athyr* ou Novembre, fous le figne du fcorpion; eft le fecond mois
de l'autonne, où fe fait la recolte des afperges.

9. *Choïac* ou Decembre, fous le figne du fagittaire; eft le troifiéme mois
de l'autonne, où l'on cueille les mauves.

---

dies, equorum decurfiones, ruftica opera, meffes & fruges. Sed vetus Calendarium Ægyptiacum ad Romanorum Calendariorum normam, nulla data probatione, redigere, illud certe divinare effet. Vero fimilius diceremus prifcos illos Ægyptios, aliqua faltem eorum fervaviffe, quæ pofteriorum temporum Ægyptii obfervabant, & in Calendariis, quæ fequutus eft Cofmas Ægyptius, aliqua faltem haberi prifcorum rituum, quæ fucceffione quadam ad Ægyptios ufque fui temporis devenerant. Neque ingratum lectori fore fperamus, fi hic apponantur ea quæ ad fingulos ille menfes annotat, in duabus nempe tabulis circularibus quas ipfe dedit in Topographia fua Chriftiana p. 190. & 338. Menfes autem eodem hic ordine locamus, quo ipfe in duabus tabulis conftituit.

α. Φαρμνθι 1. Pharmuthi eft Aprilis, fub figno arietis, primus Vernæ tempeftatis menfis, quo colliguntur allia.

β. Παχών. 2. Pachon five Maius fub figno Tauri : eft fecundus vernæ tempeftatis menfis, quo colliguntur κίννα *cinnæ* five cinnaræ, quas Cofmas Ægyptius depinxit, ut & alios fructus.

γ. Παυνι. 3. Paini, five Junius, fub figno Geminorum, tertius vernæ tempeftatis menfis, quo decerpuntur nuces Armeniacæ ibidem depictæ, quæ olivas non male referunt.

δ. ιπιφι. 4. Epiphi, feu Julius fub figno Cancri, primus æftatis menfis, quo colligitur frumentum, & quidam fructus nomine κοπυμωρα, quod videtur effe mororum genus quodpiam.

ε. Μεςωρι. 5. Mefori, five Auguftus, fub figno Leonis, fecundus æftatis menfis, quo ficus & uvæ decerpuntur.

ς. Θωθ. 6. Thoth September, fub figno Virginis, tertius eft æftatis menfis, quo colliguntur in Ægypto ιλαιοπερσικα, quo fignificantur ut puto, olivæ & Perfica mala.

ζ. Φαωφι. 7. Phaophi October, fub figno Libræ, primus Autumni menfis, ubi dactyli palmarum decerpuntur.

η. Αθυρ. 8. Athyr, five November fub figno Scorpionis, fecundus Autumni menfis, quo evelluntur afparagia.

θ. Χοιακ. 9. Choiac December, fub figno Sagittarii, eft tertius Autumni menfis, quo colliguntur malvæ.

10. *Tybi* est Janvier, sous le signe du capricorne ; c'est le premier mois de l'hyver, qui donne la chicorée.

11. *Mechir* ou Février, sous le signe du verseau ; est le second mois de l'hyver, qui donne un fruit nommé Aglatia, que nous ne connoissons point.

12. *Phamenoth* est Mars, sous le signe des poissons ; le troisiéme mois de l'hyver, qui donne les citrons.

Voilà ce que portoit le Calendrier Egyptien, du tems de Cosmas & sous l'Empire de Justinien. Il y avoit apparemment eu bien du changement depuis ces anciens tems. On comptoit alors quatre saisons, & l'antiquité la plus reculée n'en admettoit que trois. Mais du tems de Cosmas il y avoit plus de huit siécles, qu'on en comptoit déja quatre en Egypte, comme nous avons vû à la pompe de Ptolemée. Les années commençoient en ces bas tems par Avril, au lieu qu'anciennement elles commençoient par Septembre.

ί. Τυβί. 10. Tybi, Januarius, sub signo Capricorni, primus hibernæ tempestatis mensis, quo nascuntur ἰντύβια, sive intubus hortensis.

ια΄. Μεχίρ. 11. Mechir Februarius, sub signo Aquarii, secundus hybernæ tempestatis mensis, qui fructum dat Aglatia nomine, nobis omnino ignotum,

ιβ. Φαμενώθ. 12. Phamenoth, Martius, sub signo Piscium, tertius hibernæ tempestatis mensis, qui profert τὸ κίτρα, qua voce significari videntur citri ; sed apposita figura citros referre nullo modo videtur.

Hæc in Ægyptiaco Calendario erant tempore Cosmæ Ægyptii Monachi, Imperante Justiniano. A priscis autem illis temporibus res novæ multæ invectæ fuerant : nam infimis hujusmodi sæculis quatuor anni tempestates numerabantur ; antiquissimis vero temporibus tres solum horæ sive anni tempestates memorabantur. At Cosmæ ævo jam a plus quam octo sæculis, quatuor horæ Alexandriæ numerabantur, ut vidimus in Ptolemæi pompa. Infimis etiam hisce temporibus anni ab Aprili incipiebantur, ut vidimus ; antea vero a Septembri initium anni ducebatur.

CHAPITRE IX.

I. Figures remarquables Egyptiennes. II. Le corps d'Osiris avec une tête de Monstre.

I. UNE autre image fort remarquable se voit au bas de la même planche sous le Calendrier, elle est separée en deux au milieu par deux lignes, & forme comme deux tableaux. Le premier & le plus haut tableau, nous offre d'abord un spectacle tout nouveau ; c'est d'un côté un homme assis sur une chaise, & une femme derriere lui, la tête manque à l'un & à l'autre, apparemment par quelque accident. Devant cet homme on voit comme un buffet à cinq étages, le premier & le plus bas est composé de barreaux qui semblent faits pour soûtenir le second. A ce second étage on voit d'abord la tête coupée d'un homme dans un bassin, spectacle tout nouveau dans les monumens Egyptiens ; après vient un vase à une anse, un oiseau , deux petits pilliers de balluftrade. Au troisiéme est d'abord un oie immolé dont la tête pend en bas, une coupe & un autre oiseau. Au quatriéme trois bassins & une coupe. Au cinquiéme des especes de petites colonnes. A l'autre côté est une personne de mauvaise maniere , qui éleve ses deux mains, & paroît effraïé à l'aspect de tant d'énigmes. Ce pourroit bien être une femme , & apparemment une Isis.

II. Le tableau d'en bas est encore fort singulier. Le corps d'Osiris mort se voit sur un lion , ou sur un banc fait à la maniere d'un lion; nous en avons déja remarqué plusieurs de cette maniere ; en voici encore un plus singulier en ce qu'au lieu d'un visage d'homme il a un long museau, on ne sait de quelle espece de bête , je n'en connois point qui l'ait fait de même. La tête coupée que nous venons de voir en haut seroit-elle d'Osiris , & celle que nous voïons ici seroit-elle mise en sa place ? Ce ne seroit pas la premiere fois que nous verrions la tête d'un animal mise sur le corps d'un dieu ou d'une déesse, & la veritable tête posée auprès au bout d'un bâton. Il est d'ailleurs certain que

---

CAPUT IX.

I. Figuræ singulares Ægyptiacæ. II. Corpus Osiridis cum monstri capite.

I. ALia & quidem admodum spectabilis imago eadem in tabula sub Calendario conspicitur. Illa vero duas in partes dividitur per duas intersecantes lineas , sicque duæ quasi tabellæ efficiuntur. Prima superne posita tabella spectaculum statim novum offert. In altero latere vir in sella sedens mulierem a tergo habet : utriusque vero caput casu quopiam sublatum est. Ante hujusmodi virum multa spectanda offeruntur in quadam machina, ubi quinque rerum ordines gradatim positi offeruntur. Primus clathris constat, qui videntur ad secundi ordinis tabellam sustinendam positi ; in hac porro tabella conspicitur primo caput viri abscissum & in disco positum , spectaculum plane novum in monimentis Ægyptiacis ; hinc vasculum ansatum , avis , pilæ duæ minores quæ clathros referant. In tertio ordine , anser immolatus , cujus caput inferne pendet , poculum & avis alia. In quarto , tres disci , & crater : quintus columellis quibusdam constat. In alio latere homo visitur rudi admodum forma delineatus , qui manus attollit , tam insolenti tam ænigmatico spectaculo attonitus. Est forte mulier, & si mulier sit , Isis erit.

II. Inferior tabella spectabilis est. Osiridis cadaver supra leonem vel supra scamnum ad leonis formam aptatum, extenditur ; jam complures eadem forma vidimus : hic porro ea in re cæteris singularior est , quod pro vultu hominis , rostrum habeat oblongum animalis nescio cujus, neque uspiam simile me videre memini. An abscissum caput quod supra vidimus , Osiridis est ? An vero caput ferinum ejus hîc loco positum fuerit ? illud vero non semel jam visum fuit, ut caput feræ animalisve cujuspiam hominis corpori imponatur ; hominis vero ejusdem caput verum , e vicino scipioni affixum ponatur.

felon la fable, Typhon avoit découpé en pieces le corps d'Ofiris, & qu'Ifis
en raffembla les parties. Aux pieds d'Ofiris eft Anubis, qui embraffe ce
corps mort, & au-deffous du lion quatre Canopes que nous voïons auffi dans
plufieurs autres images d'Ofiris mort. Aux deux extrémitez font deux Ifis qui
menent deüil fur cette mort. Il n'eft pas rare chez les Egyptiens de voir la
même divinité repetée fur une image. Voici le cinquiéme Ofiris mort que
nous voïons dans ces monumens. La premiere image eft dans la bordure de la
table Ifiaque; la feconde eft dans la planche des Pyramides d'Egypte; la troifiéme a été donnée ci-devant avec Ifis; la quatriéme paroîtra tout-à-l'heure dans
un Abraxas; la cinquiéme eft celle-ci, on peut y en ajoûter une fixiéme ,
qui fe trouve dans une pierre du Senateur Capello, imprimée dans une planche des Abraxas; c'eft à la CLXXVI. du fecond tome de l'Antiquité. Dans
celle-là ce n'eft pas un lion, ni un banc fait comme un lion qui foûtient le
corps d'Ofiris mort; c'eft une autre bête vivante qui revient affez à un fan-
glier, & à gueule beante. Anubis y fait fa fonction ordinaire, & il paroît
là couronné. Deux Ifis font l'une à la tête, l'autre aux pieds d'Ofiris mort.
L'écriture qui eft au bas de ce tableau eft écrite de la droite à la gauche comme dans le Calendrier Egyptien, c'eft la vraie écriture Egyptienne, non Hieroglyphique, & c'eft pour cela que nous l'avons mife dans cette planche ,
auffi-bien que la fuivante, où l'on voit fur une efpece d'autel un oifeau, qui
pourroit bien être un épervier pris fouvent pour Ofiris, comme plufieurs monumens & Plutarque en font foi; un homme dans une pofture humiliée tient
une patere comme pour lui facrifier. L'écriture qui eft au-deffous eft la même
que la precedente. Une chofe pourroit d'abord faire croire qu'elle eft écrite
de la gauche à la droite à nôtre maniere; c'eft que la derniere ligne qui n'eft pas
achevée, finit vers la droite. Mais cela ne peut arrêter ici. Ces caracteres qui
viennent fi fouvent dans l'écriture Egyptienne 3. 4. y font au même fens que
l'écriture précedente : ainfi ces lettres auront été écrites au-deffous de l'extrémité de la ligne precedente , fans en recommencer une autre , comme
nous faifons nous-mêmes affez fouvent.

Alioquin autem certum eft in fabula ferri, Ofiridis corpus a Typhone in partes varias defectum fuiffe, illafque partes Ifidem collegiffe : in extrema tabella hinc & inde duæ Ifides Ofiridis necem lugentes confpiciuntur. Neque infolens eft apud Ægyptios eumdem deum deamve bis eadem in tabula repræfentatum cernere. En jam quinto Ofiridis cadaver confpicimus in hujufcemodi monimentis : primo in ora menfæ Ifiacæ ; fecundo in tabula pyramidum Ægyptiacarum ; tertiam imaginem fupra cum Ifide repræfentavimus ; quarta in Abraxæa gemma mox dabitur ; quinta hæc eft de qua nunc agimus ; fextam adjicere poffumus , nempe in Abraxæa gemma V. Cl. Senatoris Capelli quam dedimus in tabula CLXXVI. fecundi Antiquitatis explanatæ tomi : in illa vero neque leo , neque fcamnum leonina forma corpus Ofiridis fuftinet , eft enim alia fera hianti ore apro fimilis. Anubis functionem ibi fuam pro more obit, atque in illa imagine coronatus effe videtur : duæ ibi quoque Ifides funt , alia ad caput , alia ad pedes Ofiridis mortui. Scriptura in ima tabula exarata a dextera ad finiftram procedit, ut in

Calendario Ægyptiaco. Eft autem hæc vere Ægyptiaca fcriptura fine hieroglyphicis , ideoque illam in hac tabula pofuimus perinde atque fequentem, ubi in ara quadam avis ponitur forteque accipiter, qui fæpe pro Ofiride habebatur , ut ex monumentis plurimis & ex Plutarcho difcimus. Vir demiffi animi ex corporis fitu fpeciem præ fe ferens pateram tenet quafi ad facrificandum. Scriptura infra pofita eadem eft , quæ in præcedenti tabella. Attamen primo ftatim intuitu aliquid occurrit , quod fuadere videatur infcriptionem a finiftra ad dexteram fecundum morem noftrum exaratam effe : poftremus namque verfus qui non completus eft , ad dexteram procedendo definere videtur. Verum hoc nihil poteft negotii faceffere : nam characteres illi qui tam fæpe in Ægyptiacis infcriptionibus occurrunt, nempe 3. & 4. eodem hic fitu funt, quo in præcedentibus infcriptionibus. Atque adeo illæ fubtus pofitæ literæ, fub extremo definente verfu defcriptæ fuerint, ne alter verfus inciperetur, ut & nos fæpe facimus.

CHAPITRE

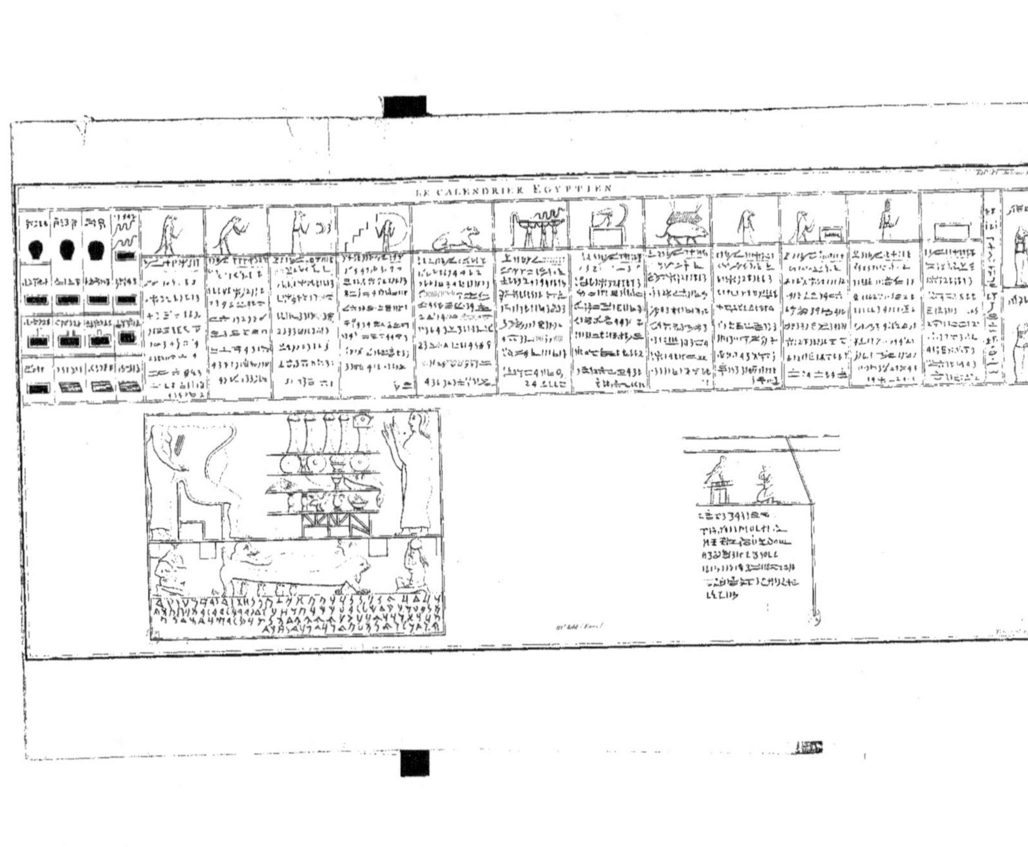

CHAPITRE X.

*I. Le grand nombre d'Abraxas. II. Abraxas de Jupiter. III. De Mars.
IV. D'Hecaté. V. D'Isis. VI. De l'Elephant. VII. D'Abraham.*

I. LE second Tome de l'Antiquité expliquée, contient un grand nombre d'Abraxas tirez de ces pierres gravées des Basilidiens, où ils mêloient le culte du vrai dieu, avec celui des Egyptiens, & quelquefois aussi des Grecs & des Romains. Ils donnoient à des femmes & à des gens simples, ces pierres gravées, comme des préservatifs & des remedes contre differentes maladies. S'il en faut juger par la quantité extraordinaire qu'on en trouve, jamais superstition ne fut plus en vogue que celle-là. Ils gravoient leurs figures sur de petites pierres & le plus souvent sur cette pierre noire d'Egypte, qu'on appelloit Basalte. Ils y emploïoient encore assez souvent les Amethystes. Ils en donnoient comme des remedes specifiques contre certaines maladies, contre les maux de poitrine, contre les fiévres ; d'autres pour rendre fecondes les femmes steriles ; & enfin pour toute sorte de maladies. Il y avoit des medecins qui s'en servoient, comme Samonicus. Cette superstition si répanduë dans les Gaules, dans l'Espagne, dans l'Italie & dans plusieurs autres payis de l'Europe, a duré plusieurs siécles. Peut-être s'en conserve-t'il encore aujourd'hui quelques traces parmi ceux qui s'adonnent aux prestiges & aux sorcelleries. La quantité qu'on en déterre tous les jours donne lieu d'esperer qu'on en découvrira enfin où se trouveront les plus secrets mysteres de ces anciens héretiques. Voici six nouvelles pierres dont quelques-unes frappent par leur singularité.

II. La premiere est toute mysterieuse. On voit d'abord Jupiter [1] assis sur une chaise Il tient de la main droite élevée, un instrument qui ressemble à un quatre de chiffre. Sur sa tête est une autre figure. C'est un globe qui a au milieu deux bandes croisées d'une autre large bande, à chaque extré-

PL.
LV.

CAPUT X.

*I. Abraxæarum gemmarum numerus ingens.
II. Abraxas Jovis. III. Abraxas Martis. IV. Hecates. V. Isidis. VI. Elephanti.
VII. Abrahami.*

I. INgentem numerum Abraxæarum imaginum in secundo Antiquitatis explanatæ tomo protulimus, gemmarum videlicet insculptarum, in queis Basilidiani, cultum veri dei cum cultu profanorum veterum, maximeque Ægyptiorum, admiscebant, & aliquando etiam Græcorum & Romanorum. Has gemmas mulierculis virisque rudibus & incautis dabant ad conservationem valetudinis & remedium contra morbos. Nulla unquam superstitio latius manavit ; ut ex ingenti numero lapillorum hujusmodi, qui quotidie eruuntur, arguere licet. Ad hasce sculpendas præstigias vario lapillorum genere utebantur, corneola, jaspide, Giada Orientali, Lapide Azulitano, achate cujusvis speciei, maxime autem marmore illo Ægyptiaco quem basalten vocabant. Amethystum etiam non raro usurpabant. Hæc offerebant ceu remedia quibusdam morbis, pectoris ægritudinibus, febri, mulierum sterilitati, denique morbis omnibus. Nec deerant medici qui illis ut φαρμάκοις utebantur, qualis erat Quintus Samonicus. Hæc superstitio late pervagata est per Gallias, Hispaniam, Italiam, cæterasque Europæ regiones. Et fortassis adhuc quædam illarum rerum vestigia supersunt apud eos qui præstigiis & magicæ rei dant operam. Tot tantaque hujuscemodi in dies ex tenebris eruuntur, ut sperandum sit fore ut eorum adminiculo hæreticorum veterum secretiora mysteria revelentur. En sex novas Abraxæas gemmas singularitate sua spectabiles.

II. Prima, arcana multa præ se ferre videtur. Jupiter in sella [1] sedens conspicitur ; manu dextera instrumentum tenet simile numerali hujuscemodi notæ Figura altera capiti ejus imminet, nempe globus duabus fasciis alligatus, alteraque deinde fascia transverse posita ; in extremis fasciis utrinque globo

mité on voit une grande aile ; c'est ce qu'on remarque souvent dans les monumens Egyptiens ; ce globe est environné d'une figure irréguliere ; au bout
d'une des ailes est representé le soleil dans un croissant de lune. Les deux
bandes paralleles qui coupent le globe pourroient marquer la Zone torride,
& les ailes la vitesse du soleil. Sur le bas vis-à vis des jambes de Jupiter est
un cancer signe du Zodiaque, qui marque peut-être que la pierre a été gravée quand le soleil étoit à ce signe. L'image de dessous est encore plus extraordinaire. C'est un roi mort & emmailloté depuis la tête, comme on en voit
plusieurs entre les figures Egyptiennes. Ces bandes en se croisant font des
figures rhomboïques, comme d'anciens carreaux de vitre. Il est étendu sur
une piece de bois ; ce qui passe au-delà de la tête de ce Roi est herissé de
pointes, qui ne sont peut être pas mises là sans mystere. Ce Roi mort dont
la tête est ornée d'une couronne radiale , est soûtenu sur une planche portée
par un lion. C'est Osiris comme on l'a prouvé ci-devant. L'image est fort
differente des autres que nous avons décrites ci-devant , lorsque nous
parlions d'Isis & d'Osiris , quoiqu'elle represente sans doute la même histoire. Dans les autres ce qui soûtient Osiris n'est pas un lion vivant comme
ici ; mais c'est un banc accommodé à la maniere d'un lion , & qui a la tête,
la queuë, & les jambes d'un lion. La couronne d'Osiris mort ne se voit qu'ici.
La sculpture & les figures n'ont rien de ce goût Egyptien qui se trouve dans
les autres images , comme le verront d'abord ceux qui auront quelque usage de ces monumens de l'Antiquité. Quoique l'on voie ici des marques évi-
dentes de la superstition Egyptienne : ce n'est pas assûrement un Egyptien
qui a gravé cette pierre. Plusieurs Basilidiens qui n'étoient pas Egyptiens, mettoient pourtant sur leurs pierres des figures Egyptiennes. Nous avons parlé
ci-devant assez au long des autres images qui representent Osiris mort. Il y
a encore une chose à remarquer ici ; c'est que dans la table Isiaque, où l'on
voit dans la bordure d'en bas , Osiris étendu ; il y a au-dessus de lui un globe
avec des ailes étenduës , telles que nous les voïons ici au-dessus de la tête de
Jupiter. Vis-à-vis du lion est un caractere qui n'a point de semblable parmi

---

adjunguntur alæ duæ id quod sæpe in monumentis
Ægyptiis observatur; globus autem ille figura quadam circumdatur. Ibidem ante Jovem Sol repræsentatur in crescente Luna. Duæ fasciæ parallelæ
quæ globum secant zonam torridam significare
possent , & alæ illæ solis velocitatem. In ima parte
e regione tibiarum Jovis, Cancer est Zodiaci signum , an ut significetur insculptam fuisse gemmam
cum Sol in hoc signo esset. Singularior est imago
sub Jovis pedibus posita. Rex quidam mortuus &
a capite ad usque pedes & ultra fasciis & pannis
involutus, ut sæpe in Ægyptiacis figuris videmus.
Hic vero fasciæ sese mutuo decussantes rhomboïcas
figuras exhibent : in tabula lignea extenditur, quod
autem ultra caput regis de tabula egreditur, aculeos
exhibet multos , id quod fortasse mysterio non
caret. Rex ille cujus caput ornatur radiata corona,
cum tabula supposita supra leonem extenditur.
Est autem Osiris ut jam diximus probavimusque.
Hæc autem imago ab aliis quas vidimus vel des-
cripsimus supra, ubi de Iside & Osiride loquebamur,

multum differt, etsi idipsum haud dubie hic repræ-
sentetur. In aliis enim non leo vivus Osirin sustinet ,
sed scamnum in modum leonis concinnatum , caput
caudam cruraque leonis habens. Corona autem in
nullo alio Osiridis mortui schemate visitur. Ad hæc
vero sculpturæ modus ac ritus repræsentandique
ratio, ab Ægyptia sculptura & pingendi ratione in
hoc schemate prorsus aliena sunt , ut quisque in
hisce rebus non hospes statim percipiat. Quamobrem licet Ægyptiacæ superstitionis symbola hic
compareant certum videtur hanc sculpturam non
ab Ægyptio artifice fuisse factam. Ex Basilidianis
enim multi , qui non erant Ægyptii , religiones
tamen Ægyptiacas in amuletis suis depingebant.
De aliis Osiridis defuncti & supra leonem extensi
imaginibus satis diximus in laudato supra loco ;
hoc tamen hic observandum est , nempe in imagine
illa Osiridis extensi quæ in ora inferiore mensæ
Isiacæ perspicitur, globum cerni cum aliis adjunctis,
qualem in hac etiam imagine supra caput Jovis
perspicimus. E regione leonis est quidam character,

les hieroglyphes que j'ai vûs jufqu'à prefent. Dans ces amuletes tout fignifioit quelque chofe.

III. Mars [1] qui porte un trophée & une pique fe trouve dans une autre [2]
pierre; au revers de laquelle fe voient des caracteres Grecs magiques des Bafilidiens, qui ne font point de fens, on a même fouvent peine à en connoître
les lettres.

IV. La figure qui fuit [3] avoit déja été donnée, mais fi petite, qu'on n'y [3]
peut prefque rien diftinguer comme il faut, & le revers où eft Harpocrate,
avoit été paffé. La premiere & la grande face eft d'Hecaté. Elle a trois têtes
feparées, chacune avec un T. par-deffus. Elles font tournées de trois côtez.
Il femble que les trois têtes n'aient qu'un corps, & quatre bras, difpofez de
maniere que de quelqu'un des trois côtez qu'on fe tourne, chaque tête a fes
deux bras; Hecaté eft revêtuë d'une vefte ceinte, & par-deffous d'une tunique qui lui defcend jufqu'aux jambes. Ces jambes font ici deux longues
queuës de ferpens, qui fe replient. Hecaté a donc ici quatre mains comme
nous avons dit. De l'une elle tient un flambeau, comme Diäne qu'on appelloit *lucifera*, Hecaté eft elle-même appellée porte-flambeau & porte-lu-
miere. On la prenoit pour Proferpine, & plus ordinairement pour Diane.

> *Et la triple Hecaté, les trois faces de Diäne*,

dit Virgile. Des deux autres mains elle tient un foüet qui lui convient comme gardienne de l'enfer, & c'eft peut-être par la même raifon que de la
quatriéme main elle tient un glaive. Mais pourquoi lui a-t'on mis des
queuës de ferpent au lieu de jambes? cela eft difficile à expliquer : on ne
fauroit non plus dire pourquoi a-t-on mis autour d'elle tous ces caracteres
Grecs où l'on ne peut rien entendre. Au revers d'Hecaté dans un plus petit
ovale eft Harpocrate qui tient le doigt fur la bouche, ou plûtôt qui tient de
fa main un bâton court, qu'il porte fur la bouche. Il a la corne d'abondance, & fur la tête une fleur entre deux pointes. Nous en avons donné plufieurs femblables dans l'Antiquité au chap. d'Harpocrate.

V. On voit parmi les Abraxas donnez au Tome 2. & ailleurs, des Ifis
affifes fur la fleur du Lotus. Celle-ci a [4] quelque chofe de fingulier, elle a [4]
un globe fur la tête avec un cercle raïonnant qui l'entoure : ce qui mar-

---

cujus formam non memini me videre inter characteres hieroglyphicos : in hifce autem amuletis
nihil non fuam fignificationem habebat.

III. Mars tropæum [1] & haftam geftans in alia
habetur gemma, in cujus poftica facie, characteres
Græci magici Bafilidianorum comparent, qui nullum tamen fenfum efficiunt : imo fæpe etiam vix
internofci literæ poffunt.

IV. Gemma fequens jam edita fuit, fed in imagine
tam minuta, vix ut in ea quidpiam accurate per-
fpicere poffis. Harpocrates vero, qui in poftica
ejufdem gemmæ facie fculptus eft, omiffus fuerat.
Prima majorque facies Hecates eft. [3] Tria autem
habet feparata capita cum hac figura capiti cuique
fuperpofita T. Tria autem illa capita averfa
mutuo funt, videntufque tria unum habere corpus,
quatuorve brachia fic difpofita, ut quoquo te vertas
caput unum duoque brachia videas. Tibiæ funt
duæ, nempe oblongæ ferpentum caudæ finuofis
flexibus convolutæ. Hecate ergo quatuor hic manus
habet, ut diximus, prima facem tenet, ut Diana,
quæ vocabatur Lucifera, Hecate ipfa vocabatur
δαδοφόρος eam Proferpinam quidam effe credebant,
plures Dianam

Tergeminamque Hecaten, tria virginis ora Dianæ.
inquit Virgilius. Duabus aliis manibus flagellum
tenet, id quod inferorum cuftodi competit, &
fortaffis eadem de caufa quarta manu gladium tenet.
Sed cur ferpentum caudæ pro tibiis pofitæ funt?
Id certe explicatu difficile fuerit : neque etiam in
promtu eft indicare cur appofiti fint characteres illi
Græci, qui intelligi nequeant. In pofteriore facie
minorique ovatæ formæ area eft Harpocrates digitum ori admovens, aut potius qui virgam brevem
manu tenet, quam ori admovet. Cornucopiæ altera
manu tenet & capite geftat nefcio quem florem.
Multos Harpocrates dedimus in fecundo Antiquitatis explanatæ tomo, Capite de Harpocrate.

V. Inter Abraxæas figuras jam publicatas, Ifides
vifuntur in Loti flore fedentes. Hæc fingulare [4]
quidpiam præ fe fert, globum capite geftat cum
circulo radiato caput circumdante, quo Sol figni-

que le soleil. L'inscription qui est au revers a quelque rapport à la figure, on y lit ΙΕΟΥ ΑΡΣΕΝΟΦΡΗ. Ιεȣ est là pour Ιαω, qui est la maniere ordinaire dont les Auteurs Ecclesiastiques lisent le *jehova* des Hebreux ; mais dans ces sortes de mots, le changement ou la transposition des voïelles sont comptez pour rien, la pierre gravée a Ιεȣ, & Eusebe au premier livre de la préparation Evangelique p. 31. a Ιευω. La derniere syllabe du mot suivant Φρη, qu'on lit *Phri*, veut dire en langue Egyptienne le soleil, ἀρσενοφρή, voudroit donc dire que le soleil est mâle en supposant qu'on a joint ici un mot Grec avec un Egyptien. Nous voïons en effet ici les raïons du soleil ; mais qui sortent de la tête d'une femme, ce qui sembleroit ne pas s'accorder avec l'inscription. Est-ce pour signifier qu'Isis que plusieurs prenoient pour la lune, étoit mâle : car comme nous avons dit au premier Tome, un grand nombre d'orientaux croïoient que la lune étoit du genre masculin. Mais nous voïons ici les raïons du soleil sortant de la tête d'Isis qui est represencée en femme : je m'arrête ici ne trouvant rien qui puisse ni me plaire, ni satisfaire le lecteur. Il ne faut pas omettre qu'entre les raïons il y a un globe qui marque ou la lune ou la terre.

VI. La pierre suivante ' n'est peut-être pas si difficile à expliquer qu'elle paroîtra d'abord. Il faut rappeller ce que nous avons dit assez souvent au livre des Abraxas, & que nous avons prouvé par les inscriptions mêmes de ces pierres ; c'est que les Basilidiens & les Gnostiques les donnoient pour guerir de differentes maladies. Nous voïons sur l'une des faces un élephant & de l'autre une inscription magique à l'ordinaire ; on ne peut gueres douter que cette pierre ne fût pour guerir de la maladie qu'on appelloit élephas & Elephantiasis ; c'étoit selon la description qu'en font les anciens une espece de lepre, qui défiguroit le visage de l'homme & sa peau ; ensorte qu'elle devenoit semblable à celle de l'Elephant. Q. Serenus Samonicus Medecin Basilidien, qui comme nous avons dit au même livre, emploïoit ces paroles magiques pour la guerison des maladies, en parle en ces termes.

L'Elephantiase est une cruelle maladie, & dont le seul nom fait horreur, non seulement elle défigure le visage par les pustules qu'elle produit ; mais elle

---

ficatur. Inscriptio in postica facie sculpta, cum hac figura aliquid affinitatis habet. Legitur ergo ΙΕΟΥ ΑΡΣΕΝΟΦΡΗ. Ιεȣ idem est ac Ιαω, hoc autem modo Hebræorum יהוה Jehova apud Scriptores Græcos Ecclesiasticos legitur. Verum in hujusmodi vocibus mutatio sive transpositio vocalium pro nihilo computatur : in hac gemma legitur Ιεȣ, Eusebius autem præparationis Evang. l. 1. p. 751. Ιευω habet. Αρσενοφρή, postrema Syllaba φρη nomen est Ægyptiacum Solem significans, ἀρσενοφρή igitur significaret Solem esse marem, si supponas vocem ἀρσενο græcam cum voce φρη Ægyptiaca hic conjungi. Et vere radios Solis in figura videmus, sed ex capite mulieris egredientes, quod videretur cum inscriptione nostra non consonare. An ut significetur Isidem quæ pro Luna vulgo habebatur, ut marem a multis haberi, nam multi Lunam esse marem putabant, ut suo loco diximus. Verum hic Solis radios videmus ex capite Isidis egressos quæ Isis hic mulier repræsentatur. Hic gradum sisto neque enim me posse & lectori & mihi facere satis existimo. Neque prætermittendum tamen est inter radios globum haberi, quo vel Luna vel orbis terræ significatur.

VI. Gemma sequens non ita forte difficilis explicatu erit ac primo ' conspectu videtur. Hic memoria repetenda sunt ea quæ sæpe diximus in libro de Abraxæis figuris, imo ex ipsis gemmarum inscriptionibus probavimus ; nempe Basilidianos & Gnosticos illis esse usos varias ut ægritudines curarent. In altera facie elephantem cernimus ; in altera inscriptionem magicam ut alias frequenter. Vix dubitari possit hanc gemmam destinatam fuisse curando morbo, qui elephas & elephantiasis appellabatur. Erat autem, ut aiunt veteres, lepræ genus, quod & vultum & cutem hominis deformabat, ita ut elephantis pelli similis evaderet. Q. Serenus Samonicus medicus Basilidianus, qui ut eodem libro diximus, verba illa magica ad curandos morbos adhibebat, sic de Elephante seu Elephantiasi loquitur,

Est Elephas morbus tristi quoque nomine dirus
Non solum turpans infandis ora papillis;

XAA
BPAX...
NECXHГ
ΦΙΧΡΩΦ
NVPNΦN
XNKN
X

CEIPEI
MN
T

E
KE
E
WIΛ
IΠ

KICPГ.
CIΦEPM
XNOVNPΛ
CΛЗOKΛOB
APAXWBN
AMMWCI
AKHP

IEOV
APCENOΦPH

NVГ
ΛΠT
NI
NVГ N
ΛIK

precipite bien-tôt au tombeau par le venin qu'elle infuse dans l'homme. Le suc de l'écorce du cedre est bon pour guerir de cette maladie, après quoi il indique encore plusieurs autres remedes. L'Elephant que nous voïons ici, est devant un arbre. Cet arbre pourroit bien être un cedre, il paroît avoir en effet beaucoup d'écorce que Samonicus indique pour remede; ensorte que ces prestigiateurs auront mis du côté de l'Elephant le remede naturel, & de l'autre côté le remede magique qui consiste en ces mots, ΚΙϹΡΑ, ϹΙΦΕΡΜ, ΧΝΟϒΝΡΑ, ΣΑΒΟΚΛΟΒ, ΑΡΑΧΩΒΝ, ΑΜΜΩΣΙ, ΑΚΗΡ. Ces Heretiques reconnoissoient plusieurs puissances celestes, ils en mettoient 365. autant qu'il y a de jours dans l'année. Il est certain qu'ils donnoient à chacune leur nom qu'ils gravoient sur leurs pierres magiques : ils donnoient ces noms & ces figures ou comme des préservatifs, ou comme des remedes. Cela revenoit assez à l'opinion que les Grecs & les Romains avoient touchant les Genies & les Junons, ainsi appelloient-ils les Genies des femmes. Ce qui favorise encore cette explication c'est que la lepre qui est un mal presque inconnu aujourd'hui, étoit très commun dans ces anciens tems.

VII. Les Basilidiens qui emploïoient dans leurs pierres magiques les superstitions prophanes, les dieux des Egyptiens, des Perses, des Grecs, & des Romains, y mettoient aussi quelquefois les histoires de la Bible, & les noms des saints de l'ancien Testament. Nous avons vû au tome second p. 369. dans l'inscription d'un de ces Abraxas ces mots χαριζόμενον ὄνομα Ἀβραάμ, ce qui veut dire que Ιαω, qui est Dieu, a donné le nom à Abraham. Voici une pierre ou est representé [6] le Sacrifice d'Abraham. Ce Patriarche tient par les cheveux Isaac, qui est à genoux, & leve l'autre bras pour le frapper de son poignard. De l'autre côté de l'image un Ange lui presente un belier, & lui fait signe de la main pour l'empêcher d'achever. Aux quatre coins de la pierre sont quatre autres Anges, qui ont les ailes étenduës & qui semblent voler. Il y a par-ci par-là des caracteres Grecs inexplicables, & qui ne font aucun sens, au moins pour nous, qui n'entrons point dans ces mysteres.

Sed cita præcipitans funesto fata veneno
Huic erit adversus cedri de cortice succus
Sub hæc autem multa alia quoque remedia indicat. Elephas quem hic conspicimus ante arborem est: quæ arbor cedrus esse posset : videturque revera multum corticis habere, corticis autem succum huic sedando morbo indicat Samonicus. Itaque præstigiatores illi, in illa facie quæ Elephantem exhibet, remedium naturale & physicum posuerint, in altera vero remedium magicum his verbis constans ΚΙϹΡΑ ϹΙΦΕΡΜ ΧΝΟϒΝΡΑ ΣΑΒΟΚΛΟΒ ΑΡΑΧΩΒΝ ΑΜΜΩΣΙ ΑΚΗΡ. : Hæretici illi potestates multas cælestes fingebant agnoscebantque. Trecentas autem sexaginta quinque esse dicebant, quot scilicet sunt in anno dies. Certum est eos singulis illis potestatibus nomina imposuisse ; eadem porro nomina in gemmis insculpebant, nomina vero cum figuris, tum ad conservationem valetudinis, tum ut remedia pro morbis dabantur. Id vero satis quadrabat ad veterum Græcorum Romanorumque opinionem circa genios atque Junones, quæ Junones mulierum genii erant. Quod autem explicationi nostræ favere videtur, lepra morbus hodie pene ignotus, illis temporibus notissimus & frequens erat.

VII. Basilidiani, qui in magicis suis amuletis profanas superstitiones numinum Ægyptiorum, Persarum, Græcorum & Romanorum adhibebant, Bibliorum etiam historias, necnon sanctorum veteris testamenti usurpabant. Vidimus tomo Antiquitatis explanatæ secundo pag. 369. in quadam Abraxææ gemmæ inscriptione, χαριζόμενον ὄνομα Ἀβραάμ, id quod significat Deum, Ιαω ibidem dictum, nomen Abrahæ dedisse. En aliam gemmam [6] in qua sacrificium Abrahæ repræsentatur. Patriarcha comam atripuit Isaaci qui in genua procubuit ; alteram manum Abraham erigit, ut gladio feriat. In altera imaginis parte Angelus ipsi arietem offert, & manu prohibere videtur ne cœptum perficiat. In quatuor petræ angulis alii quatuor Angeli sunt, qui expansis alis volare videntur. Literæ porro Græcæ hinc & inde videntur, nihil prorsus significantes, nobis saltem qui in arcana hujuscemodi non intramus.

CHAPITRE XI.

Vaſe des Baſilidiens.

Pl. LVI.

NOus mettons le vaſe ſuivant après les Abraxas, parce que ces caracteres Grecs entremêlez d'autres caracteres faits d'imagination, paroiſſent être de l'invention de ces Baſilidiens. Ce curieux monument appartient à M. Recanati, Gentilhomme Venitien, qui m'en a envoïé le deſſein tel que je le donne ici. Le vaſe eſt repreſenté dans toute ſa grandeur, & les figures qui l'ornent tout au tour, occupent le bas de la planche. On y voit d'abord une femme qui a des ailes, & qui tient par un manche une tablette, où ſont quelques caracteres magiques, ſur l'autre bras elle tient une maſſuë ; cette figure ſe trouve ſur le vaſe près du Temple d'Hercule, qui ſe voit ici au bout oppoſé de l'image. Après cette figure qui eſt une victoire on voit deux oiſeaux perchez ſur une machine de bois à pluſieurs branches. Après cela une femme aſſiſe tient de la main gauche un gros bâton comme un bois de pique, & de l'autre main une petite figure qui reſſemble à une mumie. La chaiſe où la femme eſt aſſiſe, eſt poſée ſur une baſe qui a une inſcription en deux lignes, dans la premiere ligne écrite en caracteres Grecs on lit φωπ. Ce qui ne veut rien dire, la ſeconde ligne eſt de caracteres inconnus & forgez par des gens qui ne vouloient pas qu'on les entendît, peut-être même que ſans leur donner aucun ſens, ils ne les ont mis là que pour donner à tout ceci un plus grand air de myſtere. Après cela vient un vaſe rond oblong, étroit par le haut comme un vaſe appellé guttus qui a la bouche fort étroite, au côté duquel ſont ces deux lettres, IT. Au-deſſus de ce vaſe eſt un oiſeau dans un vaſe comme dans ſon nid : il ſe tient dans ce creux comme s'il couvoit ſes œufs. Au-deſſus de l'oiſeau on voit ces lettres Greques ΛO. Après tout cela vient le frontiſpice d'un temple, que les deux maſſuës poſées aux deux côtez du fronton, prouvent être un temple

---

CAPUT XI.

Vas Baſilidianorum.

I. VAs ſequens poſt Abraxæas gemmas locamus, quoniam characteres Græci cum aliis characteribus ignotis & ex arbitrio inventoris concinnatis ad Baſilidianorum arcana videntur pertinere. Hoc ſingulare monumentum ex Muſeo eſt eruditiſſimi viri Recanati nobilis Veneti, qui delineatam mihi vaſis figuram tranſmiſit, qualem hic videre eſt. Vas in archetypo eamdem quam hic habet amplitudinem ; anaglypha autem circum poſita imam totam tabulam occupant. Primo alata mulier viſitur, quæ tabellam tenet magicis characteribus onuſtam ; altero autem brachio clavam. Hæc porro mulier in archetypo prope templum Herculis eſt, quod hic oppoſitam tabulæ faciem occupat. Poſt hanc mulierem quæ victoriam haud dubie repræſentat, mulier ſedens læva tenet baculum ſive haſtam puram, altera vero manu figuram quæ Mumiæ pene ſimilis eſt. Sella in qua mulier iſtæc ſedet baſi cuidam impoſita eſt, in cujus anteriore facie, inſcriptio duobus conſtat verſibus. In primo verſu Græcis litteris φωπ legitur, cujus vocis nulla ſignificatio eſt ; ſecundus verſus characteribus ignotis eſt exaratus, arbitrio quorumdam excogitatis, qui hæc intelligi nolebant, imo fortaſſe qui nullam vel ipſi ſignificationem literis hujuſmodi adſcripſerint ; ſed hæc ideo ſolum commenti fuerint, ut majorem myſterii & arcani apparatum exhiberent. Hinc vas quodpiam ſequitur rotundum & oblongum, cujus os anguſtiſſimum, quale vas illud veteribus erat, quod guttus appellabatur : e latere cujus hæ duæ literæ ſunt IT. Supra vas iſtud avis viſitur in cratere recubans ac ſi ova foveret : ſupra avem has duas Græcas literas nihil ſignificantes legimus ΛO. Poſt hæc adeſt frontiſpicium templi, quod ex clavis duabus ad duo faſtigii latera erectis eſſe templum Herculis ar-

d'Hercule, la victoire qui est auprès du temple, porte aussi une massuë, pour marquer apparemment les victoires d'Hercule. A l'entrée du temple qui a deux colonnes de chaque côté, est un grand oiseau qui touche presque de la tête à l'entablement, & de la queuë au pavé. Dans l'intervalle du fronton on voit encore deux oiseaux, & par-dessus le temple encore deux autres qui se bequettent. Au bas du temple à la premiere marche est cette inscription Φυλιολσσι π. Ce sont des lettres Grecques qui ne signifient rien.

Le dessous du pié n'est pas moins remarquable. L'image qui fait un rond comme une médaille, est plus grande, comme on voit, que dans l'original. Un vieux Silene ou Satyre assis croise ses cuisses de chevre. Il a une longue barbe, de longues oreilles dressées. Il paroît méditer sur quelque chose, & éleve en haut l'index de la main droite : jamais Satyre si serieux que celui-ci. On voit à ses pieds deux caracteres Grecs φμ & un autre inconnu, & tout au tour une plus longue inscription en caracteres partie Grecs & partie inventez comme on voit souvent dans les Abraxas. Tout cela est inintelligible. Ce qu'on peut dire de plus vrai-semblable, est que les Basilidiens ont fait ce vase pour quelque personne de qualité, & qu'ils l'ont donné comme un préservatif, ou comme un remede contre les maladies. Ils faisoient un nombre infini de ces amuletes, on en déterre tous les jours une grande quantité en France, en Italie, en Espagne.

---

guitur. Victoria quoque illa de qua supra, juxta templum stans clavam gestat, ut victorias Herculis haud dubie significet. In templi ingressu duabus hinc & inde columnis ornato, avem magnam conspicimus, quæ capite templi tabulatum, cauda pavimentum tangit. In ipso fastigio duæ aves viduntur, ac totidem in ipso templi pinnaculo, quæ mutuo rostra admovent. In primo templi gradu hæ literæ Græcæ conspiciuntur φυλιολσσι, quæ nihil prorsus sibi volunt.

Exterior fundi facies non minus spectabilis est. Imago nummi instar rotunda, hic major exhibetur ut videas, quam in archetypo sit. Vetus an Silenus, an Satyrus sedens caprina crura decussatim posita habet. Longam præfert barbam longasque auriculas caprinas erectas. Meditantis more positus dexteræ manus indicem erigit. Nunquam visus Satyrus fuit tantæ gravitatis. Ad pedes ejus duæ literæ Græcæ sunt φμ, aliusque character ignotus & circum inscriptio longior habetur partim Græcis partim aliis ignotis characteribus, quales sæpe in Abraxæis imaginibus videmus. Hæc quid significent frustra quæras. Id vero similius dici potest, nempe Basilidianos hoc vas apparavisse cuidam primariæ sortis personæ, & ad tutelam conservationemque dedisse, sive in remedium contra ægritudines corporis. Infinita quippe hujuscemodi amuleta adornabant, quæ quotidie ex tenebris eruuntur in Gallia, Italia & Hispania.

LIVRE VIII.

Les Temples des Gaulois , la Colonne aux huit divinitez.

CHAPITRE I.

I. Les anciens Gaulois quoiqu'avares mettoient beaucoup d'or dans leurs Temples. II. Temple de Belenus ou d'Apollon dans les Gaules. III. Temple merveilleux de Vaßo. IV. Autres Temples des Gaulois.

I. LES Gaulois même avant qu'ils tombaffent en la puiffance des Romains, étoient fort adonnez aux fuperftitions ; religieux à leur maniere, ils avoient beaucoup de temples, & quoiqu'ils fuffent de leur nature fort avares, dit Diodore de Sicile l. 5. p. 305. ils jettoient dans ces temples de l'or avec profufion, & ils le confacroient aux dieux pour fe les rendre propices. Je ne trouve rien dans les auteurs, ni fur la forme, ni fur la ftructure de ces temples : ils ne parlent que de leurs richeffes. Cefar qui foûmit les Gaules à l'empire Romain pilla tous ces temples. Il enleva, dit Suetone (c. 54.) tous les dons & tous les trefors que les Gaulois y avoient mis, il ruina les villes, ajoute-t'il, plûtôt pour les piller que pour les punir. Ce fut ainfi qu'il ramaffa une quantité immenfe d'or & de richeffes.

II. Aufone parle d'un ancien Temple de Belenus qui étoit l'Apollon des Gaulois, déffervi de pere en fils par les Druides ; il dit qu'ils prenoient les

---

LIBER VIII.

Templa Gallorum , columna octo numina exhibens.

CAPUT PRIMUM.

I. Galli , avari licet , multum auri in Templis congerebant. II. Templum Beleni feu Apollinis in Galliis. III. Templum mirabile Vaffo dictum. IV. Alia Gallorum Templa.

I. GAlli etiam ante , quam in Romanorum ditionem fubigerentur, fuperftitionibus admodum dediti erant. Religionibus addicti Templa plurima excitaverant , atque etfi avari admodum effent , inquit Diodorus Siculus l. 5. p. 305. auri plurimum in templa conjiciebant, diifque confecrabant, ut placarent, fibique propitios redderent. De forma vero Templorum vetutiffimæ illius Gallicæ gentis nihil apud Scriptores occurrit mihi. Divitias enim commemoraffe fatis habuere. Qui Gallias fubegit Julius Cefar Templa illa omnia expilavit. *In Gallia* , inquit Suetonius cap. 54. *Fana Templaque Deûm donis referta expilavit ; urbes diruit , fæpius ob prædam , quam ob delictum : unde factum ut auro abundaret.*

II. Aufonius de profefforibus Burdigalenfibus 4. Templum commemorat Beleni , qui Apollo Gallorum erat. Quod adminiftrabant , & avita fucceffione occupabant Druidæ. Hos autem ait denominis

VASE D'ALBÂTRE ORIENTAL DE SA PROPRE GRANDEUR,
AVEC SES FIGURES.

noms ou de leur ministere, ou du dieu qu'ils servoient. L'un s'appelloit Patera, nom pris de cet instrument des sacrifices qu'on appelloit Patere, dont on se servoit pour répandre des liqueurs sur la flamme de l'autel : d'autres se nommoient Phœbitius de Phœbus ; & un autre Delphidius, nom pris de Delphes, lieu celebre de la Grece, où étoit le grand oracle d'Apollon. Il y a apparence que la coûtume de donner de tels noms n'étoit point renfermée dans ce seul temple des Gaulois. Qui sait si Alethius Minervius Professeur, à qui est adressé le sixiéme chant, n'est pas ainsi appellé de quelque temple de Minerve ?

III. Gregoire de Tours décrit un temple de structure admirable, qui étoit en Auvergne du tems des Empereurs Valerien & Gallien, & qui dans la langue du payis s'appelloit Vasso. Il avoit, dit il, un double mur bâti en dehors de grandes pierres de taille, & en dedans de petites pierres raportées. Les murs avoient trente pieds d'épaisseur. Le dedans étoit orné de marbres & de mosaïques. Ce temple étoit pavé de marbre, & le toit étoit de plomb. Chrocus Roi des Allemans, qui fit du tems de ces Empereurs une irruption dans les Gaules, brûla & ruina ce temple.

IV. Le même Auteur parle d'un autre grand temple auprès de Treves, dedié à Mars & à Mercure qui y étoient représentez sur une très haute colonne, où les Gentils celebroient leurs fêtes. Il ne faut pas douter que les Gaulois Gentils n'eussent aussi un temple pour leur statuë de Berecynthie, qu'ils mettoient sur un char, & qu'ils menoient en procession pour la conservation de leurs champs & de leurs vignes, en chantant & dansant devant leur déesse. Gregoire de Tours fait encore mention d'un autre temple près de Cologne, enrichi de plusieurs ornemens, où les Gentils alloient sacrifier, & où ils se gorgeoient de manger & de boire jusqu'au vomissement. Ils faisoient là leurs adorations aux idoles, & s'ils avoient mal à quelque partie de leurs corps, ils representoient en bois cette même partie, croïant apparemment que ce prétendu acte de religion servoit à leur guérison.

Nous lisons dans la vie de S Eugende, que ce Saint nâquit auprès d'un village où l'on voïoit un temple celebre chez les Païens qui venoient de

---

minatos aut ex ministerio, aut ex eo, cui sacra faciebant, numine. Alius Patera vocabatur, quod est nomen sacri cujuspiam vasis ; alii Phœbitii appellabantur a Phœbo ; alius Delphidius vocitabatur a Delphis, qui locus erat in Græcia ex oraculo Apollinis toto orbe celeberrimus. Verisimile autem hunc denominandi morem, non hoc uno tantum in loco usitatum fuisse. Quis scit enim num Alethius Minervius professor, qui in sexto Ausonii carmine celebratur, ab aliquo Minervæ templo sic vocatus fuerit ?

III. Gregorius Turonensis templum apud Arvernos Imperantibus Valeriano & Gallieno, sic commemorat l. 1. c. 30. *Veniens vero Chrocus Arvernos, delubrum illud, quod Gallica Lingua Vasso Galatæ vocant, incendit, diruit atque subvertit. Miro enim opere factum fuit atque firmatum, cujus paries duplex erat. Ab intus enim de minuto lapide ; a foris vero quadris scalpris fabricatum fuit. Habuit enim paries ille crassitudinem pedes triginta. Intrinsecus vero marmore ac musivo variatum erat. Pavimentum quaque ædis marmore stratum, desuper vero plumbo tectum.*

IV. Idem Scriptor Lib. de Miraculis sancti Juliani c. 5. de alio templo agit, quod vocat, *Grande delubrum, ubi in columnam altissimam simulacrum Maris Mercuriique colebatur,* ubi festa a Gentilibus agebantur. Neque dubitandum est quin Galli Gentiles templum aliquod haberent pro statua Berecynthiæ, quam *in carpento pro salvatione agrorum ac vinearum suarum deferebant cantantes atque saltantes ante hoc simulacrum,* ut narrat idem Gregotius de gloria Confessorum cap. 77. & in vitis patrum cap. 6. ubi de S. Gallo Episcopo, commemorat *fanum quoddam* prope Agrippinam urbem, *diversis ornamentis refertum, in quo barbaries proxima libamina exhibens, usque ad vomitum cibo & potu replebatur : ibi & simulacra ut Deum adorans, membra secundum quod unumquemque dolor attigisset, sculpebat in ligno.*

Apud Bollandum Tomo I. p. 50. in vita sancti Eugendi legimus cap. 1. *Ortus nempe est* (Eugendus)

toutes parts y faire leurs superstitions. Ce lieu étoit si bien muni ou par l'art, ou par la nature, que le village étoit appellé Ysarnodore, ce qui vouloit dire en langue Gauloise, porte de fer.

Voilà les temples des Gaulois, que j'ai pû ramasser dans les auteurs. Les monumens nous en apprennent bien davantage, comme nous allons voir: & ce n'est pas la premiere fois que ces histoires muettes nous rendent plus savans que les livres.

---

haud longe a vico, cui vetusta paganitas ob celebritatem clausuramque fortissimam superstitiosissimi templi, Gallicana lingua Ysarnoduri, id est, ferrei ostii, indidit nomen.

En Gallorum templa quæ apud auctores colligere potui. Plura certe docent monumenta, ut mox videbitur. Neque nunc primum illud contingit, ut videlicet mutæ istiusmodi historiæ plura doceant, quam ipsi scriptores.

CHAPITRE II.

I. Les temples octogones des Gaulois n'ont pas encore été remarquez. II. Quelques bâtimens octogones d'Italie. III. Temples octogones des Gaulois, qui se trouvent aujourd'hui dans la France.

I. VOici une chose à mon avis toute nouvelle pour les antiquaires & pour les gens de lettres : les temples des anciens Gaulois. Ce ne sont point de ces antiques déterrées nouvellement, & qu'on ne connoissoit pas, parce que la terre les avoit cachées jusqu'à nos jours; mais ce sont des monumens exposez à la vûë des passans, & cependant inconnus à presque tout le monde, dont personne ne parloit, & tout cela faute de reflexion. Il y a toutes les apparences qu'ils étoient en grand nombre dans les Gaules. En voilà déja sept trouvez sans beaucoup de recherche , & qui donneront peut-être occasion d'en remarquer bien d'autres. Ces temples sont tous octogones , forme que les anciens Gaulois aimoient dans leurs bâtimens de tout genre. Le phare de Boulogne sur mer , la Tour-Magne de Nismes, la Tour de Matignon, & la Tour du cimetiere des Innocens de Paris, sont aussi octogones; autre connoissance que nous devons aussi à la reflexion. Et comme par une gradation de découvertes on arrive d'une connoissance à une autre; ceci nous donnera peut-être lieu de déterrer bien d'autres choses; je commence déja à soupçonner que cette figure dans les bâtimens s'est conservée jusqu'à des siécles assez bas; ce que semblent prouver quelques vieilles tours octogones , faites depuis quatre ou cinq cens ans, qui servent encore aujourd'hui d'escalier dans quelques maisons de Paris.

II. Je n'ai encore rien trouvé dans les auteurs & dans les historiens qui ait rapport à ces temples octogones, hors peut-être ces vers qu'on lisoit à Milan à l'inscription de la fontaine de Sainte Thecle.

CAPUT II.

I. Templa octangula Gallorum nondum observata fuerunt. II. Aliquot ædificia octangula in Italia. III. Templa octangula Gallorum quæ hodieque in Gallia habentur.

I. REm ecce penitùs novam , ut quidem existimo , antiquariæ literariæque rei studiosis. Hæc non ex eo genere monumentorum sunt, quæ ideo ignota sint, quia in terra & ruderibus obruta ad nostram usque ætatem manserant : verum hæc omnium semper oculis exposita, nihilominus ignota manebant , quod nemo animadverteret, & quid revera essent exploraret. Verisimile autem est ea magno numero per totam Galliam fuisse. Jam septem , non magna adhibita perquisitione, novimus : hæc porro occasio erunt ut alia in dies in notitiam veniant nostram. Hæc templa octangula omnia sunt, quam formam veteres Gallos in ædificiis suis , cujusvis ea generis essent , libentius adhibuisse comperimus. Pharus Bononiæ ad Oceanum , Turris magna Nemausi , Matinionensis insuper Turris , atque illa quæ in Cœmeterio Innocentium Lutetiæ hodieque visitur : hæ , inquam, omnes octangulæ sunt ; id quod etiam recens facta comparatione novimus. Quia vero notitia alia aliam parit, hac prima data explorandi occasione , alia hactenus inobservata forte comperiemus : jam quippe suspicio mihi nascitur, hanc in ædificiis figuram hancque consuetudinem ad postrema usque sæcula manasse : argumento sunt autem turres illæ octangulæ veteresvidelicet quadringentorum, quingentorumve annorum quas in ædibus quibusdam hodieque conspicimus, ubi plerumque scalæ ædium adaptatæ fuerunt.

II. Nihildum apud auctores historiarumque scriptores reperi, quod ad hæc octangula templa referri posse videatur, his forte exceptis versibus qui Mediolani ad fontem sanctæ Theclæ legebantur.

Octachorum sanctos templum surrexit in usus;

Octagonus fons est munere dignus eo.

Hoc numero decuit sacris baptismatis aulam

Surgere , quo populis vera salus rediit.

Je crois qu'il est ici parlé d'un temple octogone, qui pourroit avoir été construit par les Gaulois Cisalpins, & qu'on auroit depuis ce temps-là converti en Eglise : mais comme d'habiles gens l'ont entendu autrement, quoiqu'ils ne conviennent pas entr'eux, je laisse la chose indécise. Ce qui est certain, c'est que le baptistére dont il est ici parlé étoit un bâtiment octogone, qui avoit peut-être été construit ainsi sur la forme d'un temple. Le baptistére de Ravenne est aussi octogone, & la piscine qui est au milieu l'est de même. Le baptistére de Constantin à Rome l'est aussi.

III. Les temples octogones des Gaulois, dont j'ai connoissance, & de plusieurs desquels j'ai recouvré les desseins, sont 1°. celui de Montmorillon en Poitou, le plus remarquable de tous, & dont mes confreres de ce pays-là m'ont envoïé les desseins, que j'ai depuis rectifiez sur des memoires plus sûrs. 2. Celui de Courseult près de Dinan en Bretagne, duquel D. Martin Corneau m'a envoïé le plan, le profil & les mesures : & D. Alexis Lobineau, connu dans la republique des lettres par son histoire de Bretagne, & par d'autres ouvrages, m'en a donné un dessein plus ample, & qui comprend un bâtiment auquel cet octogone étoit joint. 3. Celui d'Erqui dans le Diocese de S. Brieuc avec ses accompagnemens, dont j'ai aussi reçû le plan & les mesures de D. Alexis Lobineau. 4. Celui d'Aigurande, ville de Berri, dont le fauxbourg est dans la Marche. C'est dans ce fauxbourg qu'est ce temple qui a quelque chose de singulier, & qui n'est pas dans les autres. On m'en fait esperer le dessein & les mesures. 5. Un autre au fauxbourg de Limoges auprès de l'Eglise des Penitens noirs, qui a été ruiné & dont il ne reste plus de trace ; mais des gens m'ont assuré qu'ils l'avoient vû, lorsqu'il existoit. 6. Celui du bourg de Vertillac dans la Marche.

Octachorum sanctos templum surrexit in usus ,

Octagonus fons est munere dignus eo.

Hoc numero decuit sacri baptismatis aulam

Surgere , quo populis vera salus rediit.

Libenter crederem hic de templo octogono agi, quod forte a Cisalpinis Gallis olim structum fuerit, quodque ab illo deinceps ævo in Ecclesiam conversum sit sed quia rerum periti quidam : aliud existimarunt , rem adhuc dubiam relinquo. Illud vero certum est, hoc Baptisterium octogonum fuisse, sic forte constructum ad normam templi veteris Gallici. Baptisterium quoque Ravennæ octangulum est , octangula etiam piscina in medio ejus posita. Octogonum etiam est baptisterium Constantini Romæ.

III. Templa Gallorum octogona quæ in notitiam meam venerunt , ex quorum numero quædam hic delineata proferemus, hæc sunt : templum Montis Morillionis in Pictavis, omnium sane spectabilissimum , cujus Sodales mei Benedictini delineatas mihi imagines transmisere , quas deinceps castigare licuit ex certissimis testimoniis. Secundum est in loco cui nomen Courseult prope Dinantium in Armoricis , cujus D. Martinus Corneau sodalium nostrorum ibi superior ichnographiam , catagraphum & mensuras misit. D. autem Alexius Lobineau in Republica literaria notissimus ex Britanniæ historia ex aliisque operibus , delineatum etiam adjunxit aliud ædificium amplius , quod huic hærebat , & ad templi octogoni usum pertinebat. Tertium in loco cui Erqui nomen in diœcesi Briocensi cum aliis ædificiis murisque ad templum ipsum pertinentibus, quorum etiam ichnographiam mensurasque accepi a laudato viro D. Alexio Lobineau. 4. Templum Aigurandæ apud Biturigas , cujus suburbium in Marchia sic dicta provincia est. In hoc autem suburbio templum hujusmodi antiquum visitur , in quo singularia quædam observantur. Hujus mihi delineationem polliciti sunt quidam. 5. Aliud in suburbio Lemovicum prope Ecclesiam Pœnitentium Nigrorum , quod dirutum fuit , & cujus nullum superest vestigium : sed fide digni quidam viri se illud olim , cum staret adhuc , vidisse testificantur. Sextum in loco cui nomen Vertillac in Marchia. Septimum in suburbio oppidi

7. Un autre au fauxbourg de Felletin, ville de la même Province. C'est M. Bourgeois du Chastenet qui m'a donné le premier la connoissance de ces trois derniers, avec une description de celui d'Aigurande, qui m'a fait plaisir.

---

cui nomen Felletinum eadem in provincia. Trium mihi posteriorum notitiam præbuit D. Bourgeois de Chastenet, cum descriptione templi Octogoni, quod Aigurandæ visitur, quam libenter accepi.

CHAPITRE III.

I. Le temple de Montmorillon en Poitou, sa description. II. Huit figures de divinitez au frontispice du temple. III. Differentes de toutes les autres qu'on a vûës jusqu'à present. IV. Ornemens sous l'entablement.

I. LE premier & le plus remarquable de tous ces temples est celui de Montmorillon en Poitou, dont nous donnons ici le plan, le profil, la coupe & les mesures. Il y a temple-dessus & temple dessous: celui de dessous est plus étroit en dedans, parce que le mur est de la moitié plus épais, comme on verra dans le plan suivant. Le temple de dessus qui est plus large prend son jour par huit fenêtres pratiquées dans huit arcades faites à mode de portail, une à chaque face; mais murées, hors celles ou est la porte & celle par où on va dans une avance hors d'œuvre. Quelques-uns croient que ces arcades étoient autrefois ouvertes. Le grand trou rond qui est au milieu de la voute comme à la Rotonde de Rome, donne aussi quelque jour au temple, mais non pas beaucoup, parce qu'il y descend par un tuyau de grandeur toûjours égale, long de quatre toises. L'eau qui tombe par ce tuyau en tems de pluie, passe par des trous ménagez dans le pavé, qui baisse un peu là afin qu'elle s'écoule plus facilement. Cette eau tombe dans le temple de dessous qui n'a pas d'écoulement; mais comme il n'est pas pavé l'eau s'imbibe dans la terre. A l'un des côtez il y a une avance d'environ trois toises, qui occupe toute une des faces; mais elle est beaucoup plus

---

CAPUT III.

I. Templum Montis Morillionis in Pictavis ejusque descriptio. II. Octo numinum statuæ in templi frontispicio. III. Hæ different ab aliis, quæ quidem nota sunt, Gallorum numinibus. IV. Ornamenta quæ sub tabulatis habentur.

I. PRimum spectabilissimumque omnium hujuscemodi templorum illud est, quod in Monte Morillione visitur, cujus ichnographiam, conspectum exteriorem interioremque & mensuras damus. Est porro templum inferius templumque superius: at templum inferius angustius est, quia longe densiores muri sunt, duploque spissiores. Templum superius lumen capit ex octo fenestris in totidem arcubus: qui arcus portarum majorum formam habent, sed muro obstructi sunt, excepto illo latere ubi aditus & porta ad templum est, itemque alio latere, ubi ædificium templo adjunctum visitur. Sunt qui putent arcus illos apertos olim fuisse. Magnum illud foramen in medio fornice; quale etiam visitur Romæ in Ecclesia quæ Rotunda dicitur; lucem item quamdam subministrat, sed exiguam, quia per tubum descendit æqualis superne & inferne diametri, & viginti quatuor pedibus longum. Aqua pluvia per huncce tubum in pavimentum superioris templi labitur; dimanat inde per foramina quædam in ipso pavimento templi facta, pavimento, inquam, hic demissiore, ut aqua facilius diffluat. Aqua porro hinc diffluens in templum inferius cadit, in quo stillis exitus datus non est, quia cum nullum ibi pavimentum stratumve sit, aqua in terra imbibitur. Ad unum latus templo hæret aliud ædificium octodecim circiter pedum longitudine, quod unum

étroite en dedans au temple de deſſous. Cette avance paroît bâtie en même-rems que le temple étant de la même ſtructure : c'étoit peut-être le lieu où ſe retiroient les Prêtres & les Miniſtres. Au bout de cette avance

P L. LVIII. il y a un eſcalier ménagé dans le mur, pour monter du temple de deſſous à celui de deſſus. Il y a ſur cette avance une eſpece de petite tour , que quelques-uns eſtiment avoir été un clocher , ils croient que depuis la gen- tilité ce temple a été converti en Egliſe ; mais d'autres ne ſont pas de ce ſentiment. Vis-à-vis de cette avance eſt la porte du temple. Au côté voi- ſin de la porte du temple ſoûterrain il y a une porte : là commence un chemin large de plus d'une toiſe , & long d'environ cent , qui con- duit à la riviere, où peut-être les Prêtres alloient ſe laver avant que d'exer- cer leurs fonctions, & par où ils pouvoient auſſi mener leurs victimes.

P L. LIX. II. Au-deſſus de la porte du temple, il y a huit figures humaines, groſ- fierement travaillées , qui ſont, ſelon toutes les apparences, huit divinitez. De ces huit il y en a ſix d'hommes, rangez trois à trois comme en grouppe, un coup d'œil le fera comprendre. Ces hommes ou ces dieux ne ſont pas vêtus d'une maniere uniforme. Ceux qu'on voit entierement de face por- tent un manteau à l'antique, les autres ſont revêtus de tuniques. Un porte comme une robe de chambre qui lui deſcend juſqu'aux pieds , ouverte du haut juſqu'en bas, tous ont une ceinture. Ce qui eſt à remarquer eſt , que des deux hommes qu'on voit de face, l'un eſt chauſſé, & les deux qui ſont à droite & à gauche ſont pieds nuds,& l'autre eſt nuds pieds;& les deux des côtez ſont chauſſez, ce qui fait une eſpece de contraſte, qui n'eſt peut-être pas ſans myſtere. Les deux figures qui terminent des deux côtez , ſont deux femmes. L'une qui a une longue chevelure pendante ſur le devant , eſt habillée preſque comme les femmes de nos jours. Elle a les mains ſur les côtez, & porte des gands qui ne lui couvrent que la moitié de la main. Celle de l'autre bout eſt nuë, & a deux ſerpens qui lui entortillent les jam- bes , paſſent entre ſes cuiſſes ,& montent enſorte que leurs têtes répondent à ſes mammelles , pour y ſuccer peut-être ſon lait : il ſemble qu'ils ſont en diſpoſition pour cela , elle les tient ſerrez contre ſon ventre.

●

---

ex octo templi lateribus integrum occupat : hoc autem ædificium longe anguſtius eſt in templo in- feriori ob ſupra memoratam cauſam. Eodem hoc ipſum ædificium quo templum tempore ſtructum videtur,&fortaſſis ſacrarium erat & adytum,in quo ſacerdotes & miniſtri ſeſe recipiebant. In extremo ædificio, ſive , ſi mavis, in extrema ædicula ſcala eſt in muro ipſo ſtructa , ut per eam aſcendatur a templo inferiori ad templum ſuperius. Huic ædi- culæ imminet quædam ceu parva turris , quam putant quidam campanis locandis aliquando adhi- bitam fuiſſe. Exiſtimant quippe a profanæ illius religionis ævo templum hoc in Eccleſiam fuiſſe mu- ratum : alii ſecus credunt. E regione hujus ædi- culæ eſt oſtium templi. In eo latere , quod oſtio vicinius eſt, in templo inferiore porta alia eſt , ubi iter incipit latum plus ſex pedibus , longum plus ſexcentis,ad fluvium ducens , qua tranſibant forte ſacerdotes cum ad fluvium lavatum irent , ante- quam Sacerdotii officio fungerentur , & qua etiam victimas adducere poterant.

II. Supra portam templi octo ſunt humanæ fi- guræ, atque , ut omnino veriſimile eſt,octo numi- na, rudi opere facta. Ex octo illis ſex ſunt viro-

rum , qui terni ſimul in binis ordinibus ponuntur, ut uno conſpectu percipies. Viri illi ſive dei non uno eodemque ritu veſtiuntur : qui de facie cer- nuntur duo , pallium quodpiam veterum more geſtant : alii tunicis induuntur. Unus tunicam la- tam talarem a collo ad pedes uſque apertam geſ- tat : omnes zona cinguntur. Quodque ſummopere notandum, ex duobus illis qui de facie cernuntur, alter calceatus eſt, duoque viri qui ipſi adſtant , pedibus ſunt nudis ; alter nudis eſt pedibus, duo- que viri qui a lateribus, ſunt calceati : quæ oppo- ſitionem quamdam efferunt non myſterio vacan- tem. Quæ utrinque deorum ſeriem terminant , duæ mulieres ſunt. Altera, cujus coma dependet in parte anteriore, veſtitu ſuo mulieres hodiernas pene refert. Manus in latera immittit, & chiro- thecas habet, qua pene forma hodieque utimur. Quæ e regione extremam ſeriem occupat nuda eſt, duoſque ſerpentes habet tibias circumplicantes , inter femora tranſeuntes, hinc aſcendentes ita ut illorum capita ad mammas pertingant , ut forte fugant ubera, nam illo eſſe ſitu videntur : ambos autem illa tenet manibus, & ventri ut videtur ad- movet.

LE PROFIL ET LA COUPE DU TEMPLE DE MONTMORILLON EN
POITOU ET DE SON SOUTERRAIN.
Echelle de dix toises
3 4 5 6 7 8 9 10
Tom. II 57

PLAN DU TEMPLE DE MONTMORILLON DU HAUT ET DU BAS

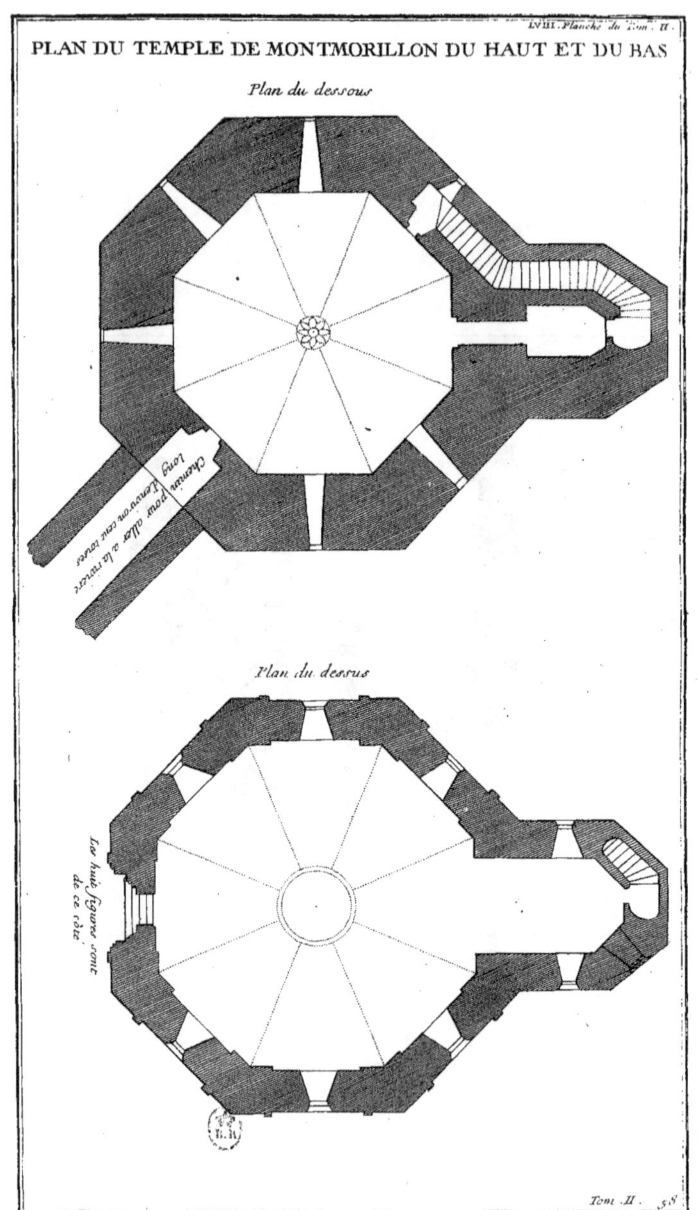

III. Entre les divinitez Gauloises que nous avons representées en assez grand nombre vers la fin du tome second de l'Antiquité, il n'y en a point qui approchent de celles-ci : nous y avons pourtant vû à la planche CLXXXVIII. un homme qui tient un gand à la main. Quant au nombre de huit, la pensée qui vient tout d'abord est qu'il se rapporte aux huit faces du temple, une face pour chaque divinité. Il est difficile de pousser plus avant l'explication, à moins que quelque nouveau monument ne nous éclaircisse là-dessus. Nous en allons voir effectivement un autre, qui marque que le nombre de huit étoit consacré pour les divinitez Gauloises.

IV. Les ornemens qui sont au-dessous de l'entablement ne meritent pas d'être oubliez, quoique selon toutes les apparences ils ne signifient rien, & qu'ils soient partis d'une imagination bizarre : le lecteur ne sera point fâché de les voir ici. Ce sont des têtes fort extraordinaires & fort variées, qu'un coup d'œil fait d'abord remarquer.

III. Inter numina illa Gallica, quæ sat magno numero in fine secundi Antiquitatis explanatæ tomi protulimus, nulla sunt his aut similia aut affinia. Virum tamen vidimus qui chirothecam manu tenet. Quod autem numerum spectat, statim in mentem succurrit, octo illa templi latera ad deos octo referri, ita ut unicuique suum latus tribuatur. Qua de re nihil ultra dicendum putamus, donec monumentum aliquod emergat huic explicando opportunum. Sane aliud jamjam conspecturi sumus, quo significatur octonarium numerum pro numinibus Gallorum sacratum fuisse.

IV. Ornamenta illa quæ sub tabulato habentur non prætermittenda : etsi verisimile sit iis nihil significari, atque ex arbitrio & imaginatione, sic insolentibus & rudibus formis gaudente, esse profecta.

CHAPITRE IV.

I. Colonne de Cuffi découverte par M. Moreau de Mautour, sa description.
II. Huit divinitez dans la partie octogone de la Colonne. III. Quel
a pû être le dessein de celui qui l'a imaginée.

I. JE ne trouve point de lieu plus propre que celui-ci, à mettre l'insigne monument que nous montre la planche suivante. La partie octogone de cette colonne, qui dans ses huit faces nous montre huit statuës, nous invite de la mettre parmi les temples octogones des Gaulois. Ce n'est point un de ces monumens tirez nouvellement de terre, ou trouvez dans des lieux écartez : exposé à la vûë de tous les passans, dans un lieu assés frequenté, il n'étoit pas moins inconnu que s'il avoit été comme abîmé dans quelque grand monceau de mazures. Et nous devons uniquement cette découverte à la reflexion.

Cette colonne est dans un pré, à une portée de mousquet du village de Cuffi dans l'Auxois, à trois lieuës de Beaune, & à cinq d'Autun, à deux lieuës de la montagne de Saint Romain, & à même distance de la Rochepot. C'est encore un bonheur que le maître du pré ne l'ait pas détruite pour se servir des materiaux. Car combien y a-t-il eu de monumens dans le Roïaume qui ont peri de cette maniere. La découverte de celui-ci étoit reservée à un aussi habile homme que M. Moreau de Mautour, qui a enrichi la republique des lettres de beaucoup de monumens semblables. C'est lui qui nous en a fourni les desseins.

Pl.
aprèsla
LIX.

La colonne peut être divisée en quatre parties presque égales La partie d'en bas qui fait comme le soubassement de la colonne à huit faces, dont les quatre plus petites sont en ligne courbe ; & les quatre plus grandes font un arc, qui rentre dans le massif. La seconde partie qu'on peut regarder

---

CAPUT IV.

I. Columna Cussiacensis a V. Cl. Moreau de
Mautour in lucem acta, ejusque descri-
ptio. II. Octo numina in parte octangula
columnæ. III. Quid in mente habere po-
tuerit is qui talem Columnam imagina-
tus est.

I. NUllus opportunior sese offert huic insigni monumento locus, quam si inter templa Gallorum octogona locetur. Pars enim octangula, quæ in octo faciebus octo statuas exhibet, ut inter hujuscemodi templa locetur admonet. Hoc porro monumentum non inter ea censendum est quæ nuper ex terra eruta sunt, vel quæ in locis inviis aut desertis sunt deprehensa Sed cum omnium oculis pateret, atque in loco sat frequentato promineret, non minus tamen ignotum erat, quam si sub ingenti ruderum acervo jacuisset. Ideoque eruisse censendus est ille, qui antiquariæ rei pe-

ritus hoc monumentum non minimi esse precii animadvertit.

Hæc columna in prato quodam erigitur, ducentis circiter passibus a Cussiaco Alexiensis tractus pago distans, decem circiter a Belna milliaribus, ab Augustoduno quindecim, sex a Monte S. Romani, totidem a loco cui nomen *la Rochepot.* Auspiceeque fortuna accidit, ut is ad quem pratum pertinebat, manum abstineret ne columnam dirueret, ut lapides in alios usus transferret. Quot enim monumenta in Galliis hujusmodi fato perierunt ? Ut in orbis eruditi notitiam hoc, de quo agimus, veniret, illud certe V. Cl. Moreau de Mautour antiquariæ rei peritissimo reservabatur, qui rempublicam literariam multis editis monimentis ditavit : hujusque delineatum schema mecum communicavit.

Columna quatuor in partes pene æquales dividi potest. Pars infima est quasi stereobates columnæ, & octo facies habet, ex quibus quatuor minores recta linea procedunt, majores vero circulares sunt, in circulum nempe excavatæ. Secunda pars est quasi stylobates columnæ, & octangu-

comme

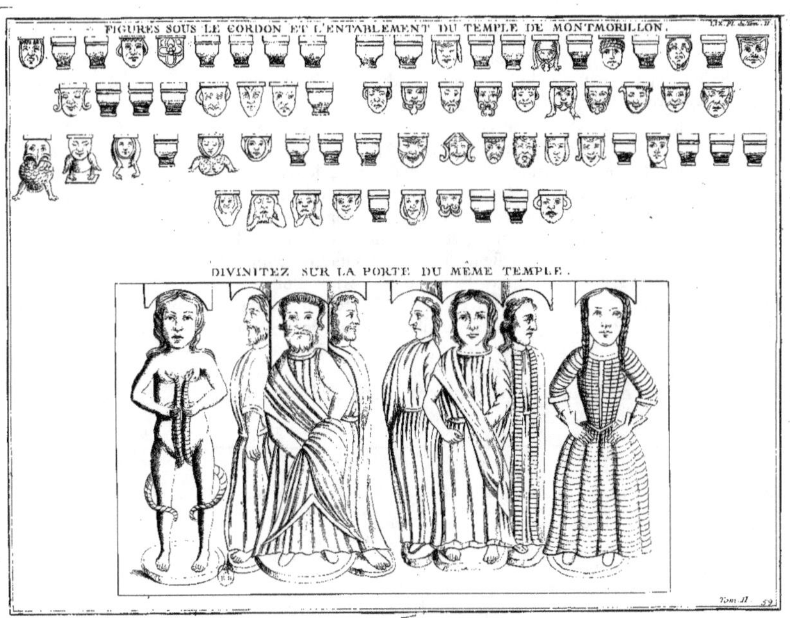

FIGURES SOUS LE CORDON ET L'ENTABLEMENT DU TEMPLE DE MONTMORILLON.
DIVINITEZ SUR LA PORTE DU MÊME TEMPLE.

comme le piedeſtal de la colonne, eſt un octogone parfait. A chacune des
huit faces ſont autant de figures de dieux ou de déeſſes; il n'y en a qu'une
qu'on peut douter n'être pas une divinité. Au-deſſus de cette eſpece de
piedeſtal s'éleve une colonne ronde, dont la moitié eſt ornée de larges bandes qui ſe croiſent & qui font des lozanges, qui ont chacune leur fleuron.
Le reſte de la colonne qui fait la quatriéme partie du total, eſt toute couverte d'écailles. Il manque quelque choſe au ſommet de la colonne. Telle
qu'elle eſt aujourd'hui elle a vingt-huit pieds de haut. Il y a au cimetiere
de l'Egliſe de Cuſſi une pierre ornée de ſculptures, telle qu'elle eſt repreſen-
tée à l'autre côté de la planche, qu'on dit avoir ſervi de chapiteau à cette
colonne. Mais ce n'eſt qu'une tradition du payis, dit M. de Mautour, & il
n'y a pas d'apparence que le haut de cette colonne ait été terminé par cette
pierre.

II. Ce qui frappe le plus dans cette colonne, & dont on peut tirer plus
d'inſtruction, ſont les huit figures que nous voïons ſur les huit faces. Ce ne ſont
point des divinitez purement Gauloiſes, mais des divinitez Romaines, que
les Gaulois adopterent dès qu'ils furent ſujets aux Romains. Il n'y avoit pas
bien long-tems que les Gaules avoient été conquiſes par Jules Ceſar, lorſque les batteliers de Paris firent cet autel, où ſont repreſentées pluſieurs divinitez, & parmi celles-là il y a quatre dieux Romains avec leurs noms Romains, & quatre dieux Gaulois avec leurs noms Gaulois. Ces dieux ſe voïent
repreſentez ſur deux pierres quarrées & ſolides, quatre ſur les quatre faces
de chaque pierre, deux dieux Romains, & deux dieux Gaulois à chacune : ce qui ſemble avoir été fait à deſſein : ſur l'une des pierres, ſont Vulcain, Jupiter, Eſus & Tarvos trigarannus. Sur l'autre, Caſtor, Pollux, Cernunnos, & un autre, dont on ne peut pas lire le nom. L'Autel fut fait du tems
de Tibere, où il pouvoit encore y avoir de vieilles gens qui ſe ſouvenoient
de la conquête des Gaules par Jules-Ceſar, & les Gaulois avoient déja
adopté bien des dieux Romains avec leurs noms.

Ce qui eſt ici à remarquer eſt, que dans ces pierres de l'Egliſe Cathe-

---

lum perfectum : in illius octo faciebus octo ſunt
dii deæve ; de poſtremo tantum dubitatur an numen aliquod ſit, necne. Supra ſtylobatem erigitur
columna rotunda, cujus dimidia pars faſciis ornatur ſeſe decuſſantibus & rhombos efficientibus,
in ſinguliſque rhombis, flores inſculpti viſuntur :
ſuperna autem columnæ pars, quæ quartam ejus
partem efficit, eſt tota ſquamis operta. In columnæ
culmine aliquid deſideratur avulſum & delapſum.
Qualis autem eſt hodie, viginti octo pedes altitudinis habet. In Cœmeterio Cuſſiacenſis Eccleſiæ lapis eſt quidam ſculpturis ornatus, qualis in altera tabulæ noſtræ facie repræſentatur, quem fuiſſe
columnæ capitellum dictitant. At inquit laudatus
vir cl. Moreau de Mautour, eſt traditio tantum
popularis ; veriſimileque non eſt hunc lapidem in
culmine columnæ unquam poſitum fuiſſe.

II. Id quod in hac columna ſpectatorum oculos attrahit, & quod aliquam poteſt Antiquitatis
notitiam præbere ; octo illa ſchemata ſunt, quæ
in octo columnæ faciebus comparent. Neque enim
ſunt illa numina mere Gallica ; ſed Romana, quæ

Galli poſteaquam Romanis ſubditi fuerunt, ſibi
adoptarunt. Non multum enim temporis effluxe-
rat, ex quo Galliæ ab Julio Cæſare ſubactæ fuerant, cum nautæ Pariſiaci aram illam adornavere,
in qua multa numina repræſentantur : inter illa
vero, Romana quatuor cum Romanis nominibus
& Gallica quatuor cum Gallicis nominibus obſervantur. Hi vero dii in duobus quadratis lapidibus
ſolidis conſpiciuntur, quatuor nempe in quatuor
faciebus amborum lapidum. Duo autem dii Romani, & totidem Gallici in unoquoque lapide numerantur : id quod de induſtria factum videtur. In
altero lapide ſunt Vulcanus, Jupiter, Eſus & Tarvos Trigarannus ; in altero autem Caſtor, Pollux,
Cernunnos, & alius cujus nomen legi nequit. Hæc
ara poſita fuit imperante Tiberio, cum adhuc ex
ſenioribus Gallis quidam poterant Julii Cæſaris
meminiſſe, & jam tamen Galli multa numina Romana cum nominibus ſuis adoptaverant.

Quod autem obſervandum eſt, in iſtis Eccleſiæ
Cathedralis lapidibus, octo numina exhibentur,
perinde atque in duobus lapidibus quadratis ſimul

drale , il se trouve précisément le nombre de huit divinitez, de même que
dans les deux pierres trouvées ensemble , dont M. le Baron de Craslier
m'a envoïé le dessein, & que j'ai mis dans la planche cxcii. du second
tome de l'Antiquité ; il y en a aussi huit sur cette colonne , & sur une
des faces du Temple de Montmorillon. Ce qui fait conjecturer que de
même que les Gaulois aimoient à faire leurs temples & leurs autres bâtimens à huit faces ; ils representoient aussi souvent huit divinitez ensemble.
Il falloit qu'il y eût quelque mystere caché sous ce nombre de huit , que
les monumens que l'on découvrira dans la suite pourront peut-être ap-
prendre.

Venons à ces huit dieux ou déesses, representez dans autant de niches ,
qui se terminent en haut en un angle obtus. La premiere est Minerve ,
qu'on reconnoît à son casque, qui a une grande aigrette. Elle est appuïée
sur un tronc d'arbre, revêtuë d'une tunique & d'un grand peple ou d'u-
ne grande mante. Elle a les deux bras tout nuds depuis l'épaule. On ne
voit sur cette statuë aucune autre marque de Minerve que le casque. Elle n'a
ni Egide, ni bouclier, ni pique , ni tête de Meduse. Les Gaulois qui prenoient ces dieux des Romains avec leurs habits & leurs symboles, ne les
representoient pas toûjours si scrupuleusement , & y apportoient même
quelque changement comme nous voïons ailleurs.

Junon qui paroît dans la niche suivante , est assés semblable aux Junons
Greques & Romaines. Elle a à ses pieds le Pan son oiseau favori. Revêtuë
d'une tunique & d'un autre habit , elle a encore un grand voile qui lui
descend jusqu'au dessous de la ceinture , & lui donne l'air d'une matrone :
ce qu'on remarque encore dans d'autres images. Elle tient de la main
gauche une pique , qu'on appelloit *hasta pura* , qui n'avoit point de
fer.

La figure suivante , est un jeune homme sans barbe , qui tient un grand
manteau dont il se couvre en partie, il tient un pied sur une motte de
terre. Je le prends pour Jupiter, le voisinage de Junon me persuade que
c'est lui : une autre raison qui semble ne laisser aucun doute là-dessus ,
c'est que l'autre femme qui est auprès de lui , tient son aigle qu'elle fait

---

repertis , quorum mihi delineatam imaginem misit
D. Baro de Crassier , quam in Tabula cxcii. secundi Antiquitatis explanatæ tomi ponendam cu-
ravi : in hac item columna octo numina visuntur ,
perinde atque in una facie templi Montmorillio-
nensis. Hineque conjiciendum relinquitur Gallos,
ut octogona , seu octo laterum templa libenter faciebant ; ita octo simul numina ex recepto more
posuisse. Qua in re certe quidpiam arcani intelligendum relinquitur , inque illis octo tum numinibus, tum templi lateribus , aliquid mysterii occul-
tari videtur ; nec desperandum fortasse est aliquid
lucis in re tam arcana , ex monumentis quæ in dies
eruentur , exortum iri.

Jam ad octo illos tum deos , tum deas venien-
dum , in totidem loculamentis positos, quæ loculamenta superne in angulum obtusum terminantur.
Prima est Minerva , quæ ex casside dignoscitur ,
cassidi imposita est crista grandis. Minerva in arboris tronco nititur, ac tunica & peplo amicitur ,
duo brachia ab humeris nuda omnino sunt. In hac
porro statua nulla alia Minervæ nota observatur
præterquam galea. Hæc neque ægidem , neque
clypeum , vel hastam , vel Medusæ caput habet.
Galli qui hæc numina cum symbolis suis a Romanis mutuabantur , non ea cum tanto scrupulo
repræsentabant , imo aliquid in illa mutationis in-
vehebant , ut alibi comperimus.

Juno quæ in apsidula sequenti visitur, sat similis est aliis Junonibus Græcis Romanisque. Ad
ejus pedes est pavo avis ipsi familiaris : Tunica
alioque vestimento operta, magnum etiam gestat
velum quod infra zonam defluit , & matronæ ipsi
speciem indit : id quod etiam in aliis ejus imaginibus observatur. Sinistra manu hastam puram tenet ferro carentem.

Qui sequitur, juvenis est imberbis , pallium
magnum tenens quo vix operitur , pede altero
glebam seu monticulum premit. Jovem esse puto,
non modo quia Junoni ita vicinus statuitur ; sed
etiam quia altera sequens dea , quæ a sinistris ejus
est, aquilam ejus tenet, ipsique in patera potum

boire dans une patere. Nous avons vû ailleurs des Jupiters fans barbe. Le Jupiter Bemilucius trouvé comme celui-ci en Bourgogne , autre divinité Gauloife, repréfentée à la pl. cxcii. du fecond tome de l'Antiquité n'a point aufli de barbe , de même que d'autres dont nous avons parlé fur Jupiter.

La déeffe qui vient après, porte un cafque comme Minerve ; revêtuë d'une robe qui lui defcend jufqu'aux pieds , elle a comme Minerve les bras tous nuds jufqu'à l'épaule. Elle tient d'une main une patere, & de l'autre une aigle qui y va boire ; fingularité que je ne me fouviens pas d'avoir jamais remarquée ailleurs. C'eft l'aigle de Jupiter comme nous venons de dire. La queftion eft, qui eft cette déeffe , que nous voïons ici au fervice de Jupiter. Seroit-ce Hebé qui donnoit à boire aux dieux, & qui donneroit ici à boire à cette aigle, dont Jupiter prenoit quelquefois la forme ? ce feroit trop hazarder que de prendre cela comme une chofe certaine , ou comme une conjecture fi probable, qu'on doive s'y arrêter.

On fe fouviendra fans doute que les quatre images fuivantes n'ont été mifes deffous , que pour ne pas faire une fuite trop longue , & que dans l'original elles font toutes à même hauteur , & au même rang que celles de deffus. La premiere eft un jeune homme nud appuïé fur fon bâton , & qui porte fur la tête la dépoüille du lion comme Hercule. A fes pieds eft un chien qui le regarde. Ce chien & le voifinage de Venus qui vient d'abord après, pourroit faire croire que c'eft un Adonis. Mais pourquoi la peau de la tête du lion fur celle d'Adonis, où l'a-t'on jamais vû en cet équipage ? il faudroit être mieux inftruits que nous ne fommes dans la mythologie Gauloife, pour dire furement qui ce peut être.

L'image fuivante eft felon toutes les apparences de Venus , qui eft nuë jufqu'à la ceinture. Ce qu'elle a de fort particulier , & qu'on n'obferve pas ailleurs ; c'eft qu'elle tient deux pateres , une de chaque main. On voit affés fouvent les dieux tenans la patere à la main ; peut-être pour faire leçon aux hommes , du culte qu'ils doivent leur rendre , le plus marqué d'entre les devoirs des hommes envers les dieux , étoit le facrifice fignifié par la patere.

---

præbet ; ita ut nihil hac in re dubii relinqui videatur. Alios imberbes Joves vidimus. Jupiter Bemilucius, qui in Burgundia etiam , ut hic de quo agimus, repertus eft , quemque protulimus in Tabula cxcii. fecundi Antiquitatis explanatæ tomi , imberbis ipfe quoque eft , quemadmodum & alii quos memoravimus cum de Jove primum ageremus.

Dea fequens caffidem geftat ut Minerva : tunica ad pedes ufque pertingente induitur : ac quemadmodum Minerva brachia ad humeros ufque nuda exhibet. Altera manu pateram tenet , altera aquilam , quæ in patera bibit : rem fane fingularem ! quam nufpiam alias me videre memini. Hæc eft Jovis aquila de qua paulo ante dicebamus. Quæritur porro quænam fit illa dea , quam hic jovis miniftram agere cernimus. An Hebe fuerit quæ diis potum miniftrare folebat, quæque hic Aquilam potet , cujus formam Jupiter nonnunquam ufurpabat. Non fine periculo poffumus hanc opinionem quafi certam amplexari , vel ita probabilem habere , ut ab ulteriori perquifitione prorfus abftineamus.

Meminiffe oportet quatuor fequentes imagines,

ideo tantum fub aliis quatuor pofitas fuiffe , ne longior quam par fuiffet in tabula feries pararetur. Nam in columna omnes eadem ferie eadem altitudine ponuntur. Prima juvenem exhibet nudum in baculo nixum, qui leonis pellem , perinde atque Hercules capite geftat. Ad pedes ejus canis eft juvenem illum refpiciens. Canis comes & vicina Venus , Adonidem effe fuadere poffe videntur. Verum cur illa pellis ex capite leonis extracta , ut caput Adonidis operiat ? ubinam Adonidem vidimus hoc inftructum tegumento ? Si mythologiam Gallicam clarius intelligeremus , quis hic fit dicere tutius , & fine periculo errandi dicere poffemus.

Schema fequens Venerem, ut omnino videtur, repræfentat , quæ ad cingulum ufque nuda eft. Id autem in illa fingulare obfervatur, quod nufpiam alias me videre memini ; duas pateras tenet , manum fcilicet utramque fua patera inftructam exhibet. Sæpe vifuntur dii pateram manu tenentes ; ut fortaffis homines doceant, quem diis cultum præftare oporteat. Inter officia autem numinibus præftanda præcipuum erat facrificium per pateram fignificatum.

Le fuivant eft Hercule affés femblable à ceux que nous voïons dans les monumens Grecs & Romains. La maffuë qu'il appuie contre terre eft pleine de nœuds & de tronçons, comme un arbre dont on auroit abbatu les branches.

·La huitiéme & derniere figure, eft d'un homme qui porte une tunique ceinte au milieu du corps, & qui a les deux mains liées comme un captif. Il tient un pied fur une motte de terre, comme Jupiter ci deffus. La queftion eft fi ce n'eft effectivement qu'un captif qu'on a voulu reprefenter ici, ou fi c'eft quelque dieu, qui felon la mythologie Gauloife s'eft trouvé captif par quelque accident inconnu, comme Junon fe vit penduë entre le ciel & la terre avec un enclume à chaque pied ; comme Jupiter fe vit fur le point d'étre lié & enchaîné par les autres dieux, & l'auroit effectivement été fans le fecours de Briarée; comme Mars fe vit bleffé & terraffé par Diomede. Il n'y a gueres d'apparence qu'il eût été mis au rang des dieux dans fa niche comme les autres, aïant d'un côté Hercule & de l'autre Minerve, s'il n'avoit été effectivement reconnu pour une divinité.

· III. Refte à favoir à quelle fin on a fait une pareille colonne. Il faut avoüer qu'elle eft unique dans fon efpece, & il y a grande apparence que c'eft un mouvement de dévotion qui en aura infpiré l'idée à quelqu'un. Car cette grande colonne, dont parle Gregoire de Tours, fur laquelle étoient Mars & Mercure ; celle-là dis-je n'avoit rien de commun avec celle-ci, qui felon la Théologie Gauloife, prefente huit divinitez enfemble. Ce nombre de huit entroit apparemment dans leur religion, comme nous avons déja dit. Une autre chofe qu'avoit peut-être en vûë celui qui fit faire la colonne, c'étoit d'ériger un monument, où de quelque côté qu'on vînt, on trouvât toûjours une divinité qui fe prefentoit de face. S'ils avoient d'autres idées, il feroit difficile de les découvrir, & l'on ne pourroit en parler qu'en dévinant.

Qui fequitur Hercules vulgatis apud Græcos & Romanos Herculis imaginibus fat fimilis eft. Clava quam tenet nodis & ramorum truncis plena eft, ceu arbor, cujus rami recens amputari funt.

Octavum ultimumque fchema viri eft, tunicam medio corpore præcinctam geftantis, cujus ambæ manus vinculis conftrictæ funt, captivum diceres. Glebam præaltam pede premit ut Jupiter fupra. Hic jam quæritur, an vere captivum quempiam e vulgo hic repræfentare voluerint ; an vero deum quempiam, qui fecundum Gallicam illam mythologiam vinctus fuerit ; quemadmodum & Juno inter cœlum & terram fufpenfa fuit ligato ad fingulos pedes incude ; quemadmodum & Jupiter ipfe vinculis & catenis a cæteris diis alligandus mox erat, & revera vinctus fuiffet, nifi opem tuliffet Briareus ; ut etiam Mars a Diomede confoffus & proftratus fuit. Hunc certe vix credatur in ferie deorum in apfidula fua ponendum, interque Minervam & Herculem locandum fuiffe, nifi revera pro numine quodam habitus fuiffet.

III. Jam fupereft ut quæramus, qua de caufa, & quo animo talis columna concinnata fuit. Hæc profecto nihil non fingulare præ fe fert, verifimileque eft quempiam religione motum hanc cultus divini rationem commentum fuiffe. Nam altiffima illa columna, de qua fermo eft apud Gregorium Turonenfem libro de miraculis S. Juliani ; columna, inquam, illa, cui impofiti erant Mars & Mercurius, nihil cum hac affine habuiffe videtur, quæ octo numina fimul repræfentat : qui numerus olim inter religiones Gallorum, ut jam diximus, locum habuiffe videtur. Aliud fortaffe curabat is qui columnam hujufmodi excogitavit ; nempe ut monumentum erigeret, quod cuivis accedenti, ex quacumque parte, ex quocumque latere veniret, numen aliquod de facie oftenderet. Si quid aliud in mente habuit, difficile admodum eft illud detegere apprehendereque, ac nonnifi divinando attingi poteft.

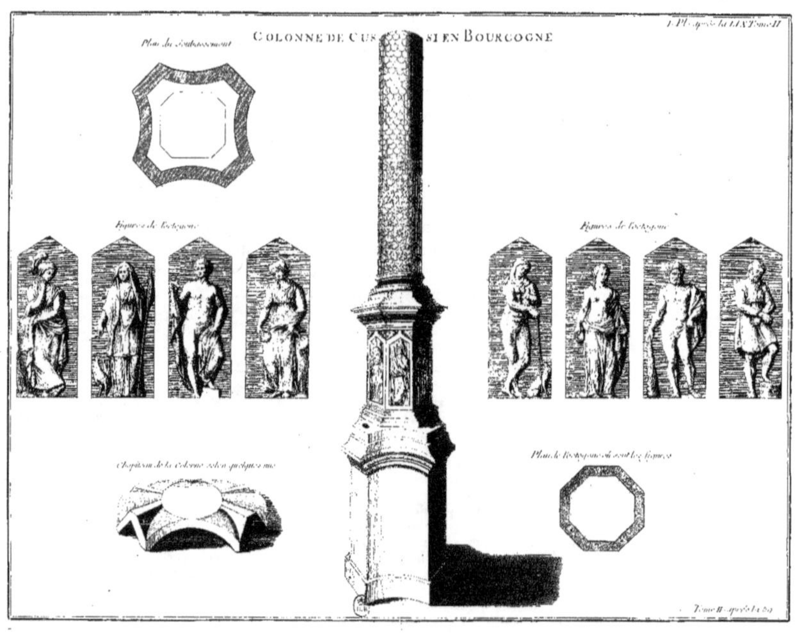

Plan du Soubassement
COLONNE DE CUSSI EN BOURGOGNE
Figures de Bretagne
Figures de Bretagne
Chapiteau de la Colonne selon quelques uns
Plan de Bretagne où sont les figures

CHAPITRE V.

*I. Les Gaulois subjuguez par les Romains, prirent leur langue & les noms
latins des dieux. II. Apollon honoré chez les Gaulois. III. Buste d'Apollon
de goût Gaulois. IV. Buste de Diane. V. Tête d'un Roi Parthe. VI. Hercule de Strasbourg nommé Krutzman. VII. Autre Hercule.*

I. **L**Es Gaulois subjuguez par les Romains subirent les loix des vainqueurs, & prirent leur langue. Ils donnerent aussi à plusieurs de
leurs divinitez des noms latins. Jupiter, Vulcain, Castor & Pollux, que
nous voïons ainsi nommez dans les monumens trouvez à Nôtre-Dame de
Paris, n'entroient pas avec ces noms dans la theologie Gauloise, avant que
les Romains se fussent rendus maîtres des Gaules. Ce changement fut
assés prompt : déja sous Tibere, environ soixante ans après la conquête
des Gaules, on trouve un monument des batteliers Parisiens où ils parlent
latin, & mettent parmi leurs divinitez Jupiter, Vulcain, Castor & Pollux.
Il est vrai qu'ils conservent encore Esus, Cernunnos, Tarvos - Trigarannus & un autre qu'on ne lit pas surement : mais je ne sai si ces dieux avec
ces noms Gaulois resterent long tems chez eux. Il est toûjours à croire qu'ils
adopterent peu à peu tout le culte des Romains avec les noms de leurs divinitez.

II. Apollon dont le culte étoit si établi à Rome, fut apparemment des
premiers qui passerent dans la théologie Gauloise. Après Jupiter Capitolin
il n'y avoit rien de plus grand parmi les divinitez Romaines que l'Apollon Palatin. Il ne faut pas douter que les Romains n'ayent apporté bientôt dans les Gaules son culte, comme ils y apporterent l'Hercule appellé
Saxanus, adoré près de Rome, & dont on a depuis peu découvert l'autel
proche le Pont à Mousson. On peut prouver que le culte d'Apollon étoit

---

CAPUT V.

*Galli a Romanis subacti eorum accepere
linguam & nomina latina deorum. II.
Apollo apud Gallos cultus. III. Protome Apollinis Gallico more sculpta, IV.
Protome Dianæ. V. Caput Regis Parthi.
VI. Hercules Argentinensis nomine Krutzman. VII. Hercules alius.*

I. **G**Alli a Romanis subacti, victorum leges
subierunt & ipsorum linguam edidicerunt ;
etiamque multis deorum suorum latina indidere
nomina. Nam Jupiter, Vulcanus, Castor & Pollux, quos sic nominatos conspicimus in monumentis in Ecclesia Cathedrali Parisiensi repertis,
cum his nominibus non videntur prisce in Theologiam Gallicanam introivisse, antequam Romani
Gallias occupassent. Hæc mutatio brevi facta est.
Jam sub Tiberio sexaginta circiter annis post subactas Gallias, monumentum occurrit nautarum
Parisiacorum, ubi ipsi Latine loquuntur, & in
numero deorum suorum ponunt Jovem, Vulcanum, Castorem & Pollucem. Verumtamen ipsos
adhuc eos servant deos, quorum nomina, Esus,
Cernunnos, Tarvos Trigarannus; & alium deum cujus
nomen non ita certo legi potest. At nescio utrum
hi dii cum Gallicis suis nominibus diu postea culti fuerint. Certum tamen esse videtur ipsos paulatim
totum Romanorum cultum cum nominibus deorum latinis tandem adoptavisse.

II. Apollo quem Romæ tanto honore & cultu
prosequebantur, ex priorum numero fuisse videtur qui in Gallorum theologiam transierunt. Post
Jovem Capitolinum inter Romana numina nihil
majus, nihil sanctius habebatur, quam Apollo
Palatinus. Neque dubitandum est, quin Romani
Apollinis cultum cito in Gallias invexerint, ut
Herculem Saxanum invexerunt, cujus aram non
ita pridem prope Mussipontum operæ quædam
eruerunt. Illud autem dilucide probari potest,

déja fort ancien dans les Gaules , du temps d'Aufone , c'eft-à-dire au quatriéme fiécle. Ce poëte dit dans fes vers fur les profeffeurs de Bordeaux
num. 4. qu'il a vû étant encore jeune cet Attius Patera, qui étoit déja un
vieillard , que cet Attius Patera defcendoit des Druides confacrez au fervice & au miniftere d'Apollon, que le Pere & le frere de cet Attius Patera s'appelloient Phœbitius, comme confacrez à Phœbus, tout ce qu'il dit
là femble marquer que le culte d'Apollon ou de Phœbus étoit déja fort
ancien dans les Gaules.

Secon-
de pl.
apres la
LIX.

III. Nous difons tout ceci à l'occafion d'un bufte d'Apollon trouvé dans
le voifinage, qui n'eft pas d'un gout exquis. Il paroît avoir été honoré
dans les Gaules en cette forme. Nous jugeons à fa forme que ce doit être
un Apollon. Il eft reprefenté en jeune homme fans barbe , avec des cheveux frifez qui lui defcendent jufqu'aux épaules devant & derriere. Il a été
fait pour être fufpendu dans quelque maifon , comme le marque l'anneau
qu'il a fur la tête, où eft attachée une courte chaine. Il porte un collier ,
auquel eft attaché une efpece de bulle , qu'on mettoit au cou des dieux
Lares , comme nous avons dit au chapitre des Lares. Ces petites ftatuës
& buftes étoient auffi regardées comme des dieux Lares , on les mettoit
dans les maifons pour les preferver & des mauvais efprits & des mauvaifes
fortunes.

IV. La Diane qui fuit a été trouvée en terre, vers l'an 1718. fur la Montagne de Faucogney en Lorraine , proche la Parroiffe de Saint Martin. L'o-
riginal a de hauteur feize pouces, & prefque autant de largeur. Le vifage
avoit autrefois été peint de rouge, comme on voit par les traces qui reftent. Cette Diane eft d'un goût groffier comme on voit fur l'image. Cette
déeffe étoit fort honorée dans les Gaules, comme nous avons fait voir au
premier tome de ce Supplément à la fin du Chapitre de Diane. On trouva

---

nempe cultum Apollinis in Gallis perantiquum
fuiffe Aufonii ævo, videlicet quarto fæculo. Hic
enim poëta de Profefforibus Burdigalenfibus numero 4. hæc habet.

    Ætate quamquam viceris dictos prius

      Patera fandi nobilis;

   Tamen quod ævo floruifti proximo ,

    Juvenifque te vidi fenem ,

  Honore mæftæ non carebis næniæ ,

    Doctor potentum rhetorum,

 Tu Bajocaffis ftirpe Druidarum fatus ,

   Si fama non fallit fidem ,

Beleni facratum ducis e templo genus

    Et inde vobis nomina

 Tibi Patera : fic miniftros nuncupant

    Apollinaris myftici.

Fratri patrique nomen a Phœbo datum

   Natoque de Delphis tuo.

A Phœbo autem uterque Phœbitius vocabatur ,
ut infra dicitur. Iftæc porro omnia & ea quæ fe-
quuntur, probant Apollinis cultum jam ifto ævo
perantiquum fuiffe in Galliis.

III. Hæc porro dicimus occafione protomæ
cujufdam Apollinis , in locis Lutetiæ vicinis repertæ, quæ non eft eleganter elaborata. Hac autem forma videtur Apollo in Galliis cultus fuiffe.
Ex ejus forma Apollinem judicamus effe. Juvenis & imberbis repræfentatur, coma cincinnis ornata & ante & a tergo ad humeros ufque defluit. Sic porro concinnata protome fuit, ut in domo quapiam fufpenderetur, quod ex annulo capiti
hærente liquet, cui annulo annexa catenula eft.
Torquem ille geftat , cui alligatur quædam ceu
bulla , quam bullam in collo deorum Larium ap-
pendere folebant , ut cum Laribus tomo primo
Antiquitatis explanatæ ageremus , diximus. Hæ
minoris molis ftatuæ & protomæ quafi dii Lares habebantur, in ædibufque ponebantur , ut eas & a
malignis dæmonibus lemuribufque & ab infauftis
rebus tuerentur.

IV. Diana fequens ex terra eruta fuit circa annum 1718. in monte cui nomen Fourcognei in Lo-
tharingia prope parrochiam fancti Martini. Archetypum fexdecim pollicibus altum eft , ac totidem
pene latum. Vultus olim minio depictus fuerat ,
cujus picturæ veftigia remanent. Hæc Diana im-
periti artificis eft. Hanc deam Galli magno cultu
profequebantur , ut oftendimus in primo hujus
Supplementi tomo in fine Capitis ubi de Diana.

DIANE ET APOLLON GAULOIS

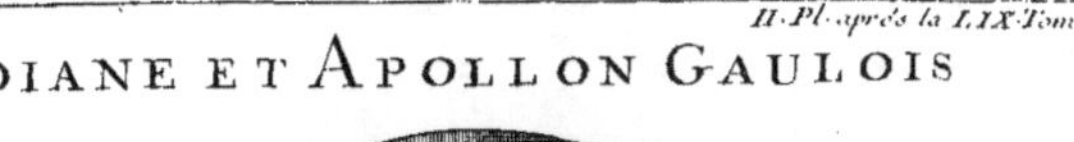

du R. P. Calmet

de M. le président de Maison

de M. le président de Maison

avec cette Diane plusieurs autres petites figures de bronze d'animaux, de cochons, &c. le tout d'un très mauvais goût.

V. Nous mettons ici, n'aïant plus d'autre place propre, le buste d'un Roi Parthe tiré d'une pierre gravée de M. le Président de Maison. Il a quelque chose de particulier que n'ont pas les autres donnez aux planches XLIII. & XLIV. du troisiéme tome de l'Antiquité, & à la XVI. du troisiéme tome de ce Supplément. Une inscription en caractere Parthe, borde l'image comme à la pierre de nôtre cabinet, ce Roi porte de même que plusieurs autres des pendans d'oreille ; la partie de ses habits qui paroît sur ses épaules & sur sa poitrine est plus ornée que dans toutes les autres. Il a les cheveux frisez à longues boucles à l'ordinaire ; mais ce qu'il a de particulier, c'est qu'il sort de sa tiare comme deux boucles de cheveux qui vont en droite ligne, & ne se rabattent point sur le cou comme les autres. Devant la tête du Roi Parthe est une grande étoile qui marque le soleil, & derriere un croissant qui marque la lune. Ce qu'on ne voit pas dans les autres images des Rois Parthes.

VI. L'Hercule suivant qui est de bronze & de grandeur ordinaire d'un homme, est presentement à Issi dans une maison de campagne de M. le Maréchal d'Estrées. Il étoit autrefois dans la chappelle de saint Michel de la grande Eglise de Strasbourg, d'où il ne fut ôté que l'an 1525. La statuë tomba entre les mains d'un particulier de Strasbourg, elle fut venduë à un Seigneur François & ensuite transferée à Paris, & de-là à Issi au jardin de M. Vanhœlen Tresorier de France. On appelloit en Alleman cette idole Krutzman, qui vouloit dire en ancien Alleman, un gros homme, ou comme d'autres veulent, un vaillant homme. Troisiéme planche aprés la LIX.

Cet Hercule est comme les Hercules ordinaires; mais d'un goût fort grossier. Il tient de la main droite une massuë qu'il appuyie contre terre, & sur laquelle il s'appuyie lui-même. Elle est extrêmement grosse & toute herissée à un bout de nœuds, & des naissances de branches coupées. De l'autre main qu'Hercule porte sur le côté, il tient la dépoüille du lion,

---

Cum Diana repertæ sunt quædam animalium figuræ, ut porcorum, &c. rudi opere.

V. Hic ponere visum est, cum non alius commodior locus supersit, Protomen regis cujusdam Parthi, quæ ex gemma V. Cl. Præsidis de Maison educta est. In quo schemate quædam observantur non expressa in aliis Parthorum regum imaginibus, quas dedimus in Tabulis XLIII. & XLIV. tertii Antiquitatis explanatæ tomi, & in XVI. tertii tomi hujus Supplementi. Inscriptio caractere Parthico imaginem circumdat, ut in gemma Musei nostri. Hic Rex inaures gestat, ut & alii Parthi reges. Ea pars vestimentorum qua humeri & pectus teguntur, pluribus splendent ornamentis, quam in cæteris hujusmodi imaginibus ; coma cincinnis oblongis defluit Parthorum regum more : at quod hic singulare observatur, cincinni duo quasi ex tiara erumpentes recta linea pergunt, nec demittuntur in collum ut alii. Ante Regis vultum stella magna visitur, quæ solem indicat, pone autem luna crescens. Illud porro in cæteris regum Parthorum imaginibus non observatur.

VI. Hercules sequens, qui æneus est & vulgaris staturæ, nunc Issiaci est in Villa quadam D. Marescalli d'Estrées. Olim erat in majori Ecclesia Argentinensi, in Capella quadam sancti Michaëlis, unde educta fuit anno tantum 1525. statua deinde fuit Argentinensis cujusdam, deinde cuidam nobili Gallo divendita Lutetiam exportata fuit. Hinc autem Issiacum in villam D. Vanhœlen Franciæ Quæstoris. Hoc porro simulacrum Germanice vocabatur Krutzman, id quod Teutonica prisca lingua crassum virum, sive ut alii malunt, fortem strenuumque virum significabat.

Hic Hercules, aliorum Herculum more delineatus est, sed rudi opere. Manu dextera ingentem clavam tenet terra nixam, qua clava & ipse nititur. Clava admodum densa est, nodis excisisque ramis hirsuta. Altera vero manu quam Hercules in latus immittit, leonis pellem tenet, cujus pars in anteriora corporis reducitur. Jam vero quæritur utrum hic Hercules a priscis illis Germanis factus sit antequam illa regio, quam nunc

dont une partie revient fur le devant. La queftion eft fi cet Hercule a été fait par les anciens Germains, avant que l'Alface & les autres Provinces en deça du Rhin, tombaffent fous la domination des Romains, qui les fub-juguerent prefque en même tems que les Gaules; ou fi c'eft depuis ces tems-là. Je pancherois fort vers ce dernier fentiment. C'eft même peut-être un ouvrage des troupes Romaines qui étoient toûjours en grand nombre de ce côté là, & qui auront fait cette idole, comme tant d'autres monumens, qu'on y déterre tous les jours.

VII. L'idole fuivante, qui a affés l'air d'un Hercule, m'a été donnée par D. Auguftin Calmet, fi connu par fes ouvrages. Il a veritablement la taille & le vifage d'Hercule. Il porte fur fon bras gauche une efpece de manteau de même qu'Hercule porte la dépoüille du lion; peut-être avoit-il à l'autre main la maffuë, qui fera tombée par l'injure du tems. Sa grande bafe marque qu'il étoit honoré comme une divinité.

Alfatiam vocamus, cæteræque cis Rhenanæ in ditionem caderent Romanorum qui eas eodem ferme quo Gallias tempore fubegerunt. Hanc poftremam opinionem libentius amplecterer. Eft-que fortaffis legionum cohortiumve Romanarum quæ magno femper numero in iftis oris verfabantur opificium; nam & alia multa ediderunt, quæ quotidie eruuntur.

VII. Simulacrum fequens Herculis formam referens, oblatum mihi fuit a D. Auguftino Calmet, publicatis ab fe operibus celebri. Vere Herculis ftaturam vultumque habet. Brachio finiftro quoddam ceu pallium geftat, ut Hercules folet pellem leonis. Forteque clavam altera manu geftabat, quæ temporum injuria exciderit. Magnæ bafi infiftit, quo fignificatur ipfum quafi numen fuiffe cultum.

M. le Mar. d'Estrées

D. Augustin Calmet

CHAPITRE VI.

I. Le temple octogone de Corseult, qui est l'ancienne ville des Curiosolites.
II. Plan & profil de ce temple. III. Il paroît n'avoir jamais été vouté.

NOs Geographes modernes conviennent presque tous que l'ancienne
ville des Curiosolites dont Cesar parle plusieurs fois dans ses com-
mentaires étoit celle que nous appellons aujourd'hui Quimper ou Cornouaille.
Cette opinion avoit passé presque sans examen ; mais quelques Academi-
ciens de l'Academie des belles lettres, qui connoissoient le payis, ont crû
que c'étoit plûtôt Corseult village auprès de Dinant en Bretagne, outre
que le nom convient incomparablement mieux, les masures d'une grande
ville, qui renferment ce village rendent la chose fort probable. M. le
Pelletier de Souzi chargea l'an 1709. un Ingenieur de saint Malo de se
transporter sur les lieux, d'y examiner ces masures & d'en faire le rapport
le plus circonstantié qu'il seroit possible. L'ingenieur s'y transporta, & l'A-
cademie reçût un memoire fort détaillé imprimé au premier tome de son
Histoire p. 295. L'Ingenieur y trouva les traces d'une ville considerable, de
grands restes de murailles dans les jardins & dans les champs à quatre ou
cinq pieds de profondeur de terre, une Eglise bâtie des débris de grands
édifices, comme il paroît par les tronçons de colonnes qui s'y voient ; des
restes de longs murs, d'autres masures de bâtimens les uns de pierre & les
autres de brique.

Environ à huit cens toises de l'Eglise au sud-est, dit l'ingenieur, *sur une hau-*
teur, on voit la moitié d'un temple octogone qui subsiste encore hors de terre,
de trente-un pieds de haut, revêtu par dedans & par dehors de petites pierres de
quatre pouces en quarré, taillées proprement & posées par assises reglées. Les an-
gles, le bas & le haut, à quatre pieds près du sommet sont écorchez, comme s'il
y avoit eu une base, une corniche, & quelque incrustation. Entre les pans de

---

CAPUT VI.

I. Templum octogonum loci cui hodie nomen
Corseult : hæc antiqua urbs Curiosolitarum
esse putatur. II. Ichnographia & conspec-
tus Templi. III. Fornicem nunquam ha-
buisse putatur.

I. GEographi nostri recentiores putant, uno pene consensu, Curiosolitarum urbem, quam
sæpe Cæsar commemorat in commentariis suis,
illam esse quam hodie Quimper aut Cornualliam,
vocamus. Hæc opinio sine examine fere propa-
gata erat. Verum aliquot Academici ex Academia literatorum, locorum periti, existimant esse
potius vicum nomine Corseult in Armorica. Præterquam quod enim nomen longe melius consentit, urbis etiam magna rudera, in queis vicus includitur, argumentum ejus rei præbent probabi-
lissimum. D. le Pelletier de Souzi Mechanico cuipiam Macloviano mandavit anno 1709. ut loca
istæc adiret, rudera exploraret, & quam posset accuratissime omnia referret. Loca petiit Mechanicus. Cujus rescriptum diligentissime concinnatum accepit Academia, & in primo historiæ suæ
tomo edidit. Vestigia urbis magnæ Mechanicus re-
perit, ingentes murorum reliquias in hortis & in
agris, ad quatuor vel quinque pedes a soli superficie in terram defossas, Ecclesiam ex ruderibus
magnorum ædificiorum structam, ut ex detrunca-
tis columnis arguitur, longorum murorum resi-
duam molem, aliorumque ædificiorum partes,
quorum alia ex lapidibus, alia ex lateribus structa.
Septenis circiter ab Ecclesia stadiis, inquit mechanicus, *in edito loco, dimidia pars templi octogoni vi-*
situr, quod adhuc superest altitudine pedum triginta
& unius, cujus exterior superficies intus & foris con-
stat exiguis lapidibus quadratis quatuor utrinque pol-
licum longitudinem habentibus, eleganter incisis, rec-
toque ordine positis. Anguli, infimæ, & superna mu-
rorum partes ad quatuor, altitudine pedes, evulsis la-
pidibus, rudes informesque restant ac si ibi basis,
coronis, incrustationesque olim fuissent. In illis adhuc

l'octogone on remarque aussi quantité de trous. Aux côtez de ce temple on dé-
couvre quelques vestiges d'une levée couverte d'un enduit de ciment appliqué
sur des pierres à sec.

II. Voilà le rapport de l'Ingenieur. Pour en avoir une connoiffance plus exacte & même le deffein s'il fe pouvoit, je priai D. Martin Corneau Prieur de Lehon près de Dinant, qui fait deffiner, de fe rendre fur les lieux. Il s'y rendit, & m'envoya le plan tel qu'on le donne ici, & le profil, où des gens qui ont été fur les lieux ont fait quelque petite correction, & comme ceux-ci conviennent tous entr'eux & conviennent auffi avec le rapport de l'ingenieur, j'ai crû les devoir fuivre. Le R. P. Prieur de Lehon marque dans fes obfervations, que felon toutes les apparences cet édifice n'a jamais été plus élevé ni couvert. Les trous qu'on y remarque n'ont jamais été fermez. La maçonnerie eft à chaux & à fable. Les petites pierres quarrées dont l'édifice eft revêtu, ont la furface arrondie comme font ordinairement les pavez des ruës. Ces pierres font à peu près blanches comme le tuf. Le dedans eft revêtu de ces pierres comme le dehors, & elles manquent aux mêmes endroits; c'eft-à dire aux angles, au bas & fur le haut. Et cela d'une maniere égale fur les quatre pans qui fubfiftent. Ces lieux dégarnis de pierres, (& écorchez comme dit l'ingenieur,) ont un enfoncement dans le mur, qui dans le haut a bien deux pieds de profondeur, mais il n'en a pas plus d'un dans le bas. Le même enfoncement paroît auffi au-dedans, & n'a pas plus d'un pied de profondeur tant en haut qu'en bas. Le P. Prieur conjecture que les angles tant interieurs qu'exterieurs & tous les endroits denuez de ces petites pierres quarrées étoient ornez de pierre de taille, qui ont été depuis enlevées pour d'autres bâtimens.

Outre ce plan & profil & ces obfervations du P. Prieur de Lehon, j'ai encore eu d'autres memoires de D. Alexis Lobineau. Il m'a donné avec fes obfervations & le plan de ce temple, celui de la levée à l'angle de laquelle eft le temple, comme on verra dans la figure. Voici ce qu'il obferve.

III. Les encoignures tant dehors que dedans font vuides ; auffi-bien que la

---

ftantibus muris multa foramina obfervantur. Ad latera templi cernuntur veftigia cujufdam ceu aggeris camento operti, cujus lapides nullo alio camento jungantur.

II. Hæc Mechanicus : ut autem rei certior evaderem, & delineatam, fi fieri poffet, templi figuram nancifcerer, rogavi D. Martinum Corneau Lehonii prope Dinantium Benedictinorum noftrorum Superiorem, ac delineandi peritum, ut ad locum fe conferret. Eo ille fe contulit, & delineatam mihi ignographiam templi confpectumque tranfmifit, quales hic damus, paucis exceptis iifque leviffimis, quæ aliorum qui in locis fuerant fuafu mutavi, & quia cum Mechanici teftimonio confentiebant, eorum fum fententiam fequutus. R. P. Martinus Corneau obfervat, omnino verifimile effe ædificium nunquam vel altius vel opertum fuiffe. Foramina quæ ibi confpiciuntur nunquam fuere claufa. Muri cum calce & arena ftructi. Lapides illi quadrati queis exterior facies operitur, in externa fuperficie aliquam prominentiam rotundam habent, quales etiam illi, qui fternendis viis ufurpantur. Lapides porro illi albi funt fere ut

tophus : interior facies perinde atque exterior iifdem ipfis lapidibus operitur, & iifdem in locis utrinque deficiunt & avulfi funt, fcilicet in angulis, in infimis fummifque partibus ; idque modo æquali ubique in quatuor illis lateribus adhuc ftantibus. Illa porro loca unde evulfi lapides funt demiffiora funt aliis, profunda nempe duobus pedibus fuperne, inferne uno tantum pede. In inferiore item facie, demiffior locus ille eft, unde evulfi lapides funt, fed uno tantum pede fuperne & inferne vel circiter. Conjecit idem R. P. Prior ea loca, quæ illis exiguis lapidibus funt diftincta, olim magnis incififque lapidibus fuiffe ftructa ; quæ haud dubie ad nova excitanda ædificia avulfa fuerint.

Præter ichnographiam illam confpectum & obfervationes quas perhumaniter mifit laudatus R. P. Prior, alias etiam accepi notitias a D. Alexio Lobineau ; qui mecum obfervationes fuas communicavit, necnon ichnographiam templi, & aggeris quoque circumpofiti ichnographiam in quo templum partim includitur. En ipfe loquitur.

III. *Anguli tam intus quam foris vacui funt, ut*

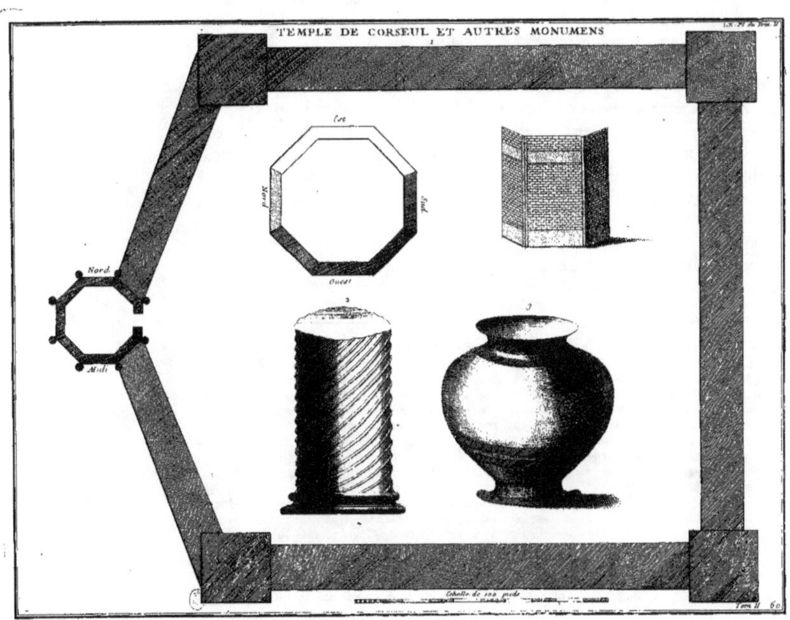

TEMPLE DE CORSEUL ET AUTRES MONUMENS
Est
Nord
Sud
Ouest
Nord
Midi
Echelle de 100 pieds
Tom II 60.

place de la corniche. Il paroît qu'on en a ôté les colonnes & les pilaſtres, de mê-
me que les pierres de la corniche. Au bas de la colline où eſt ce temple, on voit
un tronçon de colonne, qui a trois pieds de diametre, ce qui emporte trente pieds
de hauteur, & cela fait juger qu'elle peut avoir ſervi à ce temple, qui en a tren-
te-ſix en tout, y compris l'Attique au-deſſus de la corniche.

L'Ingenieur ne met que trente-un pieds de hauteur; mais c'eſt qu'apparemment il n'y comprend pas ce qui eſt au-deſſus de la corniche, les meſures du P. Prieur de Lehon conviennent parfaitement avec celles de D.
Alexis Lobineau, qui croit qu'à chaque angle il y avoit une colonne pareille à celle dont nous donnons ici le tronçon. Suivant cela il a mis dans
ſon plan, que nous donnons ici, la place des huit colonnes, ce plan comprend
toute la grande levée, qui n'étoit pas à négliger. Pour ce qui eſt des colonnes, on pourroit s'éclaircir ſi elles étoient effectivement aux angles de l'octogone en foüillant pour en trouver les fondemens.

IV. De toutes ces obſervations il ſemble qu'on doit conclure que ce temple n'a jamais été vouté, puiſqu'il n'y a aucune trace des naiſſances de
voute; ni peut-être couvert, à moins qu'il ne l'eût été de charpente, ou
de chaume comme les anciens Gaulois couvroient leurs maiſons. Les Grecs
avoient des temples découverts qu'ils appelloient hypetres. Quant à cette
levée qui contient comme on voit un grand eſpace, elle pouvoit ſervir à
renfermer le peuple qui aſſiſtoit aux ſacrifices ou aux autres actes de religion.

On met ici le tronçon de la colonne cannelée qui a trois pieds de diametre comme dit D. Alexis Lobineau : l'on y ajoûte un vaſe qui a été trouvé ſur les lieux.

---

etiam locus ille quem coronis occupabat. Ablata avul-
ſaque hæc omnia fuiſſe videntur, nempe columnæ, pa-
raſtatæ, itemque lapides queis conſtabat coronis. Ad
radices collis in quo ſtructum erat templum conſpicitur columna truncus, cujus columnæ diametrum erat
trium pedum, unde arguitur totam columnam fuiſſe
altitudine pedum triginta. Hinc autem infertur columnam potuiſſe locum habere in iſto templo, cujus altitudo triginta ſex pedum eſt, ſi Atticum qui ſupra
coronidem eſt comprehenderis.

Mechanicus unum tantum ſupra triginta pedes
templo tribuit. At fortaſſis ea quæ ſupra coronidem ſunt non una complectitur. Menſuræ R. P.
Prioris Lehonii cum menſuris D. Alexii Lobineau
plane conſonant, qui poſtremus putat in angulis
ſingulis fuiſſe columnam ei ſimilem cujus hic
truncam partem damus : columnarum autem illarum ſedes in ichnographia ſua notavit, quales hic

proferimus. Ichnographia porro illa magnum etiam
aggerem comprehendit, qui non erat hic præter-
mittendus. Quod vero columnas illas ſpectat,
poſſet quis explorare num revera in angulis templi fuerint, terram videlicet fodiendo, ut earum
fundamenta detegerentur.

IV. Ex hiſce omnibus obſervationibus conclu-
di poſſe videtur templum nunquam fornicem habuiſſe, quando videlicet nulla habentur veſtigia in
muris ſurgentis concamerationis ; neque fortaſſis
unquam opertum, niſi fortaſſe vel ex lignis & trabibus, vel ex paleis & ſtipulis queis Galli veteres
domos operiebant. Græci templa ſubdialia habebant, quæ vocabantur hypætra. Quod ſpectat autem aggerem illum parvo cinctum muro, qui ut
videmus magnum complectitur ſpatium, probabile eſt in uſu fuiſſe ut populus ibi includeretur ad
ſacra & religiones perſolvendas.

CHAPITRE VII.

I. Temple octogone au lieu appellé Erqui dans le diocese de Saint Brieuc. II. Sul-
fes, dieux Gaulois. III. Comedoves autres dieux Gaulois.

DOm Alexis Lobineau m'a encore donné le plan du temple d'Erqui Diocese de S. Brieuc, & de l'enceinte de murs qui font à present ruinez
& dont il refte quelques pans ; enforte qu'on en a pû tirer le plan.
Le temple qui eft à un des coins de l'enceinte eft octogone. Il a cinq toifes & demi de diametre en y comprenant les murs. Au-dedans de la premiere
enceinte des murs du temple il y en a une autre aufli octogone, qui laiffe
entre les deux une petite allée d'environ trois pieds de large. L'iffuë de ce
temple eft hors de la grande enceinte. A l'autre angle de la même grande
enceinte, mais en dedans il y a un autre petit temple rond, qui n'a guere
plus de trois toifes de diametre fans y comprendre les murs. Cette grande
enceinte a 24. toifes de long, & 17. de large. C'eft apparemment là ou le
peuple s'affembloit.

II. Pour remplir ce dernier chapitre, je mets ici l'extrait d'une lettre de
M. Abauzit de Geneve, du premier Août paffé, où il eft parlé de deux infcriptions trouvées depuis peu.

,, Je tiens la premiere, dit-il, de M. Ruchat, profeffeur aux belles lettres
,, dans l'Academie de Laufanne, qui l'a copiée exactement d'après un mar-
,, bre déterré à Malcy près de Laufanne.

```
BANIRA. ET. DONINDA. I
DAEDALUS. ET. TATO. ICARI. FIL
I. SULFIS. SUIS. QUI. CURAM
VESTRA. AGUNT. IDEN
CAPPO. ICARI. F
```

CAPUT VII.

I. Templum octogonum in loco Erqui dictum in
diœcefi Briocenfi. II. De Sulfis Diis Gallorum.
III. De Comedovis, aliis Diis Gallorum.

D. Alexius Lobineau obtulit etiam mihi ichnographiam veteris templi, quod vifitur in loco Erqui dicto in diœcefi Briocenfi, necnon fepti
murorum qui jam diruti funt, quorum tamen partes aliquot ftant, ita ut fepti ichnographia parari
potuerit. Templum in angulo fepti pofitum octangulum eft. Intra autem primos octanguli templi
muros aliud eft templum etiam octangulum ; ita
ut inter utrumque templum intervallum fit trium
latitudine pedum. Hujufce porro templi oftium
extra majus illud aliud feptum eft, quod uno confpectu in imagine ftatim percipias. In alio majoris
fepti angulo eft aliud rotundum ceu templum,
cujus oftium & exitus intra majus illud feptum eft.
Hujus porro templi diametrum interius exceptis

muris eft octodecim pedum. Majoris porro fepti
longitudo eft pedum centum quadraginta quatuor
latitudo autem pedum centum & duorum. In hoc
feptum, ut videtur, plebs conveniebat.

II. Ut hoc poftremum caput compleam, viri e-
ruditi D. Abauzit Genevenfis hic partem epiftolæ
ponam, quæ prima die menfis Augufti proximi data fuit : ubi de duabus infcriptionibus nuper eru-
tis agitur.

Primam infcriptionem, inquit, accepi a D. "
Ruchat literarum humanarum in Academia Lau-"
fanenfi profeffore, qui accurate illam exfcripfit "
ex marmore Maleyæ prope Laufannam eruto "

```
BANIRA. ET. DONINDA. I.
DAEDALUS. ET. TATO. ICARI. FIL.
I. SULFIS. SUIS. QUI. CURAM
VESTRA. AGUNT. IDEN
CAPPO. ICARI. F.
```

TEMPLE D'ERQUI ET SES ACCOMPAGNEMENS.

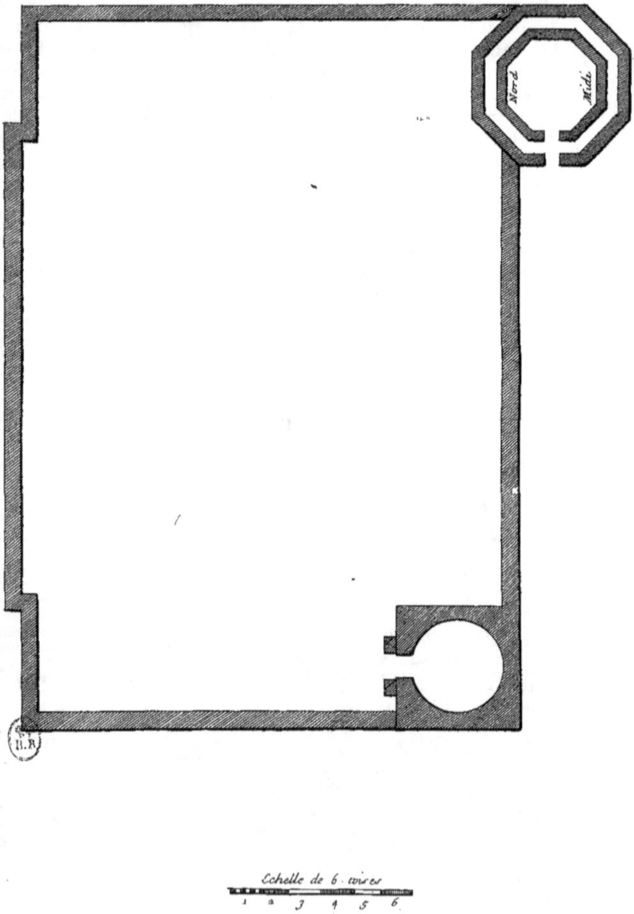

Dom Alexis Lobineau

» Je laisse à part le mauvais style de ces gens, que M. Ruchat croit être
» du quatriéme ou cinquiéme siécle. Mais il demande, & le P. de Montfau-
» con pourroit vous le dire mieux que personne; si ces dieux tutelaires *Sulfi*,
» n'auroient point quelque rapport avec les Silphes ou Sylphes du Comte de
» Gabalis, imagination, qui seroit plus ancienne qu'on ne pense. Pour moi
» je me souviens d'avoir vû dans Fabretti *de Aquæductibus*, une inscription
» commençant par ces mots, *Sulevis & Campestribus sacrum* ; & par le bas
» relief qui y est joint, on pourroit même juger de la nature de ces peti-
» tes divinitez.

» La seconde inscription a été décrite par M. Caze à Aix en Savoye, &
» nomme d'autres dieux qui ne sont pas mieux connus.

COMEDOVIS

AUGUSTIS

M. HELVIUS SEVERI

FIL. JUVENTIUS

EX. VOTO.

Il m'a assuré que le mot *Comedovis* aussi-bien que le reste, est écrit en «
caractéres très-distincts. Voilà dequoi augmenter le Catalogue des divini- «
tez Gauloises, ou du moins topiques. «

Quoique cousin germaïn de M. l'Abbé de Villars auteur du comte de Gabalis, je ne suis guere entré dans la connoissance des Sylphes. La conjecture de M. Ruchat paroît assés plausible, les noms conviennent & il semble
que les Silphes & Sulfi sont des genies champêtres. Mais comme le hazard
peut fort bien avoir fait ces conformitez de nom, il faudroit que quelque
autre monument nous instruisît mieux sur cela, pour en parler plus positive-
ment. Il est assés surprenant de trouver dans une inscription si barbare les
noms de Dædale & d Icare, entremêlez avec ces autres noms Banira, Doninda, Tato & Cappo. L'inscription se peut lire. *Banira & Doninda. Dædalus
& Tato Icari filii Sulfis suis qui curam vestram agunt. Idem (forte Item)
Cappo Icari filius.* La construction est si barbare que je ne sai si l'on peut

---

» Nihil dicam de inscriptionis stylo, quem ad quar-
» tum quintumve sæculum pertinere putat; sed
» postulat ipse, id quod præsertim Montefalco-
» nius possit indicare : num hi tutelares dii Sulfi,
» aliquid affinitatis habeant cum Silphis sive Syl-
» phis comitis de Gabaïs : quo comperto & pro-
» bato, commentum illud antiquius deprehende-
» retur esse, quam putabatur. Memini me legere
» apud Raphaelem Fabrettum de Aquæductibus,
» *sulevis & campestribus sacrum :* anaglyphum antem
» junctam quod numinum genus illud esset subindi-
» care poterat.

» Secunda inscriptio, descripta fuit a D. Caze
» Aquis Gratianis, aliaque numina perinde ignota
» commemorat

COMEDOVIS

AUGUSTIS

M. HELVIUS. SEVERI

FIL. JUVENTIUS

EX VOTO

affirmat autem ille hoc nomen COMEDOVIS «
perinde atque cætera clare legi. En novam numi- «
nibus Gallis, aut saltem topicis, accessionem. «

Etsi patruelis D. Abbatis de Villars, qui Comitis de Gabalis libellum publicavit, non majorem
tamen de Sylphis notitiam sum assequutus, conjectura porro D. de Ruchat admitti potest, nomina quippe sunt affinia, videnturque & Sylphæ &
Sulfi esse campestres genii. Verum quia hæc nominum similitudo casu etiam accidisse potuit, necessaria adhuc esset novi cujuspiam monumenti auctoritas, ut illud omnino asseri posset. Id mirum
sane videatur, quod in adeo barbara inscriptione,
nomina Dædali & Icari, cum istiusmodi nominibus Banira, Doninda, Tato & Cappo intermixta
sint. Sic porro legi potest inscriptio : *Banira &
Doninda, Dædalus & Tato Icari filii, Sulfis suis
qui curam vestram agunt. Iden (f. item) Cappo
Icari filius.* Constructio ita barbara est, ut nesciam
utrum tuto possimus illam ad partes reducere. Videntur statim Banira, Doninda, Dædalus & Tato

G g iij

fûrement en faire les parties. Il femble d'abord que Banira, Doninda, Dædale & Tato font les fils d'Icare; mais à qui parlent-ils quand ils difent,
qui curam veftram agunt. Peut-être que Banira & Doninda font ces Sulfes,
divinitez dont il eft parlé après, & que ce mot Sulfi fera un nom plus gene-
rique, de forte qu'il faudra tourner ainfi Dædale & Tato à Banira & Doninda leurs Sulfes, en ce cas-là il faudroit *Baniræ* & *Donindæ :* mais ceux qui
ont fait l'infcription n'y regardoient pas de fi près.

L'autre infcription n'a point de difficulté dans la conftruction. *Comedovis*
Auguftis Marcus Helvius Juventius Severi filius ex voto. C'eft-à-dire, que
Marc. Helvius a fait ce monument pour accomplir fon vœu fait aux Comedoves Auguftes, ces Comedoves ont le nom d'Auguftes, comme Apollon
Augufte, Diane Augufte, Mercure Augufte, qu'on trouve fi fouvent ainfi
dans les infcriptions. Ce nom femble formé *à comedendis ovis.* Si c'étoit la
vraie origine du nom, ce feroient des dieux mangeurs d'œufs.

Icari filii dici. Verum quofnam compellant ipfi
cum aiunt, *qui curam veftram agunt.* Fortaffe vero
Banira & Doninda, iidem ipfi Sulfi funt qui poftea
memorantur, qui generico nomine Sulfi dicti fuerint. Quo cafu fic conftruendum effet, *Dædalus*
& Tato Baniræ & Donindæ Sulfis fuis. At dices Banira & Doninda legitur : verum ii qui infcriptionem pofuerunt, non congruenter, ut liquidum eft,
loquebantur.

Altera infcriptio nullam in conftructione difficultatem habet. *Comedovis Auguftis Marcus Helvius*
Juventius Severi filius ex voto, fupple dedicavit,
ii Comedovi Augufti dicuntur, ut Apollo Auguftus
Diana Augufta, Mercurius Auguftus, qui fæpiffi-
me fic in infcriptionibus exprimuntur. Hoc porro
nomen a comedendis ovis ortum videtur, quafi
numina ifthæc ova comedere folerent.

FIN DU SECOND TOME.

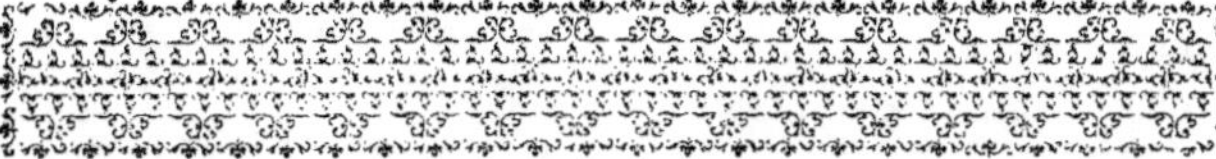

TABLE DES MATIERES
DU TOME SECOND.

H h

Q

R

S

Fin de la Table des Matieres.